KB067381

역사가의 시간

강만길 저작집

간행위원: 조광 윤경로 지수걸 신용옥

해제: 고정휴 구선희 김기승 김명구 김윤희 김행선 박은숙 박한용
　　　변은진 송규진 이주철 정태헌 최덕수 최상천 하원호 허은

교열: 김만일 김승은 이주실 조철행 조형열

강만길 저작집

18

역사가의 시간

창비

저작집 간행에 부쳐

그럴 만한 조건이 되는가 하는 생각을 버리지 못하면서도 제자들의 준비와 출판사의 호의로 저작집이란 것을 간행하게 되었다. 잘했건 못했건 평생을 바친 학문생활의 결과를 한데 모아두는 것도 나름대로 의미가 있을 것 같기도 하고…… 한 인간의 평생 삶의 방향이 언제 정해지는가는 물론 사람에 따라 다르겠지만, 지금에 와서 뒤돌아보면 나의 경우는 아마도 세는 나이로 다섯 살 때 천자문을 제법 의욕적으로 배우기 시작하면서부터 어쩌면 학문의 길이 정해져버린 게 아닌가 생각해보기도 한다. 그리고 요즈음 이름으로 초등학교 6학년 때 겪은 민족해방과 6년제 중학교 5학년 때 겪은 6·25전쟁이 역사 공부, 그것도 우리 근현대사 공부의 길로 들어서게 한 것 같다고 말하기도 한다.

대학 3학년 때 과제물로 제출한 글이 활자화됨으로써 학문생활에 대한 의욕이 더 강해진 것 같은데, 이후 학사·석사·박사 논문은 모두 조선왕조시대의 상공업사 연구였으며, 특히 박사논문은 조선왕조 후기 자본주의 맹아론 연구였다. 문호개방 이전 조선사회가 여전히 고대사회와 같은 상태에 머물러 있었다고 주장한 일본인 연구자들의 연구에 대항한 것이었다고 하겠다. 역사학계 일부로부터 박정희정권하의 자본주의 성장을 뒷받침하는 연구라는 모함을 받기도 했지만……

자본주의 맹아론 연구 이후에는 학문적 관심이 분단문제로 옮겨지게 되었다. 대학 강의 과목이 주로 중세후기사와 근현대사였기 때문에 학

4

문적 관심이 근현대사에 집중되었고 식민지시대와 분단시대를 연구하고 강의하게 된 것이다. 『분단시대의 역사인식』을 통해 '분단시대'라는 용어가 정착되어가기도 했지만, '분단시대'의 극복을 위헤 통일문제에 관심을 두게 되면서 연구논문보다 논설문을 많이 쓰게 되었다. 그래서 저작집도 논문집보다 시대사류와 논설문집이 더 많게 되어버렸다.

그런 상황에서도 일제시대의 민족해방운동사가 남녘은 우익 중심 운동사로, 북녘은 좌익 중심 운동사로 된 것을 극복하고 늦게나마 좌우합작 민족해방운동사였음을 밝힌 연구서를 생산할 수 있었다는 것을 자윗거리로 삼을 수 있지 않을까 한다. 사실 민족해방운동에는 좌익전선도 있고 우익전선도 있었지만, 해방과 함께 분단시대가 되리라고는 꿈에도 생각하지 않았기 때문에 민족해방운동의 좌우익전선은 해방이 전망되면 될수록 합작하게 된 것이다.

『고쳐 쓴 한국현대사』는 '한국'의 현대사니까 비록 부족하지만 남녘의 현대사만을 다루었다 해도 『20세기 우리 역사』에서도 남녘 역사만을 쓰게 되었는데, 해제 필자가 그 점을 날카롭게 지적했음을 봤다. 아무 거리낌 없이 공정하게 남북의 역사를 모두 포함한 '20세기 우리 역사'를 쓸 수 있는 때가 빨리 오길 바란다.

2018년 11월 강만길

일러두기

1. 이 저작집은 '내일을 여는 역사재단'의 기획으로, 강만길의 저서 19권과 미출간 원고를 모아 전18권으로 구성하였다.
2. 제15권 『우리 통일, 어떻게 할까요/역사는 변하고 만다』는 같은 해에 발간된 두 권의 단행본을 한 권으로 묶었다.
3. 제17권 『내 인생의 역사 공부/되돌아보는 역사인식』은 단행본 『강만길의 내 인생의 역사공부』와 미출간 원고들을 '되돌아보는 역사인식'으로 모아 한 권으로 묶었다.
4. 저작집 18권은 초판 발간연도 순서로 배열하되, 자서전임을 감안해 『역사가의 시간』을 마지막 권으로 하였다.
5. 각 저작의 사학사적 의미를 짚는 해제를 새로이 집필하여 각권 말미에 수록하였다.
6. 문장은 가급적 원본대로 유지하는 것을 원칙으로 하였고, 명백한 오탈자와 그밖의 오류는 인용사료, 통계자료, 참고문헌 등을 재확인하여 바로잡았으며, 주석의 서지사항 등을 보완하였다.
7. 역사용어는 출간 당시 저자의 문제의식을 살리기 위해 그대로 따랐다.
8. 원저 간의 일부 중복 수록된 글도 출간 당시의 의도를 감안하여 원래 구성을 유지하였다.
9. 본서의 원저는 『역사가의 시간』(창비 2010)이다.

글쓰기를 시작하면서

1.

지금에 와서 뒤돌아보면 서툴기만 했지만 그래도 역사학 전공자가 된 것이 나로서는 다행이지 않은가 생각한다. 그리고 우리가 겪어온 '해방공간' 이후의 복잡한 역사를 체험했다는 점에서, 역사학 전공자로서의 절실한 의무감 같은 것을 느끼게도 된다. 역사는 모름지기 기록에서 시작된다. 어떤 역사도 기어이 기록으로 남겨져야만 성립되게 마련이다. 그러나 모든 역사가 기록으로 남겨지는 것도 결코 쉬운 일이 아니다.

같은 말을 여러 번 글로 썼지만, 평생을 두고 우리 근현대사를 공부하고 살면서 중요한 일이 있을 때마다 솔직한 일기를 써두었다가 은퇴한 후 그것을 근거로 '내가 겪은 우리 현대사' 같은 책을 썼으면 하는 생각을 가졌었다. 그러나 2005년 6월, 고희가 넘어서 '친일반민족행위 진상규명위원회' 위원장을 맡기 전까지는 일기를 쓰지 못했다. 그 첫째 이유는 물론 게으른 천성 탓이었겠지만, 살아온 세상이 그만큼 험난했다는 데도 이유는 있다.

역사학 전공자로서 거의 평생을 전체 우리 역사시대 중 가장 불행했다 해도 틀리지 않을 민족분단과 민족상잔의 시대를 살면서 겪은 사실들을, 그리고 그 과정에서 우리땅 남북주민 모두를 동족으로 사랑하는 생각을 숨김없이 담은 일기를 썼더라면 하고 생각해보기도 했다. 그러나 서재를 몇번이나 수색당해야 했던 저 엄혹한 군사독재시기를 살면서 역사학 전공자로서 우리땅 남북주민 모두를 온전히 동족으로 사랑하는 관점의 일기를 썼더라면, 모르긴 해도 아마 훨씬 더 심한 고통을 겪어야 했을 것이다.

　다른 글에서도 쓴 기억이 있지만, 정직한 일기를 쓸 수 없었던 분단민족사회의 역사학 전공자, 특히 근현대사 전공자는 세상의 누구보다도 불행한 사람이라는 생각이 이 글을 쓰는 지금도 더더욱 절실히 느껴진다. 평생 우리 근대사와 현대사를 전공하고 가르치는 일을 업으로 하며 살았으면서도 정직한 일기를 쓰지 못한 '변명'으로 지난날에 있었던 한 가지 잊을 수 없는 사실을 말해볼까 한다.

　전두환 군사독재정권 때인 1983년에 해직교수가 된 상태에서, 뒷날 서울대생 박종철군을 "탁 하고 쳤더니 억 하고 죽었다"는 서울 남영동의 치안본부 대공분실이란 곳에 끌려갔을 때의 일이다. 나를 잡아다놓고 집안 서재를 샅샅이 뒤지던 그들이, 1만 권은 될 장서 중에서 북한에서 출판된 『조선통사』의 근대편, 그것도 뒤에야 알았지만 평양에서 발간된 원본이 아니라 일본에서 복사한 책 한권을 발견했다.

　이 책은 고려대학교 사학과 동기동창이면서 함께 모교에서 교수생활을 하던 송갑호(宋甲鎬) 교수가 일본에서 사온 것이었다. 그의 사무실에 갔다가 이 책을 보고 동양사학 전공인 송교수보다 나에게 더 필요한 책이라면서 강제로 뺏어오다시피 해서 읽고 서재에 두었다가 그들에게 발견되어 압수된 것이다.

취조과정에서 책의 출처를 묻기에 처음에는 잘 모르겠노라 얼버무렸으나, 어떻든 사건을 만들려고 하는 그들이라, 그 책으로 인해 내가 마치 북한 쪽과 어떤 연락통로라도 가진 것처럼 되어버렸다. 할 수 없이 당시 아세아문제연구소 총간사이기도 했던 송갑호 교수가 내게 없는 비밀문서 취급증을 가졌음을 알았기에, 큰 탈 없겠지 생각하고 그의 이름을 말하고 말았다. 그러면서 송갑호 교수가 고집스레 빌려주지 않으려는 것을 내가 억지로 뺏어왔노라 강조했다. 송교수에게 폐가 되지 않게 하려는 생각에서였지만, 뺏어오다시피 한 것이 사실이기도 했다.

그들은 곧 송교수를 찾아가 심문했고, 그는 갇혀 있는 나에게 도움이 되게 하려는 마음에서 자기가 책을 주었노라고 했다. 나는 뺏어왔다 하고 송교수는 주었다고 했으니, 두 사람의 진술이 다르다고 그들은 다시 나를 다그쳤다. 계속 뺏어왔노라 사실대로 말했고, 그들은 결국 "두 분의 우정에 감복했습니다"라는 식으로 말하면서 『조선통사』 문제는 없던 일로 하겠노라고 생색을 냈다.

뒷날 풀려나와서 알게 되었지만, 송갑호 교수는 갇혀 있는 나를 위하고 또 일을 탈없이 무마하기 위해 그들에게 상당한 '대접'을 했다고 들었다. "두 분의 우정에 감복해서" 어쩌고 하면서 『조선통사』 문제는 덮어두겠노라 생색내던 그들의 얼굴이 떠올라서 "나쁜 놈들" 하고 욕해준 기억이 생생하다.

웬만한 도서관에 가면 『조선통사』 전질을 볼 수 있는 지금 같은 세월에 사는 사람들은 "그런 때도 있었는가" 할지 모르지만, 군사독재의 이빨에 직접 물려보지 않은 사람은 그 독기를 잘 모른다. 그런 자들과 같은 시대를 살면서, 세상의 상식적인 사람들 모두가 적으로 생각하는 민족의 다른 한쪽을 적이 아닌 동족으로 인식하면서 역사학 전공자로서 정직한 일기를 쓰기란 불가능한 일이었다 해도 결코 과언이 아닐 것이다.

다시 한번 말하지만, 분단된 민족사회의 다른 한쪽을 적이 아닌 동족으로 생각하는 역사인식의 소유자로서, 그리고 평화주의자로서, 냉혹한 민족분단시대를, 그것도 엄혹했던 군사독재시기를 살지 않을 수 없었던 역사학 전공자는 모름지기 불행한 사람들이라 하지 않을 수 없다.

그런 중에서도 박정희정권이 7·4남북공동성명을 발표한 후, 어리석게도 이제는 이 시대를 사는 역사학 전공자로서 어느정도는 정직한 일기를 쓸 수도 있지 않을까 방심하고 한때 일기 쓰기를 시작하기도 했다. 그러나 곧 7·4공동성명이 어떤 사람들에게는 '유신'이란 역사적 폭거를 감행하기 위한 '멍석 깔기'였고, 그 기간에 남산의 무시무시한 중앙정보부 취조실 출입까지 했으니 일기 쓰기를 다시 포기하지 않을 수 없었다. '10·26박정희살해사건' 후에는 '12·12군사쿠데타'로 전두환 군사독재정권이 이어졌고, 그들에게 두 번이나 끌려갔으며 또 해직교수가 되기까지 했으니, 더는 일기 쓸 엄두를 내지 못했다.

이제 나처럼 곧 여든을 바라보게 된 우리 세대가 살아온 평생은 그야말로 역사적 격동기였다. 그 격동기를 우리 근현대사 전공자로 살아왔으므로 그 이야기를 진술하게 써보는 것도 나름대로 의미있지 않을까 생각한다. 흔히 자서전 하면 대체로 정치인들이 많이 남기기 마련이던데, 역사학 전공자의 자서전은 그가 살아온 시대를 역사적 안목에서 되돌아본다는 의미도 있겠지만, 한편 당대 역사학의 역사를 되돌아보는 또 하나의 의미도 가지게 되지 않을까 한다.

그런데도 처음 하는 일이라 다른 역사학 전공자들은 자서전 같은 것을 남길 때 무엇을 어떻게 썼는지 찾아봤는데, 국내 역사학자가 남긴 것은 어느 특정 시기만을 다룬 것 외에는 없는 듯하고, 최근에 나온 외국 역사학자 몇 사람의 자서전도 읽어봤지만, 역사학자의 자서전이라 해서 특별한 형식 같은 것은 없어 보였다. 다만 외국학자들은 일기를 비롯한 다양한 자료들을 충분히 활용한다는 것이 부러웠다.

이 글에서는 지난날의 이야기를 회고해 쓰면서 틈틈이 그 사실들에 대한 현재의 생각이나 논평 같은 것을 덧붙여볼까 한다. 그로써 역사학 전공자의 자서전 구실을 할 수 있을지 모르겠지만, 그저 이야기하듯이 쉽게 담담하게 또 정직하게 쓰려고 한다. 읽는 사람들이 부담감 없이 그저 옛이야기 읽듯이 읽을 수 있었으면 하는 마음으로 써보고자 하는 것이다.

2.

제2의 '반민특위'라 할 '친일반민족행위 진상규명위원회'의 책임을 맡으면서 일기를 쓰기 시작했고 그 자리에서 물러난 지 이제 3년이 다 되어가는데, 그 기구 자체는 없어졌다. 위원회의 존속기간은 4년이지만 맡을 때부터 '진상규명사업'의 기초와 방향만 잡히면 그만두리라 마음먹었고 임명권자 쪽에도 그렇게 말했다.

위원회가 출범한 지 만 2년이 되어 사업의 기초가 어느정도 잡혔다고 생각되고, 이제는 누가 맡아도 지난 반민특위 때처럼 이 민족적 사업을 방해할 마음만 아니라면 소기의 목적을 달성할 정도가 되었다고 여겨 위원장 자리를 내어놓았다. 임명권자 측에서는 사업을 마무리짓기 바랐으나, 정무직도 어떻든 공무원 신분이라 행동이 부자유스러웠던 점이 특히 불편했다. 아마 대한민국 현직 공무원 중에서는 최고령자였던 것 같은데, 맡은 지 만 2년이 되는 2007년 5월 31일부로 위원장 자리에서 물러났다.

1958년이던가 군에서 제대한 후 국사편찬위원회에서 잠깐 공무원 생활을 했고, 그후 30여 년간 대학교수 생활을 하다가 정년퇴임한 것이 1999년이었다. 그러나 얼마 쉬지 못하고 다시 상지대학교 총장과 국가 기관의 위원장을 맡게 되었으니, 80평생을 한시도 쉬지 못하고 살아온 셈이다. 친일반민족행위의 진상을 규명하는 중대한 역사적 사업의 책임을 중도에 벗으면서까지 '마지막으로 하고 싶은 일'이란 곧 역사학 전공자, 그것도 고대사나 중세사가 아닌 우리 근현대사 전공자로서 살아온 지난 한평생을 되돌아보고자 하는 일이었다.

일기를 쓸 수 없던 불행한 평생이었지만, 아직은 기억력이 크게 나빠지지는 않은 것 같고, 또 지금은 세상이 좋아져서 상세한 연표들도 많으니 그것들을 참고로 가능한 한 기억을 되살려서 우리 현대사와 거의 맞물리게 살아온 평생을 감히 재구성해볼 수 있지 않을까 하는 생각이다. 기억력이 더 쇠퇴하기 전에 꼭 하고 싶은 작업이어서 '반민족행위규명위'의 책임에서도 기어이 중도하차하고, 이런 날을 위해 거실에서 수평선 해돋이가 보이는 동해안의 한적한 곳에 마련해둔 20평짜리 아파트에 혼자 파묻히기로 했다.

잠깐 되돌아봐도 살아온 80평생은 그야말로 험난한 세월이었다. 어릴 때였지만 중일전쟁과 태평양전쟁을 온통 겪었고, 8·15해방, 6·25전쟁, 4·19'혁명', 5·16군사쿠데타, 5·18광주민중항쟁, 6·10민주쟁취운동, 민주정권 성립과정, 6·15남북공동선언이 나온 제1차 남북정상회담 등 많은 역사적 현장을 살기도 하고 동참하기도 했다. 이 사건들이 일어난 당시 나는 무엇을 하고 있었는가, 그 사건들에 대해 당시는 어떻게 생각했으며 지금은 어떻게 생각하는가, 그 사실들에 대해 역사학 전공자로서의 관점은 무엇인가 등을 진술하게 써보려 한다.

우리 역사 전체를 다룬 개설서는 결국 쓰지 못했고, 이제 그 욕심은 포기해야 할 것 같지만, 『고쳐 쓴 한국근대사』『고쳐 쓴 한국현대사』

『20세기 우리 역사』 같은 시대사는 이미 썼고 상당히 많이 읽히기도 했다. 이런 시대사류와 논문집 등 20여 권의 저서들을 통해서 나의 '역사 보는 입장'은 어느정도 밝혀졌다고 생각한다. 우리 현대사 최대의 과제인 민족통일 문제에 대해서도 미흡하나마 저서를 남겼다.

'격식 갖춘' 역사책도 필요하지만, 역사학 전공자로서 살아온 세월을 진솔하게 되돌아보는 일이 어쩌면 격식 갖춘 시대사류보다 오히려 우리 근현대사를 더 심층적으로 이해하는 방편이 될 수 있지 않을까 생각되기도 한다. 지금부터 쓰려고 하는 이 글은 굳이 자서전이라기보다 "한 사람의 역사학도 및 역사선생이 평생을 통해 겪고 느낀 민족분단시대로서의 우리 현대사 경험담" 정도가 되지 않을까 한다.

막상 쓰기로 해놓고도 걱정되는 점이 없지 않다. 우선 기억이 많이 나빠지진 않았다 해도 그것이 얼마나 정확한가 하는 점이다. 기억이 으슴푸레하면서도 꼭 남기고 싶은 일인 경우 정확한 기억이 아님을 솔직히 말하면서 쓰려 하고, 자신이 없을 만큼 기억이 희미한 경우는 아예 쓰지 않으려 한다.

3.

사람에 따라서는 생각이나 행동이 시대의 흐름에 못 따르고 뒤처져서 사는 사람도 있고, 시대상황에 철저하게 타협하면서 사는 현실주의자도 있으며, 반대로 다소 어려움을 겪을지라도 한 발짝이라도 시대에 앞서가는 생각을 가지며 살려는 사람도 있을 수 있다. 대학 교단에 있을 때는 물론, 정년이 되어 교단을 떠난 후에도 한때는 전과 다름없이 국내외를 막론하고 민족문제·통일문제 등에 관한 강연을 하고 다녔다. 특히 전국의 교직원노동조합 지부에서 강연 요청이 있으면 거의 거절하지 않고 응했다.

2000년부터 사비로 계간지 『내일을 여는 역사』를 발간해온 것도 독자층을 주로 중·고등학교 역사교사에 두고 한 일이었다. 특히 중·고등학교 역사교사들의 역사의식이 올발라지는 것이 중요하다 생각했기 때문이었다. 서울의 어느 교원노조 지부에서 통일문제 관련 강연을 하고 저녁식사를 하는 자리에서, 한 젊은 교사가 "선생님 연세의 특히 경상도 출신이라면 이른바 보수주의자의 표본처럼 생각되기 쉬운데 어떻게 그런 역사인식을 가지게 되었습니까" 하고 물은 적이 있다. 만약 내 역사인식이 같은 연배의 다른 사람보다 조금이라도 다른 점이 있다면 그것은 역사 전공자로, 그중에서도 우리 근현대사를 전공하면서 남북동포 모두를 똑같이 사랑하는 민족주의자로, 철저한 평화주의자로, 젊은이들을 가르치는 미래지향주의자로 살려 했기 때문이었다고 말해준 기억이 있다. 역사학 전공자라면 남보다 먼저 시대의 흐름을 정확하게 파악해야 하고, 그것의 현재화와 현실화를 위해 최선을 다해야 한다고 생각하고 노력한 결과라 대답할 수밖에 없을 것이다.

불행하게도 우리 근현대사는 일제강점기와 민족분단시대로 이어졌다. 그런 시대상황에서는 역사학이 비판적 현재성이나 대중성을 가지면 어김없이 탄압받게 마련이었다. 그 때문에 시대의 현재적 상황과 흐름에 가장 민감해야 할 역사학이 아카데미즘이란 보도(寶刀)를 방패삼아, 상아탑이란 안가(安家)에 안주함으로써 현실 및 대중과의 괴리가 커지고 말았다는 생각이다. 좀더 직설적으로 표현하면, 우리 근대역사학은 민족사회 전체가 타민족의 혹독한 지배 아래 시달리는 현실 속에서도, 왜 어떤 과정을 통해 남의 지배를 받게 되었는가, 그 지배에서 벗어나려면 무엇을 어떻게 해야 하는가 등에는 학문적 관심을 가지지 못하고 '옛이야기'만 할 수밖에 없었다고 하겠다.

일제강점기 전체를 통해 역사학 연구자의 관심은 대부분 고대사와 중세사에 한정되었다. 현대사 전공자는 없었고 극히 드문 근대사 전공 자라도 그 주제는 민족사회 내부의 정쟁사(政爭史) 연구에 한정되었다 해도 과언이 아니다. 그런 역사학의 '속성'과 '전통'은 전체 민족사회가 처절한 민족상잔을 겪고도 그대로 분단질곡 속에서 고통받아야 하는, 우리 현대의 민족분단시대에도 그대로 이어졌다는 생각이다. 민족사회 가 어떤 역사적 배경에 의해 분단되었는가, 역사적 맥락에서 볼 때 분단 문제를 해결하는 길은 어디에 있는가 등의 문제는 역사학의 대상 밖이 라고 생각해온 것이 사실이다.

학문이 현실문제와 너무 동떨어지면 당연히 대중성을 잃게 마련이 다. 역사학이 현실과 대중의 요구에 무관심했던 세월을 일제강점기 때 야 어려서 몰랐다 해도, 박정희 군사정권의 '유신'기에는 특히 절감하지 않을 수 없었다. '유신'을 한답시고 독재권력이 별짓을 다해도, 되지못 한 논리를 내세워 침략주의시대적 민족주의론으로 국민을 오도하고 대 북강경책을 펴도, 심지어는 하루아침에 강제로 국사교과서를 국정화해 도 전체 역사학계는 묵묵부답이었던 세상을 살기도 했다.

통일문제 강연을 들은 교원노조 소속의 어느 교사가 지적한 것처럼 나의 역사인식이 동년배나 동학들과 조금이라도 다른 점이 있다면, 그 것은 군사독재시기를 살면서 올바른 역사의 길이 무엇인지를 조금은 더 절실하게 생각하면서 거듭 말하지만 우리땅 남북을 가리지 않고 민 족을 사랑하고 평화를 사랑하고 사람을 믿고 사랑하면서 기어이 정직 한 역사를 쓰리라 마음먹은 결과라 할 수밖에 달리 더 할 말이 없다.

'자서전' 비슷한 이 글이 쓰여지는 과정에는 많은 사람들의 도움이 있었다. 외우 신근재 교수는 참고될 만한 여러가지 서책들을 보내주었고, 윤무한·변은진·장원석을 비롯한 여러 제자들은 기억을 재생하는 데 많은 도움을 주었다. 이들과 함께 특히 원고의 마지막 정리를 도맡아준 신용옥에게 감사해 마지않는다.

특별한 관심을 가지고 출판을 권해준 백낙청 교수와 원고를 꼼꼼히 읽고 도와준 염종선씨, 그리고 실무를 담당한 박영신, 김도민씨의 노고에 감사하며, 항상 신세를 지는 창비에도 새삼 감사해 마지않는다.

2010년 5월

동해변 우거에서 강만길 씀

차례

남녘 대통령이 무장한 인민군을 사열하다니
6월 14일 밤, 평양 만찬장에서의 감격
평화통일의 '전도사'가 되고 싶어서……
역사는 결코 우리를 배반하지 않는다는 생각으로

1장

일제강점기의
끝자락을 산
이야기

1940년에 '심상소학교'에 입학하다

일본제국주의자들이 태평양전쟁을 도발하기 1년 전인 1940년에, 고향인 경상남도 마산의 완월(玩月) 심상소학교(尋常小學校)라는, 지금으로 말하자면 초등학교에 입학했다. 일제강점기 대부분을 통해서 일본 본토와 조선에 사는 일본아이들이 다니는 초등학교는 심상소학교라 했고, 조선아이들이 다니는 조선의 초등학교는 그것과 구분해서 보통학교라 했다. 물론 뒷날에야 알았지만, 그러다가 1938년에 실시된 제3차 조선교육령인가에서 조선아이들이 다니는 보통학교도 일본아이 초등학교처럼 심상소학교로 명칭을 바꾸었다.

일본제국주의자들의 침략전쟁이 1931년의 '만주사변'을 거쳐 1937년에 일어난 중일전쟁에서 본격화하고, 다시 1941년에 도발한 태평양전쟁으로 확대되는 과정을 통해서 식민지 백성 조선사람들의 전쟁협력을 받아내기 위한 정책이 강화되었다. 내선일체(內鮮一體) 즉 "일본 본토와 조선은 하나다"라면서 겉으로는 일본인과 조선사람 사이의 차별을 없애는 것처럼 가장하기 위해 조선의 보통학교도 일본과 같은 심상소학교가 된 것이라 할 수 있겠다. 심상소학교 2학년 때, 일본이 '대동아(大東亞)전쟁'이라 부른 태평양전쟁을 도발했다. 그때부터 조선아이들이 다니는 학교건 일본아이들이 다니는 학교건 이름이 모두 국민학교로 바뀌었다.

어린아이들이 다니는 소학교의 이름까지도 군국주의체제로 바꾼 것인데, 태평양전쟁에서 패한 일본에서는 국민학교란 명칭을 군국주의시대의 산물이라 해서 바로 소학교로 바꾸었다. 반면 제국주의 일본이 패전함으로써 해방을 맞아 수립된 대한민국에서는 이승만의 문민독재와 박정희-전두환-노태우 군사독재정권 아래에서 1996년까지 국민학교라는 호칭이 그대로 쓰였음은 우리가 다 아는 사실이다.

내가 입학할 당시 조선의 초등교육은 의무교육이 아니었는지 심상소학교에서 간단한 시험이 있었던 것 같은데, 정식 입학시험에서는 낙방했다. 당시는 1933년 4월 이전에 출생한 아이들만 입학시킨 것 같은데, 나는 10월생이므로 연령미달로 낙방한 것이다. 세는 나이로 겨우 다섯살이 된 맏아들에게 독접장(獨接長)을 앉혀 천자문을 가르칠 정도로 교육열이 높았던 부모님이, 일본글을 가르치는 학교지만 한해라도 일찍 입학시키려다가 연령미달로 낙방하게 된 것이 아닌가 추측한다. 밤늦도록 접장님이 외어 오라고 한 구절을 암기하다가 그대로 깔고 자는 바람에 수세미처럼 구겨진 『천자문』 책을 다 떼고 『동몽선습』을 조금 읽었다고 기억되는 시절, 우리 할아버지 표현대로 '왜글'을 배우기 위해 심상소학교에 입학하려다가 낙방한 것이다.

낙방한 얼마 후 학교에서 오라는 연락이 왔다. 집에서 멀지 않은 완월심상소학교에 나시 샀너니 일본국기 그림을 내놓고 무엇이냐 묻기에 '히노마루(日の丸)'라 대답했고 또 몇가지 그림을 가리키는 물음에 짧은

일본말로 대답했더니, 다음날 합격했으니 학교에 다니라는 연락이 왔다. 학교에 갔더니 연령이 차서 정식 입학한 학생들은 1학년 1반과 2반으로 편성되고, 나처럼 낙방했다가 입학이 허가된 아이들은 3반이라 하지 않고 '코오슈우까이(講習會)'라는 이상한 이름의 반으로 편성됐다. 작년까지는 학년마다 두 개 반으로 편성했는데, 1940년 올해부터 세 개 반으로 늘리면서, 이유가 무엇인지 모르지만, 셋째 반은 3반이라 하지 않고 '강습회'라 한 것이다. '코오슈우까이'라는 일본식 발음의 이 호칭이 대단히 싫었던 기억이다.

당시 인구 약 5만 명이던 마산에는 일본아이들만 다니는 초등학교로 신마산의 마산 심상소학교가 있었고, 조선아이들이 다니는 학교는 구마산의 성호 심상소학교와 신·구마산의 중간쯤에 내가 입학한 완월 심상소학교가 있었다. 확인해보지 않았지만 본래 성호 보통학교였던 성호 심상소학교는 역사가 꽤 오래된 듯하고, 일본아이들만 다닌 마산 심상소학교도 한일'합방' 전에 마산에서 출생한, 지금은 고인이 된 일본의 유명한 한국사학자 하따다 타까시(旗田巍) 교수가 다녔던 곳으로 추측건대 그 학교의 역사도 상당히 오래된 것으로 생각된다.

성호 심상소학교의 분교로 시작되었다고 들은 완월 심상소학교는 1940년에 입학한 내가 8회 졸업생인 걸로 기억하는 것으로 볼 때, 역사 깊은 학교는 아니었던 것이 확실하다. 뒤에야 알았는데, 코오슈우까이 반은 취학연령이 넘은 아이들과 나처럼 미달이면서도 입학을 원하는 아이들로 구성된, 말하자면 비정상적인 반이어서 3반이 아닌 그런 이름을 붙인 것이 아닌가 생각된다.

남녀 약 40명으로 기억되는 불균형한 학급은 5학년에 가서야 코오슈우까이라는 이름을 떼고 정식으로 3반이 되었다. 나같이 연령미달로 들어온 아이들은 초등학교 과정 6년을 다니는 동안, 취학연령이 지나 입

1953년에 다시 만난 '코오슈우까이' 동기생들. 저자는 뒷줄 왼쪽에서 다섯번째

학한 서너 살 많은 덩치 큰 급우들에게 얼마나 눌려 지냈는지 모른다.

　진주 강씨(晉州姜氏) 우리 집안의 경우 시조를 멀리 고구려시대의 강이식(姜以式) 장군에게까지 올려 잡기도 하지만, 확실한 시조는 고려중기 거란 침입 때 활약한 은렬공(殷烈公) 강민첨(姜民瞻) 님이며, 중시조는 조선왕조 연산군 무오사화(戊午士禍) 때 회령에 귀양 갔다가 중종 때 대사간을 지낸 초당공(草堂公) 강경서(姜景敍) 님이다. 임진왜란 때까지는 서울에서 산 것이 확실한데 임란 후에는 중앙정계에서 밀려난 것 같고, 이후에는 대대로 본관지 진주에서 산 반가(班家)의 후예이면서도, 근대화과정에서 철저히 몰락해서 1920년대 말경에 신흥도시 마산으로 옮긴 후에는 반농반로(半農半勞) 상태까지 전락한 집안이라 일본말을 할 수 있는 사람은 아무도 없었다.

　그런 집안의 장남이던 내가 소학교에 입학하기 전에 『천자문』은 떼고 『동몽선습』을 조금 읽은 것 같다고 앞서 말했지만, 일본말은 '히노마루' 등 극히 간단한 단어 몇가지를 아는 정도였던 것으로 기억된다. 1학년 때 담임선생은 성이 '야스다(安田)'였다고 기억되는 조금 연세가 지긋한 키 작고 안경을 낀 친절한 일본인 여선생이었다. 그래서 우리말을 전혀 모르는 일본인 담임선생의 말을 상당기간 거의 알아들을 수 없었다. 50자밖에 안 되는 일본 글자를 읽는 것은 쉬웠지만, 제일 곤란한 것은 선생님이 숙제를 내주거나 준비물을 말할 때 그 내용을 알아듣는 일이었다. 공무원이나 회사원 집안의 아이들은 나보다는 선생님의 말을 잘 알아들었고, 그래서 처음에는 그들의 도움을 많이 받았다.

6개월 정도 지나서야 선생님의 말을 대부분 알아들을 수 있게 되었다. 2학년 때던가 황군(皇軍)이라 한 일본군인에게 보내는 위문편지를 잘 썼다는 칭찬을 받기도 했고, 전교생이 모인 앞에서 일본말로 무슨 발표를 했던 기억도 있다. 입학하자마자 뜻도 모르고 배운 일본 노래 중 "기원(紀元)은 2천 6백년" 운운한 가사의 일부를 지금도 기억한다. 일본 역사가 오래되었음을 자랑하는 노래인데, 이처럼 제국주의 일본은 역사적 우월성을 강조하기 위해 조선보다 일본의 역사가 더 오래됐음을 강조하려 애쓰기도 했다. 실제로는 역사가 짧으면서도 저이들보다 역사가 더 오래고 전체 역사시대를 통해 문화적으로도 더 앞선 조선을 강제지배하려니 없던 역사도 만들어 더 오래된 것처럼 억지를 부린 것이라 하겠다.

얼마 전 발굴한 구석기가 위조된 것으로 밝혀진 일본의 유명한 고고학자의 일도 있지만, 제국주의시대 일본의 역사에는 사람이 아닌 '카미요(神代)'라는 신들이 다스린 '이상한' 시대가 있었다고 가르치기도 했다. 훗날 알았는데 1940년은 카미요시대를 뒤이어 사람으로서는 첫번째 천황인 '진무 텐노오(神武天皇)'가 즉위했다는 B.C. 660년으로부터

2600년이 되는 해여서, 이를 찬양하는 노래를 부르며 대대적인 행사를 벌인 것이다. 뒷날 일본의 어느 저널리즘 작가는 이 '기원 2600년 소동'으로 일본이 이성을 잃게 되었다고 했는데, 기원 2600년을 찬양한 노래는 결국 태평양전쟁 도발과 패망의 전주곡이 된 셈이다.

중일전쟁과 태평양전쟁을 도발한 때의 쇼오와(昭和) 천황은 전체 천황 중 124대째 된다 하고, 극성스런 제국주의 일본의 교육은 조선의 어린 초등학생들에게도 저이들 역대 천황의 이름을 줄줄 외우게 했다. 세월이 지나면서 지금은 일부 한국인과 특히 일본의 우익들이 제국주의 일본의 발악적 침략성을 모두 잊어버린 것 같지만, 어릴 때나마 그 시대를 겪어본 사람은 결코 그 잔악성을 잊을 수 없다. 일본제국주의자들이 그 침략성을 정당화하기 위해 만든 각종 노래들이 많다. 당시 평범한 식민지 조선 가정의 초등학생이었던 내가 그들이 만든 「애마행진곡(愛馬行進曲)」 등 군가의 가사와 곡을 지금도 기억하고 있을 정도니, 식민지 교육이 얼마나 철저했는지를 짐작하고도 남는다.

초등학교 6년 동안 담임선생은 조선사람과 일본인이 반반이었던 것으로 기억된다. 그러나 교장과 당시 교두(敎頭)라 불린 교감은 모두 일본인이었다. 무섭게 엄격했던 니까이도오(二階堂)라는 성의 교두선생과 키시(岸)라는 성의 6학년 때 남자 담임선생이 기억난다. 2학년 때도 아사가와(淺川)라는 일본인 여선생이 담임이었고, 3학년 때 처음으로 일본식으로 '창씨개명'한 성이 토요까와(豊川)인, 해방 후 알고 보니 노(盧)씨인 마산 고등여학교 출신의 젊은 조선 처녀선생이 담임이었다. 4학년 때의 담임선생은 왠지 전혀 기억나지 않고, 5학년 때는 일본식 성이 카네다(金田)인 조선 남자선생이 담임이었다. 이 카네다 선생은 해방 후 마산중학교 체육선생이 되었다.

초등학교 과정부터 제 말이 아닌, 알아들을 수 없는 남의 말로 교육을

태평양전쟁 때 군인출정행사에 동원된 소년들

받아야 했던 식민지 백성의 고충을 경험한 사람이 지금의 우리 사회 구성원 중 몇 퍼센트나 되는지 모르지만, 그런 고충을 겪은 사람과 겪지 않은 사람의 민족관이나 일본관은 다를 수밖에 없을 것이다. 일제강점기를 역사책을 통해서만 배운 사람과 짧은 기간이나마, 그리고 어릴 때지만, 그 시기를 실제 살아본 사람의 일제강점기에 대한 역사인식이 크게 다르다는 사실을, 특히 친일반민족행위 진상규명위원회 위원장으로서 반민족행위자 선정회의를 진행하면서 절실히 느낄 수 있었다. 젊은 위원들 중에서 "일제시대라 해도 '친일'과 '반민족'은 다르다"는 말이 나오자 놀라서, "전체 일제시기를 통해 일본은 우리의 적이었고, 따라서 그때의 친일행위자는 모두 이적행위자요 반민족행위자다"라고 강조하지 않을 수 없기도 했다.

역사적 관점으로는, 만약 일본제국주의의 한반도 지배가 적치(敵治)나 강제지배가 아니라고 하면, 의병전쟁 때부터 해방 때까지 온갖 희생을 하며 계속된 우리 민족의 독립투쟁은 합법적 통치권력에 저항한 불법행위가 되고 말기 때문이다. 역사학 연구자로서는 사용할 만한 학술용어가 아니잖느냐는 말을 들으면서도, 일제'식민지'시대라 하지 않고 일제'강점기'라 표현하는 데도 나름의 이유가 있다.

식민지배란 본래 유럽인들이 저들을 기준으로 해서 아메리카 대륙이나 아프리카 대륙 같은 '비문명지역'이라고 보던 곳을 지배하거나, 영국의 인도 지배나 프랑스의 베트남 지배와 같이 유럽문명이 아닌 '타문명지역'을 지배하는 것을 말한다. 그러나 일본의 조선 지배는 이들 어느 경우와도 분명히 다르다. 조선과 일본은 수천년간 같은 문화권 안에서 살아왔으며, 근대 이전까지의 동양문화권 안에서는 조선이 일본보다 문화적으로 앞섰고, 근대 서양문화 수용과정상의 차이도 그다지 큰 것이 아니었다.

다시 말하면 유럽 제국주의국가들의 '비문명지역'에 대한 지배나 '타문명지역'에 대한 지배가 아니었던 일본의 조선 지배는, 동질문화권에 대한, 비슷한 수준의 문화권에 대한 버겁고 힘겨운 지배였기 때문에 그 강제성이나 야만성이 훨씬 높을 수밖에 없었다고 할 것이다. 그것이 창씨개명이나 조선어 사용금지나 이른바 황민화정책 등 여느 식민지배와 다르게 민족말살을 기도한 강제지배 정책으로 나타난 것이라 할 수 있다.

그런 조건 아래서도, 일제강점기에 태어나서 제국주의식 교육밖에 받지 않았던 그때의 초등학생에게도 어느정도의 반일감정은 있었고, 대학생으로 학도병(學徒兵)에 끌려간 젊은이들 중에는 목숨을 걸고 광복군 진영으로 탈출하는 사람도 있었다. 전투지역에서 탈영하다 실패하면 바로 총살인데도…… 젊은이들이 왜 목숨을 걸고 탈출했겠는가. 그만큼 일본의 식민지배에 몸서리쳤고, 따라서 저항성이 컸다고 할 수 있다.

비록 끝자락이라 해도 일제강점기를 살아본 세대는, 경제대국에서 군사강국으로 가고 있는 지금의 일본이 상당부분 지난날 제국주의시대의 일본으로 돌아가는 것 아닌가 하는 우려가 있는데, 그 시대를 살아보지 않은 세대에도 그렇게 느껴지는지 의문이다. 또한 일제강점기가 지난 지 이미 60년 이상 되었다 해도, 그 시기를 끝자락이나마 살아본 사람에게서는 식민지개발론이니 식민지근대화론이니 하는 생각들이 감히 나올 수 없다는 생각이기도 하다.

국민학생으로 겪은 우리말 수난

국민학교(초등학교)에 들어간 초년에는 그래도 조선어 시간이 있었다. 그 시간에는 조선사람 선생님이 와서 가르치는데 책 내용은 "소가 가오" "모가 자라오" 식이었던 것으로 기억된다. 기록에 의하면 일본제국주의자들이 중일전쟁을 도발한 1937년부터 각급학교에서 조선어 교육을 폐지했다고 했는데, 나의 경우 1940년에 입학해서 다음해 태평양전쟁이 도발되기 전까진지 아니면 도발 조금 뒤까진지 정확하지 않으나 조선어를 배운 기억은 확실하다. 지금도 가끔 만나는 어느 국민학교 동기생에게 물어봤더니 2학년 때까지 조선어를 배운 것이 확실하다는 대답이었다. 2학년 때면 1941년이니까 태평양전쟁이 일어나던 해다. 지역과 학교에 따라 조선어교육 폐지 시기가 달랐는지도 모르겠다.

부모님은 일본지배하에서 학교교육은 전혀 받지 않은 분들이나, 짧은

1938년 4월부터 실시된 황국신민화교육. 초등학생들이 『일본어독본』을 읽고 있다.

한문 지식과 당시 '언문'이라 보통 불리던 한글은 깨쳤으며, 특히 어머니는 고담(古談)소설을 즐겨 읽으셨다. 『춘향전』『심청전』『흥부전』『홍길동전』 같은 고담소설은 말할 것 없고, 『조웅전』『유충렬전』 같은 군담소설도 많이 읽으셨고, 덕택에 나도 한글은 비교적 일찍 깨우쳤다. 세상 어느 누가 어머니에 대한 애틋한 기억이 없을까만 내 어머니는 특별한 분이었다. 어느 종교도 믿지 않던 분이면서 평생을 두고 아침마다 정한수를 떠놓고 자식의 건강과 성공을 위해 정성껏 비는 그런 분이었다.

태평양전쟁이 발발하자 조선어교육이 폐지됐다가, 해방을 맞은 1945년에 국민학교 6학년이 되어 『한글 첫걸음』으로 기억되는 교과서로 우리글을 다시 배우게 되었다. 한글학회에서 편찬한 교과서의 내용은 맞춤법 중심이었던 것 같고, 일제시기의 '소가 가오' 같은 내용과는 전혀 달랐다. 결국 우리 세대는 한글교육을 중학교 때부터 비로소 '정식으로'

받은 셈이다. 그러나 해방 직후에는 '홀능하다'였다가 '홀륭하다'로 되는 등 맞춤법이 자주 바뀌는 등 혼돈이 심했고 그래서 늘 맞춤법에는 자신이 없었는데, 지금은 컴퓨터가 해결해주어 얼마나 편한지 모른다.

태평양전쟁 시기에는 초등학생도 학교에서는 우리말 사용이 철저히 금지되었다. 몇학년 때부터인가는 기억이 분명치 않은데, '국어(일본어) 상용카드'란 것이 생겼다. 월요일 아침 학급 조회시간이면 담임선생에게 '국어상용카드'란 것을 10장인가 받았는데, 이후 일주일 동안 학교생활 중에 한마디라도 조선말을 하면 그것을 들은 학생에게 카드 한 장을 빼앗기는 교칙이 있었다. 토요일 종회시간에는 담임선생이 일주일 동안 누가 카드를 많이 빼앗고 빼앗겼는지를 조사하는데, 그 결과는 조행(操行)이라는 품행성적과 상급학교 진학에도 영향을 주기 마련이었다.

조선사람에게 초등학생에 대한 이같은 일본어 상용정책 강행은 정말 괴로운 일이었다. 특히 태평양전쟁기에 들어간 후에는 조선사람이라도 공무원이나 회사원 가정은 집에서도 일본어를 상용하다시피 했기 때문에 그런 집 아이들은 학교에서도 주로 국어상용카드를 빼앗는 축이었다. 한국전력 전신인 남선전기주식회사에 다니는 분이 옆집에 살았고, 그 집 아이들이 친구였다. 집안에서도 아버지와 일본어로 대화하는 그들은 학교에서 카드를 빼앗는 쪽이었지만, 집에서 조선어상용이던 나같은 학생은 카드를 빼앗기기 일쑤였다.

지금은 옛 모습이 완전히 사라지고 도시 한복판이 되었지만, 내가 태어나서 해방될 때까지 살았던 마을은, 마산중학교와 완월국민학교 앞쪽에 새로 조성된 마을이어서 흔히 '새 동네'라 불렸다. 20호 가량이 거주했는데, 동네어른들 중 일본말을 제대로 할 수 있던 사람은 남선전기주식회사 사원이던 분과 진주농업학교 출신이면서도 왠지 직업이 없던 또 한 분뿐이던 것으로 기억된다. 일본당국이 1년에 몇 번씩 대청소를 강행했는데, 일본인 순사가 청소결과를 검사하러 오거나, 행정업무차 일본인 관리가 마을에 오면 나 같은 상급반 소학생이 통역을 맡을 수밖에 없었다.

마을 앞에는 우리 논을 포함한 논밭들이 있었고, 뒤쪽에는 일본인들의 집 10여 채가 있었다. 그중 한 집은 변호사가 살았고, 또 한 집은 탱자나무 울타리가 둘러쳐진 꽤 넓은 채소농장을 가지고 있었다. 왠지 모르지만 우리가 '갈뱅이'라 부른 혼자 사는 일본인 남자노인이 처마 끝에 목매 죽은 것을 보고 기절할 뻔했던 기억이 생생하다. 집안에서 죽으면 썩어도 모를 것이기 때문에 일부러 그렇게 죽은 깃 같다고 어른들이 말했다.

말이 통하지 않아서인지 조선사람과 일본인 어른들 사이의 교제나 내왕은 전혀 없던 것 같으며, 아이들은 가끔 어울리기는 했지만, 그들의 집까지 가본 기억은 전혀 없다. 우리가 다닌 학교와 일본아이들이 다닌 학교가 달랐기 때문에 한동네 살면서도 일본아이들과 어울릴 기회는 적었다. 따라서 일제강점기 조선사람과 일본인이 함께 다닌 중학교를 경험하지 못한 나에게 그때 사귄 일본인 친구는 전혀 없다.

그렇게 강제로 배운 일본어인데도 해방 25년 후인 1970년, 일본에 처음 갔을 때 공항에 마중 나오기로 한 사람이 미처 오지 못해 토오꾜오 시내로 가는 교통편을 안내창구에 물으러 갔으나, 한마디도 나오지 않아 짧은 영어를 쓸 수밖에 없었다. 그뿐이 아니다. 우리말로 '하루 이틀 사흘'에 해당하는 일본말을 잊어버려 일본학자들과 대화나 특히 전화로 약속을 정할 때 대단히 어려웠던 기억이다.

일본에서 생활한 지 3개월쯤 지나서야 말이 조금 통하기 시작했으나, 일본의 패전 후 사반세기 동안 일본말이 어찌나 변했던지 어렵기는 마찬가지였다. 특히 높임말이 거의 없어져서 초면인데도 말을 놓는 경우

가 많았고, 외래어 사용이 부쩍 많아진 것도 다른 점이었다. 한번은 옷 세탁을 맡기려고 지나가는 학생에게 옛날에 배운 대로 '센따구야(洗濯屋)'가 어디 있는가를 물었으나 못 알아듣기에 빨래하는 시늉을 했더니 "아! 란도리(ランドリー?, laundry)데스까?" 하는 것이었다.

언어란 묘한 것이다. 해방 후 일본에서 귀국한 어느 동급생의 경우 귀국 당시는 우리말을 전혀 못했는데, 그후 우리말을 열심히 배우다보니 이번에는 일본말을 거의 잊어버리는 것이었다. 남의 강제지배를 받은 민족사회의 서글픈 한 단면이라고나 해야 할지……

지금도 일본에 가서 일본말 하는 거야 어쩔 수 없다 해도, 일본서 온 학자들을 우리땅에서 만나는데, 대부분이 우리말을 못하여 결국 일본말로 대화할 수밖에 없을 때는 마음이 편치 못하다. 더구나 옆에 제자나 젊은이라도 있으면 창피하기조차 하다. 끝자락이나마 일제강점기를 살아본 세대로서는 일본어가 식민지배에서 벗어난 지 반세기가 지난 지금까지도 하나의 외국어가 아니라 아직도 강제로 치욕스럽게 배운 식민모국어 그것이기 때문일 것이다.

한반도를 침략한 일본이 조선사람들의 고유한 제 말을 못 쓰게 하고 일본말 사용을 강제한 사실은 일본의 한반도 식민지배정책만이 가지는 하나의 특색이다. 그것은 같은 황색인종권과 같은 동양 3국 문화권 내에서 지배-피지배관계가 된 결과라 할 수 있다. '종족'은 다르면서도 강제로라도 하나의 '민족'으로 만들려 한, 즉 조선민족을 일본제국의 신민(臣民)으로 강제편입하려 한 가당찮은 정책이었다.

이같은 일본제국주의자들의 술수에 빠져 제 말과 성명을 버리고 일본말을 상용하고 일본식 성명을 가지면 뼛속까지 일본인이 되어, 그들의 지위를 그대로 누릴 수 있으리라 착각한 조선인들이 적지 않았다. 아직도 그같은 부끄러운 일에 대한 반성을 꺼려하면서 '선진국으로 도약

하자'는 말만 난무하는 현실에 할 말을 잃을 따름이다.

황민화정책 때문에 당한 '창씨개명'

일본제국주의자들이 조선사람들에게 일본식 성명을 강요한 이른바 '창씨개명'은 1940년에 있었지만, 지금도 일본인들이 하던 대로 예사롭게 창씨개명이란 용어를 쓰는 데는 불만이 있다. 일본제국주의자들이야 이것을 창씨개명(創氏改名) 즉 성을 새로 만들고 이름을 바꾸는 것이라 할 수 있지만, 조선사람 처지에서 보면 이는 조선식 성명을 빼앗기고 억지로 일본식 성명을 가지는 일이었다. 따라서 창씨개명이 아니라 '일본식 성명 가지기'가 올바른 용어일 것이다.

그리고 일제강점 말기에 창씨개명을 해 일본식 성명을 가진 사람은 모두 친일파인 반면, 끝까지 거부한 사람을 전부 '반일파'로 생각하는 사람도 있는데 실상은 그렇지 않았다. 악질 친일파 중에도 일본식 성명을 가지지 않은 사람이 있었고, 오히려 서민은 거의 일본식 성명을 가지지 않을 수 없는 역사적 현실이 숨어 있다. 또 '창씨'와 '개명', 즉 성과 이름을 모두 일본식으로 바꾼 경우도 있었고, '창씨'만 하고 즉 성만 일본식으로 바꾸고 '개명'은 하지 않은 경우도 많았다.

잘 알다시피 유명한 소설가 이광수(李光洙)는 '카야마 미쓰로오(香山光郎)'로 창씨와 개명 즉 성과 이름을 완전한 일본식으로 바꿔 창씨개명을 가장 철저히 해낸 대표적 예일 것이다. 구한말의 개화파 정객(政客)으로 유명한 윤치호(尹致昊)는 '이또오 찌꼬오(伊東致昊)'라 했는데, 이 경우는 창씨만 하고 개명은 안한 셈이다. 사람들이 그의 친일행각을 비꼬아 '이또오 찌꼬오'를 "이 똥 치워" 하며 놀렸다는 말도 있었다.

3·1독립선언문을 쓴 최남선(崔南善)은 제국주의 일본군부가 만든 괴뢰 만주국의 건국대학 교수를 지냈으며 조선사람 대학생들을 일본군대에 보내기 위한 학병권유 연설을 한 이유로, 해방 후 이광수와 함께 '반민특위'에 의해 구속되기도 했으나, 그는 창씨도 개명도 하지 않고 최남선으로 해방을 맞았다. 또한 조선사람들이 일본천황에게 충성을 맹서하기 위해 시시때때로 외워야 했던 '황국신민서사(皇國臣民誓詞)'라는 구호를 만들고 조선총독부의 도지사까지 지낸 김대우(金大羽)도, 친일 경제인으로 유명했던 한상용(韓相龍)도 창씨도 개명도 하지 않았듯이 그런 예는 많았다.

　구체적으로 조사해봐야겠지만, 아마도 조선사람이 일본식 성명을 가지게 하는 일이 강제가 아니라는 것을 국내외에 보이기 위해 창씨개명 하지 않아도 일본에 대한 충성이 의심되지 않는 자들, 특히 사회적으로 이름이 널리 알려진 친일파들에게는 강요하지 않은 것이 아닌가 생각한다. 그러나 일반서민이 창씨개명을 하지 않으면 여러가지로 어려움을 겪었다. 이른바 비국민(非國民)으로 취급되어 배급을 타기도 여행을 하기도 어려웠고, 학교에서도 여러모로 차별을 받고 곤욕을 치르게 마련이었으며, 심지어 아이들의 입학이 허가되지 않는 경우도 있었다.

　『족보(族譜)』『이조잔영(李朝殘影)』 등의 소설을 쓴 일본인 작가 카지야마 토시유끼(梶山季之)는 조선총독부 관리의 아들로 1930년 서울에서 태어나 일본이 패전할 때까지 살았기 때문에 일제강점 말기의 조선 사정을 잘 아는 사람이었다. 패전 후 일본에 돌아가 작가가 되어 쓴 소설 『족보』는 3개 사단의 1년치 군량미 쌀 2만석을 일본군에 헌납한 수원의 친일파 지주 설진영(薛鎭英)이라는 주인공이 창씨개명을 거부하다 끝내 자살하는 이야기로 창씨개명이 얼마나 강요됐는지를 실감나게 전해준다. 조선총독부 관리들의 온갖 설득과 강요에도 설진영은 굽히지 않았으나, 다섯 손자들이 창씨개명하지 않아 학교에 입학을 못하게 되자, 결국 손자들은 창씨하게 하고 자신은 설씨 성을 지킨 채 돌을 안고 우물에 빠져 죽는다. 그는 죽기 전 이런 글을 남겼다.

소화(昭和) 16년 9월 29일. 일본정부가 창씨개명을 강제함으로써―설씨 성이―단절되었다. 당주(堂主) 진영(鎭英)은 그것이 부끄러워 자손들에게 사죄하고 족보와 함께 스스로 목숨을 끊는다.

창씨도 이광수의 카야마(香山)와 같이 조선 성을 아예 없애고 완전히 일본식으로 바꾼 창씨가 있었는가 하면, 조선 성을 일본식 성의 일부로 남긴 '절반 창씨' 즉 최소한의 창씨도 있었다. 예를 들면 박씨(朴氏)들이 아라이(新井)라는 일본식 성으로 완전히 창씨하거나 보꾸모또(朴本)처럼 '눈물겹게도' 일부나마 본래의 조선성을 가지려 애쓴 절반 창씨 경우가 있다. 김씨가 카네모또(金本) 혹은 카네야마(金山)나 카나우미(金海)로 한 경우나, 이씨가 리노이에(李家)라 한 것도 절반 창씨한 경우인데, 해방 후 본래의 성씨에 붙은 글자 모또(本)나 야마(山), 우미(海), 이에(家) 등만 떼어버리면 바로 조선성이 되었다.

경상남도 진주가 본고장인 우리 일가(一家)들이 당시 마산에 20호 가량 살았다고 기억된다. 그중 일본교육을 받은 제법 유식한 족숙(族叔) 한 분의 발의로 마산의 우리 일가들은 강(姜)이라는 성씨에 밭전(田)자를 붙여 쿄오다(姜田)로 절반 창씨했다. 조선 성에다 다른 글자 한자를 붙여서 일본 성처럼 창씨하고 이름은 조선이름을 그대로 썼으니, 당시의 조선사람들이 택한 최소한의 창씨개명 방법이었다고나 할까……

그런가 하면 본관을 그대로 창씨한 성으로 한 경우도 많았다. 앞에서 말한 소학교 때의 담임선생 경우도 풍천 노씨(豊川盧氏)였기 때문에 토요가와(豊川)로 창씨했고, 김해 김씨의 경우 카나우미(金海)로 창씨한 경우도 많았다. 나중에야 알았지만, 경상남도의 사천군 곤양에 살던 종조부 집안은 창씨를 본관인 진양(晉陽, 晉州의 별명) 즉 '신요오'라 했다고 한다. 그러니 조부님 세대는 형제간에도 창씨한 성이 마산의 '쿄오다'와 사천의 '신요오'로 달라진 셈이다. 형제간에도 서로 의논 없이 할 만큼 일본식 성을 아무렇게나 지은 것이라 하겠다. 제 성을 못 지키고 '왜놈의 성'으로 바꾸는 것은 개자식이 되는 거나 다름없다 해서 이누까이(犬養, 일본에는 실제 이런 성이 있다)로 창씨하는 경우도 있었다고 들었다.

그런가 하면, 해방 후 월북한 신불출(申不出)이란 예명을 가진 유명한 만담가는 노랫가락처럼 '에하라 노하라(江原野原)'로 창씨개명했으나 허용되지 않았다는 말도 있었다. 최근에 들었는데, 고려 유신 정몽주(鄭夢周)의 일부 후손들은 조상의 죽음터인 선죽교를 기리고자 요시따께(善竹)로 창씨했다고 한다. '일본식 성'을 가질 수밖에 없는 상황이지만 최대한 조상의 기개를 드러내는 창씨를 선택한 저항심 같은 것이 엿보인다고 하겠다.

얼마 전 어느 일본 정치인이 일제강점기 조선사람들의 창씨개명은 자발적이었다는 망언을 했는데, '이누까이' '에하라 노하라' '요시따께' 같은 창씨개명이나 제 성의 일부나마 지키려 애쓴 '카나우미' '보꾸모또' '리노이에' 등의 창씨개명도 자발적인 것이란 말인가? 일본제국주의자들은 조선사람에게 창씨는 강요하면서도 개명은 강요하지 않았고, 결국 많은 조선사람들은 억지로 일본식 두 글자의 성으로 바꾸었다 해도 이름은 그대로 유지할 수 있었다. 발음이야 물론 일본식이었지만.

최근에 출판한 『創氏改名』(岩波書店 2008)이란 책을 보내준 일본의 한국사학자 미주노 나오끼(水野直樹) 교수에 따르면 창씨를 강요했으면서도 개명을 강요하지 않고 조선식 이름을 그냥 가지게 한 것은 창씨한 후의 조선사람과 일본인을 구분하기 위해서였다고 했다. 창씨개명을 강요한 목적이 조선사람을 모두 일본인으로 만드는 이른바 황국신민화에 있으면서도, 본래의 일본인과 창씨로 억지 일본인이 된 조선사람을 구분하고 차별할 필요는 있었던 것이다.

조선사람들에게 억지로 일본식 성명을 가지게 하고 일본말만을 사용하게 하여 조선사람을 '대일본제국'의 '신민'으로 만들려 하면서도 일본인은 '내지인'인 데 반해 조선인은 '외지인'이었다. 겉으로는 내선일체(內鮮一體) 운운 하면서도 조선사람에게는 참정권 같은 것은 주지 않은 어디까지나 식민지 백성 취급일 뿐이었다.

이같은 창씨 방식은 내선일체를 내세운 황민화정책의 주된 목적이 조선사람을 2등 일본국민으로 만들어 침략전쟁의 인력으로 쓰려 한 데 있었을 뿐 아니라, 성(姓)에 대한 기본 인식에서 조선과 일본이 다른 결과이기도 했다.

일본 서민들은 대개 '메이지유신' 이후에 성을 가지게 되었고, 그것도 산중에 살면 야마나까(山中)요, 밭 가운데 살면 타나까(田中)라 했으며, 수상의 지위에까지 오른 고위급의 친형제가 성이 서로 다르기도 했다. 그러나 현재에도 "성을 갈 놈"이 가장 심한 욕인 것처럼 조선사람은 성을 중히 여겼다. 이른바 '일의대수(一衣帶水)'라는 조선과 일본 사이의 동양 중세문화의 농도 차이라고 할 수 있을 것이다. 두 민족사회의 이같은 성씨의 내력과 그에 따른 인식의 차이를 무시하고 제국주의 침략정책의 일환으로 강행한 소위 황민화정책이 조선사람에게는 중하고도 중한 성을 일본식으로 바꾸게 하는 만행을 저지른 것이다.

1980년에 전두환정권의 횡포로 '해직교수'가 되었을 때, 지금은 고인이 된 전 토오꾜오대학 교수요 당시 토오꾜오여자대학 총장이자 『한국

창씨개명을 위해 경성부청 호적과 앞에 줄을 선 사람들

경제』의 저자로도 유명한 스미야 미끼오(隅谷三喜男) 선생의 초청으로 3개월간 그 대학에 가 있었을 때의 일이다. 총장 자택에 저녁식사 초대를 받아 한담하던 중, 스미야 총장이 조선에서 강(姜)이란 성은 언제부터 있었냐고 물었다. 고구려시대부터라는 설도 있지만, 고려 중기쯤부터는 확실히 있었다고 했더니 놀라는 표정이었다. 자신의 '스미야'란 성은 할아버지 때부터 가졌는데—그전에는 성이 없었다가—현재까지 일본 국내에서 같은 성을 가진 사람이 50명이 채 안 된다고 했다. 그러고는 "한국과 일본의 성씨에 대한 역사와 인식이 그렇게 다른데 지난날 일본제국주의자들이 조선사람들에게 '창씨개명'을 강요했으니……" 하고 개탄하는 것이었다.

연전에 친일반민족행위 진상규명위원회 위원장직을 맡아 자료를 보다가 어처구니없는 일을 발견했다. 소위 '한일합방조약'이 체결된 불과 두어 달 뒤에 성과 이름을 모두 일본식으로 바꾼 조선인들이 있었다는 사실이다. 조선총독부가 처음에는 이 약삭빠른 자들의 그야말로 자발적인 창씨개명을 용인했으나 그러다보니 조선사람과 일본인 사이의 구분이 없어진다 해서 곧 취소하는 소동이 벌어지기도 했다. 식민지 조선에서의 일본인과 조선사람 사이에는 월급 등에서 큰 차이가 있었기 때문이다.

그러나 1940년대 이후의 침략전쟁시기에 들어가면서 조선사람을 군인이나 군속(軍屬, 현재의 군무원)으로 동원해야겠는데, 성명이 다른 데서 오는 위화감을 없애려고 황민화니 내선일체니 하면서 조선사람 일반의 창씨개명을 강요하는 만행을 저지른 것이다. 미즈노 교수의 연구에 의하면 제국주의 일본의 경찰은 조선사람과 일본인의 구분이 명백해지지 않는다는 이유로 창씨개명을 달가워하지 않았다고 한다. 일본 경찰의 경우 조선사람을 2등 일본인으로 만드는 것조차 싫어했으며, 그들을 식민지백성 '조센징(朝鮮人)'으로 그대로 두기를 원했다고나 할까.

영국의 인도 식민지배와 프랑스의 베트남 식민지배의 경우는 제 말을 금지하거나 성씨를 영국식이나 프랑스식으로 바꾸게 강요하지는 않은 반면, 일본의 한반도 지배정책은 특히 야만적이었다. 이미 언급했지만 일본의 조선 지배가 여느 식민지배와 달리 같은 문화권 안에서 자행된, 일반적 식민지배와 다른 '강제지배'였기 때문이었다. 수천년 동안 같은 문화권 안에서 살아온 조선사람들에 대한 식민지배는, 특히 문화적인 면에서 일본인들의 능력에 버거운 일이었기 때문에, 여느 지배와 다르게 일본의 식민지배가 가혹하게 되었다고 할 것이다.

국민학생으로서 겪은 '대동아전쟁'

초등학교 2학년 때 일본인들이 '대동아전쟁'이라 부른 태평양전쟁을 도발했고 전쟁 초에는 일본군이 연전연승한다고 야단이었다. 일본제국주의자들은 대동아전쟁이 아시아를 유럽제국주의 침략으로부터 해방시키기 위한 전쟁이라고 했다. 조선과 만주와 대만을 저들의 가혹한 식민통치 아래 둔 채 도발한 대동아전쟁이 아시아인의 해방을 위한 전쟁이라 떠벌린 것이다.

하와이 진주만 기습작전에서 전사했다는 9명인가를 군신(軍神)으로 찬양한 노래를 배우기도 했던 것 같고, 일본군이 고무가 많이 생산되는 (당시는 말레이시아의 일부이던) 싱가포르를 함락한 기념으로 초등학생들에게 고무공을 하나씩 주어 학교 운동장이 온통 고무공 천지였고, 말레이시아 고무로 만들었다는 운동화가 학생들에게 지급되기도 했다.

그 무렵부터 조회시간에는 일본 천황이 산다는 동쪽을 향해 허리를 90도로 꺾는 '사이께이레이(最敬禮)'를 하고, 수업이 시작되기 전에 메이지(明治) 천황이 읊었다는 와까(和歌)인가 하는 일본식 시조를 낭송해야 했다. 교정 한쪽에는 호오안덴(奉安殿)이라 해서 일본천황의 사진과 그가 내린 칙어(勅語, 포고문)를 보관하는 건물이 따로 있었고, 학생들은 그 앞을 지날 때마다 몸을 단정히 해야 했다.

일본이 태평양전쟁을 도발한 1941년 12월 8일을 기념해 매달 8일이면 '타이쇼오호오따이비(大詔奉戴日)'라 부르는 예식이 있었고, 무슨 기념일마다 신마산 숲속에 있는 신사(神社)에 참배해야 했으며, 일본의 조상신이라는 아마떼라스 오오미까미(天照大神)의 종이 위패를 조선사람들의 집에까지 모시도록 강요하기도 했다.

46

당시의 서민살림 대부분이 그랬지만, 우리집에는 라디오가 없었고, 20여 호 되는 마을에서 유일하게 남선전기회사 다니는 옆집에만 라디오가 있었다. 대동아전쟁 작전본부인 타이혼에이(大本營)는 계속 일본군이 이긴다고 발표하는데도 상황은 점점 나빠졌다. 뒷날에 알았지만 전쟁말기로 가면서 타이혼에이 발표는 대부분 거짓이었다.

국민학교 운동장은 중앙의 좁은 길만 빼고 모두 학생들의 노력동원으로 식량생산을 위한 밭으로 변했고, 소학생들도 등교할 때 퇴비용 풀을 지고 가야 했다. 때로는 수업을 중단하고 산에 가서 소나무를 흠집내어 송진을 따야 했는가 하면, 나무에 올라가서 송진가시를 베어나 바쳐야 했다. 그 송진에서 비행기 연료가 나온다고 했다. 흔히 지적되듯이 가정마다에서 제기(祭器)와 생활용기인 놋그릇이 공출(供出)되었고, 식량이 배급제가 되면서 만주산 콩깻묵이 주어지는가 하면 조선 쌀은 모두 군량미로 가져가고 찰기가 전혀 없는 안남미(安南米)가 배급되었다.

이웃의 일본인 가정에는 가끔 설탕이 배급된다고 들었으나 조선사람에게는 주어지지 않았다. 운동화 지급은 벌써 끝났고, 학교 공작시간에는 '조오리(草履)'라는 일본식 짚신 삼는 법을 배웠다. 실제로 조오리를 만들어 신고 다니기도 했다. 조선청년들이 처음에는 지원병으로, 다음에는 징병으로 일본군대에 입대하게 되면, 그 집에는 며칠 전부터 높은 깃발이 세워지고 축하잔치가 벌어졌다. 학교에서는 조선사람도 일본천황의 군인이 될 수 있게 되어 영광이라고 가르쳤다.

조선여인들도 길거리에 나서서 출정군인이 몸에 두르면 총알이 피해간다는 '센닌바리(千人針)'를 만들었다. 어리석기 짝이 없지만 그런 것이 통하는 세상이었다고나 할까. 두어 살 위의 이웃 여자애들이 군인들의 시따지끼(下敷, 밑받침)가 된다는 '데이신따이(挺身隊, 정신대)'로 끌려가는 것을 피하기 위해 어린 나이에 시집가는 상황이 벌어지기도 했다.

유명한 결핵병원이 있는 신마산 끝자락에 일본군의 제72중포병부대가 있었는데, 그곳에 미국 항공기 공격에 대비해 고사포 진지를 구축했다. 그 공사에 동원되어 길게 줄서서 모래와 돌을 나르기도 했는데, 초등학생까지 전쟁노동력으로 동원했다면 패전이 눈앞에 닥친 것이었겠지만, 우리는 전혀 눈치채지 못했다.

그러던 어느날 새벽에 천지가 진동하는 엄청난 폭음이 울렸다. 온 동네 사람들이 혼비백산해서 공습에 대비해 미리 마련해둔 비상식량과 약품 등이 담긴 배낭을 메고 뒷산으로 도망갔다. 마산 앞바다에 지금은 유람공원이 된 돝섬이란 섬이 있는데, 미국의 B29 비행기가 그것을 군함으로 오인해서 폭격한 것이다. 아마 태평양전쟁 때 조선 땅에서 유일한 B29의 폭격이 아니었던가 한다. 폭격 흔적이 크게 남았었는데 지금은 어떤지 모르겠다.

학교와 집집마다 방공호를 파야 했고, 부인네들까지 '몸뻬'라는 통 넓은 바지를 입고 애국반이나 동회에서 실시하는 방공연습에 동원되어야 했으며, 자주 애국반상회가 열렸고 애국공채(愛國公債)를 사야 했다. 중학생만 되어도 전투모를 쓰고 '게에또루(ゲートル)'라는 긴 천으로 된 각반(脚絆)을 다리에 감고 다녀야 했으며, 국민학생들도 아침마다 대오를 지어 군가를 부르며 등교해야 했다.

훗날에야 알았지만 식민지 조선에서의 이른바 전시체제하의 여러 통제는 실제로 일본 본토보다 훨씬 심했다. 예를 들면 조선에서는 전문학교 교수 같은 지식인도 머리를 빡빡 깎고 국방복이라는 군복 비슷한 것을 입어야 했지만, 정작 일본 본토에서는 그렇지 않았다고 한다. 일본제국주의자들이 중세시대까지만 해도 제 나라보다 문화수준이 높았던 조선을 근대에 와서 강제로 지배하기도 벅찼는데, 함부로 벌인 침략전쟁이 확대되면서 그런 조선사람에게 총을 주어 전쟁에까지 동원하게 되었으니, 이를 위한 사전통제가 극심할 수밖에 없었을 것이다.

"너는 조선사람이다. 아느냐?"

애국반은 따로 편성되었지만, 한 동네에 일본인들이 살았고 그 아이들과도 가끔 어울려 놀기도 했다. 그러나 은연중 경쟁하는 마음이 많았고 친근하게 지내지는 못했는지 지금 그 아이들의 이름이 하나도 기억나지는 않는다. 싱투 때문에 일본 순사에게 곤욕을 치른 일이 있었다는, 내가 아홉살 때 돌아가신 할아버지에게 가장 더러운 것 가장 나쁜 것을 의미하는 표현이 '왜놈 똥'이었다. 그런 영향이 어린 손자에게 조금은 미쳤는지도 모른다.

해방 후에도 상당기간 우리 세대에는 계속 '왜식집'이었지 '일식집'이 아니었다. 그러던 것이 언제부턴가 모두 일식집이 되어버렸는데, 지금도 어쩌다 왜식집이라 할 때가 있고 가끔은 왜놈 소리가 나올 때도 있다. 그러지 말아야지 하면서도 잘 고쳐지지 않으니 '역시 구세대구나' 하고 자인하게도 된다.

태평양전쟁 말기는 이른바 전시체제하여서 국민학교에서도 사상통제가 심했다. 그런 속에서도 조선사람 선생님과 방과 후 교실치장 같은 것을 위해 남았을 때, 조선말로 조용히 "너는 조선사람이다. 알지?" 하는 선생님의 말을 듣고 놀랐던 기억도 있다. 가혹한 제국주의 전시체제 아래서 가르치는 아이들의 생각과 행동이 모두 일본인이 되어가는 데 대한 민족적 우려심에서, 위험을 무릅쓰고도 하지 않을 수 없었던 일깨움의 말이었을 게다.

"너는 조선사람이다"라는 말에서 생각나는 일이 있다. 요사이 일제강점기의 우리나라 사람을 가리키면서 '한국인' 하는 경우가 있는데, 일제강점기에는 한국인이란 호칭은 없었다고 생각된다. 일본인들이 조선사람들을 멸시하는 호칭으로 '조센징' 하면 싫어한 것은 사실이다. 그래서인지 해외동포사회에서는 구한말 대한제국 때를 연상하며 '한인(韓人)'이라 하기도 했고, 만주에도 재만한인조국광복회가 있었지만, 국내에서는 조선사람 혹은 조선인이라고만 했다고 기억된다. 일제강점기를 초등학생으로 보낸 세대는 당시의 우리땅에 대한 호칭은 조선밖에 몰랐고, 한국이니 한인이니 하는 말은 해방 후 1948년 대한민국이 수립되면서 비로소 듣게 되었다고 생각한다. 따라서 처음에는 조선 이외에 한국이니 한인이니 하는 호칭이 어색하기조차 했던 기억이다.

비밀스런 어른들의 이야기를 통해 일본인들이 '가정부(假政府)'라 부르던 임시정부의 존재는 들은 것 같은 기억은 있지만, 대한민국임시정부라는 정식명칭은 몰랐다. 김구(金九) 주석의 이름도 해방 후에야 들은 것으로 기억된다. 미국에 있다는 이승만(李承晚) 박사가 '미국의 소리'인가 하는 라디오방송을 통해 미국이 조선에는 폭격하지 않기로 했으니 안심하라 했다는 말을 어른들을 통해 전해들은 기억이 분명하다.

그리고 '만주'에서 김일성(金日成)이라는 우리 독립군 장군이 축지법을 쓰는데 하룻밤에 몇백리를 가고 도처에 신출귀몰해서 일본군이 쩔쩔맨다는 말도 들었다. 보천보전투가 1937년의 일이고 동아일보 등 국내신문에서 크게 보도했기 때문에 태평양전쟁 시기의 초등학생들도 그런 소문을 들을 수 있던 것이 아닌가 생각된다. 이제는 몇 사람 남지 않은 초등학교 동기동창생들이 어쩌다 만나면 지금도 화제가 되곤 하는데, 이 무렵 마산 완월국민학교에는 미국 비행기의 '대규모 폭격설사건'이 있었고, 그 때문에 어린 학생들이 심한 곤욕을 치르기도 했다.

이승만 박사가 라디오방송을 통해 조선에는 폭격이 없을 것이라 했다는데도, 아마 태평양전쟁 막바지인 1945년 전반기쯤이 아니었던가 하는데, 몇월인가는 기억할 수 없지만, 25일인가에 미국이 조선에 대해 대규모 폭격을 한다더라는 소문이 학교 안에 쫙 퍼졌다. 초등학생에게 도 방첩교육을 강화하는 때였는데도 이 소문이 어찌나 심하게 퍼졌던 지, 그리고 그 때문에 학교 분위기가 얼마나 흉흉했던지, 결국 긴 칼을 차고 다니던 그 무서운 일본헌병들이 학교에 와서 주로 상급반 학생을 한 사람 한 사람 불러 심문하는 상황이 벌어졌다. "너는 누구에게서 대 규모 폭격설을 들었느냐"가 주된 심문이었다고 기억되는데, 심문자의 기대와는 달리 들었다는 상대가 교외로 나가지는 않고 교내나 학급 안 에서 맴돌기만 했다. 결국 6학년의 덩치 큰 몇명은, 그 앞을 지나다니기 도 겁나던 신마산의 붉은 벽돌집 헌병대까지 연행되어 심한 추궁을 받 기도 했다는 기억이다.

같은 무렵 완월국민학교 바로 위에 있는 마산중학교 학생들의 독서 회 그룹이 유엔군에 국내정보를 제공하려 했다는 혐의로 잡혀가서 고 통받은 일도 있었다. 그중의 한 사람이던 옆집 하숙생은 해방이 되어서 야 출옥했다. 아직 가보지 못했지만, 몇년 전에 이 사건을 기념하기 위 해 마산고등학교 교정에 내가 써준 글을 실은 기념탑이 세워졌고, 그중 몇 사람은 정부에 의해 독립유공자로 포상되었다고 들었다.

일본제국주의자들의 사회통제가 혹심했던 태평양전쟁 말기의 초등 학교나 중학교에도 이 정도의 민족의식은 살아있었던 것이다. 써준 원 문보다 한자가 훨씬 많아진 것 같은 탑문을 여기에 옮겨둔다.

항일운동기념탑(抗日運動紀念塔)

일본제국주의가 이 땅에서 마지막 발악을 할 때, 재학생의 4할이 조선사람 이었던 마산공립중학교(馬山公立中學校)에서도 드디어 항일(抗日)의 불씨가 피어올랐다.

민족의 해방을 대비하면서 민족적 자존심을 세우고 연합군(聯合軍)에게 일제의 군사정보를 제공하기 위해 1943년 5기(期) 김희구(金喜久) 조우식(曺友植) 동문이 경남학생건국회(慶南學生建國會)란 비밀결사를 조직하여 활동하다 체포되어 악명 높았던 치안유지법(治安維持法) 위반으로 인천형무소에서 복역중(服役中) 김희구(金喜久) 동문은 모진 고문 끝에 옥사(獄死)하고 조우식(曺友植) 동문은 조국광복과 함께 석방되었다.

그리고, 1944년에는 7기 김학득(金鶴得), 강순중(姜淳中)과 8기 박기병(朴基秉), 박후식(朴厚植), 감영재(甘泳才), 조이섭(曺二燮), 강정중(姜正中) 동문은 해외 독립운동 상황과 정보를 입수하는 한편 가능한 시기에 외국에 탈출하여 독립운동에 투신할 목적으로 마중독립단(馬中獨立團)을 결사(結社)하여 활동하다 그해 7월에 발각되어 치안유지법(治安維持法) 위반으로 13개월 동안 마산형무소에서 옥고를 치르다가 8·15해방으로 석방되었다.

민족을 사랑하고 그 존엄성을 지키려는 젊은이들의 기개(氣慨)와 희생이야말로 민족의 장래를 지탱하는 주춧돌이요 기둥이다. 몸을 던져 일제의 폭압에 항거한 동문들의 투철한 민족애(民族愛)가 이곳을 거쳐 가는 뒷사람들에게 영원히 이어지기 바라면서 그 이름을 새겨 모교(母校)의 뜰에 탑(塔)을 세우다.

고려대학교 교수 강만길(姜萬吉) (11회) 짓고
경남대학교 교수 신동효(申東孝) (36회) 만들어

초등학교 6학년생이 가졌었다고 기억되는, 그러나 막연했다고 생각되는 반일감정이 어디서 왔는지, 그때로부터 60여 년이 지난 지금에는 꼬집어 말하기 어렵다. 그러면서도 분명한 것은 왜 우리가 일본인이 하라는 대로 하면서 살아야 하는지, 왜 학교에서 우리말을 쓰면 벌을 받는지, 해외에는 이승만이나 김일성 같은 사람이 얼마나 있는지 등에 대해 집에서도 학교에서도 아무도 정확히 말해주는 사람이 없었다는 사실이다.

모르긴 해도 해방이 되지 않고 국민학교를 졸업했다면, 조선사람과 일본인의 입학비율이 4대 6이었던 것으로 기억되는 마산중학교에 진학하는 것은 어려웠을 것이다. 입학해봐야 학교생활의 대부분이 군사훈련이었지만. 결국 앞서 졸업한 사람들의 일부가 갔다는 소년항공병양성소쯤에나 가지 않았을까. 그러다가 전쟁이 더 계속되었다면 저 야만적인 카미까제(神風) 특공대원이 되었을지도 모르고……

1990년엔가 일본 큐우슈우(九州)의 남쪽 끝 '치란(知覽)'이란 곳의 카미까제특공대 발진기지를 일부러 가본 일이 있다. 기념관에 2000여 젊은 희생자의 사진과 유서 등이 전시되어 있는데 그 가운데 조선 젊은이도 10여 명이 있었던 것으로 기억된다. 특공대로 간 사람들이 살았다면 같은 나이였을 것으로 보이는 설명자는 특공대로 나가 죽은 젊은이들의 애국심을 강조하면서 조선인도 대만인도 함께 싸웠다고 자랑스레 말하고 있었다. 우리 역사가 이들 카미까제특공대로 희생된 조선 젊은이들을 두고 무어라 설명해야 할지, 명색 역사학 전공자이면서도 쉽게 할 말을 찾기 어려웠다.

돌아와서 신문칼럼에 치란에서 본 조선인 카미까제특공대 희생자의 이야기를 썼더니 그것을 읽은 어느 유가족이 찾아왔다. 연희전문학교를 다니던 시동생인가가 일본인 체육선생의 꾐에 빠져 지원했다가 죽었는데, 지금은 어디에도 하소연할 곳이 없는 점이 한스럽다는 것이었다. 조선청년으로서는 처음으로 특공대로 나가 희생된 것으로 되었던 개성 출신 마쓰이 고쪼오(松井伍長) 이야기가 생각난다. 그의 용감한 죽음에 대해 신문들이 떠들고 학교에서도 반드시 본받아야 할 의인으로 강조되었던 기억이 생생하다.

　훗날에야 알았지만, 서정주(徐廷柱) 같은 시인이 마쓰이 고쪼오의 죽음을 찬양하는 시를 쓰기도 했다는데, 그는 전사하지 않고 포로가 되었다가 해방 후 귀환했다고 들었다. 그는 살아서 돌아왔다지만, 카미까제 특공대로 또 소위 B·C급 전범으로 희생된 조선인들에 대해 어떤 형태로건 우리 역사는 눈감지 말아야 한다는 생각이다.

　태평양전쟁 막바지경에 포로감시원 모집에 응해서 난양(南洋)지방으로 가는 이웃 청년들이 있었다. 이들 중에는 연합군 포로들에게 가혹행위를 했다 해서 일본이 패전한 직후 현지재판에서 죽음을 당한 사람들이 있었다. 국내에서는 조선사람도 여러가지 형태로 일본의 침략전쟁에 협조하지 않을 수 없었지만, 국외에서는 우리 임시정부가 대일선전포고를 했고, 조선의용군 및 동북항일연군 안의 조선인민혁명군이 중국 각지에서 일본군과 전투를 하고 있었다. 국내에서도 여운형(呂運亨) 중심의 건국동맹이 비밀리에 조직되어 활동했고, 조선어학회 사건 등이 있었는가 하면, 많은 항일 내지 반일운동가들이 옥중에 있었다.

　그러나 그런 일을 아무도 말해주지 않아서 전혀 모르던 초등학교 6학년생은 일본어 상용에 열중하면서 침략전쟁을 위한 노력동원에 끌려다녔는가 하면 미군의 '대규모 폭격설'에 시달리기만 했다. 불과 열 살 정도 더 많은 동포 젊은이들이 지원병이나 징병으로 침략전쟁에 동원될 때 일본 국기를 들고 나가 '캇떼 쿠루조또'(이기고 오리라고) 어쩌고 하는 일본 군가를 소리높이 부르며 환송하기도 한 기억도 있다. 그러나 전쟁 막바지에 학도병으로 끌려간 대학생 중 일부가 목숨을 걸고 광복군이나 조선의용군 쪽으로 탈출한 사실 등은 물론 전혀 알 길이 없었다. 겨울에도 눈이 드문 곳이긴 하지만 어쩌다 일본아이들과 눈싸움이라도 하게 되면 기를 쓰고 이기려 했던 기억들이 남아 있을 뿐이다.

국민학교 6학년 때
해방을 맞은
이야기

'느닷없이' 닥친 민족해방이라니

뒷날 우리 근현대사 전공자가 되어 1945년 해방 당시의 기록들을 읽음으로써 알게 되었지만, 당시 우리 사회의 민족지도자란 사람들이 남긴 기록에는 해방이 '느닷없이' 왔다고 쓴 경우가 많았다. 그런가 하면 같은 시기에 앞에서 든 비문에서 보듯이 일제 파쇼체제 아래서 어린 중학생들이 학생건국회 및 중학생독립단 등을 조직했다가 발각되어 목숨을 잃거나 옥고를 치르기도 했다.

그뿐만 아니다. 일본의 학도병으로 끌려갔다가 전투지역에서 목숨을 걸고 광복진영으로 탈출한 대학생들 중에는, 학도병으로 나가면서 가족들에게 전선에서 보내는 편지에 어떤 구절이 있으면 탈출한 줄 알라고 미리 약속했다는 기록이 있기도 하다. 비밀결사를 했다가 옥고를 치르고 목숨을 잃거나 광복진영으로의 탈출을 각오하면서 침략전쟁에 끌려간 젊은이들이 있었고, '해방정국'에 나선 그 많은 국내지도자들 대부분이 해방을 '느닷없이' 맞았다는 두 사실을 두고 우리 역사가 어떻게

해방은 '느닷없이' 찾아왔다.
1945년 8월 15일 서울 역 앞

설명해야 할지 의문이 아닐 수 없다.

다시 말해, 비밀결사로 목숨을 잃거나 학도병으로 끌려가서 목숨을 걸고 탈출한 젊은이들의 시대인식은 어디에서 왔으며, 해방이 언제 어떤 형태로 올지 또 그것을 위해 무엇을 어떻게 해야 할지 모르고 있다가 '느닷없이' 맞았다는 국내지도자들의 시대인식은 왜 그 정도에 머물고 있었는지 궁금하지 않을 수 없다.

같은 국내의 지도자이면서도 이러한 사람들이 있는가 하면, 그 엄혹했던 파쇼 전시체제 아래서도 건국동맹이란 비밀조직을 만들어 해방에 대비했던 여운형 같은 사람도 있었는데, 그는 왜 해방된 땅에서 비명의 죽음을 당해야 했는지, 우리 역사는 그같은 사실만 전할 것이 아니라 이에 대한 분명한 까닭도 밝혀야 한다는 생각이다.

아무 준비도 대책도 없이 해방을 느닷없이 맞은 정치지도자들에 의해 요리된 해방 후의 정국이 결국 어디로 가고 말았는가. 분단이라는 또 하나의 민족적 비극을 가져오고 말지 않았는가. 결국 민족분단으로 치달은 '해방공간'에서의 정국정세의 추이와 대부분의 민족지도자들이 해방을 '느닷없이' 맞은 사실과는 어떤 인과관계가 있는지 등의 문제는 우리 역사학이 명백히 밝혀야 하지 않을까 생각한다.

나 같은 초등학교 6학년생에게 해방은 '느닷없이' 정도를 넘어, 무엇인지 모르지만 하루아침에 세상이 온통 뒤집혀버렸으면서도 그 발광하듯 뒤집힌 세상이 어디로 어떻게 나아갈지 아무도 모르는 그야말로 '혼돈' 그 자체였다고 할 수밖에 없다. 농촌에 사는 친지들이 거름장군 안에 숨겨다준 곡식에 감지덕지할 만큼 식량난에 허덕이는 현실이면서도, 모르긴 해도 서슬이 시퍼렇던 일본제국주의가 그리 쉽게 망하리라 생각한 이 땅의 서민은 별로 없지 않았을까 한다. 하기야 해방정국에서 마구 쏟아지던 자칭 민족지도자들도 대부분 그랬으니 서민 일반이야 더 말할 나위가 없는 것은 당연했다 할 것이다.

일본군이 몇몇 전투에서 전멸을 뜻하는 '교꾸사이(玉碎)'했다는 소식을 이웃집 라디오나 학교에서 듣기는 했지만, 일본제국주의 교육만 받고 살아온 초등학생의 식견으로는 '대일본제국'이 전쟁에서 지리라고는 전혀 예상치 못했다. 1945년의 8월 15일이 마침 여름방학 때여서 집에 있었기 때문에 일본천황이 소위 '옥음(玉音)방송'인가를 한다는 사실도 몰랐다. 따라서 그런 방송을 통해 일본의 항복이 공포됐다는 사실도 낭일에는 전혀 놀랐나.

다음날인 8월 16일부터 어른 아이 할 것 없이 온 동네가 야단이 났었다. 일장기의 절반을 검은 먹물로 칠해서 태극을 그리고 4괘라는 것을 그려넣은 깃발을 흔들고 다니면서 그것이 일장기가 아닌 우리 국기라 했는데, 물론 평생 처음 보는 '급조' 태극기였다.

남자들은 국방복을, 여자들은 몸뻬를 벗어버리고 모두 흰 바지저고리와 치마저고리를 입고 나섰다. 입성에서도 마치 일장기를 버리고 태극기를 찾아냄으로써 해방된 것이라고나 할까. 꽹과리와 징을 치며 흥분한 어른들의 행렬을 따라다니면서 해방이란 것이 구체적으로 무엇인지, 우리의 앞날이 어떻게 되는 건지 초등학교 6학년생으로서는 도무지 알 수 없었다.

다만 한 가지 분명한 것은 전쟁에 패한 적이 없다며 그렇게도 서슬이 퍼래서 날뛰며 천년만년 갈 것 같던, '신꼬꾸(神國)'라던 '대일본제국'이 하루아침에 속절없이 망해버렸다는 사실이었다. 거리에서 일본인, 특히 칼을 차고 호기 부리던, 우는 아이도 울음을 멈추게 하는, 그저 무섭기만 했던 일본 순사의 모습을 볼 수 없는 것이 그 사실을 실증해주고 있었다. 방학 때라 학교의 변화를 당장 실감할 수는 없었다.

급조한 태극기를 흔들고 꽹과리를 치며 흥분하던 동네사람들이 그 흥분을 다소 가라앉힌 다음에는 어느새 한곳으로 몰려가기 시작했다. 그곳은 시청 아래쪽 바닷가 근처의 대규모 미곡(米穀)창고였다. 해방 당시 인구 약 5만 명의 해안도시 마산은 예부터 조선사람이 살던 조선왕조시대의 합포조창(合浦漕倉)이 있던 구마산과 구한말 개항 이후 일본인들이 와서 개발한 신마산 지역으로 선명히 나뉘어 있었다.

옛날 고려와 몽골 연합군이 일본을 공격할 때 사용했다는 유서깊은 몽고정(蒙古井)이 있는 곳이며, 훗날 세워진 4·18민주항쟁기념탑 바로 옆에 높은 기차철교가 있는데, 지금의 기억으로는 대체로 그 철교가 구마산과 신마산을 구분하는 경계가 아니었던가 한다. 일제강점 말기에는 신마산의 시청사 아래쪽 바닷가에 조선미곡창고 주식회사의 대규모 창고건물이 여러 개 있었고, 중일전쟁과 태평양전쟁 시기로 오면서 그 안에 군량미가 보관되고 있었다.

일본의 침략전쟁 말기에 콩깻묵과 찰기가 전혀 없는 안남미로 겨우 연명하던 조선사람들이 일본의 항복을 안 후에는, 이 창고로 몰려가서 앞다투어 쌀을 가져가는 것이었다. 그런데도 일본 군인과 경찰은 속수무책이었다. 손수레와 소달구지 등을 동원한 군량미 '약탈'이 자행된 며칠 후부터는 검은 제복에 완장을 두른 조선사람 치안대—해방 직후 성립된 여운형 중심 건국준비위원회(建國準備委員會)의 치안대였을까?—가 활동하게 됨으로써 쌀 '약탈'은 일단 멈추어졌다.

패전과 함께 조선총독부는 약 80만 명의 조선내 일본인의 안전을 보장받기 위해 여운형 중심의 건국준비위원회에 치안권을 일단 넘기려했다가 곧 중지하고 미군이 진주할 때까지 저들이 치안권을 유지하게 되는데, 이 과정에 대한 지방의 실정에 대해서는 어릴 때 일이라 특별한 기억이 없다.

즉 마산의 경우 검은 제복에 완장을 두르고 식량 '약탈'을 막았던 조선사람 치안대가 계속 치안활동을 했는지, 아니면 일본경찰이 다시 치안권을 회복했는지, 뒷날 미군정이 치안권을 받아낸 것이 조선사람 치안대로부터였는지 아니면 일본경찰로부터였는지 어릴 때 일이라 전혀 알지 못한다. 해방 직후 전국적으로 인민위원회(人民委員會)가 성립되어 치안과 행정을 담당하다가 미군이 상륙하여 군정을 실시하게 됨으로써 각 지방의 치안권 및 행정권이 미군정으로 넘어갔다는 연구들이 있지만, 마산 같은 도시지역의 경우 해방 직후의 치안권과 행정권이 어떤 형태였는지, 초등학교 6학년 때의 일이라 기억하지 못한다.

'만주'에 살던 어느 일본 여인이 패전 후 북한 땅을 거쳐 일본으로 귀환한 내력을 쓴 『흐르는 별은 살아있다』를 훗날 읽고 알았지만, 만주와 38선 이북에서 제 나라로 귀환한 일본인들은 상당한 어려움을 당한 것 같았다. 역시 훗날에 읽었지만, 일본제국주의 시기 만주지방에 진출했던 일본인들이 패전 후 귀국하면서 버리고 간 고아들의 이야기를 쓴 소설 『대지의 아들』에는 패전국민 일본인들이 겪은 처참한 이야기가 담겨 있다.

그러나 38선 이남의 경우 일본인들은 미군이 진주할 때까지 조선총독부가 치안권을 유지하고 있었기 때문에 별 어려움 없이 제 나라로 돌아갈 수 있었던 것이 아닌가 한다. 뒷날에야 알려졌지만 패전 후의 조선군사령부가 오끼나와(沖繩)에서 장차 조선에 진주할 미군의 하지사령부와 연락하여 해방된 조선땅이 마치 좌익세력의 주요 활동지가 된 것 같은 정보를 제공함으로써 미군 신주 때까지 서들이 치안권을 확보한 상황이기도 했다.

38도선 이남의 일본인들은 부동산이야 어쩔 수 없었다 해도 동산과 귀중품 등은 고스란히 가지고 갔다. 부동산을 팔고 가는 경우도 있었지만, 곧 다시 조선땅에 돌아오리라 생각하고 그들이 부리던, 혹은 친하게 지내던 조선사람에게 맡겨두고 가는 경우도 적지 않았다고 들었다. 심지어는 패전으로 인해 제 나라로 쫓겨가는 일본인들이 20년 후면 다시 조선땅에 돌아오리라 장담했다는 말을 어른들에게서 듣기도 할 정도였다.

반세기 동안 유례없이 가혹한 식민지배를 했던 땅에서 쫓겨가는 자들치고는 더없이 편안하게 물러갈 수 있었으니, 이 땅의 흰옷 입은 백성들은 그만큼 인심 후한 사람들이었다고나 해야 할지……

그런데 꼭 20년 후인 1965년에 국민들의 강한 반대에도 불구하고 일본육군사관학교 출신이며 괴뢰 만주국의 장교출신이 군사쿠데타로 대통령이 된 한국정부에 의해 한일협정이 맺어지는 것을 보고 일본인의 예언이 정확했구나 하는 생각을 하지 않을 수 없었다. 역사적 관점에서 보면, 35년간 일본제국주의의 혹독한 강제지배를 받고 해방된 이 땅에서 침략자 편에 섰던 군인출신이 대통령이 되는 역사를 겪어야 했으니,

그러고도 유구한 역사를 가진 문화민족사회라 할 수 있을지 모르겠다.

한편으로는 일본에 나라가 망한 지 근 40년이나 되어서야 해방을 맞았지만, 그래도 해방 당시 중국, 소련 등지에서나마 우리가 한국광복군·조선의용군·조선인민해방군 등을 합쳐 적게 잡아도 1000~2000명의 무장군사력을 가지고 있었던 것은 자랑스러운 일이 아닐 수 없다. 국토가 좁고 강제지배가 길어져서 국내에 해방구를 만들고 침략군에 대항하는 게릴라부대를 가지지는 못했다 해도, 해방을 '느닷없이' 맞았다는 국내 민족지도자들이 과연 이같은 우리의 해외 군사력의 존재를 어느 정도 알고 있었는지 의문이다.

그 정도의 해외 군사력만으로는 태평양전쟁 말기 일본군 약 30만 명이 주둔한 조선을 해방시킬 수 없었던 것이 현실이었지만 국내 저항운동과 국외에서의 민족해방투쟁은 계속되었다. 일본제국주의자들이 우리땅을 강점한 전기간 내내 국외에서 끊임없이 투쟁을 계속한 민족해방운동전선은 어떻게 무슨 방법으로 세계 유수의 군사강국 일본과 싸워 그 강제지배에서 해방되려 한 것이었을까는 의문이기도 하다.

일본제국주의자들이 우리땅을 강점하기 시작할 때는 전국적으로 많은 희생을 바친 의병이 일어나 무장항쟁을 감행했고, 식민지로 전락한 후에는 한때 외교독립론과 실력양성론 등이 거론되기도 했으나 제국주의 침략에서 벗어나는 길은 무장항쟁의 길일 수밖에 없었다. 나치 독일군에 점령되었던 프랑스 빠리는 미·영 연합군도, 드골(Charles de Gaulle)의 자유프랑스군도 아닌 국내 레지스땅스에 의해 먼저 해방되었다. 그러나 일본의 강제지배를 받은 지 40년이나 된 우리의 경우는 그럴 사정이 못 되었다.

그렇다 해도 2차대전이 발발함으로써 국외에 있던 한국광복군이나 조선의용군이나 조선인민혁명군이 일본제국을 멸망시킬 미·영·중·소

등 연합국 군대의 일원이 되어 싸우다가 해방되는 일이 바람직했다. 아니 반드시 그렇게 되어야 했다. 그리하여 연합군이 일본제국주의자들의 항복을 받는 자리에 조선의 민족대표가 한 사람이라도 참석할 수 있어야 했다. 그런데 우리의 해방은 그런 상황에서 오지 못했다.

중국 충칭(重慶)에 있는 군사력인 임시정부의 한국광복군은 미군과의 연합작전을 준비하는 중이었으나, 그 모체인 임시정부가 미국·중국 등 어느 연합국의 승인도 못 받은 상태에서 해방이 왔다. 중국의 타이싱(太行)산에서 싸우던 조선의용군과, 만주와 시베리아에서 싸운 조선인민혁명군도 연합군의 성식 일원이 되지 못한 점에서는 마찬가지였다.

해방 당시 우리 민족지도자의 일부는 그것을 '느닷없이' 맞았으면서도 마치 전승국민이 된 것처럼 생각했는지 모르지만, 1945년 무렵의 냉엄한 국제질서 아래서의 한반도는, 패전국 일본의 식민지배에서는 해방됐으나 전승국 연합국들에 의한 신탁통치가 결정된 상태였다.

해방이 무엇이며 어떻게 왔는지, 냉철한 처지에서 볼 때 해방의 주체는 누구이며, 좌우익을 막론하고 민족해방운동전선은 그 해방에서 얼마만큼의 역할을 인정받고 있었는가를 정확하게 아는 일이 중요할 것이었다.

해방 후 우리땅 전체 주민이 추구해야 할 가장 합리적인 정치노정은 무엇인가에 대해 우리의 정치지도자들이 얼마나 알고 고민했는지, '해방공간'의 그 엄청난 혼란을 국민학교 6학년생으로서 겪다가 우리 근현대사 전공자가 된 처지에서 따져 묻고 싶은 마음이 절실하지 않을 수 없다.

'코끼리' 선생님에 대한 기억

8월 15일은 여름방학 때였고 평시라면 9월 1일에 6학년 2학기가 시작되었겠지만, 해방의 '혼란'으로 인해 9월 중순에야 개학한 것이 아닌가 여겨진다. 해방 후 첫 등교 해보니 우선 달라진 것은 일본인 교사들이 모두 없어진 일이었고, 놀라운 일은 남은 조선사람 선생님들이 모두 전에도 그러기나 했던 것처럼 태연히 조선말을 하는 것이었다. 해방이 한번 더 실감되었다고나 할까.

조회가 시작되자, 방학 전까지 '키오쓰께(氣を付け)'하던 구령이 '기착(氣着)'으로, '야스메(休め)'가 '휴식(休息)'으로 어색하게 변했으니, 어린 마음에 우습기도 하고 신기하기도 했다. 일본어를 직역한 어색한 구령이 지금의 '차려'나 '쉬어'로 바뀐 것은 훨씬 뒤의 일이다.

조선사람 선생님 중 가장 선임인 분이 바로 교장직을 맡았는데, 조회 때 첫 지시가 다음날 등교하면 창씨개명한 일본식 성명이 아닌 원래의 성과 이름을 알아오라는 것이었다. 초등학생의 학교생활에서의 해방 그것은 일본어 상용카드를 뺏길 염려 없이 우리말을 마음대로 쓸 수 있게 되었고, 동네에서 부르던 동무들의 이름을 학교에서도 그대로 부를 수 있게 된 데서 실증되었다고나 할까.

교실에 들어갔지만 일본인이 담임이던 반이라 새 선생님이 부임할 때까지 수업이 제대로 될 리 없었다. 조선사람이 담임이던 반도 당장 우리말로 된 교과서가 없으니 수업이 안 되기는 마찬가지였다. 대신 상당한 규모의 학생이동이 단행되었다. 신마산의 일본아이들만 다니던 마산국민학교가 통째로 비게 되자 완월국민학교 학생 중 신마산 쪽에 사는 아이들은 이제 이름이 바뀐 월영국민학교로 옮겨가고, 구마산의 성호국민학교 아이들 중 일부가 완월국민학교로 옮겨왔다.

그런 혼란 속에서 졸업한 나 같은 6학년생은, 뒷날 어쩌다 국민학교 동기회를 하면 그같은 학생이동으로 동기생 구성이 복잡해졌기 때문에 서로 잘 모르는 사람도 많았다. 어느 해인가는 한 호사가의 발의로 완월·월영 국민학교 합동동기회를 한 기억도 있다. 해방과 함께 4월에 학기가 시작되던 일본식에서 9월 시작의 미국식 학기로 바뀌었고, 결국 국민학교 6학년을 해방 전후에 걸쳐 1년 반을 다닌 셈이다.

많은 급우가 월영국민학교로 옮겨가고 성호국민학교에서 온 일부 학생으로 구성된 완월국민학교 6학년 반에 새로 부임한 담임선생님은 ─ 내 기억이 정확하다면 ─ 김정도란 분이었다. 건장한 젊은 남자선생님이었고 코가 어찌나 크든지 부임하자 바로 '코끼리'란 별명을 붙여드렸던 기억은 선명한데, 해방 전에 어디서 무엇을 하다 온 분인지는 전혀 기억나지 않는다.

등교해도 교과서가 없던 때라 난생처음 배우는 우리말 노래 시간이 많았다. 코끼리 선생님은 「울밑에 선 봉선화」와 「적기가」를 눈물을 줄줄 흘리며 격정적으로 가르치던 그런 분이었다. 목소리가 우렁차던 코끼리 선생님에게서 제목이 「8·15의 노래」인지 「해방의 노래」인지 분명치 않으나, 지금도 가사와 곡을 모두 기억하는 노래를 배우기도 했다.

「8·15의 노래」가 언제부터 「흙 다시 만져보자」로 바뀌었는지, 또 왜 바뀌었는지는 잘 모르겠다. 아마 같은 연배들은 가사나 곡을 기억할 것 같은데, 해방 후 처음 배운 노랫말 중 '동무'란 말이 전혀 거부감 없이 쓰이던 가사내용은 이러했다.

어둠의 쇠사슬 풀리고 / 자유의 종소리 울린 날 / 삼천만 가슴에 눈물이 샘솟고 / 삼천리강산에 새봄이 오던 날 / 아 아 동무여! 그날을 잊으랴 / 우리의

생명을 약속한 그날을 / 8월 15일 / 8월 15일

뭉치세 삼천만 동포여 / 찾으세 삼천리강토를 / 지고 온 쓰라린 멍에를 버리고 / 새로운 만년의 역사를 세우세 / 아 아 동무여! 그날을 잊으랴 / 우리의 영광을 약속한 그날을 / 8월 15일 / 8월 15일

코끼리 선생님에 관해서는 좀더 할 이야기가 있다. 그분이 완월국민학교에서 가르친 학생 중에서 근처 마산중학교에 입학한 학생의 일부를 주말에 불러 어떤 교육을 한 일이다. 구체적으로 무슨 내용의 교육이 있었는지 현재는 전혀 생각나지 않지만, 또 중학교 1학년생에게 무슨 대단한 교육을 시켰을까마는, 꽤 계속되었던 기억이다. 가르친 학생 중 마산중학교에 진학한 학생 전부를 부른 것은 아니고 공무원 집이나 가정경제가 일반가정보다 나은 집 아이들은 제외되었던 것만은 지금도 기억이 선명하다. 왜냐면 제외된 한 친구를 지금도 분명히 기억하니까.

결국 그분은 어떤 꽤 큰 사건—아마 좌익사건이 아니었을까—에 연루되어 학교에서 쫓겨나고 몇년간 감옥생활을 했다고 들었다. 6·25전쟁 중인지 후인지는 기억이 분명치 않은데, 대학 다닐 때 우연히 길거리에서 그분을 만난 적이 있었다. "무엇을 하고 지내십니까"라고 물었더니 "기름장사를 하며 사네" 하는 것이었다. 실제 몸에서 휘발유 냄새가 나기도 했다. '해방공간'을 적극적으로 소신껏 산 한 젊은 교사의 모습으로 강하게 기억되는 분이다.

오랜 역사를 가진 문화민족사회가 한때의 불운으로, 아니 잘못으로 근 반세기 동안이나 타민족의 강제지배를 받다가 해방되어 새로운 나라를 건설하려 할 때, 특히 각 부문의 합당한 인재를 구하기가 어렵기 마련이다. 정치분야는 당연히 독립운동 세력이 중심이 되게 마련이며, 38도선 이남의 경우 비록 분단국가가 되었다 해도 대한민국임시정부

1946년 완월국민학교 졸업사진, 왼쪽에 앉은 분이 '코끼리' 선생님이다.

세력이 그 정치세력의 중심이 되었어야 함은 당연하다 할 것이다. 그리고 신생국가의 군사부문은 침략자들이 양성한 구일본군이나 괴뢰만주국군 출신이 아닌 민족해방운동군인 한국광복군이 그 핵심이 되어야 함도 또한 당연하다 할 것이다.

행정이나 교육 등 여러 분야의 경우는 대한민국임시정부 쪽 인원이 태부족해서 부득이 침략세력 지배 아래 훈련되고 협력한 자들을 채용하지 않을 수 없는 사정일 수도 있다. 물론 고위직 경력자는 당연히 배제되어야 하겠지만. 그렇다 해도 먼저 이들에 대해서는 민족해방운동 전선 세력에 의해 수립되는 신생국가의 이념에 따른, 예를 들면 대한민국임시정부의 '건국강령' 정신 등에 의한 재교육이 반드시 필요하게 마련이다. 그러나 미군정과 이승만정부를 거치면서 일제강점기에 양성되어 그 체제에 협조한 행정·경찰·교육 요원에게 적합한 재교육이 실행되지 못했다.

그 결과 식민지배 당국자들에 의해 양성된 교육요원들이 아무런 반성이나 재교육과정 없이 해방된 민족사회의 2세 국민교육을 그대로 맡는 상황이 되고 말았다. 일제강점기 조선총독부 시학관(視學官, 학무국 소속으로 관내 학사 시찰을 맡아보던 고등관) 경력자가 몇해 뒤에는 대한민국의 문교부장관이 되는 상황이 되고 말았으니, 문화민족사회로서는 있을 수 없는 부끄러운 일이었다 할 것이다.

그런 조건 아래서도 일제강점기를 어디서 무엇을 했던 분인지 전혀 몰랐지만,「울밑에 선 봉선화」등을 눈물을 흘리면서 가르치던 그런 분을 해방 후의 첫 담임선생님으로 맞을 수 있었다는 것은 다행한 일이었다.

'해방공간'의 중학교육

나의 경우 해방이 되지 않았으면 아마 중학교 진학은 불가능했을 것이다. 천만다행으로 국민학교 6학년 때 해방이 되었고, 덕분에 조선사람과 일본인의 입학비율 같은 것이 없어지고 조선사람만의 학교가 됨으로써 입학이 훨씬 쉬워진 마산중학교에 진학할 수 있었다. 제국주의 일본의 소년항공병학교쯤에 가지 않고 중학교에 입학하게 된 것은 모두 해방 덕분이었다. 또한 태평양전쟁과 6·25전쟁에 모두 참전하게 된 우리보다 앞선 일제시기 '학병세대'에 비하면 6·25전쟁만 당한 우리는 그만해도 운이 좋은 세대였다고 하겠다.

일제강점기의 마산중학교는 5년제였으나 태평양전쟁기에 들어가서 4년제로 단축되었는데, 해방이 되면서 이유는 잘 모르지만 6년제가 되었다가 6·25전쟁 중에 각각 3년제 중·고등학교로 나뉘었다. 일제강점기에 중학교 진학을 못했다가 해방 덕으로 들어온 나이든 신입생이 많았다. 따라서 동급생 중에는 형과 아우가 같은 학년에 다닌 경우도 있었다.

4월학기제가 9월학기제로 된데다 해방 직후 전국적으로 곳곳에 흰색 금줄을 치게 만든 콜레라의 창궐 때문에 중학교 입학시험이 연기되다가 1946년 8월엔가에 치른 것 같다. 지금도 기억이 생생한데, 1946년 좌우대립이 격심해지던 때라 중학교 입학시험 구술시험 문제로 "통일이 빨리 되려면 어떻게 해야 한다고 생각하느냐"라는 질문이 있었다. 이 질문은 시험관이 모든 수험생에게 똑같이 물었던 것이 아닌가 추측한다. 왜냐하면 함께 시험을 친 친구들이 시험장에서 나와서는 모두 이 문제에 무어라 대답했느냐고 서로 묻던 기억이 있기 때문이다.

수험생들의 대답은 대체로 "38선이 없어져야"와 "공산당이 없어져야" 통일이 빨리 된다는 두 가지였던 것 같은데, '반탁' '찬탁'으로 좌우익 대립이 극심한 때라 중학교 입학생이라도 각기 대답한 학생의 '시국인식'이 달랐으며, 이에 대한 시험관들의 판단도 달랐을 것이 분명했다. 중학교 입학생이던 불과 12~13세의 어린아이들조차 이같이 어려운 질문에 답해야 했던 '해방공간'이란 세월을, 우리 역사학이 어떻게 제대로 정리해서 가르쳐야 할 것인지를 근현대사 전공자로서 고민하지 않을 수 없기도 했다.

해방 직후의 중학교 교사들에 대해 할 말이 좀더 있다. 지금은 대학을 졸업해야 중·고등학교 교사가 되는 것이 상식이지만, 특히 해방 직후 지방도시의 경우는 대학졸업생이 귀했던 만큼 그렇지 않았다. 일제강점 말기 마산에는 대학이나 전문학교는 물론 없었고 외지의 대학이나 전문학교에 다니는 사람도 극히 드물었다.

해방 후에도 더러 그랬지만, 일제시대의 대학생들은 쓰메에리(詰襟)라는 깃을 세운 검은 교복을 입고 자랑스레 사각모를 쓰고 다녔다. 극소

1949년 중학생 때 친구들. 저자는 앞줄 왼쪽

수이던 대학생들이 방학 때 귀성해서 망토라는 소매 없는 긴 외투를 입고 사각모를 쓰고 다니면, 국민학생들이 부러워서 그 뒤를 따라다니기도 했다. 고등학교 졸업생의 85%가 대학에 진학하는 지금으로서는 상상하기 어려운 일이겠지만.

해방 전의 마산중학교에 조선사람 교사가 있었는지는 잘 모르겠으나, 해방이 되면서 종전의 조선사람 중학교 교사들은 그 무렵부터 새로 설립되어가던 대학들의 교수가 되었고, 해방으로 인해 대학을 중퇴한 사람들과 국민학교 교사의 일부가 중학교 교사가 되었다. 해방 직후의 마산중학교 선생님들은 대개 국민학교 교사에서 '승진'했거나, 해방 후에 생긴 단기간의 중등교원양성소를 마치고 교사가 됐거나 혹은 일본 등지에서 대학이나 전문학교를 다니다가 해방으로 귀국해서 교사가 된 분들이었다.

그분들도 우리글의 문법에 대한 지식은 거의 없을 뿐더러, 국어선생조차 새로 공부해서 가르칠 수밖에 없었다. 일본식 용어나 어휘를 버리

고 우리말을 제대로 쓰기 위해 급조된『우리말 도로 찾기』라는 부교재가 있기도 했다. 일제강점기 이전에 없었다가 일제시기에 생긴 물건이나 시설 같은 것은 해방되었을 때 우리말 이름이 없어서 새로 만들어 쓰기도 했다. 예를 들면 철도와 도로가 교차하는 곳을 뜻하는 일본말 '후미끼리(踏切り)'는 해방 후에 '건널목'으로 바뀌었다.

『우리말 도로 찾기』교육을 했는데도 일본말을 우리말인 줄 알고 지금까지도 그대로 쓰는 경우도 있다. 예를 들면 '단도리(段取り)'는 어떤 일의 절차나 순서를 말하는 일본말인데 우리말인 줄 알고 대체로 '준비'한다는 뜻으로 많이 쓰이고 있기도 하다.

지금도 동기동창들이 모이면, 왠지 모르지만 '메이소'란 별명을 지닌 어느 급우의 아버지가 가르친 국어문법 교육이 화제가 되곤 한다. 지금도 간혹 사용되는 것 같은데, 문법을 말본이라 했고 동사는 움직씨, 형용사는 그림씨, 부사는 어찌씨라 하며 열심히 외웠던 기억이 남아 있다.

그 무렵에는 한자어 대신 순수한 우리말을 쓰자 해서 벨(bell)을 '번갯불 딸딸이', 전차를 '번갯불 수레', 우스갯말이겠지만 이화여자대학을 '배꽃계집큰배움집'이라 해야 한다는 얘기도 있었다. 그런가 하면, 한때는 한글을 영어처럼 풀어서, 강은 'ㄱㅏㅇ'으로 쓰되, 국어학자 최현배(崔鉉培) 선생이 옥중에서 고안했다던가 하는 영어 필기체처럼 부드럽게 흘려서 쓰는 서법을 국어시간에 배우기도 했다.

우리 역사에 관한 교육은 일제강점기에는 전혀 없었고, 해방 후 새로 시작될 수밖에 없었다. 진단학회(震檀學會)가 내놓은『국사』라는 교과서가 있었는데 한자로 표기된 '발해'를 일본어 발음 식으로 '복해'라고 배웠던 기억도 있다. 일제강점기에는 국민학교 교사였다가 해방 덕으로 '승진'해서 중학교 교사가 된 어느 국사선생님의 "철종대왕이 돌아가시고……"로 시작되는 무성영화 변사(辯士)조의 강의는 지금도 동기생 모임에서 화제가 되곤 한다.

그런 중에서도 3학년 때 배웠던, 이름은 잊어버렸지만 항상 두루마기를 입고 다니던 선(宣)선생님의 국사강의가 좋았던 기억이 남아 있다. 사실만 가르치는 강의가 아니라 민족주의적 색채가 짙은 강의였다는 기억인데, 그분은 6·25전쟁 통에 행방불명되었다는 말을 들었다.

고학년이 되어서는 훗날 부산대학교 교수가 된, 한문 실력이 대단한 이재호(李載浩) 선생님에게 실증성 높은 국사를 배웠는데, 국사학을 전공하게 된 데는 이분의 영향과 도움이 컸다고 생각한다. 대학 다닐 때 방학 때면 『증보문헌비고(增補文獻備考)』의 「노비」편을 대출해 가서 개인적으로 이선생님의 강독을 받았던 기억도 있다.

지금에 와서 생각해보면 오랜 역사를 가진 문화민족사회가 불행하게도 남의 강제지배를 받았다가 해방된 경우, 국사과목뿐 아니라 민족해방운동사를 독립과목으로 가르쳐 피지배기간에 철저히 훼손된 민족적 자존심을 회복해야 했다. 그러나 우리의 '해방공간'에서의 국사학계 내외사정이 민족해방운동사를 독립과목으로 가르칠 상황이 아니었다. 민족해방운동사는 고사하고 일제강점기를 연구대상으로 한 역사학자가 전혀 없었다고 해도 틀리지 않기 때문이다.

일제강점기를 통해 독립운동전선에 참가했던 민족주의 사학자 박은식(朴殷植)의 『한국통사(韓國痛史)』나 『한국독립운동지혈사(韓國獨立運動之血史)』 등이 저술되었으나 그들은 민족해방운동 기간중 사망하거나 귀국하지 못했다. 일제강점기 사회경제사학 쪽 학자의 일부는 근대사나 현대사 문제에 관심을 가지고 글을 쓰기도 했으나 그들은 '해방공간'에서 대부분 월북해서 남쪽 역사학계나 교육계에 영향을 미치지 못했다.

남쪽 역사학계는 실증주의 역사학자 중심이 되었는데, 해방 후 상당기간 근현대사와 민족해방운동사가 쓰여지지도 또 가르쳐지지도 않았다. 다만 일제강점기에는 받을 수 없던 국사교육을 받게 된 것만도 다행이었다고 하겠지만, 그것도 대부분 고대사나 중세사에 한정되었다.

국어사전이나 백과사전, 참고서 같은 것은 전혀 없었다. 영어사전도 중고등학교 6년 내내 일본 산세이도오(三省堂) 발행의 『콘사이스』를 그대로 썼고, 영문법 책으로는 역시 일본판 오노 케이지로오(小野圭次郎) 영문법이 인기였다. 그런 혼란중에도 일본인들이 버리고 간 책들을 값싸게 구할 수 있어서 좋았다. 러시아문학전집 한 질을 구해 밤새 읽던 기억이 있는데 6·25 통에 없어진 듯하다.

6·25전쟁 전인 중학생시절 읽던 우리 소설로는 김내성(金來成)의 「청춘극장」, 이광수(李光洙)의 「흙」「단종애사」를 비롯해 이기영(李箕永)의 「고향」「어머니」, 한설야(韓雪野) 이태준(李泰俊) 등의 작품이 기억난다. 최근 노래로도 불리는 정지용(鄭芝溶)의 시 「향수」나 "이 바다 물결은 예부터 높다"로 시작되는 임화(林和)의 시 「현해탄」 등을 즐겨 외웠다.

임화의 시 「오빠와 화로」는 중학교 2학년인가 3학년 국어교과서에 실렸는데, 어느날 갑자기 사상성이라고는 전혀 없어 보이던 국어선생님의 명령에 따라 시가 실린 책장을 찢어 제출한 일도 기억난다. 지금도 몇 권 보관하고 있지만, '해방공간'에서는 소련의 역사교과서라 할 『세계사교정』이 번역되어 출판되었다. 역사책 읽기를 좋아했으나 우리 책의 종류가 극히 한정되던 때라 이 번역본을 구해서 탐독했다. 그 역사 보는 입장에 놀라기도 하면서……

지금은 중진국을 넘어 선진국 문턱에 이르렀다는 현재 우리 사회의 근대교육의 역사는, 구한말에 시작됐으나 일본의 강점으로 식민지교육으로 변질되었고, 해방 후에는 민족이 분단되고 사상적으로 대립하는 열악한 조건에서 시작되었다. 불행히도 일제 강제지배기를 거침으로써 우리 민족사회가 독자적 능력으로 근대국가를 운영한 경험은 이제 불과 반세기를 조금 넘었을 뿐이다.

대한제국 통치자들의 무능과 부패로 외세의 강제지배를 받은 결과 교육부문을 비롯한 민족사회 전체에 미친 총체적 손실이 얼마나 큰가를 재삼 지적하지 않을 수 없다. 그런데도 일제강점 전시기를 통해 귀족 대우를 받으며 살았던 이씨 왕족들을 포함해 그 문중의 어느 누구도 해방 후 우리 민족 앞에 사과성명 하나 낸 경우가 없었던 것이 아닌가 한다.

몸서리치게 극심했던 좌우대립

마산중학교 입학동기생은 240명가량으로 기억하는데, 입학하면서부터 중학생 사회도 심한 좌우익 대립상황에 빠지게 되었다. 입학시 교장선생은 일본의 히로시마 고등사범학교를 나온, 뒷날 제헌국회의원도 지낸 구중회(具仲會) 선생이었다.

좌익계 상급생들의 지시에 따라 검은 교복 뒷등에 흰 분필로 교장선생 이름자마다에 '개사슴록변(犭)'을 써서 붙이고 다닌 기억이 지금도 생생하다. 불경스럽게도 교장선생을 동물 취급했다고나 할까. 아마 '여순(麗順)반란사건' 뒤에 나온 것이 아닌가 하는데, 너무나 직설적인 반공가를, 60년이 지난 지금도 가사와 곡조를 다 외울 수 있을 만큼 철저히 배우기도 했다. 당시 마산중학교에 한 분뿐이던 음악선생에게서 배운 것이 아님은 분명한데, 그럼에도 어떻게 배우게 되었는지 기억할 수 없다. 그 직설적이고도 살벌한 가사는 다음과 같다.

보아라! 전남의 캄캄한 하늘을 / 보아라! 북한의 참담한 산하를 / 진리를 찬탈한 적구(赤狗)의 정체여 / 아! 거기에 자유 있느냐 / 아! 거기에 정의 있느냐 / 아니다. 모략이다. 가면을 벗겨라 / 태극기 아래서 용감히 싸워라

중학교 3학년 때이니 1948년의 일이다. 아침에 등교했더니 교문 옆 국기게양대에 처음 보는 붉은 깃발이 나부끼고 있었다. 알고 보니 북한이 새로 만든 '인공기(人共旗)'였다. 깃발을 올려놓고 게양대 줄을 끊어버린 것 같아서 게양대를 눕히기 전에는 어떻게 할 수 없었고, 그래서 등교하는 학생들이 모두 그 깃발을 보게 되었다. 저녁이나 새벽에 뒷산 위에 봉홧불이 오르는 것은 더러 봤지만, 학교 국기게양대에 인공기가 오른 것은 처음이었다. 뒤에야 알게 되었는데, 이 무렵에 좌익계에 의한 '인공기 게양투쟁'이 전국적으로 벌어졌었다.

놀란 것은 인공기 게양사건으로 선생님 일곱 분이 잡혀간 일이다. 순진한 학생이어서 그런지 인공기 게양을 선생님들이 직접 했으리라고는 생각하지 못했다. 더더욱 놀란 것은 그분의 아버지도 명망있는 교육자라고 들은, 실력있고 교양있고 얌전하던, 지금도 성함을 기억할 수 있는 영어선생님이 그 일곱 분에 들어 있는 것이었다. 1940년대 후반기 '해방공간'의 우리 사회에는 그 시대를 직접 겪지 않은 사람에게는 이해하기 어려운 그런 일들이 많았다. 지금에는 비상식적일 수밖에 없는 일이 그때는 얼마든지 상식일 수 있었고 지금에는 어느정도 상식이 된 일도 그때는 전혀 상식일 수 없는 경우가 있었다고나 할까.

역사학에는 '당대사(當代史)'란 말이 있다. 어렵기는 하지만 자신이 살고 있는 시대도 역사학의 대상이 될 수 있다는 것이다. 그러나 하나의 민족사회가 사상적·체제적으로 분단·대립된 당대의 역사를 객관적으로 진실되게 이해하고 서술하기란 어려운 일이지 않을 수 없다.

우리 근현대사 전공자로서는 무책임하게 들릴지 모르지만, 어쩌면

전공자이기 때문에 할 수 있는 말일지도 모르지만, 민족분단의 불행한 시대가 계속되고 있는 한 '해방공간'에 전개된 역사를, 나아가 분단시대 전체에 대한 역사를 객관적으로 진실되게 쓰기는 어렵다는 생각을 떨쳐버리기 어렵다. 『해방전후사의 인식』(한길사 1979~1989)이니 『해방전후사의 재인식』(책세상 2006)이니 하는 책들이 나와서 여러가지 물의를 일으키는 것도 이 시기의 진실된 객관적 역사에 접근하기 위한 과정에서 겪는 진통이라 생각할 수 있을지도 모르지만……

서로 대립된 두 체제가 남겨놓은 공식자료나 현실적으로 어느 한쪽에 설 수밖에 없었던 언론들이 남겨놓은 자료보다, 그 시대를 정신세계에서나마 제3자적 처지에서 산 사람들의 구술자료 같은 것이 오히려 도움이 될 수도 있겠다는 생각도 있지만, 글쎄 그런 사람이 지금 얼마나 남아 있을지.

인공기 게양사건이 있은 뒤부터 마산중학교에서는 학생들이 10여 명씩 조를 짜서 교대로 매일 밤 학교에서 숙직교사와 함께 밤을 새우며 경비를 서게 되었다. 8·15 후의 '해방공간'이란 그런 때였다.

좌익으로 알려진 마산중학교의 인기있던 수학선생 한 분이 1950년의 제2대 5·30국회의원선거에 출마했고 당선가능성이 높다고들 했는데, 선거운동 중간에 행방불명되었다. 영영 돌아오지 않아서 모두 살해되었을 것이라 추측했고, 그분의 친동생이 나와 동기생이었는데, 그는 결국 마산중학교를 다니지 못하고 다른 지방학교로 전학갈 수밖에 없었다.

키가 작아 '동갈이'라는 별명을 지녔으며 영어의 발음과 문법을 철저히 가르치고, 숙제를 안한 학생들이 제일 무서워하던 또다른 영어선생 한 분은 6·25전쟁 때 인민군 장교가 되어 나타났다고 했다. 인민군 장교가 된 그분을 직접 만나보지는 못했지만, 역시 아버지의 좌익활동 때문에 학교를 옮겨야 했던, 영어선생의 생질이면서 동기생인 사람에게서 나온 말이니 헛말은 아닐 것이다. 동기생 중에는 그런 사람이 많았다. 부모나 형제의 좌익활동 때문에 학교를 그만두거나 전학하지 않을 수 없게 되기도 하고, 자신이 좌익활동을 하다가 퇴학되거나 전학하는 학우들도 많았다.

완전한 명칭을 기억하지는 못하지만 당시 중학교 내의 좌익조직으로는 '민애청' 학생부가 있었는데, 우리 학년의 조직책은 얌전하면서도 똑똑하고 공부 잘하던 김태호란 학우였다. 그는 그후 '보도연맹(保導聯盟)'에 가입했다가 6·25 직후 총살되었다고 들었다. 보도연맹 가입자란 해방 후 한때 좌익조직에 가담했다가 대한민국이 성립된 후 좌익조직에서 탈퇴하고 대한민국에 '귀순'을 약속했던 사람들이다. 그런데 6·25 전쟁이 발발하자 이들이 다시 변절할 것을 우려해 모두 모아서 죽여버렸다.

보도연맹 가입자 중에는 좌익조직에 가담했던 사람도 물론 있었지만 일단 전향한 사람들이며, 내가 아는 사람 중에도 직접 좌익조직에 가담하지 않았으면서도 가족에 연루되거나 혹은 모함으로 좌익가담자가 되어버린 경우가 있다. 이들이 모두 무차별적으로 처형되었으니 우리 현대사에서 최대 참사의 하나라 하지 않을 수 없다. '해방공간'의 혼란중에 빚어진 가장 불행한 대량학살사건이라 할 이 사건에 대해서는 역사학계의 본격적이고 종합적인 객관적 연구가 반드시 있어야 한다는 생각이다.

마산지역의 보도연맹 가입자들은 6·25전쟁 발발 직후 국군이 계속 후퇴하자 구마산의 부림극장엔가에 모이게 했다가 모두 묶어서 신마산에 있는 '총골'에서 사살했다고 들었다. 그 수가 3백여 명인가가 되었다는 말을 듣기도 하고……

1946년에 마산중학교에 입학한 동기생이 240명가량이었다고 했는데, 동기생들의 사정에 밝은 어느 친구의 통계에 의하면, 6·25전쟁을 겪고 학제변경으로 중학교 5학년에서 고등학교 3학년으로 편입되어 1952년에 함께 졸업한 사람은 그중 20%도 안 되었다고 했다.

중학 입학동기생 중 200명 가까이가 좌익바람에 희생되었거나 퇴학당하고 전학갔거나, 6·25전쟁 때 희생되었거나, 혹은 전쟁으로 학업이 늦어져서 탈락하고, 약 50명 미만이 함께 졸업한 셈이다. 나머지 함께 졸업한 동기생은 모두 다른 학교에서 전학해온 사람들인 것이다. 그런 사실만으로도 우리 세대는 흔히 꿈 많은 때라 말하는 중·고등학교 시절을 얼마나 험악한 상황에서 보냈는지 짐작할 만하다. 그런 상황 속에서도 나의 경우 좌우익을 막론하고 어느 조직에도 가입한 적이 없었다.

중학 3학년 때의 일로 기억되는데 매일 함께 등하교하던, 지금은 고인이 된 이종탁이란 친구가 와서 오늘은 학교가 아니고 신마산과 구마산의 경계지점에 있는 '황금장유공장' 앞 공터에 모이라 했다고 말했다. 같은 지역에 살면서 늘 함께 등하교하던 친구라 누가 그러더냐고 물어보지도 않고 그를 따라가다가 미리 정보를 입수하고 길을 지켰던 것 같은 경찰관들에 의해 연행되었다.

경찰서에서 위압적인 조사를 받고 종일 벌을 섰다가 저녁에야 '훈방' 되었는데 그뿐 뒤탈은 없었다. 훗날 알았는데 우리 두 사람을 집회에 참가시켜 저희들 조직에 넣으려던 동급생이 우리가 너무 '순진'해서 그만두었다고 했다. 중학교 3학년 동급생들에게까지 그렇게 순진하게 보인 덕택으로 중학교 5학년 때 터진 6·25전쟁 이전까지는 큰 고난 없이 평범하고 무난한 학생생활을 한 셈이다.

지금 와서 생각해보면 6·25전쟁이 발발한 중학교 5학년 때까지, 극한적으로 대립한 좌우익세력이 학생들을 상대로 각자의 조직확대에 혈안이던 시절이었는데도, 좌우익 어느 쪽 조직에도 가담하지 않았다는 것은, 좋게 말해서 그야말로 대단히 '비정치적' 인간이었기 때문이 아닌가 생각한다.

이 시기 우익조직에 속한 학생들은 대개 일제강점기에 관리를 지낸 집안의 아이들이거나 아니면 기독교 집안의 아이인 경우가 많았고—우리 학년에는 월남민 학생은 없었던 기억이다—해방 직후 조직된 우익학생단체로는 잘 알려진, 흔히 '학련'으로 불린 전국학생연맹(全國學生聯盟)이 대표적이었다.

역시 중학교 3학년 때로 기억되는데, 부산 숙부님 댁에 심부름 갔다가, 얼마 뒤 큰 화재로 불타버린 옛 부산역 바로 앞에 있던 부산 '학련'에 끌려가, 단지 학련 가입자가 아니라는 이유만으로 곤욕을 치른 적이 있었다. 학련 등에서 활동한 우익학생들은 대한민국이 성립되고 학도호국단(學徒護國團)이 구성되자 대개 그 간부가 되었다. '시감찰'이니 '도감찰'이니 하며 완장을 차고 군의장대 같은 차림의 특별한 혁대를 두르고 다녔다.

중학동기생 중에 아버지가 일제강점기 고등계형사를 지내고 해방 직후 일본으로 도망간 사람이 있었는데, 그 아들도 학도호국단의 도감찰인가 시감찰인가를 지냈다. 그는 대학 다닐 때 일본으로 밀항해 가서 재일 '민단(民團)' 간부를 지내기도 했다.

중학교 때 열성적으로 좌익운동을 한 상급생들이 6·25 때 보도연맹 등으로 모두 죽은 줄 알았는데, 1970년 처음 일본에 갔을 때 대부분 그곳에 살고 있는 것을 보고 놀라기도 했다. 그들 대부분이 '조총련(朝總聯)'계였는데, 어떻게 알았는지 당시만 해도 한국인의 일본출입이 드물던 때라 한국의 대학교수 동창생이 온 김에 마산중학 동창회를 하겠다는 전화 제의를 받고는 거절하지 않을 수 없던 일이 생각난다.

또 쿄오또(京都)대학 도서관에 있는 카와이문고(河合文庫)에는 일제강점기에 그 대학교수 카와이 히로따미(河合弘民)가 강화도 등지에서 약탈해간 조선왕조시대의 경제 관련자료가 많은데, 그것을 열람하러 갔을 때의 일이 생각난다. 지금은 고인이 됐지만, 쿄오또대학 졸업생으로 당시 재일동포사회의 촉망받는 소장 경제학자 안병태(安秉胎)씨가 어떻게 알았는지 내가 묵은 여관으로 찾아와 당시 유명하던 재일동포 역사학자 강재언(姜在彦) 선생이 나를 만나고 싶어한다고 했다. 당시만 해도 조총련 쪽이던 강재언 선생을 만났다가는 귀국 후 어떤 고초를 당할지 몰라 구차한 핑계를 대며 만나지 않고 일정을 앞당겨 토오꾜오로 '도망'가고 말았었다.

강재언 선생은 그후 KBS 재외동포상을 타기도 했고, 내 경우도 2000년의 6·15공동선언 후에는 조총련 쪽의 초청으로 몇번 일본에 가서 통일문제 강연을 하기도 했다. 강재언 선생과의 만남을 피해 일정을 앞당겨 '도망'한 것이 1970년이었고, 조총련 초청으로 가서 처음 강연한 것이 2001년이었다. 30년이란 세월이 세상을, 역사를 이렇게 바꾸어놓은 것이다.

'해방공간'의 극심했던 좌우대립과 6·25전쟁의 피비린내 나는 동족상잔을 경험한 사람으로서, 6·15남북공동선언 후의 남북관계 변화를 보면서 역사는 반드시 변하고 만다는 진리를 더욱 확신하게 됐다. 신문과 잡지 등에 썼던 칼럼들을 모아 만든 책『역사는 변하고 만다』(당대 2003)의 제목처럼 역사공부를 하면서 살아온 평생을 통해 꼭 하고 싶은 한마디를 하라면 역시 "역사는 변하고 만다"가 아닐까 생각한다.

또『역사는 이상의 현실화 과정이다』(창비 2002)라고 이름 붙인 저서도 있는데, 역사가 변화하고 발전해가는 큰 방향은 많은 곡절이 있으면서도 결국은 인류사회가 지향하는 이상을 현실화해가는 과정 그것이라는 생각이다. 인류사회의 이상이 현실화되는 방향은 크게 말해서 전체 인류사회가 정치적 속박으로부터 해방되는 방향, 경제·사회적 불평등으로부터 해방되는 방향, 문화·사상적 부자유로부터 해방되는 방향이며, 또한 세계평화를 이루어가는 방향 그것이라는 생각이다.

그러나 한편 세상이 변하고 역사가 변함으로써 손해 보는 사람들도 있게 마련이다. 그들은 물론 지금 현실의 조건에서 덕을 보는, 마치 태양이 지구 주위를 돈다는 '원리'로 이루어진 체제에서 덕을 보는 사람들인데 이들은 지구가 도는 진리를 거부한다. 그들은 태양이 돈다는 '원리'로 이루어진 체제 및 조건이 변함없이 천년만년 유지되기를 바란다.

그럼에도 세상의 원리는, 신리는 그렇지 않다. 세상은 조금도 쉬지 않고 시시각각으로 변하게 마련이다. 그것은 신이라면 신, 하느님이라면 하느님, 조물주라면 조물주, 자연법칙이라면 자연법칙이 만들어놓은 영원불변의 철칙이라 할 수 있다.

역사가 변한다는 진리는 인류사회가 형성된 이후 지금까지 아무도 거역할 수 없었다. 그런데도 역사 위에는 어리석게도 그 진리를 거역하려 한 사람도 적지 않았다. 그러나 지식인을 죽이고 책을 불태운 진시황도, 아우슈비츠라는 처참한 '지옥'을 만든 히틀러도, 종신집권을 위해 '유신'을 강행한 박정희도 결코 성공하지 못했다.

해방공간에서 사생결단하던 좌우익의 대립이, 60년이 지난 지금에는 진보와 보수라는 일종의 '입장 차이' 같은 것으로 누그러진 것이 아닌가 생각되기도 한다. 변화가 더디어 불만이긴 하지만, '해방공간'의 사생결단적 대립과 투쟁을 경험한 사람으로서는 그래도 역사는 기어이 변하고 만다는 진리를 의심할 정도는 아니라고 자위한다.

'찬탁' '반탁'은 사생결단 그것이었다

언제 어디서 배웠는지 기억나지도, 가사 전체는 알지도 못하지만 "신탁통치는 절대반대다"라는 '반탁' 노래의 일부를 지금도 기억한다. 아마 우리 세대는 모두 이 노래를 기억하지 않을까 생각한다. '해방공간'을 체험이 아니라 책으로 배운 사람들은 설마 그랬을까 생각할지도 모르지만, '해방공간'에서의 '찬탁'과 '반탁'의 대립은 그야말로 사생결단의 싸움 그것이었다. 얼마나 살벌했던지 지금 생각해도 몸서리가 쳐진다.

요사이 언론에서까지 '진검승부(眞劍勝負)'라는 말을 유행어처럼 많이 쓰던데, 그것이 일본 사무라이 사회에서 나온 말인지를 알고 쓰는지 모르지만, 1946년 중학교 입학과 함께 부딪친 찬탁과 반탁 양 진영의 싸움이야말로 분명 사생결단이요 진검승부 그것이었다고 하겠다.

지금 와서 기억을 되살려보면, 좌익이건 우익이건 조직에 가입하지 않은 나 같은 중학교 저학년생이 일반적으로 알고 있던 신탁통치는 "해방이 되었다 해도 바로 독립은 안 되는 조치" 정도였는데, 어쩌면 우익 쪽 생각이 더 강하게 영향을 미쳤는지도 모르겠다.

어느 조직에도 가담하지 않은, 그래서 좌우익을 막론하고 조직적 '정치교육'을 받을 기회가 없던 1946~47년 무렵의 6년제 중학교 저학년생에게 세상은 온통 찬탁과 반탁만 존재하는 것으로 느껴질 정도였지만, 막상 신탁통치의 구체적 내용을 가르쳐주는 사람은 아무도 없었던 같다.

"신탁통치는 절대반대다"라고 노래할 정도로 우익은 왜 한사코 반탁을 하려고 하며 좌익은 또 왜 목숨을 걸고라도 찬탁을 하려는지 알 수 없었다. 어느 쪽 조직의 '정치교육'도 받지 않았기 때문이었을 것이다. 따라서 어느 길이 민족사회 전체를 위한 길인지도 물론 알 수 없었다.

찬탁, 반탁 그것은 사생결단이었다.
신탁통치반대궐기대회 모습

감수성이 예민한 때에 가지게 된 이같은 의문이 이후 우리 근현대사 전
공자가 되게 한 하나의 원인이기도 한 것이 아닌가 한다.

평생을 대학의 역사선생으로 살면서 "왜 우리 근현대사 전공자가 되
었는가" 하는 질문을 받을 때가 더러 있었는데, 그럴 때마다 그저 "역사
가 좋아서" 하고 대답하는 경우가 많았다. 그러나 다시 생각해보면, 좌
우익 대립이 극심하던 '해방공간'의 시기를 살면서도 어느 한쪽의 '정치
교육'도 받지 않은 것이, 뒷날 역사학 전공자가 되어 '해방공간'을 객관
적으로 되돌아볼 수 있는 이점 같은 것이 되지 않았는지 모르겠다.

그리고 그 이점이 바탕이 되어 이승만 문민독재와 4·19의 역사성, 그
리고 박정희 등의 군사독재정권에 대한 객관적 시각이 형성되었고, 그
것이 중세사에서 근현대사로 전공을 바꾸게 한 것이 아니었는가 하고
생각해보기도 한다.

학교에 가면 반탁 학생들이 찬탁 학생들을 집단구타했다느니, 반대로 찬탁 학생들이 반탁 학생을 감금해서 어떻게 했다느니, 찬탁 학생 몇이 밤중에 삐라를 뿌리다가 잡혀갔다느니 하는 말을 매일같이 듣는 그런 세월이었다. 뒷날 공부를 하면서 알았지만, 당시의 각 정치세력들, 즉 반탁 진영과 찬탁 진영은 각기 나름의 입장을 가지고 있었다.

다만 그 입장이 각 정파의 이익을 앞세운 것이었는가 아니면 전체 민족사회의 앞날을 먼저 생각한 것이었는가 하는 점이 중요한데, 지금에도 그것은 역시 훗날의 역사가가 밝힐 일이라고 말할 수밖에 없지 않은가 한다. 왜냐하면 아직도 분단시대는 계속되고 있으며, 따라서 그때로부터 반세기가 지난 지금에도 남쪽에서는 반탁이 옳았다는 것이 일종의 정론으로 되어 있고, 북쪽에서는 찬탁이 옳았음이 역시 정론으로 되어 있기 때문이다.

만약 남쪽의 어느 역사학자가 나름대로의 객관적 역사적 처지에서 찬탁이 옳았다고 서술하거나, 반대로 북쪽의 어느 역사학자가 반탁이 옳았다고 서술하더라도 지금의 남북한 사회가 그것을 예사롭게 "그랬는가 보다" 하고 받아들일 수 있을지 생각해본다.

북쪽 사정은 그만두고, 남쪽에서라도 어느 역사학자가 "해방공간에서는 찬탁이 민족의 분열을 막고 통일민족국가를 수립할 가능성이 높은 길이었다" 하고 쓴 경우가 있는지, 그같은 역사서술이라도 "그런 관점도 있을 수 있겠다" 정도로 심상하게 받아들여질 수 있는지 모르겠다.

'해방공간'에서 찬탁이 옳았다는 논설이나 역사서술이 나온다 해도, 반대로 반탁이 옳았다는 논평이나 역사서술이 나와도 예사로운 '옛일'로, '또 하나의 관점'으로 받아들일 수 있을 때, 불행한 분단시대가 종식될 수 있는 것이 아닌가 하는 생각이다.

그렇다고 명색이 우리 근현대사 전공자라면서도 이 글에서까지 찬탁과 반탁 중 어느 것이 옳았다고 생각을 명백히 밝히고 판정할 '용기'는 솔직히 없다. 저 살벌했던 '해방공간'을 살아왔기 때문일 것이다.

우리 독립운동군이 정식으로 연합국의 일원이 되어 무력투쟁을 벌이지도 못했고, 충칭(重慶) 임시정부가 실질적 임시정부로 승인되지 못한 해방 당시의 조건에서는, 탁치(託治)를 수용해 민족 내적 통합조건을 성숙시켜나가는 것이 분단을 막고 남북을 아우르는 독립국가 건설을 이룰 수 있는 현실적 방법이었다는 정도의 역사학적 '판정'은 허용될 수 있을까.

'해방공간' 좌우익 간의 필사적인 투쟁과정을 겪지 못한 젊은 연구자들은 그렇게 생각지 않을지 모르지만, 변명삼아 혹은 면책삼아 실제로 경험한 당시의 각 정파들의 처지를 말해볼까 한다.

왜 한사코 '찬탁'이었고 또 '반탁'이었을까

근 40년간 지속된 우리 민족의 독립투쟁과정에서 좌우익을 막론하고 정부로서의 명칭과 기구를 갖춘 것은 3·1운동 후 중국 상하이에서 성립되었다가 전쟁말기에는 충칭에 가 있던 대한민국임시정부뿐이었다. 해방을 앞둔 시점에는 중국공산군 지역에 조선독립동맹(朝鮮獨立同盟)이 있었고, 만주에는 한인조국광복회(韓人祖國光復會)가 성립되어 군사활동을 했지만, 정부 형태를 갖추어 연합국의 승인을 직접 받으려 노력하는 데까지는 나아가지 못한 것이 아닌가 한다.

국외에서 그야말로 풍찬노숙으로 근 30년간 유지된 대한민국임시정부 세력은 해방 후 귀국해서 남북을 아우르는 총선거를 담당함으로써 독립정부 수립의 모체, 즉 망명정부가 아닌 명실상부한 임시정부가 되기를 원했다. 그래서 충칭에서 귀국한 임시정부를 임시정부로 인정하지 않고, 미소공동위원회에서 새 임시정부를 만들려는 연합국의 신탁통치안을 적극 반대했다. 이같은 임시정부의 신탁통치 반대는 해방 전 중국 충칭에서부터 시작되었다.

그러나 일본의 항복을 받은 연합국은 소련이건 미국이건 여전히 충칭 임시정부를 하나의 망명정부로 여길 뿐, 남북을 아우르는 혹은 38도선 이남에서만이라도 총선거를 담당하는 임시정부가 되는 것을 허락하지 않았다. 그것이 '한일합방' 후 35년 만에 해방된 우리 민족사회가, 그리고 근 30년간 중국 각지를 옮겨 다니면서 온갖 고초를 겪고도 유지된 대한민국임시정부가 처한 엄혹한 현실이었다.

해방 후의 대한민국임시정부가 이같은 처지가 된 것은, 전체 조선민족의 해방투쟁전선을 종합하지 못함으로써 연합국들의 승인을 받지 못한 점, 일본에 선전포고는 했으면서도 그 군사조직인 한국광복군이 해방될 때까지 실제로 일본군과 전투행위를 하지 못한 점 등이 원인이었다고 할 수 있다.

더구나 연합국의 중요한 일원이면서 많은 식민지를 가진 영국의 경우, 2차대전이 끝난 후에도 그 식민지들을 해방시킬 구체적 계획을 세운 것이 아니었으므로, 패전국이 될 일본의 식민지 조선의 임시정부를 승인하여 그 독립을 미리 약속할 처지는 아니었다.

그렇다 해도 해방 직전에 미국군의 도움으로 특수훈련을 받았던 광복군의 일부가 실제로 국내에 투입되어 게릴라전을 벌였더라면 해방 후 임시정부의 처지가 좀 달라졌을 것이다. 『백범일지』에도 있지만, 국내침투를 위해 훈련받는 광복군을 격려하러 갔다가 일본의 패망 소식을 들은 임시정부 김구 주석이 기쁨보다는 오히려 해방 후 민족의 앞날을 걱정하지 않을 수 없었던 것도 바로 그 때문이었다.

해방 후 우리땅에서 실질적 임시정부가 되기를 원했고 그래서 강력히 반탁노선에 섰던 임정세력은 이승만과 한민당 세력이 반탁을 발판으로 '단선단정(單選單政)' 즉 남한 단독선거와 단독정부 수립 즉 분단국가 수립 쪽으로 가는 것을 보고서야 노선을 바꾸었다. 지금까지의 이승만 중심세력과의 반탁연합노선에서 이탈해서 북녘의 찬탁노선세력과 협상하여 남쪽만의 분단국가가 아닌 남북통일국가를 수립하려 했던 것이다. 그러나 때는 이미 늦었다.

'해방공간'의 중학생으로 멋모르고 불렀던 "신탁통치는 절대반대다" "진리를 찬달한 직구(赤狗)의 정체여" 했던 노래의 결과가 분단국가 수립으로 나타나고 말았던 것이다. 다른 글에서도 이미 썼지만, 훗날 우리 근현대사 전공자가 되어 '해방공간'의 역사를 쓰거나 가르치면서 쉽게 풀리지 않는, 그러면서도 대단히 중요한 하나의 의문을 가지지 않을 수 없었다.

해방된 우리땅을 신탁통치할 국가들 중 자본주의국가가 미국과 영국, 장 제스(蔣介石)의 중국 등 셋이고 사회주의국가는 소련 하나뿐이었다. 자본주의국가가 3대 1로 우세한데 왜 우익진영이 신탁통치를 결사반대하고 좌익진영이 그것을 찬성했는가 하는 문제였다. 그 명백한 이유를 우리 역사학은 아직도 밝혀내지 못하고 있는 것이 아닌가 한다. 다만 신탁통치는 식민지배의 연장이며, 따라서 민족구성원 대부분이 즉시독립을 원했기 때문에 반탁이 옳았다는 정도로 설명하고 있는 듯하다.

모스끄바3상회의 결정에 의한 임시정부 수립방안에는 총선거 절차가 없었다. 미소공동위원회에 의해 조선인이 담당하는 임시정부가 세워지게 되어 있었고, 그러고 나면 그날로 38도선은 없어지는 것이었다. 그리고 그 임시정부가 미·영·중·소 4개국의 신탁통치 아래서 남북 우리땅 전체를 5년간 다스린 후, 완전독립정부를 수립하기 위한 총선거를 실시하게 될 것이었다. 연합국에 의한 5년간의 신탁통치를 좌익은 후견제(後見制)라 했고 우익은 식민통치의 연장이라 했다.

그랬다 해도 이 '후견제론'과 '식민통치 연장론'의 차이를 슬기롭게 극복하고 좌우익 정치세력이 대승적으로 타협해 좌우익연립 임시정부를 세웠어야 했으며, 그랬다면 20세기 후반기의 우리 역사가 민족분단과 민족상잔을 겪지 않고 순조롭게 진전될 수 있었을 것이다.

그러나 좌우익연립 임시정부에 의한 탁치 5년 후에 실시될 총선거를 통해 우리땅 전체에 하나의 우익정권이 들어설 가능성이 높았다고 예측되었다면 '해방공간'에서 좌익이 탁치를 반대했을 수 있을 것이다. 반대로 좌우익세력의 타협에 의해 연립임시정부가 수립된다 해도 탁치 5년 후의 총선거를 통해 남북 전체에 하나의 좌익정권이 설 가능성이 높다고 전망되었다면, 우익세력이 탁치를 반대했을 개연성도 있다.

그런데 해방정국의 현실은 우익이 반탁노선이었고 좌익이 찬탁노선이었는데, 신탁통치 5년 후에도 좌익단독정부나 우익단독정부가 세워질 가능성이 높았기 때문에 좌우익 타협에 의한 임시정부 수립이 어려웠다고 할 수도 있겠다.

지금 와서 생각해보면, 후견기간이건 식민통치 연장기간이건 그 5년이란 좌우익연립 임시정부기를 거친 후에도 좌익이나 우익에 의한 단독정권이 아닌 좌우익연립에 의한 완전독립정부를 수립할 만한 민족적 역량이 요구되는 중요한 시점이었다. 20세기 전반기 식민지시기를 살면서 근대적 정치훈련, 즉 민주주의 정치훈련을 전혀 받지 못한 민족사회로서는 신탁기간 전이건 후이건 좌우익세력의 타협에 의한 하나의 정부수립이 어려운 일이긴 했지만 오랜 역사를 가진 문화민족사회로서는 기어이 이루어냈어야 할 민족사적 과제이기도 했다.

그럼에도 지금까지 '해방공간'을 다루는 우리 역사학은 마치 남북분단이 불가피했다는 식의 역사인식에 한정되어 있는 것은 아닌지, 그러고도 역사학이 민족사회의 염원인 평화통일에 이바지하는 학문이 될 수 있는지 의문이지 않을 수 없다.

2차대전이 끝났을 때 유럽지역의 오스트리아가 여러 면에서 한반도와 비슷한 조건에 있었다. 독일과 오스트리아는 같은 민족사회고 한반도와 일본은 그렇지 않다는 점은 다르지만 패전국 독일과 일본에 의해 합방당했던 지역이라는 점이 같았다. 전쟁이 끝나면서 한반도는 미·영·중·소 등 4개 전승국의, 오스트리아는 미·영·불·소 등 4개 전승국의 신탁통치를 받을 예정인 것도 같았다. 다른 섬은 신탁통치기간이 한반도는 5년이고 오스트리아는 10년이라는 사실이었다.

한반도에서는 좌우익 두 세력이 찬탁과 반탁으로 나뉘어져 다투다가 결국 두 개의 분단국가를 만들고 말았으며, 그 결과 동족상잔을 겪고 20세기가 지나도록 통일되지 않았다. 반면 오스트리아는 우리땅에 주어졌던 탁치기간의 2배나 되는 10년간이나 4개 연합국들의 관리를 참고 견디면서, 그동안에 좌우익 정치세력이 타협해서 통일독립된 영세중립국가를 수립했다.

따라서 돌이켜보면 우리땅의 경우 비록 미소 양군이 분할 점령한 '해방공간'이라는 조건 아래에서일지라도, 두 개의 분단국가로 나뉘어 민족상잔을 겪는 과정이 아니라 통일민족국가를 수립할 수 있는 길이 있었다. 이것은 좌우익 정치세력이 타협하거나 아니면 극좌와 극우세력이 배제되고 온건좌익과 온건우익 중심으로 남북을 통틀어 하나의 임시정부를 세움으로써, 38도선을 없애고 오스트리아보다 5년이나 짧은 신탁통치를 받은 후 총선거를 통해 완전독립하는 길이었다.

그러나 찬탁과 반탁의 극한대립 아래서는 타협에 의한 연립정부 수립은 기대할 수 없었고, 온건좌익세력의 핵심인물이던 여운형이 암살

됨으로써 온건세력 중심의 남북통일임시정부 수립의 길도 막히고 말았다. 여운형 사망 50주년 때인가에 그의 무덤 앞에서 추도문을 읽은 적도 있지만, 그는 해방 전 국내에서 조직적으로 해방에 대비한 유일한 지도자였다. 그리고 '해방공간'에서 좌우익의 대립을 해소하고 남북통일국가 건설을 위한 노선의 최전선에 선 지도자이기도 했다. 그의 죽음은 곧 통일국가 건설의 실패를 의미했다.

결국 남북 각각의 분단국가들이 성립되었고 6·25전쟁을 겪음으로써 남북분단이 고착되었다. 6·25전쟁은 수천년을 함께 살아온 같은 피, 같은 말, 같은 문화의 동족을 하루아침에 동족이 아닌 적으로 만들어버린 비극적인 동족상잔이었다. 그후 반세기가 지난 뒤에야 6·15남북공동선언이 채택되어 적을 동족으로 되돌려가려는 계기가 마련되었지만, 아직도 일부에서는 '친북좌파'니 '반북우파'니 하며 어리석기 짝이 없는 대립과 갈등을 조장하고 있기도 하다.

지금부터 반세기도 더 전인 '해방공간'에서 까까머리 중학생으로 겪었던 좌우익 대립과 찬탁·반탁 갈등 및 쟁투를 이제 곧 80세가 되는 늙은이가 60여 년 전과 거의 다름없이 겪어야 한다면 기막힌 일이 아닐 수 없다. 50년 넘게 역사학 전공자로 살면서 가졌던 "역사는 변하고 만다"는 확신이 우리 같은 불행한 분단민족사회에서는 적용되지 않는단 말인가 하는 안타까움도 있다. 그러면서도 역사는 반드시 변하고 만다고 여전히 확신한다.

중학교 5년과 고등학교 1년까지 6년을 함께 다닌, 곧 80세가 되는 동기생들 대부분이 이런저런 이유로 술을 끊었지만, 얼마 전까지도 함께 술잔을 나눌 수 있었고 그래서 비교적 자주 만나는 동기생이 두 사람 있었다. 그중의 한 사람은 얼마 전에 고인이 되었지만, 그는 학생 때 자신이 가입했던 조직의 바로 윗선이 누구였다는 옛이야기를 계면쩍어하면서도 털어놓는, 말하자면 당시 찬탁 쪽 학생이었고, 또 한 사람은 학도호국단의 시감찰인가 도감찰인가를 한 반탁 쪽 학생이었다.

'순진'해서 어느 쪽에도 못 들어갔던, 나 같은 사람은 두 동기생과 가끔 술자리를 함께하면, 좌도 우도 아니었던 처지에서, 더구나 찬탁·반탁시기를 살았고 또 그 시기를 학문적으로 다루어야 하는 우리 근현대사 전공자의 처지에서 그 감회가 남다름을 느끼게 된다. 허물없이 농담하며 서로 술잔을 권하는 과거의 '찬탁파'와 '반탁파' 두 동기생을 보고 있으면, 지난날의 갈등과 투쟁을 회상하면서 그 몸서리쳤던 사생결단도 '세월이 결국은 이렇게 만들고 마는 것을' 하는 생각을 하게 된다.

조선왕조시대에는 동인이니 서인이니 남인이니 북인이니 하며 당쟁이 극심했다. 죽은 사람을 위한 상복을 반년 입을 건지 1년 입을 건지 하는 문제를 두고 정권이 왔다갔다 할 정도로 사생결단이었다. 그러나 부모의 상복도 장삿날 하루만 입고 마는 경우가 많은, 오래 입는다 해도 겨우 삼우제 때 정도인 지금의 상식으로 생각해보면 그건 한낱 넌쎈스에 지나지 않는다.

해방공간의 찬탁·반탁에 동원되었던 동기생 '일꾼'들도 그때로부터 불과 60년이 지난 지금에는, 아직 민족분단시대인데도 허물없이 즐겁게 술잔을 나누는 사이가 되고 말았다.

6·15남북공동선언 후 부쩍 심해진 '친북'이니 '반북'이니 하며 서로 헐뜯는 일도 언제쯤에나 남인 서인과 노론 소론의 다툼 같은 넌쎈스로 되고 말 것인가 생각해본다. 모르긴 해도 당쟁시대의 동인 서인보다는 말할 것 없고, 허물없이 술잔을 나누는 찬탁파, 반탁파보다 더 빨리 넌쎈스가 되고 말 것이라 확신한다. 그런 안목이나마 가질 수 있는 것은 역사를 공부한 덕이라고나 할까.

'백두산 호랑이'의 포효에 놀라기도 하고

　태평양전쟁 때 국민학생으로 고사포(高射砲) 진지를 만드는 데 근로 동원되었던 신마산의 일본군 군영 자리가 해방 직후에는 국군 15연대인가가 주둔하는 병영이 되었다. '여순사건' 때로 기억하는데 15연대의 연대장으로 부임했다는, 제국주의 일본군대의 지원병이었다고 들은 김종원(金宗元) 대령인가 중령인가의 반공연설을 듣던 기억이 생생하다.

　마산중학교 운동장에 마산중학교와 마산여자중학교, 마산상업학교의 학생들을 모아놓고 이승만 대통령이 자기를 '백두산 호랑이'라 명명했다고 자랑하면서 "내 배에는 총알도 안 들어간다"는 등 거친 말로 일장의 반공연설을 했다. 그러고 얼마 후 '여순사건'을 진압하러 갔던 마산 15연대의 군인들이 돌아오게 되어 학생들이 시내의 큰길가 양쪽에 늘어서서 환영했는데, 부상으로 붕대를 감은 군인도 있었고 전우의 부축을 받으며 걷는 군인도 있었다. 모두 철모에 흰 띠를 둘렀는데, 반군도 원래는 국군이라 같은 군복을 입어서 진압군과 구분되지 않아 진압군 쪽이 철모에 흰 띠를 둘렀다는 것이었다.

　중학교 3학년생으로서는 '여순사건'의 진상을 알 수 없었으나, 당시 국군장교들은 일본군이나 만주군 출신이 많았고 사병들 중에는 좌익활동을 하다가 경찰의 추적이나 체포를 피해 입대한 사람들이 많다는 정도는 알고 있었다. 실제로 그런 예들을 주변에서 볼 수 있었기 때문이다.

　뒤에 알게 된 일이지만, 일본군 지원병 출신인 백두산 호랑이 김종원 연대장의 전임자였던 마산 15연대의 연대장은 만주군관학교 출신으로 일제강점기와 '해방공간'을 남다르게 산 최남근(崔楠根) 대령 아니면 중령이었다. 일제강점 말기에 여운형이 비밀리에 건국동맹을 조직하고 박승환(朴承煥) 만주군 장교를 중심으로 비밀군사조직을 만들어 중국에서 투쟁하고 있는 조선의용군(朝鮮義勇軍)과 협동작전을 펼 계획을 세웠는데, 최남근도 그 박승환 조직원 중의 한 사람이었다고 읽은 기억이다.

해방 후 귀국한 최남근은 국방경비대(國防警備隊)에 들어가 영관이 되었고 15연대장으로서 여순사건 때 진압군으로 참가했으나 군대 내 좌익조직 가담자임이 밝혀져 '숙군(肅軍)' 때 총살되었다. 김종원 백두산 호랑이가 그 최남근 연대장의 후임으로 마산 15연대 연대장이 되었고, 당시 우리는 마산지역 중학생인 '덕분'으로 그의 열렬한 반공애국연설을 듣게 된 것이다. 백두산 호랑이 김종원은 그후 곧 경남지역 계엄민사부장인가가 되어 거창양민학살사건 때 국군부대를 좌익 빨치산부대로 위장하여 거창사건 국회조사단에 발포함으로써 큰 물의를 일으키기도 했다.

'해방공간'의 군인과 숙군 이야기를 하다보니 또 생각나는 일이 있다. 아마 1980년대 후반쯤이 아니었는가 하는데, 하루는 30대 후반으로 보이는 한 여성이 학교 연구실로 찾아와서 박사과정에 입학해서 우리 현대사를 전공하고 싶으니 도와달라는 것이었다. 그는 이미 시내 모 유명 여자대학교에서 생물학인가로 석사학위를 했다기에, 생물학 석사가 왜 국사학 박사를 하려느냐고 물었더니 조금 망설이다가 사정을 실토했다.

이승만 대통령의 신임을 받고 보안대장인가를 하면서 군대 내 좌익 숙청에 명성을 떨치다가 군인들에 의해 암살된 김창룡(金昌龍)이 그의 아버지인데, 암살사건의 진상을 밝혀 그 '억울함'을 풀기 위해 우리 현대사를 전공하려 한다는 것이었다. 하도 어이가 없어서 할 말을 못 찾다가, 모든 학문이 다 그렇겠지만 특히 역사학이란 어느 특정인의 억울함을 풀기 위해 전공하는 학문이 아니라 하고 타일러 보냈다.

어느 기록에서 읽었는지 기억하지 못하겠는데, 일제시기 만주에서 일본 관동군(關東軍)의 헌병 오장(伍長)인가를 지낸 김창룡이 어느 광복군 요원을 체포해서 괴롭힌 일이 있었다. 해방 후 그 광복군도 국군장교가 되었으나 역시 국군장교로 변신한 김창룡이 계급이 더 높았을 뿐 아니라 이승만 대통령의 절대적 신임을 받아 횡포가 심했는데, 제 과거를 아는 그 광복군 출신 국군장교를 심하게 괴롭혀서 결국 군에서 물러나게 했다는 것이다.

'해방공간' 한국군의 장교는 광복군 출신은 극히 드물었고, 김석원(金錫源), 이응준(李應俊) 같은 일본육군사관학교 출신과 정일권(丁一權), 백선엽(白善燁), 최남근, 박정희(朴正熙) 같은 만주군관학교 출신, 김종원 같은 일본군 지원병 출신, 장도영(張都暎) 같은 일본군 학도병 출신 등이 중심이었다. 장교 중에도 최남근, 박정희, 김지회(金智會) 같은 좌익계도 있었지만, 사병 중에 좌익계열이 많았고, 그 때문에 여순사건의 주모자는 김지회 같은 하급장교와 지창수(池昌洙) 같은 사병들이었던 것이다.

이처럼 초기의 '잡탕'적 한국군이 하나의 목적으로 녹아 뭉쳐져 대한민국의 군대가 되는 결정적 계기는 역시 6·25전쟁이라 할 수 있을 것이다. 남한에서 일반사회는 물론 군대 내에서도 좌익세력을 절멸시키는 계기가 된 것도 역시 6·25전쟁이었을 것이다.

불행하게도 새 나라의 첫 이승만정권의 정치핵심과 행정요원은 전혀 재교육되지 않은 일제강점기의 세력이 그대로 눌러앉았고, 군대의 경우도 좌익독립운동 세력은 철저히 제거되었고 우익 광복군 출신 역시 새 나라 군대의 핵심이 되지 못했다. 결국 김종원 등 일본군대의 지원병 출신이 가당찮게도 백두산 호랑이로 변신해서 '포효'하거나, 김창용 등 일본군대의 헌병 하사관 출신이 '염라대왕'이 되어 숙군이라는 '요술방

망이'를 휘두르는 주인이 되고 말았다.

　모르긴 해도, 장준하(張俊河) 등과 같이 일본의 학도병으로 끌려갔다가 목숨을 걸고 광복진영으로 탈출했던 사람들의 처지에서 보면, 해방된 조국에서 제국주의 일본의 사관학교 출신이나 지원병 출신이 대통령도 되고 백두산 호랑이도 되는 현실을 결코 용납할 수 없었을 것이다.

3장

중학교 5학년 때
6·25전쟁을 당한
이야기

일요일에 들은 '남북전쟁' 발발 소식

박정희 군사정권에 의해 수출자유지역이 되기 전의 내 고향 마산은 학이 나는 형상의 무학산(舞鶴山)을 등지고 호수와 같이 잔잔한 바다를 바라보는 공기 맑고 기후 좋은, 그래서 국립결핵요양원이 자리잡은 조용한 항구도시였다. 여름밤이면 친구들과 어울려 횃불을 들고 바닷가에 나가 게를 잡기도 하고, 비온 후면 이 지방에서만 난다는 꼬시락과 도다리 등 생선을 낚아 회를 쳐서 먹기도 했다.

마산만(灣) 앞바다에는 배를 타고 조금만 나가면 10여 호의 어민들이 살았다고 기억되는 돝섬이 있고, 조금 더 나가면 무인도들이 있어서 친구들과 더러 놀러 다니기도 했다. 고려 때 일본을 공격하던 여몽(麗蒙)연합군이 파서 사용했다는 유명한 몽고정(蒙古井)이 지금도 있는데, 그 수질이 좋아 일본인들이 일찍이 이곳에 양조장을 만들었으며, 여기서 생산되는 술은 그들의 천황이 마신다는 말이 전해지는 그런 고장이었다.

6년제 중학교의 5학년생 때였던 1950년의 6월 25일은 일요일이었다.

1948년 9월 중학교 친구들과. 저자는 아래 왼쪽

누구와 갔는지는 모르겠지만, 그날도 배를 타고 바다로 나갔다가 오후 늦게 돌아왔던 것으로 기억한다. 배가 해안에 닿기도 전에 경찰관 몇 사람이 소리치면서 빨리 오라는 것이었다. 무슨 일인가 하고 급히 배를 댔더니 다급한 말로 "남북전쟁이 터졌다"고 했다. 저 처절했던 6·25 동족상잔이 시작된 소식을 그렇게 듣게 되었다.

불행한 남북 사이의 동족상잔 사태에 대해 발발 당시에는 아직 이름이 없었기 때문에 그 경찰관은 '남북전쟁'이라 했을 뿐, 이후 '남북전쟁'으로 불리지는 않았다. 한때는 민족 내부에 일어난 일종의 반란이란 의미로서의 6·25동란으로도 많이 불렸다. 그러다가 영어권에서 이 사태를 KOREAN WAR라 했고, 지금은 그것의 번역어인 '한국전쟁'으로 많이 불리기도 한다. 그러나 KOREAN WAR의 KOREA는 남북 우리땅 전체를 가리키지만 '한국전쟁'의 '한국'은 우리땅 전체를 가리키지는 않는다. 그래서 경우에 따라서는 '6·25전쟁'으로도 불리기도 하는데 역시 잠정적인 조치일 뿐 적당한 용어는 아닌 것 같다. 뒷날 통일이 되면 우리 역사학계가 적절한 이름을 붙일 수 있을 것이다.

1948년 남북에 이데올로기로 대립된 두 개의 분단국가가 생긴 후 38

도선에서의 군사적 충돌은 잦았다. 남쪽 땅이던 개성의 송악산에서 북녘 인민군과의 전투가 있었다느니, 중일전쟁 때 일본군인들이 감행한 그대로 '육탄 10용사'가 인민군의 또치까를 파괴하고 장렬한 죽음을 맞았다느니 하는 말을 듣기도 했다.

그 무렵 자주 듣던 남북 사이의 군사충돌이려니 하면서도 처음 듣는 '남북전쟁'이란 표현에 상당히 긴장한 것도 사실이었다. 다음날 학교에 가서야 남북 사이에 전면 전쟁이 일어난 것이 사실임을 알게 되었다. 그래도 북진통일을 강조하며 전쟁이 시작되기만 하면 며칠 후면 평양을 점령하고 또 며칠 후면 신의주를 점령한다는 식으로 호언장담하는 분위기는 특히 학도호국단 간부들 사이에서는 여전했다.

국군이 황해도 해주를 점령했으며 북진통일이 이루어질 날도 멀지 않았다는 말들이 있어 처음 "남북전쟁이 터졌다"고 들었을 때보다 조금 긴장감이 풀리기도 했다. 전쟁 상황을 상세히 들을 수도 없었기 때문에 평소처럼 예사롭게 학교를 계속 다녔는데, 며칠 후 인민군에 의해 대전이 함락되었다는 말을 듣고는 놀라지 않을 수 없었다.

그 무렵으로 기억되는데, 전교생이 동원되어 이웃 고을 의령군 출신의 당시 국무총리서리 겸 국방장관 신성모(申性模)의 강연을 들으러 구마산의 부림극장엔가에 동원되어 갔다. 그전에 신성모씨가 영국에서 귀국했을 때도 마산에 와서 강연을 했고 중학생들이 동원됐었는데, 우리말이 서툴고 강연 내용도 그저 그랬다는 기억을 가지고 있었다. 영국에서 상선의 선장인가를 하다가 이승만 대통령의 부름을 받고 귀국했다는데, 몸이 왜소하고 인상도 마도로스 출신 같지는 않았다. 그런 그가 전쟁수행의 총책임을 맡은 국무총리서리 겸 국방장관으로서 다시 마산에 와서 강연하는 것이었고, 시내 전체 6년제 중학생들이 동원되어 그 강연을 들으러 갔던 것이다.

강연은 곧 국군이 반격할 테니 전혀 염려할 것 없으며, 학생들은 동요하지 말고 학업에 충실하라는 내용이었던 것으로 기억한다. 그런 며칠 후 등교했더니 학도호국단에서 5학년 이상은 강당에 모이라고 했다. 강당에 갔더니 학도호국단 간부들이 나서서 전황이 심상치 않다 하고, 국방부 정훈국(政訓局)인가에서 학도의용대(學徒義勇隊)를 조직하기로 했으니 위기에 처한 조국을 구하기 위해 뜻있는 사람은 오늘 이 자리에서 지원하라는 것이었다.

몇 사람의 학도호국단 간부들이 나서서 열을 올리며 애국연설 같은 것을 하고는, 한 사람씩 차례로 강당을 나가되 학도의용군 지원희망자는 입구에 비치된 용지에 서명하라는 것이었다. 내 차례가 되어 지원하지 않겠다고 했더니 이유가 무엇이냐고 물었다. 부모님이 고령이고 내가 장남으로서 전쟁 중 가족의 안위를 책임져야 할 처지라 지원할 수 없다고 말했더니 순순히 받아주었다.

이때 제1차로 지원한 마산지역 학도의용병들은 인민군이 전라도지방을 석권하고 경상남도로 진격할 때, 그 요충지였고 전쟁발발 당시 남한군 참모총장 채병덕(蔡秉德) 소장인가 중장인가가 전사한 곳인 하동지역 전선에 출전했다가 많이 희생되었다고 들었다. 곧 학교수업이 중단되고 비교적 가까운 거리에 마주하고 있는 마산중학교와 마산여자중학교 건물은 육군병원이 되었으며, 상급반 학생들은 병원에 동원되어 부상병들의 간호를 돕게 되었다.

어느날 마산여자중학교에 수용된 부상군인들의 간호에 동원되었다가 거기서 얼마 전 학도의용군에 지원해서 전투에 참가했다가 부상당한 한 동기생을 만났고, 전쟁을 실감할 수 있었다. 그 동기생 학도병은 박두진(朴斗鎭)의 시 「해」를 잘 읊고 덩치가 컸던 황남수군이었다고 기억하는데, 그도 하동전선에서 부상당했다고 했다.

뒤에 알게 된 일이지만, 이때 지원한 학도의용군의 일부는 일본군 육군대좌(大佐) 출신으로 중일전쟁 때 용맹을 떨쳐 일본의 최고훈장을 받았다는 김석원(金錫源) 부대에 편입되었다가 포항전투에서 많이 희생되었다. 한번 가본다 하면서도 못 가봤는데, 포항여자고등학교 교정에 기념비가 서 있다고 들었다. 6·25전쟁 중의 학도의용군 모집은 이후에도 계속되었고, 제일 먼저 지원했던 군번도 없는 학생들의 희생이 컸다.

6년제 중학교 5학년 열일곱살짜리로서는 갑자기 전면전쟁이 되어버린 '남북전쟁'의 의미를 미처 깨달을 수가 없었다. 그러나 지금 와서 생각해보면 우리땅에서 그때를 살았던 모든 사람이 이 '남북전쟁'을 어떻게 이해해야 할 것인가 하는 문제는 민족사의 장래를 위해 대단히 중요한 문제라고 강조하지 않을 수 없다.

38도선이 그어지고 두 개의 국가가 세워졌어도 아직은 완전한 분단은 아니었다. 다시 말하면 아직도 분단이 평화적으로 해소될 소지가 전혀 없는 것은 아니었다고 할 수 있다. 비록 38도선은 그어졌다 해도, 그리고 남북에 두 개의 국가가 성립되었다 해도 아직은 남북 주민 사이가 동족이었는데, 이 전쟁으로 인해 동족이 아닌 적이나 원수가 되었고, 따라서 우리땅이 또 우리 민족사회가 완전히 분단되고 말았다고 할 것이다.

그럼에도 불구하고 6·25전쟁이 발발한 1950년 무렵, 한반도의 남북 사이에 전쟁통일 외에 다른 방법에 의한 통일 가능성이 있었느냐고 하면 아니다라고 말할 수밖에 없지 않을까. 평화적으로 통일할 수 있다, 반드시 평화통일을 해야 한다고 생각한 사람들이 전혀 없었던 것은 물론 아니다. 그러나 그들은 이미 정치적 영향력을 발휘할 수 없는 처지가 되고 말았다.

다른 한편으로 6·25전쟁 무렵에 남북이 분단된 채, 두 개의 국가를 유지한 채, 너는 너대로 나는 나대로 영구히 평화롭게 살 수 있다고 생각했는가 하면 그렇지 않았다고 할 수밖에 없다. 만약 그런 생각을 공언하거나 실제로 실천하려는 정치세력이나 개인이 있었다면, 그는 아마 남북 어디서건 반민족주의자로, 민족분열주의자로 규탄되었을 것이 틀림없다. 당시의 남북 주민 모두가 38도선을 없애고 통일을 해야 한다는 생각들은 했지만, 당시로서는 결국 전쟁통일밖에는 그 방법을 생각하지 못했다 해도 크게 틀리지 않을 것이다.

독일식 흡수통일이 있기 전이며, 평화통일론자가 없지는 않았으나 훗날 남에서 제시한 국가연합방안이나 북에서 제시한 연방제방안이 나오기 전이라 평화통일의 구체적 빙법이 제시되지 못한 상황이었다. 그 때문에 무력통일론이 공공연히 말해져서 6·25전쟁 전에 남쪽은 "며칠 후면 평양에, 또 며칠 후면 신의주에" 하며 북진통일 즉 무력통일을 공언했고, 북쪽도 겉으로는 평화통일 운운했지만, 실제로는 물리적 '혁명통일'을 위해 유격부대를 편성해서 남하한 것이 사실이었다.

6·25전쟁이 발발한 1950년대는 설령 한쪽이 평화통일론을 내세웠다 해도, 그리고 6·25 직전에 실시된 남쪽의 국회의원 선거에서 이른바 중도파가 많이 당선되었다 해도, 연합제통일안이나 연방제통일안처럼 서로가 상대방의 체제를 상당기간 인정하는 기간을 두고 점차적으로 평화롭게 통일해가는 방법이 구체적으로 고려되지는 않았다.

같은 민족이 이데올로기와 체제가 서로 다른 두 개의 국가를 성립시킨 경우, 전쟁이 아닌 방법으로 통일하려면 서로가 상당기간 상대방의 이데올로기와 체제를 인정하는 조건 아래서 타협적 방안을 고안할 수밖에 없겠는데, 실제로 1950년대의 우리땅에서 그런 것을 기대하기는 어려웠다고 할 수밖에 없다.

역사 속에는 전쟁의 정당성을 강변하고 심지어는 일본제국주의자들처럼 성전(聖戰)이라 떠벌인 전쟁도 있었다. 그러나 전쟁치고 죄악이 아닌 전쟁이 있을까마는, 동족상잔의 전쟁만큼 부당하고도 처참한 전쟁도 없다는 것을 겪어본 사람은 다 안다. 그런데도 1950년대의 우리땅에서는 '통일을 위한' 동족상잔의 무력전쟁이 공공연하게 말해지고 있었던 것이 사실이다. 설령 옳은 의미의 평화통일이 아닐지언정 훗날의 독일식 통일 경험도 없었던 때였으니까……

분단 직후였던 1950년대의 경우 남북을 막론하고 우리땅 주민들의 통일의욕은 분단 후 태어난 사람이 인구의 대부분을 차지하게 된 지금보다 훨씬 높았던 것이 사실이다. 그러나 그때는, 통일이란 것이 하루아침에 되는 것이 아니라 상대방의 체제를 서로 인정하고 공존하는 과정을 거쳐서 점진적으로 되는 것이라 생각하는 사람은 거의 없었다 해도 또 과언이 아닐 것이다.

이같은 상황에서 비극적인 동족상잔이 벌어진 것이다. 두 번 다시 있어서는 안 될 참극이었지만, 그 전쟁이 전체 민족사회에 큰 교훈을 준 것도 사실이다. 아직도 제대로 모르는 사람들이 많긴 하지만 그 교훈이란, 6·25전쟁은 우리땅의 경우 강대국들로 둘러싸인 그 지정학적 위치 문제가 주된 원인이 되어 한쪽이 다른 한쪽을 정복하는 전쟁의 방법으로는 통일될 수 없다는 사실을 증명해주었음을 아는 것을 말한다.

세월이 지나면서 그 전쟁으로 인한 흥분과 적개심이 조금씩이나마 숙어들자 우리 민족사회에 평화통일론이 일어나고 정착되어갔다. 즉 6·25전쟁은 우리 민족사회에 더할 수 없는 깊은 상처를 주었지만, 평화통일론을 우리땅에 정착하는 데 결정적 계기가 된 전쟁임을 아는 일이 또한 중요하다. 모든 역사가 그렇지만 특히 저 처절했던 동족상잔의 역사에서 배우지 못한다면 어리석은 민족이 되고 말 것이다. 전쟁통일이 아닌 흡수통일을 생각하는 사람들이 있지만, 흡수한 쪽이 흡수당한 쪽을 일방적으로 지배하게 되는 점에서는 전쟁통일과 다르지 않다는 사실을 아는 일 또한 중요하다 할 것이다.

별 수 없이 학도의용군이 되다

북진통일이니 "며칠이면 평양을 점령하고 또 며칠이면 신의주를 점령한다"는 말은 간데없어지고, 미군이 재빨리 참전했다는데도 전황은 점점 나빠져갔다. 8월경에는 마침내 경상북도의 포항·영천·대구와 경상남도의 마산·부산 등 몇 개 도시만 남은, 낙동강을 경계로 하여 '부산 교두보'를 지키는 것이 한국군과 유엔군의 최후 작전과제가 된 상황이 되고 말았다. 대한민국의 운명은 그야말로 풍전등화였다.

내 고향 마산은 인민군이 불과 20~30리 거리의 이웃고을인 함안과 창녕, 진동지역까지 진격해오면서 삼면이 완전히 포위되었다. 그래서 갈 곳이라고는 바다 쪽 진해와 부산 방면밖에 없는 상황이었다. 만약 인민군이 마산을 점령하면 바로 부산으로 진격하게 되는데, 그렇게 되면 대구는 견뎌봐야 소용없는 일이었다. 그러니 마산을 빼앗고 지키려는 공방전이 얼마나 치열했는지 짐작할 만하다.

유엔군 당국은 인민군을 마산시내에 끌어들여 시가전을 할 계획이라는데, 장(章)씨 성으로 기억되는 당시의 마산시장이 극력 반대한다는 말이 들리기도 했다. 그런 상황이라 당국의 조처에 의해 마산시민은 모두 진해의 웅천 쪽으로 피난을 갔고, 군경을 도와 마산을 지키라고 피난을 가지 못하게 한 젊은 사람들만 남았다. 몇살 이상 몇살 이하를 피난 못 가게 했으며, 그 구분이 엄격했는지는 오래된 일이라 잘 모르겠다.

숭학교 5학년 이상인가 4학년 이상인가의 학생은 피난을 못 가게 하고 국군정훈국에서 조직했다는 학도의용대에 입대하라 했다. 시내 전체가 텅텅 빈 상황이라 피난 못 간 학생들은 식생활이 어렵게 되어 호구지책으로라도 학도의용대에 입대할 수밖에 없기도 했다. 잠은 집에서 자고 구마산 '불종거리'에 있는 남성동 파출소인가 하는 붉은 벽돌집 건물에서 근무하면서, 텅 빈 시내에 분주하게 오가는 군대트럭들을 대상으로 교통정리하는 것이 이 시기 마산 학도의용대의 주 업무였다.

당시 마산지역 전선에는 미군 25사단의 24연대로 기억되는 부대가 투입되었는데 병사들은 대부분 흑인이었다. 그리고 전라도 지역에서 후퇴해 온 한국경찰군이 이웃 창원군의 진전·진동지역 전선에 투입되었다.

하루는 교통정리를 하다가 미군 군복을 입고 미군 트럭에 타고 있는 초등학교와 중·고등학교 동기생, 지금은 고인이 된 박문규군을 만났다. 그는 전라도 지방에서 후퇴해 온 경찰부대가 진동 쪽 서북산인가 갑데미산인가의 전투에서 거의 전멸하다시피 했다고 했다.

미군들과는 그때 처음 대하게 되었는데 영어가 짧아 쩔쩔맸던 기억이다. '물'을 뜻하는 영어가 우리가 배운 '워터'가 아니고 '워러'로 발음되는 것도 그때 알았다. 아마 미군 24연대가 진주해오지 않았다면 마산도 인민군에 점령되었을 것이다.

밤에는 인민군 선발대 일부가 마산시내에 들어왔다가 포로가 되기도 했는데, 머리를 빡빡 깎은 같은 연배의 같은 말을 하는 어린 소년군 포로를 보고, 남이야 어떻게 생각했는지 모르지만 전투에 직접 참가하지 않은 처지라 그런지 전혀 적군이라는 생각이 들지 않았던 기억이 남아 있다.

마산의 학도의용대에는 경상북도 지역에서 피난 온 상급반 중학생들도 일부 있었다. 그들 역시 호구지책을 학도의용대에서 구할 수밖에 없었기 때문이었다고 생각된다. 그들은 HID(육군첩보부대)라는 부대에 동원되어 미군의 스리쿼터 차량에 태워져 함안 등지의 인민군 점령지역에 내려졌다가 24시간 후쯤 돌아와서 그동안 본 적정을 보고하는 위험한 일을 하기도 했다. 어느땐가 그들 모두가 갑자기 없어져서 그 행방이 궁금했던 일도 기억난다.

미군부대에 차출되어 함안군 산인면 지역에 간 일이 있었다. 주민은 모두 피난한 텅 빈 30~40호가량의 어느 마을에 가서 미군들이 시키는 대로 골목마다 다니면서 사람이 있으면 빨리 나오라고 고함치고 다녔다. 인민군이 내려와서 숨거나 식량조달하는 것을 막기 위해 마을에 불을 질러야 하는데, 노인들이 더러는 피난하지 않고 남아 있기 때문에 불러내는 것이었다. 사람들이 모두 나온 것이 확인되면 기름을 뿌려 마을을 순식간에 불태웠는데, 우리 안에 있던 가축들은 그냥 타죽었고, 피난 가면서 풀어놓은 소들은 불을 피해 달아났다.

미군들은 불려나온 노인들의 흰 저고리에 검은 물감으로 전쟁포로 표시인 'PW'(Prisoner of War)라 써서 군용차에 태워 보냈는데, 모두 포로수용소로 가는 것이라 했다. 서툰 영어로 노인들이 왜 전쟁포로냐고 따졌더니 전투지역에서 나포된 사람은 일단 모두 포로로 취급한다는 대답이었다. 뒤에 알았지만 거제도 등 포로수용소에 노인들이 더러 있었던 것은 이 때문이었다.

한때는 또 인민군이 후퇴한 직후의 의령 읍내에서 약 10리 거리인 가례 면사무소 소재지에 갔었다. 오래된 일이라 왜 갔는지 기억이 분명치 않았는데, 얼마 전 당시 학도의용대에 함께 근무했던 동기생에게 물었더니 선무공작(宣撫工作)차 간 것 같다고 했다.

면사무소와 경찰지서가 마주보고 있는 면의 중심부에는 아직 인민군이 써붙인 구호들이 그냥 있었다. 면 중심지에서 조금 떨어진 곳을 갔더니 신작로 양편의 얕은 개울에 인민군 시체가 줄지어 누워 있었다. 아마 줄지어 행군하다가 갑작스런 미국전투기의 공격을 받고 양쪽 개울로 피했다가 기총소사로 모두 전사한 것이 아닌가 생각되었다. 마산에서 본 인민군 포로 중에도 소년들이 많았는데, 이곳의 시체도 대부분 어린 병사들이었던 것으로 기억된다.

6·25전쟁의 참상을 말로 다할 수 없지만, 전쟁 중에도 군인이 아니었기 때문에 실제로 인민군 병사들의 시체를 많이는 보지 못했는데, 이때 의령군 가례면의 오지에서 처음 봤던 것 같다. 중학교 5학년생의 소견이었지만, 같은 나이의 아니, 더 어린 소년들이 같은 민족이 사는 땅에서 왜 저렇게 처참하게 죽어야 하는지, 이 전쟁이 언제까지 계속될지, 그동안 살아남을 수 있을지, 혼자 이렇게 다니지만 가족을 다시 만날 수 있을지, 하루 앞도 예측하기 힘든 처지가 암울했다.

나같이 어느정도 철이 들어 6·25전쟁을 겪은 세대는 이후 정보기관이나 수사기관과의 사이에 무슨 문제가 생길 때마다 반드시 6·25전쟁 때 어디에 있었으며 무엇을 했는가가 중요한 심문대상이 되게 마련이었다. 박정희정권 아래서 남산 중앙정보부 지하취조실에 끌려갔을 때나 전두환정권 성립을 전후해서 성북경찰서나 남영동 치안국 대공분실에 끌려갔을 때 취조하는 자들이 언제나 반드시 캐묻는 것이 6·25전쟁 때 어디에 있었으며 무엇을 했느냐는 것이었다.

6·25전쟁 때 '적치하' 즉 인민군 점령지역에 있었다면 더 의심받게 마련이었고, 또 무엇을 했느냐에 따라 그들의 취조 정도가 달라졌을 게다. 나의 경우 인민군 점령지역이 아닌 마산에 있었다는 사실과, 잠깐이나마 학도의용대에 들어갔었다는 사실이 어려운 처지에 빠졌을 때마다 얼마나 도움이 되었는지 모른다.

남북이 벌인 동족상잔의 전쟁 중에는 남쪽 군인으로 징집되어 참전했다가 전투중에 북쪽 군대의 포로가 되고, 북군이 승승장구할 때는 북군에 편입되어 싸웠다가, 북군이 후퇴할 때 다시 남군의 포로가 된 경우도 있었다. 전쟁이 끝난 지 반세기가 지난 후에도 6·25 때 의용군인가로 북군에 편입되었던 사실이 들통나서 자리에서 물러난 남쪽의 어느 장관도 있었다. 동족상잔이 아니고는 있을 수 없는 '비극'이 얼마나 빚어졌는지 모른다. 이를 어찌 여느 전쟁과 똑같이 다룰 수 있겠는가.

전쟁은 악이되 특히 동족상잔의 전쟁은 악 중의 악이다. 특히 우리땅의 경우, 제국주의 세계대전을 두 번이나 겪어야 했던 지난 20세기에는 불리했지만 앞으로 평화주의가 정착할수록 유리하게 될 수도 있을 그 지정학적 조건 때문에, 전쟁통일은 아예 불가능하다는 사실을 그 7000만 주민 한 사람 한 사람이 철저히 알아야 할 때가 되었다는 생각이다.

독일식 흡수통일의 경우도 흡수한 쪽이 흡수당한 쪽을 일방적으로 지배하게 되고 흡수한 쪽의 체제가 흡수당한 쪽에 고스란히 적용된다는 점에서 결과는 전쟁에 의한 정복통일과 다르지 않았다. 우리땅의 경우 전쟁통일이 불가능함은 인정하면서도 흡수통일을 기대하는 경우가 적지 않은데, 흡수통일이 불가능한 것은 전쟁통일이 불가능했던 것과 전혀 다르지 않다는 사실을 아는 일이 또한 중요하다.

지금 와서 생각해보면 10대 후반과 20대 초반 감수성이 예민하던 시절에 6·25전쟁을 겪으면서, 같은 말을 쓰고 같은 문화를 가지고 함께 살아왔던 동족사회의 한쪽이 정복자가 되고 다른 한쪽이 피정복자가 되는 처절한 현실을 체험했기 때문에 '어쩔 수 없는' 평화주의자, 평화통일론자가 되었는지도 모른다.

'부산교두보' 시기의 부산에 가다

1950년 8월 초순이나 중순경으로 기억되는데, 전세(戰勢)가 급박해지자 학도의용대원 중 적령자는 모두 현역병으로 징집해서 육군에 편입시킨다 했고, 따라서 마산 학도의용대원 중 해당자는 대구로 이동해서 정규 육군부대에 입대하게 된다고 했다. 1950년 10월 말이 되어야만 17세가 되는 나의 경우는 아직 징집연령에는 1년 이상 미달이었다. 학도의용대원이라 해서 강제징집되는 것은 아니었고 자원입대야 할 수도 있었지만 그럴 생각은 없었다.

학도의용대원 전체를 강제징집하지 않았기 때문이기도 했고, 매일 수많은 젊은이가 죽어가는 전쟁터에 가족들의 소식도 모른 채 연령미달자이면서 자원입대할 생각은 없었다. 그렇다고 해서 학도의용대가 없어지고 또 점령될지도 모르는 텅 빈 마산에 있을 수는 없었고, 또 식생활도 해결할 수 없어서 생각 끝에 함께 근무했던 동갑내기 친구 한 사람과 마산보다는 안전하리라 생각되는, 숙부님이 계시는 부산으로 가기로 했다.

학도의용대의 출장증명은 구할 수 있었으나 육로건 해로건 교통수단이 있을 수 없고 부산까지 걸어가야 하는데, 가는 도중 진해 쪽에 피난해 있는 가족들을 만나보고 가기로 했다. 진해에 갔더니 앞바다에는 크고 작은 배들이 가득 정박해 있고 그 안에는 멀쩡한 젊은이들도 많았다. 이런 전쟁 중에 선박을 마련할 수 있는 사람이면 부유층이거나 권력층일 수밖에 없겠는데, 이들은 마산이 함락되면 바로 일본으로 도망갈 사람들이었다.

마산 피난민이 농촌지역까지 각기 흩어진 상황이며 연락의 거점 같

낙동강 최전선에서 한미 연합군은 전선을 안정시키는 한편 반격을 가할 교두보를 마련했다.

은 것도 없는 상황이라 가족도 못 만나고 걷고 걸어서 부산에 도착했는데, '부산교두보' 시기 즉 1950년 8월 말인가 9월 초경의 부산은 그야말로 조선 팔도의 피난민이 다 모인, 한마디로 말해 난장판이요 아수라장이었다. 여러 번 가본 숙부 댁에 갔더니, 숙부는 가족과 함께 마산 근처 농촌의 처가로 '역피난(逆避難)'을 가고 집은 비어 있었다. 준비해둔 식량은 거의 없었고 따라서 먹고살 일이 당장 막막했다.

들으니 부산 부두에서는 미국에서 군수품을 싣고 온 수많은 수송선의 하역작업을 할 사람들을 구한다고 했다. 친구와 둘이서 찾아갔더니 들은 대로였다. 부두 입구에서 줄을 서 있으면 미군들이 와서 20명씩인가 조를 짜서 큰 수송선으로 데리고 갔다. 수송선에는 포탄을 비롯한 각종 군수품이 실려 있는데, 큰 기중기에 달린 대규모 보자기 같은 것이 내려오면 거기에 각종 군수품을 실어주는 작업이었다.

수송선은 여러 층으로 되어 있어서 작업이 진행될수록 점점 선박 밑바닥으로 내려가기 마련이었다. 모두 몇 층으로 되었던지 기억할 수 없지만, 작업이 끝나고 배 밑바닥에서 갑판까지 곧게 선 좁은 사다리를 타고 올라가다가 내려다보면 까마득해서 현기증이 날 정도였다. 작업을 계속하면서 일꾼들끼리 서로 인사도 하고 대화도 나누게 되었다. 서울 등지에서 피난온 사람들이 많았고, 직업도 교수·교사·공무원·회사원·대학생·중학생 등 다양했다. 주야간 교대작업인데 심한 육체노동을 해본 적이 없는 사람들에게는 정말 고된 일이었다.

밤새워 작업하고 새벽에 곧게 세워진 가느다란 사다리를 타고 올라가면 아찔해져서 곧 배 밑바닥으로 떨어질 것 같은 때가 한두 번이 아니었다. 견디다 못해 어렵게 일자리를 옮겨 간 곳이 해운대 쪽 육지 작업장이었다. 수송선에서 하역되어 군용트럭에 실려 오는 포탄을 어깨에 메고 가서 논바닥에 쌓는 작업이었다. 훗날 군입대 후 포병이 되고서야 이것들이 105밀리 혹은 155밀리 포탄임을 알았는데, 열일곱살 중학교 5학년생에게는 이것 역시 정말 힘든 일이었다.

해운대 작업장 근처에는 일제강점기 일본의 광산 등에 강제연행된 우리 노동자들이 수용되었던 일본말로 '함바(飯場)'란 것이 지어졌고 이름도 그대로 함바라고 했다. 하나에 30명 정도의 식사와 잠자리가 함께 해결되는 가설 시설이었다. 일제강점기 노동판의 함바생활이야 해보지 않았지만, 분위기는 거의 비슷했던 것이 아닌가 한다. 주야 교대근무여서 야간작업반은 낮에 자고 주간작업반은 밤에 자게 마련이었다. 일급제였던 것으로 기억되고 한 달 꼬박 일한 임금이 숙식비의 1.5배 정도 되었던 것으로 기억된다. 한 달인가를 하고 나니 심신이 모두 더는 일을 계속할 수 없는 상태가 되고 말았다.

친구와 함께 인민군의 점령을 모면한 마산으로 돌아가기로 하고 부산시내에 나왔다가 정말 우연히도 전부터 부산에 사시던 당숙 한 분을 만났다. 인천상륙으로 전세가 겨우 회복됐지만 학교가 아직 개학한 것은 아니었고, 마침 당숙모의 친척되는 사람이 미군부대의 '체커'(checker)로 취직시켜준다기에, 마산으로 가겠다는 친구 편으로 가족에게 소식을 전해달라 부탁하고 취직하기로 했다.

취직한 곳이 부산 초량국민학교를 점거한 미군의 '155 PORT COMPANY'란 부대였다. 부산 부두에서 하역되는 미군의 생활용품이 트럭에 실려 오면 그것을 일일이 체크하는 일이었다. 24시간 3교대였는데, 같이 근무한 동료들은 동년배의 중학교 상급반 학생들이었다. 초량국민학교 정문 앞에서 40대의 교양있고 점잖은 중년이 미국군 상대의 세탁소를 경영하는 집에 하숙했는데, 그 집에는 이화여자대학교 수학과를 다니다가 전쟁통에 귀향한 하숙집 주인의 여동생이 있기도 했다.

천둥벌거숭이요 우물 안 개구리였던 중학교 5학년생이 이 생활에서 얻은 첫 경험이 많았다. 술은 애주가이던 아버지 덕택으로 가양주(家釀酒)를 조금씩은 마셔봤지만, 이후 40년간 피우다가 환갑날 아침부터 끊은 담배도 이때 배웠다. 술집이란 곳도 이때 처음 가봤는데 선배들이 시키는 대로 운전병의 신호대로 한두 상자 적게 체크하기만 하면 주급 이외에 상당한 수입이 배당되었고, 그 수입들은 대개 술집에서 소비되었다. 전쟁이 중학교 5학년생에게 이런 경험까지 안겨준 것이다.

'155 PORT COMPANY'에서는 가끔 식당종업원 등 젊은 한국여인들을 채용했다. 선착순으로 채용한다는 광고가 나가면 며칠 전부터 부대 앞은 미군부대 식당종업원이 되어 생계를 잇고자 밤을 새우는 젊은 피난민 여자노숙자들로 채워지게 마련이었다. 어렵사리 채용된 그 여인들이 근무중 미군들에게 어떤 일을 당했다는 소문이 자주 부대 안에 돌기도 했지만, 중학교 5학년생 종업원으로서는 이처럼 분통 터지는 소문들을 듣고도 어쩔 수가 없었다.

인천상륙 이후 국군과 유엔군이 북진을 계속해서 압록강, 두만강까지 진격한다는 말이 떠돌 즈음 '155 PORT COMPANY'가 북녘 땅 진남포로 옮겨간다는 소문이 돌았고, 일부 준비를 하는 눈치도 보였다. 부대를 따라 진남포로 갈 것인가 그전에 그만둘 것인가 망설였는데, 곧 중공군의 참전으로 국군과 유엔군이 후퇴하는 상황이 벌어졌다. 그리고 1951년에 들어서서 '1·4후퇴'로 서울을 잃었다가 다시 찾은 후에는 전쟁이 교착상태에 들어갔다.

1951년 2월에는 부산서 전시연합대학이 개강되었다는 소문이 들렸고, 부산의 각 중학교도 3월 1일부터 일제히 개학한다고 했다. 그렇다면 마산의 중학교들도 개학했을 것이라 짐작되었지만 정확한 소식을 들을 길이 없었다. 학교로 돌아가고 싶은 생각이 간절할뿐더러 하숙집 주인과 그 여동생이 학교로 돌아가라고 간곡히 권하기도 해서, 1951년 5월 하순경으로 기억되는데 부산생활을 끝내고 마산으로 돌아갔다.

9개월여에 걸친 전쟁물자 하역노동자 생활, 포탄 운반노동자 함바생활, 미군부대 체커 생활을 청산하고 마산으로 귀향하게 되었는데, 어떤 교통편을 이용했는지 기억하지는 못하겠다. 걸어서 가지는 않은 것 같고 아마 배편이 아니었던가 한다.

중학교 5학년에 진급하자마자 동족상잔의 전쟁이 발발했고, 그때부터 다음해 5월경까지 평시의 중학생으로서는 전혀 겪을 수 없는 많은 일들을 겪었다. 우리 근현대사 공부를 하면서도 특히 통일문제, 그것도 평화통일문제에 깊은 관심을 가지게 된 것도, 역시 같은 민족이면서도 서로 적이요 원수가 되어 죽이기를 예사로 하던 동족상잔의 참혹한 시기를 살아본 결과이리라 생각한다.

몇년 전 강정구(姜禎求) 교수가 6·25전쟁을 통일전쟁이라 했다가 국가보안법에 저촉된다 해서 고통을 겪은 일에 관해서 한 가지 덧붙이고 싶다. 이제 21세기에 들어선 시점에서 비록 분단민족사회라 해도 독재정권이 아닌 민주정권 아래서라면 새삼스러운 말이지만, 무엇보다도 사상의 자유와 학문의 자유는 철저히 보장되어야 한다. 따라서 그 사회 구성원은 개인의 연구결과나 관점에 따라 어느 한 역사적 사실 즉 6·25전쟁 같은 것에 대해 그것을 침략전쟁으로 볼 수도 있고 또 통일전쟁으로 볼 수도 있어야 한다. 그리고 그 정당성 여부는 역시 학문적으로 판단되어야 한다.

6·25전쟁을 침략전쟁으로 보면 전후 상당기간 그랬던 것처럼 남침이냐 북침이냐가 문제의 초점이 되고, 그뒤에는 침략한 쪽에 대한 원한과 적개심과 복수심이 항상 따르게 마련이다. 그러나 원한, 적개심, 복수심을 가지고는 평화통일을 할 수 없다. 6·25전쟁을 통일전쟁으로 보는 경우, 앞에서도 말했지만 우리땅의 경우 주로 그 지정학적 위치문제 때문에 무력통일·전쟁통일은 되지 않는다는 사실을 여실히 증명해준 전쟁이 된다.

남북 우리땅 전체 7000만 주민들은 20세기 전반기의 제국주의전쟁 시기와 그 후반기의 냉전주의시기를 넘기고 21세기에는 평화주의를 정착시켜가려는 세계사적 흐름에 따라 평화통일을 지향하고 있다. 설령 개중에 아직도 무력통일·전쟁통일을 이루고 싶은 사람이 있다 해도 내놓고 그것을 주장할 수 없는 것이 현실적 분위기로 자리잡은 지 이미 오래되었다.

휴전형태로나마 전쟁이 끝난 지 반세기가 지난 지금까지 6·25전쟁을 계속 침략전쟁이라 강조하면서 침략자를 가려내어 그에 대한 원한과 적개심을 불태우는 것이 평화통일을 이루고 동아시아 및 세계평화에 이바지하는 길이 되겠는가. 6·25전쟁은 실제로 무력통일을 위한 '남침'으로 시작되었고, 초전(初戰)에서는 '부산교두보' 시기의 부산에서 실감한 것처럼 북쪽에 의해 통일될 뻔했다. 그러나 유엔군의 참전으로 그 것이 이루어지지 않은 것이 사실이다.

인천상륙 후에는 '155 PORT COMPANY'가 진남포로 옮겨갈 준비를 했을 만큼 실제로 남쪽에 의해 통일될 뻔했다. 중국이 참전하지 않았다 면 남쪽에 의한 통일이 이루어졌을 것이다. 실제로 그랬던 것처럼 6·25 전쟁을 통일전쟁으로 봄으로써 한반도는 전쟁방법으로는 통일될 수 없 는 곳임을 그 전쟁을 통해 배우고, 평화통일을 지향해가는 것이 민족사 적·세계사적 흐름에 부응하는 길이 아닌가 깊이 생각해봐야 한다.

6·25전쟁은 지난 20세기의 민족사적으로뿐 아니라 세계사적으로도 큰 사건이었다. 따라서 국내외에서 많은 연구서들이 출판되었다. 그러 나 일반인이 쉽게 읽을 수 있는 책은 거의 없다시피 한 것이 현실이기도 하다. 그 엄청난 사실에 대해 국내외를 막론한 일반인이 접근할 수 있는 길이 막혀 있는 것이다. 6·25전쟁의 원인과 경위와 결과와 민족사적·세 계사적 의의를 독자 일반이 쉽게 읽고 이해할 수 있는 책이 빨리 생산되 어야, 21세기에는 반드시 이루어져야 할 우리땅의 평화통일문제가 해 결될 수 있다는 생각이기도 하다.

운 좋게도 '우연히' 대학생이 되다

마산에 돌아와보니 학교는 이미 개학해 있었다. 다만 마산중학교의 본교 교사(校舍)는 아직도 육군병원으로 사용되고, 그 때문에 수업은 교사 뒤편에 있는 기숙사건물에서 하고 있었다. 종래의 6-6-4 학제가 1951년 3월에 6-3-3-4제로 변경되어 중학교 6학년이어야 할 동기생들 이 고등학교 3학년이 되어 있었다. 다음해 졸업할 때 고등학교 3학년 졸업장이 아닌 중학교 6학년 졸업장을 받겠다고 데모했던 기억도 난다.

그때만 해도 신생 고등학교 3년 졸업장보다 중학교 6년 졸업장이 더 '권위' 같은 것이 있다고 생각한 것 같은데, 지금 생각해보면 우스운 일이지만, 세상의 변화에는 언제나 그런 '부담' 같은 것이 따르게 마련이라 하겠다. 학교로 돌아온 동기생들이 아직 돌아오지 못한 사람들보다는 그래도 많았던 것으로 기억되는데, 돌아온 사람들은 모두 다음해에 있을 대학입시 준비에 바빴다.

그러나 내 경우는 본래 빠듯했던 집안 형편이 전쟁 통에 훨씬 더 나빠졌고, 부모님이 연만한 집안의 장남인 저지로서는 대학진학을 생각할 상황이 못 되었다. 수집 취미를 가진 어느 동기동창생이 지금도 가지고 있는 마산고등학교 '단기 4285년도 졸업생일람표'의 내 이름 밑에는 '진학'이 아니라 '취직'으로 명기되어 있음을 확인할 수 있다.

대학진학을 단념하고 취직을 해야겠는데, 6·25전쟁이 한창일 때 하루에도 많은 젊은 목숨이 죽어가는 군대에 가지 않고 배길 수 있는 취직은 군속이나 경찰관이 아니면 국민학교 교사가 되는 길이 거의 유일했다.

평생 잊을 수 없는 은인 중 한 분인 고등학교 3학년 때의 담임선생님은, 일제강점기에 히로시마(廣島) 고등사범학교 영문과 재학중에 일본 학병으로 끌려갔다가 해방 후 귀국해서 서울대학교 사범대학 영문과를 졸업하고 마산중학교에 부임한, 지금은 고인이 된 성낙준(成樂濬) 선생님이다. 마침 그분의 부친이 마산서 가까운 농촌의 국민학교 교장선생이어서 사범학교 출신이 아니지만 임시교사로 채용해주기로 어느정도 내락이 되었었다.

전쟁이 한창인 때라 서울대학교를 비롯한 각 대학들이 부산으로 피난왔었고, 고려대학교는 대구에 피난해 있었지만 원서접수는 부산서도 받고 입학시험을 부산서도 치르게 되어 있었다. 서울대학교, 고려대학교, 연희대학교 등에 지원하는 동급생들의 원서를 접수하러 부산에 갔던 담임선생님이 다른 대학에 비해 고려대학교의 접수마감 기일이 아직 남은 것을 보고 혹시 지원자가 있을까 하고 원서 두어 장을 사 오셨었다.

전쟁 중이라 다른 학생들도 특별한 시험준비를 한 것도 아니고, 되든 안되든 너도 시험이나 한번 쳐보라 권하시기에 결국 응시하게 되었고, 전공은 평소 좋아하던 역사학과를 서슴없이 택했다. 어찌된 건지 동기생 근 20명이 고려대학교에 지원했는데 겨우 두 사람이 합격했고 그중에 내가 끼이게 되었다. 합격을 하니 욕심이 생겨서 겨우겨우 입학금을 마련해서 1952년에 고려대학생이 되었다.

지금은 그렇지 않다고 생각되지만, 6·25 전만 해도 중학교 고학년 때, 그러니까 지금의 고등학생 때는 초보수준이지만 교육학개론·심리학개론·논리학개론 등을 배웠고, 대학입시에 그것들이 선택과목이기도 했다.

국사와 국어는 본래 좋아했고, 중학교 4학년인가 5학년 때 연희대학교 철학과를 나온 이름을 잊은 방(房)선생님께 논리학개론을 잘 배웠는데, 입학시험에서 논리학을 선택과목으로 한 것이 주효했으며, 수학을 잘 배운 것도 크게 도움이 되었다. 훗날 모교에 강연하러 갔다가 교장이 된 옛날의 박용환 수학선생님께 "수학을 잘 배워서 입시준비 없이도 대학에 들어갈 수 있었습니다" 하고 고마워했지만, 문과 지망생 치고는 수학성적이 거의 만점 아닌가 생각될 정도였다.

1950년대 초기 20명인가를 선발한 고려대학교 사학과 지망생 및 합격생의 대부분은 1지망은 그때 한참 인기가 높았던 정치학과나 경제학과였고 2지망이 사학과였다. 1지망을 사학과로 기입한 나의 경우 입학시험 면접관이었다고 기억되는 신석호(申奭鎬) 선생님의 관심을 산 것

1955년경 고려대 교정에서 친구들과. 저자는 왼쪽

이 아닌가 한다. 면접 때 왜 사학과가 1지망이냐고 묻기에 "만약 합격하면 평생 역사공부를 하며 살 생각입니다" 하고 대답했던 것 같다. 어쩌면 이것이 신석호 선생님과의 특별한 인연이 이어지는 첫 계기가 아니었는가 생각된다.

역사학을 본격적으로 공부하게 된 것은 대학의 사학과에 입학하면서부터였지만, 이때는 당시 우리 역사학의 경향 같은 것에 대해서는 전혀 몰랐고, 다만 역사공부가 좋아서란 말밖에는 특별한 이유를 찾지 못한다. 일제강점기에는 우리 역사를 전혀 듣지도 배우지도 못했다가 해방후 중학생 때부터 역사공부가 좋아서 대학진학 때 사학과를 1지망으로택했고 그러다보니 평생을 역사학 전공자로 역사선생으로 살게 되었다고 할 수밖에 없다.

대학에 입학하기 전이건 후이건 왜 역사를 좋아했는가에 대해서는특별히 기억나는 것이 없다. 다만 당시의 역사책들이 일반적으로 다루었던 지배층이나 정치사적 문제보다 사회사적 문제나 서민층의 문제에 더 관심이 많았다는 기억이 있다. 그래서 학부생 때는 『증보문헌비고』의 「노비」편을 빌려다 이재호(李載浩) 선생님의 강독을 받기도 했고, 이후 신석호 선생님의 지도를 받으면서도 그분의 전공인 정치사로서의 당쟁사 쪽이 아니라 사회사 및 서민생활사 쪽을 선호하게 된 것이 아닌가 한다.

학부 졸업논문은 장사꾼 즉 상인문제였고 석사논문은 장인(匠人) 즉 수공업자문제였으며, 석사논문 후 처음 쓴 논문은 백정(白丁)문제였고 박사논문은 상공업문제였다. 근현대사로 내려온 후에는 좌우익 연합전선문제 및 평화통일문제에 관심이 집중되었지만. 역사학을 좋아하게 된 동기야 어디에 있었건, 팔십평생을 역사학을 공부하고 가르치고 또 책을 쓰면서 살아온 데 대해 조금도 후회하거나 아쉬워하는 일이 없었다고 정직하게 말하고 싶을 뿐이다.

6·25전쟁 때의 고려대학생들은 대구 원대동의 판자집 가교사(假校舍)에서 강의를 들었는데, 동촌비행장에서 빈번하게 전투기가 뜨면 그 굉음 때문에 강의가 중단되어야 했고, 부산이나 진해 등 피난지에서 기차를 타고 출강하는 교수들이 많아서 기차가 연착하면 휴강이 일쑤였다. 군복 입고 청강하는 학생들이 많았고, 권총 차고 다닌 학생도 심심찮게 볼 수 있었다. 대학생이 되면 전시학생증이란 것이 주어지는데, 그것을 가지면 재학중엔 군입대가 연기되었다.

매일 수많은 젊은이가 전장에서 죽어가던 때라 모두 전시학생증을 가지고자 기를 쓰고 대학에 가려 했고, 그래서 가난한 농민들이 소를 팔아 자식 대학등록금에 충당한다 해서 상아탑이 아닌 우골탑(牛骨塔)이란 말이 생기기도 했다. 학력중심사회의 병리현상이기도 하지만……

대학교재라는 것은 거의 없었고, 강의시간 내내 교수가 불러주는 말을 노트에 받아 적는 일이 전부였다. 실제로 있었던 일인데 어느 교수가 전쟁 통의 복잡한 기차 안에서 흔히 '쓰리꾼'이라 했던 소매치기에게 가방을 찢겨 강의노트를 흘려버렸는데, 다시 마련할 때까지 상당기간 휴강하지 않을 수 없었다.

같은 학년에 마산서는 두 사람이 합격했고 이웃 진해에서 한 사람이 합격했다. 세 사람이 한때는 대구의 태평동인가에서 하숙을 함께 하기도 했고, 비산동이라는 허술한 동네에 방을 얻어 함께 자취를 하다가 도둑을 맞기도 했다. 하숙비는 물론 자취비용도 마련하기 어려우면 세 사람이 서의 같은 과목을 수강신청해놓고 마산과 진해에서 교대로 대구로 등교하기도 했다. 이럴 때 식사는 주로 서문시장 노점에서 사먹고 다녔다.

그런 중에도 1953년 1학기의 경우, 외숙의 도움으로 등록금을 마련했는데, 학과가 다른 동급생 '심모'가 무슨 급한 일이 생겼다면서 하루만 빌려달라고 사정사정하기에 어리석게도 빌려주었다가 영영 받지 못하고 결국 2학년 1학기를 휴학하고 말았다. 그도 그후 학교를 다니지 않았다. 등록을 하지 못한 채 마산과 대구를 오가면서 주로 도서관에서 지냈다. 피난지 학교이면서도 가교사의 한쪽에 도서실이 있었고, 문일평(文一平)의 『한미관계 50년사』 등 읽을 만한 책들이 더러 있었다.

어느날 조금 늦게 도서관에서 나오는데 어느 강의실에서 누가 열심히 강의하는 소리가 들렸다. 누가 이런 시간에 강의를 하는가 하고 들여다봤더니 어느 학생이 혼자 교단에서 열심히 강의하고 있었다. 아마 오늘 들은 강의를 혼자 복습하는 것인가 생각되어 조금 놀랐는데, 뒷날에야 알았지만 그는 나보다 1년 먼저 철학과에 입학한 신일철(申一澈)씨였다. 그도 고려대학교 교수로 재직하다 정년퇴임하고 얼마 전에 작고했는데, 함께 근무하면서 언젠가 그때 일을 말했더니 웃으며 멋쩍어하던 일이 기억난다.

1952년은 대통령 이승만의 1차 임기가 끝나던 해였다. 그는 당시의 국회 간접선거제로는 재선되기 어려웠고, 그래서 피난지 수도 부산에서 대통령직선제 개헌을 강행하는 '정치파동'이 일어났다. 철학과의 이상은(李相殷) 교수님이 『고대신문』에 중국의 위안 스카이(袁世凱)가 황제에 즉위한 사실을 이승만이 강행한 대통령 재취임을 위한 개헌파동에 빗대어 「대한민국과 이승만」을 「중화민국과 원세개」란 글로 바꾸어 썼다가 수난을 당한 일 역시 생생하게 기억난다.

1953년 7월에 휴전이 조인되고 9월 학기부터 대학이 서울로 돌아가게 되었다. 안암동의 본교 교사는 아직 미국공군이 사용하고 있어서 들어갈 수 없고, 임시로 계동에 있는 같은 재단인 중앙중학교 교사의 일부를 사용하기로 했으니 그리로 오라는 것이었다.

피난온 사람들이 모두 귀환하느라 서울행 기차표 구하기가 정말 어려운 때였다. 마산서 같은 해 경제과에 입학했던 이동인(李東麟)과 한해 늦게 철학과에 입학한, 이미 고인이 된 이상두(李相斗) 등 셋이서 부산으로 가서 서울행 열차를 타기로 했다. 차표를 못 구해 고심했는데, 부산 숙부님 댁 근처에서 만난 어떤 현역군인이 철도경비대인가에 근무한다면서 차표를 사주겠으니 돈을 달라기에 주었다. 함께 열차 타러 가자기에 따라가서 개찰구를 그냥 지나갈 수 있었다.

어느 객차 칸에 들어가보니 이미 앉을 자리가 없었다. 입석을 확보하고 있으면 좌석이 정해진 차표를 가져오겠다 하고 나간 그 군인은 기차가 떠나도 나타나지 않았다. 결국 난생처음 서울 가는 '마산 촌놈' 셋이 본의 아니게 무임승차범이 되고 말았다. 복도까지 사람이 가득 차서 중간에 차표검사 같은 것은 있을 수도 없었고, 복도에서 앉으며 서며 하다가 열 시간이 훨씬 넘게 걸려서야 붉은 벽돌집으로 된 옛 서울역에 도착

했다.

차표가 없으니 역무실에 끌려갔고 누군가가 수원에서 탔다고 거짓말을 했다. 역무원은 세 사람 모두 콧구멍이 새까맣고 경상도 말을 하는 것을 보니 부산에서 탄 것이 분명하다고 했다. 할 수 없이 무임승차하게 된 경위를 실토했고, 규정대로 두 배를 물었는지, 정액만 물었는지, 학생이라 용서받았는지, 56년이 지난 지금 전혀 기억할 수 없다. 서울역 앞 남대문도 처음 봤지만 당시 서울에 유일했던 남대문 지하도도 처음 걸어봤다.

마산 촌놈들의 첫 서울생활에는 실수담이 많았다. 당시 연희대학교에 진학한 어떤 고등학교 동창생 친구는 남대문에서 전차를 타고 가서 내렸더니 또 남대문이어서 쩔쩔맸다고 했다. 남대문역에서 서대문 쪽으로 가려던 것이 전차를 잘못 타서 동대문 쪽으로 간 것 같은 데 내려 보니 도로 남대문이었다는 것이다. 거리의 간판에 주목하지 않았기 때문이다.

전차 안에서 친구끼리 경상도 발음으로 말을 주고받으면 복잡한 전차칸 저쪽에서 사람들 사이를 헤집고 가까이 와서 경상도 말로 무엇을 물어보는 사람을 자주 만나곤 했다. 6·25 후부터 서울에는 결정적으로 경상도 사람들이 많아졌지만, 6·25 직후만 해도 경상도 사람이 서울 사람에게 경상도 말로 무엇을 묻는 것이 부끄럽기도 했고, 또 서울 사람들이 경상도 말을 잘 알아듣지 못하기도 했다.

중앙중학교의 한쪽을 빌려서 하는 학교생활은 피난지 생활이나 다름없었고, 대구에서는 없었던 교련시간이 가끔 있었던 것으로 기억한다. 친구 몇사람과 서대문의 아주 작은 한옥에서 싸구려 하숙생활을 했는데, 전차를 타고 종로3가에선가 내려 계동으로 올라가는 길가에는 극장이 있기도 했지만 지금은 많이 변했다. 1953년의 서울에는 곳곳에 아직

전흔(戰痕)이 많이 남아 있었다. 영국에 유학했던 고려대학교 영문학과의 어느 교수가 인민군이 서울을 점령했을 때 '이적방송'을 했다 해서 사형 당했다고 들었고, 사학과의 동양사 교수 한 분도 6·25 통에 없어졌다고 듣기도 했다.

중앙중학교에서 한 학기인가 강의를 듣다가 다음해에야, 그때는 건물이 본관과 구도서관 등 두 개뿐이던 안암동 본교로 들어간 것으로 기억한다. 특히 구도서관 건물은 다른 데서 볼 수 없는 특이한 설계의 건축물이어서 인상적이었다. 하숙집에서 나와 전차를 타고 성동역에서 내려 서울대학교 상과대학생들과 함께 흔히 '쎄느강'이라 불렸던 안암천변을 따라 걸어올라가서 등교했다. 학교 앞 비포장길로 버스가 다니게 된 것은 조금 지나서부터였던 것 같다.

1956년에 군에 입대할 때까지 친구들과 서대문의 나지막한 한옥에서 싸구려 하숙도 해봤고, 짧게나마 부산 피난 때 숙부님과 알게 된 분의 집에서 가정교사 노릇도 해봤으며, 학교가 안암동 본교로 옮긴 후에는 몇사람이 함께 자취도 해봤다. 뒷날 정식 직원으로 근무하게 되는 국사편찬위원회와의 인연도 이때 처음 맺게 되었다. 은사 신석호 선생님이 사무국장을 겸임했는데, 선생님의 주선으로 도서정리 아르바이트를 하게 된 것이다. 학부학생으로서는 드물게 혜택받은 기회였다.

지금은 없어진 중앙청 본관 뒤편의 독립된 목조 2층 건물에 들어 있던 국사편찬위원회(이하 국편)에 갔더니, 6·25 때 북쪽 사람들이 가져가려고 묶어놓았다가 인천상륙 후 갑자기 후퇴하면서 미처 못 가져간 책들을 다시 풀어 정리하는 일을 맡았다. 국사관계 서적에 대한 지식을 넓히는 기회도 되었지만, 지금은 모두 작고한 김규성(金奎聲), 권태익(權泰益) 선생님 등 훗날 '국편'에 근무하게 되면서 특히 한문공부에 큰 도움을 받은 분들을 이때 처음 만나기도 했다. 신석호 선생님 및 다른 직원들과 가까이 지내면서 자주 국편에 들렀던 임창순(任昌淳) 선생님을 처음 만난 것도 그때였다고 기억된다. 모두 평생을 두고 잊을 수 없는 분들이다. 점심때가 되면 고구마를 사다가 난롯가에 둘러앉아 구워 먹던 일이 특히 생각난다.

사람의 일이란 불가해한 것이어서 1952년의 전란중에 고등학교를 졸업하면서 고향 근처 초등학교의 임시교원생활을 지망했는데, 어쩌다보니 대학생이 되어 서울생활을 하게 되었고, 이후 역사학 전공자로 행세하게 되고 말았다. 성낙준 선생님의 '우연한' 입학원서 구입과 진학권유, 고려내학교 사학과 입학과 신석호 선생님과의 만남, 국편과의 인연 및 그곳 여러 선생님들과의 만남, 신석호 선생님 후임으로 고려대학교 교수직을 계승한 일 등이 결국 한 인간의 평생을 결정하고 만 셈이다.

평생 역사공부를 하면서 항상 헤매게 되는 문제가 역사의 우연성과 필연성 문제라고도 할 수 있다. 고등학교 졸업반 때 담임선생님의 호의가 아니었으면, 모르긴 해도 고향 근처 초등학교 선생으로 안존한 평생을 보냈을지도 모른다.

설령 고3 때 담임선생님의 호의로 대학진학을 할 수 있었다 해도 사학과를 지망해 신석호 선생님 같은 분을 만나지 못했다면 학문의 길에 들어서지 못하지 않았을까 생각한다. 또 대학에서 신석호 선생님을 만났다 해도 그분이 제자들의 전공분야를 자신의 전공인 조선왕조의 당쟁사 언저리에 한정하게 했다면 아마 학문을 계속하지 못하지 않았을까 한다.

해방 후 남쪽 역사학계에서는 거의 금기시되다시피 한 사회경제사를 전공하려고 앞서도 말했듯이 학부졸업논문은 조선시대 시전(市廛)문제를 썼고 석사논문은 역시 조선시대의 공장(工匠)문제를 택했으며, 박사논문은 조선왕조 후기의 상업자본문제를 택했다. 이 과정 전체를 통해

1964년 신석호 선생님 회갑연에서. 신석호 선생 왼쪽이 김용섭 오른쪽이 저자

신석호 선생님이 계속 실질적 지도교수요 학위심사위원이었지만, 자신의 전공분야와 동떨어졌다 해서 간섭하는 일은 전혀 없었다. 이런 지도교수를 만나지 않았다면 아마 학문생활을 하기 어려웠을 것이라는 생각이다.

이런 모든 일들이 결국 한 인간의 평생을 결정한 셈인데, 가끔 그것이 우연이었는가, 아니면 필연이었는가 하고 생각하게 된다. 역사학에서는 일반적으로 어떤 사항이 일어나게 된 원인을 찾을 수 없을 때 그 사항이 일어난 것은 우연이라 하고, 그 원인이 밝혀졌을 때 그것은 필연적 사항이라 하게 마련이다.

다른 대학과 달리 고려대학교의 원서마감 기간이 아직 상당히 남은 것을 보고 성낙준 선생님이 원서를 사온 것은 제자를 한 사람이라도 더 대학에 진학시키고 싶은 데 원인이 있었을 것이다. 신석호 선생님의 경우 평생 조선왕조시대 당쟁사를 전공한 분이면서도 학생들을 지도하면서는 당시 남쪽의 역사학계에서는 전공자가 거의 없었던 사회경제사로서의 상업사나 수공업사 연구를 흔쾌히 허락한 것은 우리의 학문분야를 넓혀야 한다고 생각했기 때문이었을 것이다.

여하튼 이같은 은사님들의 교육자로서의 충정과 학자로서의 폭넓은 학문관이 뒷받침되어 역사학 연구자의 길을 걸을 수 있었다고 생각하면, 그같은 뜻높은 뒷받침에 부응할 만한 결과가 되었는지 자성하지 않을 수 없게 된다.

자원입대해서 '실제 군인'이 되다

6·25 때 학도의용대에 근무한 경력으로 병역의무를 대신한 '재주꾼'들도 더러 있는 것 같았지만 그런 재주를 피우지는 못했고, 1956년에 현역병으로 입대했다. 나보다 한 해 먼저 1951년에 대학에 입학한 사람들은 SO군번인가 해서 6개월간의 짧은 군사훈련을 받은 후 대학원에 진학하면 군복무가 면제되었다. 당시로서는 굉장한 혜택이었고, 그래서 한 해 후배인 우리 동기들도 그 혜택을 받을 수 있으리라 기대했는데, 어쩐 일인지 그 제도가 1년만 적용되고 1952년에 입학한 사람들은 그 혜택을 받을 수 없게 되고 말았다.

동년배들 중에는 평생을 군대기피자로 산 사람들이 많았지만 그럴 생각은 없었고, 다만 꼭 이루고 싶었던 대학원 진학을 위해 학부를 졸업하고 가는 것이 나은가, 한 학기쯤 남겨두었다가 갔다와서 졸업하는 것이 나은가 하고 고민했다.

결국 졸업을 한 학기 남겨두고 입대했는데, 언제쯤 입대할 것인지 같

은 고민을 50년 전 이땅의 젊은이들뿐 아니라 지금의 대학생들도 하게
마련이니 이런 고민은 언제쯤이나 없어질지…… 이땅 젊은이들이 입대
시기를 두고 고민하는 일은, 같은 민족을 두고 한쪽에서는 반드시 '한
민족'이라고 해야 하고 다른 한쪽에서는 반드시 '조선민족'이라고 해야
한다는 일만큼이나 '무참한' 일이라 생각한다.

각기 다른 대학으로 진학했지만 중·고등학교 6년을 함께 다닌 친구
들 중 유달리 친하게 지낸 열 사람 정도가 있었다. 언제부턴가 우리는
대학재학중에 모두 함께 군대를 다녀오자는 합의를 했고, 그래서 한날
한시에 지원입대하기로 약속했다. 그러나 막상 입대하는 장소에는 나
를 포함해 두 사람만이 나와 있었다. 아직 살아 있는 이들 중 여섯 명을
가끔 만나는데, 그들은 함께 입대하기로 약속했던 일마저 까맣게 잊고
있어서 놀랐다. 하기야 50년이 넘은 옛일이니까.

결국 약속장소에 나타난 친구와 둘이서 논산훈련소로 갔고 그곳에서
또 한 사람의 중·고등학교 동기생을 만나 셋이 같은 내무반에서 훈련병
생활을 하게 되었다. 그때만 해도 문맹(文盲) 훈련생들이 있어서 한글교
육을 따로 시켰지만, 같은 내무반에는 편지를 대필해주어야 하는 훈련
병이 여럿 있었다. 장인과 사위가 함께 입대한 웃지 못할 경우도 있었다.

함께 입대한 고등학교 동창 세 사람 중 하나는 건강이 나쁘다는 이유
로 훈련 중에 제대하고, 또 하나는 군대생활을 죽어도 못하겠다고 심한
매를 맞으면서도 훈련병이 외워야 할 수칙 같은 것을 일부러 외우지 않
아서 얼마나 애태웠는지 모른다. 그는 결국 부대배치 후 첫 휴가 나가서
귀대하지 않고 탈영병이 되어 외딴 농촌에 들어가서 피신했다가 평생
을 그때로서는 보기 드문 대학졸업생 농군으로 살았다. 함께 입대했던
고등학교 동기생 세 사람 중 나만 3년여의 군대생활을 한 셈이다.

당시만 해도 천막막사이던 살풍경한 논산훈련소에서의 훈련은 고되

1956년 논산훈련소 졸업기념. 맨 뒷줄 왼쪽에서 네번째가 저자

었다. 그런 와중에도 "고향에 고향에 돌아와도 그리던 고향은 아니러
뇨" 하는 정지용(鄭芝溶)의 시 「고향」을 김소운(金素雲)이 일본어로 번
역한 것을 외우는 동료 훈련병이 있어 받아 적어 주보(酒保)에서 함께
술 마시며 읊었던 생각이 난다.

논산훈련소 교육이 끝나자 광주 포병학교로 가서 측량병 교육을 받
았다. 포병 중에서도 포탄이 떨어질 정확한 지점을 계산해내는 병정이
곧 측량병이다. 수학의 인수분해를 다시 배우고 삼각함수를 이용해서
XY좌표를 찾아낸 후, 타격 목표지점을 구하는 교육을 두 달쯤 받았는
데, 30명씩의 두 반이 모두 대학졸업생이었다.

논산훈련소 입대과정에서 기간사병(基幹士兵)의 일을 도와주게 되었
는데, 졸업을 한 학기 남겨두고 왔다 했더니 대학졸업생으로 해버리자
했고, 그래서 측량병 교육반에 들게 되었으며, 군대생활 내내 '대졸'로
행세하게 되었다. 수석으로 졸업하면 후방에 남는다기에 열심히 해서

수석으로 졸업했다. 그러나 그것도 헛말이었고 철원 근처에 있다는 어느 최전방 사단으로 배치되어 눈이 하얗게 쌓인 의정부 쪽 배출부대로, 탈영방지를 위한 철문이 꼭꼭 잠긴 화물차 칸에 실려 갔다.

측량병 과정을 수석으로 졸업하고도 최전방에 배치된 것은 1950년대 후반기 자유당정권의 부패, 특히 군대의 부패가 심해서 바꿔치기당한 결과였다. 뒷날 군인들이 쿠데타를 하면서 부정부패를 척결한다기에 "부패의 온상이 어딘데" 하고 쓴웃음을 짓던 기억이 난다.

전방부대로 가기 위해 의정부 배출부대에 있을 때의 일이다. 점고(點考)를 받는데 중사였다고 기억되는 기간사병 한 사람이 다가와서 가만히 나를 모르겠느냐고 묻기에 자세히 봤더니 이름은 잊었지만 국민학교 동기동창생이었다. 내 배치서류를 보더니 "철원 근처에 있는 최전방 부댄데 너 지금 거기 가면 겨울나기 전에 얼어죽을 거다"라고 했다. 최전방의 가장 나쁜 부대에 배치된 군인과 바꿔치기된 것이다. 하기야 그 정도의 최전방부대쯤 되어야 바꿔치기하는 댓가로 얻는 것이 많았을 테니까……

포병학교를 수석졸업하고도 여기까지 왔다고 호소했더니 그도 혀를 차면서 동두천 근처의 독립포병부대로 보내주었다. 일개 기간사병의 권한으로 그런 일이 가능했던 비틀어진 세상이었지만, 나로서는 사지(死地)에서 천사를 만난 격이었다.

가보니 부대원이 약 1000명인 155밀리포 독립부대였다. 중령인 부대장은 해방 전에 일본서 대학을 다니다 온 사람이라 했고, 그밖에는 군의관과 군목장교만 대학졸업생이었는데, 사병으로는 '대졸'이 처음 배치되었다고 모두 신기해했다. 당시의 군대생활, 특히 신병생활은 정말 고되었다. 신병은 아무리 추운 날이라도 매일 산에 가서 땔나무를 가져다 온돌방식인 내무반을 데워야 했지만 정작 자신의 잠자리는 차가운 윗목이었다. 아랫목 차지의 고참병들은 대부분 실제전투를 겪은 사람들이어서 거칠었다.

다음 신병이 올 때까지 장교와 고참사병이 요구하면 그들의 빨래까지 해야 하기 마련인데 물을 덥힐 장치가 없어 얼음을 깨고 흐르는 물에서 옷을 빨아야 했고, 자연히 자주 빨아 입지 않아 옷에는 이가 많았다. 어쩌다 텔레비전 같은 데서 요즘의 군대 내무반을 보면 정말 격세지감이 든다.

고된 병영생활에 시달리다가 결국 당시로선 중병이었던 늑막염을 앓게 되었는데 병세가 심하기도 했지만, '내쫄' 졸병의 일선부내 신병생활에 동정적이었던 부대 의무장교의 호의로 야전병원으로 후송되었고, 거기서 운좋게도 또 한 분의 은인을 만났다.

일제강점기부터 있었던 신마산의 군대주둔지가 해방 후 15연대 병영이 되었다가 육군군의학교(陸軍軍醫學校)로 되었다. 지금도 친하게 지내는 고등학교 동기생 중 한 명이 집이 커서 그곳에 교육받으러 오는 군의장교들을 하숙시켰는데, 그중의 '종씨'인 '강중령'을 알게 되었다.

군영마다 직속상관 관등성명이 적혀 있게 마련인데 야전병원장이 당시에 대령이 된 바로 그 '강중령'이었다. 찾아가서 사정을 말했더니 직접 진찰해보고는 상당히 중태라면서 후송병원으로 보내주었고, 옮겨 갈 병원의 군의관에게 '조카'라면서 전화를 해주기도 했다. 이후 병원을 두어 군데 옮겨 다니면서 '환자서무계'라는 것을 맡아 군의관들의 일을 도와주고 또 그들의 도움도 받다가 결국 제대권(除隊權)이 있는 온양의 109육군병원으로 후송되었다.

그러나 후송서류를 분명 내 손으로 만들었는데, 후송열차가 온양역에 닿아도 내 이름은 불리지 않았다. 놀라서 후송열차 군의관에게 물었더니 험악한 얼굴로, 너는 광주 77병원 행이라는 것이었다. 광주 77병원은 제대권이 없는 곳이다. 약 300명은 되었다고 생각되는 후송환자 중 인솔자들이 몇사람을 바꿔치기한 것 같은데 하필이면 내가 또 그 덫에 걸린 것이다. 자유당정권 말기 군대의 부패상을 또 한번 체감한 사건이었다.

광주 77병원에서 간신히 '강중령'에게 연락해서 온양 109병원으로 갈 수 있었고 그곳에서 의병제대를 했지만, 자유당정권 말기의 해이해진 분위기의 해도 입었고 또 덕도 봤다고도 하겠다. 그때 도움받았던 군의관들과는 그후에도 서로 연락을 하곤 했다.

흔히 군대생활은 군병원과 군형무소 생활까지 해봐야 제대로 안다는 말이 있다. 늑막염 환자는 결핵병동에 함께 수용되었는데, 그때만 해도 결핵은 거의 고치기 어려워서 같은 병실에서 죽는 젊은이를 많이 봤다. 병원생활 내내 같은 병실에서만 10여 명이 죽는 것을 본 기억이 있다. 고함을 지르고 발작을 하다가 갑자기 조용해져서 보면 이미 죽어 있다든가, 소리 없이 자는 듯 죽어가는 사람, 죽음을 예상했는지 소리 죽이며 섧게 울다가 어느새 죽는 사람 등이 있었다.

한 사람이 죽으면 같은 병실에 있는 환자들이 한 푼 두 푼 모아 막걸리를 사다가 주검 앞에 부어놓고 시체 염(殮)을 전문으로 하는 위생병을 부르게 마련이었다. 위생병이 와서 그 술을 마시고는 능숙한 솜씨로 염을 해서 시체실로 옮겨가는 것이다. 그 자리에는 바로 다음 환자가 오게 마련인데, 미리 약속하지 않았는데도 같은 병실의 누구도 그 자리가 바로 전에 죽어나간 사람의 자리라는 말을 새 환자에게 하지 않았다. 하기야 자신들도 그런 자리에 누워 있는지도 모르니까.

속없는 사람들이 흔히 "남자는 군대에 가봐야 된다" 같은 말을 하지만 전혀 그렇지 않다고 생각한다. 국방의무는 신성하다고 하지만, 생각해보면, 그것은 인간사회가 미개해서 전쟁이 문제해결의 최고수단이던 시대나 약육강식의 제국주의가 활개치던 시대의 산물이라고도 할 수 있다. 아무도 거부할 수 없는 인간역사의 최종 지향점은 평화주의 및 세계평화의 정착 그것이다. 인류역사의 큰 길은 지구 덩어리 전체를 하나의 평화공동체로 만들어가는 길이라 생각한다.

지구의 평화공동체화 과정에서는 평화를 지키기 위한 군대조직도 불가결하다고 할지도 모르겠다. 그러나 군대조직의 현실적 존재이유와 그 효용성을 실증하기 위해, 혹은 간악한 전쟁상인들의 이익을 위해 인류사회 최고의 지향점이요 이상인 지구의 평화공동체화 그 자체를 지연시키는 경향도 없다고는 할 수 없을 것이다. 인간이 만들어놓은 조직 중에 가장 비인간적인 것의 하나가 군대라는 생각이다. 이상주의적 생각이라 할지 모르지만 군대가 필요 없는 세상, 그것이 곧 인류사회가 궁극적으로 지향하는 세상 그것이라는 생각이다.

의무병제를 실시하는 나라는 전세계적으로도 일부일 뿐이다. 처절했던 두 번의 세계대전을 겪은 인류사회에는 이제 대규모 전쟁은 줄어들고 의무병제가 아닌 모병제를 실시하거나 의무병제라 해도 대체복무제를 실시하는 나라들이 점점 많아져가고 있다. 아무리 문화수준이 높다해도, 아무리 경제적으로 풍족하다 해도, 의무병제에서 벗어나지 못하는 나라는 후진국이라 해도 좋다는 생각이다.

의무병제를 아직도 고수하는 까닭이 우리 같은 민족분단과 대립이건, 중동지역 나라들 같은 이웃 나라와의 불화이건, 의무병제를 버리지 못하는 나라는 세상에서 가장 불행한 나라요, 한층 높은 수준의 세계평화를 지향하는 21세기에는 갈데없는 후진국일 뿐이다.

4장

대학원생으로
4·19와 5·16을
겪은 이야기

기어이 '올챙이 학자'가 되다

군 휴가 때 서울 가서 신석호 선생님을 뵈었더니 제대하고 오면 국사편찬위원회에 근무하도록 자리를 만들어두겠다고 했다. 그러나 막상 제대하고 갔더니 먼저 제대하고 복학해서 졸업한 차문섭(車文燮) 선배가 채용되어 자리가 없었다. 제대가 예상보다 늦었기 때문이었다. 할 수 없이 고향에 내려가 약 반년을 쉬다가, 서울로 오라는 신선생님의 편지를 받고 급히 상경했다. 고려대학교에 '아세아(亞細亞)문제연구소'(아연)가 생겼고, 한국사 전공 조교가 한 사람 필요해서 추천된 것이다. 이상은(李相殷) 소장과 민병기(閔丙岐) 총간사의 면접 후 채용되었다.

'아연'에 출근해보니 정치학과 강사 한기식(韓己植)씨는 간사로 있고, 경제학과 대학원생 김두한(金斗漢)씨와 국문학과 대학원생 진동혁(秦東爀)씨가 조수로 있었다. 비록 한 학기만 남겼다 해도 아직은 학부재학생인데 조수로 채용된 것은 역시 신석호 선생님의 적극적인 추천 때문이었다고 생각되었다.

아연은 우리나라 대학부설 연구소 중 최초로 설립된 연구소인 것으로 안다.『아세아연구』라는 당시로서는 최고 권위의 학술지를 발간했고, 주간인지 격주간인지는 정확히 기억나지 않지만, 우리 학문과 문화를 외국에 알리는 영문 소식지(Bulletin)를 발행했다.

『아세아연구』 창간호라고 기억되는데 동양철학자 이상은 선생님의 논문「기자조선 연구」의 교정을 보면서 그 치밀한 고증에 크게 감명받았다. 내가 본 교정지는 아무리 바빠도 그대로 넘기지 않고 반드시 선생님이 다시 봤다.

BULLETIN에 싣기 위해『동국어지승람』 등 국사 쪽 우리 고전들을 해설한 원고를 써내면 타자기를 이용해서 즉석에서 거침없이 영역해내는 민병기 교수의 실력에는 함께 근무한 '존 하비'라는 미국인도 혀를 내두르며 놀라워하던 기억이 남아 있다.

민병기 교수에 대해서는 잊을 수 없는 일들이 있다. 민영환(閔泳煥) 충정공의 직계후손이며 온후한 성격의 신사였던 민교수는 명가의 후손이었기 때문에 박정희정권 때 '차출'되어 국회의원과 프랑스대사를 지내기도 했다. 1978년에 세계일주를 하면서 프랑스 빠리에 들렀을 때 대사관저에 초청되어 식사대접을 받기도 했는데, 그후 군인출신이 경영하는 어느 대학의 총장이 되었다가 이사장과의 마찰로 고심하다 암에 걸려 돌아갔다. 투병중에 문병갔다가 그 준수하던 모습이 심하게 상한 것을 보고 안타까워했던 기억이 남아 있다.

그때의 고려대학교에는 무엇이든 잘 잊어버리는 교수 세 분, 즉 '삼망(三忘)'교수가 있었는데, 이상은 아연 소장도 그중 한 분이었다. 월급을 현금으로 봉투에 넣어 직접 주던 시절인데 월급봉투를 송두리째 잃어버리는가 하면, 근시안경을 이마에 걸친 채 책을 보다가 안경 찾는 일이 한두 번이 아니었다. 지금은 삼망교수 모두 고인(故人)이 되었다.

삼망교수 외에 세 사람의 괴짜교수, 즉 '삼괴(三怪)'교수도 있었다. 그 중의 한 분은 항상 수염을 길게 기르고 넓은 교정이 좁다 하고 흰 두루 마기 자락을 휘날리며 다녔다. 그러다가 어느날 총장이 수염을 깎고 양 복을 입으면 학장에 임명하겠노라 했더니 다음날 수염을 깨끗이 깎고 말끔한 양복신사로 나타나서는 학장이 되어 교내 화제가 되기도 했다.

또 삼괴교수의 한 분은 평소 반드시 도시락을 싸오기 때문에 구내식 당에서 전혀 그 모습을 볼 수 없었는데, 어느날 홀연히 구내식당에 나타 나 모두 '천지개벽'했다고 입방아들이었다. 알고 보니 부인이 죽고 며느 리 시중을 받게 되었는데 차마 매일 도시락을 싸달라 할 수 없어서 어쩔 수 없이 구내식당 상용자(常用者)가 되지 않을 수 없었던 것이었다.

뒷날의 일이지만 그 삼괴교수 이야기가 또 있다. 어느날 새로 부임한 총장이 식당에서 점심을 먹고 문과대학 교수휴게실에 들렀고 휴게실에 있던 교수들이 각기 일어서서 새 총장에게 인사를 했다. 그랬더니 그 괴 짜교수가 벌떡 일어서서 총장도 들을 정도로 "교수라는 자들이 총장이 왔다 해서 모두 벌떡벌떡 일어서서 인사하는 꼴이라니" 하면서 휴게실 을 휑하니 나가버렸다. 총장을 맞은 교수들이 마치 관료들이 상사를 맞 듯이 '벌떡벌떡 일어서서' 인사하는 것이 못마땅했던 것이다. 어색해진 분위기에 총장이 허허 웃으며 "차 한 잔 주세요" 함으로써 수습될 수 있 었다.

지금은 삼망교수와 삼괴교수가 모두 고인이 되었다. 그러나 생각해 보면 이런 이야기는 어쩌면 그 무렵에만 있을 수 있었던 순수무구한 지 식인상을 말해주는 한 단면이 아닐까 한다.

역시 지금은 고인이 된 사학과의 김정학(金廷鶴) 선생님이 박물관장 이었는데, 박물관에 학예직원이 없던 때라 가끔 틈을 내어 유물 관리 등 을 도와드렸더니 한 학기 마치고 졸업하면 박물관 직원으로 오라고 권했다. 학부 3학년 땐가 한국금석학 강의를 듣고 보고서로 낸 「진흥왕비의 수가신명(隨駕臣名) 연구」라는 글이 학회지 『사총(史叢)』 창간호에 실리기는 했지만, 고대사나 고고학이나 고미술을 전공할 생각은 없었는데, 김정학 선생님의 권고가 강해서 걱정이었다.

학부졸업논문으로 조선왕조시대의 시전(市廛)문제를 쓰고 신석호 선생님께 박물관문제를 말씀드렸더니, 마침 '국편'에 자리가 생겨 채용하기로 했다 하고, 김정학 선생님께는 신선생님이 직접 양해를 구해주셨다. 김정학 선생님이 그렇다면 박물관에 근무할 사람을 추천하라기에, 마침 사학과 동기동창으로 고향 충남 예산에서 고등학교 교사로 있던 이일선(李一善)형이 서울로 오고 싶다는 연락이 있었기에 그를 추천하고, 1959년에 신석호 선생님이 사무국장으로 계시던 국사편찬위원회의 촉탁으로 채용되었다.

이 무렵 고등학교 교사로 근무하면 월급이 6만 원 정도였던 것으로 기억되는데, 국편의 촉탁 월급은 2만 원 정도였던 것 같고, 보통의 하숙비가 1만 5000원 정도였던 것으로 기억된다. 군대를 다녀온 대학졸업생이 고등학교 교사자리 얻기는 그렇게 어렵지 않은 때였지만, 대학원과정에 진학하기에는 국편 쪽이 훨씬 조건이 좋았기 때문에 국편을 택한 것이다.

군대생활을 할 때 부대에서 장교시험에 응시하라는 압력을 받고 피한 것도, 그리고 육군병원 생활을 하면서 가능하면 빨리 제대하려 한 것도 모두 대학원과정에 진학하기 위해서였다. 그때는 박사과정은 없었고 석사과정뿐이었지만, 앞으로 대학에 출강하면서 학문생활을 계속하게 되는 길은 곧 대학원과정에 진학하는 길이었다. 고등학교 교사로서 대학원과정에 진학하는 경우도 없지 않았지만, 그보다는 국편이 학문생활하기에 훨씬 편리했고, 그래서 한때는 국편이 마치 국사학 교수 양성기관처럼 되기도 했었다.

고등학교를 졸업할 무렵에는 초등학교 교원을 지망했다가 우연히도 대학에 진학하게 되었지만, 일단 대학을 다니게 된 후에는 학문생활에 대한 갈망이 누구보다도 컸다고 생각한다. 그래서 모든 악조건을 무릅쓰고, 또 모든 다른 길을 버리고 다만 대학원과정에 진학할 수 있는 길을 택했다고 할 수 있지 않을까 한다.

뒷날 대학선생이 된 후, 대학원에 입학한 학생이 지도교수가 되어달라고 찾아오면, 우선 학문을 하려는 이유를 물으면서 이 생활이 얼마나 어렵고 괴로운 것인지를 말해주며, 혹시 개성이나 능력이 학문생활밖에 할 수 없다고 생각하기 때문이냐고 묻기도 했다.

개성이나 능력상 연구생활이나 교단생활밖에 할 수 없다고 생각해서 대학원에 진학하는 사람보다, 정치건 장사건 무엇이라도 할 수 있고 그럴 자신도 있으나, 그래도 학문생활이 하고 싶어서 대학원에 진학하는 그런 사람이 바람직하다고 말해주기도 했다. 사람의 생각이란 묘한 것이어서 자신은 그렇지 못하면서도 제자나 후배에게는 학문 이외에 무엇이라도 할 수 있는 의욕과 능력을 가지고도 기어이 학문생활을 하는 그런 인재가 되기를 원했다고나 할까.

하나의 사례가 생각난다. 이름을 밝힐 것까지야 없지만, 전공이 다른 대학원 동기생 중에 정말 학문밖에 할 줄 모른다고 생각되는 사람이 있었다. 그는 우수한 논문을 썼고 큰 어려움 없이 대학의 전임교원이 되었다. 세상물정에 어두우며 그야말로 공부밖에 할 줄 모른다고 할 만한 사람이었지만, 천만다행히도 현명한 아내를 만나서 학문생활 이외의 모든 것은 전부 아내에게 맡기고 살면서 행복해했고 아이 둘을 두었다.

평소 말이 적은 그답지 않게 딸에게 피아노를 사주었노라 자랑한 얼마 뒤 하늘같이 의지하던 아내가 젊은 나이에 심장병으로 갑자기 사망했다. 아내의 주검을 병원에 둔 채 학교에 나와 미친 듯이 규정시간을 넘겨가며 마지막 강의를 한 그는 아내의 주검이 누워 있는 병원 옥상에서 투신자살하고 말았다. 어린 자식을 둘씩이나 두고 그럴 수 있느냐는 사람들도 있었지만, 비교적 그를 아는 처지였기에 그 죽음을 이해할 수 있었다. 그야말로 공부밖에 할 줄 모르던 그는 아무리 생각해도 하늘 같은 아내 없이 아이 둘을 데리고 살아갈 자신이 없었을 것이다.

흔히 학문의 길은 험난하다 고고(孤高)하다고 말한다. 그래서 학문하는 곳을 상아탑이라고도 한다. 학문이란 것이 정말 고고하게 상아탑에서만 이루어져야 하는 것일까, 그렇지 않다는 생각이다. 학문이 세간(世間)을 떠나 상아탑에만 들어 있으면, 세간의 사정이 아무리 어려워져도 학문이나 학문하는 사람은 세간을 위해서는 아무것도 할 수 없게 마련이다. 현실을 위해 아무것도 할 수 없는 학문이 무엇을 위해 독야청청(獨也青青)할 것인가.

어디에서 영향받았는지 기억할 수 없지만, 대학원에 진학하면서 학문은 모름지기 세간과 함께할 때 그 값어치를 발휘하게 마련이며, 생각이나 능력이 오로지 연구생활밖에 할 수 없는 연구자에 의해 학문이 상아탑에 갇혀버려서는 안 된다는 생각을 가지고 있었다.

국사편찬위원회에서 4·19 '혁명'을 겪다

내가 취직했을 무렵의 국편에는 이공범(李公範) 김용섭(金容燮) 이현종(李鉉淙) 차문섭 등 뒷날 대학교수가 된 사람들이 촉탁 혹은 정식 직원으로 있었고, 이후에도 많은 국사학 교수들이 배출되었다. 학문지망생들은 모두 편찬과에 근무했는데, 근무시간에도 눈치껏 제 공부나 자

4·19'혁명'이 일어나던 당시 국사편찬위원회 시절

료열람을 할 수도 있었고, 퇴근시간 후에도 밤늦게까지 남아 자기 연구에 몰두하는 그런 분위기였다. 이때의 국편은 관청이라기보다 연구소 분위기였다.

국편에 취직하자마자 대학원에 진학한 한편, 김용섭씨와 함께 우리 역사상 특히 이른바 식민사학에 의해 잘못 해석된 문제들을 골라 바로잡는 논문집『국사상의 제문제』발간을 맡았다. 신석호 선생님을 비롯해서 이병도(李丙燾) 이홍직(李弘稙) 김상기(金庠基) 이선근(李瑄根) 등 여러 석학들이 필자로 참여했고, 이분들이 각 전문분야의 바로잡아야 할 문제들을 택해서 논문을 써주면 편집해서 책으로 출간하는 일이었다.

출간된 논문집에 실린 글들을 보면 알지만, 타민족의 강제지배를 받다가 해방된 민족사회의 역사학계가 식민피지배 기간을 통해 잘못 이해되거나 왜곡된 제 역사를 올바르게 해석하려는 첫 노력이라 하겠다.

142

주로 일제강점기에 우리 역사학을 전공한 세대의 학자들에 의해 이 사업이 기도되었다는 점에서의 의미도 있었다.

예를 들면 조선왕조 초기의 대명관계가 종래의 해석과 같이 반드시 사대관계만이 아니었고, 선진문화 수입을 위한 조선왕조 측의 필요에 의한 관계였다고 밝힌 신석호 선생의 논문이 기억난다. 그리고 광해군의 대명(對明)정책 및 대청(對淸)정책이 이른바 친명(親明) 사대관계에만 빠지지 않은 일종의 중립정책이었음을 밝힌 이병도 선생님의 논문 등이 기억난다. 그러나 식민사학이 저지른 우리 역사의 타율성 및 정체 후진성론을 본격적으로 비판하지는 못했거나, 일제강점기 문제는 거의 다룰 수 없었던 한계도 있었다고 하겠다.

『국사상의 제문제』 발간사업은 4·19 후 중단되었고 5·16 후에도 계속되지 못했다. 이후의 식민사학 극복작업, 특히 그 타율성론과 정체후진성론의 극복은 뜻있는 해방 후 세대의 개인 연구자들의 몫이 되었다.

나는 『국사상의 제문제』의 원고를 받으러 다니는 일을 주로 맡았는데, 그 과정에서 지금은 모두 고인이 된 당시 국사학계 원로학자들의 각기 다른 면면도 접할 수 있었다. 가장 연장자이던 이병도 선생님은 당시 서울대학교 대학원장이었는데, 원고 받으러 갈 때마다 비서실을 거치고도 "국편의 아무개가 원고 받으러 왔습니다" 하고 매번 말해야 했던 기억이 남아 있다.

그런가 하면 당시 성균관대학교 총장 이선근 선생님은 비서실을 거쳐 총장실에 들어가면 큰 몸짓으로 반가워하면서 원고를 챙겨주거나 미처 덜 되었으면 조금만 기다리라면서 아주 미안해했다. 이병도 선생님에 비하면 꽤 사교적인 분이었다고 기억된다.

김상기 선생님은 호남의 유명한 유학자 전간재(田艮齋)의 제자라고 들었지만 학자의 전형같이 느껴지는 그런 분이었다. 온화하고 겸손하고 그러면서도 원고 교정을 직접 치밀하게 보던 그런 분으로 기억된다. 이홍직 선생님은 훗날 함께 근무해서도 알지만 대단한 주량의 소유자였고, 성격이 맑고 담백하면서도 자신의 문장력에 자부심이 높은 분이었다. 토오꾜오제국대학 졸업생이란 자부심과 함께……

국편에 취직한 직후『조선왕조실록』색인작업이 시작되었다. 48책으로 압축된 영인본을 대학교수 등 전공학자들에게 한 권씩 맡겨서 색인항목이 될 만한 어휘를 골라 붉은 줄을 쳐오게 하고, 그 적부(適否)를 가려서 카드를 만든 후, 같은 항목의 카드를 한데 모아 정리하는 작업이었다.

나도『연산군일기』색인을 맡아 하숙방에서 밤을 세워가며 작업을 하는 한편, 사무실에 나가서는 다른 분들이 지적해온 색인항목의 적부 여부를 검토하는 작업을 했다. 경제적 도움도 컸고, 덕분에『조선왕조실록』원본을 많이 읽을 수 있었다. 특히『연산군일기』를 통독하고는 그 일대기를 쓰고 싶다는 생각이 들 만큼 깊이 알게 되기도 했다.

연산군은 비명에 죽은 어머니에 대한 그리움으로 한이 맺힌 사람이었다. 여러가지 기행(奇行)이 많았던 군왕으로 알려져 있지만, 지금 같으면 정신과 진료를 받아야 할 사람이었다고 할 수 있을 것이다. 자다가 밤중에 진땀을 흘리고 고함 지르며 방 밖으로 달려나가기도 하고, 신하들이 그의 기행을 귀찮게 간(諫)하면 "늙은 대신(大臣) 너희들은 세상물정을 다 아는 듯이 말하지만 나는 무엇보다 붉은 치맛자락이 더 좋다"는 식의 시를 남기기도 한 '불행한' 군왕이었다.

국편 시절을 되돌아보면 함께 근무했던 최영희(崔永禧) 차문섭 등 선배들의 생각도 많이 나지만, 실록 색인작업 과정을 통해 한문공부에 많은 도움을 받은 두 분이 특히 기억된다. 앞에서도 잠깐 말했지만 한 분은 경북 안동이 고향인 김규성(金奎聲) 선생님이고, 다른 분 역시 경북의 청송이 고향인 권태익(權泰益) 선생님이었는데, 두 분은 허물없이 농담하는 친한 사이였다.

두 분 모두 근대교육은 거의 받지 않은 분들로 알지만, 김선생님은 사회부의 초대 총무과장을, 권선생님은 공보부의 초대 총무과장을 지낸 분이었다. 그분들은 한학교육 중심이긴 했지만 해방 당시에는 최상급의 지식인들이었다 할 것이다.

두 분은 오랜 친구였기 때문에 서로 농담도 잘했고, 따라서 국편 편찬과의 젊은 직원 모두가 업무수행중 자주 벌어지는 두 분의 허물없는 '말씨름'을 즐기기도 했다. 지금은 모두 고인이 되었지만 '국편' 시절과 함께 그리운 분들이다.

이분들과 함께 생각나는 또다른 한학자(漢學者) 한 분이 있다. 1970년대로 기억되는데 동년배의 대학교수 몇 사람이 당시 한학의 대가로 알려졌던 조규철(曺圭喆) 선생님에게 『춘추좌씨전(春秋左氏傳)』 강독을 받았다. 하루는 다른 사람보다 조금 먼저 가게 되어 국문학계의 대가요 경성제국대학 졸업생이기도 한 조윤제(趙潤濟) 박사와 조규철 선생님이 박정희정권하의 세상일에 대해 담화하는 것을 듣게 되었다. 그 자리에서 느낀 점은 좀 심한 표현일지 모르지만, 학문과 교양이 어느 수준에 이른 사람이면 비록 중세인과 근대인이 만나도 생각이 통할 수 있으리라는 생각이었다.

일제강점기에 근대교육을 전혀 받지 않은 임창순(任昌淳) 선생 같은 분은 사회주의자가 되었고, 조규철 선생도 대단히 합리적인 훌륭한 민주주의자였다. 이런 분들의 상당수가 지식인 대우를 받지 못한 일제강점기야말로 반역사적 시기였다 할 것이다. 이런 사실 등을 통해 얻은 문제의식이 바탕이 되었는지 모르지만, 훗날 창비에서 출판된 『일제시대빈민생활사연구』를 쓰면서 전통적 한학교육만을 받은 지식인의 상당수가 일제강점기에는 지식인 대우를 받지 못하고 날품팔이 노동자로 전락한 사실을 밝히기도 했다.

김영삼정권이 헐어버린 옛 조선총독부 건물이 아직 중앙청일 때, 그 옆의 별도 건물에 국무총리실이 있었고, 소규모의 2층 목조건물인 국편 청사는 바로 뒤에 있었다. 자유당정권의 횡포가 심할 때, 특히 3·15부정 선거를 앞둔 시점에서, 국무총리실에서 회의하고 나오던 호기만만한, 4· 19 후 처형된 최인규(崔仁圭) 내무부장관의 기름진 얼굴을 본 것이 어제 일처럼 생각나기도 한다.

1960년 4월 18일 고려대학생들이 3·15부정선거를 규탄하는 데모를 한 뒤, 지금은 서울시 의회건물이 된 당시의 국회의사당 앞에서 농성을 하고 학교로 돌아가던 중 자유당이 동원한 깡패들의 습격을 받았고, 이어 다음 날 19일에는 서울시내 각 대학 학생들의 대규모 시위가 벌어졌다.

데모대가 만약 중앙청으로 밀고 들어오면 그 북새통에 작성중인 『조 선왕조실록』 색인카드가 흩어질 염려가 있어 큰 걱정이었다. 왜냐하면 허술한 목조건물인 국편 청사의 2층 편찬과에는 『실록』의 색인을 작성 하기 위해 만든 카드 수십만 장이 상자 안에 담겨 있거나 책상 위에 널 려 있었기 때문이다. 아래층 총무과 직원들이 계속 데모대의 동향을 살 폈는데, 다행히도 데모대의 목적지가 중앙청이 아니라 지금은 청와대 로 개명된 당시의 경무대(景武臺)였다.

밖이 매우 소란스러워 일이 손에 잡히지 않았고, 어쩌면 굉장한 역사 의 현장을 볼 수 있을지 모른다는 생각이 얼핏 들어서, 사무실을 나와 위험을 무릅쓰고라도 데모현장을 직접 보기로 했다. 데모대의 전위(前 衛)는 주로 동국대학생들이었다고 기억되는데, 이들은 지금의 경복궁 인 당시의 중앙청 앞길을 왼편으로 돌아 효자동 쪽으로 진군해 갔다. 경 찰 진압부대가 중앙청 서문 근처에서 소방차로 물을 뿌려 저지하려 했 으나 별 효과가 없었다.

학생데모대가 당시 그 지역에 있던 국민대학과 진명여자고등학교 앞을 지나 경찰경비대의 저지선을 뚫고 경무대 쪽으로 가기에 급히 경복궁 북문인 신무문 쪽으로 가봤다. 데모대가 효자동 길에서 경무대 쪽으로 돌아들려는 무렵 거기도 소방차가 있어 물을 뿌렸는데, 오히려 데모대가 소방차를 탈취해서 운전해 나아갔고, 뒤이어 총소리가 나기 시작하더니 앞줄에 섰던 여러 학생들이 쓰러졌다.

4·19 '혁명' 과정을 통해 데모군중에 대한 발포는 이것이 처음이 아닌가 한다. 그곳에는 경무대 경비를 위해 경찰과 헌병이 있었다고 기억되는데, '혁명'이 성공한 후 발포 책임자로는 경찰 쪽의 서울시경 국장 유충열(柳忠烈)이, 그리고 경무대 경찰서장 곽영주(郭永周)가 지목되었다.

한편 중앙청 앞쪽에서도 총소리가 요란해서 급히 달려가 봤더니 현 정부청사 건물이 선 자리에 있었던 경찰 무기고에 들어가려던 학생들도 총을 맞고 쓰러지는 것이었다. 데모대와 흰 가운을 입은 의과대학생들이 희생자의 시체를 메고 데모를 계속했고, 얼마 지나지 않아 지금의 프레스센터 자리에 있던 서울신문사와 반공청년단 건물이 불타기도 했다.

공무원 신분으로 대학생 중심의 데모대열에 직접 참가하지는 못하고 한 사람의 관찰자가 된 처지였지만, 왠지 이 엄청난 역사현장의 주체가 아니라고는 전혀 생각되지 않았다. 역사공부를 하면서 민중이란 말을 예사로 썼지만, 정말 역사적 의미의 민중의 힘을 절감한 현장이기도 했다. 이 4·19 날의 현장경험이 이후의 역사공부에 크게 영향을 미쳤음은 말할 나위가 없다.

국편 사무실로 돌아와보니 이승만정권의 문교부장관으로서 '한글파동'의 장본인이었다가 성균관대학교 총장이 된, 그리고 국편 위원이기도 한 이선근(李瑄根) 총장이 와 있었다.

우리 맞춤법에 어두웠던 이승만 대통령이 한글을 맞춤법에 상관없이 소리나는 대로 쓰자는 주장을 했고, 학계의 반대에도 불구하고 당시 이선근 문교부장관이 그것을 지지했었다. 어떤 일로 중앙청에 왔다가 4·19학생데모가 심해지자 신변에 위험을 느꼈는지 국편 사무실에 피신했고 비서진의 도움을 받아 경복궁 뒤쪽으로 도망치는 장면을 직접 보기도 했다.

교통이 끊겨 걸어서 종암동 하숙으로 돌아갔던 것으로 기억하는데, 고려대학교 뒤쪽에 있는 종암동의 파출소가 불탄 것을 보고 4·19'혁명'의 치열함을 또 한번 실감할 수 있었다.

다음날 출근해서 보니 계엄군이 출동했지만 민중데모를 강압할 분위기는 전혀 아니었다. 이승만 대통령은 권좌를 유지한 채 사태를 수습하려는 듯했으나, 26일의 교수데모가 사태를 전환시키는 중요한 계기가 되었다. 당시 동숭동에 있던 서울대학교에 시내 각 대학의 교수들이 모인 후, 노(老)교수들이 선두에서 "학생의 피에 보답하라"는 플래카드를 들고 종로거리를 행진하는 모습은 정말 감격적이었다.

대학원에 적을 두고 있는 학문지망생으로서 최고지성인들의 용기있는 행동을 보고 느낀 바가 컸다. 고려대학교 교수로는 이종우(李鍾雨), 김효록(金孝祿), 이상은, 정재각(鄭在覺) 등 몇 분의 얼굴을 볼 수 있었다. 뒤에 안 일이지만, "학생의 피에 보답하라"는 당시 성균관대학교 교수 임창순 선생이 쓴 것이었다. 이 기념비적인 플래카드를 지금 어느 사람이 보관하고 있다는 말을 들었는데 마땅히 민주화운동기념관 같은 데 보관되어야 할 것이다.

학부생 때 수강한 신석호 선생님의 한국근대사 강의가 일제강점기까지는 내려가지 않았지만, 어쩌다 3·1운동 이야기하는 것을 듣고는 "우리에게는 역사인 3·1운동이 저분에게는 역사가 아니라 경험이구나" 하는 생각을 했었다. 내 경우도 뒷날 한국현대사 강의가 4·19에 오게 되면 역사로 승화된 강의를 하는 것이 아니라 경험담이 되고 마는 것을 느끼지 않을 수 없었다. 『한국현대사』나 『20세기 우리 역사』를 쓰면서도 경험을 역사로 소화하는 일이, 즉 직접 경험한 일을 객관화하는 일이 얼마나 어려운가를 실감할 수 있었다.

4·19가 이승만정권을 무너뜨린 것은 사실이지만, 그 주체세력이 정권을 담당하고 4·19정신을 정책화하지는 못했기 때문에 역사적으로 진정한 의미의 혁명이라 할 수는 없고, 흔히 말하는 '미완의 혁명'이란 뜻에서 따옴표가 붙는 '혁명'으로 표시해야 한다는 생각이다. 『20세기 우리 역사』에서도 초판본(1999)에서는 4·19의 주역들이 이승만정권을 무너뜨리기는 했으나 그후 정권을 쥐고 4·19정신을 정책화하지는 못했다는 생각에서 혁명이라 하지 않고 '운동'이라 했었다. 그러나 개정판(2009)을 내면서는 이승만정권을 무너뜨렸다는 의미를 높이 평가해 '혁명'으로 바꾸었다. 그러면서도 대학원생으로서 겪은 4·19가 지금의 나에게 역사로서 소화되었는지, 즉 객관화되었는지 아니면 아직도 경험으로만 남아 있는지 자문하기도 한다.

4·19 국립묘지가 있는 수유리에서 40여 년을 살면서 거의 매일 아침 영령들이 안장된 깨끗하고 조용한 묘지에 가서 한 시간 이상 걷는 일이 일과처럼 되었다. 어느 일요일 초등학생 손자를 데리고 4·19묘지에 산책 갔다가 그 많은 무덤들이 묻히게 된 경위를 설명하고 모셔진 영정들을 보여주었더니 "할아버지는 그때 무엇했습니까" 하고 물어서 가슴이 뜨끔하기도 했다.

4·19 때 부상했다가 요사이 작고한 사람들의 새로운 무덤이 조성되는 것을 볼 때마다 치열했던 1960년 4월 19일이 어제 일처럼 떠오르면서 가슴 뜨거워짐을 느끼곤 한다. 4·19가 아직도 역사로서 소화되지 못한 탓인지 모르겠다.

4·19는 '혁명'이 아닌 혁명 그것이어야 했다

4·19가 역사적 의미의 혁명이 되지 못했지만, 그러나 우리 역사 위에
서의 4·19는 따옴표가 붙는 제한적 의미의 '혁명'이 아니라 진짜 혁명
그것이어야 했음을 설명해야 할 필요성이 절실하다.

우리 정도의 문화수준에 있는 민족사회가 아시아지역의, 아니 세계
적으로도 식민지 분할이 거의 끝난 20세기 초에 와서 유럽 쪽 선발자본
주의 국가도 아닌 같은 문화권 내의 후발자본주의 국가인 일본의 식민
지배를 받게 되었다는 것은 정말 부끄럽고도 억울한 일이었고 세계사
에서도 예외적인 일이었다고 여러 번 말했다.

식민지화의 주된 원인이야 물론 일본제국주의의 침략에 있지만, 조
선왕조 지배층의 아둔함과 무능·부패에도 책임이 있었다. 조선왕조가
1897년에 대한제국을 선포했을 때 독립협회(獨立協會)운동의 동력을
살리면서 입헌군주제로 가는 계기가 되었어야 했는데, 고종황제의 역
사인식 부족과 권력욕 때문에 황국협회(皇國協會) 같은 보수단체를 동
원해서 독립협회운동을 탄압하고 '대한국제(大韓國制)'를 선포하면서
오히려 전제군주제를 강화하는 쪽으로 가고 말았다.

일본이 메이지유신 후 입헌군주제로 간 것과 비교해보면, 갑신정변
때 고종의 나약하고 우유부단했던 처신과 함께 독립협회운동의 탄압은
우리 근대화과정에서의 중요한 역사적 실패들이었다. 이른바 5천년의
유구한 역사를 가진 민족사회이면서도 근대화과정으로서의 국민주권
주의체제를 일본제국주의자들에게 강제지배되기 전까지 끝내 스스로
이루지 못했다. 우리 역사에는 일본의 메이지유신도 중국의 신해혁명
도 없었던 것이다.

그럼에도 일제에 강점된 이후지만, 3·1운동은 항일운동인 동시에 국민주권주의운동이었다. 일제강점기에 감행된 민족해방운동의 전과정은 독립뿐 아니라 국민주권주의를 정착시키려는 과정이었고, 따라서 일본제국주의의 강제지배로부터의 해방은 민족해방운동전선에서 좌익전선과 우익전선을 떠나 모두에게 국민혁명으로 인식되었다.

민족해방운동전선의 좌우익전선을 막론하고 해방과 함께 반드시 이루어야 할 혁명의 내용을 요약하면, 그것은 해방 직전 충칭의 대한민국임시정부가 내놓은 건국강령(建國綱領)에 잘 나타나듯이 토지혁명, 기업혁명, 인간혁명 등 세 가지였다.

우선 토지혁명은 전통사회부터 재래지주들의 소유로 되어온 토지와 일제강점기에 새로 생긴 신흥지주들의 토지를 경작농민에게 무상으로 돌려주는 혁명이었고, 기업혁명은 구한말 개화기와 일제강점기에 걸쳐 조성된 철도·은행·대기업 등과 일본인 및 친일반민족세력의 기업들을 몰수해서 국가소유로 하는 혁명이었다. 이러한 토지혁명과 기업혁명이 당시 제대로 완수되기만 했다면 신생 국민주권주의 국가의 경제적 기반도 확보됐을 것이다.

마지막으로 3대혁명 중 가장 중요한 인간혁명은, 일제강점기에 민족해방운동에 참여하지는 못했을지언정 민족을 배반하고 행정과 군부 및 교육 등 각 부문에 걸쳐 침략자 편에 서서 그들의 식민통치를 위해 종사한 친일반민족행위자를 철저히 숙청하는 일이었다.

이 세 가지 혁명은 민족해방운동전선의 좌우익전선이 다함께 주장했던, 해방 후의 민족국가 건설과정에서 반드시 이루어야 할 역사적 과제였다. 그러나 민족해방운동 말기에 좌우익연합전선체로 구성된 대한민국임시정부 쪽이 아닌 미군정과 이승만정권이 해방 후 남쪽의 통치권력으로 성립되면서 이 세 가지 혁명은 결국 오롯이 이루어지지 못하고

고려대학교 개교 100주년 기념 강연회에서 '우리 현대사 위의 4·19'라는 주제로 강연을 하다.

말았다.

좌우익을 막론한 민족해방운동전선이 내세운 토지혁명의 방법은 무상몰수(無償沒收) 무상분배(無償分配)였지만, 이승만정권은 유상매입 유상분배를 강행했고, 기간산업과 일부 대기업은 국유화되었으나 나머지 대부분은 일제강점기 침략세력의 연고자, 즉 친일세력의 사적 소유가 됨으로써 기업혁명은 좌절되고 말았다.

특히 가장 중요한 인간혁명은 완전히 실패했다. 미군정과 이승만정권 시기를 통해 친일반민족행위자가 그 반역사적·반민족적 기득권을 고스란히 유지한 채, 오히려 좌우익을 막론한 민족해방운동세력을 탄압하는 상황이 되고 만 것이다. 이승만정권에 의해 '반민특위'가 해체된 결과였다.

미군정과 이승만정권의 3대혁명 미수행 및 역행 때문에 이승만정권을 무너뜨린 4·19는 민족해방운동전선이 이루지 못한 역사적 3대혁명을 반드시 이루어내야 하는, 그야말로 역사적 의미의 혁명이어야 했다. 그러나 불행하게도 이승만정권을 뒤엎은 4·19 주동세력이 후속정권을 담당할 조건이 못되었고, 이승만정권 때처럼 민족해방운동전선이 실시해야 할 인간혁명의 대상자들이 대다수인 보수야당에 정권이 넘어가고 말았다.

역사적으로 반드시 혁명이 되었어야 했던 8·15와 4·19가 옳은 의미의 혁명이 되지 못하고, 특히 인간혁명이 단행되지 못한 결과가 5·16군사쿠데타를 '성공'하게 한 것이기도 했다. 비록 문화민족사회라 해도 역사가 한번 제 길을 제대로 나아가지 못할 때, 그 결과가 어떻게 되는지를 여실히 보여주는 것이 4·19와 5·16의 경우라 할 수 있을 것이다.

가령 해방 후 처음 성립된 정권이 민족해방운동전선의 좌우익연합진영, 즉 대한민국임시정부 세력에 의한 정권이었더라면, 그래서 인간혁명이 철저히 단행되었더라면, 일본제국주의의 괴뢰만주군 장교출신을 중심으로 한 5·16군사쿠데타가 일어날 수 있고 또 '성공'할 수 있었을까 생각해볼 만하다. 이승만정권이 12년간이나 지속됨으로써, 또 그동안에 6·25 동족상잔을 겪음으로써, 임시정부세력을 중심으로 한 민족해방운동전선의 좌우익연합세력은 모두 숙청되거나 소멸되었다.

35년간이나 타민족의 지배를 받은 후 이루어진 민족해방은 당연히 혁명 그것이어야 했는데도 8·15해방이 혁명이지 못했기 때문에, 그 비(非)혁명적 체제, 즉 미군정과 이승만정권 체제를 무너뜨린 4·19는 '혁명'이 아닌 혁명 그것이어야 했다.

그러나 4·19마저 미완의 혁명이었을 뿐, 역사적 의미의 혁명이 되지 못함으로써 오랜 문민문화 전통을 가진 민족사회임에도 불구하고 4·19 이후 근 30년간이나 우리 정치문화에서는 아무래도 이질적이지 않을 수 없는 군사독재시기를 겪게 되었다고 할 수 있다.

예상 못한 5·16군사쿠데타를 당하다

흔히 지적되지만 4·19 후의 사회적 '혼란'은 사실 대단했다. 이 '혼란'은 자신들이 주동한 것이 아니면서도 4·19'혁명' 덕으로 권력을 쥔 장면정권이 4·19 주동세력의 민주적 요구에 부응하기에는 역부족이었던 데서 빚어진 것이라 할 수 있다. 여기에 신구파의 대립까지 있었으니 사회혼란이 심할 수밖에 없었다.

4·19 후 폭발한 민주적 요구에서 오는 혼란은, 다음해 1961년에 접어들면서 '4월 위기설' 같은 것이 떠돌기는 했지만 어느정도 수습과정에 접어드는 것 같았다. 그런 한편 4·19 주체세력들의 남북문제와 민족문제에 대한 요구는 거세져가기만 했다.

대학생과 민중세력 중심 4·19 주체세력의 운동방향은 놀랍게도 "가자 북으로, 오라 남으로" "판문점에서 만나자" 하고 외치는 적극적 평화통일운동으로 전환되었다. 친일세력에 기반한 이승만정권의 철저한 반북·반공정책에도 불구하고, '4·19 공간'에서의 평화통일운동의 활성화와 적극화는 10여년간 쌓여온 이승만정권의 반공주의와 대북적대주의를 무색하게 했다.

4·19 주체세력들의 남북문제 및 민족문제에 대한 요구 즉 평화통일요구는, 불과 7년 전까지 북녘 군대와 총부리를 겨누고 싸운 군부와, 일본을 지키는 전초기지로서 한반도 남반부를 관리해왔던 미국을 불안케했다. 1961년 당시 28세의 역사학전공 대학원생으로서는 군부 및 미국측이 가질 수 있는 그같은 불안요인들을 절실히 느끼지는 못했다. 따라서 전혀 경험해보지 못한 군사쿠데타의 가능성을 예상하지도 못했다.

중·고등학교 과정을 통해 강도높은 반공교육을 받았고 6·25도 북녘

1961년 5월 16일. 장도영 중장과 박정희 소장이 나란히 서 있다.

군대의 점령시가 아닌 곳에서 겪었을 뿐 아니라 군대생활도 했지만, 4·
19 공간의 평화통일운동 활성화에 대해 반감이나 불안감 같은 것은 전
혀 느끼지 못했다는 기억이다. 이승만정권의 '깡패식 독재'에 강한 반감
을 가지고 있었기 때문에 4·19 공간의 '혼란'을 민주주의 발전과정으로
이해했던 것 같고, 따라서 통일운동의 활성화도 오히려 자연스러운 현
상으로 받아들였던 것 같다. 역사학을 전공한 덕택이었을까……

　그해 1월에 결혼해서 고려대학교 앞에서 셋방살이 신접살림을 하던
때, 도시중심에서 꽤 떨어진 곳에 살았던 터라서 5월 16일 새벽의 요란
했다는 총소리는 전혀 듣지 못했다. 출근준비를 하면서 예사롭게 다섯
신가 여섯신가의 라디오뉴스를 들었더니 "은인자중(隱忍自重)하던 군
부가 우국충정(憂國衷情)으로 마침내 거사했다"는 방송이 거듭되었다.

　고려대학교 앞에서 버스를 타고 종로1가 사거리 근처에서 내려 중앙

청 안의 국편까지 걸어가는 출근길이었는데, 종로1가에서 내렸더니 당
시 거기에 있던 기독교방송국을 집총(執銃)한 군인들이 지키고, 그 앞
에 모인 사람들이 놀란 표정으로 보고 있었다.

그 구경꾼들 속에서 우연히 고려대학교의 왕학수(王學洙) 교수를 만
났다. 쿠데타의 주모자가 누구라던가라고 묻기에 "라디오에서는 박정
희 소장이라 하는 것 같습디다" 했더니 깜짝 놀라는 것이었다. "아는 사
람입니까" 하고 물었더니 "아아니" 하고 강하게 부인했다.

뒷날 알았지만, 왕학수 교수는 박정희 소장과 대구사범학교 동기동
창으로 친한 사이였다. 고려대학교 전임교원이 된 후 어느날 교수휴게
실에서 왕선생님에게 그때 이야기를 했더니 "그때가 아는 사람이라 할
수 있는 때던가" 해서 한바탕 웃은 일이 기억난다. 이름난 대주객(大酒
客)이었던 왕선생님도 지금은 고인이 되었다.

5·16 직후 군사정권의 과단성있어 보이는 군대식 시책은 4·19 후의
'혼란'을 걱정하던 사람들에게는 환영받기도 했다. 이미 숙어져가던 중
이긴 했지만 잦았던 데모가 일절 없어졌고, 자유당정권 때 날뛰던 '깡
패'들이 소탕되는가 하면 징병기피자들이 날벼락을 맞았다.

민주당정권 때 우유부단하다고 비판받았던 자유당 부정선거 재판 및
4·19 발포자 재판 등이 군사정부에 의해 '혁명재판'이란 이름으로 바뀌
어 몇 사람이 사형에 처해지기도 했다. 그런 한편 "반공을 국시의 제일
의(第一義)로 한다"는 '혁명공약'을 내세운 군사정권에 의해 '4·19 공
간'에서 활성화했던 평화통일운동이 '간접침략'으로 규정되면서 혹심
한 탄압을 받았다.

전체 공무원사회가 그랬지만 국편에서도 군대를 기피했던 직원들이
사표를 내고 모두 국토개발단인가에 끌려가게 되었는데, 젊은 직원 중
군대를 마친 사람은 나 하나뿐이었다. 공석이 된 윗자리로의 진급이 빨

라져서, 촉탁직원으로 취직한 지 2년여 만에 편사주사와 사무관급인 편사관보를 거쳐 서기관급인 부편사관으로 승진했다. 만 28세에 중앙청 과장급이 된 것이다.

국편은 문교부 소속기관이었고, 따라서 전체 각료가 현역군인만으로 구성된다는 군사정부의 초대 문교부장관으로 누가 임명되는가가 관심거리였는데, 결국 해병대 소속의 문희석(文熙奭) 중령인가 대령인가가 박정희 군사정권의 초대 문교부장관에 임명되었다. 듣기에 그는 당시의 전체 군인 중 대학 강사인가 교수인가의 경험을 가진—중앙대학교에서라든가—유일한 사람이었고, 그래서 문교부장관으로 발탁되었다고 했다. 공무로 장관실에 갔더니 군복 입은 해병대 현역장교가 비서실장으로 있었다.

군사정부가 공무원교육원을 신설하고 서기관 이상의 고급반 교육을 시작했는데, 국편에서는 내가 그 1기생으로 차출될 수밖에 없었다. 입소했더니 약 40명이었다고 기억되는 전체 피교육자 중 최연소자였다. 동국대학교 바로 근처의, 지금은 이 대학의 교사로 편입된 건물에서 개소식이 있었고, 그 식전에 참석한 국가재건최고회의 박정희 의장을 그때 처음 근거리에서 봤다.

소장계급을 단 박의장이 축사하러 단상에 올라가는데, 판자로 임시 마련한 연단이 삐걱거렸다. 군복 차림의 키 작은 박의장이 후다닥 뛰어내리는 것을 보고 과연 군인답게 민첩하구나 하는 생각을 했다. 현역군인으로서 초대 공무원교육원장이 된, 뒷날에는 한때 군사정권의 탄압을 받기도 한, 이세규(李世圭) 소장이 그 상황을 보고 대단히 당황해하던 모습이 지금도 생각난다. 2주일인가 받은 교육내용은 별로 기억나지 않은데, 국가재건최고회의 의장비서였다고 기억되는, 뒷날 한일협정 체결 때 외무장관이던 이동원(李東元)씨가 군사쿠데타의 불가피성 같은 것을 강의했던 것으로 기억된다.

쿠데타 초기에는 군사정부가 깡패소탕이다 부정축재 처벌이다 혁명
재판이다 간접침략 척결이다 하면서 계속 몰아붙이는 바람에 국민들은
그저 얼떨떨해서 정신 못 차리는 상황이었다. 게다가 쿠데타 직후 육군
참모총장으로서 그 최고지도자로 내세워졌던 장도영(張都暎) 중장인가
가 구속되는가 하면 이후에도 군부 내에서 이른바 반혁명사건이 계속
터지고, 군정 연장문제로 옥신각신하는 등 하루도 조용할 날이 없었다.
오랜 문민전통사회에 난데없이 군사쿠데타가 일어나서 자리잡아갔지
만, 국민 속에서 군사정권의 독재를 비판하거나 반대하는 분위기가 조
성되는 것은 조금 뒤의 일이었다고 기억한다.

연구기관 같던 국편도 군사정권시기가 되면서 분위기가 많이 바뀌고
업무도 많아져갔다. 연구기관의 성격이 점점 약해지고 관청적 분위기
가 짙어져갔다. 그런 한편 군사쿠데타로 성립된 박정희정권은 해방 후
처음 성립된 이승만정권도, 4·19'혁명'으로 성립된 장면정권도 하지 않
은 독립유공자 표창을 하기로 했고, 그 조사실무가 국편에 주어지기도
했다.

독립유공자 표창은, 일본제국주의의 괴뢰만주국 군관학교와 일본 육
군사관학교를 졸업한 만군(滿軍) 장교였다가 해방 후에는 국군장교가
되어 군사쿠데타를 감행함으로써 성립된 박정희정권이 집권자 자신의
친일경력 약점을 덮기 위한 시책이라는 평이 당시에도 있었다.

독립유공자의 등급을 지금은 어떻게 구분하는지 모르겠는데, 처음
에는 중장(重狀), 복장(複狀), 단장(單狀) 등 3등급으로 나누었다. 조선
왕조시대 1등공신, 2등공신, 원종공신(原從功臣)의 등급을 본뜬 것이다.
첫번째 표창 때 생존한 독립유공자로서 1등공신상 즉 중장을 받은 사람
은 일본제국주의 통치에 끝까지 저항했던, 그래서 해방을 감옥에서 맞

고, 이승만 대통령을 대놓고 비판한 것으로 유명했던 심산(心山) 김창숙(金昌淑) 옹이 유일했다.

군사쿠데타로 집권한 박정희 의장의 친일경력 호도에 이용된다는 이유로 표창수여 거부를 권하는 사람도 있었다고 들었고, 심산옹이 노쇠해서 이미 판단력을 잃었다는 말이 들리기도 했다.

그런가 하면 이병도 박사가 심사위원이었다가 독립운동유공자들의 반대로 사퇴하는 상황이 벌어지기도 했다. 이박사가 이완용(李完用)의 일가이기 때문에 그렇다고도 들었다. 뒷날 이완용의 후손이 그의 무덤을 파서 없앨 때, 그 명정(銘旌, 죽은 이의 관직과 성씨 등을 적은 깃발)인가를 원광대학교 박물관이 수집해서 보관했는데, 이병도 박사가 기어이 입수해서 불태웠다는 이야기도 있었다.

노년기에 들어선 어떤 사람이 어느날 국편에 와서 기다리다가 어느 독립유공자로 표창 받은 사람이 나타나자 숨겼던 칼로 해치려 해서 직원들이 간신히 말린 일이 있었다. 함께 독립운동을 하다가 변절해서 반민족행위자가 되었는데도 해방 후 그 사실을 속이고 독립유공자 표창까지 받은 사람을 응징하려 했던 소동이었다.

박정희정권이 해방 후 처음으로 독립유공자 표창을 했고 이후에도 표창은 계속되었지만, 그 가운데 뒷날의 정부기구인 친일반민족행위 진상규명위원회가 선정한 명단이나 시민운동단체 민족문제연구소가 펴낸『친일인명사전』에 오른 인물도 있으니, 올바른 역사 세우기가 얼마나 어려운가를 실감하지 않을 수 없다.

이뿐만 아니다. 박정희세력은 쿠데타를 하면서 이른바 '혁명공약'에서 부정부패를 일소하겠다고 했다. 그러나 1950년대 후반기에 군대생활을 해본 사람으로서는 당시 우리 사회에서 가장 부패한 곳의 하나가 바로 군대라고 생각했다. 이처럼 부패의 온상이던 군부의 쿠데타로 세워진 정부가 부정부패를 일소하겠다 운운하는 데는 실소를 금할 수 없었는데, 곧 증권파동, 워커힐사건, 새나라자동차사건, 회전빠찐꼬기사건 등 이른바 4대 의혹사건이 터져 국민들의 분노를 사기도 했다.

그들은 이른바 '혁명공약'에서 "민생고를 시급히 해결하고" 운운했으나 군사정권 30년 동안 그들이 해결한 것은 결과적으로는 민생고에 앞선 저들의 치부욕(致富慾)과 재벌중심의 경제체제 구축이었다 할 것이다. 박정희 군사정권은 '10·26안가살해사건'으로 끝났고, 그뒤는 민주정권이 아닌 전두환 군사정권이 이어짐으로써 박정희정권의 부정축재 문제는 거론조차 되지 않았다. 그러나 후속 군사독재정권의 경우는 달랐다.

김영삼정권은 군사정권을 뒤엎고 성립된 문민정권이 아니라 합당이란 방법을 통해 군사정권과의 타협에 의해 성립된 정권이었다. 그러면서도 두 사람의 군사정권 최고책임자를 부정축재범으로 감옥에 보냈는데, 이런 사실 자체가 역으로 군사독재정권의 폐해를 잘 방증해주고 있다.

우리 역사에서 정복국가적 성격의 삼국시대를 지나 중세시대로 들어선 이후, 고려말기 몽고침략에 대항하기 위해 일시 성립되었던 무인정권을 제외하고는 문민통치의 전통이 뿌리를 내렸었다. 2차대전 후 독립한 나라들이 군사독재기를 겪는 경우가 많았지만, 오랜 문민통치의 역사를 가진 우리 민족사회까지도 그같은 '유행'에 따라 군사독재시기를 가졌어야 했는지는 역사적 성찰을 해볼 만하지 않을까 한다.

해방 10여 년 후에 외세침략시기 침략자 쪽에 몸담았던 인물이 중심이 된 군사독재정권이 성립되었다면, 그리고 그 사회가 비문명사회가 아니고 '반만년'의 역사를 가진 문화민족사회라면 그것은 하나의 역사적 오점이지 않을까 생각해볼 만하다. 학문에 따라서는 어떤 경위로 성립되었건 일단 성립된 정권에 대해서는 그 정당성을 인정해야 하다는 식으로 이해하는 경우도 있는 것 같지만, 얼마나 정당하게 성립되었느냐에 따라 역사학은 그 정권의 역사성을 가늠하게 마련이다.

5·16쿠데타와 연관있는 이야기 한 토막

10·26박정희살해사건 직후가 아니었던가 하는데, 어느 월간지의 요청으로 5·16을 역사적으로 어떻게 볼 것인가 하는 짧은 글을 쓴 적이 있다. 그런 뒤 어느 일요일 자주 가는 북한산에 갔다가 젊은 여인들을 동반한, 지금은 고인이 된 늦깎이 소설가로 유명했던 이병주(李炳注)씨를 만났다.

월간지에 쓴 내 글을 읽었던 것 같은데, 5·16에 대한 역사적 평가를 그렇게 짧은 글로 쓰고 말 것이 아니라, 제자들과 함께 본격적인 연구를 하면 그 비용은 가능한 한 자기가 조달하겠노라는 것이었다. 그가 왜 그런 말을 하는가는 충분히 이해되었지만, 그 제의에 응할 상황이 아니라서 웃어넘기고 말았다. 이병주씨가 그런 제의를 한 이유를 알게 된 것은 그와 함께 2년간인가 월간지 『신동아』 편집위원을 하면서 들은 이야기를 통해서였다.

일본 메이지(明治)대학과 와세다(早稲田)대학을 다닌 이병주씨는 일제강점 말기 학병으로 끌려갔었고, 해방 후에는 지금의 경남대학교 전신인 해인대학 교수를 거쳐 부산 국제신문 주필을 했는데, 그 무렵 군수기지 사령관인가로 부산에 와 있던 박정희 소장을 알게 되었다고 했다. 그저 알게 된 정도가 아니고, 박정희 소장과는 대구사범학교 동기동창인 또 한 사람을 포함한 세 사람이 자주 어울리는 술친구였다고 했다. 이병주씨는 반일(反日)성향이 좀 있고 박식했을 뿐 아니라 일제강점기와 해방공간을 산 지식인이 대개 그렇듯이 한때는 다소 진보적인 성향을 가졌던 것이 아닌가 한다.

박식과 반일성향에 약간의 진보성향까지 지닌 그와의 잦은 술자리 대화를 통해 만주군관학교와 일본육군사관학교 출신으로서 만주국 장교였고 한때 좌익이었다가 전향하는 등 복잡한 경력을 가진 박정희 소장이 그에 대해 어떤 감정을 가지게 되었는지는 알 수 없다.

군사쿠데타로 집권한 박소장이 '4·19 공간'에서 활성화했던 평화통일운동을 '간접침략'으로 규정하고 가혹한 소탕작업을 벌이는 와중에 얼마 전까지 술친구였던 이병주씨도 구속되었다. 갑자기 신문사설 등을 이유로 2년 몇개월을 감옥생활을 하게 된 그는 기막힐 일이었을 게다. 감옥에서 나온 이병주씨는 마흔이 넘은 나이에 소설가로 변신해서 명성을 날리게 되었지만, 아마 깊은 원한이 남아 있었던 것 같고, 나에게 5·16의 역사적 성격을 본격적으로 연구하도록 권한 게 아닌가 싶다.

이야기는 그것만이 아니다. '민정이양(民政移讓)'으로 집권연장에 성공한 박정희 대통령은, 감옥살이를 한 후 절치부심하며 인기작가로 변신한 이병주씨에게 미안해서였는지 모르지만 가끔 청와대로 불러 옛날처럼 술자리를 함께 했다고 한다. 이병주씨로서는 그런 술자리가 편할 리 없고 술맛이 나거나 흥이 날 리도 없지만—박대통령이 '하사'한 자동차를 자랑스레 타고 다녔다는 말도 있으니 그런 술자리를 전혀 싫어하지만은 않은 것 같지만—더욱 괴로운 것은 청와대를 다녀오고 나면 곧바로 중앙정보부 요원이 찾아 와서 '각하'와 무슨 말을 나누었느냐고 심문하는 일이었다고 한다.

5·16의 역사적 성격을 본격적으로 연구해보라 권하던 이병주씨는 결국 5·16을 주제로 자신이 장편소설을 썼다. 월간『신동아』에 연재한 장편소설『그해 5월』이 그것이다. 그 소설을 읽어보면 감옥살이를 하면서

도 5·16을 글로 쓰기 위해 자료를 단단히 준비했음을 알 수 있다. 『그해 5월』이 연재될 때 재미있고 유익하게 읽으면서 한 인간의 집념에 감탄하기도 했지만, 얼마 전에 그의 전집이 간행되었기에 한질 사서 『그해 5월』을 5·16을 공부하는 셈으로 다시 읽었다.

그의 또 하나의 인기소설 『지리산』은 고향 친구이며 중학 동창으로 일제강점 말기에 징병징용 기피자들을 모아 지리산에서 게릴라활동을 했고, 해방 후에는 공산 '게릴라'의 지휘관이 되었다가 체포되어 사형당한 남도부(南道富, 본명 하준수河準洙)의 이야기를 중심으로 쓴 것이다. 『남부군(南部軍)』을 쓴 이태(李泰)의 도움을 받은 것이라고도 한다.

박정희 '유신정권' 때의 일이다. 현실이 이렇게 반역사적인 방향으로 가고 있는데도 그것이 반역사적 길임을 아는 국민이 그다지 많지 않다는 점이 몹시 안타까웠다. 유신의 반시대성과 반역사성을 역사학이 지적하고 말해주어야 하는데 쉬운 일이 아니었고, 실제로 전체 역사학계는 그 점에 대해서는 아무 일도 하지 않았다. 역사학의 그같은 상황에 비하면 문학 쪽은 시나 소설 등을 통해서 그 반시대성과 반역사성을 지적함으로써 국민 일반에게 주는 영향도 컸다. 그에 따른 박해와 희생도 컸고……

문학은 가능한데 역사학은 왜 불가능한가, 유신의 반시대성과 반역사성은 역사학이 더 앞서서 더 적극적으로 지적해야 하는 것 아닌가 하는 고민을 많이 했던 기억이 남아 있다. 그렇다고 이병주씨같이 늦깎이 소설가가 될 소질은 없고, 역사라도 쉽게 써서 세상을 바꾸는 데 작은 힘이라도 되자 하는 마음이었고, 그러다보니 순수 역사논문보다 오히려 '잡문'을 더 많이 쓰게 되었는지도 모르겠다.

한국사학회와 『사학연구』 이야기

해방 후 역사학회들이 더러 설립되었으나 대표적인 학회는 부산 피난시절에 발족한 '역사학회'였고, 그 논문집으로 『역사학보』가 꾸준히 간행되고 있다. 그러나 그 초창기에는 대체로 서울대학교 출신, 해방 후 배출된 제1세대 역사학자들, 즉 일제강점 말기에 대학을 다니다 해방으로 귀국해서 학업을 마친 연구자들이 중심이 된 학회였다고 할 수 있다.

그런데 1960년대로 오면서 신석호 선생님과 연고가 있는, 즉 고려대학교와 성균관대학교 및 국사편찬위원회 등과 관련된 역사학 연구자 수가 상당히 많아졌다. 이들을 중심으로 새로운 역사학회를 만들고 연구논문집을 내려는 움직임이 일어났고, 곧 신석호 선생님을 이사장으로 하는 '한국사학회'가 생겼고, 1958년부터 『사학연구』라는 학술지를 간행하게 되었다.

한국사학회의 운영과 『사학연구』지의 발간은 자연히 신석호 선생님이 주관하는 국사편찬위원회 중심이 될 수밖에 없었는데, 그것은 보기에 따라서는 일제시기 '조선사편수회(朝鮮史編修會)'와 『청구학총(靑丘學叢)』과의 관계에 비견할 만했을 것이다.

그러나 『사학연구』의 발간에 참여한 편집진은 다소 막연하게나마 『역사학보』와 다른 경향의 또 하나의 역사논문집을 발간하려는 학문적 의욕을 가지고 있었다고 할 수 있다. 초대 편집위원장은 이화대학교의 김성준(金成俊) 교수가 맡았고, 김용덕(金龍德), 최영희, 이공범, 김용섭, 이현종, 차문섭씨 등과 함께 나도 편집위원진에 들어갔다. 김용섭씨의 '양안(量案) 연구'와 차문섭씨의 '균역법(均役法) 연구', 이현종씨의 '한일관계사 연구' 등 의욕적인 논문들이 『사학연구』에 실렸고, 1962년엔가 완성된 나의 석사학위논문 「조선전기 공장(工匠) 연구」도 실렸다.

『사학연구』는 비록 국편이라는 기관을 배경으로 하여 간행되는 학술지이지만, 보기에 따라서는 해방 직후에 대학에 들어가서 대개 6·25전쟁 전후에 졸업한, 해방 후 제2세대라 할 역사학자들을 중심으로 한 역사연구지라 할 수도 있다. 앞으로 우리 현대사학사가 좀더 상세히 정리되면 이들 두 세대 연구자들 사이의 학문경향의 차이점과 발족 당시의 『역사학보』와 『사학연구』의 차이점이 어느정도나마 논의될 수 있을지도 모르겠다.

만약 이 두 세대와 두 학술지 사이의 차이점이 논의된다면, 그 하나는 『사학연구』에는 '사회경제사적' 시각에서 쓰여진 논문이 실리기 시작했다는 특징을 찾을 수 있지 않을까 한다. 흔히 일제강점기 우리 역사학의 연구방법론을 구분할 때 순수실증주의사학과 민족주의사학 그리고 사회경제사학으로 나누며, 이 중에서 '반식민주의 역사학'의 성격을 가진 방법론을 지적하라면 민족주의사학과 사회경제사학을 들 수 있을 것 같다.

그러나 해방 직후 남한의 역사학계에서는 이들 두 '반식민주의 역사학' 쪽의 계승이 약한 반면, 실증주의 역사학 계통이 일방적으로 강했던 것이 사실이다. 민족주의사학 계통의 경우 천관우(千寬宇) 선생의 「반계(磻溪) 유형원(柳馨遠) 연구」(1952)와 홍이섭(洪以燮) 교수의 「정약용(丁若鏞)의 정치·경제사상 연구」(1959) 등 일제강점기의 연구에 이은 실학연구의 단초가 열린 사실이 중요했다고 하겠다.

홍이섭 교수는 연희전문학교에서 민족주의 역사학자로 분류되는 정인보(鄭寅普)에게서 직접 배움으로써 그 학문적 영향을 받았고, 천관우 선생은 일제시기에 일부 일어났던 실학연구를 뒤이어 해방 후 최초로 실학관계 논문을 썼다고 하겠다. 반면 일제강점기와 '해방공간'에 걸쳐 활동한 사회경제사학 계통의 연구자들 대부분이 남북분단과정에서 월북하였고 곧 6·25전쟁이 발발하고 남북관계가 적대화됨으로써 남한에서는 그 학맥이 거의 끊어지다시피 했다.

사회경제사학이란 용어에 대해 미리 조금 밝혀두어야 할 문제가 있다. 사회경제사학이란 용어는 일본 학계에서 이미 썼지만, 우리 역사학계에서는 아마 김용섭 교수가 1966년에 쓴 「일본·한국에 있어서의 한국사 서술」이란 글에서 처음 쓰지 않았나 생각한다.

그런데 일본학자들이 말하는 사회경제사학과 우리 학계가 쓰는 사회경제사학은 다른 점이 있다. 일본 학계에서 말하는 사회경제사학은 그야말로 사회경제적 문제를 다룬 역사학을 말하기 때문에 유물사관을 근거로 하는 맑스주의 역사학과는 다르다. 그에 비해 일제시기와 '해방공간'의 우리 학계에서 생산된, 사회경제사학이라 부르는 학문업적은 유물사관을 근거로 한 맑스주의 역사학을 가리키는 경우가 대부분이라 할 수 있다. 백남운(白南雲), 이청원(李淸源), 전석담(全錫淡), 이북만(李北滿) 씨 등의 학문적 업적이 있다.

우리 학계가 이러한 업적들을 맑스주의 역사학이라 하지 않고 사회경제사학으로 바꾸어 부르게 된 것은, 해방 후 우리 사회의 강한 반공주의적 분위기가 그 원인이라 할 수 있을 것이다. 그러면서도 해방 후 남한 학계에서 생산된, 사회경제사적 문제를 다룬 역사학 논문들이 모두 유물사관을 근거로 한 맑스주의 역사학이냐 하는 것은 또다른 문제이다.

어쩌면 해방 후 남한 학계에서 생산된 사회경제사학적 업적들이 모두 유물사관을 근거로 한 맑스주의 역사학이라 할 수는 없기 때문에, 그 사회경제사학이 생산한 자본주의 맹아론적 연구가 식민사학 극복론으로 이해되지 않고 엉뚱하게도 박정희정권의 경제개발을 뒷받침한 것처럼 오해되기도 했는지 모른다.

나는 백남운, 김한주(金漢周), 전석담, 이북만 씨 등의 업적은 학부 때 거의 섭렵했다고 기억하고, 석사논문 쓸 무렵에는 모리스 돕(Maurice Dobb), 폴 스위지(Paul M. Sweezy), 오오쓰까 히사오(大塚久雄), 타까하시 코오하찌로오(高橋幸八郎), 핫또리 시소오(服部之總) 등의 글을 많이 읽었다. 그 무렵 이런 선행 학자들의 글을 읽은 목적은 식민지배에서 벗어난 역사학계가 당연히 가져야 할 식민사학 극복문제에 대한 관심이 컸으며 그것이 자본주의 맹아론적 연구와 연결되어 있기 때문이다.

어떻든 1958년부터 『사학연구』가 간행되고 거기에 김용섭, 차문섭과 나의 연구논문 등이 실림으로써 비로소 해방 후 남한 학계의 '사회경제사적 연구'가 시작되었다고 할 수 있지 않을까 생각한다. 이 시기 사회경제사적 연구를 한 우리들은 모두 국편에 근무하면서 학문적 고민을 함께했으며 그 논문들은 모두 『사학연구』에 실렸다. 『사학연구』에 이런 논문들이 실리는 것을 보고 역사학계의 일부에서는 "저들은 좀 이상하다"고 말하는 것이 들리기도 했으나 한국사학회 내외를 막론하고 학문의 방법론이나 경향 문제를 두고 별다른 문제가 있었던 것은 아니다.

김용섭 교수는 이후에도 농업사 부문의 연구를 계속해서 일가를 이루었고, 사회사 전공으로 시작한 차문섭 교수는 이후 군사제도사 쪽으로 관심을 넓혀 중요한 업적을 냈으며, 내 경우는 조선후기의 상공업사 연구로 내려갔다가 유신과 해직 후에는 학문적 관심이 근현대사 및 통일문제에 집중된 셈이다.

이 무렵에 사회경제사적 논문이 생산되어 『사학연구』에 실린 것은 일본의 이른바 식민사학이 우리 역사를 타율성론으로, 특히 조선후기 역사를 정체후진성론으로 규정한 데 반대하면서 이 시기의 우리 역사를 발전론적 시각에서 보려는 역사인식의 결과라고 할 수 있다.

뒷날에야 알게 되었지만, 이 무렵 북녘의 역사학계에서는 시대구분

론과 자본주의 맹아론 연구가 이미 시작되었는데, 남녘에서는 시대구
분론 연구는 조금 뒤에 가서야 이루어지고 다만 자본주의 맹아론 연구
의 단초가 열린 것이라 할 수 있다. 비록 분단은 되었다 해도 해방 후에
는 타민족의 지배 아래서 오도된 우리 역사의 타율성론 및 정체후진성
론 등 식민사학의 독소를 제거해야 하는 일이 남북역사학계 공동의 과
제였던 것이다.

식민지배에서 벗어난 민족사회의 역사학은 무엇보다도 먼저 민족해
방운동의 역사를 연구하고 서술해서 그것을 독립과목으로 가르침으로
써 식민피지배기간에 훼손된 민족적 자존심을 되살려야 하게 마련이
다. 그리고 또 한편으로는, 식민지배 방법의 일환으로 조작된 식민사학
론을 철저히 극복함으로써 민족주체적 역사인식을 수립하고 가르치는
일이 중요하다.

그같은 연구작업은 식민지배 아래서 양성된 역사학자로서는 불가능
한 일이었고, 해방 후에 배출된 역사학자들의 학문적 과제가 될 수밖에
없었다. 자본주의 맹아론 연구도 그같은 학문적 요구에 의해 이루어진
것이라 할 수 있다.

한국사학회에 관해서는 할 말이 좀더 있다. 신석호 선생님이 국편 사
무국장을 내놓으신 후, 신선생님의 경성제국대학 후배로 편찬과장으
로 있던 김성균(金聲均)씨가 사무국장이 됨으로써 한국사학회 이사장
도 맡게 되었다. 마침 박정희정권의 한일협정 체결이 거센 반대를 무릅
쓰고 강행되어갔고 역사학회 등 학술단체들이 한일협정 반대성명을 냈
다. 한국사학회도 편집위원회를 소집해서 반대성명을 내기로 결정했는
데 다음날 김성균 이사장이 독단적으로 반대성명 내는 것을 취소했다.

이에 편집위원들이 모여 김성균 이사장의 독단적 행동을 규탄했는
데, 특히 편집위원장 김성준 교수의 항의가 거셌다. 결국 이사장을 제외

한 편집위원들이 다시 모여 반대성명을 내고 모두 편집위원직을 사퇴했다. 김성준 편집위원장은 이 일 때문에 결국 이화여자대학교 교수직을 물러나야 했지만, 생각을 굽히지 않았고 지방대학을 전전하면서 고생을 많이 했다. 한일협정 체결에 반대한 교수들은 이후 상당기간 외국나들이가 금지되기도 했다.

자본주의 맹아론 연구의 의미에 대하여

앞에서도 말했지만, 자본주의 맹아론 연구들이 1960년대에 나왔기 때문에 일부에서는 그것이 마치 박정희정권식의 경제개발론에 자극되었거나, 그것을 이론적으로 뒷받침한 것처럼 말하는 경우가 있는데 그야말로 천만부당한 일이다.

자본주의 맹아론적 연구는 일제강점기의 역사학방법론 중 순수실증주의 역사학을 넘어선 반식민사학으로서의 민족주의사학이나 사회경제사학적 방법론을 계승하되 한걸음 더 나아가 식민사학이 우리 역사에 덧씌운 정체후진성론이나 타율성론을 극복하려는 데 목적이 있었다.

식민사학론의 중세사회부재론을 극복하려 한 백남운의 『봉건사회경제사』가 고려시대에서 끝나지 않고 조선왕조 후기까지 연구되었다면 정체후진성론을 극복하려는 데까지 나아갈 수 있었을지는 의문이지만, 대체로 일제강점기와 '해방공간'에서의 사회경제사학은 정체후진성론 극복의 문제까지는 나아가지 못했다는 생각이다.

북녘의 '사회경제사학'이 식민사학의 정체후진성론을 극복하기 위해 자본주의 맹아론적 연구와 시대구분론에서 업적을 내기 시작한 것은 대개 1960년대 초부터였다고 생각되며, 정체후진성론 극복문제에서 일제강점기와 '해방공간'에서의 사회경제사학과는 다르다고 할 수 있다.

박은식(朴殷植), 신채호(申采浩)와 같이 민족해방운동전선에 참가하면서 역사학을 연구·서술한 학자들은 민족해방운동사를 서술했고, 민족해방운동에 직접 참가하지 않았다 해도 사회경제사적 연구에 종사한 사람들은 백남운의 『봉건사회경제사』와 같이 식민사학론의 중세사회 부재론을 제한적으로나마 극복하려 했다.

그러나 일제강점기 국내에서 순수실증주의적 방법으로 역사학을 한 사람들이 식민사학 극복론적 연구나 서술을, 그리고 민족해방운동사 연구나 서술을 할 수는 없었다. 식민사학 극복론적 연구는 몰라도 민족해방운동사를 연구했다면 감옥 드나들기 바빴겠지만……

또 일제강점 말기에 대학을 다니다가 해방 직후 우리 대학을 졸업한 해방 후 제1세대 연구자들도 대부분 식민사학 극복론적 연구 즉 자본주의 맹아론 연구나 민족해방운동사 연구 및 서술을 하지 못했다. 연구방법론적 한계 때문이었다고 할까…… 그뿐만 아니라 이 두 세대의 역사학자들, 즉 일제강점기에 배출된 학자들과 일제강점 말기 및 해방 직후에 걸쳐 배출된 학자들은 일제강점기 자체를 연구대상으로 하지도 못했다.

결국 식민사학 극복론적 연구는 『사학연구』에 사회경제사적 논문을 발표한 일부 연구자가, 그리고 민족해방운동사 연구는 해방 전 민족주의사학의 학맥을 유일하게 이었다고 할 홍이섭 교수를 제외하고는 조동걸(趙東杰), 윤병석(尹炳奭) 교수와 같이 해방 후 특히 6·25전쟁 전후 대학에 들어가서 졸업한, 즉 해방 후 제2세대 연구자들에 의해 비로소 시작되었다고 하겠다.

그리하여 『사학연구』와 훗날의 『한국사연구』에 식민지배에서 해방된 민족사회의 역사학이 반드시 해야 할 식민사학 극복론적 연구로서의 타율성과 정체후진성론 극복을 목적으로 한 논문들이 실리기 시작했고, 그것이 자본주의 맹아론으로 나타났다고 할 수 있다.

자본주의 맹아론적 연구가 없었던 때의 조선왕조시대사, 그 대표적 저작으로 1965년에 간행된 진단학회 『한국사』의 「조선왕조 후기편」을 예로 들어보면 쉽게 알 수 있다. 이 책의 경제사 부분에는 농업·상공업·광업·외국무역 등에 관한 서술은 전혀 없고, 균역법·대동법과 '삼정문란' 정도밖에 없다. 그때까지의 학계에는 그 정도의 연구업적밖에 없었기 때문이다.

잘 알다시피 일제강점기에 일본 학자들이 내놓은 식민사학론적인 해석은, 17세기 이후의 우리 역사는 임진왜란의 타격 이후 당쟁만 분분했고 경제적으로 침체상태에 빠져 정치·경제·사회·문화적 발전이 전혀 없었다는 정체후진성론과, 일본의 요구에 의한 개항으로 비로소 활력을 찾아 근대사회로 가게 된다는 타율성론이었다. 이는 물론 조선왕조시대의 후반부를 왜곡하려는 의도였지만, 그때까지는 임진왜란 이후 시대의 경제분야, 즉 농업과 상공업 등에 대한 연구가 전혀 없었기 때문이기도 했다.

개설서이건 시대사이건 진단학회의 『한국사』 이후에 쓰여진 우리 역사책에서 조선왕조 후기 즉 임진왜란 이후 17~18세기의 농업·상공업·광업·외국무역 등 경제부분에 대한 서술이 비로소 가능하게 된 것은 전적으로 자본주의 맹아론적 연구 덕분이라 해도 틀리지 않다.

자본주의 맹아론 연구는 정체후진성론 및 타율성론적 역사인식에 반대하면서 전국토를 휩쓴 임진왜란이라는 전쟁 후의 복구과정을 통해 농업·상공업·대외무역 등 경제의 각 부문에서 일정한 발전이 있었음을 논증한 것이다. 이에 누군가는 2차대전 후의 복구과정을 통한 독일과 일본의 경제발전과 6·25전쟁 후 복구과정에서의 남과 북의 경제발전이, 임진왜란 후 복구과정에서의 경제발전을 논증하는 '힌트'가 된 게 아니냐고 할지는 모르겠다.

그러나 임란 후 사회의 경제발전상이 전후의 복구과정에서 나타나는 일반적인 경제발전을 통해 '힌트'를 얻었다고 할 수 있을지언정, 자본주의 맹아론을 유독 박정희정권 시기의 자본주의 경제발전을 뒷받침한 이론이라고 '음해'할 수는 없을 것이다. 왜냐하면 전후의 복구과정에서 경제가 발전하는 것은 자본주의 경제체제에 한정된 것이 아니었음을, 북녘의 사회주의 경제체제가 6·25전쟁 후의 복구과정에서 남녘 못지않게 발달한 것을 보면 알 수 있다.

또 그런 연구에 의해 발견되었다는 맹아가 실제보다 너무 과장되었다는 비판도 있으나 그 '과장' 때문에 임진왜란 후 복구과정으로서의 조선왕조 후기사회의 농업·공업·광업 등의 일정한 발전상을 최초로 실증해낸 업적이 상쇄될 수는 없을 것이다. 그야말로 '맹아'였기 때문에 그것으로 조선후기 사회의 전체 사회구성체를 설명할 수는 없으며, 또 그렇게 시도한 것도 아니지만, 반식민사학론적 목적의식을 가진 연구라는 점을 떠나서라도, 근대사회로의 이행의 싹 즉 역사진행상의 변화의 싹은 비록 그 징후가 작더라도 중요하게 보아야 할 것이다.

석사학위논문으로 조선시대 공장(工匠) 즉 수공업자문제를 다룬 것은 당시까지 유일했던 김한주씨의 조선시대 수공업사에 관한 연구업적을 더 심화시키겠다는 생각 때문이었다. 그리고 자본주의 맹아론적 사론을 채택한 것은 당시 일본과 중국 쪽의 연구경향에서 조금 영향을 받았고, 고려시대에서 그친 백남운 선생의 중세사회부재론 극복연구를 조선시대까지 연장시키겠다는 생각도 있었다.

만약 해방 전에 백남운 선생이 조선왕조시대의 사회경제사를 썼을 경우 자본주의 맹아론적 시각을 가졌을지는 의문이지만, 1970년에 일본에 처음 가서 북녘에서 나온 『력사과학』을 봤더니 그쪽 역사학도 조선왕조 후기의 경제를 발전적 자본주의 맹아론적 시각에서 다룬 연구가 많이 생산되고 있었다.

일제강점에서 해방된 민족사회가 비록 분단과 동족상잔을 겪음으로써 학문적 교류가 전혀 없는 상태였다 해도, 민족사회 역사학의 절실한 과제로서의 정체후진성론과 타율성론 극복에는 당연히 인식과 방법을 같이했으며, 그것이 남에서나 북에서나 자본주의의 맹아를 실증하려는 노력으로 나타난 것이라 할 수 있다.

우리 역사를 전공하기 시작하면서 당연히 식민사학론 극복문제에 관심을 가지게 되었고, 막연하게나마 그리고 서투르게나마 일제강점기에 태동한 반식민사학 즉 민족주의사학과 사회경제사학의 학맥을 이어보려는 생각을 가지기도 했었다.

물론 일제강점기의 민족주의사학과 사회경제사학은 방법론적으로 큰 차이가 있다. 그러나 반식민사학이란 점에서는 같은 노선이라고 생각했다. 해방 후 민족분단으로 남에서는 사회경제사학의 학맥이 끊기다시피 했고, 민족주의사학은 이제 그 일부이긴 하지만 반식민사학적 성격을 떠나 반공주의적·반북주의적 사학론처럼 되어가는 것이 안타까웠다.

옳은 의미의 민족주의사학론과 사회경제사학론을 접목시킬 수 있을 때 비로소 발전적 '통일민족주의사론' 같은 것이 수립될 수 있지 않을까 하는, '엉뚱한' 생각을 가지게 된 것이 사실이다. 아시아지역 피압박민족사회의 경우 민족해방운동 과정에서 민족주의세력과 사회주의세력이 상승적으로 결합하여 민족통일전선이 형성되었고, 그 사실이 해방 후의 민족사회에, 특히 분단민족사회에 영향을 미친다는 생각 때문이기도 했다.

이승만 문민독재와 이후의 군사독재시기가 지나고 민주화시대가 오면서 표현의 자유가 확대되자, 그동안 내가 견지해온 역사학적 입장을 두고 나를 좌파민족주의자라기도 하고, 좌경역사학자니 좌파역사학자니 멋대로 이름을 붙이는 경우가 있다. 스스로는 결코 그같은 '편가름' 판에 휩쓸릴 생각이 전혀 없었는데도……

지금의 젊은 역사학자들과 달라서 내 세대는 끝자락이나마 일제강점기를 경험한 세대다. 따라서 아직도 반식민사학론적 인식이 남아 있고, 그 때문에 일제강점기의 민족주의사학이나 사회경제사학의 반식민주의적 성격에 '연연'하면서 그것을 통일사학으로 '승화'시키려는 '엉뚱한' 생각을 가지고 있어 좌파니 좌경이니 하는 말을 듣는지도 모른다.

확실히 해두지만, 나는 6·25전쟁 전에 대학을 다니지 않았기 때문에 해방 후 북녘에서 활동한 백남운, 김한주, 전석담 등의 학자들을 직접 만난 적이 없고, 다만 저서들을 통해서 학문적 영향을 어느정도 받았을 뿐이다.

말이 난 김에 민족주의역사학 문제에 관한 또다른 이야기를 해야겠다. 학부에서건 대학원에서건 신채호나 박은식의 역사학적 업적에 대한 강의를 받은 기억은 없고, 서울 수복 후 학부 3학년 때인 1954년경인가에 강사로 나온 홍이섭 교수의 국사특강 강의에서 처음 신채호를 알게 된 것으로 기억한다.

이런 민족주의사학에 비해서 사회경제사학 쪽 책은 일찍부터 접했다. 앞에서도 말했지만 지금도 일부를 보관하고 있는 '해방공간'에서 번역 간행된 『세계사교정』을 읽고 감명을 받기도 했다.

이 기회에 한 가지 밝혀둘 일이 있다. 어느 글에선가 고등학생 때 엥겔스의 『반듀링론』을 읽었다고 쓴 것 같은데 기억이 잘못된 것이고, 대학 때 일본어판을 읽은 것이 확실하다. 아마 그 무렵인 것 같은데, 어떻

174

게 구했는지 지금은 기억나지 않으나 백남운의 『조선사회경제사』를 읽었고, 『조선봉건사회경제사』도 있다는 것을 알고 반드시 읽어야겠다고 생각했으나 그때는 금서였던지 구하기 어려웠다.

선생님 몇 분께 물어봤으나 가진 분이 없었는데, 강사 자격으로 한국 금석학을 강의하던 임창순 선생님이 가지고 있다면서 빌려줄 터이니 하숙집으로 오라 했다. 학교교육을 전혀 받지 않았고 한학공부만 한 분으로 알고 있던 임선생님이 그런 책을 가지고 있었다는 데 좀 놀라면서 미아리고개 근처 하숙집으로 찾아갔다. 임선생님이 강의 나가던 성균관대학교 사학과생이 한 사람 와 있었고, 인사를 시키면서 잘 사귀어보라 했는데 그가 성대경(成大慶)씨였다. 1953년 겨울이었던 것으로 기억하는데, 그러고 보니 성교수와의 사귐도 50년이 넘었다.

나는 당시 저서를 통해서 학문적 영향을 받은 김한주씨가 어떤 분인지 전혀 몰랐다. 고려대학교에 강사로 나갈 때였는데, 학부 때 강의하신 철학과 박희성(朴希聖) 선생님이 어떻게 아셨는지 "자네 논문에 김한주를 인용했던데 그럴 만한 가치가 있는가" 하고 물으셨다. 놀라서 "김한주씨를 어떻게 아십니까" 했더니 바로 박선생님의 생질 즉 누나의 아들이라 했다. 그러면서 김한주씨는 일제시기에 일본 호오세이(法政)대학을 나온 동아일보 기자였으며, 일제말기 그 신문이 폐간될 때 폐간사를 썼고, 해방 후에는 월북해서 김일성종합대학 경제학부 강좌장을 지냈다고 했다.

박정희 '유신'독재
아래 산
이야기

고려대학교 전임교원이 되다

학문생활 지망자들에게 가장 어려운 시절은 대학 전임교원이 되기 전의 강사시절이다. 그러나 나의 경우는 다행히도 국사편찬위원회에 근무하면서 고려대학교와 단국대학교 및 수도여자사범대학(현 세종대학교) 등에 출강할 수 있어서 큰 어려움은 없었다.

국편에는 신석호 선생님의 사임 후 김성균씨가 사무국장이 되자 고려대학교 사학과 1회 졸업생 선배이며 숭실대학교 교수이던 최영희(崔永禧)씨가 신선생님의 배려로 편찬과장이 되었다.

1966년 5~6월경 어느날 최영희 편찬과장이 나에게 신석호 선생님이 고려대학교를 그만두고 성균관대학교의 학장으로 간다는 소문이 있는데, 댁에 가서 사실인지 한번 알아봐달라는 부탁을 했다. 신석호 선생님이 자리를 옮기면 사학과 1회 졸업생인 자신이 후임으로 들어갈 가능성이 가장 큰데, 직접 가서 알아보기는 곤란해서 나에게 부탁하는 것 같았다. 최선배와는 그만큼 가까운 사이였다.

나는 7회 졸업생이며 강사경험뿐 전임교수직을 해본 것도 아니었기 때문에 최영희씨는 물론 나 자신도 신석호 선생님의 후임대상이 되리라고는 전혀 생각하지 않았을 것이다. 그래서 최선배도 내게 소문의 진부를 알아달라고 부탁한 것이다.

정릉에 있는 신석호 선생님 댁에 갔더니 2회 졸업생 박성봉(朴性鳳) 당시 경희대학교 교수가 와 있었다. 빠르기도 하구나 생각하면서 선생님의 전직 여부를 물었더니 사실이라 했다. 성균관대학교 총장이 된, 절친한 사이인 권오익(權五翼)씨의 요청을 거절할 수 없어서 자리를 옮기기로 했다는 것이다.

국편에 돌아와서 최영희 과장에게 들은 대로 전하고 박성봉씨가 와 있더라는 말도 했다. 그러나 조선왕조시대사 전공인 신선생님의 후임으로는 고려시대사 전공인 박성봉씨보다 임진왜란에 대한 연구가 있기도 한 최영희씨와 균역법을 연구한 당시 단국대학교 차문섭 교수가 대상이 되겠구나 생각했다.

그러던 어느날 신석호 선생님이 국편 근처의 다방에서 전화를 걸어서 좀 나오라기에 무슨 일인가 하고 급히 나갔더니, "고려대학교에 사의를 표했더니 총장이 후임을 추천하라기에 자네를 추천했으니 다음 학기 강의를 준비하라"는 것이었다. 정말 귀를 의심했다. 고려대학교 사학과를 졸업하고 대학의 교수를 거쳤거나 현직교수로 있는 이로 최영희, 박성봉, 차문섭 등 선배가 셋이나 있었으며 고려사 전공자 박성봉씨를 빼더라도 두 사람의 선배가 있었던 셈이다.

국사편찬위원회에 적을 두고 여기저기 강사생활을 하고 있는 7회 졸업생인 내가 신석호 선생님의 후임으로, 더구나 사학과 졸업생 중 최초의 모교 전임교원으로 추천되었다니 전혀 믿을 수 없는 일이었다. 그 얼마 전 『아세아연구』에 조선후기의 상인매뉴펙처 검정문제를 실증한 논문을 실었고, 그것을 보신 신선생님으로부터 칭찬을 듣기도 했지만, 후임으로 추천되리라고는 전혀 생각하지 못했다.

신선생님의 말을 듣고 제일 먼저 드는 생각이 최영희씨에게 어떻게 말할 것인가였다. 사학과 1회 졸업생이며 학문적 업적도 상당히 있고 선배들 중에서도 가깝게 지내던 그를 '제치고' 모교의 전임교원이 되게 되었으니, 어떻게 대해야 할지 정말 난감했다.

7회 입학생인 나는 재학 중에는 1회 입학생인 최영희씨를 만나지 못했다. 대학을 졸업하고 해군사관학교 교수로 있던 최선배가 모교 사학과에서 출간된 『사총』 창간호에 실린 나의 논문 「진흥왕비의 수가신명 연구」를 읽고 그때만 해도 고대사에 관심이 많아 재학생인 나를 찾아온 일이 있었고 그래서 서로 알게 되었다.

그는 해군에서 제대해서 숭실대학교 교수로 있다가 신석호 선생님의 부름으로 국편 편찬과장이 되었고, 그 과정을 통해서 어느 동창보다도 가깝게 지내게 되었다. 특히 애주가이며 하룻밤에도 몇 곳을 옮겨 다니며 마시는 그와 거의 매일 술자리를 함께하다시피했다.

신석호 선생님이 나를 추천한 것에 대해 학과 내에서 특히 김성식(金成植) 선생님의 반대가 크다고 들었고, 따라서 신선생님도 한때 흔들리는 것 같았다. 그래서 바로 전임발령을 하지 않고 한 학기 강의를 시켜본 후 별 탈이 없으면 채용하기로 결정되었다고 했다.

고려대학교 전임교원 발령을 받지 않은 채 바로 국편에 사표를 내고 강의를 준비했다. 학부생 때 열심히 받아 적었던 신석호 선생님의 한국 근대사 강의노트를 찾아봤더니 세종대왕의 업적에서 끝나 있었다. 이제는 불러주는 식의 강의를 해서 안 됨은 말할 것 없고, 아직 현대사 강의가 없는 때의 근대사 강의인만큼 일제시대는 당장 대상에 넣을 수 없다 해도 적어도 개화기까지는 포함해야 한다고 생각했지만, 우선은 조선왕조 후기까지를 준비했다.

최영희씨를 만나서 허심탄회하게 내가 추천된 경위와 과정을 전했고, 그도 기탄없이 받아들여 하룻밤을 새우면서 술을 마신 후 전과 같이 좋은 관계를 유지할 수 있었다. 뒷날 신선생님에게서 들었는데, 최영희씨는 연만해서 곧 물러날 김성균씨의 후임으로 국사편찬위원회 위원장직이 적당하다 생각했다는 것이다. 최선배는 곧 국편 위원장이 되어 그 자리를 오랫동안 지키며 많은 일을 했다.

역시 훗날에야 알았지만, 처음에는 신석호 선생님 후임으로 서울대학교 사범대학 졸업 후 나보다 먼저 고려대학교 대학원에서 석사과성을 마치고 모교인 서울대학교 사범대학의 전임교원으로 있던 김용섭(金容燮)씨가 추천되었다. 그러나 그가 마침 서울대학교 사범대학 출신으로서는 예외적으로 서울대학교 문리과대학 사학과 교수로 옮기게 내약되어 있어서 내가 추천되었던 것이다. 김용섭 교수도 자신 대신 나를 추천했다는 말을 훗날 듣기도 했다.

1966년 '후학기'는 고려대학교의 정식 발령을 받지 않은 상태에서 국편에 사표를 낸, 즉 배수의 진을 친 기간이었다. 강의준비를 열심히 했고 성심껏 강의한 결과였는지 모르겠지만, 1967년 2월에 조교수 발령을 받았다. 동양사·서양사·국사 전공을 통틀어서 고려대학교 사학과 졸업생으로서는 최초로 모교의 전임교원이 된 것이다. 함께 부임한 강진철(姜晋哲) 교수를 빼고는 학과의 전임교원은 모두 직접 배운 선생님들이었다.

'우연히' 입학해서 다니게 된 대학교를 7년 만에 어렵게 졸업하고 대학원을 거쳐 이제 모교의 전임교원까지 되었으니 사람의 일이란 참으로 알 수 없구나 하는 생각이 들지 않을 수 없었다.

고등학교를 졸업한 1952년은 6·25전쟁이 한창인 때였고 남쪽 영토의 대부분이 북쪽에 의해 점령되었던 상황이어서 점령지역의 학생들은 대학입시 준비를 제대로 하기 어려운 때였다. 격렬한 전쟁 중에 비점령지 대도시는 대구와 부산·마산뿐이었다. 그 때문에 이들 몇 안 되는 비점령지역 도시의 고등학교 졸업생들이 전쟁 중 대학진학에 유리했던 것이 사실이다.

그때는 지금같이 대학의 서열화가 심하지 않아서 요사이처럼 누구나 서울대학교에 가려고 기를 쓰는 것도 아니었다. 그렇다 해도 처음부터 대학에 진학할 마음으로 준비했더라면, 모르긴 해도 학비가 싸서라도 국립대학교를 택했을지도 모른다.

그러나 지금 와서 솔직히 생각해보면 만약 고려대학교 사학과가 아닌 다른 학교에 진학했더라면, 신석호 선생님을 못 만났을 것이고 학부 졸업 후 국편에 취직하면서 대학원에 다닐 수 있는 그런 좋은 조건을 얻기 어려웠을 것이며, 따라서 학문생활을 계속하지도 못했으리라 생각한다.

또 혹시 학문생활을 할 수 있었다 해도 석박사과정을 사회경제사적 부문을 전공분야로 택하기는 어려웠을 것이며, 지금이야 사정이 많이 달라졌지만 그때로서는 근현대사까지, 그것도 좌익계 독립운동이나 통일전선 문제 등에 관심을 가지면서 학문생활을 계속하기는 불가능하지 않았을까 하는 생각이다.

군대를 다녀와서 쓴 학부졸업논문은 조선왕조시대 서울의 상업기관인 시전(市廛) 문제를 택했고, 석사논문은 역시 조선시대의 수공업자인 장인(匠人) 문제를 택했다고 이미 말했는데, 서툴지만 그때로서는 잘 선택하지 않던 사회경제사적 관점에서 역사문제를 다루려 노력한 글들이다. 신석호 선생님의 전공인 당쟁사와는 너무 동떨어진 주제였지만 선생님은 논제 선택에 이의를 제기하거나 학문경향에 간섭하지는 않았다.

모교의 전임교원이 된 후 30여 년간 많은 석박사과정생을 지도했지만, 나 역시 신석호 선생님이 하신 것처럼 학생들의 논제 선택에는 일절 관여하지 않고 그들 스스로 자기 능력과 취향에 따라 택하게 했다. 학생들은 그같은 나의 '무간섭주의'를 두고 '방목주의'라 했지만, 석사건 박사건 논제는 학생 스스로가 택해야 하고, 그래야만 학문의 폭이 넓어지고 또 후속 논제가 쉽게 잡힌다는 생각은 지금도 변함이 없다.

내가 석사학위논문 논제를 택할 때의 일이었다. 16세기경에 들어오면서 조선왕조의 관장(官匠) 제도가 무너져가고 사장(私匠)이 발달해가는 과정을 논증했으면 한다고 신선생님께 조심스레 말씀드렸더니, "나는 잘 모르는 문제다만, 확실한 자료적 근거를 가지고 역사의 변화상을 다룰 수 있다면 논제로 택해도 좋다" 하셨다. 만약 신선생님의 전공에 따라 당쟁사 언저리에서 맴돌았다면, 자본주의 맹아 문제는 물론이고 이후의 좌우익통일전선이나 민족분단 및 통일 문제 등에 관심을 가지고 글을 쓸 수 없지 않았을까 생각한다.

'유신' 바람에 학문적 '외도'를 하게 되다

대학의 전임교원이 된 후에는 강의준비에 바빴고, 박정희정권이 3선개헌과 '유신' 같은 횡포를 부려도 현실문제에는 별 관심을 두지 않았다. 연구실에 파묻혀 지내는 여느 교수의 일상과 전혀 다르지 않았다. 그런 중에도 1960년대말에서 70년대로 넘어오면서 유엔에서의 제3세계 등장으로 인한 세계정세의 변화, 미·소 화해와 미·중 화해, 미국의 '닉슨독트린' 발표 등으로 한반도 주변정세가 급변해갔다. 그같은 정세 변화가 한반도에도 반드시 영향을 미치리라는 생각을 하지 않을 수 없었다.

교수휴게실에서 담소하면서도, 미·소와 미·중의 화해가 한반도 정세에 어떤 영향을 미칠 것이며, 또 그 영향이 한반도문제를 구체적으로 어떻게 변화시킬 것인지 하는 문제 등이 자주 화제의 중심이 되었다. 박정희정권 아래서는 여러 정보기관원들이 교내에 상주하다시피 해서 교수휴게실의 담화도 자유스럽지 못했다. 그런 분위기지만 급박하게 돌아가는 주변정세는 역시 교수들의 관심거리가 되지 않을 수 없었다.

당시의 연구분야가 비록 17~18세기 상공업문제였지만 우리 근현대사를 강의하는 처지에서 급변하는 국제정세하의 한반도문제에 관심을 갖게 된 것은 자연스러운 일이기도 했다. 우리땅에서 이데올로기와 체제를 달리하는 남북 두 정권이 대치하면서 각기 제 위치를 유지할 수 있는 것은 미·소와 미·중의 대립을 배경으로 한 냉전체제 때문인데, 미·소와 미·중 관계가 화해와 공존 쪽으로 가게 되면, 남북 두 정권은 그런 상황변화에 어떻게 대처할 것인가 하는 문제를 생각하지 않을 수 없었다.

강의시간에 학생들의 질문도 있고 해서 그런 문제를 조금씩 언급했는데, 그러던 어느날 느닷없이 이후락(李厚洛) 중앙정보부장이 평양을 다녀왔다면서, 7·4남북공동성명을 발표한 것이다. 깜짝 놀랐지만 이것이다 싶은 생각이 들었다. 미·소 공존, 미·중 공존이 남북공존을 도출하게 된 것이라 생각하면서도, 전쟁통일이 아닌 평화통일과 유엔 의존통일이 아닌 민족주체적 통일을 천명한 것은 긍정적이라 생각되었다.

적십자회담이니 남북조절위원회니 하면서 남쪽 사람들이 북쪽에 가고 '북괴'로 불리던 북녘의 요인(要人)들이 오고 하는 상황이 벌어지면서 교수휴게실에서도 이러다가는 통일이 바로 되는 것 아니냐는 말까지 나오기도 했다. 어떤 통일을 어떻게 해야 할 것인가는 전혀 모르면서도……

7·4남북공동성명 발표하는 이후락 중앙정보부장

독일식 흡수통일이 있기 전이고 오늘날 논의되는 연합제나 연방제, 혹은 1국 2체제 등이 거론되기 전이라, 7·4남북공동성명에서 평화적으로 또 주체적으로 통일한다고 했지만, 대학교수사회에서조차도 구체적 통일방안이 논의되기는 힘들었던 것이다.

동서화해로 변해가는 세계정세 아래서 7·4공동성명이야말로 남북 두 정권이 모두 살아남기 위한 조처가 아니겠는가 생각하면서도, 이제는 평화통일문제를 마음놓고 거론할 수 있겠구나 하는 생각이 들었다.

진보당을 만들어 평화통일론을 주장하던 전 국회부의장 조봉암(曺奉岩)씨가 간첩으로 몰려 사형당한 것이 당시로서는 불과 12~13년 전의 일이었으며, '4·19 공간'에 활성화됐던 평화통일운동을 '간접침략'으로 규정했던 박정희 군사정부가 표면적으로나마 평화통일론으로 돌아선 것은 큰 변화가 아닐 수 없었다.

이같은 정세변화가 반북주의자나 무력통일론자들에게는 어떻게 받아들여졌는지 모르지만, 평소 북녘을 적으로만 봐서는 안 되고 동족으로 봐야 한다는 '옳은 의미'의 민족주의자요 평화주의자요 평화통일론자라 자처하던 터라 바람직한 변화라 여겨지기도 했다.

그러던 10월 어느날 저녁 야간 교육대학원 강의를 하는 중인데 교무과 직원이 와서 자신도 이유를 모른다면서 바로 강의를 중단하고 집으로 가라는 것이었다. 무슨 변괴가 났구나 생각하면서 강의를 중단하고 교문을 나서다 보니 이미 탱크인지 장갑차인지가 교내에 들어왔고 무장군인들이 교문에 배치되고 있었다.

박정희정권이 계엄령을 선포해 국회를 폐쇄하고 헌정을 정지시키고 대학 문을 닫게 하고 언론을 통제하는 등 또 한번의 쿠데타를 감행하면서 그것을 감히 '유신(維新)'한다고 했다. 아무리 제국주의 일본의 육군사관학교 출신이요 '괴뢰' 만주국의 장교 출신이라 해도, 1970년대의 우리땅 군인들이 1860년대 일본의 '사무라이'들에게서 배운 정치노름을 하다니……

유신이란 본래 역사를 새롭게 전진시키는 일을 말한다. 그렇다면 근대사회의 유신은 정치·경제·사회·문화면의 민주주의를 획기적으로 전진시키는 일이어야 할 것이다. 그런데 독재권력을 종신토록 누리기 위해 민주주의의 전당이어야 할 의회를 폐쇄하고 총칼로써 민주주의와 역사를 꽁꽁 묶어 감금하면서 감히 유신이란 이름으로 또 한번의 쿠데타를 일으켜 영구집권의 길을 열려 하다니……

민주주의가, 역사가 하룻밤 사이 총칼에 의해 감금당하는데도 역사학계는 아무 말도 못했다. 민족분단시대의 남녘 역사학계가 비록 반공주의적·반북주의적 역사인식에 젖었다 해도 유신이란 반민주주의적 횡포에는 그래도 반응이 있어야 하지 않는가 하는 생각이었다. 하기야 일제강점기에도 강점 그 자체에는 무관심했던 것이 우리 역사학계니 유신의 반역사성을 외면할 수도 있겠지만, 그래도 얼마 전에는 정략적 한일협정을 반대한 역사학계가 아니던가……

같은 군사독재정권 아래인데도 과거의 침략자 일본과 굴욕적 국교를 맺으려 했을 때는 반대성명을 내기도 했는데, 정작 국내상황이 극단적인 반민주적·반역사적 방향으로 가는데도 반대성명 하나 없었다. 전체 역사학계가 유신의 반역사성에 둔감했다고 해야 할지, 아니면 독재정권의 독기어린 서슬에 아예 기가 죽어버렸다고 해야 할지 가늠하기가 어려웠다.

반드시 역사가 되고 마는 현실이, 바로 역사 그것이기도 한 현실이 이렇게 잘못 가는데, 나 자신도 몇백 년 전의 개성상인 이야기만 하고 있는 게 역사학 전공자의 책무를 다하고 있는 것인지 생각하지 않을 수 없었다. 지난 일제침략기에 왜 침략을 받게 되었는가, 침략에서 벗어나려면 무엇을 어떻게 해야 하는가를 전혀 연구하지도 말하지도 않았던 그 역사학과 지금의 역사학이 다를 것이 무엇인가 하는 생각이 들기도 했다.

왜 무엇 때문에 역사를 연구하고 또 가르치는가. 역사학이 아카데미즘이란 이름으로 현실문제를 외면하고 무풍지대인 상아탑 안에서만 안존해도 제 구실을 다한다고 할 수 있는가. 이제 막 40대에 들어선 역사 전공자, 특히 우리 역사 전공자에게는 이런 의문이 밀려오지 않을 수 없었다.

식민사론 극복을 위한 자본주의 맹아 문제를 실증코자 조선후기 상공업사 연구에 몰두하다가 뜻밖의 7·4남북공동성명에 고무되었으나 바로 '유신'을 당했고, 그런데도 역사학계가 아무것도 하지 않는 현실에 부딪히면서, 대체로 두어 가지 문제를 생각하게 되었다.

첫째는 오늘날의 역사학이 이같이 엄중한 민족사의 현실문제에 눈감아버리면, 일제강점기의 역사학이 순수실증주의를 내세워, 고대사회 부족국가의 위치를 고증하거나 조선왕조시대의 정쟁이나 다루거나 근대사를 말하더라도 대원군과 민비가 어떻게 싸웠는가를 따지는 데 한정된 것과 무엇이 다르겠는가 하는 것이었다.

둘째는 해방 후의 일부 역사학이 식민사학이 주장한 정체후진성론과 타율성론을 극복하기 위해 자본주의 맹아 문제 등에 관심을 가지고, 특히 조선왕조 후기사회의 경제적 변화상을 추적한 일은 바람직하다 해도, 그것만으로 해방 후시대, 즉 민족분단시대의 역사학이 해야 할 일을 다했다고 할 수 있는가 하는 의문이었다.

셋째는 일제강점기의 역사학이 타민족의 지배에 시달리는 민족사회의 현실문제를 외면하거나 식민사학의 횡포에 대항하지 못한 사실을 지적하고 비판한 해방 후의 역사학이, 분단의 부조리와 동족상잔의 고통에 시달리는 자기 시대의 현실문제를 외면해도 되는가 하는 물음이었다.

오늘날의 역사학이 이제는 아무 위험부담 없이 다룰 수 있게 된 식민사학 극복문제에만 안주하고 있는 것은 아닌가 하는 생각을 하지 않을 수 없었다. 그런 고민 때문에 이후 공부방향이 달라지지 않을 수 없었다.

어리석게도 7·4공동성명으로 들떴다가 유신으로 실망하게 된 상황에서, 역사공부를 하면서 현실을 보는 눈이나 학문하는 방향에 대한 생각이 상당히 달라져갔다 해도, 사료를 뒤져 연구논문 쓰는 데만 한정되던 생활이 하루아침에 바뀐 것은 물론 아니었다.

유신으로 박정희정권의 영구집권계획이 진행되어가는데도, 박정권이 스페인의 프랑꼬(F. Franco)정권처럼 되어가는데도, 경제성장이란 미몽에 빠져 국민 일반은 물론 지식인들까지도 대부분은 그것에 순종해가고 있었다. 종교계 등 사회일각의 저항이 있었다 해도 '부마항쟁'이 있기 전까지는 군사독재정권의 횡포에 비해 국민적 저항력은 그다지 크지 못했다고 할 수밖에 없었다.

우리 정도 수준의 문화민족사회가 왜 이렇게 전에 없던 군사독재에 길들여졌는지, 그것은 이 시대의 민족사가 나아가야 할 올바른 길이 무엇인지를 모르기 때문이며, 역사학이 순수실증주의에만 빠져 현실이나 대중과 너무 동떨어져 있는 데도 원인이 있다고 생각했다.

역사학적 관점에서는 '4·19 공간'의 분위기가 지속됨으로써 정치·경제·사회·문화면의 민주주의가 더 발전하고 평화통일 의지가 더 확대되어야 한다고 생각했고, 따라서 군사독재체제가 종식되는 것만이 역사가 올바른 길에 들어서는 것이라 생각했다.

이후에는 과거사실의 실증에만 치중된 이른바 순수논문보다 군사독재체제 종식에 조금이라도 도움이 될 만한 글, 즉 현재성과 대중성이 높다고 생각되는 논설문을 더 많이 쓰지 않을 수 없었다. 역사학 전공자라기보다 섣부른 논객이 되어갔다고나 할까.

그리고 그것에 따르는 수난은 감당할 수밖에 없었다. 무슨 업보에서인지 일생 중 연구열이 가장 왕성한 40~50대를 하필 지독한 군사독재시기에 살게 되었고, 그 때문에 학문하는 방향이 크게 바뀌고 말았다. 전두환 군사정권이 성립되는 과정에서 해직교수가 됨으로써 더욱 그랬다.

박사학위논문 『조선후기 상업자본의 발달』 후속편, 즉 개항기의 상업자본문제를 쓰기 위해 일본에서 1년간 관계자료를 수집해왔으면서도 쓰지 못하고, 국민 일반의 역사의식을 높이는 일이 시급하다는 생각으로 『한국근대사』와 『한국현대사』 등 시대사를 쓰게 되었다. 『조선후기 상업자본의 발달』 같은 논문만을 쓰는 일관된 '학자'이지 못하고, 『분단시대의 역사인식』 같은 논설문이나 신문칼럼을 더 많이 쓰는 '논객'이 되어버렸지만, 결코 후회는 하지 않는다.

'창비'와의 인연으로 '분단시대'가 태어나다

박정희정권의 유신으로 학문하는 방향이 달라졌다고 했지만, 그것이 '조장'되어간 것은 계간지 『창작과비평』과의 만남 때문이었다고 할 수 있다. 그럼에도 '창비'와의 첫 만남은 우연이었다.

한국일보에서 『조선후기 상업자본의 발달』의 대중보급판이라 할 『이조의 상인』이라는 문고본을 낸 인연으로 알게 된 허현이란 사람이 있었다. 1972년 초로 기억되는 어느날 그가 연구실에 와서 1970년에 김지하(金芝河)씨의 시 「오적(五賊)」 사건으로 폐간된 『사상계』의 전 발행인 장준하(張俊河) 선생이 '사상'이란 출판사를 차려 문고를 간행하려 하니 원고를 하나 써달라는 것이었다. 폐간되기 전 『사상계』에 실렸던 글들을 생각하면서 전공분야의 글을 풀어 쓸 수밖에 없다고 했더니 그런 글을 원한다고 했다. 그래서 「이조후기 상업구조의 변화」라는, 각주까지 드문드문 붙은 꽤 긴 글을 써주었다.

원고를 준 지 꽤 오래되어도 소식이 없더니 어느날 그때만 해도 전혀 면식이 없었던 문학평론가 염무웅(廉武雄)씨가 『창작과비평』의 1972년 여름호를 가지고 학교 연구실로 찾아왔는데, 거기에 허현씨에게 써준 내 글이 실려 있었다. 사상문고의 간행은 불가능하게 되었고 '글이 좋아서' 『창작과비평』에 실었다 하고, 사전에 양해를 구하지 못했음을 사과하는 것이었다. 조금 화가 났지만 창비에 대해서는 좋은 인상이었고, 그때는 백낙청(白樂晴) 교수가 미국에 가 있고 염무웅씨가 맡아 하면서 어려움을 겪고 있다기에 흔쾌히 양해했고, 그래서 '창비'와의 인연이 맺어졌다.

얼마 후 같은 대학 철학과 교수이자 한국철학회에서 내는 잡지의 편집을 맡고 있는 지금은 고인이 된 신일철(申一澈)씨가 글을 한 편 써달라기에 마침 읽고 있던 한말 개화파 유길준의 「중립론」이란 글을 바탕으로 해서 「유길준의 한반도 중립화론」을 써주었다. 그러나 잡지간행 책임자인, 서울대학교에 있다가 박정희정권 때 청와대에 무슨 특별보좌관으로 들어가기도 한 박종홍(朴鍾鴻) 교수가 한반도 중립화 관계 논문은 실을 수 없다 하고 퇴짜를 놓았다며 신교수가 미안해했다. 유신체제하의 분위기를 짐작케 하는 일이라 하겠다.

글이 아까워서 창비에다 퇴짜 맞은 경위를 말하고 그 글을 싣겠느냐 했더니 두말없이 좋다고 했다. 그 글이 1973년 겨울호에 실림으로써 창비와의 인연이 '정식으로' 맺어진 셈이 되었다.

그 다음해였다. 천관우(千寬宇) 선생이 썼던 글들을 모아 『한국사의 재발견』(일조각 1974)이란 책을 냈는데, 창비에서 서평을 써달라는 요청이 있었다. 천관우 선생은 해방 후에 배출된 제1세대 역사학자 중 대표적인 분이며, 따라서 그의 역사학은 하나의 시기적 특징을 가진다고 생각했다. 따라서 서평쓰기를 응락했고, 쓰면서도 책 내용에 대한 논평도 중요하지만 앞으로 우리 근현대사학사(史學史)가 정리되면 '천관우사학'이 어떤 위치이겠는가 하는 문제를 생각하며 서평의 한 대목에 이렇게 썼다.

1945년이 시기구분의 커다란 분수령이 되리라 짐작할 수 있으며, 1945년 이후의 사학사가 어디에서 시기구분의 근거를 구할 수 있을지 의문이지만, 앞으로 통일된 민족국가를 수립하는 때가 바로 1945년 이후 사학사 시기구분의 또 하나의 분수령이 되리라 쉽게 짐작할 수 있다. (…) 1945년 이후부터 민족통일이 이루어질 앞으로 어느 시기까지를 사학사적 입장에서 이름 붙인다면 '분단시대 사학'이라 할 수 있을 것이다. (…) 우리가 이름붙인 분단시대란 말이 앞으로 일반사적 시대구분에 있어서도 그대로 적용될 수 있을 것인지는 장담할 수 없지만……

'천관우사학'을 1945년 이후 우리 역사학의 중요한 요소의 하나라 생각하면서 그 역사학을 '분단시대 사학'이라 표현했는데, 이것이 아마 '분단시대'란 말이 쓰인 글로는, 특히 역사적 의미로 쓰인 최초의 경우가 아닌가 한다. 그러나 '분단시대'란 말을 쓰는 데도 상당한 고민이 있었다.

이 글이 쓰여진 1974년은 7·4남북공동성명에서 평화통일이 말해진 뒤다. 그러나 군사독재가 그 단말마적 단계에 들어선 유신체제 때였고, 그런 체제 아래서 진정한 의미의 평화통일이 추진되리라고는 생각할 수 없는 때이기도 했다. 실제로는 반공통일이 지향되고 있었다고 할 수밖에 없던 때이며, 독일식 흡수통일 사례가 있기 전이라 반공통일은 곧 무력통일일 수밖에 없던 때였다고 할 수 있다.

역사학계 일반의 인식과 분위기도 대부분 이와 다를 수 없었다고 하겠지만, 개인적으로는 어디까지나 평화통일론자를 자처했다. 때문에 곧 남영동의 치안국분실에 끌려가게 되었고 또 대학에서 해직되기도 했지만……

역사학계도 일반적으로 1945년 이후를 '해방 후 시대'로밖에 인식하지 못하고 있던 때였다. 그렇다고 해서 1945년 이후 시기의 역사학을 막연하게 '해방 후시대 사학'이라 해버려서는 안 된다고 생각했다. 우리 현대사에서의 민족적 숙원인 통일문제와 동떨어진 그 명칭이 너무 몰가치적이고 비학문적인 것 같아 불만이었으며, 또 '해방 후시대'의 하한은 어디까지인가 하는 문제도 있었다.

1945년 8월 15일 이후 시기에 대한 역사성을 담은 명칭이 반드시 있어야 하겠는데, 그것은 이 시기 전체 민족구성원의 염원인 민족통일문제와 연관되는 것이어야 한다는 생각이었다.

이 시기 남한사회의 사상적 동향 일반을 근거로 해서 '반공주의사학'이라 이름붙일까도 생각했으나, 그것 역시 민족사적 전망성이나 지향성이 없는 것 같아 내키지 않았다. 또 해방 후 시대를 사는 역사학자 모두가 '반공주의적' 역사의식을 가졌다고 말하기 어려울 것 같기도 하고……

원고를 완성하고도 이 용어 때문에 고심하다가 반공주의나 대북적대주의에 고착된 시대가 아니라, 평화통일을 선망하고 지향하면서 반드시 극복해야 할 시대로서의 '분단시대'로 이름 짓기로 했다. 그러고는 천관우의『한국사의 재발견』에 실린 글에는 실학문제에 관한 글이 많았기 때문에 서평의 결론을 이렇게 맺었다. 유신독재체제의 반역사성을 지적한 부분이라 할 것이다.

우리가 이름붙인 분단시대 사학에 있어서의 실학자는 근대지향적 성격을 가진 사상가였을 뿐이지만, 분단시대 이후의 사학이나 그것을 지향하는 역사학에서의 실학자는 지배받는 자의 편에 서서 그 권익을 옹호한 진보적이며 양심적이며 역사의 바른 노정 위에 선 사상가, 민중에게서 진정한 민족의 주체를 구하면서 민족 내부의 모순을 타개하기 위한 이론정립에 앞장선 사상가로 부각될 수 있을 것이다.

역사상의 실학자들을 내세워 분단시대 극복을 지향하는, 군사독재 청산을 지향하는 지식인의 존재가치를 부각시키겠다는 생각을 깔고 쓴 이 글이『창작과비평』1974년 겨울호에 실린 후 '분단시대'라는 용어가 의외로 각 부문에서 정착되어갔다. 유신 이후에 쓴 논설문과 역사학대

「이조후기 상업구조의 변화」가 실린 『창작과비평』 1972년 여름호와 사론집 『분단시대의 역사인식』

회에서 발표한 기조논문 등을 모아 1978년에 창비사에서 『분단시대의 역사인식』이란 책을 간행함으로써 '분단시대'란 용어가 일반사회에서나 학계에서 더욱 정착되어갔다.

『분단시대의 역사인식』이 간행된 후 '분단시대 사학'을 극복할 수 있는 글들을 썼고, 그것은 곧 직간접으로 군사독재를 비판하는 글들이 되었다. 그리고 전두환정권에 의해 해직교수가 됨으로써 그런 논설문의 생산은 계속되었다.

그 글들이 모아져서 1985년에 한길사에서 간행된 『한국민족운동사론』과 1990년에 도서출판 청사에서 간행된 『통일운동시대의 역사인식』 등이 되었다. 『한국민족운동사론』은 '속(續) 분단시대의 역사인식'으로 하고 싶었으나 출판사가 달라지면서 다른 제목이 되었다. '분단시대'란 말이 일상용어와 학문용어로 쉽게 정착될 수 있었던 것은 우리 사회의 높은 통일의지, 그것도 평화통일의지 때문이라 할 것이다.

창비와의 인연이 깊어진 일이 또 있었다. 1974년이던가 박정희 유신정권이 국사교육을 강화한다는 이유로 종래 검인정(檢認定)이던 중·고등학교 국사교과서를 국정(國定)화했다. 국사교육을 강화하는 데는 반대할 이유가 없지만, 국사교과서를 국정화하는 것은 역시 유신의 산물이라 생각했다.

그러던 어느날 서울사범대학 역사교육과를 나왔다는 당시 문교부의 어느 편수관이 연구실로 찾아와서 국정화될 고등학교 국사교과서의 조선왕조시대를 맡아 써달라는 것이었다. 어이가 없어서 "내가 쓰지 않을 뿐만 아니라 어느 국사학자도 국정교과서 집필에 응하지 않을 것이며, 국사교과서 국정화는 집필자를 못 구해서 불가능하게 될 것이다"라고 말해주었다.

그런데 내 생각과는 달리 집필자는 있었고, 그래서 국정 국사교과서가 간행되었다. 이에 대한 역사학계의 반대성명이나 비판이 있을 만한데도 전혀 반응이 없었고, 다만 창비에서 국정 국사교과서에 대한 종합적 비판을 하겠다고 했다. 그래서 지금은 고인이 된 송찬식(宋贊植) 교수 등 몇 사람과 함께 국사교과서의 국정화 자체와 출판된 교과서를 종합적으로 비판하는 글들을 써서 『창작과비평』 1974년 여름호 특집에 실었는데, 나는 「사관: 서술체재의 검토」란 글을 썼다.

박정희 유신정권은 '한국적 민주주의' 운운하면서 국사교육을 강화한답시고 고등학교 국사교과서를 국정화하고 대학에서는 국사를 교양 필수과목으로 하는 한편 국민윤리도 필수과목으로 정했다. 민주화시대가 되면서 대학에서 국사와 국민윤리는 필수과목에서 제외되었으나 고등학교 국사교과서의 국정화는 이후의 민주정권 아래서도 시정되지 않았다.

그뿐만 아니다. 언제부턴가 국정 국사교과서를 국사편찬위원회가 주관해서 만들게 된 모양이다. 민주주의시대에 국사를 편찬하는 정부기관이 있다는 것도 어불성설이므로 이제는 사료편찬소 등으로 바꾸어야 할 것인데, 더구나 정부기관인 국사편찬위원회에서 국정 국사교과서를 만드는 것은 부끄러운 일이기조차 하다. 역사학계의 인식부족이 원인이라 할 것이다.

이런저런 일로 해서 창비와의 인연은 깊어져갔다. 군사독재정권 아래서의 어려웠던 시절, 창비에 싣기 위한 대담에도 여러 번 참석했는데, 그중에서도 백낙청 교수가 진행하고 지금은 고인이 된 서남동(徐南同) 목사 외 몇 분이 참가했던 좌담회 「1980년대를 맞이하며」(1980)를 잊을 수 없다.

나는 서목사에게 중세 가톨릭의 처지에서 보면 개신교는 종교로 생각되지 않았을지도 모른다, 그런데 앞으로 세상이 더 발전하게 되면 지금의 기독교에서 섬기고 있는 신이 신으로 여겨지지 않을 때가 오지 말라는 법이 없을 것이다, 그런 때도 기독교가 존속될 수 있겠는가, 하는 대단히 '무례한' 질문을 했다.

그랬더니 서남동 목사가 "강교수는 역사학 전공잔데 역사를 움직이는 법칙 같은 것이 있다고 생각하느냐" 하고 반문하기에 그렇기 때문에 역사학이 존재하고 또 연구하는 것이라 대답했다. 그랬더니 지금의 신이 신으로 여겨지지 않을 때쯤이면 역사를 움직이는 법칙 같은 그것이 곧 그때의 신이 될 수 있을 거라는 것이었다. 세상에 이렇게 생각하는 목사요 신학자가 있다니 하고 감탄했던 기억이 생생하다.

이 좌담 내용은 박정희정권의 탄압에 의해 활자화되지 못했다가 연전에 간행된 『백낙청 회화록』(창비 2007)에 실렸다. 그러나 앞서 말한 내용은 빠졌던데, 생각건대 공식대담 때가 아니고 사담으로 나누었던 내용이 아니었던가 한다.

군사독재정권의 출판계에 대한 탄압은 심했고 그 결과 '창작과비평사'가 출판등록이 취소되어 한때는 '창작사'로 이름을 바꿀 수밖에 없었다. 그 때문에 1987년에 나의 저서『일제시대 빈민생활사 연구』는 '창작과비평사'가 아닌 '창작사'의 이름으로 나왔다.

『일제시대 빈민생활사 연구』는 일본의 조선에 대한 식민지배정책으로 인해 생겨난 3대 빈민, 즉 농촌 춘궁민(春窮民)과 화전민(火田民) 그리고 도시지역 토막민(土幕民)의 생활상을 밝힌 논문집이다. 일본의 조선에 대한 식민정책이란 것이 토지조사사업 등으로 농민들을 농촌에서 쫓아냈으나 당시 일본 자본주의의 수준이 그들을 공장노동자로 수용할 상황이 아니었기 때문에 이같은 3대 빈민층이 형성되었음을 논증한 것이다. 당시 후진 자본주의국가였던 일본의 식민지 조선에 대한 수탈은 어느 식민지에서보다 가혹한 것이었고, 특히 토지조사사업 등으로 많은 조선농민을 일시에 토지에서 쫓아냄으로써 3대 빈민층이 형성된 것이다.

한일협정 교섭과정에서 일본의 식민지배가 조선사람들에게 일정하게나마 이익을 준 것처럼 망언하는 일본대표가 있더니, 최근에는 이른바 식민지근대화론이 일본사회뿐 아니라 우리 사회 일각에서도 들먹여지는 상황까지 되었다.『일제시대 빈민생활사 연구』가 널리 읽혀지길 바랄 뿐이다.

여하튼 이런저런 일로 박정희정권과는 등질 수밖에 없었는데, 이후 한국사연구회 대표간사 교체 '사건'과 국민교육헌장 반대운동 사건 등이 겹치면서 처음으로 저 무서운 남산의 중앙정보부 취조실에 끌려가기도 했다.

한국사연구회 창립에 동참한 이야기

고려대학교 전임교원이 된 1967년에 몇몇 대학의 국사교수들이 역사학회나 한국사학회 같은 한국사학·동양사학·서양사학 등이 망라된 학회로 만족할 것이 아니라 한국사학만의 학회를 따로 만들자는 의견들이 있었다.

이유는 잘 모르겠는데, 당시 역사학계의 대표적 조직이었던 역사학회의 핵심적 국사학자의 일부는 한국사연구회 창립에 참여하지 않았거나 참여했다가 곧 탈퇴하기도 했다. 역사학회 내의 일부 국사학자들은 한국사연구회 설립을 못마땅해한 것이 아닌가 한다. 따라서 한국사연구회는 당시 역사학계의 핵심이었던 해방 후 제1세대 국사학자들 중 서울대학 교수들과 일부 타 대학의 제1세대 및 제2세대 학자들을 중심으로 성립된 학회라 할 수 있었다.

앞에서도 잠깐 언급한 바 있지만, 해방 후 제1세대 국사학자란 말이 다시 나온 김에 잠깐 초창기의 우리 국사학계가 배출한 연구자들을 세대별로 구분해볼 수 있겠다는 생각이다.

박은식, 신채호, 정인보 같은 신식 대학교의 역사교육을 받지 않은 구한말 이래의 역사학자들을 예외로 하고, 근대이후 국사학계의 초창기 학자들을 세대별로 구분해보면 다음과 같지 않을까 한다.

해방 후 우리 국사학계에는 일본 와세다대학 졸업생인 이병도(李丙燾) 김상기(金庠基) 이선근(李瑄根), 경성제국대학 졸업생인 신석호, 일본 토오꾜오대학 졸업생인 이홍직(李弘稙) 등 일제강점기의 대학교육을 통해 배출된 국사학자들이 있었다.

그리고 한우근(韓佑劤) 이기백(李基白) 손보기(孫寶基) 김철준(金哲

埈) 등 일제강점 말기와 '해방공간'에 걸쳐 배출된 해방 후 제1세대 국사학자들과, 해방 후 대학에 들어가서 6·25를 겪으면서 공부한 해방 후 제2세대 국사학자로 일단 구분할 수 있겠다.

일제강점기에 배출된 학자들 일부와 해방 후에 배출된 제1세대와 제2세대를 중심으로 한 서울대·연세대·고려대의 현직 국사학 교수들을 주축으로 여타 학자들도 동참해서 신석호 선생님을 초대회장으로 한국사연구회가 발족됐다. 학회 성립과정에서의 발기문 작성 등 창립실무는 거의 당시 서울대학교 문리과대학의 김용섭 교수가 맡았다고 기억된다.

발기인들은 열의가 대단해서 모두 한달치 봉급을 몇번 분할해 내면서까지 초기의 『한국사연구』 발간기금을 마련했고, 특히 신석호 선생님은 "평생을 국사학 덕으로 살았으니 국사학을 위해 투자해야지" 하시며 더 많은 출연을 했다.

지금의 한국사연구회는 회장 중심 운영이 아닌가 하는데 초기에는 대표간사 중심 운영이었다. 초대 대표간사는 서울대 한우근 교수, 제2대는 연세대 손보기 교수, 제3대는 서울대 김철준 교수가 맡았는데, 김철준 대표간사 때 문제가 생겼다. 박정희 유신정권이 고등학교 국사교과서를 국정화하는 과정에서 한국사연구회의 대표간사를 비롯한 몇명의 간사들이 그 집필에 참가한 것이다.

한국사연구회는 창립 당초부터 역사학회 쪽과의 관계가 원활치 않았으며, 그쪽 국사학자들은 교과서 국정화에 거의 참가하지 않았는데, 한국사연구회 쪽은 대표간사까지 참가했으니 마치 한국사연구회가 박정희 유신정권의 국사교과서 국정화를 뒷받침한 것처럼 되어버렸다.

누군가가 이 문제를 거론하고 대표간사를 비롯한 국정교과서 집필에 참가한 간사들의 책임을 물어야겠는데, 같은 대학 같은 학과에 있는 사람은 하기 어려울 것 같고, 결국 내가 간사회에서 대표간사의 사임을 요구하는 악역을 담당할 수밖에 없었다.

학연이 바로 연결된 것은 아니지만 김철준 교수와는 비교적 가깝게 지냈는데, 그같은 역할을 맡지 않을 수 없게 됨으로써 얼마나 곤란했는지 모른다. 그러나 그때까지도 역사학회 쪽과는 대립적 관계에 있었던 한국사연구회가 유신독재정권의 어용학회가 아님을 선명히 하는 길은 그 길밖에 없다는 생각이었다.

김철준 대표간사가 흔쾌히 사임한 후 연세대학교 이종영(李鍾英) 교수가 2년간 대표간사를 맡았고, 그뒤를 이어 내가 2년간 맡고 이어서 김용섭 교수가 맡았다. 내가 대표간사였을 때 마침 이기백 교수가 역사학회 대표를 맡았기에 역사학회 쪽의 이우성(李佑成) 교수와 한국사연구회의 총무간사를 맡은 김정배(金貞培) 교수 등 네 사람이 자리를 마련해서 서로 상대 학회의 종신회원으로 가입함으로써 두 학회가 일단 '화해'할 수 있었다.

지금 되돌아보면, 평생을 두고 쓴 글들 중 각주가 제대로 붙은 순수논문이 더 많은지, 각주가 없는 논설문이 더 많은지 확실히 말하기 어렵지만, 순수논문이라 할 글도 모으면 그런대로 책 몇 권은 족히 될 듯하며 웬만한 학술지에 대개 실렸는데, 유독 대표적 역사학 학술지라 할 『역사학보』에는 내 논문이 한 편도 실리지 않았다.

『역사학보』에는 다만 주가 붙지 않은 논설문 한 편이 실렸을 뿐인데, 그것은 1975년에 전국역사학대회에서 대회 측의 요청으로 '광복 30년 국사학의 반성과 방향'이란 주제 아래 기조발표한 「민족사학론의 반성」이다. 그해는 전국역사학대회를 역사학회가 주관했고, 대회에서 기조발표한 글은 주관학회가 간행하는 학술지에 싣게 되어 있었기 때문에, 내 글이 처음이자 마지막으로 『역사학보』에 실린 것이다.

1970년대 정재각, 김정배 교수와 함께

   역사학회가 주관한 그해 전국역사학대회의 기조발표가 어떻게 해서 나에게 맡겨졌는지 지금은 그 경위를 정확히 기억할 수 없다. 다만 이 기조발표문 이외의 내 글이 한 편도 『역사학보』에 실리지 않았다는 사실과 무관하게 하고 싶은 말이 있다.

   우리 근대역사학이 성립되고 발전하기 시작한 시기는 불행하게도 국권을 잃어가던 구한말과 타민족의 지배를 받은 일제강점기, 그리고 역시 불행한 민족분단시대와 겹쳤다. 그같은 불행한 시대를 통해 성립되고 또 발달하기 시작한 우리 역사학이 식민지배 권력과 민족분단 권력 쪽의 탄압을 받지 않고 유지되기 위해서는, 아카데미즘이란 이름 아래 순수실증주의로 가려진 장벽 안으로 들어갈 수밖에 없었다고도 할 수 있겠다.

   그러나 역사학이 순수실증주의에만 침전하게 되면, 일제강점기나 민족분단시대를 객관적으로 연구하거나 비판적으로 서술하는 근대사나 현대사는 기피되기 쉬우며, 따라서 학문의 현재성과 대중성을 잃게 된다고 할 수밖에 없다. 일제강점기 박은식, 신채호 등에 의해 민족해방운동전선에서 생산된 역사학과, 적치하(敵治下)인 국내에서 생산된 역사학이 다른 이유가 바로 이 점에 있다고 할 수 있다.

일제강점기 국내의 역사학계에서는 『한국통사(韓國痛史)』나 『한국독립운동지혈사(韓國獨立運動之血史)』 같은 역사책이 결코 나올 수 없었고, 따라서 그런 역사책을 저술할 만한 역사학자가 존재하기는 어려웠다. 일제강점기 국내의 역사학이 제 존재를 정당화하기 위해, 민족해방운동전선에서 생산된 역사학을 심지어는 비과학적이라 비판하고 순수실증주의를 주장하면서 근현대사연구 기피증을 변호할 수밖에 없었다 해도, 해방 후에는 그 결함을 솔직히 인정하고 역사학의 현재성과 대중성을 회복할 수 있었다고 생각한다.

해방은 되었지만 일제강점기의 적 치하에서 배출된 역사학자들에게서 그 점을 기대하기는 어려웠다. 식민지배에서 해방된 민족사회의 역사학이 민족해방운동사를 제대로 엮지 못하고 따라서 그것을 독립과목으로 가르치지 못한 이유도 바로 여기에 있었다.

역사학 연구자는 물론 과거의 사실을 다루게 마련이다. 그러나 역사학자는 과거만을 먹고사는 인간이 아니다. 그는 결코 진공상태 같은 현실에서 연구하는 것이 아니라 좀더 나은 미래를 위해 일정한 역사적 과제를 떠안은, 현실적·역사적 사회에 실재하면서 실천적으로 살고 있는 그야말로 역사적 인간이다.

그런데도 민족해방운동사 연구는 말할 것 없고 식민사학 극복론 같은 것도 일제시기에 배출된 연구자들로서는 불가능했고, 해방 후에 배출된 연구자들, 그것도 일제강점기와 '해방공간'에 걸친 제1세대가 아니고 제2세대 연구자들에 의해 본격적으로 연구되기 시작했다.

한국사연구회가 만들어진 것은 역사학회나 한국사학회와 같이 동양사학·서양사학·한국사학이 공존하는 학회 차원을 넘어 한국사연구자만의 학회를 따로 만들자는 데 주된 목적이 있었다고 생각한다. 그러나 그뿐 아니라 군사독재정권 아래서 일제강점기 이래의 우리 근현대사학이 상실했던 학문의 현재성과 대중성을 회복해야 한다는 목적도 어느 정도는 있었다고 생각한다.

하지만 한국사연구회 창립에 참가한 일부 사람들 중에는 한국사연구 중심의 학회를 따로 조직함으로써 종래의 동양사·서양사·국사를 막론한 논문들을 게재했던 기존의 학회들과는 다른 운영을 해보려는 의욕이 어느정도 작용한 것 같기도 하지만, 결과는 그렇지 못했던 것이 아닌가 한다. 군사독재시기 '강단사학자'들의 모임으로 출발한 한국사연구회가 그같은 역할을 다하기에는 한계가 있지 않았나 하는 생각이다.

결국 민주화시대에 들어와서야 새로운 세대의 연구자들에 의해 역사문제연구소, 한국역사연구회, 구로역사연구소 등 여러 민간 역사연구소가 생김으로써 역사학의 현재성과 대중성 회복, 그리고 각기 학문적 특성을 살려가는 일이 어느정도는 가능해진 것이 아닌가 한다.

박사학위논문과 그 주변 이야기

고려대학교의 전신인 일제강점기의 보성전문학교는 법과와 상과뿐이었고 문과는 해방 후에 대학으로 승격되면서 생겼다. 이 점이 같은 전문학교이면서도 문과와 수물과(數物科) 등이 있었던 연세대학교의 전신 연희전문학교와는 다른 점이었다.

해방 후에 시작된 고려대학교 문과대학은 국문·영문·철학·사학과 등 4개 학과로 시작되었다. 내가 전임교원이 된 무렵에는 국문·영문·철학과에는 모교의 1회나 2회 졸업생들이 이미 전임교원으로 와 있었다. 사학과의 경우 모교졸업생 전임교원은 한 사람도 없었고, 제일 젊은 분이 김준엽(金俊燁) 교수였는데, 대외활동이 많고 또 주로 아시아문제연구소에 관계했다.

따라서 어느 다른 학과 선배교수의 표현에 의하면, 문과대학 교수휴게실을 중심으로 한 젊은 층 교수들의 교제범위에서 사학과는 완전히 제외된 상태였다. 그런 상황에서 사학과에 7회 졸업생이 첫 모교졸업생 전임교원으로 들어왔으니, 처음에는 타과 선배교수들의 짓궂은 시달림도 좀 받았다. 뿐만 아니다. 처음으로 젊은 선배교수를 맞은 학생들의 관심과 기대도 부담이 될 정도였다.

석사논문 후 백정(白丁)문제와 조선왕조의 부역제(賦役制)가 무너져가고 고립제(雇立制)가 발달해가는 문제 등 임진왜란 이전 시대 논문도 몇 편 썼지만, 전임교원이 되기 전부터 학문적 관심은 완전히 조선후기 시대로 옮겨졌다. 특히 상업자본 발달과 그것의 수공업경영, 즉 '상인매뉴팩처' 고증작업에 집중되었다.

박정희 군사정권 때의 엄혹한 현실 아래서도 한눈팔지 않고 식민사학 극복을 위한 자본주의 맹아 연구를 성숙시키기 위한 조선후기 상공업사 연구에 몰두한 결과, 1973년에 고려대학교 학술총서 제1권으로 『조선후기 상업자본의 발달』이란 책이 나오게 되었고, 그것이 곧 박사학위논문이 되었다.

17~18세기경에 서울시내의 시전(市廛)상인과 한강변의 경강(京江)상인, 그리고 전국적 영업망을 가지고 있었던 개성(開城)상인 등이 유통과정에만 종사한 것이 아니라 공장제 수공업 수준의 생산기구를 가지거나 지배하고 있었음을 논증한 내용이었다.

자본주의세계 앞에 문호를 개방하기 이전 조선왕조 사회에서 발달한 자본주의적 생산양식의 싹, 즉 맹아로서 공장제 수공업 즉 매뉴팩처가 일부 발달하고 있었음을 논증하려 한 것이다. 그러면서도 우리 사회의 경우 자본주의로의 길이 일반적으로 '순리적'이며 '평탄'하다는 수공업자매뉴팩처보다 상인매뉴팩처의 발달 가능성이 더 컸다는 사실을 논증한 것이었다.

석사논문이 조선왕조의 관장제(官匠制)가 무너지고 사장(私匠)생산이 발달하는 과정을 밝힌 연구였고, 박사학위논문은 그 사장이 독립수공업자로 발달헤기는 과정을 밝히려 헸으나, 결과는 사정이 오히려 상업자본에 의해 지배되어가는 상황이었음을 논증한 것이다.

박사학위 심사 때의 이야기 한 토막인데, 학위논문 중에 '해방공간'이거나 6·25 때 월북한 역사학자 홍희유(洪憙裕)씨가 쓴 개성상인에 관한 논문을 각주로 단 부분이 있었다. 일본에 갔을 때 복사해 온 홍교수의 논문이었다. 남쪽에는 개성상인에 대한 최근 연구가 없었고 북쪽에서 원사료를 이용한 논문이 나왔으니 인용하지 않을 수 없었다. 그런데 심사위원 중 한 분이 북한학자 논문을 각주로 다는 한 논문을 통과시킬 수 없다는 것이었다.

심사위원진은 신석호 선생님이 위원장이었고 교내에서는 강진철 교수가 참가했으며, 그밖에 지금은 모두 고인이 된 서울대학교 한우근 교수, 서강대학교 이광린(李光麟) 교수 그리고 숙명여자대학교 유원동(劉元東) 교수 등 다섯 분이었다.

북녘에서 나온 논문이라 해도 분명한 선행연구인 이상 각주를 달지 않을 수 없다고 고집하자 신석호 심사위원장이 절충안을 내놓았다. 즉 문교부에 제출하는 학위논문에만 그 각주를 빼자는 안이었다. 논의 끝에 결국 이 절충안이 채택되어 학위가 통과되었다.

1975년의 일인데, 2000년 6·15공동선언 이후의 남북관계 변화를 생각해보면 그야말로 호랑이 담배 피우던 시절 이야기 같기도 하다. 이 무렵의 학계 사정과 남북역사학자협의회가 조직되어 남북학자들이 서로 오가고 함께 개성에서 발굴사업을 하기도 한 사실을 비교하면 그야말로 격세지감이 들지 않을 수 없다. 하기야 한 세대인 30년이 지났으니까.

홍희유씨에 관해서는 이야기가 좀더 있다. 홍선생이 월북할 때 부인과 함께 남쪽에 두고 간 어린 아들이 자라서 꽤 유명한 대중가수가 되었다. 6·15남북공동선언 때 처음 평양을 다녀온 후, 남북역사학자협의회를 조직하고 남측 위원장을 맡아 북녘에 자주 드나들면서 역사학자협의회의 북측 위원장 허종호(許宗浩) 박사에게 그 이야기를 했다.

허종호 박사는 얼마 전에 북에서 작고한 홍희유씨와는 각별한 사이였다 하고, 홍선생은 북에서 재혼해서 딸 둘을 두었다고 했다. 남쪽에 아들이 있다는 말을 듣고는 북에 이복여동생들이 있음을 알리고 가족면회라도 하게 하는 것이 어떻겠느냐고 했다. 이같은 허박사의 의견과 권유에도 불구하고 어린 자신을 두고 북으로 간 아버지에 대한 그 아들의 생각이 어떨지 몰라서 남쪽에서 유명한 대중가수가 된 홍선생 아들에게 북녘의 이복누이들 이야기를 아직 전하지 못하고 있다.

북녘 역사학자들과 식사를 함께 하면서 지금은 고인이 된 어느 북녘 학자에게 무심코 고향이 어디냐고 물었더니 "여깁니다" 하고 얼버무리는 것이었다. '묻지 말 것을' 하고 후회했었는데, 그 만찬자리가 남쪽 텔레비전에 비쳐진 후, 그 자리에 있던 한 남쪽 학자에게 어느 부인이 찾아와서 고향이 "여깁니다"라고 한 북녘 역사학자가 6·25 때 의용군으로 나간 서울 출신의 자기 오빠라고 했다.

남북공동행사 등으로 남쪽에 드나드는 북녘 인사들 중 고향이 남쪽임이 드러난 사람들이 더러 있다고 들었지만, 저쪽도 말하지 않고 이쪽도 아는 체하지 않는다고 한다. 고향이란 곧 육친과 같이 그리움과 아쉬움의 대상인데, 언제나 남북 사람들이 제 고향을 마음 놓고 밝히며 마음대로 오갈 수 있게 될지. 남녘에 사는 북녘 출신 동년배들이 소원하면서도 못 가는 북녘 땅을 나의 경우 남녘 출신이면서도 비교적 자주 다니는 것이 죄스럽게 생각되기도 했다.

남산의 중앙정보부 취조실 구경

일제강점기에 학교를 다닌 사람은 누구나 '쿄오이꾸쬬꾸고(敎育勅語)'라는 어려운 한문용어투성이의 일본 문장을 뜻도 제대로 모르면서 억지로 외어야 했던 경험이 있다. 1890년에 일본의 메이지정부가 제정했다는 '교육칙어'는 그 문장이 한문체 및 고어체여서 뜻을 알기도 어렵고 따라서 외우기도 어려웠다. 그러나 일본제국주의 교육은 조선 초등학생에게까지 암송을 강요했다.

일제강점기 조선에 만들어진 사범학교는 조선 어린이들을 일본인으로 만들기 위한 교육을 담당할 교사를 양성하는 기관이었다. 다시 말하면 조선사람의 이른바 황국신민화를 담당하는 초등교육계의 첨병을 양성하는 교육기관이었다고 하겠다. 그런 일본제국주의의 사범학교 교육을 받고 군국주의 일본 통치하의 국민학교 교사를 하다가 일본 육군사관학교를 졸업하고 '괴뢰'만주국 장교로 근무했으며 해방 후 한국군 장성이 된 박정희 소장이 군사쿠데타로 집권한 후, 1968년에는 마치 일본 군국주의의 '교육칙어'를 연상케 하는 '국민교육헌장'이란 것을 만들어 국민학생들에게까지 외우게 했다.

1890년대 일본의 메이지정부가 만든 제국주의 교육의 지침문이라 할

'교육칙어' 같은 것을 본받아, 일본제국주의가 패망한 지 20년도 더 지난 1960년대에 '국민교육헌장'을 만들어 외우게 했으니, 한마디로 한심한 일이라 하지 않을 수 없었다.

그런데도 군사독재정권의 '국민교육헌장' 강행에 전체 교육계가 반대 한마디 못하고 따르고 있었다. 군사독재정권에 의해 이같은 반역사적 행위가 감행되어도 역사학계 역시 침묵했다. 뜻있는 교육자들, 특히 대학교수사회에서는 군사독재정권의 이 시대착오적 처사에 속으로는 반대하는 사람들이 많았지만, 서슬이 시퍼런 정권의 위압에 눌려 상당 기간 구체적 반대운동은 일어나지 않았다.

1978년 여름 어느날 이미 서울대학교에서 해직되어 있던 백낙청 교수를 '창비'에선가 만났는데, 해직교수협의회 중심으로 박정권의 국민교육헌장을 비판하고 반대하는 대학교수 성명을 내려 하니 동참하지 않겠느냐고 했다. 서울대학교에서는 지금은 이른바 뉴라이트운동의 핵심인물이 된 안병직(安秉直) 교수 등이, 전남대학교에서는 소설가 송기숙(宋基淑) 교수 등이 동참하기로 했으니, 고려대학교에서도 동참하지 않겠느냐기에 개인적으로 동참하겠노라 약속했다.

그런 얼마 후 아침에 출근을 하려는데, 기관원 같은 인상의 몇 사람이 와서 물어볼 일이 있으니 잠깐 같이 가자는 것이었다. 처음 당하는 일이라 영장이 있냐고 묻는 것조차 잊고 따라갈 수밖에 없었다. 아침에 강의가 있어서 학교에 연락해야 한다 했더니 그들이 연락하겠노라고 했다.

가서 보니 말로만 듣던 중앙정보부 남산분실의 지하 취조실이었다. 그러나 왜 끌려왔는지 전혀 짐작되지 않았다. 두터운 철문을 지나 지하로 내려가서 들어간 회색빛 작은 방에는 철제 책상이 하나 놓여 있고 그것을 사이에 두고 취조받는 자와 취조하는 자의 의자가 하나씩 있을 뿐이었다.

30대 중반으로 보이는 담당취조자는 시내 모대학을 나왔는데 나를 잘 안다면서, 대뜸 전남대학교의 송기숙 교수를 아느냐고 물었다. 그 말을 듣고서야 비로소 며칠 전 백낙청 교수가 말하던 국민교육헌장 반대운동 관계구나 짐작할 수 있었다. 송기숙 교수는 모르는 사람이라 대답했는데, 소설가이며 교수인 그의 이름이야 물론 알고 있었지만 그때까지 송교수를 직접 만난 적이 없는 것은 사실이었다.

취조자는 그럴 리가 있냐고 험악한 얼굴로 격하게 다그쳤지만, 전공도 다르고 또 멀리 광주에 있는 사람을 어찌 알 수 있겠느냐고 계속 버티며 우겼다. 송기숙 교수는 모르는 사람이라 했지만, 문제는 백낙청 교수와 안병직 교수가 연행되어 왔는지를 빨리 알았으면 했는데 취조자에게 물어볼 수는 없고 몹시 궁금했다. 그들이 연행되어 왔다면 백낙청 교수에게 국민교육헌장 반대운동에 동참하겠다고 약속한 것은 사실이니까 송기숙 교수를 모른다고 우겨도 소용없을 것 같아서였다.

더운 여름철의 지하실이라 출입문을 열어놓고 있었다. 옆방에도 연행되어 취조받는 사람이 있는 것을 확인할 수 있었고, 가끔 가늘게 들리는 목소리로 봐서 여자인 것 같았다. 취조하는 자가 가족관계 친우관계 등을 묻고 적으면서, 그때만 해도 군사정권의 탄압을 받고 있던 천관우 씨와는 얼마나 가까우냐고 묻기도 했다. 나이 차이도 있고 해서 가까운 사이가 아니라 했더니, 또 이효재(李效再) 교수를 아느냐고 물었다.

그때서야 옆방에서 취조받는 사람이 이화여자대학교의 이효재 교수임을 눈치챌 수 있었다. 그러나 시치미를 떼고 고려대학교 정치외교학과의 이호재(李昊宰) 교수는 같은 학교에 근무하니 잘 아는 사이라 대답했다. 두 사람의 이름이 비슷한 점을 이용해서 확인하려 한 것이다.

그랬더니 이효재 교수에 대해서는 더 묻지 않았다. 하루종일 시달리면서 눈치챘던 것은 백낙청, 안병직 교수는 연행되지 않은 것 같다는 것과, 이 문제로 이효재 교수 외에 더 연행된 사람이 있는 것 같지도 않다는 사실이었다. 그래서 송기숙 교수는 전혀 모르는 사람이라는 말로 일관했다.

뒤에 안 일이지만, 연세대학교에서 해직되어 해직교수협의회 회장을 맡고 있던, 지금은 고인이 된 성내운(成來運) 교수가 전국적 규모의 국민교육헌장 반대성명을 내려 했다. 그러나 유신체제 아래서 전국적 호응을 얻기 어려울 것 같고 탄로나서 실패할 우려가 있자 미리 준비한 성명서에 광주지역 교수들 11명인가의 서명을 받아 외신에 발표하고 잠적해버린 것이었다. 광주지역 교수들을 잡아다 취조한 결과 서울에서 이효재 교수와 강만길 교수 등이 동참한다고 들었다 했고, 그래서 두 사람이 잡혀간 것이다. 백낙청 교수와 안병직 교수의 이름은 왜 나오지 않았는지는 모르겠다.

주모자 격인 성내운 교수는 잠적했고, 잡혀간 이효재·강만길 두 사람은 실제로 서명한 것도 아닌데다가 사건의 전체적 진행과정도 잘 모르고 있었으니 더 캐낼래야 캐낼 것이 없었다. 밤 10시경이 되었을 때 취조자의 상관으로 생각되는 50대쯤으로 보이는 자가 취조실에 와서 하는 말이 혐의가 없는 것 같아서 내보내줄 터이니 여기에 왔던 일과 여기에서 있었던 일을 일절 말하지 않겠다는 서약서를 쓰라고 했다.

그러고는 통행금지에 걸리지 않고 집에 갈 만한 시간이 되어서야 그 무거운 철문을 나설 수 있었다. 30년이 지난 지금도 남산 1호 터널을 지날 때마다 그 살풍경했던 취조실이 생각난다. 박정희 군사독재정권이 '유신'을 한 후 반대운동이 거세게 일어나자 긴급조치라는 것을 발동해서 강압하려 했고, 그럴 때마다 대학이 휴교되는 등 교수로서의 고통도 컸지만, 군사독재정권의 횡포로 인해 당한 개인적 수난은 이때가 처음이었다.

5·16 직후에 만들어져서 저승사자보다 무서웠던 중앙정보부는 전두환정권 때 국가안전기획부로, 민주화시대가 되면서 국가정보원으로 그 이름이 바뀌었다. 그러나 민주화시대에 와서도 그것을 없애지 못한 이유를 '책상물림'으로서는 알 수가 없다.

김대중정부 때 통일고문이 되었다가 이종찬(李鍾贊) 국가정보원장 초청으로 서울의 남쪽 교외에 잘 지은 '국정원' 청사에 갔었고, 노무현정부 때는 '국정원' 과거청산팀의 요청으로 가서 강연도 했다. 무소불위의 권력을 휘두르던 그 기관의 무지막지한 하급직원들에게 끌려가기도 했고, 그 기관장의 오찬 초대를 받아 가기도 했으며, 그 기관의 전체 직원실에 방송된다는 마이크 앞에서 과거청산의 역사성 강연도 한 셈이다.

중앙정보부가 국가안전기획부로 되었다가 국가정보원으로 되고 고영구(高泳耉)씨 같은 인권변호사 출신이 그 책임을 맡는 세상을 보기도 했다. 앞으로 나아가던 역사가 다소 주춤거릴 때도 있게 마련이지만 "역사는 결국 가야 할 방향으로 가야 할 만큼 가고 만다"는 말을 한 번 더 되뇌지 않을 수 없다.

미국의 패전과 베트남의 통일을 보고

대학에서 역사를, 그것도 우리 근현대사를 가르치면서 4·19와 5·16, 유신이나 베트남파병 같은 역사적 사건이 일어날 때마다 그 시대에 산 역사선생으로서 그 사건들의 역사적 의미 같은 것을 말해주어야 한다고 생각은 했지만, 실제는 그렇지 못했다. 현실 속에서 그런 사건이 일어날 때마다 학생들이 그것의 역사적 의미를 말해달라 하고 요구했다면 어떻게 대답했을까 하고 생각한 때가 한두 번이 아니었다.

학생들의 민주화운동이 치열한 때도 '다행히' 강의시간에 그런 질문을 하는 학생은 없었던 것으로 기억된다. 학생들이 오늘에 일어나는 문제는 다음 세대에 가서나 역사강의의 대상이 될 테니까 하고 생각했는지, 아니면 질문해봐야 신통한 대답을 들을 수 없을 테니까 하고 아예 포기했는지 모르지만……

　대학의 근현대사 선생으로서 4·19'혁명'이 '의거'로 강등되기도, 하고 5·16쿠데타가 '혁명'으로 추켜올려지는가 하면, 베트남파병을 두고 '자유의 십자군' 운운할 때는 난감한 생각이 들기도 했지만, 겉으로 내놓고 그 부당성을 지적하지는 못했다.

　뒷날의 연구자들이 5·16쿠데타와 베트남파병 당시의 역사학자들은 이들 사실에 붙여진 '혁명'이니 '자유의 십자군'이니 하는 말에 대해 어떻게 생각했으며, 또 역사를 가르치면서 그 사실을 무엇이라고 풀이했는지 궁금해서 혹시 남긴 글이 있는가 하고 조사해볼 수도 있을 것이다. 그런데 후세 사람들이 이들 사실에 대한 당시 역사학 연구자들의 논급을 전혀 찾을 수 없다면, 그들은 이 시기를 산 역사학 연구자들에 대해 어떻게 평할까 하는 생각을 하지 않을 수 없었다.

　어느 때던가 3·1운동에 관한 글을 쓰다가 혹시 1919년 당시의 역사학자들이 3·1운동을 역사학자적 시각에서 보았거나 평가한 글이 있을까 하고 찾아본 일이 있었으나 찾지 못했다. 당시는 역사학자의 수도 적었을 뿐 아니라 일제강점기에 3·1운동을 역사적 안목에서 평가하기도 물론 어려웠겠지만……

　3·1운동 때와 5·16쿠데타 및 베트남파병 때는 40여 년의 시차가 있는데 그 40여 년 후에도, 또 외적의 강제지배기도 아니고 어떻든 민주주의시대인데, 5·16쿠데타나 베트남파병에 대한 동시기 역사연구자들의 관점이나 논평을 못 찾는다면, 후세의 연구자들은 1960년대를 산 역사

학자들을 어떻게 평가할까 하는 생각을 하지 않을 수 없었다.

　다 알다시피 베트남은 우리와 같이 외세침략으로 인해 식민지가 되었던 곳이며, 그 주민들은 식민지배에서 벗어나기 위해 오랫동안 치열한 투쟁을 해왔다. 혈투를 통해 프랑스의 지배를 벗어나자마자 이번에는 미국의 개입으로 인해 완전독립의 길이 막혔고, 열악한 조건에서 세계 최강국 미국을 상대로 민족해방전쟁을 벌이지 않을 수 없었던 것이다. 그런 베트남전쟁에 식민지 피지배 경력을 같이 가진 한국군이 공산주의권 확대를 막는다는 명분으로, 또는 국익 즉 경제적 이익을 얻기 위해 전쟁당사국 미국을 제외하고는 아마 가장 많은 병력으로 참진했던 것이 아닌가 한다.

　2차대전 후의 동서대립 상황에서 대한민국의 건국 자체가 동아시아에서의 '반공보루' 구축의 일환이기도 했다. 그러나 중국의 사회주의혁명이 성공하고 뒤이어 베트남이 사회주의체제로 통일될 기미가 보이자, 자본주의 종주국 미국이 사회주의권으로의 '도미노현상' 어쩌고 하면서 베트남통일을 방해하기 위한 전쟁을 벌였다.

　세계 최강 미국 군대 외에도 한국군을 비롯한 여러 나라 군대가 반공보루 구축과 도미노현상을 막기 위해 파병했으나 전쟁은 결국 북베트남의 승리로 끝났다. 따라서 분단되었던 남북이 북베트남에 의해 통일되었지만 도미노현상은 일어나지 않았고, 얼마 뒤 한국과 미국은 사회주의권으로 통일된 베트남과 우호관계를 맺어 여느 나라들과 별로 다르지 않은 관계를 유지하게 되었다.

　한국과 베트남은 모두 지난날 제국주의의 식민지배를 받은 민족사회이면서도 그 한쪽이 다른 한쪽의 통일독립을 저지하려는 세력 편에서 참전했다. 앞으로의 인류역사는 그 사실을 어떻게 평가할까, 또 우리 역사는 그 사실을 어떻게 쓰고 가르쳐야 할까, 역사선생들이 곤혹스러워

해야 할 일임이 틀림없다는 생각이다.

통일된 베트남과 우호관계를 맺음으로써, 과거 박정희정권의 베트남 파병 명분이던 반공보루 구축이니 공산권 확대저지니 하는 것은 사실상 의미가 없어져버렸고, 베트남참전에 대해 남은 명분이 있다면 국익, 즉 경제적 이익을 얻기 위해서 정도일 것이다. 어느 한 나라가 자국의 이익을 얻기 위해 다른 나라에 군대를 파견해서 그 나라의 민족적·국가적 사업을 저지하는 일은 곧 제국주의 침략과 다를 바 없다고 하겠는데, 이 점에는 후일담이 있다.

노무현정권이 성립된 후의 일인데, 이라크파병 문제로 몇 사람을 초청해 자문을 구하는 자리에 불려갔었다. 그 자리에서 노대통령에게 이라크파병은 개인적으로는 절대 반대지만, 만약 파병하더라도 그 이유를 국익을 위해서라고 하지는 말라고 했다. 베트남파병이나 이라크파병이 국익을 위해서라고 하면, 지난날 제국주의 일본의 한반도에 대한 파병이나 침략도 그들 국민들에게는 국익을 위해서라고 말한 것과 다르지 않게 된다.

따라서 베트남에나 이라크에 파병했거나 파병하려는 한국이 지난날 일본제국주의의 한반도 침략을 침략행위라고 규탄할 수 없으며 역사교육에서 그렇게 가르칠 수도 없게 될 것이다. 제국주의국가 일본이나 민주주의국가 한국이나 파병한 쪽은 다같이 국익을 위해서라 하지만, 옛날의 조선이나 지난날의 베트남이나 오늘날의 이라크 등 그 파병을 당하는 쪽은 모두 피침(被侵)이기 때문이다.

특히 역사적 해석이나 역사교육은 철저히 객관적이어야 하며 공명정대해야 한다. 팔이 안으로 굽어서는 안 된다는 의미다. 잘못된 역사와 불행했던 역사도 기탄없이 정직하게 가르칠 수 있어야 참다운 역사교육, 미래지향적 역사교육이 될 수 있는 것이다. 그러기 위해서는 판에

박힌 말일지 모르지만, 역사학을 전공하고 역사를 가르치는 사람들이
올바른 역사의식을 가지는 일이 무엇보다도 중요하다.

거듭 말하지만 어느 나라 어느 민족사회를 막론하고 그 역사교육의
최종 목적은 각 민족의 자결주의를 존중하고 세계평화를 달성하는 데
있다는 역사의식을 바탕으로 베트남파병 같은 사실을 이해하는 것이
중요하다는 생각이다.

박정희정권을 역사적 관점에서 보면

1961년 5·16군사쿠데타로 성립되어 1979년 10월 26일의 '안가살해
사건'으로 끝난, 약 18년간 지속된 박정희 군사정권에 대한 평가는 여러
가지 측면에서 성급하게 이루어졌으나 역사학적 시각에서의 평가는 아
직은 대단히 미흡하다는 생각이다.

그 원인의 하나는, 지금은 젊은 연구자들에 의해 많이 개선되어가고
있지만, 근대 이후의 우리 역사학이 오랫동안 지녀온 현대사연구 기피
증 때문일 것이다. 하나의 역사시기나 정권에 대한 정치·경제·군사·외
교적 측면의 개별적 평가보다 종합적 평가로서의 역사적 평가가 늦어
지는 것은 사실이다. 그렇다 해도 우리 사회의 경우 근현대사회에 일어
난 사실들에 대한 역사적 평가가 너무 늦은 것 또한 사실이다.

어느 한 정권에 대한 역사학적 평가는 최종적·종합적 평가이므로 늦
어질 수밖에 없음을 감안하더라도, 우리 사회의 역사학적 평가가 지나
치게 늦어지는 원인은, 특히 그 근대사와 현대사가, 객관적으로 평가하
기가 여느 민족사회보다 어려웠던 일제강점기와 민족분단시대로 이어
졌기 때문이라 할 수 있다.

외세침략기로서의 일제강점기의 역사를, 이 땅의 주민이 반드시 그 주권자여야 한다는 민족자결주의적 시각에서 다루거나 이 시기 세계사의 보편적 지향으로서의 정치·경제·사회·문화 면의 민주주의 발전 정도를 기준으로 하여 다루기가 어려웠던 것이 사실이었다. 또한 해방 후 민족분단시대의 경우, 문민독재기와 군사독재기로 이어진 상당기간 남북 전체를 동일민족사적 관점에서, 그리고 평화통일 지향적 관점에서 다루거나 평가하기가 어려웠던 것도 사실이었다.

어느 한 사건이나 한 시기에 대한 역사적 평가란 그 시대에 대한 역사적 기준을 근거로 한 평가를 말한다. 우리 근현대사 평가의 경우 그 역사적 기준이란 이 시기의 세계사적 기준인 민주주의 발전 정도를 말하며, 민족사적 기준이란 분단민족으로서 평화통일정책의 진전 정도를 말한다.

반면에 종합적 평가란 앞에서도 말했지만 정치·경제·사회·문화 면의 평가가 함께 이루어져야 하되, 그 비중이 어느 한쪽에 더 두어지거나 덜 두어져서는 안 되며, 모두 같은 비중으로 평가되어야 한다는 점이 중요하다. 흔히 정치·경제적 상황에 평가의 무게가 더 두어지고 사회·문화적 상황에는 비중을 덜 두는 경우가 있는데, 그것은 올바른 역사적 평가가 못 된다고 하겠다.

끝난 지 30년이 되어가는 박정희정권에 대한 평가가, 아무리 이윤추구와 성장만능의 자본주의사회이지만 경제면에만 치우친 평가가 되어서는 안 될 것이다. 정치·사회·문화 면에 대한 평가도 골고루 포함된 종합적·역사적 평가가 시급히 요구됨은 말할 나위가 없다.

먼저, 정치적 민주주의 발전의 척도는 국민 개개인의 권리행사가 시대의 흐름에 맞게 신장되었는가 하는 것이다. 다시 말하면 어느 한 정권의 통치기간을 통해 국민 개개인의 정치적 자유가 얼마나 확대되었는가 하는 점을 말한다.

박정희정권 시기의 정치적 민주주의가, 해방을 겪고 이승만 독재정권을 무너뜨린 4·19 '혁명'을 이루어낸 후 즉 1961년부터 1979년까지 약 20년간 우리 사회의 정치적 자유가 나아가야 할 만큼의 수준까지 나아갔는가를 공정하게 평가해야 한다.

박정희 군사독재정권 아래서 특히 유신체제 같은 특수체제 아래서 국민의 정치적 권리행사가 얼마나 심하게 제한되고 위축되었는가는 새삼 논할 필요가 없을 것이다. 오죽했으면 서민들에게서도 '유신'인지 '귀신'인지 하는 말이 나올 정도였을까…… 어떤 친군사정부직 논리라 해도 박정희정권 아래서, 특히 유신체제 아래서 국민 일반의 정치적 민주주의 수준이 4·19 '혁명' 후의 20년간을 통해 신장되어야 할 만큼 신장되었다고 강변하지는 못할 것이다.

다음, 역사적 관점에서 본 경제적 민주주의의 발전 요체는, 생산력이 높아진 점만을 평가해서는 안 되며, 동시에 분배정의가 얼마나 이루어졌는가도 평가기준이 되어야 한다. 생산력 향상에만 초점을 맞춘 박정희정권 시기에 대한 평가는 그것이 경제적 평가는 될지 몰라도 역사적 평가는 되지 못할 것이다. 생산력 향상에만 초점이 맞추어진 제한된 경제적 평가를 마치 종합적·역사적 평가인 양 착각해서는 안될 것이다.

경제적 민주주의가 이루어지지 못하면 어렵게 달성한 정치적 민주주의도 공고화되지 못하게 마련이다. 이론적으로도 성장과 분배가 선후관계에 있는 것이 아니라, 오히려 분배가 잘되어야 성장도 더 잘 이룰 수 있다는 논의도 있다.

역사적 평가가 종합적 평가여야 한다는 것은 어느 한 시기에 이루어진 역사적 사실을 평가할 때, 이를 담당한 모든 계층의 노력과 희생이 함께 다루어져야 함을 의미한다. 현대사회는 근대이전 사회에 대한 역사적 평가에서 흔히 볼 수 있는 '세종대왕의 업적'식, 즉 지배자 중심의 영웅주의적 역사 평가를 하는 시대가 아니기 때문이다.

1960년대의 경제성장은 50년대에 치른 6·25전쟁의 복구과정에서 이루어진 성장이었다고 할 수 있다. 2차대전 후의 복구과정을 거치면서 일본과 독일 경제가 성장한 사실에서 알 수 있듯이, 6·25전쟁 후의 복구과정에서 남쪽의 자본주의 경제체제뿐 아니라 북쪽의 사회주의 경제체제도 높은 성장을 이루었다.

다시 말해서 1960년대 이후에 이루어진 경제성장을 역사적 안목에서 보면, 그것은 우리 전체 민족사회의 문화수준과 역사적 역량 축적이 바탕이 되고 전후의 복구과정에서 이루어진 결과였지, 결코 한 정권이나 한두 명 지배자의 능력이나 역량에 의한 것이 아니었다고 할 것이다.

전후의 복구과정에서 저임금에 시달렸던 노동자, 저환율 유지를 위한 저물가정책으로 인한 농산물가격 저하에 시달렸던 농민, 전태일 분신으로 대표되는 열악한 노동조건, 즉 저임금·장시간 노동과 어린이·청소년 노동 등으로 경제성장이 가능했음을 역사적 관점의 평가에서는 결코 간과해서는 안 된다.

전후의 복구과정에서 이루어진 1960년대 이후의 경제성장을 통해, 4·19 후의 민주당정권이 계획했던 중소기업 중심 경제체제를, 5·16 후 박정희정권이 재벌중심 경제체제로 바꾸어놓은 것이 이후 남한경제의 고질병이 된 사실도 역사적 평가에서는 지적되어야 한다. 훗날 재벌들의 문어발식 경영과 이를 뒷받침한 신자유주의적 금융자유화가 결국 1990년대 후반의 'IMF체제'로 가게 하는 원인이 되었다고들 말해지듯이.

더 연구되어야겠지만, 1930년대부터 패전할 때까지 일본의 대재벌들이 파쇼군벌과 결탁해서 만주를 정치·경제적으로 침략하던 상황을 박정희정권의 핵심세력이던 '괴뢰'만주국 장교 출신의 5·16쿠데타 주동자들이 학습했을지도 모르겠다.

그다음, 만민평등을 지향하는 사회적 민주주의는, 권력이 어느 한 세력이나 계층에 장악되지 않은 정치적 민주주의와, 경제력이 어느 한 세력이나 계층에 집중 내지 독점되지 않은 경제적 민주주의가 성립되어야 가능하다. 즉 권력이 독재세력에게 집중되지 않는 정치적 민주주의와 재부가 일부 계층에게 집중되지 않는 경제적 민주주의가 선행되어야 비로소 사회적 민주주의, 즉 사회적 평등이 확대되고 신장되게 마련이다.

역사학직 평가기준으로 봐서 박정희정권 시기의 정치적·경제적 민주주의 발전에 결함이 있었다면, 즉 정치권력과 경제적 재부가 일부 세력이나 일부 계층에게 집중되는 상황이었다면, 그 때문에 사회적 민주주의가 발전하지 못했음은 당연한 일이라 할 것이다.

박정희정권의 업적 중 농촌을 잘살게 했다는 새마을운동이 높이 평가되어, 심지어 외국에서까지 배우려 한다지만, 역사적으로 보면 그것에도 잘못 평가된 점이 있다. 새마을운동이 농민을 잘살게 하려는 운동이었다면, 이 운동이 시작될 무렵 전체 인구의 30%가 넘었던 농촌인구가 농촌을 떠나지 않고 그대로 그곳에서 잘살게 되어야만 했을 것이다.

즉 새마을운동이 성공한 운동이라면 농촌인구를 더 증가시키지는 못했다 해도 감소시키지는 말아야 했지만, 새마을운동의 '성공'에도 불구하고 농민의 이촌현상은 계속되었다. 그 결과 지금은 농촌인구가 전체인구의 10% 이하로 줄어들었고, 그 인구구성도 노년인구와 여성인구 중심이다. 농촌인구의 감축을 중지시키지 못한 새마을운동이 과연 역사적 평가로서도 성공한 운동이었을까 생각해봐야 할 것이다.

박정희정권의 경제성장기를 통해 해방 당시 전체 인구의 60%가 넘었던 1차산업 인구가 급격히 줄어들고 대신 2차산업 인구가 증가하더니 뒤이어 2차산업 인구도 줄어들고 이제는 3차산업 인구가 전체 인구의 70%를 넘게 되었다.

자본주의경제가 발달할수록 1, 2차산업 종사자는 줄게 마련이고 3차산업 종사자가 전체 인구의 대부분을 차지할 수밖에 없다 하며 쉽게 '포기'해버리고, 그 결과 인간성이 메말라지는 것도 어쩔 수 없다 하면 그야말로 할 말 없는 노릇이다. 그러나 1, 2차산업도 당연히 균형적으로 발달해야 하며, 그러기 위해서는 1, 2차산업 종사자가 증가할 수 있는 정책 수립과 시행이 요구되며, 그것은 또 자본주의 발달과 함께 파괴되어가는 환경을 회복하는 일과 연관되기도 한다.

또 하나, 문화적 민주주의의 발전이란 곧 문화의 다양성 확대를 말하며, 그것을 위한 근본적 필수조건은 당연히 사상의 자유가 확대되어야 하는 데 있다. 문화는 획일성이 아닌 다양성에 의해서만 발전하게 마련이다. 대량생산 대량소비가 가능하게 된 자본주의시대를 통해 세계문화가 급격히 획일화되어가는 폐단 위에, 독재정권은 강권통치의 효율을 높이기 위해 사상과 문화의 획일화를 더 조장하게 마련이다.

사상과 표현의 자유가 확대되어서는 유지되기 어려운 군사독재체제 아래서 문화적 민주주의가 발전할 수 없음은 더 말할 나위가 없다. 문화적·사상적 통제 및 획일화야말로 군사독재정권 유지의 필수조건이기 때문이다.

박정희정권 약 20년간에 대한 역사적 종합적 평가는 이 기간을 통해 국민의 권리가 확대되는 정치적 민주주의가 얼마나 신장되었는가, 성장과 함께 반드시 분배정의가 이루어져야 하는 경제적 민주주의가 얼마나 진전되었는가를 기준으로 해야 한다. 그리고 정치적 평등과 경제적 평등을 바탕으로 하는 사회적 민주주의 즉 평등화가 얼마나 진전되었는가, 사상의 자유가 근본인 문화적 민주주의가 얼마나 확대되었는가를 기준으로 해야 한다.

마지막으로, 분단시대의 민족사를 평가하는 또 하나의 중요한 기준이 있다. 그것은 각 시기의 각 정권마다 민족사회의 평화통일 진전을 위해 얼만큼의 업적을 남겼는가 하는 점이다.

박정희정권 시기 20년간을 통해서 평화통일 부문에 유일한 업적이 있었다면, 북녘 당국과 합의하여 처음으로 주체적·평화적 통일을 천명한 7·4남북공동성명을 발표한 일이라 하겠다. 그러나 그것마저 종신집권을 위한 유신체제 수립의 전주곡일 뿐이었다면, 그래서 결국 구체적 성과 없이 끝나고 말았다면 역사석 평가도 당연히 제한적일 수밖에 없다.

어느 한 시기나 정권에 대한 역사적 평가는 반드시 종합적이고 객관적인 평가여야 함을 거듭 말하지 않을 수 없고, 따라서 역사적 평가는 '최고 최종적' 평가이기 마련이다. 우리 근현대사에서는 역사학이 '최고 최종적' 평가자로서의 임무를 때맞추어 다하지 못한 결과 반역사적 정권 및 반역사적 시기에 대한 과도하고도 잘못된 평가가 횡행하게 되었던 것이다.

6장

박정희살해사건 후
'서울의 봄'을 산
이야기

일본 와세다대학에 파견교수로 가다

1978년에 문교부가 실시한 제1차 대학교수 해외파견시험에 합격해 그해 8월부터 1년간 고려대학교와 자매결연한 일본의 와세다대학에 가 있게 되었다. 1970년에 반년간 있다 온 후 8년 만에 두번째 가는 일본이었는데, 유학생들이 많아 처음 갔을 때보다는 훨씬 빨리 정착할 수 있었다.

『조선후기 상업자본의 발달』에 이어 개항 후의 상공업문제 연구를 위한 자료수집이 일본에 간 주목적이었다. 개항기의 경제관계 자료는 일본 쪽이 절대우세하기 때문이다. 일본 국회도서관에 상주하다시피 하면서『통상휘찬(通商彙纂)』을 비롯한 우리에게 없는 자료를 많이 수집했다. 이때 수집해 온 자료를 국내에서 출판하여 학계에 제공하기도 했다.

그밖에도 일본의 세이까도오(靜嘉堂)문고에서 발견한『관서평란록(關西平亂錄)』이라는 홍경래 난(洪景來亂) 관계자료가 우리나라에는 없었기에 수집해 왔으나 내 전공과는 거리가 있어 지금은 고인이 된 정석종(鄭奭鍾) 교수에게 주어 논문을 쓰게 했던 일도 기억난다.

그때만 해도 공동연구제가 거의 없고 개인연구 중심이어서 어렵게 수집한 자료를 독점하는 경우가 많았으며, 특히 수집하기 어려운 해외자료는 학문적 욕심에서 독점하고 공개하지 않는 경우가 많았다. 그러나 이는 시급히 고쳐야 한다는 생각을 가지고 있었다.

일본생활 1년 후 귀국하자마자 10·26사건, '서울의 봄', 광주항쟁이 일어나고 해직교수가 됨으로써 구해온 자료들로『조선후기 상업자본의 발달』의 후속연구서를 쓰지 못한 것이 평생 학문직 후회로 남기도 했지만, 자료들을 모두 제자들에게 주어 이용하게 했다.

1년간의 일본 체류기간 동안 국사편찬위원회 요청으로 일본측 자료만을 근거로 한 독도 귀속문제에 대한 논문도 썼다. 완전히 일본 쪽 자료만으로도 독도가 역사적으로 철저하게 우리땅이란 사실을 논증할 수 있었던 것은 큰 수확이었다. 또한 독도 논문을 쓰는 과정에서 카지무라 히데끼(梶村秀樹) 등 일본의 저명한 역사학자 몇 사람이 독도가 일본 땅이 아니라 우리땅임을 논증한 논문을 썼음도 확인했다.

카지무라 교수처럼 일본의 전문 역사학자들 중에는 독도가 일본 땅이 아니라 오히려 우리땅이라 쓴 사람이 여럿이 있고, 독도가 일본 땅이라 주장하는 글을 쓴 사람들은 대개 일본외무성 관료 출신이라는 사실도 알게 되었다.

일본에서 1년간은 자료수집에 많은 성과가 있었을 뿐 아니라, 일본사회, 특히 재일동포사회를 아는 데도 많은 도움이 되었다. 그리고 지금은 고인이 된 일본의 저명한 한국사학자 하따다 타까시(旗田巍) 선생과의 교제는 영원히 잊을 수 없다.

하따다 선생은 의사였던 부친이 한일 '합방' 전에 경남 마산에 옮겨와 낳았기 때문에 나와는 동향(同鄕)의 동학(同學)이었다. 일본에서의 1년 간은, 거의 매주 수요일이면 지하철 신주꾸(新宿)역 서쪽 출입구의 오다뀨우(小田急)백화점 옥상 맥주집에서 하따다 선생을 만나 고향과 학문 이야기를 나누었다.

마산에서 출생한 하따다 선생은 그때 일본아이들만 다니던 마산 심상소학교를 다녔고, 중학은 마산중학교가 설립되기 전이라 일본인만 다닌 부산중학교를 나왔으며, 일본에 가서 고등학교를 거쳐 토오꾜오 제국대학 역사학과를 졸업했다.

하따다 선생은 우리말은 못하지만 알아듣는 것은 조금 하는 것 같았는데, 일제강점기에 조선에서 태어나서 소학교와 중학교까지 다녔는데도 조선말 한마디 못해도 불편하지 않았던 점을, 그리고 지금도 '동향의 동학'을 만났는데도 우리말로 대화하지 못함을 미안해했다.

하따다 선생의 부모는 모두 마산에서 작고했고 그래서 마산의 일본인 묘지에 묻혔는데, 한일협정 후에야 한국여행이 가능해져서 가봤더니 무덤은 흔적도 없고 그 자리는 어린이놀이터가 되었더라고 했다. 그런가 하면 신마산의 마산극장 옆의 전에 살던 집을 찾아갔더니 집은 예전 그대로였고, 집주인의 호의로 오랜만에 옛집을 돌아봤다는 이야기 등을 담담하게 들려주었다.

당시 하따다 선생은 '민단(民團)'과 '총련(總聯)'이 함께 만든 조선장학회의 일본 쪽 이사였는데, 나더러 그 장학금을 받는 학생들을 상대로 강연을 한번 해달라고 했다. '조총련' 쪽도 함께하는 장학회였기 때문에 마음이 쓰여 주일대사관에 문의했더니 강연을 하지 않는 것이 좋겠다는 답이었다. 하따다 선생의 강연 요청을 거절하면서 난처했던 기억이 지금도 생생하다.

그 무렵 일본과 중국 사이에 국교가 수립되어 중국 유학생들이 일본

1978년 일본 한국사학자들과 함께한 만찬. 오른쪽 아래 두번째가 하따다 타까시 선생이다.

에 오게 되었고, 그렇게 되면서 유학생회관에 우리 유학생들과 '적성국(敵性國)'인 중국 유학생들이 함께 지내기 십상이었다. 이때 나에게 우리 유학생들이 중국 학생을 어떻게 대할지 조언해달라는 대사관 문정관(文政官)의 요청이 있었다.

그래서 미국이나 영국 유학생 대하듯 자연스럽게 상대하면 된다고 말해주기도 했다. 1970년대 후반기 유신시대 막바지로 오면서 남북 사이의 대립상황은 높아만 갔고, 그같은 상황의 영향이 재일동포사회에도 그대로 미치고 있었던 것이다.

아깝게도 50대 초반쯤 요절한 하따다 선생 다음 세대의 대표적 한국사학자 카지무라 히데끼 교수와의 사귐도 잊을 수 없다. 판사의 아들이라 들었는데도 그는 참으로 서민적인 학자였다. 와세다대학의 내 연구실에 그가 찾아왔을 때, 같은 방에 있었던 유학생 제자인 지금의 고려대 교수 김현구(金鉉球)가 대학의 수위가 찾아온 줄 알았다고 했을 정도로 허술한 차림새이던 그와 이자까야(居酒屋, 선술집)에서 술잔을 나누며 환담했던 기억이 새롭다.

1970년 일본에 처음 갔을 때는 거의 다 조총련계여서 못 만났던 재일 역사학자들 중 일부를 만날 수 있었다. 1978년에 갔을 때는 박경식(朴慶植) 강재언(姜在彦) 이진희(李進熙) 박종근(朴宗根) 강덕상(姜德相) 등 저명한 재일동포 역사학자들이 조총련을 떠난 후였기 때문이다. 조총련계 학교들에서 가르치기도 했던 이들이 총련을 떠난 데는 그만한 이유가 있었겠지만, 스스로 말해주지 않는 이상 구태여 물을 수 없었다. 분단민족의 비애가 어디엔들 없겠는가 생각하면서……

일본에 갈 때마다 느끼는 점이 있는데, 본국에 사는 사람으로서 민단계건 총련계건 그곳의 동포들을 만나면 무엇보다도 미안한 마음이 앞선다는 것이다. 어느 쪽의 재일동포들이건 일본사회로부터 외국인 대우를 제대로 못 받는 것은 그들이 과거 식민지 백성의 후예일뿐더러, 분단민족의 재외국민이기 때문이라 생각한다. 그들의 모국이 분단되어 서로 대립하지 않고 통일된 국가라면 과거 식민지 백성의 후예라도, 아니 그렇기 때문에 오히려 더 떳떳한 외국인 대우를 받을 수 있을 텐데, 모국이 분단되고 대립되어 있으므로 일본인들로부터 당당한 외국인 대우를 못 받는다고 생각된다.

광개토왕비 연구로 유명한 이진희씨를 통해 저명한 재일동포 작가 김달수(金達壽)씨도 만나 그들이 자주 가는, 일본의 유명한 경제사학자 핫또리 시소오(服部之總) 등의 단골술집이었다는 '아즈마(東)'에 가보기도 했다. 패전 직후 한 전쟁미망인이 시작한 '아즈마'는 주로 지식인들이 '조오렌(常連, 단골)'인 술집인데, 내가 갔을 때 개업 30주년인가 되어 조오렌들이 글을 모아 문집을 만들었다며 책 한 권을 주기도 했다. 조오렌 중심으로 운영되는, 그리고 기념문집 등을 내는 일본 술집문화가 당시의 우리와는 달라 인상적이었다.

조오렌 중심의 술집문화 이야기가 나온 김에 한 가지 더 이야기할까 한다. 습기 높은 토오꾜오의 겨울 '다다미' 방에서는 술을 마시지 않고 자기는 정말 괴로웠다. 그렇다고 낯선 고장에서 아무 데나 들어갈 수도 없고 해서, 유학 온 후배의 소개로 '미미즈꾸(ミミズク, 올빼미)'라는 작은 술집의 조오렌이 되었다.

40대 초반의 '히로따(廣田)'라는 여류시인이 운영하는 이 술집에는 주로 시인, 화가, 성악가 등이 드나들었고, 그들이 동인시집을 내기도 했는데, 미미즈꾸의 조오렌들은 특히 독신남녀가 많았다. 어느 시잡지의 편집장인 미혼남 조오렌과, 이혼녀 여주인인 히로따는 소학교 동기 동창이었고 그들은 곧 결혼했다. 그러나 이들은 결혼을 하고도 따로 살면서, 시잡지 편집장은 여전히 매일 미미즈꾸에 오는 조오렌 그대로인 채였다. 술집 영업이 끝나면 누구의 집인가에 함께 가겠지만.

흔히 우리나라와 일본은 예부터 인적 교류도 많았고 일의대수(一衣帶水)라 할 정도로 가까운 거리이며, 같은 한자문화권이어서 여러가지 면에서 닮은 데가 많다고 한다. 문화적으로도 한반도는 근대 이전에는 중국과 가까웠고, 근대 이후에는 일본과 가까워졌다고 흔히 말하기도 한다. 그러나 1년간 일본에서 살면서 느낀 것은, 자세히 들여다보면 우리 사회와 일본사회 사이에는 다른 점이 대단히 많다는 사실이었다.

특히 남녀관계 등에서 큰 차이점을 느낄 수 있었는데, 그것은 근대 이후의 서양문화 수용 정도에서 생긴 차이점이라기보다 전통사회에서부터의 차이라 생각되었다. 그 차이점의 밑바탕은 우리는 유교문화가 생활화된 데 반해 일본은 불교문화가 생활화된 사회라는 점에 있다는, 흔히들 이야기되는 생각을 한층 더 확신하게 됐다. 우리는 조선왕조시대 이후 강한 유교문화사회가 되었지만, 일본은 고대 이래의 불교문화가 유지된데다가 우리에게는 없는, 동양 3국에서 유일한 '사무라이' 문화가 더해진 점이 크게 다르다고 생각되기도 했다.

1년간 일본에 살면서 두 사회 사이의 구체적인 차이점을 정리해서 책으로 쓰고 싶다는 생각을 하고 일일이 메모를 했었다. 그러나 귀국 후 바로 10·26사건이 일어나고 그후에 이어진 '서울의 봄'과 해직, 체포 등의 연속된 소용돌이 과정에서 분실하고 말았다. 메모지는 분실됐지만, 미미즈꾸에서 겪은 일 중 특히 기억나는 한 가지를 통해 우리 사회와 일본사회의 차이점 같은 것이 어느정도 드러나지 않을까 한다.

미미즈꾸의 조오렌 중에 60대 시인이 있었는데 그는 30대 초반쯤 되어 보이는 여류시인 애인과 함께 거의 매일 저녁 출근하다시피 해서 우리는 서로 인사하는 사이가 되었다. 미미즈꾸에는 조오렌들이 '타로오'라고 부르는 아르바이트 대학생이 있었는데, 일정시간 근무하고 나면 그도 바로 손님이 되어 조오렌들과 술잔을 나누기도 했다.

그러던 어느날 문득 노시인과 타로오군이 퍽 닮은 것을 발견하고 "두 사람이 많이 닮았다"고 했더니 노시인과 그 애인은 웃기만 하고 "타로오군이 저와 조금 관계가 있습니다" 하는 것이었다. 노시인과 애인이 습관처럼 또다른 술집으로 옮겨가고 난 뒤 타로오군에게 무슨 관계냐고 물었더니 노시인이 바로 그의 아버지라고 해서 놀라지 않을 수 없었다.

다음날 저녁 노시인에게 젊은 애인을 데리고 하필 아들이 아르바이트하는 집에 다니느냐고 조금 실례되는 질문을 했더니 그는 태연히 "이왕이면 아들이 아르바이트하는 집의 매상을 올려주는 것이 좋지 않으냐"고 반문했다. 아마 그에게는 내 물음이 '촌스런' 질문으로 여겨질 정도로 너무도 태연한 대답이었다. 그의 젊은 애인도 웃기만 하고.

다음날 타로오군에게 "아버지가 젊은 애인을 데리고 다니는 것을 묵인하면서 어머니에게 죄스럽지 않느냐"며 또 한번 '촌스런' 질문을 했더니, 그의 대답은 "어머니가 남편 관리를 잘못해서 그런 걸 내가 어쩌 겠느냐"는 것이었다.

1970년대에 40대였던 한국의 한 대학선생이 느꼈던 이같은 일본의 '이상스런' 일이 지금에는 우리 젊은이들에게도 '예사로운' 일로 받아 들여지는지 궁금하다. 좋건 그렇지 않건 유교문화사회인 한국사회는 그렇지 않으리라 생각하지만.

그때부터 30년이 지난 지금도 타로오의 이야기가 예사롭게 생각되지 않아서 쓴 이 글에 대해, 미리 읽어본 젊은 제자는 그것은 우리와 일본 의 문화적 차이라기보나 자본주의 발전정도에 따른 개인주의화, 가족 적 유기성의 약화로 봐야 하지 않겠느냐고 이야기했다.

그 제자와 내 나이 차가 아마 30살쯤 되리라 생각하는데, 30년 더 늙 은 이의 의식으로는 예사롭지 않은 일이 30년 더 젊은 사람에게는 그다 지 특이한 일로 보이지 않을 수 있는 사실을 두고 사회변화의 당연한 귀 결이라 해야 할지 잘못된 세상 탓이라 해야 할지 모르겠다.

'10·26박정희살해사건' 후의 소용돌이 속에서

일본 파견교수 생활 1년을 마치고 1979년 8월 말에 귀국했더니 제일 먼저 기다리고 있는 문제가 연세대 김용섭 교수가 고려대 경영자 집안 의 추수기(秋收記)를 이용해 쓴 논문사건이었다. 일본 가기 전에 농업사 전공의 김용섭 교수가 고려대 도서관에 보관되어 있는 인촌(仁村) 김성 수(金性洙) 선생 집안의 추수기를 이용해서 논문을 쓰고 싶다기에 내 이 름으로 대출해주었다.

내가 일본에 있는 동안 학술지에 발표된 김용섭 교수의 논문을 돌아와서 읽어봤지만 대단히 실증적이고 온건하게 쓴 글이었다. 그런데도 논문의 결론부분을 당시 동아일보와 경쟁하던 신문이 기사화함으로써 문제가 되었다. 고려대 이사회가 열렸고, 인촌 집안의 추수기를 어떻게 연세대 교수가 이용하게 되었는지를 조사했더니 강만길의 이름으로 대출된 사실이 밝혀졌다면서, 귀국하자마자 가깝게 지내던 동료교수 몇 명이 그간의 사정을 전하면서 걱정해주었다.

인촌 집안 관련 추수기 자료를 고려대 도서관이 보관하고 있었다는 것은 누구나 이 자료를 이용하라는 것이며, 고려대 교수 이름으로 다른 대학 교수에게 자료를 대출해줄 수도 있는 일 아닌가라고 생각하며 잘 못된 일도 또 걱정할 일도 아니라 여겼다.

그러던 어느날 인촌의 조카인 당시의 김상협(金相浹) 총장이 부르기에 추수기 관련 문제 때문이구나 생각하며 총장실에 갔는데 정작 김총장은 김용섭 교수의 논문 문제는 일언반구도 언급하지 않았다. 일본 다녀온 이야기 말미에 당시 박물관장 강진철(姜晉哲) 교수의 임기가 끝났으니 후임을 맡으라는 것이었다. 근현대사 전공교수가 무슨 박물관장이냐 거절하면서 고대사 교수가 있지 않느냐고 했지만, 거듭 권해서 수락하지 않을 수 없었다.

고려대학교에서 우리 근현대사 강의를 내 딴에는 객관적으로 성의껏 하려 애썼고, 그러다보면 일제강점기의 동아일보가 내세운 개량주의·타협주의 노선에 대한 문제를 다루지 않을 수 없었다. 되돌아보면 고려대학교에서 우리 근현대사 강의를 30년 이상했지만 한번도 재단이나 대학당국으로부터 강의내용에 대한 간섭이나 제재 같은 것을 받은 적은 없었다.

인촌 집안의 '추수기 논문사건'으로 대학의 재단이사회에서 문제가 되었음을 알았고, 그후 전두환정권 성립과정에서 해직교수가 되자 김용섭 교수는 자기 논문 문제가 해직 원인의 하나일 것이라 생각하고 미안해했지만, 나는 전혀 그렇게 생각하지 않았다.

해직되었다가 복직된 후에는 곧 중앙도서관장을 맡았는데, 하루는 지금은 고인이 된 당시 김상만(金相万) 재단이사장의 초청으로 어느 음식점에서 함께 긴 점심식사를 하면서 세상과 학교 일을 논의하기도 했다. 김상만 이사장이 작고했을 때 온화하고 점잖았던 고인을 생각하며 문상을 했더니 동아일보에서 강 아무개가 문상했음을 기사화하기도 했다.

어쨌든 일제강점기부터 있어온 고려대학교 재단은 해방 후에 급조된 대학들과는 다른 점이 있다고 생각했다. 그러면서도 아직도 재단의 '주인'이 뚜렷하다는 점에서는 일제강점기에 서양인들에 의해 설립된 연세대 및 이화여대나 조선왕조의 왕실재정으로 설립된 숙명여대 등과는 또한 다른 점임도 분명하다는 생각이다.

1년간 머물던 일본 와세다대학은 메이지시대 수상을 지낸 오오꾸마 시게노부(大隈重信)가 설립했지만, 지금 그 후손은 학교경영에는 전혀 관계하지 않고 총장이 이사장을 겸하고 교수대표와 졸업생대표들이 이사진을 구성하고 있는 것으로 안다.

박물관장을 맡아 미처 자리가 잡히기 전에 '10·26박정희살해사건'이 터졌다. 유신체제가 근 10년 지속되면서 이러다가는 우리도 스페인의 프랑꼬정권처럼 되는 것이 아닌가 하는 생각도 했었다. 그러면서도 부마항쟁이 일어나는 것을 보고는 4·19'혁명'이라는 역사적 자산을 가진 우리는 스페인과는 다르리라는 생각도 했다. 역사 공부 덕택이었다고나 할까.

10·26박정희살해사건은 다음날 새벽에야 알았다. 그 소식을 들었을 때 무엇보다도 대통령의 심복 중 심복인 현직 중앙정보부장에 의해 살해되었다는 데 놀라지 않을 수 없었다. 우리 공화주의 역사에서도 군사

쿠데타로 절대권력을 누리던 현직 대통령이 살해됨으로써 하룻밤 사이에 정권이 끝나는 일은 전에 없던 일이었다. 4·19'혁명'으로 이승만정권이 무너졌던 예와도 물론 달랐다.

10·26은 4·19와 다른 것이 분명한데, 10·26 후의 사회 분위기가 '서울의 봄' 운운하면서 4·19 후처럼 들뜨는 것이 다소 불안하기도 했다. 그러면서도 그런 분위기 일반에 휩쓸리지 않을 수 없기도 했다. 유신시대 때 학교를 쫓겨났거나 감옥에 갔던 학생들이 10·26 후 의기양양해서 돌아왔다. 그들로부터 감옥에서 『분단시대의 역사인식』을 감명 깊게 읽었다는 말을 듣게 되었고, 직원들이 걱정할 정도로 박물관장실이 용기백배한 복학생들로 붐비는 상황이 되었다.

전두환 등 신군부에 의한 '12·12쿠데타'가 일어남으로써 상황이 반전된 것이 확실했지만, 그렇다고 민주화운동을 중단할 수 없었고, 다소 의식있는 교수들이 앞장서서 교수협의회를 만들기로 했다. 해방 전에 전문학교였다가 해방 후 승격한 대학이건 해방 후에 '우후죽순' 격으로 설립된 대학이건 그 경영은 대부분 재단의 전권 아래 이루어졌다 해도 과언이 아니다. 교수회라는 조직이 없었고 학생회는 학도호국단(學徒護國團) 같은 정부측의 주도로 조직된 것뿐이었다.

그러다가 박정희살해사건 후의 '서울의 봄'을 맞아 민주화가 추진되자 대학에서도 학도호국단 대신 학생회가 생겼고, 교수사회도 조직을 갖추어 대학경영에 일부나마 발언권을 가져야 한다는 분위기가 조성되었다. 고려대학교에서도 몇몇 젊은 교수들이 주축이 되어 교수협의회의 조직이 추진되었다.

막상 교수협의회 창립총회가 열리자 회의 추진을 맡은 교수가 회의 진행 방법을 거의 몰랐는데 이는 군사독재정권 아래서의 교수사회의 민주주의 수준이 어느정도인지 보여주는 것이라 생각되기도 했다. 이러한 상황에서 고려대에서도 어쩌면 개교 이래 처음으로 교수협의회가 결성되었고, 초대회장에는 영문학과 김진만(金鎭萬) 교수가 선출되었는데, 전두환정권 성립과정에서 김교수도 잡혀가서 곤욕을 치렀다고 들었다.

'서울의 봄'을 통해 각 대학의 학생들이 학원민주화를 쟁취하기 위한 단식투쟁을 벌이는데, 교수들이 그냥 있어서 되겠는가 하는 여론이 돌기도 했다. 그 결과 몇몇 주요 대학 교수대표들이 대학민주화선언을 발표했는데, 이 선언이 나오기까지에는 '다산연구회' 모임이 하나의 계기가 되었다고 할 수 있다.

1975~76년경부터 성균관대학교 이우성(李佑成) 교수를 중심으로 서울대의 안병직(安秉直), 김진균(金晋均), 고려대의 강만길, 이동환(李東歡), 이화여대의 김경태(金敬泰), 숙명여대의 이만열(李萬烈), 성균관대의 이지형(李篪衡), 성대경(成大慶), 임형택(林熒澤), 송재소(宋載邵), 김시업(金時鄴), 경희대의 김태영(金泰永), 홍익대의 정윤형(鄭允炯), 외국어대의 박찬일(朴贊一), 한양대의 정창렬(鄭昌烈) 교수 등이 다산연구회를 만들어 일주일에 한 번씩 모여 『목민심서』를 번역했다.

『목민심서』 번역이 주목적인 모임이었지만, 유수한 대학의 인문사회과학 계통 교수들의 정기적인 모임이라 자연히 시국문제에 대한 논의가 활발해질 수밖에 없었다. 이 모임에서 '서울의 봄'을 맞은 후 대학생들이 학원민주화를 쟁취하기 위해 단식투쟁을 하는 과정에서 빚어지는 참상 등이 거론되었고, 교수들이 방관해서 되겠느냐는 논의가 있었으며 이후의 학원민주화운동에 적극 가담하는 회원들이 많았다. 그 결과 전두환정권이 성립되는 과정에서 다산연구회 소속의 이우성·김진균·정창렬·정윤형·이만열·강만길 등 회원의 거의 절반이 해직교수가 되기도 했다.

'서울의 봄' 때 서울대 변형윤(邊衡尹), 고려대 조기준(趙璣濬), 이화여대 이효재(李效再), 성균관대 이우성 교수 등이 대표가 되어 「교육민주화선언」을 발표했는데, 지금은 그 발표문을 어디서 구할 수 있을지 모르겠다. 이승만 대통령의 하야를 받아낸 4·19 때의 교수데모 '행동하는 지식인'의 행적이 이 「교육민주화선언」의 자산으로 작용했다고도 할 수 있겠지만, 꼭 그렇지도 않음을 경험하기도 했다.

1977년 『8억인과의 대화』 발행으로 박정희정권에 의해 탄압받은 리영희(李泳禧), 백낙청 교수 등을 위한 서명운동의 고려대 쪽 책임을 맡았을 때는 당시 800여 명으로 기억되는 재직교수 중 불과 5~6명의 서명을 받기도 어려웠을 만큼 독재정권 아래서는 교수들이 몸을 사렸다.

그러나 '박정희시대'가 끝나고 '서울의 봄'이 온 후 「교육민주화선언」 때는 별로 애쓰지 않고도 교내 교수 50명 이상의 서명을 쉽게 받을 수 있었으며, 소문을 듣고 자진해서 내 연구실로 찾아와서 서명하는 교수들도 다수 있었다. 새삼 지식인들의 '현명한' 처세술을 생각하게 됐지만, 그 지식인들이 민족사회 및 인류사회의 내일을 이끌 젊은이들의 교육을 담당한 주체임을 생각하면 씁쓸하지 않을 수 없었다.

10·26 후 들뜬 분위기 속에서 어디에서 발단되었는지 지금에는 기억할 수 없지만, 체코슬로바키아의 '지식인선언'을 본받은 서명운동이 있었고, 고려대학교에서도 몇 사람이 참가했다. 물론 나도 서명에 참가했지만, 134명의 서명자들이 5·18 후 전두환정권 성립과정에서 모두 잡혀가 며칠씩 곤욕을 치른 것은 세상이 다 아는 일이다.

박정희정권 아래서 반정부운동을 하다가 학교에서 쫓겨났거나 감옥에 갔다가 10·26 후에 복학한 학생들이 박정희정권 때, 특히 유신시대 때 각종 명목으로 정부에 협력했던 교수들을 찾아내 어용교수라 지목하고 축출운동을 펴려는 움직임을 보였다.

고려대 교수 중에도 유신정우회(維新政友會, 유정회) 의원이 된 사람과 반독재운동을 주도한 학생들을 비난하는 소설을 쓴 교수, 문필활동을 통해 유신을 지지한 교수도 있었다. 그뿐 아니다. 정부의 평가교수가되거나 혹은 정보기관의 판단관인가가 되었다는 사람도 있었고, 독재정권 편에 서서 반독재학생운동을 직접 탄압함으로써 여러가지 혜택을받은 사람도 있었다. 휴대전화가 없던 때라, 유신대통령이 일방적으로선정한 유정회의 의원 발표가 있는 날이면 학교에 나오지 않고 집에서학수고대로 전화통을 지키는 교수들이 있다는 진담인지 농담인지 모를말들이 교수휴게실의 화제가 되기도 했다.

박정희정권은 과거 어느 정권보다도 '물색없는' 대학교수들과 기회주의적 언론인들을 많이 끌어들인 것이 사실이기도 했다. 어쩌면 일반사회에서 격리된 집단으로서 폭넓은 인맥을 못 가진 군대가 권력을 탈취했을 때 나타나는 특징이기도 하겠지만……

고려대학교에서는 뒷날 민주정부 아래서 정치활동 및 시민운동을 하게 되는 조성우(趙誠宇), 박계동(朴啓東), 설훈(薛勳) 등 복학생들이 중심이 되어 어용교수 축출운동을 펼치려 했다. 학교당국에서는 박정희정권의 탄압으로 해직되었다가 복직한 경제학과 김윤환(金潤煥) 교수,화학공학과 김용준(金容駿) 교수, 그리고 그때까지는 해직경력이 없는나까지 넣어 학생들을 설득해서 이 운동을 막아달라는 부탁을 했다.

학생들이 지목한 고려대 내의 어용교수는 모두 13명이었다고 기억되는데, 학생대회를 열어 이들의 명단을 발표하고 교단에서 물러나게 하겠다는 것이었다. 주동한 학생들이 지목한 13명인가에 대해서는 그들의 '어용행위' 증거를 수집해서 본인들에게 일일이 보여주었고, 어용교수로 지명되어 명단이 발표될 것이라는 사실을 이미 알렸다는 것이다.

역사를 가르치는 사람으로서 비록 동료교수라 해도 군사독재정권 편에서 활동했다가 학생들로부터 지탄받게 된 사람들의 구명을 위해, 군사독재정권에 의해 투옥되거나 제적되는 등 고통받았던 학생들을 설득하기란 사실 괴로운 일이 아닐 수 없었다. 역사선생, 그것도 근현대사 선생이 가르치는 학생들을 상대로, 역사의 바른 노정에 섰다가 핍박받은 제자들을 상대로, 반역사적 행위를 한 동료들을 위해 설득작업을 해도 되는가 하는 고민이 물론 없을 수는 없었다.

그러나 한때 잘못된 길을 걷기는 했지만 오랫동안 함께 근무하던 동료교수들이 교단에서 물러나야 할 상황이 될지도 모르고, 또 학교당국이 그같은 일을 막기 위해 학생 설득을 당부하는데 "난 못 하겠소" 하고 거절하기도 어려웠다. 특히 나의 경우는 평소 가깝게 지내던, 지금은 고인이 된 선배이며 당시 교무처장이던 영문학과 김권호(金權鎬) 교수의 간곡한 부탁을 거절하기가 어렵기도 해서 할 수 없이 설득에 나서기로 했다.

김윤환, 김용준 교수와 함께 복학생 대표들을 만나 종일 설득했으나 그들도 어용교수 명단을 발표하지 않으면 일반학생들로부터 큰 반발을 살 상황이라 발표하지 않을 수 없다고 했다. 결국 어용교수로 지목된 13명인가 중에서 줄이고 줄여서 4명인가의 명단이 발표되었던 것으로 기억된다. 명단에서 제외된 9명인가로부터 고맙다는 말은 듣지 못했고, 발표명단에 포함된 4명인가의 교수들에게는 어쨌든 미안한 상황이 되고 말았다.

피어린 5·18광주항쟁을 겪고도 신군부정권이 성립하게 되자 어용교수 발표를 막기 위해 설득에 나섰던 교수들은 모두 해직교수가 되었고, 유신독재에 협력함으로써 학생들로부터 어용교수로 지목되었던 사람들은 다시 안전한 위치를 차지하게 되었다.

사람이란 현실에서는 안전하게 살지만 역사 위에서는 불안전하고 부당한 삶을 살 수도 있고, 반대로 현실에서는 불안전하고 손해보는 삶이 지만 역사 위에서는 안전하고도 당당한 삶을 살 수도 있다. 어느 길을 택할 것인가는 물론 각자의 선택에 달려 있다. 그러나 남을 가르치는 처지, 즉 남에게 일정하게나마 영향을 미치는 위치에 있는 삶은 비록 고통이 따르더라도 어느 길을 택해야 하는가는 자명하지 않은가 생각한다.

길고도 긴 역사의 길과 짧은 현실의 길이 일치할 때야 쉽지만 그렇지 않을 때, 즉 긴 역사 노정에는 합당하지 않다고 생각되면서도 현실적으로 이익이 되는 길이 있을 때, 선택은 그리 쉽지 않게 마련이다. 현실적 이익의 길을 택할 수도 있고, 현실적으로는 어려움이 따른나 해도 역사의 길을 믿고 택할 수밖에 없을 수도 있다. 한 가지 중요한 것은 현실적 이익의 길이 아닌 역사의 길을 택했다가 어려움을 당한다 해도 그것은 결코 후회하지 않을 일이 아닌가 한다.

시시콜콜한 이야기 한 토막이 더 있다. 해직교수가 된 후 무슨 모임인지는 기억이 분명치 않은데, 지난날 어용교수로 지목되었다가 명단발표에서는 제외된 어느 교수를 만났다. 그는 대단히 미안한 척하면서 고생하는 당신과 함께 식사라도 꼭 하고 싶지만, 부득이한 사정이 있어서 먼저 가야겠으니 양해해달라는 것이었다. 식사를 같이 하자 해도 전혀 응할 생각이 아님을 모르는 것 같아서 딱할 뿐이었다.

'서울의 봄'이 끝날 무렵인 1980년 5월 15일이던가, 전교생이 교내집회를 한 후 시내 쪽으로 데모행진을 했다. 뒤에 알고보니 서울시내 각 대학생들이 서울역 아니면 시청 앞에 모이기로 되어 있던 것 같은데 그런 사정을 동행한 교수들은 알 리 없었다. 이날의 학생데모는 전두환정권의 성립을 저지하기 위한 대규모 저항이었던 것 같은데, 그런 사정은 모르면서도 전교생이 시내로 데모행진 하는 것을 보고도 연구실에만 있을 수 없었던 일부 교수들이 행진을 따라 나가게 되었고, 나 역시 따라나갈 수밖에 없었다.

　이 데모행진에 동행한 일 때문에 5·18광주항쟁이 진압될 무렵 성북경찰서에 끌려가서 이날의 학생데모를 선동하고 지도했다는 식의 취조를 받게 되는데 이는 다음에 다시 언급할 것이다. 데모대가 성북경찰서 앞에 도착하자 동료 학생들이 이미 검거되어 있는 경찰서 안으로 밀고 들어가려 했다. 그 경우 경찰의 발포를 포함한 엄청난 불상사가 일어날 것 같아서 동행한 교수들과 함께 간신히 말렸고, 데모행진은 서울시청 앞까지 진출했다.

　4·19 때를 연상케 하는 대규모 대학생 데모대가 시청과 서울역 사이의 넓은 도로를 메우고 한때는 경찰저지선을 무너뜨리는 것 같더니, 엄청난 최루탄 공격을 받고 데모대가 흩어졌다. 다음날도 대학생 데모는 계속되었고, 전두환 중심의 신군부는 5월 17일 자정을 기해 비상계엄지역을 제주도를 포함한 전국으로 확대하는 조치를 취했다. 사실상 계엄령을 다시 내린 것이다.

　1979년의 '12·12사태'가 신군부의 군사권 장악을 위한 쿠데타였다면 5개월 후에 감행된 1980년의 '5·17계엄확대'는 신군부의 정권찬탈을 위한 또다른 쿠데타였다고 할 것이다. 5월 16일에 각 대학 학생회장들이 모여 가두시위 중단을 결정하자 정권의 완전장악을 위한 쿠데타 기회를 놓치지 않기 위해 서둘러 내린 조치가 '계엄확대'였고, 그 결과 저 처절한 '광주학살사건'을 가져오게 되었다.

　이같은 일련의 과정을 역사적 안목에서 보면, 박정희유신정권이 10·26안가살해사건으로 종식되기보다, 부마항쟁의 연장 및 확대에 의해 무너졌어야 하는데 하는 생각이 절실했다. 이승만 문민독재가 4·19'혁명'으로 무너짐으로써 장면정권이 성립되었다가 다시 5·16군사쿠데타로 무너졌다. 박정희 군사독재정권이 10·26안가살해사건이 아니고 부마항쟁의 확대에 의해 무너지고 그뒤에 민주정권이 섰더라도 전두환 등에 의한 12·12군사쿠데타가 가능했겠는가 생각해보면, 역사라는 것이 결코 그렇게 되지는 않았으리라는 생각이다.

왜냐하면 4·19'혁명'을 무위로 만든 5·16군사쿠데타 같은 것이, 부마항쟁 성공의 결과 성립되었을 민주정권 아래서도 또다시 일어날 수 있다고는 생각하기 어려운데, 이는 박정희정권시기를 통해 탄압을 받으면서도 우리 사회의 민주역량이 더 커졌기 때문이라 할 수 있다.

그 엄혹했던 군사독재체제 아래서도 '인민혁명당(人民革命黨, 인혁당)사건' '통일혁명당(統一革命黨, 통혁당)사건' '전국민주청년학생총연맹(全國民主靑年學生總聯盟, 민청학련)사건' '남조선민족해방전선(南朝鮮民族解放戰線, 남민전)사건' 등이 있었으며, 특히 박정권이 '유신'을 단행한 후에는 온갖 탄압 아래서도 반유신운동이 끊임없이 일어나서 특별조치법이 계속 강행되지 않을 수 없을 정도였다. 그것은 4·19'혁명'이 곧 역사적 자산이 되어 저 난폭한 군사독재정권 아래서도 우리 사회의 민주역량이 끊임없이 성장하고 있었음을 말해주는 것이었다.

박정희 군사독재정권 아래서도 꾸준히 성장한 이같은 민주역량이 결국 부마항쟁으로 승화되었고, 그것은 당시의 최고 정보기관인 중앙정보부 부장 김재규(金載圭)가 정확하게 파악했듯이 분명 박정희정권을 심각하게 위협했다. 박정희 군사독재정권이 이승만 문민독재정권과 같이 민중'혁명'에 의해 무너지는 것을 막기 위한 조처이자 박정희정권이 부마항쟁의 확대에 의해 무너진 뒤에 올 4·19'혁명' 후의 '혼란'으로 표현된 민주화운동 및 평화통일운동의 활성화 같은 것을 미리 막은 조처가 곧 중앙정보부장에 의한 10·26박정희살해사건이며 그 결과 전두환 군사독재정권이 성립될 수 있었다고 할 수도 있을 것이다.

박정희 군사독재시기를 통해 성장한 민주역량이 이승만 문민독재시

기에 성장한 민주역량보다 훨씬 컸기 때문에 전두환정권 성립에는 박
정희정권 성립 때보다 훨씬 더 강력한 민중저항이 있었고, 따라서 훨씬
더 많은 희생을 낳은 광주항쟁이 있었다고 할 수 있다.

흔히 역사가 되풀이된다고들 말하지만 그러나 결코 그렇지 않다. 역
사라는 것이 직선으로만 가지 않는 것은 사실이며, 흔히 말하듯이 나선
형적으로 즉 시공간의 차이를 두고 상승적으로 '되풀이'될 수는 있다 해
도, 결코 평면적으로 되풀이되는 것은 아니다.

박정희 군사독재정권이 무너진 후에 다시 전두환 군사독재정권이 성
립될 수 있었던 것은 박정희정권이 4·19'혁명' 같은 권력외적 저항에
의해 무너지지 않고, 10·26안가살해사건과 같은 권력내적 '계략'으로
무너졌기 때문이라 할 수도 있다.

다만 박정희 군사독재정권이 부마항쟁의 확대강화에 의해 무너지지
않고 10·26안가살해사건에 의해 무너지게 한, 그럼으로써 전두환 군사
독재정권이 후속되게 한 '음모'의 주체가 김재규 개인인가 아니면 더 큰
배후가 있었는가 하는 문제가 이후의 역사학이 반드시 밝혀야 할 중요
한 과제라 할 수 있다.

성북경찰서 유치장에서 한 달을 살다

5월 18일 이후 광주에서 치열한 민중저항이 일어난 사실을 아마 서울
의 일반인들 대부분은 상당기간 모르고 있었던 것이 아닌가 한다. 5월
18일 이후의 광주상황을 내가 처음 알게 된 것은 21일이나 22일경으로
기억된다.

전두환 중심의 신군부세력에 의한 계엄령이 전국으로 확대된 후 상

황이 어떻게 돌아가는가 궁금하기도 해서 지금은 없어진 종로1가 네거리의 화신백화점 뒤에 있었던 창비사에 들렀다. 거기서 「아홉 켤레의 구두로 남은 사내」로 유명한 소설가 윤흥길(尹興吉)씨를 만났고 그에게 지금 광주가 결딴나고 있다는 말을 듣고서야 '광주사태'를 처음 알게 되었던 기억이다. 주로 경상도 출신 군인들로 구성된 진압부대가 투입되어 광주 시민과 학생들을 결딴내고 있다기에 "그렇다면 부마항쟁이 또 일어나야 되겠군" 하는 말이 절로 나왔다.

여기서 덧붙일 말이 있다. 훗날 부산의 어느 민주진영이 개최한 부마항쟁을 주제로 한 학술회의에 초청되어 발표하게 되었을 때의 일이다. 부마항쟁이 김영삼 야당당수의 국회의원직 박탈에 대한 반대운동에 한정되지 않고 진정한 의미의 반군사독재 민중항쟁이었다면, 부산이나 경상도에서도 어떤 형태로건 5·18광주항쟁에 호응하는 움직임이 있었어야 했다고 말해주었다.

우리 역사상 보기 드문 치열한 민중항쟁이었던 5·18광주항쟁이 외부에 알려졌을 때, 얼마 전 부마항쟁이 일어난 지역에서 어떤 형태로건 동조나 호응이 있었다면 전두환 군사정권의 성립을 저지할 수 있었을 것이며, 따라서 부마항쟁 자체의 역사적 위치도 훨씬 높아졌을 것이 분명하다.

박정희 군사정권이 정권 유지와 연장을 위해 조작한 영호남간의 대립상황에도 불구하고, 경상도지역에서 그 독재체제에 저항하는 부마항쟁이 일어났고, 이에 위협을 느낀 중앙정보부장에 의해 박정권이 종식되는 계기가 마련된 것은 역사진행의 '정직성' 같은 것을 말해준다고 할 것이다.

따라서 전두환 군사독재세력이 저지른 광주학살 때, 사실인지 모르지만 주로 경상도 출신으로 진압부대를 편성했다고 알려졌을 때, 제2의 부마항쟁이 일어났다면, 이 시기 우리 역사의 진행방향을 설명하기가 훨씬 쉽고도 의미있었을 것이다.

창비사에 조금 머물다가 고려대학교로 갔는데, 교내에서 만난 대학 동창 모씨가 당분간 몸을 피하는 것이 좋겠다고 귀띔해주었다. 지금도 가깝게 지내는 그에게 그때 누구에게서 무슨 말을 들었기에 나더러 피하라 권했는가 물었지만 그는 지금에도 밝히지 않는다. 피할 이유가 없다고 생각하면서도 권력장악에 나선 신군부의 횡포가 어디까지 갈지 모르겠다는 생각이 들어서 일단 피하기로 했다. 그러나 막상 피하려 하니 정작 갈 곳이 없었다.

생각 끝에 부산에 있는 처가에 갔다. 가서 생각해보니 나를 잡으러 온다면 어디보다 처가가 먼저일 것 같을 뿐 아니라, 처가식구들에게 무슨 큰 죄나 짓고 피해 다니는 것으로 생각될 것 같아서 이틀 후에 서울로 다시 돌아오고 말았다.

그렇다고 집에는 갈 수 없으니 낮에는 주로 다방에서 지내고 밤에는 자주 다니던 술집에 앉았다가 의자에서 자기도 했다. 계엄령이 내려 통행금지시간인 밤 12시 후에는 모든 여관을 샅샅이 임검(臨檢)하기 때문에 피신해 다니는 몸으로서는 여관에도 갈 수 없었다.

술집 의자에서 계속 자기도 어려웠고, 주인의 호의로 그 집의 고등학생 아들 방에서 함께 이틀밤을 자기도 했는데, 학생이 어찌나 불편해하던지 더는 신세지기 어려웠다. 하루는 돈암동 옛 전차의 종점, 현재의 국민은행 돈암동지점 근처 어느 다방에서 지금은 뉴라이트운동의 중요한 인물이 된 어느 교수를 만났다.

1976년부턴가 뜻을 같이하는 대학교수 열대여섯 명이 '다산연구회'를 만들어 『목민심서』를 번역했다고 앞에서 말했는데, 그도 그 구성원의 한 사람이었으니 얼마나 반가웠겠는가. 그 역시 피신중이라며, "이

놈들과는 같은 하늘을 쓰고 살 수 없다"며 신군부의 횡포에 분개했다. 어떻게 지내느냐고 물었더니 그가 피신해 있는 곳은 편하고 안전하다는 것이었다.

그렇다면 그의 피신처에 함께 갈 수 있으려니 생각하며 잠잘 데 없는 내 어려움을 거듭 말했다. 당연히 피신처에 함께 가자 하리라 잔뜩 기대했는데 막상 헤어질 때는 혼자 가는 것이었다. 온몸에 힘이 쭉 빠지는 것 같았다. 뒤에 알고 보니 '다산연구회'의 일원인 성균관대학교 성대경 교수가 이사하려고 장만해둔 빈 아파트에, '다산연구회' 일원이자 성균관대 교수인 이우성 교수 등과 함께 피신하고 있었던 것이다.

하룻밤 잘 곳이 막막해 헤매는 내 처지에 비하면, 평소 친하게 지내던 '피신꾼'끼리 잠자리 걱정 없이 지내고 있었으니 서로 위안도 되고 얼마나 좋았을까. 그렇게 잠잘 곳이 없다고 말했는데도 함께 가자 하지 않은 것이 괘씸하기조차 했다. 뒷날 한국일보라고 기억되는데 '잊을 수 없는 일'을 쓰라기에 그의 이름은 밝히지 않고 이때 일을 쓰기도 했다.

더는 견딜 수 없어서 집에 전화를 했더니 아무 일도 없다는 대답이었다. 괜한 고생을 했다고 생각하며 일주일여 만에 집에 들어가서 겨우 속옷을 갈아입으려는데 초인종이 울렸다. 문을 열었더니 건장한 사내 셋이 들어오면서 "그동안 어디 가 있었습니까. 일주일이나 집 앞에서 잠복하느라 애먹었습니다" 하는 것이었다. 순간 피하라 권한 대학동창의 정보가 정확한 것이었구나 하는 생각이 들었다.

그들에게 연행되어 간 곳은 성북경찰서 유치장이었다. 들어가서 얼마 후 같은 대학 같은 학과의 이상신(李相信) 교수가 잡혀왔고, 뒷날 한국예술종합학교 연극원 원장을 지냈지만 그때는 어느 대학교의 대학원생이던 시인 황지우(黃芝雨)씨와 또 많은 대학생들이 잡혀왔다.

이상신·황지우 등과 같은 감방에 있었고, 20여 명이었다고 기억되는 대학생들은 바로 옆방에 있었다. 얼마 후 박정희정권 때 학교에서 쫓겨났다가 10·26 후 복학생 대표가 되어 활동했던 고려대생 조성우·설훈 등도 성북경찰서에 잡혀왔다. 그들이 어찌나 심한 고문을 당하던지 그 신음소리에 잠을 잘 수 없었다. 아무려면 사람이 사람을 그렇게 두들겨 팰 수 있다니. 그런 무지막지한 고문을 견뎌낸 그들을 보면서 사람의 목숨이란 정말 끈질긴 것이구나 하는 생각을 하지 않을 수 없었다.

피하라고 권해서 한때 피신했다가 잡혀왔지만, 내가 왜 잡혀왔는지 그 이유를 전혀 몰랐다. 이상신 교수에게 물었으나 그도 잘 모른다고 했다. 며칠 후 취조받으러 나가서야 잡혀온 이유를 비로소 알게 되었다. 취조실에 갔더니 지금은 대학교수가 되었지만 당시는 고려대 사학과 학생이던 김태승(金泰丞)군도 함께 불려나와 있는데, 그는 얼마나 두들겨 맞았는지 이미 초주검이 되어 거의 인사불성 상태였다.

광주에서 엄청난 학살이 벌어지고 있는 상황을 알게 된 황지우·김태승 등 광주 출신 학생들이 서울에서 항의집회를 열기로 계획했는데, 그 성명서를 나에게서 받고 이상신 교수가 낭독하게 하려는 계획을 세웠다가 사전에 발각되었다는 것이었다. 이상신 교수는 어떤지 몰라도 나는 학생들에게 사전에 그런 연락을 받은 적이 전혀 없었다. 성북경찰서에 잡혀간 것이 5월 27일인가 28일경이었다고 기억되는데, 그전에 근 일주일을 피해 다녔으므로 광주항쟁이 시작된 3~4일 후부터는 피해다닌 셈이었다.

그리고 성북경찰서에 잡혀갔을 때는 광주항쟁이 진압된 직후였고, 김태승군 등 학생들이 서울에서의 집회를 계획했을 때 나는 피신 중이었으니 연락받을 수 없었던 것이 당연했다. 취조하는 자들이 날짜상으로 광주항쟁에 관한 성명서 작성을 위촉받을 수 없었다는 사실을 알게 되자, 심문의 초점을 5월 15일에 학생들이 성북경찰서 앞을 거쳐 시청 앞까지 데모할 때 동행하면서 학생들을 선동했다는 쪽으로 맞추려 했다.

학생 데모대가 성북경찰서 앞에서 항의할 때 내가 앞에 나서서 선동하는 연설을 했다는 것이었다. 잡혀 있는 학생들의 석방을 요구하며 데모대가 구호를 외칠 때 혹시 경찰서로 밀고들어가다가 충돌해서 발포하는 사태가 벌어질까 걱정하며 동행한 교수들과 함께 말린 일을 오히려 선동연설을 한 것으로 만들려는 것이었다.

나를 잡아다놓고 취조하는 자들은 김태승군 등을 두들겨패서 내가 15일의 학생데모를 선동했다는 '증언'을 이미 확보해놓은 것처럼 말했지만, 김군은 이미 인사불성인 상태였다. 어처구니없어서 "학생을 잡아다 제 힘으로 지장도 찍을 수 없을 만큼 초주검이 되도록 두들겨패서 선생이 학생데모를 선동했다고 증언하도록 강요하다니, 이게 무슨 되지 못한 짓이냐, 당신들 마음대로 하라" 하고는 입을 다물어버렸다.

며칠 후 다시 취조실로 불려갔는데, 이번에는 그들이 조사해본 결과 동교동의 김대중(金大中)씨 집 응접실에서 그로부터 고려대 학생들에 대한 선동자금을 받은 것이 확실하니 사실대로 말하라는 것이었다. 저들이 필요한 또다른 각본을 만드는구나 하고 생각되어 "나는 지금까지 김대중씨를 한번도 만나본 적이 없을 뿐 아니라 그 집이 어디 있는지도 잘 모른다. 소설을 쓰건 연극을 꾸미건 당신들 마음대로 하라" 하고 버티었다. 그런데도 다행히 물리적 고문은 없었다.

뒷날 김대중씨에게서 비슷한 이야기를 직접 듣기도 했다. 어느 전남대 교수가 광주항쟁 때 수습위원인가를 하며 동참했다가 항쟁이 진압된 후 잡혀갔는데, 역시 김대중씨에게서 학생선동 자금을 얼마 받았느냐는 심문을 받게 되었다고 했다. 돈 받은 일 없노라 했으나 계속되는 가혹한 고문에 못 이겨 10만 원인가를 받았노라 했더니 액수가 적다면서 다시 고문을 가하기에 결국 계속 불어나서 학생선동 자금은 150만

원까지 올라갔다고 했다.

뒤에 선동자금을 받지 않았다는 것이 밝혀졌는데, 고문하던 자들이 뻔뻔스럽게도 "대학교수가 왜 그렇게 거짓말을 했느냐, 받은 자금의 액수를 얼마까지 올릴 생각이었느냐"고 묻기에, 고문이 끝날 때까지 액수를 올릴 수밖에 없지 않느냐고 답했다는 것이다.

나는 실제로 그때까지 김대중씨를 만난 적이 없었다. 대통령선거에서 김영삼씨에게 패배하고 영국 갔다가 돌아온 후인 1994년에 한길사에서 『나의 길 나의 사상』이란 책을 낼 때 그 안에 「우리 민족을 말한다」란 제목으로 대담을 해서 넣었는데 그때 처음 만났다. 그 대담 때 광주항쟁 때 경찰에 잡혀가서 학생선동 자금을 받았다는 허위진술을 강요받았던 '옛이야기'를 했더니 그런 사람이 한두 사람이 아니었음을 잘 알고 있다고 했다.

두 번 취조실에 불려나간 후 한 달 동안 그냥 성북경찰서 유치장에 갇혀 있었는데, 얼마 후 이상신·황지우 두 '동거인' 이외에 두 사람의 '동거인'이 더 늘었다. 그들은 김태승군이 교육실습 나갔던 고등학교의 교사들로서, 김군 등이 자기들 집회에 참가시키기로 예정했던 사람들이었다. 물론 그들은 아무것도 모르고 잡혀와서 고문을 받았다.

한 달간 성북경찰서 유치장에 갇혀 있으면서 많은 경험을 했다. 그때 성북경찰서의 과장이었는지 계장이었는지 기억이 분명치 않지만 광주 출신이라는 사람이 있었는데, 어느날 밤중에 유치장에 와서 낮은 말로 "제가 교수님이 계시는 그 자리에 있어야 됩니다" 하고는 위로하고 가기도 했다. 신군부의 학살행위에 광주 출신 경찰간부도 속으로는 분개하고 있었던 것이다.

또 어느날은 한밤중에 유치장을 지키는 경찰관이 "교수님 냉수 청하셨지요" 하며 물그릇을 넣어주고 갔다. 냉수 청한 일이 없는데 하면서

1994년 김대중 전 대통령과의 대담 모습

받아 마셨는데 소주였다. 순간 울컥해지는 마음에 할 말을 잊었고, 그래도 살 만한 세상이구나 하는 생각이 들기도 했다.

제일 괴로운 일은 시인 황지우 '동거인'이 매일 불려나가 심한 고문을 당하고 오는 일이었다. 그가 고문을 받고 돌아오면 이상신 교수가 그 상처를 문질러주는 일이 일과의 하나가 되었다. 황광우(黃光祐)라는 황지우씨의 동생이 광주항쟁에서 상당한 역할을 하고 피신한 것 같은데, 그 소재를 말하라며 형인 황지우를 날마다 불러내어 고문을 가하는 것이었다.

행방을 모른다는 것을 알면서도 매일 불러내어 고문하는 것을 보고 그들이야말로 사람 패는 일을 즐기는 자들이 아닌가 하는 생각이 들었다. 고등학교 교사 '동거인'들도 결국은 나나 이상신 교수와 같은 혐의인 셈인데, 이들에게도 심한 고문을 가했다.

옆방에 있던 대학생 20여 명이 무료함을 달래듯 아주 조용한 소리로 합창을 하면 경비경찰도 모른 척했다. 그중에서도 듣는 이의 심금을 울린 노래는 제목은 모르지만 '주여 이제는 여기에'라는 가사가 기억나는 노래였다. 무작한 군사독재정권 아래서의 이 땅은, 특히 광주학살이 저질러진 이 땅은, 젊은 학생들과 나 같은 사람이 이유 없이 유치장 생활을 해야 하는 이 땅은 구세주가 있다면 왕림할 만한 곳이라는 생각이 들기도 했다. 군사독재자들의 광주학살에 저항하려다 잡혀온 젊은 대학생들이, 피 끓는 분노를 삭이며 소리죽여 합창하거나 허밍으로 부르던 이 노래를 듣던 때의 감동이 30년이 된 지금까지도 생생하게 남아 있다.

유치장 생활 한 달 동안 그곳이 아니면 겪을 수 없는 또다른 경험들을 했다. 우리 사회에는 제 부모도, 생일도, 제 본래의 성명도, 본관도, 본적도 모르는 사람이 의외로 많다는 사실이었다.

그때만 해도 야간 통행금지가 엄격했고, 그래서 통금에 걸린 사람은 경찰서 유치장으로 끌려오게 마련이었다. 다음날 아침이면 유치장에서 그들에 대한 간이재판이 열렸고, 이를 방청하는 일이 우리 일과 중 하나였다. 재판에서는 성명·본관·본적·주소·생년월일 등이 확인되게 마련인데, 그것들을 제대로 밝히지 못하는 사람이 많은 데 놀랐다. 고아 출신들은 대개 고아원 원장의 성을 따랐지만 본관과 본적을 알 리 없었다.

우리 사회가 유교문화사회여서 혈연이나 성씨 등을 중요하게 여기지만, 제 본래의 성은 알지 못하고 고아원장의 성이 제 성이요, 이름도 항렬과는 상관없이 고아원장이 지어준 이름이며, 고아원에 들어온 날이 생일인 사람들이 의외로 많았다. 그들에게 본적이나 호주가 있을 리 없었다.

우리 사회의 현실이 저렇게 변하고 있는데, 우리의 현실인식이나 제도변화 등이 그같은 사회변화에 얼마나 따라가고 있는가를 심각하게 생각하는 계기가 되기도 했다. 훗날 국사학자가 그 모양이냐는 일부의 비난을 받으면서도 호주제폐지운동 등에 동참하게 된 것도 이때 얻은 현실인식이 하나의 원인이 되었는지 모른다.

얼마 후 나와 이상신 교수는 학생들을 떠나 다른 유치장으로 옮겨가서 일반유치인들과 함께 있게 되었다. 바로 옆방에 여자 유치인 두어 사람이 있었는데, 그중 젊은 여인의 처신이 특이했다. 얼굴화장이나 옷차림이나 경찰관들을 대하는 태도와 말투 등은 영락없는 술집 접대부 같은데, 우리를 대하는 태도는 돌변해서 바로 여자대학생 그대로였다. 뒷날 바깥세상에서 만나기도 했으나 이름을 잊었는데, 그는 광주항쟁에 참가해서 투쟁하다가 탈출한 후 술집여인을 가장해시 광주의 참상을 알리다가 체포된 여대생이었다.

경찰서 유치장 생활 한 달 동안에 광주항쟁이 진압되고 전두환정권이 어느정도 안정되게 되자 고등학교 교사 동거인들과 나는 바로 석방되었다. 그러나 어쩐 일인지 이상신 교수와 황지우씨를 포함한 학생들은 서대문구치소까지 이송된 후에야 석방되었다. 석방되면서 이상신 교수를 서대문까지 보내는 이유를 물었지만 대답은 없었다.

국민교육헌장 반대사건으로 중앙정보부 남산 취조실 구경은 잠깐 해봤지만, 저 무작스러웠던 군사정권 아래서 한 달 동안이나 갇혀 있어보기는 그때가 처음이었다. 가족들의 고생이 많았고, 동료교수들에게도 걱정을 끼쳤는데, 나와서 보니 지식인 134인가의 선언에 동참했던 교수들은 거의 다 검거되어 며칠씩은 고생을 했다.

10·26박정희살해사건 후에 잠깐 왔던 '서울의 봄'이 12·12쿠데타와 5·18계엄확대 후 다시 겨울로 들어서는 과정에서 양심적 지식인들이 겪어야 했던 어쩔 수 없는 고통이었지만, 구속을 겪지 않은 지식인들도 마음고생을 하기는 마찬가지였다.

성북경찰서 유치장에 있을 때, 친하게 지내던 지금은 고인이 된 고려대 중문과의 이한조(李漢祚) 교수가 어느날 저녁에 술에 잔뜩 취해서 경찰관을 밀치고 유치장 앞까지 나를 '면회' 와서 고함지르며 울분을 터뜨리던 일도 그런 마음의 표현이었다.

군사정권 뒷자리에 또 군사정권이 서다니

우리가 사는 한반도는 전체 역사시대를 통해서 북의 대륙 쪽과 남의 해양 쪽으로부터 많은 침략을 받아왔으면서도 전통적으로 숭무(崇武)문화가 아니라 숭문(崇文)문화 지역이었다. 그 점이 '사무라이(侍)문화'가 오랫동안 자리잡은 이웃나라 일본과 크게 다른 점이다.

숭문문화의 전통이야말로 우리 민족문화의 평화주의적 특징이며 또 자부심의 하나라 해도 틀리지 않을 것이다. 고려왕조 후기에 한때 무신들이 집권해서, 역사에서 '무신정권' 시기라고 지칭되기도 한 우리나라와, 전체 역사시대를 통해 섬나라여서 외부의 침략이 거의 없었으면서도 저희들끼리 싸워서 숭무문화사회가 되었다 할 일본은 대조적이라 할 수 있다.

그런데 군국주의 일본의 강제지배에서 해방된 이 땅에서, 우리 독립전쟁의 군사력이 아닐 뿐 아니라 독립군의 적이었던 제국주의 일본의 괴뢰만주국 장교 전력의 박정희 소장을 중심으로 한 군사쿠데타가 일어났고, 그래서 성립된 그 군사독재정권이 20년간 지속되다가 내부의 권력다툼에 의해 무너졌다.

군사정권 내부의 권력다툼에 의해 박정희정권이 종식되었다 해도, 군사정권 내부의 권력다툼이 정권 붕괴의 절정에까지 이르게 한 직접적 원인은 부마항쟁이란 민중저항에 있었다. 앞에서도 말했지만, 박정희 군사정권이 내부의 권력다툼이 아니고 이승만정권 때의 4·19'혁명' 과 같이 부·마민중항쟁이 확대되고 격화되어 무너졌다면, 후속정권은 당연히 문민민주정권이 되었을 것이다.

군사독재정권이 내부의 권력다툼에 의해 무너진 후에 찾아온 '서울 의 봄'이 마치 민주·민중세력의 항쟁으로 얻어낸 것인 양 오인한 결과 민주세력 내부의 분열과 대립을 가져왔고, 그것이 또 전두환 군사정권 이 후속되게 한 하나의 원인이 되었다 해도 틀리지 않을 것이다.

청와대 다음으로 군사독재정권의 핵심 권력기관이던 중앙정보부 부 장이 박정희 '유신'대통령을 살해한 사건의 정확한 배경이 밝혀지지 않 은 채, 정보부장 김재규와 대통령경호실장 차지철 사이의 개인적 권력 다툼이 가져온 돌출행동 같은 것으로 마무리되고 말았다.

박정희정권의 최고권력기관 중 하나인 중앙정보부의 부장에 의해 저 질러진 10·26안가살해사건의 진실이 무엇인가를 정확하게 이해하기 위해서는, 4·19'혁명' 후의 5·16군사쿠데타 발발상황과 대비해볼 때 반 드시 다음과 같은 몇 가지가 해명되어야 하지 않을까 한다.

첫째 부마항쟁이 심해지고 확대되면 결국 4·19와 같은 '혁명'이 일어 날 수밖에 없었을 것이라는 상황과, 둘째 4·19'혁명'이 성공할 수 있었 던 것은 미국이 지휘권을 가진 한국계엄군이 '온순'했기 때문이었던 상 황, 즉 미국이 이승만 독재정권이 유지되기를 바라지 않았다는 상황 등 이 고려될 만하다. 셋째 그러면서도 4·19'혁명' 후 평화통일운동이 활 성화되는 상황에서 장면(張勉)정권에 대한 미국의 신뢰도는 낮아질 수 밖에 없었고, 따라서 주한미군이 작전권을 가진 조건 아래서도 5·16군 사쿠데타가 '성공'할 수 있었던 상황 등이 또한 고려될 만하다.

해방 직후부터 한국군을 만든 핵심인물이었다 해도 과언이 아닌 미 육군장교 하우스만(J. Hausman)이 그 회고록에서 고백한 바에 의하면,

그는 5·16군사쿠데타 한 달 전에 박정희 소장 중심의 군부쿠데타 계획이 있음을 알고 본국에 보고했으며, 5·16 직후인 18일에 박정희 소장을 만나 향후 계획을 함께 의논했다.

이승만정권이 4·19'혁명'으로 무너진 후 겪은 민주화운동 및 평화통일운동의 활성화로 인한 '혼란'이 준 '교훈' 그것이, 국민의 강한 저항을 받던 박정희 유신정권이 부마항쟁의 확대 격화로 무너지기 전에 10·26안가살해사건으로 무너지게 했다고도 할 수 있을 것이다.

20년 가까이 지속된 박정희정권 아래서는 경제건설이란 명분이 강하게 내세워졌고 또 상당한 실효가 있었다. 그럼에도 민주세력의 반유신운동과 민중세계의 부마항쟁 등 군사독재에 대한 저항운동은 수그러들지 않았다. 따라서 박정희 독재정권이 이승만 독재정권과는 달리 '4·19식'으로 끝나지 않고 '10·26식'으로 끝났지만, 그후 국민의 민주정권 수립 열망과 역량은 20년 전 4·19 후의 그것보다 더 컸으면 컸지 결코 작았다고 할 수는 없었다 할 것이다.

전두환 중심의 신군부가 그같은 국민의 열망과 역량을 탄압하고 다시 군사독재정권을 후속시키려 했기 때문에, 우리 공화주의 역사상 가장 치열했고 또 그만큼 희생도 컸던 저 처절한 '광주항쟁'이 일어나지 않을 수 없었던 것이다.

다사다난했던 우리 현대사를 되돌아보면, 6·25 민족상잔이 끝난 지 불과 7년여 만에 4·19'혁명'이 일어나서 민주화운동 및 평화통일운동이 활성화됐으나 그것을 잠재운 5·16군사쿠데가 뒤이었고, 유신독재에 저항해서 일어난 부마항쟁의 확대를 미리 막은 10·26박정희살해사건이 있었으며, 그후의 '서울의 봄'에 찬물을 끼얹은 12·12신군부쿠데타가 있었고, 그것에 저항한 광주항쟁에 대한 폭력적 진압이 있었다.

그럼에도 5·16이, 10·26이, 12·12가, 그리고 광주항쟁 진압 등의 폭력적 사건이 '성공'하게 된 그 근원적인 원인이 어디에 있는가가 제대로 밝혀지지 않은 것 또한 사실이다. 우리 역사학은 아직 이들 사건들의 원인규명에 전혀 접근하지 못하고 있는 것이다.

이러한 일련의 사건들이 폭력적으로 '성공'하게 된 것은 국민의 민주주의 역량보다 군부의 탄압실력이 더 컸기 때문인지, 아니면 내외를 막론한 훨씬 더 강력하고 교활한 또다른 힘이 우리 역사 위에 작용한 탓인지 아직은 전혀 규명하지 못하고 있다.

역사학은 어떤 역사적 사실이건 그 진실을 명백히 밝히는 데 그 존재가치가 있다. 앞으로 우리 역사에서 5·16군사쿠데타, 10·26박정희살해사건, 12·12신군부쿠데타, 신군부의 광주항쟁 탄압 등의 배경과 원인 등이 한층 더 명백히 밝혀져야 할 것이다.

이와 관련해서 한 가지 여담이 있다. 2003년이던가 상지대학교 총장으로 있을 때 통일부의 요청으로 미국의 쌘프란시스코·로스앤젤레스·애틀란타 등지로 통일강연을 간 적이 있다. LA에서 '하리마오 박'(본명 박승억?)이란 사람이 호텔로 찾아왔다.

그는 1998년에 『38선도 6·25 한국전쟁도 미국의 작품이었다』라는 책을 낸 사람인데, 고아 출신으로 일제강점기 일본인 법관의 양자가 되었다가 제국주의 일본군의 장교가 되었고, 해방 후에는 미국 CIA 극동지역 고위간부였기도 했다는 내력을 쓴 자서전을 주기도 했다.

그는 나의 책 『고쳐 쓴 한국현대사』를 읽었다면서, 우리 역사 특히 현대사에는 밝혀지지 않은 부분이 너무 많은데 그것들이 밝혀져야만 비로소 옳은 의미의 역사가 성립될 수 있을 것이라 했다. 나를 찾아온 주된 목적이 이 문제를 말하는 데 있는 것 같았다.

80세가 넘었으면서도 건강한 그는 미국 CIA 극동요원으로서 경험한 6·25전쟁까지는 썼지만, 죽기 전에 그후의 5·16군사쿠데타와 10·26박정희살해사건, 그리고 12·12신군부쿠데타의 진실을 밝히는 책을 쓰겠다는 강한 의욕을 보이기도 했다. 그 사건들에 관해 당장 못 쓰는 이유는 미국 CIA 요원 경력자는 모두 관여했던 사건이 있은 후 30년이 지나야 그것에 관해 기술할 수 있는 제한이 있기 때문이라 했다. 그는 10·26 등 사건에서의 미국측의 작용을 밝히려는 것 같았다.

그후 2008년의 가을경이었다고 기억되는데, 5·16은 말할 것 없고 10·26이 있은 지 30년이 다되었는데 그의 저술 진행도가 어느 정도인가 궁금해서 LA에 사는 의사이며 저명한 평화통일운동가인 오인동(吳寅東) 박사에게 그도 아는 사이인 하리마오 박을 만나 봐달라고 부탁했다. 왜 5·16군사쿠데타 등에 관한 저술이 나오지 않는가, 쓰겠다던 몇가지 저술이 앞으로 나올 가능성이 있는가, 만약 고령으로 쓰기 어려우면, 그리고 가진 자료가 있다면 공개하거나 역사학 전공자에게 넘겨줄 생각이 없는가 등을 타진해보게 한 것이다.

그러나 오박사가 만나본 하리마오 박은 나를 만났던 일도, 5·16 등에 관해 쓰겠다고 말한 사실도 전혀 기억하지 못하는, 한 사람의 평범한 고령 노인일 뿐이었다고 했다. 미국 CIA 극동지역 요원으로『38선도 6·25 한국전쟁도 미국의 작품이었다』를 썼고, 나의 책『고쳐 쓴 한국현대사』가 불만이라면서 5·16과 10·26, 12·12, 5·18 등에 관해 진실된 역사를 쓰겠다고 대단한 의욕을 보였던 하리마오 박이 기억하는 우리 현대사의 '비사(秘史)'를 읽지 못하게 된 것이 유감이지만, 현명한 뒷날의 역사 연구자들에게 기대할 수밖에……

7장

전두환정권에 의해
해직교수가 된
이야기

교단에서 강제로 쫓겨나다

성북경찰서에서 석방된 지 한 달이 지난 1980년 7월 말경이었다. 교무처장인 영어영문학과의 김권호(金權鎬) 교수가 연구실에 찾아와서 난처한 얼굴로 한참을 망설이다가 문교부에서 사표를 받으란다고 했다. 이유를 물었더니 전두환 신군부세력이 정권을 쥐는 과정에서 '사회정화'라는 이름으로 대학교수뿐 아니라 언론인과 고등학교 교사, 공무원들을 대량으로 '숙정(肅正)'하려는 것 같다고 했다.

고려대에서는 누가 그 숙정대상이냐고 물었더니 행정학과의 이문영(李文永) 교수, 경제학과의 김윤환(金潤煥), 조용범(趙容範) 교수, 화학공학과의 김용준(金容駿) 교수, 사학과의 강만길, 이상신(李相信) 교수 등 6명이라 했다. 이 중 이문영, 김윤환, 김용준 교수 등 세 사람은 박정희 정권 때 해직되었다가 10·26 후 '서울의 봄'이 와서 복직된 지 1년도 안 되었는데 다시 해직되게 된 것이다.

사표를 내지 않으면 어찌되느냐 물었더니 학교당국이 대단히 난처해질 것이라 했다. 광주민중항쟁을 피로써 진압한 독기에 찬 군사독재정권의 요구를 피할 수 없을 것이라 생각되기도 하고, 학교가 어려워지게 할 이유는 없다 싶어 사표를 내고 말았는데, 다른 다섯 교수도 마찬가지였다.

요즈음 젊은이들도 그럴지 모르지만 특히 훗날 사람들은, 비록 강압적으로 정권을 쥔 자들이라 해도 수백 명의 대학교수나 언론인의 사표를 강요하는 일이 있을 수 있는가 하고 의아해할지도 모르겠다. 하기야 요즈음의 문민정권 아래서도 정부의 작용에 의해 자리에서 쫓겨나는 교수가 있다고도 하지만…… 1960년대 이후의 군사독재정권 아래서는 대학교수들의 대규모 해직이 거듭되었다.

고려대학교의 경우를 보면 한일협정에 반대했다가 교단에서 쫓겨난 김성식(金成植), 이항녕(李恒寧) 등이 제1차 해직교수였고, 이문영, 김윤환, 김용준 등이 제2차 해직교수였으며, 이들 2차 해직교수들에 조용범, 강만길, 이상신 등을 합쳐 제3차 해직교수가 되었다.

나는 평생을 여유라는 것을 모르고 살아왔지만, 사표를 내고 퇴직금을 받고 나니 정말 한치도 물러설 공간이 없는 신세가 되고 말았다는 생각이 절실했다. 그러나 그렇게 절망적인 생각만은 아니었다. 박정희 등과 같이 나름대로 일정한 명분과 준비과정을 거쳐 감행한 쿠데타로 성립된 정권도 아닌, 10·26사건의 조사를 맡은 것을 계기로 12·12쿠데타를 단행해서 성립된 전두환정권이 오래가지 못하리라는 생각과, 처절한 '광주학살'을 겪은 민중세계가 결코 그냥 있지 않을 것이란 믿음 때문이기도 했다.

결과적으로는 신군부정권이 노태우정권까지 이어짐으로써 10여 년간 존속했지만, 전두환이나 노태우 정권 때는 박정희정권 때같이 스페인의 프랑꼬정권처럼 되지 않을까 하는 우려는 전혀 들지 않았다. 역시

1978년 9월 고려대학교 교수들의 연좌데모를 학생들이 지켜보고 있다.

나 민주민중 세계는 전두환정권 말기의 6·10항쟁으로 대통령 직선제를
쟁취했고, 노태우정권 말기에는 어떤 형태로건 군사정권이 다시 이어
질 조건은 전혀 아닌 상황이 되었다.

자주 하는 말이지만 역사는 결국 제가 가야 할 방향으로 가고 만다고
나 할까. 다소 둘러갈 수도 있고 또 지체할 수도 있지만, 역사는 결국 본
래 가야 할 길로 정확하게 가는 것이다. 역사가 가는 이 정확한 길을 알
지 못하는 지식인들이 더러 반역사적 길로 들어서기도 하는데, 그런 자
들은 이미 지식인의 범주에서 벗어났다 해도 좋을 것이다.

지식인과 지성인을 나누어서 개념화한다면, 만고불변 '역사의 길'을 제
대로 아는 식자(識者)만이 지성인의 범주에 들 것이며, '역사의 길'을 제대
로 알지 못하는 식자는 한낱 지식인에 불과하다고 할 수 있을 것이다.

해직으로 당장 생활이 어렵게 되었는데, 다행히도 창비사에서 『한국

근대사』와『한국현대사』를 쓰라면서 매달 일정한 생활비를 원조해주었다. 이 두 책은 고려대 강의안을 풀어 쓴 것이다. 가난한 서생에게 시집와서 갖은 어려움을 겪으며 어쩔 수 없이 생활력이 강해진 집사람이, 남편이 해직되자 모진 마음을 먹고 몰래 남의 집안일, 요즘 말로 도우미로나갔다가 해직교수 부인임이 탄로되어 바로 '해직'된 일이 있었음을 훨씬 후에야 알고는 할 말을 잃기도 했다.

나약한 지식인이 제 역사관과 세계관을 지키며 살기 위해 스스로 겪는 고통이야 어쩔 수 없다 해도, 그 피해가 주변에 미치지 않을 수 없는현실은, 제 신념을 내세워 고집대로 살면서도 역시 괴로운 일이 아닐 수없었다. 막내아이는 마침 고3이었는데 제대로 뒷바라지를 해줄 수 없어서 대학입시에 낙방하고 재수를 해서야 입학할 수 있었다. 그후에도 그아이는 아비로 인한 피해를 많이 입어 인생의 방향이 틀어지고 말았다.평생을 두고 가슴에 못 박힌 일이다.

전두환 군사정권이 1982년 일본의 역사교과서 왜곡사건을 계기로 그독재성을 희석하고 협상이 진행중이던 차관교섭을 유리하게 하기 위해대일 강경책을 쓰면서 국민모금으로 독립기념관을 건설하려던 때의 일이다. 해직교수가 된 나에게 독립기념관 설립을 위한 준비위원인가가를 해달라는 연락이 왔지만 물론 거절했다. 박정희정권 때 동아일보 광고사태로 사직한 송건호(宋建鎬)씨도 제안을 받았으나 거절했다고 들었다.

얼마 후 중앙정보부에서 이름이 바뀐 국가안전기획부의 전화가 왔다. 내용은 동짓날 벼락이 치면 임금이 죽는다는 역사기록이 있다는데사실인가 하는 괴상한 질문이었다. 그해 동짓날에 벼락이 쳤는지는 모르겠으나, 무소불위의 중앙정보부 후신 안기부가 왜 해직교수가 된 나에게 그런 괴상한 질문을 해왔는지 궁금하지 않을 수 없었다.

조선왕조실록 같은 데는, 국가에 큰 변괴가 있을 징조라는 백홍관일 (白虹貫日) 즉 흰 무지개가 해를 가로지르거나, 태백주현(太白晝現) 태백성 즉 금성이 낮에 보였다는 기록들은 있어도, 동짓날 벼락이 치면 어떻다는 기록은 못 보았노라고 대답해주었다. 광주에서 많은 사람을 죽이고 성립된 정권이라 '동짓날 벼락' 같은 일에도 신경이 날카로워진 건지, 그런 말을 퍼뜨린 근원지로 국사학 교수직에서 해직된 나를 의심하여 물었는지 모르지만, 어떻든 엄청난 민중학살 끝에 성립된 군사독재 정권의 초조함 같은 것이 느껴지기도 했다.

전두환정권의 횡포로 해직교수가 된 사람은 전국에서 86명이었다고 기억된다. 해직된 채 그냥 있을 것이 아니라 투쟁을 하거나 공통된 입장을 계속 밝혀야겠고, 그러기 위해선 박정희정권 때 있었던 해직교수협의회 같은 조직을 만들 필요가 절실하다고 생각했다.

그러나 악명높던 중앙정보부의 후신 국가안전기획부의 감시가 어찌나 심하던지 해직교수들이 서로 만나기조차 어려운 상황이었다. 그래서 서울대학교에서 해직된, 지금은 고인이 된 김진균(金晉均) 교수 등과 자주 다닌 등산모임을 가장해 해직교수협의회를 만들기로 했다.

어느날 김진균 교수와 이화여대에서 해직된 이효재 교수, 그리고 몇 사람이 더 있었던 것 같은데, 등산을 겸해서 세검정 쪽 어느 장소에서 몰래 만나 서울대에서 해직된 변형윤(邊衡尹) 교수를 회장으로 한 '해직교수협의회'를 만들었다. 협의회는 1주일에 한 번씩 세검정의 어느 중국음식점에서 모임을 가지기로 했는데, 안기부의 감시가 너무 심해서 모이기가 정말 어려웠다.

그러던 어느날 다산연구회 일원이며 홍익대에서 해직된 정윤형 교수가 와서 전두환정권이 해직교수들을 모두 체포해들인다는 소문이 있으니 빨리 피신하라고 전했다. 못하는 짓이 없는 그들이라 일단 피하고 보자 했는데, 다산연구회 회원들과 가깝게 지내던 이효우(李孝友)씨가 함께 자기 고향으로 가자고 해서 전라남도 강진 쪽으로 며칠 피신하기도 했다. 그러나 해직교수 체포령은 내리지 않았다.

그런 악조건 아래서도 해직교수협의회의 투쟁은 성명서 발표 등을 통해 계속되었다. 그런 결과 전두환정권이 한걸음 물러서면서 해직교수들이 본래 있던 대학이 아닌 다른 대학으로 가겠다면 복직을 허용하겠다고 했다.

그러던 어느날 고려대 사학과 후배이며 지난날 국편에서 함께 근무하기도 했던 강원대학교 사학과의 박한설(朴漢卨) 교수가 집으로 찾아와 총장의 심부름이라면서 나더러 강원대로 오지 않겠느냐는 것이었다. 그때의 강원대 총장은 박정희정권 때 정신문화연구원 설립에도 관계했고 전두환정권에서는 청와대의 교육수석인가를 하다가 총장이 된 이상주(李相周)씨였다. 일언지하에 거절하고 박한설 교수에게 다시는 이런 심부름 하지 말라고 일러 보냈다.

일부 해직교수들은 전두환정권의 이같은 처사에 호응해서 다른 대학으로라도 가겠다 했고, 실제 다른 대학으로 가서 일찍 복직된 사람도 있었던 것으로 기억된다. 그러나 고려대학교 해직교수 6명은 한 사람도 흔들리지 않고 그대로 버티었다. 그러다가 결국 해직된 지 만 4년 만인 1984년 2학기에 모두 고려대로 복직했다.

전두환정권이 내놓은 타대학으로의 복직에 반대하고 "원적 대학으로의 동시적·일괄적 복귀"를 요구하며 끝까지 싸운 37명이 뒤늦게 원적 대학교로 돌아가면서 1984년 9월 22일자로 세상에 내놓은 성명서를 지금도 보관하고 있다. 그 앞부분만을 소개해보면,

유신독재와 5·17의 정치적 희생자였던 우리들 해직교수들은 이제 대부분

다시 대학으로 돌아간다. 4년에서 10여 년 동안 부당한 탄압을 받아오던 우리들이 늦게나마 권리를 회복하게 된 것을 다행으로 생각한다.

우리들은 이 나라의 지식인으로서 지식인이 이 시대에 짊어지고 있는 사명을 한 번도 잊어본 적이 없다. 우리는 과거에도 지식인의 시대적 사명에 충실하려고 노력을 했고, 바로 그것이 해직의 사유가 되어 대학에서 추방당하거나 투옥당하는 등 갖은 탄압을 받아왔으나, 우리는 앞으로도 각자가 처한 위치에서 그 사명에 더욱 충실할 것이다.

이 성명서에서 말한 '5·17의 정치적 희생'이란 곧 1980년 5월 17일에 실행된 신군부에 의한 두번째 쿠데타 '계엄확대'를 말하며, '4년에서 10여 년 동안 부당한 탄압'이란, 전두환정권 때 해직된 교수들의 4년과 박정희정권 때부터 해직된 교수들의 10여 년을 말한다.

해직기간에 『한국근대사』 『한국현대사』와 『분단시대의 역사인식』의 후속편이라 해도 좋을 『한국민족운동사론』(1985)을 썼다. 쉽게 풀어쓴 우리 근현대사 책이 귀하던 때라 이 책들은 생각 외로 많이 읽혔고, 근대사와 현대사는 일본어로 번역되기도 했다.

우리 역사학계에서는 순수 실증논문과 나름대로의 사론을 제시한, 말하자면 사론문(史論文)이라는 글을 엄격히 구분하는 편이다. 실증 일변도의 역사논문과 사론은 물론 구분되어야 하지만, 순수 실증논문만을 학문적 업적으로 간주하고 사론은 일종의 '잡문'으로 취급하는 것이 우리 학계의 '특징'이기도 하다. 그 때문에 아카데미즘을 고집하면서 순수 실증논문만을 써야 학자로 대접되고, 사론 같은 글을 혹시라도 쓰면 흔히 학자라기보다 논객으로 취급되기도 한다.

1978년부터 79년까지 일본에 가서 자료를 수집해 온 것은 『조선후기 상업자본의 발달』 후속편을 쓰기 위해서였다. 그러나 귀국하자마자 10·

26박정희살해사건이 있었고 다음해에 해직됨으로써 순수 실증논문보다 '계몽적'인 근·현대 시대사와 사론적인 글을 많이 쓰게 되었다.

해직기간에는 등산을 많이 다녀서 4년 동안 전국의 웬만한 산은 가보지 않은 데가 없을 정도였다. 군사독재정권에 의해 밀려난 사람들이 돈 들이지 않고 제일 쉽게 할 수 있는 일이 등산이었다. 국토의 약 70%가 산지인 우리땅이 그렇게 고마울 수가 없기도 했다. 해직교수가 많았던 다산연구회 중심의 '다산산악회', 역시 해직교수와 군사정권에 의해 변호권을 박탈당한 변호사, 탄압받던 문인들, 해직된 언론인 등이 중심인 '기시기산악회' 등은 모두 이때 생긴 '백수지식인' 단체였다.

군사독재정권에 의해 자격이 정지된 이돈명(李敦明) 변호사, 독재정권에 굴복하는 신문사에서 스스로 물러난 고 송건호 동아일보 편집국장, 정권과 싸우다 해직된 백낙청 교수, 역시 해직된 변형윤 교수 등이 중심이던 '거시기산악회'는 사람은 많이 바뀌었지만 지금도 산행이 계속된다고 한다.

해직 중인데도 1983년 후반기에 일본의 토오꾜오여자대학에서 3개월쯤 와 있으라는 초청을 받았다. 외국에 나갔다가 박정희 군사정권을 비판함으로써 귀국길이 막혔던 철학자 지명관(池明觀) 교수가 그때 그 대학에 몸담고 있었는데, 지교수의 주선과 그 대학 스미야 미끼오(隅谷三喜男) 총장의 호의로 초청된 것이다.

미국의 친일본인 라이샤워(A.K. Reischauer)가 설립했다는 토오꾜오여자대학은 규모가 크지 않으면서도 학문적 분위기와 교풍, 자연환경이 모두 좋은 차분한 대학이었다. 외국인교수 숙소에 머물면서 그 대학 동양문화연구소 교수들과 유익한 학문적 교류를 할 수 있었다.

예정기간 3개월이 다되어 귀국준비를 하는데, 『한국경제』라는 저서도 있을 만큼 한국에 대한 관심이 높고, 독재정권에 탄압받는 한국지식

왼쪽부터 저자, 신경림 시인, 소설가 이호철

인들에게 호의적이던 토오꾜오여자대학 스미야 총장이 지명관 교수를 통해 귀국하지 말고 더 머물 것을 종용했다. 그는 우리나라에도 번역된 해방 직후 나온 유명한 고미까와 준뻬이(五味川純平)의 소설『인간의 조건』주인공으로 알려지기도 한, 전 토오꾜오대학의 저명한 교수였다.

고맙기는 했으나 귀국해서 해야 할 일도 있고, 또 지명관 교수가 있는데 나까지 있을 수 없다는 생각으로 호의를 뿌리치고 귀국했는데, 귀국하자마자 치안국 대공분실에 끌려가게 되었다. 이 소식을 들은 스미야 총장과 지명관 교수, 그리고 그 대학 동양문화연구소 교수들이 나의 귀국을 더 강하게 만류하지 못한 것을 몹시 후회했다고 들었다.

되돌아보면 어릴 때 겪은 태평양전쟁 때의 어려움도 컸고, 특히 철든 후에 겪은 6·25진쟁 때의 고통도 깊었다. 그러나 그때는 홑몸이었으나 해직교수 생활 4년 동안 겪은 고통은, 특히 가족들에게 준 고통은 몹시도 심해서 더 마음 아팠다. 그리고 저 악명높은 치안국 대공분실과 서대문형무소를 가본 것도 이때이기도 했다.

형무소 생활을 해본 지식인이 많은 나라일수록 후진국이라 할 수 있지 않을까 하는데, 이제 겨우 60년이 넘은 우리 공화주의 역사상 어느 때보다도 군사독재 30년간에 지식인 수감자가 많았다고 생각된다. 군사독재정권의 속성을 그대로 말해준다 해도 좋을 것이다.

남영동 대공분실에 끌려가기도 하고

창비에서 청탁받은 『한국근대사』 『한국현대사』 원고가 거의 완성된 무렵인 1983년 12월 30일인가 31일쯤, 몹시 추운 이른 아침에 초인종이 울리고 "파출소에서 왔습니다" 하기에 문을 열었더니 건장한 사나이 셋이 들어와서 같이 가자는 것이었다. 무엇 때문이냐고 물었지만 대답할 리 없고, 잠깐이면 된다기에 가족들을 안심시키고 따라나설 수밖에 없었다. 자동차 뒷자리에서 양옆 두 사나이의 감시를 받으면서 끌려갔는데, 마침 함박눈이 펄펄 내리고 있었다.

성북경찰서를 그냥 지나기에 남산 안기부로 가려나보다 생각했는데, 서울역을 지나 얼마를 가더니 고개를 숙이고 밖을 보지 말라는 것이었다. 긴장 속에 도착한 곳은 뒷날 서울대생 박종철(朴鍾哲)군을 고문으로 죽게 함으로써 이름을 세상에 널리 알리게 되는 남영동 소재 치안본부 대공분실이었다.

그해 봄으로 기억되는데, 조승혁(趙承赫) 목사가 원장이던 한국기독교사회문제연구원에서 실시하는 중·고등학교 교사들 대상의 교육과정에 나가 '민족분단과 통일과정의 역사적 배경'이라 기억되는 제목으로 강의를 했는데, 그 내용이 문제가 되었다는 것이다.

이미 반년도 넘은 일이라서 구체적으로 어떤 말을 했는지 기억이 분명하지 않았지만, 아마 분단된 역사적 배경을 설명하고 6·25전쟁에서 경험한 바와 같이 우리땅에서는 전쟁통일은 불가능하며 평화적으로 통일하기 위해서는 남북이 각각 상대방의 처지와 체제를 인정한 위에 통일방안을 강구해야 한다는 취지로 강의했던 것이 아닌가 한다.

이같은 내용의 통일론은 1980년대 후반기 이후에는, 즉 군사정권 아래라 해도 노태우정권의 7·7선언과 '남북화해·불가침합의서' 이후에는 거의 일반론이 되다시피했고, 특히 6·15남북공동선언 이후에는 남북을 통한 통일론으로 정착되었다고 할 수 있다.

그 지정학적 위치문제 등이 주된 원인이 되어 6·25전쟁을 겪고도 통일이 되지 않은 한반도의 경우, 전쟁통일은 불가능하며 평화통일이 될 수밖에 없다는 생각은 이때부터 가졌고, 그같은 생각으로 2003년에『우리 통일, 어떻게 할까요』라는 통일문제를 종합적으로 다룬 책을 내기도 했다.

그러나 1980년대 전반기까지만 해도 평화통일론은 실제로 금기시되었다. 강의를 들은 고등학교 교사들은 모두 전쟁통일론과 북진통일론만 배운 사람들이었다. 그런데 누군가가 상대방의 처지와 체제를 인정하는 통일방안을 강구해야 한다는 점이 곧 그 무렵 북녘이 주장한 연방제통일안을 인정해야 한다는 것으로 받아들인 것 같고, 그런 내용으로 필기해두었던 것 같은데, 그것이 경찰당국에 발견된 것이라 했다.

솔직히 말하면 그때까지만 해도 북녘에서 내놓은 연방제통일안의 내용 자체에 대해 나 자신이 상세히 알지 못했다. 다만 6·25전쟁을 통해 이미 불가능함을 경험한 전쟁통일이 아닌 평화통일의 방법으로 남북 쌍방이 서로 상대방의 체제를 인정하면서 서서히 통일해가는 방안을 강구해야 한다는 정도로 말한 것이 아닌가 추측한다.

경찰 쪽에서는 나를 잡아간 이유가 북이 주장하는 연방제통일안을 인정했기 때문이라 발표했던 것 같고, 그 발표가 기사화됨으로써 북쪽에서는 남쪽에도 연방제를 인정하는 학자가 있다는 식의 발표를 했던 것으로 기억된다. 물론 풀려나온 후에 안 일이지만……

남영동의 치안본부 대공분실에서는 서울의 어느 고등학교를 나왔다는 박모라는 40대 초반으로 보이는 경위가 담당취조관이었다. 유식한 피의자의 취조는 무식한 자가 맡아야 제격이기 때문에 자신이 담당이 되었다고 한 그는, 통일문제에 대한 지식 같은 것은 있을 리 없었고, 간첩 잡는 것이 본업이라고 자랑스럽게 말했다.

리영희(李泳禧) 교수도 같은 교육계획에 참여했다가 잡혀왔는데, 어디에서 들었는지 박모 취조관은 '전환시대'와 '분단시대'가 함께 들어왔다면서 제법 아는 척하기도 했으나, 강의내용에 대한 심문 같은 것은 있을 리 없고, 지금까지 살아온 내력 즉 상세한 이력서 같은 것을 쓰라 했다.

처음에는 간략히 썼더니 좀더 상세히 쓰라 해서, 더 상세히 썼더니 또 더 자세히 쓰라 했다. 시키는 대로 상세히 썼더니 논문 쓰는 문장투지 진술서 쓰는 투가 아니라며 까탈을 잡으면서 거듭 쓰기를 요구했다. 제가 마치 논문 쓰는 문장투를 알기나 하는 것처럼.

지금도 이름을 똑똑히 기억하는 이 담당취조관 박모는 내가 서대문구치소까지 갔다가 석방된 한참 후에 수박 한 덩이를 들고 집으로 찾아와서 '위로'인지 '사과'인지를 하고 갔다. 대공분실에서 취조받는 동안 어쩌다 친일파에 대한 이야기만 나오면 그는 돌변해서 발작하다시피 해서 왜일까 궁금했다. 어쩌다 알게 되었지만, 그는 일제강점기에 경찰을 지낸 아버지의 뒤를 이어 한국경찰이 된 사람이었다. 그 '발작'은 어쩌면 그의 순수성이나 정직성의 발로였는지도 모르겠다.

자기들은 교대로 근무하면서 피의자는 밤낮으로 잠을 재우지 않고 계속 진술서를 쓰게 했는데, 그 일을 거듭 당하고서야 진술서 작성이 목적이 아니라 잠을 재우지 않는 것 그 자체가 고문임을 알 수 있었다. 아마 16절지로 빽빽이 500~600장 이상 쓰지 않았나 기억한다.

이름을 밝힐 것까지야 없지만, 가깝게 지내던 대학선배 중에 6년제 중학교시절에 좌익운동을 했다가 고생을 한 사람이 있는데, 그는 그후에는 우리가 봐도 심하다 싶을 정도로 철저한 반공주의자 반북주의자가 되고 말았다. 그런데 나를 심문하는 박모가 그 선배의 이름을 대면서 얼마나 친하냐고 묻고는 아직도 그들의 감시대상이라는 것이었다. 대한민국 경찰 정말 끈질기구나 하는 생각이 절로 들었다.

어느날 밤에 사무실 같은 데로 불려나갔는데, 중간간부쯤 되어 보이는 자가—지금도 그의 이름을 생생하게 기억한다—저도 마산 출신이라면서 다닌 고등학교는 다르지만 나를 잘 안다고 했다. 그러고는 우리 사건은 대공분실이 박정희정권 말기의 남민전사건 이후 처음 맡은 사건인데, 실적을 올리기 위해서는 내가 아무리 부인해도 이미 사건으로 삼게 되어 있다는 것이었다.

또 말하기를 지난날 동아일보 전 편집국장 송건호씨가 무슨 사건으로 여기 잡혀 와서 그들이 요구하는 혐의사실을 부인하다가 심한 물리적 고통을 당했다 하고, 어떻게 해서라도 저들이 필요한 혐의내용은 기어이 받아내게 마련이라 했다.

그러니 고문을 가하기 전에 저들이 요구하는 대로 진술서를 쓰고 반론은 재판정에 가서 펴는 것이 좋을 것이라며 마치 동향인을 도와주는 칙하며 '귀띔'하는 것이있다. 하기야 훗날의 일이지만 서울내생 박종철군을 고문으로 죽인 곳이니까……

반년도 더 지난 일이라 한국기독교사회문제연구원에서 어떤 내용의 강의를 했는지 구체적으로는 전혀 기억할 수 없었다. 심지어는 강의료를 얼마 받는가 물었지만 그것도 기억나지 않을 정도였다. 지금은 관

남영동 치안본부 대공분실. 이곳에서 서울대생 박종철군이 고문으로 죽었다.

록있는 국회의원으로 활약하고 있는 당시의 한국기독교사회문제연구원 간사 이미경(李美卿)씨가 불려와 대질하는 과정에서야 강의료 액수를 알게 되는 정도였다.

　남영동 대공분실에서 한 달 가까이 있었는데, 24시간 피의자를 혼자 두는 법은 없고, 심문이 없을 때도 반드시 순경 한 사람을 밤낮없이 함께 있게 했다. 언제나 나를 감시하는 역할을 맡은 순경은 꽤 성실한 청년이었다. 마침 진급시험 준비를 하느라 국사공부를 하는 중이어서 자연히 그의 선생 노릇을 하게 되었고, 그래서 어느정도의 의사교환은 할 수 있게 되었다.

　하급경찰의 정보가 얼마나 정확한지 모르지만, 그의 말에 의하면 우리 사건에 대해 관계기관회의에선가에서 논의한 결과 안기부에서는 문제삼지 않는 것이 좋겠다는 의견이지만 청와대 쪽에서 반대한다는 것이었다. 청와대의 주장이 통했는지 결국 기소되었고, 잠시나마 '제자'가 된 그 젊은 순경이 상관들이 보는 앞인데도 눈물을 흘리며 채우는 수갑을 평생 처음 차고 서대문 구치소로 넘어가게 되었다.

대공분실에서 바로 서대문구치소로 가는 것이 아니라 일정기간 경찰서 유치장에 수용했다가 구치소로 이송하게 되어 있어서 리영희 교수와 헤어져 혼자 마포경찰서로 넘어갔다. 리교수는 남대문경찰서로 갔다고 들었다.

경찰서 유치장의 독방에서 더러운 모포를 덮고 추위를 견디는 일도 괴로웠지만, 목사인지 전도사인지가 몇 명의 신도들과 함께 와서 찬송가를 부르며 회개하라며 떠드는 설교를 듣는 일이 더 괴로웠다. 심지어는 내가 갇혀 있는 독방 위에 붙은 국가보안법 위반 표시의 붉은 딱지를 보고 간첩이라 생각했는지, 연락을 해줄 만한 가족이나 친척이 있는가 하고 묻는 데는 실소를 금할 수 없었다.

그때는 창비사가 종로에서 마포경찰서 바로 위로 옮겨와 있어서 자주 갔었는데, 지척에 두고도 전혀 갈 수 없는 자유 잃은 몸이 된 현실이 실감되기도 했다.

그때 잡혀가 있던 그 음침하고 몸서리쳐지던 남영동의 치안본부 대공분실 자리가 2005년부터 경찰청 인권보호센터로 되었고, 박종철군이 희생된 장소는 2008년에 그의 기념관이 되었다. 역사가 변하려면 불과 20여 년 사이에 이렇게 정반대로 변할 수도 있는 것이다.

자주 써먹지만, 중학생 때 익힌 "모든 강물은 바다로 흐른다. 백두산 위에 떨어진 빗방울이 바다로 흘러가는 그 이치를 아느냐"는 시 한 구절이 마치 '역사의 진리'를 말하는 것 같아서 좋아한다. 지형에 따라 한때는 고이기도 하고 또 왼편으로 흐르거나 오른편으로 흐르기도 하지만 모든 강물이 결국 바다로 흘러들어가는 것처럼, 인류의 역사도 독재체제를 만나 정체할 때도 있고 또 때에 따라 좌편향하거나 우편향할 때도 있지만 결국에는 넓고도 넓은 민주주의의 바다, 평화주의의 바다로 흘러가게 마련이라는 생각이다.

서슬이 퍼렇던, 그 많은 사람들에게 엄청난 고문을 가하고 목숨까지 빼앗던 치안국 '대공분실'이 '인권보호센터'로 되고, 학살의 현장이 희생자의 기념관이 되고 마는 그 '이치'를 모르면 결코 역사를 안다 할 수 없을 것이다.

'독립운동의 성지' 서대문형무소에도 가보고

그 춥고 더럽던 마포경찰서 유치장 신세를 진 며칠 후 결국 서대문구치소로 넘어갔다. 옛날의 서대문형무소인데, 우리 근현대사를 통해 많은 독립운동가들이 거쳐간 유서깊은 곳이다.

지금도 보관하고 있는, 서대문구치소에 가자마자 차입해 읽은 이와나미(岩波) 문고판 『사기열전(史記列傳)』 뒤표지에 붙어 있는 1984년 1월 31일자의 '독서열독허가증'에 의하면 내가 국가보안법 위반혐의로 수감된 독방은 3사 하층 8방이고 수인(囚人) 번호는 30번이다.

국가보안법 위반 표시의 붉은 딱지가 붙은 수의를 입고 검은 고무신을 신고 독방에 들어서서 무거운 감방문 닫히는 소리를 듣고 나면, 어쩔 수 없는 한 사람의 죄수가 되고 말았음을 실감하지 않을 수 없게 된다.

지금은 건물 대부분이 헐리고 서대문형무소 역사관이 되었지만, 당시의 서대문구치소 시설은 그야말로 '감빵' 그것이었다. 한 평이 채 못 되는 넓이의 방 한쪽에 뚜껑 덮인 변기가 있고, 복도 쪽에는 세끼 밥을 넣어주는 구멍과 쇠창살문이 있었다. 4면 벽에는 앞서 거쳐간 사람들이 남긴 낙서로 어지러웠다.

　세면장에 가다가 만난 어느 홍콩 거주 영국인 금괴밀수범이 한국의 감옥은 "ZOO"와 같다고 했다. 비록 구치인 신세가 되어 같은 환경 속에 있긴 하지만, 외국인 범죄자가 제 나라의 사람 사는 한 공간을 동물원에 비유하는 데는 부끄러움을 느끼지 않을 수 없었다. 뒷날 역시 통일운동을 하다가 안양의 새로 지은 구치소에 수감된 고은(高銀) 시인을 면회 갔을 때의 일이다. 새 구치소 시설이 어떠냐고 물었더니 그는 웃으며 서대문에 비하면 호텔 같다고 했다.

　1984년 초의 서대문구치소에는 집시법 위반으로 잡혀온 대학생들이 많았다. 그들은 이곳에서도 소신대로 활동하다 잡혀온 젊은이답게 조금도 위축되지 않고 씩씩하고 활달했다. 저녁이 되면 교도관들의 제지에도 아랑곳없이 다른 방에 수감된 동료들과 통방하는 소리가 크게 울렸고, 면회장으로 나가는 그들의 모습은 항상 밝고 당당했다.

　바로 옆방에는 한양대 대학원에 유학 왔다가 잡혀 들어왔다는 재일동포 젊은이가 수감되어 있었다. 나같이 수의복에 붉은 딱지를 붙인 그는 세면장에 갈 때 만나면, 나를 알아보고 약간 서툰 우리말로 "교수님, 저는 간첩이 아닙니다"를 반복하는 것이었다. 이 한 많은 장소에 죄없고 억울한 사람들이 얼마나 다녀갔으며 지금도 갇혀 있는가 하는 생각이 절로 나지 않을 수 없었다.

　서대문형무소야말로 바로 우리 근현대사의 또다른 현장 그것이라 할 수 있다. 우리 근현대사 전공자로서 한때나마 그곳에 수용되었던 것은 역사현장의 답사나 성지순례를 한 것이라 자위할 수도 있었다. 일제강점기와 해방 후 문민독재시기 및 군사독재시기를 통해 역사의 현장에 섰던 얼마나 많은 사람들이 이곳을 다녀갔는가. 이곳의 식구가 되어보지 않고도 한 많은 우리 근현대사를 제대로 이해한다고 할 수 있겠는가.

이렇게 생각하고 보니 구치소 생활이 그다지 괴롭지만은 않았다.

뒷날 풀려나온 후 「서대문형무소와 우리 근현대사」라는 짤막한 글을 어느 지면에 썼는데, 일본의 잡지 『시소오(思想)』에서 번역게재하기도 했다. '서대문형무소와 우리 근현대사'에 관한 본격적인 저술이 나올 법하다는 생각도 했다.

우리 사건은 결국 검찰로 넘어갔고, 나를 담당한 공안검사는 뒷날 국회의원이 되기도 한 이사철(李思哲) 검사였다. 30대 초반으로 보이는 그는 나를 대하자 "교수님을 이렇게 대하게 될 줄 몰랐습니다" 하고 '인사치레'를 했다. 경찰에서는 진술서에 쓴 내용을 검찰에 가서 부인하면 안된다고 강조했고, 나 역시 부인할 생각이 없었지만, 검찰로서는 경찰조서에 나타난 사실만으로는 기소하기 어렵다고 생각한 것이 아닌가 여겨지기도 했다.

훗날에야 알게 됐지만, 한국기독교사회문제연구원사건이 터진 후 종로5가의 한국기독교교회협의회에서는 조승혁 목사의 석방운동은 당연하지만, 기독교신자가 아닌 리영희와 강만길도 석방운동 대상에 넣어야 하느냐를 두고 찬반이 있었던 것 같은데, 문익환(文益煥), 박형규(朴炯圭), 김상근(金祥根), 오충일(吳忠一) 목사들의 도움이 컸다고 들었다.

옥바라지에는 신출내기이면서 리영희 교수 부인과 함께 종로5가 집회에 다니던 집사람이 내가 면회를 요청하지 않았는데도 어느날 검찰청으로 면회를 왔다. 큰 거울이 걸려 있는 방에 두 사람만을 앉혀놓았는데, 집사람을 위로하고 안심시키는 말밖에 더 할 말이 없었다. 뒤에야 짐작하게 되었는데, 면회실에 걸린 큰 거울이 일종의 모니터였고, 검사들은 다른 방에서 그것을 지켜보고 있었던 것 같다.

그러나 부부가 만나도 서로 위로하는 말 외에는 없었으니 검찰로서는 실망할 수밖에 없었을 것이다. 경찰에서도 그랬지만 검찰에서도 가혹행위나 인격모독 같은 일은 전혀 없었으나 다만 하필이면 1984년 음력 설날 검찰청으로 끌려가서 당한 곤욕이 지금도 기억에 뚜렷이 남아 있다.

구치소에서 검찰청에 불려나가면 검사를 만나기 전에 '비둘기통'인가 하는 한 사람이 겨우 들어가 있을 만한 좁은 공간에서 대기하게 마련인데, 그 좁고 추운 공간에 하루종일 갇혀 있다가 검사도 만나지 못하고 그냥 구치소로 돌아올 수밖에 없었다. 남영동 치안본부 대공분실 취조실에서 잠을 못 잔 이후 가장 고통스러운 경우였다.

다른 고통은 줄 수 없고 설날에 일부러 불러내어 하루종일 좁고 추운 '비둘기통'에 넣어둠으로써 고문을 가한 것이다. 뒷날 풀려나와서 들었는데 '공범' 리영희 교수도 그날 역시 다른 '비둘기통'에서 같은 고문을 받았다고 했다.

또 하루는 일요일인데도 구치소에서 불려나와 검찰청으로 가게 되었다. 일요일인데 왜 불러내는가 하고 가보니 담당검사실이 아니고 당시의 이건개(李健介) 공안부장실이었다. 일본제국주의 군대의 장교 출신으로 해방 후에는 한국군 장성이었다가 비행기사고로 사망한 이용문(李龍文) 장군의 아들이며, 이장군과 가까웠던 박정희 대통령에 의해 젊은 나이에 서울시경 국장으로 발탁되어 화제가 되었던 사람이다.

비교적 편안한 분위기에서 대화하였는데, 그는 해방 후 건국과정에서는 설령 어느 한쪽이 역사적으로 정통성이 약하고 다른 한쪽이 강했다 해도, 그후에는 나라를 더 잘 운영하고 국민을 잘살게 하는 쪽의 정통성이 더 강해지는 것 아니냐고 했다.

말하자면 해방 후 건국과정에서 북쪽은 독립운동세력 중심으로 정권이 성립되어 역사적 정통성이 강했고, 남쪽은 친일반민족세력을 온존시키며 정권이 성립되어 정통성이 약했다 해도, 지금은 남쪽이 북쪽보

함석헌 선생과 저자 부부 내외

다 국민을 더 잘살게 하고 있으니 이제는 오히려 남쪽의 정통성이 더 강해지지 않았느냐는 것이다.

일본육군사관학교 출신을 아버지로 둔 사람 나름의 의견이라 생각되었다. 그래서 현시점, 즉 남쪽이 더 잘살게 되었다고 보는 1980년대 남북 양쪽의 정통성이나 역사성에 관해서는 다음의 역사가들이 평가할 것이고, 지금의 역사책들에서의 평가는 '해방공간' 건국 당시의 상황을 말하는 것이라고 대답해주었던 기억이다.

지금도 그때의 이건개 공안부장 같은 생각을 하는 사람들이 더러 있지 않을까 하는데, 어떤 역사적 사실에 대해 이해할 때 그 결과만을 중시하면 결과를 위해 있었던 과정이 무시되고 만다. 따라서 올바른 것이 성공하는 것이 아니라 성공한 것이 올바른 것이라는 식의 역사인식이 되고 만다. 이 경우는 이른바 영웅주의 역사관이나 지배자 중심의 역사관이 될 수 있으며, 나아가서 비민주적 쿠데타에 의해 성립되었더라도 일단 성립된 권력은 정당하다는 역사인식으로 귀결되고 말 수 있다.

그는 또 통일문제, 즉 연방제 문제를 두고 외신기자들도 있는 법정에서 학자와 검사가 논쟁을 벌이면 결국 북쪽에 선전거리만 주는 결과가 되지 않겠냐고 했다. 그렇다 해도 지금은 법정에 가서 결말을 보는 길밖에 없지 않겠냐고 했더니, "그렇게 되지 않게 해야지요" 하면서 검찰총장을 만나보겠냐고 했다.

당시의 서동권(徐東權) 검찰총장은 학과는 다르지만, 그리고 가깝게 지낸 사이는 아니었지만 고려대 1952년도 입학동기생이다. 이건개 공안부장도 그 관계를 알고 하는 말 같았는데, 전혀 만나볼 생각이 없노라 했더니 알겠다면서 그냥 구치소로 돌려보냈다.

얼마 후 역시 일요일로 기억되는 어느날 검찰청에 불려갔더니 뜻밖에도 중국요리를 시켜서 '융숭'하게 대접하는 것이었다. 물론 리영희 교수와 조승혁 목사도 함께였다. 그러면서 담당검사들도 이건개 공안부장의 말 그대로 법정에 가서 통일문제를 두고 논쟁을 해봐야 국가적으로 이익될 것 없으니 그냥 나가는 것이 좋겠다는 것이었다.

'초범'인 나도 물론 법정에 가지 않고 석방되는 것이 좋지만, 특히 '공범' 리영희 교수는 그의 저서 『8억인과의 대화』 문제로 이미 만 2년간 징역을 살았음을 알고 있었기에, 가능하면 법정에 가지 않고 징역 살지 않는 방향으로 해결되기를 바랐다. 그러면서도 그들에게 강력히 요구한 조건이 하나 있었다. 그것은 일반 해직교수들이 학교로 돌아가게 될 때 나도 반드시 돌아갈 수 있게 보장하라는 것이었다. 그들은 그 점에 대해서는 전혀 걱정하지 말라고 여러 번 다짐했다.

우리가 석방되어 구치소 문을 나서면 언론들이 모여들 것인데, 다만 "물의를 일으켜 미안하게 생각한다"고만 대답하면 된다고 했다. 밖에서 우리 문제가 어떻게 보도되고 있는지 모르지만, 물의를 일으킨 것은 사실이니 그 정도는 말할 수 있겠다는 생각으로 응락했다. 이렇게 해서 근 3개월 만에 자유의 몸이 되었는데, 서대문구치소 생활에 관해서는 그야말로 아이러니컬한 후일담이 하나 더 있다.

서대문구치소 감방마다에는 유일한 '문화시설'이라 할 확성기장치가 있는데, 매일 저녁식사 후 바로 여기를 통해서 어느 교도관이 담당하는 것으로 짐작되는 한자교육 시간이 있었다. 들어보니 교육내용이 쉽고도 요령이 있어서 참 좋다고 생각했다. 특히 교육 정도가 낮은 젊은 수용자들이 열심히 듣기만 하면 한자지식뿐 아니라 상식이 느는 데도 상당히 도움이 되겠다는 생각을 했다.

　구치소를 나올 때 구치소장인가가 수감생활에서 느낀 점을 말해달라기에 한자교육 시간이 참 좋았다고 했더니 옆에 있던 어느 교도관이 "제가 하고 있습니다"고 했다. 그래서 다시 한번 칭찬하면서 구치소장에게 이런 강의는 계속하는 것이 좋겠다는 의견을 말했다.

　노태우정부를 거쳐 김영삼정부가 된 후의 어느날 뜻밖에도 그때의 한자교육 담당교도관이 대학 연구실로 찾아왔다. 그 한자교육 내용을 정리해서 책으로 만들어 재소자들에게 제공함으로써 교육의 효과를 높이고자 하니 책에 실을 추천문을 써달라는 것이었다. 기꺼이 응하고 추천문을 써주었는데, 내가 왜 서대문구치소에 수감되어 그 강의를 듣게 되었는가 경위를 밝히지 않을 수 없었고, 그러자니 전두환 군사독재정권의 횡포 문제를 쓰지 않을 수 없었다.

　그랬더니 그 교도관이 다시 와서 전두환정권의 횡포문제는 추천문에서 빼달라는 것이었다. 왜냐고 물었더니 김영삼정권의 '역사바로세우기'에 의해 전두환인가 노태우인가가 현재 그 구치소에 수감되어 있다는 것이었다. 불과 몇 년 사이에 상황이 그렇게 바뀐 것이다.

　그렇다 해서 추천문 내용에서 전두환정권의 횡포를 쓴 부분을 뺄 수 없다고 했는데, 그후 그 책에 내 추천문이 실려 나왔는지, 아니면 그 교도관이나 구치소의 입장에 따라 실리지 않고 나왔는지 확인하지 못했다. 책을 보내오지 않은 것으로 봐 후자의 경우였으리라 추측했을 뿐이다. 다만 나를 구치소에 가두었던 그 독재권력자들이 지금 바로 그 구치소 생활을 맛보고 있다는 사실이야말로 '역사진행의 정직성'을 말하는 것임을 실감하고도 남았다.

역사 진행 자체는 길게만 보면 항상 가야 할 방향으로 정직하게 간다는 믿음을 가질 수 있지만, 구태여 길게 보지 않아도 역사진행이 얼마나 정직한가를 실감할 수 있는 일이었다고나 할까.

30년 군사정권 뒤 민주화가 되긴 했지만

5·18광주항쟁 과정에서 죄 없이 성북경찰서 유치장 신세를 겼을 때의 일이다. 학생들과 격리되어 이상신 교수와 함께 다른 감방으로 옮겨져서 경제사범인가로 들어온 어느 중년인사와 같은 방에 있게 되었다. 우리가 잡혀온 사정을 들은 그는 "교수님들 안심하십시오. 곧 나가시게 될 겁니다. 박정희 등이야 권력탈취를 위해 목숨 걸고 쿠데타를 했지만, 전두환 등이야 우연히 김재규 수사를 맡음으로써 권력 욕심을 가지게 된 것 아닙니까. 결코 성공하지 못할 것입니다" 하고 위로하는 것이었다.

그러나 생각해보면 전두환 등 이른바 신군부세력에는 권력탈취 과정을 가르쳐준 박정희라는 '선생'이 있었고, 그 '선생'에게 배운 대로 12·12쿠데타 후 권력장악의 길에 나서게 된 셈이다. 다만 전두환 등은 권력장악 과정에서 광주민중항쟁이란 전에 없이 강력한 저항을 만나 엄청난 피를 흘린 점이 진압군 몇 사람만의 희생으로 그친 5·16쿠데타 때와 다른 점이겠다.

광주항쟁 때 제2의 부마항쟁이 다시 일어나서 영남 민중세계의 동력 및 저항력이 광주항쟁에 호응해서 발동했더라면 신군부의 정권탈취는 저지됐을지 모른다고 앞서 말했는데, 뒷날 전두환정권이 군사정권을 연장하기 위한 대통령간선제를 유지코자 '4·13호헌조치'인가를 내놓자 영·호남 가릴 것 없이 전국적인 민주화항쟁이 일어나서 '6·29선언'을 받아내고 말지 않았던가. 직선제의 결과로도 군사정권이 이어지기는 했지만……

광주항쟁에 호응해서 제2의 부마항쟁이 일어났다면 제1차 부마항쟁을 김영삼 야당당수의 국회의원직 박탈에 자극된 지역적 저항으로, 또 광주항쟁을 김대중 야당지도자 체포에 분노한 지역적 저항으로 그 의미를 축소하려 한 신구 군부의 음모가 여지없이 분쇄되었을 것이다. 역사가 그렇게 순리롭게만 진행되는 것은 아니어서 전두환 등 신군부의 정권탈취 기도는 '성공'하게 되었고, 그 결과 이후 군사정권이 10년 이상 연장됨으로써 평화주의 숭문(崇文)문화 사회의 또 하나의 역사적 오점을 남기고 말았다.

사람의 욕심이란 특히 권력욕이란 한이 없게 마련이다. 악명높은 유신헌법을 거의 그대로 계승해서 실제로는 7년간이나 집권한 정권이 임기가 끝나게 되자, 전두환은 4·13호헌조치를 발표하여 대통령간선제로 군사정권 연장을 기도했다. 그뿐 아니다. 그는 일해재단인가를 만들어 퇴임 후 '동료' 노태우에게 정권을 맡기면서도 그 후견인 내지 '상왕(上王)'이 되어 권력행사를 계속하려는 음모까지 가지고 있었다.

전두환정권의 4·13호헌조치나 일해재단 운운은 군사독재자가 우리 사회 일반의 민주역량과 역사의식이 어디까지 나아가고 있었는지 잘 모르고 있었던 결과라 할 것이다. 5·18광주항쟁이라는 '피의 역사'가 없었더라면 6월항쟁에도 불구하고 4·13호헌조치가 강행되어 광주항쟁보다 더 처절한 '피의 역사'가 재현되었을지도 모른다. 다행히 크게 피 흘리지 않고도 6월항쟁의 결과 '6·29선언'이라는 대통령직선제를 받아냈으나, '서울의 봄' 때와 같이 민주세력이 또다시 분열되어 '4자필승론' 등이 말해지더니 다시 노태우 군사정권이 이어지고 말았다.

6월항쟁으로 전취한 직선제 대통령선거를 앞두고 두 민주세력이 통합하여 단일후보를 냄으로써 군사정권의 후속을 차단해야 한다는 움직임이 일어났고, 이를 위해 대학교수들의 서명운동이 추진되었다. 서울대 쪽에서 고려대 교수들도 동참해달라는 요청이 안병직 교수를 통해 나에게 왔고, 이에 호응해서 이상신, 김흥규(金興圭) 등 20~30명 교수들의 서명을 받아놓았었다.

그랬더니 동교동 쪽 사람으로 고등학교 후배요 대학교 제자인, 뒷날 국회의원이 되기도 한 설훈이 와서 민주세력 단일화운동은 상도동 쪽의 계획에 의한 것이니 응하지 말아달라는 것이었다. 서명한 교수들을 모아서 사정을 말하고 의견들을 물었더니 후보단일화 문제가 동교동과 상도동 쪽이 함께하는 것이 아니고 한쪽만의 계획에 의해 이루어진 것이라면, 동참하지 않는 것이 좋겠다는 의견으로 통일되어 고려대 교수들은 이 운동에 일절 참여하지 않기로 했다.

그 많은 희생을 바쳤는데도 역사가 단계 하나를 넘어서기가 이렇게도 어렵다니, 5·18광주참극을 겪고도 군사정권이 후속된 원인의 하나가 민주세력 쪽에 있는 상황이 되고 말았으니, 특히 정치권 밖의 민주세력이 얼마나 실망했는지 모른다.

그런 중에서도 한 가지 위안이 있었다면 쿠데타가 아니고 선거를 거쳐 성립된 노태우 군사정권은 결코 박정희정권이나 전두환정권 같은 강도높은 독재정권이 될 수 없었다는 점이라 하겠다. 이른바 '물태우'여서가 아니라 역사 진전의 정직한 결과였다 할 것이다.

비록 군사정권이었다 해도 노태우정권 아래서는 전임자 전두환으로 하여금 '상왕' 노릇은 고사하고 전재산을 내놓겠다는 거짓 약속이라도 하게 하고 백담사로 '귀양'보내지 않고는 못 배기는 상황이 되었으니, 거기서도 또한 '참모습의 역사'를 볼 수 있었다고 할 것이다.

본질적으로는 북한 고립화정책이었을지라도 노태우정권이 이른바 북방정책을 통해 '7·7선언' '남북 불가침합의서' 등을 채택함으로써 대북정책에서 유연성을 보인 점은, 후속 김영삼 문민정부보다 실제로는 앞선 점이었다. 그럼에도 불구하고 노태우 군사정권에서 김영삼 문민정권으로 넘어가는 과정에서 우리 역사가 가진 또 하나의 제약성은, 군사정권 30년에 걸친 치열한 투쟁 끝에 맞게 된 민주화가 군사정권을 타도하고 이루어진 것이 아니라 합당이란 타협적 방법을 통해 이루어졌다는 점이다.

다시 말하면 군사정권시기를 통해 꾸준히 투쟁해온 민주세력의 일부가 후속정권을 세웠지만, 그것은 군사정권과 싸워서 그것을 뒤엎고 세운 정권이 아니라 군사정권세력과의 합당에 의해 성립된 타협적 정권이라는 점이다. 김영삼 중심의 민주세력 일부가 구 군부 출신의 김종필 중심세력 및 신군부 출신의 노태우 중심세력과 합당이라는 타협적 방법을 통해 정권을 성립시켰다는 사실이 역사적 관점에서 보면 우리 민주화과정이 가진 큰 한계성이었다 해도 틀리지 않는다.

5·16 후 세번째 성립된 군사정권인 노태우정권이 끝날 무렵에는 어떤 경우로도 또다른 군사정권이 후속될 상황은 아니었다. 문민민주정권이 성립될 계제였지만, 민주세력 내부가 분열되어 경쟁함으로써 김영삼 중심의 민주세력이 군사정권세력과 타협해서 문민정권을 세운 것이다.

군사정권세력과의 타협, 즉 합당에 의해 문민정권이 성립되었다 해도 행정부 쪽은 민주세력이 포진할 수 있었다. 그러나 의회 쪽은 박정희정권 이래의 군사정권 추종세력이 온존하는 친군부 비민주세력 중심이

유지되는 결과가 되고 말았다.

4·19가 비록 혁명이 아닌 '혁명'이었다 해도 그후의 총선거를 통해 민주당이 의회를 독점하다시피 한—그래서 다시 신구파로 분당되기는 했지만—그때와는 크게 달랐다. 제약된 '혁명'으로나마 민주정권이 선 경우와 그런 '혁명'도 아닌 군사독재세력과의 합당에 의해 문민정권이 수립된 경우는 크게 다르지 않을 수 없었다.

노태우 군사정권에서 김영삼 문민정부로 넘어가는 과정에 대해 요즘 의 젊은 연구자들에게는 6·10항쟁이 보수야당적 민주세력의 주도에 의 해 대통령직선제를 받아내는 데 그친 이상 그 선거 결과 노태우정권이 성립되어도 어쩔 수 없었다는 견해도 있다고 한다. 군사정권을 뒤엎고 민주정부가 서는 '혁명적' 민주화가 되지 못하고 군사정권과 보수야당 세력의 합당으로 민주정부가 수립되는 역사적 제약이 될 수밖에 없었 다는 이해인 것 같다.

6월항쟁이 보수야당세력의 직접적 목적이었던 직선제 쟁취에 머물 렀다는 점, 그래서 해방 이후 보수야당체제가 그대로 온존되었다는 점, 따라서 새로운 진보세력의 대두가 좌절되었다는 점을 오늘날의 정치학 에서도 또한 6월항쟁의 한계성으로 평가하고 있는 것 같다. 마찬가지로 김영삼정부와 김대중정부에서도 정치적 동반자로서 진보세력과 노동 세력을 키워내는 정치과정에 좀더 성의를 보였어야 하는 것이 아닌가 하는 문제도 이야기되는 것 같다.

두번째 민주정권인 김대중정권 역시 구 군부 출신의 김종필 중심세 력과 합당은 아니었다 해도 연합함으로써 성립될 수 있었고, 따라서 의 회 쪽은 여전히 군사독재정권 세력이 온존하는 상태였다. 우리 민주화 과정의 제약점이요 한계성이라 할 수 있겠다.

30여 년간 지속된 군사정권시기를 청산하고 민주주의시대를 열어가는 과정에서의 역사적 제약성은 그것만이 아니다. 아직 남아 있는 친군사정권 세력뿐 아니라 민주세력 중에도 대북관계에서는 그 견해와 정책 방향이 다르다는 문제가 있다. 그 결과 2000년 김대중정권의 6·15남북공동선언 이후의 남쪽사회에서는, 대북관계를 동족 사이의 민족공조 관계로 추진할 것인지 종래처럼 적대 및 대립적 관계를 지속할지를 두고, 진보와 보수니 친북과 반북이니 하는 구분이 점점 첨예해지는 중이다.

훗날의 역사학이 반드시 밝혀내리라 생각되지만, 현시점의 대북정책에서의 적대의식과 동족의식의 대립은 보수세력과 진보세력의 대립이라기보다, 군사독재정권 시기 이래의 군부 및 친군부 세력과 옳은 의미의 민주세력 간의 대립이라 해야 할 것이다. 나아가서 냉전주의적 남북대결주의적 역사인식과 탈냉전주의적 평화주의적 역사인식의 대립이요, 20세기적 민족사 인식 일반과 21세기적 민족사 인식 일반의 차이라고 봐야 할 것이다.

8장

복직 후
학문 방향이 바뀐
이야기

중세사 전공에서 근현대사 전공으로

1984년 후학기 개강과 함께 4년 만에 다시 교단에 서게 된 첫시간의 감격을 잊을 수 없다. 해직되기 전의 학생들은 이미 졸업한 후였고 그래서 모두 낯선 얼굴들이었지만, 입추의 여지 없이 들어선 호기심 찬 젊은 얼굴들을 대하고서야 비로소 "여기가 내 자리구나" 하는 생각이 절실했다. 한국근대사 강의로 기억되는데 교실 문밖까지 가득 찬 학생들 틈에 어떻게 된 건지 모르지만 일본의 어느 텔레비전 방송국에서 이 분위기를 촬영하는 소동까지 벌어졌다.

1967년 3월에 대학의 전임교원이 되었다가 13년 후인 1980년 7월에 전두환정권의 압력으로 해직교수가 되었고, 해직된 지 만 4년 만인 1984년 9월에 복직되었다가 그 15년 후인 1999년 2월에 대학에서 정년퇴직했다. 그러고 보니 광주항쟁 후의 해직기간 4년을 중간에 두고 그 이전이 교수생활의 전반부요, 그 이후가 후반부가 된 셈이다. 이같은 교수생활의 전반과 후반 사이에 여러가지 변화와 차이가 있었지만, 특히 전공학문 분야에서의 차이가 컸다고 할 수 있다.

아직 전임발령은 받지 않았으면서도 실제로는 신석호 선생님이 맡으셨던 강의를 모두 맡아야 했던 한학기, 즉 1966년 후학기의 경우, 고려대학교 사학과의 한국사학 전공 전임교수는 고대사 전공인 김정학(金廷鶴), 이홍직(李弘稙) 교수 두 분뿐이었다. 그러다가 그 학기중에 김정학 교수가 학문적 욕심을 버리지 못한 결과 사직하지 않을 수 없게 되고, 1967년 1학기가 시작될 때 고려사 전공의 숙명여대 교수였던 강진철(姜晉哲) 교수와 조선시대사 전공인 내가 함께 발령을 받았다.

그럼으로써 나는 조선왕조시대 이후의 전체 시대사 강의를 담당하지 않을 수 없게 되었다. 지금의 고려대학교 한국사학과에는 조선왕조시대 이후의 역사를 가르치는 전임교원이 다섯이나 된다. 비록 40년 전의 일이긴 하지만 지금은 다섯 명이 맡는 시대사를 혼자 담당해야 할 상황이었으니, 30대 초반의 신출내기 대학선생에게 학부강의와 대학원생 논문지도 등이 얼마나 벅차고 어려운 일이었는지 모른다.

내가 아직 전임발령을 받지 않은 상태에서 신석호 선생님의 강의 모두를 맡아 전전긍긍하던 1966년 후학기에 김정학 교수가 사임하게 되었는데 경위는 이렇다. 당시 고려대학교에서는 전임교원이 한 학기에 한 번인가 1년에 한 번인가만 외국을 갈 수 있었는데, 일본 큐우슈우(九州)에서 중요한 발굴을 하는데 반드시 참관해야겠다면서 김정학 교수가 규정을 어기고 두번째 일본을 갔었다.

이 사실을 안 당시의 이종우 총장이 학과장을 시켜 바로 돌아오라는 연락을 했더니 김정학 교수가 돌아오는 대신 사직서를 보내온 것이다. 학과에서 몇 분이 조정역할을 했으나 이총장과 김교수의 두 '고집' 때문에 효과가 없었다. 김정학 교수의 후임으로 강진철 교수가 부임함으로써 고려대 사학과가 생긴 후 처음으로 고려시대사 전공교수가 있게 되었다. 김정학 교수는 그후 영남대와 부산대에서 근무했다.

전임교원이 된 무렵에는 주로 임진왜란 이전 조선왕조시대에 대한 논문을 쓰고 있었지만, 강의는 임진왜란 후부터 개항 이전 조선왕조 후기까지 하지 않을 수 없었고, 자본주의 맹아 문제도 있고 해서 연구대상이 조선왕조 후기로 넘어가게 되었다.

그러다가 곧 학계와 학생들의 관심이 근대사 즉 개항 후 구한말 역사와 일제강점기 역사에 대해 쏠리게 되었다. 고려대 국사학 교수 중 내 전공이 근대에 가까웠기 때문에 강의범위를 근대 쪽으로 넓혀가지 않을 수 없었다. 따라서 연구대상도 점차 근대 쪽으로 넓혀가지 않을 수 없었다. 왜냐하면 논문을 한 편도 써보지 않은 시대, 그래서 원사료에 접해보지 않은 시대에 대한 강의를 하기는 대단히 어려웠기 때문이다.

그러다보니 석사학위논문은 임진왜란 이전 조선왕조시대가 대상이었으나 박사학위논문은 임진왜란 후 개항 이전의 조선왕조 후기가 대상이 되었고, 다음에는 개항기에 대한 논문을 쓰게 되었다. 조선왕조 전기와 후기, 그리고 개항기 연구의 대상은 주로 상공업사 관계였다. 이때 쓰여진 논문들을 모아 1983년에 한길사에서 『조선시대 상공업사연구』라는 책을 간행했다. 전문논문집으로는 두번째 책이었다.

박정희정권이 7·4남북공동선언 후 바로 유신체제화함으로써 세상보는 눈과 학문관마저도 크게 바뀌기 시작했다. 유신시기는 바로 역사적 암흑기 그것이라 생각했고, 따라서 역사학의 역할도 바뀌어야 한다고 생각하는 계기가 되었다. 현실이 유신체제 같은 비민주적·반역사적 길로 치닫고 있는데, 내가 하는 역사학은 그것을 외면한 채 2백년 3백년 전의 상업이 어떻고 수공업이 어떻고 하기만 해도 되는가 하는 심각한 의문에 부딪치게 된 것이다.

그런 생각을 가졌음에도 1978년 8월부터 1년 기한으로 일본에 간 것

290

은『조선후기 상업자본의 발달』의 후속편을 쓰기 위해, 다시 말하면 개항기의 상공업사에 관한 논문을 쓰려면 불가결한 일본 쪽 자료를 수집하기 위해서였다고 앞에서도 말했다. 1년간의 일본생활을 통해 만족할 만큼의 자료를 수집해서 돌아오자마자 10·26박정희살해사건이 터졌고, 다음해 전두환정권 성립과정에서 해직교수가 됨으로써 세상 보는 눈이나 학문하는 방향에 많은 변화가 오지 않을 수 없었다.

지금도 어쩌다 취미가 무엇이냐는 물음을 받으면 소설 읽기라고 대답하곤 하는데, 곧 80세를 바라보는 요즈음에도 시간만 나면 단편 장편을 막론하고 소설 읽기를 좋아한다. 유신 때는 세상사람들이 군사독재정권의 반역사성을 제대로 인식하고 그것에서 벗어나려는 생각을 가지게 하는 데는 역사책보다 시대의식이 담긴 소설이 훨씬 더 영향이 크고 효과적이라는 생각을 하기도 했다. 소설가 이병주 같은 사람은 신문사 주필이었다가 5·16 후에 징역을 살고 40대 후반인가에 작가가 되었다고 들었지만, 나는 소설 쓸 재주는 없으니 역사책을 통해 세상을 조금이라도 변화시키려는 노력을 할 수밖에 없다는 생각을 하게 되었다.

세상의 변화에 조금이라도 도움을 주는 방법으로서 역사를, 특히 우리 근현대사를 정확하게 그리고 가능하면 부담없이 쉽게 읽을 수 있도록 풀어 써서 널리 읽히자는 생각을 한 것이다. 그리하여 국민 일반의 역사의식을 높임으로써 유신 같은 독재정권의 반역사적 작태에 대해 경각심을 가지고 저항할 수 있게 해야 역사가 발전할 수 있으며, 그같은 역할을 역사학이 담당해야 한다고 생각했다.

그런 생각이 해직기간에『조선후기 상업자본의 발달』후속편을 쓰지 않고『한국근대사』『한국현대사』를 쓰게 했는지 모른다. 물론 창비사의 청탁과 도움도 있었지만. 그러나『조선후기 상업자본의 발달』후속편을 영원히 쓰지 못하리라고는 생각지 못했다.

『조선후기 상업자본의 발달』의 개항 후 문제에 대한 후속편에서는 개항 전에 일부 형성된, 비록 수공업자본 중심이 아니고 상업자본 중심이었다 해도, 그 자본주의 맹아가 개항 후 외래자본의 침입과정에서 어떤 역할을 하게 되는가 하는 문제를 주요하게 밝혀보려 했었다.

전통사회에서 상인매뉴팩처 중심으로 발달한 토착자본이 외래자본과 조우한 경우 어떤 역할을 하게 되는가, 그것은 정치근대화 즉 국민혁명은 아니더라도 입헌군주제 개혁 정도라도 뒷받침할 수 있는 자본으로 될 수는 없었는가, 이른바 매판자본으로 전락할 수밖에 없었는가 하는 문제 등을 밝히려 했다.

아시아지역의 식민지 분할이 거의 끝난 20세기 초엽에 우리 정도의 문화민족사회가 식민지로 전락하게 되는 까닭을 외세침략에서만 구할 것이 아니라 민족사회 내적 원인, 특히 사회경제적 원인에서 규명해야 한다는 생각을 가지고 있었기 때문이다.

『조선후기 상업자본의 발달』 후속편이 아니라 『한국근대사』 『한국현대사』와 또 논설문들을 쓰게 된 것이 이른바 순수 아카데미즘 사학자가 아니라 '논객'이란 평을 더 많이 받게 되는 하나의 분수령이 되었는지도 모른다.

뒷날의 일이지만 2007년 말이던가 2008년 초던가, 한국사연구회에서 내가 학술원 회원 후보로 추천되어 이력서를 준비한다는 어느 제자의 연락을 받았다. 내가 소위 아카데미즘의 본산이라는 대한민국학술원 회원에 추천될 수 있도록 절차를 밟는다는 것이다. '전통적' 역사학계로부터 학자라기보다 '논객'으로 간주된다는 말을 듣기도 하는 상황에서 학술원 회원이 되기 위한 절차를 밟으라니, 기성회원들의 지지를 받을 수 있을 것 같지 않을뿐더러 가당치도 않는 일이라 생각되었다. 그래서 즉시 학술원 회원 후보로 추천하지 말도록 조처했다.

1984년에 간행된 『한국근대사』와 『한국현대사』는 의외로 반응이 좋았다. 그때까지만 해도 우리 역사학계에서 시대사로서의 근대사와 현대사가 따로 쓰여졌던 것은 없었던 듯하다. 그때는 대체로 이병도(李丙燾)의 『한국사대관(韓國史大觀)』이나 이기백(李基白)의 『한국사신론(韓國史新論)』 등의 통사류 및 개설서가 고등고시 등 국가시험 준비용이나 교재로 많이 사용되었고, 또 일반인에게도 널리 읽히고 있었다.

그중에서도 특히 『한국사신론』의 인기가 높았다. 그러나 그 책에서는 현대사 부분의 서술이 4·19에서 끝났고, 일제강점기 독립운동 부분에서도 사회주의운동은 전혀 서술되지 않았다. 일제강점기의 사회주의운동을 독립운동의 일환으로 보느냐 하는 역사인식상의 문제도 있었지만, 이승만독재와 뒤이은 군사독재시기를 통해 반공주의적 역사인식과 역사교육이 강화되었기 때문이기도 했다.

비록 일제강점기의 일이라 해도 사회주의운동을 민족해방운동의 일환으로 보고 역사책에서 서술하기는 어려웠던 것이 사실이다. 그러나 이 문제는 어떻게든 해결해야 한다는 생각을 하고 있었다. 일본제국주의의 한반도 강점을 거부하고 저항한 투쟁이 우익세력에 의한 것이건 좌익세력에 의한 것이건 그 일차적 목적은 두말할 것 없이 민족의 해방이요 독립이었으므로 민족해방운동으로 정당하게 평가되어야 한다.

그런데도 분단상황 때문에 남에서는 좌익운동을, 북에서는 우익운동을 독립운동으로 인정하지 않게 되었으니, 그것이야말로 분단시대적 역사인식의 표본이라 할 것이다. 민족해방운동전선에서는 연합전선을 추진했던 좌우익세력이 해방 후 좌우합작 및 좌우연합에 의한 통일정부를 세우지 못하고 남북에 각각 이념을 달리하는 두 개의 정부가 수립됨으로써 해방 전의 민족해방운동까지를 소급해서 분단시켜버린 것이다.

얼마 전부터는 일제강점기의 사회주의운동가들도 정부로부터 독립

『고쳐 쓴 한국근대사』『고쳐 쓴 한국현대사』 2006년 개정판 표지

운동가로 포상받고 있다. 그런데도 각급 학교의 역사교육에서는 아직
도 일제강점기의 사회주의운동을 독립운동의 일환으로 제대로 가르치
지 못하고 있는 실정이다.

　학문의 경향은 곧 시대의 산물이지만, 그것은 또 그 시대상황에만 얽
매이지 말고 반드시 미래지향적이어야 한다는 생각이었다. 특히 역사
학이 현실적 조건에 얽매여서 미래지향성을 잃는다면 그것은 곧 죽은
학문이 되고 만다고 생각했다. 불행한 민족분단시대를 대상으로 하는
학문으로서의 우리 현대사학 자체가 분단문제와 통일문제에 대해 무관
심해서는 성립될 수 없음은 물론, 어떤 형태로건 이 중차대한 민족문제
의 해결을 위해 관심을 가지고 공헌할 수 있어야 한다는 생각이었다.

　민족분단시대의 역사학이 분단문제 및 통일문제에 무관심하다면, 일
제강점기의 역사학이 식민통치상황이나 민족독립문제에 무관심했던
것과 다르지 않다는 생각 때문에 고민했다. 분단시대의 역사학이, 특히
5·16군사쿠데타를 겪은 후 역사학의 현대사부분 서술이 4·19에서만

그치고 그후의 군사독재정권시기를 서술대상으로 하지 못한다면, 이 또한 개설서나 현대사서로서의 제구실을 다하지 못한다는 생각이었다.

동시대사의 서술은 객관성을 유지하기 어렵다는 생각도 당연히 있을 수 있다. 그러나 다시 생각해보면 그같은 생각은 또 우리 근현대사가 일제강점기와 민족분단시대라는 불행한 시대로 이어졌기 때문에 생긴 것이기도 하다. 동시대사를 식민통치권력이건 분단국가권력이건 현존 권력구조와 체제에 구애됨 없이, 아니 비록 권력으로부터 탄압을 받는 한이 있더라도 객관적으로 서술할 수 있을 때 비로소 그 시대의 역사학이 제구실을 다하는 것이리는 생각이었다.

이같은 생각을 가지게 된 이상 학문적 관심의 대상이 조선왕조 후기나 개항기의 경제사문제에 머물 수 없었고, 그것보다 훨씬 더 중요하고 시급하다고 생각된 일제강점기의 민족운동사 문제를 거쳐 해방 후 분단시대의 통일문제에까지 미치지 않을 수 없었다.

평생 학문생활을 하면서 한 시대의 하나의 문제를 깊이 천착하지 못하고, 여러 시대에 걸쳐서 상공업, 민족해방운동, 민족통일전선운동, 통일문제까지 다루지 않을 수 없게 되었으니, 어떤 의미에서는 '불행한' 학문생활이었다고 할 수 있을지도 모르겠다. 전혀 후회하지 않지만……

일제시기 사회주의운동을 민족해방운동의 일환으로

『한국현대사』를 쓰면서 일제시기의 사회주의운동도 민족해방운동의 일환으로 다루어야 한다는 생각을 확실히 하고 극히 간략하게나마 운동의 실상을 써넣기는 했다. 철든 후부터 계속 지독한 반공주의 교육을 받아온 터라 아무래도 겁이 나서 책을 간행할 창비사의 백낙청 교수로 하여금 그 부분의 원고를 먼저 읽어보게 했다.

창비사가 리영희 교수의 중국관계 저서 『8억인과의 대화』를 간행했다가 저자와 발행인이 모두 국가보안법 위반으로 입건되었고, 리영희 교수는 2년 징역형을 산 일이 있었기 때문이다. 박정희·전두환 군사독재시기는 그같은 횡포가 예사로운 때이기도 했다.

백낙청 교수가 원고를 읽어보고 이 정도는 넣어도 괜찮지 않겠느냐고 해서 그대로 간행하기로 했다. 일제강점기의 사회주의운동사 연구가 봇물처럼 쏟아져나오고 그 운동가들이 독립유공자로 포상되는 민주화시대 이후의 연구자들은 설마 그랬을까 할지 모르지만……

우리 역사학계에서 나온 개설서나 시대사를 통해서 일제강점기의 사회주의운동을 민족해방운동의 일환으로 넣은 것은 1984년에 간행된 이 『한국현대사』가 처음이 아니었는가 한다. 『분단시대의 역사인식』이 일본에서 미야지마 히로시(宮嶋博史) 교수의 번역으로 가꾸세이샤(學生社)에서 출간된 후 『한국근대사』는 오가와 하루히사(小川晴久)교수의 번역으로, 『한국현대사』는 타까사끼 소오지(高崎宗司) 교수의 번역으로 코마쇼린(高麗書林)에서 간행되었다.

한 가지 밝혀둘 일이 있다. 일제강점기를 『한국근대사』가 아닌 『한국현대사』에 넣는 것은 문제가 있다는 점을 잘 알고 있다. 책의 발간사에서도 말했지만, 이렇게 된 것은 순전히 편집상의 문제였다.

『한국근대사』와 『한국현대사』가 간행된 1984년경에는 시대사류에서 일제강점기의 사회주의운동을 서술하려 해도, 또 대학에서 강의하려 해도 고려대학교 아세아문제연구소에서 간행된 『한국공산주의운동사』 외에는 참고서적이 거의 없었다. 그러다가 1980년대 후반기 즉 노태우 정권의 이른바 북방정책과 서울올림픽 이후, 젊은 역사학자들에 의해 일제강점기의 사회주의운동에 대한 연구가 갑자기 활발해지기 시작했고 상당한 성과가 있기도 했다. 1990년대에 들어서면서『한국근대사』와『한국현대사』를 개정할 필요가 절실해졌다. 따라서 1994년에는『한국근대사』와『한국현대사』를 개정한『고쳐 쓴 한국근대사』와『고쳐 쓴 한국현대사』가 나오게 되었다.

　『한국근대사』와『한국현대사』가 간행된 것이 1984년이고『고쳐 쓴 한국근대사』와『고쳐 쓴 한국현대사』가 간행된 것이 꼭 10년 후인 1994년이었다. '고쳐 쓴' 근대사와 현대사는 베이징대학에서 중국어로 번역되었다. 2009년말에 우리 통일문제 강연차 베이징대학을 잠깐 갔었는데, 중국어 번역본『한국근대사』와『한국현대사』가 그 대학에서 교재로 사용되고 있음을 확인했다. 또한『고쳐 쓴 한국현대사』는 한국이 2005년 프랑크푸르트 국제도서전에 주빈국으로 참가했을 때, '한국의 책 100권'에 선정되어 영국의 출판사에서 번역 출간되기도 했다(*A History of Contemporary Korea*, Global Oriental 2005).

　이 10년 사이에 정치적 민주화가 진전된 데 힘입어 일제강점기 사회주의운동에 대한 연구가 급진전했고, 따라서『고쳐 쓴 한국현대사』에는 사회주의계 민족해방운동이 많이 보강될 수 있었다.『한국현대사』원고에 극히 간단하게 일제시기의 사회주의운동을 써넣고 그것도 망설여져서 백낙청 교수에게 미리 읽어보라 했을 때와는 몰라보게 상황이 달라졌다. 그것은 군사독재정권에 끈질기게 저항해오던 민주세력이 1987년 민주화운동으로 전두환정권으로부터 6·29선언을 받아낸 결과라 해도 좋을 것이다. 그후의 민주화추진과 함께 학문의 자유가 확대됨으로써 일제강점기 사회주의계 독립운동에 대한 연구가 전에 없이 진전되었기 때문이다.

　『고쳐 쓴 한국현대사』에는 일제강점 말기 중국관내 지역에서 중국공

산당 세력과 협동전선을 편 조선독립동맹 및 조선의용군 등의 민족해
방투쟁 사실과 만주지방에서의 조국광복회 및 김일성부대를 비롯한 사
회주의계의 무장투쟁운동 사실 등이 상당 분량 서술되었다.

　종래는 반공주의적 인식 중심의 역사서술과 교육이어서 일제강점기
의 우리 민족해방운동사도 우익운동 중심으로 서술되고 가르친 것이
사실이었다. 따라서 좌익운동은 민족해방운동의 일환이 아니라 어디까
지나 공산주의운동으로 인식되었을 뿐이다.

　일제강점기의 좌익계 운동사로서는 고려대학교 아세아문제연구소
에서 1976년에 완간된『한국공산주의운동사』가 어렵사리 간행된 유일
한 종합적이며 대표적인 저술이었다고 앞에서도 말했다. 그러나 그것
은 어디까지나 공산주의운동의 '정체'를 밝히는 데 일차적 목적을 둔 저
술이라 할 수 있으며, 일제강점기의 좌익계 운동을 우리 민족해방운동
의 일환으로 인식하고 서술한 것은 아니었다 해도 틀리지 않을 것이다.

　만약 공산주의운동사라 해도 그것을 민족해방운동의 일환으로 간주
할 의도가 조금이라도 비쳐졌더라면, 아마 엄혹했던 그 시절에 완간되
기 어려웠지 않았을까 하는 생각이다. 3·1운동 후 국내외에서 꾸준히
그리고 치열하게 전개된 좌익계 운동을 송두리째 빼버린 민족해방운동
사는 그만큼 빈약한 운동사가 될 수밖에 없었다.

　그러나 앞에서도 말했지만 1980년대 말에 와서 민주화운동의 활성화
와 이른바 북방정책이 추진된 결과 공산권과 수교가 이루어지고 남북
관계가 어느정도 열리기 시작하면서 일제강점기 사회주의운동에 대한
젊은 연구자들의 연구가 활발해졌고, 일제강점기 사회주의운동을 민족
해방운동의 일환으로 간주하려는 역사인식도 점차적으로나마 진전되
어갔다.

　이같은 상황 변화에 따라『한국사회주의운동인명사전』이 필요하다

는 생각을 하게 되었다. 그러나 그런 작업을 할 만한 여건이 쉽게 조성되지 않았을 뿐 아니라, 설령 여건이 된다 해도 사회주의운동사 연구자의 수가 극히 제한되어 있어서 집필진을 구성하기 어려운 실정이었다.

그러나 1980년대 후반기 이후부터 금기되었던 일제강점기의 사회주의운동사를 연구하는 젊은 연구자의 수가 급격히 늘어났고 학문적 성과도 높아져갔다. 이에 힘입어 같은 뜻을 가졌던 성균관대 성대경(成大慶) 교수와 합심해서 온전히 두 사람의 사비로써 일제시기 사회주의운동 인명사전의 원고를 작성했고, 창비사가 출판을 맡아줌으로써 1996년에 우리 역사상 처음으로 사회주의운동 인명사전을 가질 수 있게 되었다.

『한국사회주의운동인명사전』이 간행되자마자 이 사전에 등재된 사람들의 후손들로부터 연락이 왔다. 해방 후에도 죄인으로 다루어져왔던 조상들이 사상적·역사적 '감옥'에서 해방되어 민족해방운동의 주역으로 등장하게 된 데 대한 안도와 기쁨을 말하는 것이었다.

1999년에 창비사에서 간행된 『20세기 우리 역사』에서는 총 26개 항목의 강의 중 「조선공산당운동도 민족해방운동의 일환입니다」라는 제목의 강의를 넣을 수 있었다. 군사독재시기에는 감히 생각할 수 없었던 수준의 역사서술이 가능하게 된 것이다. 『20세기 우리 역사』를 본 일본의 원로 한국사학자 나까쓰까 아끼라(中塚明) 교수는 지금의 한국은 '조선공산당운동도 민족해방운동의 일환입니다'라고 한 대목이 들어간 역사책이 나올 만큼 민주화되고 학문의 자유가 확대된 나라라고 쓰기도 했다.

일제강점기의 사회주의운동을 민족해방운동의 일환으로 다룰 수 있게 된 것은 결코 특별한 일이 아니다. 그것은 우리 역사학이 문민독재시기와 군사독재시기를 통해 못 가졌던 역사학 본래의 기능을 회복하게 된 일에 불과하다는 사실을 아는 일이 또한 중요하다는 생각이다.

좌우익 통일전선운동의 역사에 주목하고

1970년에 처음 일본에 갔을 때의 일이다. 토오꾜오 칸다(神田) 거리의 고서점 순례를 나갔다가 전에 읽었던 『피압박민족의 지식인』이란 책을 통해 알기만 하고 구해 읽지 못했던, 미국 여기자 님 웨일즈(Nym Wales)가 조선인 혁명가 김산의 활동에 대해 쓴 『아리랑의 노래』(Song of Ariran)의 일본어 번역본을 사서 밤새워 읽었다.

일제강점기의 국내외에서 펼쳐진 독립운동에 대해 어느정도의 지식을 가지고 있었고 그 시대를 산 민족구성원 중에 여러가지 처지의 인간형이 있음을 나름대로 알고 있었지만, 그 시기를 김산 즉 장지락(張志樂)처럼 살다가 간 사람도 있었구나 하고 크게 감명받았다.

책의 뒷부분에 나오는데, 1930년대 후반기 이후, 특히 코민테른 제7차 대회 이후에는 우리 민족해방운동전선도 좌우익 통일전선운동으로 발전했다는 사실을 주목하게 되었다. 민족해방운동전선에서도 좌익과 우익이 서로 대립만 하거나 따로따로 투쟁한 것만이 아니라, 서로 합작해서 투쟁력을 강화하려는 노력이 계속되고 있었음을 알게 된 것이다.

그후 세상이 좋아져서 『아리랑의 노래』가 우리나라에서 『아리랑』으로 번역되었는데, 그 번역본은 무슨 이유인지 제25절의 「패배하더라도 좌절하지 않는 자만이」에서 끝나고 말았다. 그러나 일본의 출판사 미스즈쇼보오(みすず書房)에서 번역 출판된 『아리랑의 노래』에는 제25절 다음에 「조선혁명운동의 분석」이란 부분이 더 있고, "이 분석은 김산이 준 자료를 압축한 것이다" 하고 님 웨일즈가 주를 달았다.

꽤 긴 내용으로 된 이 「조선혁명운동의 분석」에서는 일제강점기 우리 민족해방운동의 전개과정을 3시기로 구분했다. 그것은 첫째 1919년부터 1924년까지의 민족주의자시대, 둘째 1924년부터 1935까지의 공산주의자시대, 셋째 1936년에 시작되는 조선해방민족전선의 세 시기다. 이 가운데 셋째 시기에서는 1935년의 코민테른 제7차 대회 이후 성립된 반파시즘통일전선의 영향으로 중국과 우리 민족해방운동전선에서 좌우익 통일전선운동이 추진되어갔음을 말하는 것이다.

김산의 이같은 '분석'과 같이, 일본제국주의의 패망을 전망하게 된 1930년대 후반기 이후, 즉 중일전쟁 이후의 우리 민족해방운동전선이 좌우익합작운동을 실현하려는 방향으로 나아갔다는 점에 깊은 관심을 가지게 되었다. 좌우익을 막론하고 일제강점기의 민족해방운동에 투신한 운동가들은 해방 후 두 개의 분단국가가 성립되리라고는 꿈에도 생각하지 않았지만, 현실적으로 민족해방운동전선에 좌우익 두 전선이 있음은 부인할 수 없었을 것이다.

따라서 일본제국주의자들이 침략전쟁을 중일전쟁에서 태평양전쟁으로 확대함으로써 우리 민족해방운동전선이 일본의 패망을 전망하면 할수록 해방 후 하나의 조국을 건설하기 위한 노력이 이루어지지 않을 수 없었다. 그것이 김산이 말하는 '민족전선'으로 나타났으니, 평화통일을 지향하는 역사학은 반드시 이같은 민족통일전선운동의 역사를 찾아 일반화하고 가르쳐야 한다는 생각을 하게 되었다.

일본에서 귀국해서 박사학위 후속논문 준비와 강의 등에 쫓기다가 1980년에 해직된 후, 세상을 바꾸는 데 미력이나마 다하겠다는 '욕심'으로 논설문도 썼지만, 한편 연구 분야가 완전히 우리 근현대사 쪽으로 오게 되었다. 먼저 1930년대 후반기 이후 세계사에서의 반파쇼인민전선의 발전과 더불어 우리 민족해방운동전선에서 추진된 좌우익통일전선운동을 실증하는 연구에 몰두하게 되었다.

'분단극복 역사학' 연구의 출발점을 일제강점기 민족해방운동전선에서의 좌우익 통일전선운동을 실증하는 데서 찾아야 한다는 생각을 하게 되었고, 민족해방운동에서의 좌우익 통일전선운동과 해방 후의 평화통일운동은 동일한 선상에 있다는 생각도 하게 되었다.

민족해방운동에서의 좌우익 통일전선문제에 관심을 가지고 쓴 최초의 논문이, 이런 문제에 관한 첫 시도라 다소 엉성했지만 해직 중이던 1982년에 쓴 「독립운동과정의 민족국가건설론」이었다. 그러고는 다음 해에 해방 후의 문제로서 「좌우합작운동의 경위와 그 성격」을 썼다. 「독립운동과정의 민족국가건설론」은 주로 1930년대 이후 좌우익 민족해방운동전선이 민족의 해방을 전망하면서 해방 후 어떤 체제의 하나의 국가를 건설하려 했는가를 밝힌 논문이다.

이 시기의 좌우익 민족해방운동전선이 임시정부의 건국강령에서 극명하게 나타나듯이, 정치적으로는 자산계급의 독재도 노농계급의 독재도 부인하고, 경제적으로는 토지와 대기업을 국유화하는 쪽으로 합의되어가고 있었으며, 그에 따라 태평양전쟁 말기의 임시정부가 좌우익 및 무정부주의 세력의 합작정부가 되었음을 논증한 것이다.

그리고 해방 전 국외 민족해방운동전선의 임시정부와 조선민족혁명당, 그리고 국내의 건국동맹 등을 통해 좌우익 통일전선운동을 폈던 여운형과 김규식을 중심으로 '해방공간'에서 추진된 통일민족국가 건설운동이 좌우합작운동이며, 그것은 곧 해방 전 민족해방운동전선에서 발전한 민족통일전선운동의 연장선상에 있는 것이라고 파악했다.

'해방공간'의 좌우합작운동에 대해서는, 뒷날 젊은 학자들이 미국 국립문서보관소 자료를 이용하여 좋은 논문들을 많이 냈지만, 1983년에 쓴 「좌우합작운동의 경위와 성격」은 여운형-김규식 중심의 좌우합작

문제에 관한 최초의 역사학 논문이라 할 수 있는데, 주로 국내의 신문자료를 이용한 것이었다.

석사학위논문은 조선왕조 전기가 대상이었고, 박사학위논문은 임란 후 개항 이전의 조선왕조 후기가 대상이었으며, 그후 개항기를 다룬 논문도 썼고 일제강점기를 다룬 논문도 썼으나, 나의 경우도 해방 후 시대의 문제를 다룬 논문은 이것이 처음이요 유일한 것이었다. 지금은 해방 후의 문제를 다루어 박사학위를 받은 역사학 전공자가 수십 명은 되리라 생각되지만, 모르긴 해도 정치학 전공자나 경제학 전공자가 아닌 역사학 전공자로서 해방 후 문제를 대상으로 실증적 논문을 쓴 것은 아마 이것이 처음이 아닌가 한다.

이 논문을 쓴 후, 『아리랑의 노래』를 읽고 얻은 지식도 있고 해서 일제강점기 민족해방운동전선에서의 좌우익통일전선 문제를 집중적으로 분석하고 실증하기로 했다. 1920년대 후반기 국내에서 일어난 좌우합작운동으로서 신간회(新幹會)운동이야 이미 알고 있었지만, 그것이 같은 시기 국외 민족해방운동전선에서 일어난 민족유일당(民族唯一黨)운동의 일환이었음을 새삼 알게 되었다.

반공주의가 활개치던 시절 어느 연구자는 신간회운동을 가리켜 "민족주의자가 공산주의자와 어떤 일을 도모하면 반드시 실패할 수밖에 없다는 사실을 증명해주는 사건"이라 했다는 말을 듣기도 했다. 그러나 신간회운동은 그런 것이 아니었다. 국내의 신간회운동과 국외의 민족유일당운동은 3·1운동 후 우익세력과 한인사회당세력의 합작으로 성립된 상하이임시정부가 창조파와 재건파 등의 대립으로 난항에 빠진 후 두번째로 성립된 민족통일전선운동의 일환이었다.

민족해방운동사에서 상하이임시정부 성립에 이어 두번째로 발전한 이 좌우익통일전선운동은 국내에서 발전한 신간회운동에 한정된 것이 아니고, 같은 시기 국외 민족해방운동전선에서 발전한 민족유일당운동과 함께 일어난 것이었다. 그리고 신간회운동과 민족유일당운동이 해소된 것은 '만주사변' 후 일본제국주의가 파쇼체제화함으로써 민족해방운동전선도 '표면운동'을 청산하고 강경저항 노선의 지하운동으로 전환되지 않을 수 없게 된 상황 때문이었다.

전체 국사학계가 개설서나 시대사에서 국내에서 활동한 신간회운동만 다루었던 상황에서 국외의 좌우합작운동으로서 민족유일당운동을 다룬 것은 1984년에 간행된 『한국현대사』가 처음이 아닌가 한다. 그리고 이후 민족해방운동전선에서 좌우익통일전선운동이 발전해간 사실에 대해 실증적 연구를 더한 저서가 1991년에 출판된 『조선민족혁명당과 통일전선』이다.

이 책에서는 민족해방운동의 통일전선이 신간회가 해소된 다음해에 국외의 중국전선에서 세번째의 좌우익 통일전선체라 할 한국대일전선통일동맹의 결성으로 이어진 사실을 실증했다. 그리고 그것이 더 발전해서 좌우익 통일전선정당인 조선민족혁명당의 성립으로 이어지고, 다음에는 충칭임시정부가 좌우합작정부로 되고, 또 그 임시정부와 중국공산군 지역에 있던 조선독립동맹과의 통일전선 기도로 발전해가는 과정을 실증적으로 밝혔다.

『조선민족혁명당과 통일전선』 원고를 완성해놓고도 당시만 해도 좌익계열로만 알려져 있던 조선민족혁명당 문제를 처음 다루는 터라 좀 걱정이 되어 서로 깊은 이야기를 나눌 수 있었던 어느 국사학자에게 『조선민족혁명당과 통일전선』을 간행하려 하는데 어떻게 생각하느냐고 물었더니 그는 간행하지 않는 것이 좋겠다고 충고해주었다. 그 충고를 무릅쓰고 출판을 했지만 그렇게 어려운 시절도 있었다.

『조선민족혁명당과 통일전선』이 간행된 후 중국 옌볜에 갈 기회가 있어 책을 가져가서 조선민족혁명당 당원이었던 옌볜의 동포 소설가로 국내에도 널리 알려진, 지금은 고인이 된 김학철(金學鐵) 선생에게 기증했다. 김학철 선생은 "남조선에서 이런 책이 나오다니" 하면서 "조선민족혁명당 당원으로서 깊이 감사한다" 해서 우리 근현대사를 전공한 보람 같은 것을 느끼기도 했다.

한때 학계의 유행처럼 되었던 회갑기념논문집은 간행하지 않기로 했고, 대학에서 정년퇴임할 때도 이 사람 저 사람 글을 모은 기념논문집을 만들고 대외적인 잔치를 벌일 생각은 전혀 없었다. 다만 '해방공간'에서 추진된 좌우합작운동과 남북협상 등의 앞단계로서의 민족해방운동과정의 좌우익 통일전선운동을 체계적으로 실증하고, 그같은 통일전선운동을 중심으로 하는 민족해방운동사를 개인저서로 엮어 학계에 제공하리라 생각하고 있었다.

그러나 막상 정년퇴임을 앞두게 되자 개인저서로 할 것이 아니라 제자들과의 합작으로 하는 것이 더 기념이 되겠다는 의견이 제자들에게서 나왔고, 그 결과 민족해방운동사를 전공한 제자 14명과 공동집필한 『통일지향 우리 민족해방운동사』(2000)가 나오게 되었다.

국사학의 역사 위에서 처음으로 시도되었다고 할 통일전선적 시각에서 민족해방운동사를 엮는 일은 결코 쉬운 일이 아니었다. 집필진의 많은 논의 끝에 완성될 수 있었던 책을 보고, 해직 등으로 제구실을 다하지 못한 선생을 위한 제자들의 성의에 감사할 따름이었다.

이 책에서는 세계사 위에서의 좌우익 통일전선 전개와 일제강점기의 우리 민족해방운동이 자산계급 중심의 우익전선만도 아니고 노농계급 중심의 좌익전선만도 아닌 좌우익 통일전선운동이 될 수밖에 없었던 사실을 이론적으로 밝히기도 했다.

이 책은 일본학생으로 고려대학교에 유학해서 한국현대사와 일제시

1988년 5월 『한국민족운동사론』과 『일제시대 빈민생활사 연구』로 제3회 심산학술상을 받다.

대사로 박사학위를 받은 오오따 오사무(太田修)와 안자꼬 유까(庵由香) 등에 의해 일본어로 번역되어 호오세이(法政)대학출판국에서 간행되었다.

결코 평탄했다고 할 수 없는 대학교수 생활이었는데도 '제자 복'은 있어서 정년퇴임할 때는 『통일지향 우리 민족해방운동사』 외에도 18명의 조선후기 전공 제자들이 공동집필한 『조선후기사 연구의 현황과 과제』(창비 2000)와 11명의 근현대사 전공 제자들이 공동집필한 『한국 자본주의의 역사』(역사비평사 2000) 등이 함께 간행되어 학계에 제공되기도 했다.

고려대학교에서 30여 년간 조선왕조시대부터 일제강점기와 해방 후 시대까지의 긴 역사시대를 '허겁지겁' 가르친 결과 정년퇴임 기념으로 이들 세 시대에 걸친 세 권의 책이 생산되었다고나 할까…… 그들의 말마따나 '방목'상태로 두었는데도 모두 나름대로의 길을 스스로 개척해서 조선후기와 개화기 및 일제강점기와 해방 후 시기 연구자로서의 제몫을 다하고 있는 제자들을 생각하면 그야말로 굶어도 배부른 심정이다.

역사학의 현재성과 대중성 확립을 위하여

연구생활을 조선왕조시대사, 즉 개항 이전의 중세시대사에서 시작했으나, 그 결과로 생산된 저서는 『조선후기 상업자본의 발달』과 『조선시대 상공업사 연구』 두 권뿐이었다. 나머지 저서는 모두 근현대사에 관한 것이 되고 말았다. 외민족의 강세지배를 받다가 해빙된 민족사회에서 잇딴 문민독재와 군사독재시기를 살면서, 또 그같은 상황에서 대학의 선생으로 특히 우리 근현대사를 가르치면서, 역사학은 반드시 현재성과 대중성을 함께 가져야 한다는 절실한 생각을 지니게 되었다.

여러 번 말했지만, 해방 후 공화주의시대의 우리 역사가 나아가야 할 큰길은 정치·경제·사회·문화 면의 민주주의를 발전시키는 길이요, 분단민족사회로서의 평화통일을 진전시키는 길이라 확신한다. 군사독재시기에는 한때 한국적 민주주의 운운하면서 유럽사회의 산물이라 할 민주주의 그대로가 동양사회의 역사적 지향으로서도 적합하냐 하는 문제가 논의되기도 했지만, 정치·경제·사회·문화 면의 민주주의는 동서양을 막론한 전체 인류사회의 보편적 역사적 지향이라 생각한다.

우리 역사학은 해방 후 이 땅에서 성립된 정권들, 즉 이승만정권부터 시작해서 단명한 장면정권을 거쳐 박정희 등 군사정권과 그후에 성립된 문민정권들, 그리고 앞으로 성립될 정권들에 이르기까지 그것들의 역사적 평가기준을 무엇에다 두어야 할 것인가를 생각해야 한다. 이들 정권이 공화주의시대의 정권인 이상 역사적으로는 모두 민주주의 발전과 분단민족사회로서의 평화통일 진전 정도 등 크게 두 가지를 기준으로 하여 평가되어야 한다는 점은 누누이 말했다.

그런데 이승만의 문민독재정권과 뒤이은 박정희 등의 군사독재정권
들은 이 두 가지 큰 역사의 길, 즉 정치·경제·사회·문화 면의 민주주의
발전 및 평화통일 지향과는 다른 길을, 아니 반대의 길을 걸었다 해도
과언이 아니다. 그럼에도 그들 독재정권 아래서 우리 역사학의 동향과
역사학계의 활동은 민주주의 발전과 평화통일 진전 문제에 대해 거의
외면하다시피 했다 해도 또 크게 틀리지 않는다고 생각한다.

그것은 일제강점기의 역사학이 침략주의자들에 의해 지배되고 있는
민족사회의 질곡이나 민족해방운동의 진전 등은 관심이나 연구대상이
아니며, 후세 사가들에 의해서나 다루어져야 할 문제라며 눈감아버린
것과 다를 바 없을 것이다.

특히 박정희 유신정권과 전두환정권의 반민주주의 및 반평화통일적
정책의 횡포가 극도에 이르고, 사회 각계각층에서 온갖 희생을 무릅쓰
고 감행된 반유신·반독재운동이 치열하게 일어나도, 광주민중항쟁이
피로써 진압되어도, 전체 역사학계는 성명서 한 장 내지 않는 '오불관언
(吾不關焉)' 그것이었다.

유신이 온갖 반역사적 횡포를 부리고 신군부에 의해 학살이 자행되
어도 그것은 어디까지나 '현실의 문제' 그것이어서 '과거의 문제'만이
대상인 역사학 내지 역사학계가 관심을 둘 바 아니라는 입장이었는지
도 모른다. 역사학은 언제나 그리고 어디까지나 과거사만 먹고 살면 되
지 현실문제는 '나 몰라라' 해도 조금도 잘못된 것이 아니라는 자세를
고수할 뿐이었다고나 할까. 민족사회의 현실문제에 대해 전혀 관심을
두지 않는 역사학이, 현실인식을 완전히 떠난 역사학이, 그 독점적 대상
이라는 과거사인들 역사성 있게 제대로 볼 수 있을까 의문이지 않을 수
없는 것이다.

1996년 8월 제3회 평화국제학술회의 기념촬영. 맨 뒷줄 오른쪽에서 네번째가 저자

    다시 말하지만, 일제강점기 이래의 우리 역사학이 순수 아카데미즘을 내세워 학문의 중요한 존재이유이기도 한 현재성을 상실했기 때문에 대중성도 잃게 되고 말았으며, 현재성을 잃은 학문이 대중성을 잃게 됨은 너무도 당연한 일이었다 할 것이다. 따라서 역사학은 국민생활 일반과 완전히 격리되고 말았다. 지식인 일반은 유학시험이나 승진시험을 준비하는 경우 외에는 역사에 접근할 기회가 극히 제한되었다. 국민 일반의 역사의식 향상에 길잡이가 될 수 있는 역사학은 존재하지 않았다 해도 과언이 아니었다.

    특히 박정희정권의 유신시기를 사는 동안에는 역사학의 현재성과 대중성을 높여 국민 일반과 역사학을 연결시킴으로써 사회일반의, 특히 지식대중의 역사의식을 높여야 한다는 생각을 절실히 했다. 1980년대 후반기 이후 사회의 민주화가 추진되면서 '강단사학자'에 한정되지 않은 젊은 연구자들의 노력과 활동에 의해 역사학의 현재성을 높이는 문제에는 상당한 성과가 있었다고 생각한다.

그러나 역사학의 현재성 제고 문제는 대중성의 확보와 연결될 때만 옳게 자리잡게 된다는 생각이었고, 그 때문에 정년퇴임 후에는 사비로 젊은 연구자들과 함께 계간지『내일을 여는 역사』를 간행했다. 출판사 서해문집의 영리성을 떠난 도움으로 2010년 현재 통권 38권이 나왔다.

역사학의 현재성을 높이면 자연히 대중성이 확보되고 그 대중성이 또 현재성을 높임으로써 더 높은 대중성으로 승화한다고 생각했는데, 그 순환과정이 원활하지 못한 탓인지 계간지『내일을 여는 역사』의 발행부수는 대단히 한정적이어서 역사학의 대중화는 구두선에 그치고 말 것 같아 안타까울 뿐이다.

해방 후 우리 역사학이 안고 있는 취약점이 또 하나 있다. 3·1운동 후부터 민족해방운동전선에 사회주의계 운동이 나타난 것은 분명하고, 따라서 그것이 민족해방운동사의 한 부분에 당연히 포함되어야 했지만, 분단체제가 그것을 용납하지 않았던 점이다. 앞서 말했지만 해방 후에 남과 북에 각기 이데올로기를 달리하는 분단국가들이 성립됨으로써 이루어진 분단체제가, 일제강점기 민족해방운동의 역사까지를 소급해서 분단하고 만 것이다.

해방 후 상당기간은 일제시기의 공산주의운동을 연구하고 논급하는 일 자체가 금기였다가, 앞에서도 말했지만 고려대 아세아문제연구소의 『한국공산주의운동사』가 나옴으로써 비로소 연구가 이루어졌다 해도 과언이 아니다. 그러나 그 연구에서는 일제강점기의 사회주의운동이 민족해방운동의 일환으로서가 아닌 공산주의운동으로서만 인정된 셈이다. 그것마저도 원고가 중앙정보부의 장기간에 걸친 검열을 거쳐서야 세상에 나올 수 있었다고 들었다.

일제강점기를 통해 그 많은 희생을 낸 좌익계 운동이 해방이 되고도 민족해방운동으로서 인정되지 않고 오히려 적대시되던 단계가 있었고, 그 활동 자체는 인정되었다 해도 어디까지나 공산주의운동으로서만 인정된 단계가 있었다. 상당한 세월이 지난 후에야 겨우 일제강점기 좌익 활동가들이 독립유공자로 인정되는 등 좌익계 운동이 민족해방운동의 일환으로 인정되는 단계가 되었으니, 이 3단계가 곧 해방 후 우리 역사학의 또 하나의 변화과정이요 발전과정이라고도 할 수 있다. 특히 6·25 전쟁을 겪은 후에는 수천년 동안 함께 살아온 민족의 다른 한쪽을 동족이 아닌 적으로 간주했다가 많은 세월이 지난 후에야 점진적으로나마, 그리고 사회구성원의 일부에서나마 적이 아닌 동족으로 인정되기 시작했다.

통일을 강조하면서도 한때는 그 방법이 무력통일론에 한정되기도 했고, 유럽에서의 독일통일 후 한때는 또 흡수통일이 지향되기도 했다. 아직도 그런 지향이 남아 있기도 하지만, 옳은 의미의 평화통일론으로서 남북 대등통일론이 확립되어가는 역사적 과정이 있었다. 무력통일론에서 평화통일론으로 발전되어가는 과정은 역사학에서 일제강점기의 좌익계 운동이 민족해방운동의 일환으로 인정되어가는 과정과 대체로 일치한다 해도 틀리지 않을 것이다.

역사학이 현재성과 대중성을 회복해서 국민 일반의 역사의식을 높여야 한다는 주장을 하는 한편, 일제강점기의 사회주의운동도 민족해방운동의 일환으로 되어야 한다고 남달리 주장해왔다. 그리고 분단민족의 역사학은 평화통일문제에 공헌할 수 있어야 한다는 생각에서 그 역사적 배경으로서 민족해방운동에서의 좌우익 통일전선에도 주목하게 되었고, 그 때문에 한때는 역사학계의 '이단자' 취급을 받기도 했다.

그런가 하면, 사상적 혼란기였던 '해방공간' 즉 중·고등 학창시절에는 전혀 좌익운동에 가담한 사실이 없었다면서, 왜 나이 60이 넘은 2000년대에 와서 이른바 '좌경'한 역사학자로 지목되게 되었는가 하는 물음을 받는 경우도 있었다.

그런 물음들에도 불구하고, 또 우리 근현대사에서 '좌경'적 역사인식이 긍정적이건 부정적이건 상관없이, 지금도 스스로는 특별히 '좌경'했다고도, 물론 '우경'했다고도 생각하지 않는다. 일제강점기의 사회주의계통 운동을 민족해방운동으로 간주해야 한다는 주장은 사상적 '좌경' 여부와는 상관없이 역사적 사실을 사실 그대로 인정해야 한다는 역사학의 본질적 문제일 따름이다.

또 한 가지 강조하고 싶은 문제가 있다. 학문연구자는, 특히 역사학 연구자는 현실적 조건에만 얽매이지 말고 미래지향적이어야 하며 또 철저하게 평화주의 지향이어야 한다는 생각이다. 역사교육의 궁극목적은 세계평화의 달성에 있다는 생각을 가지고 있다. 거듭 말하지만, 일제강점기의 좌익계 운동을 민족해방운동의 일환으로 보지 않고 공산주의운동으로만 보는 역사인식이야말로 해방 후의 남북분단 상황과 격심했던 좌우대립 상황에 얽매인 역사인식의 소산임을 지적하지 않을 수 없다.

일제강점기의 좌익계 운동을 민족해방운동의 일환으로 가르치고 쓰다가, 그리고 역사학 전공자로서 민족의 통일문제 특히 평화통일 문제에 관심을 가지고 글을 쓰다가 좌경학자로 지목되기도 하고, 또다른 연구자와 일부 언론으로부터는 좌파 민족주의자로 분류되기도 했다. 좌경 연구자와 좌파 민족주의자의 공통점이 무엇이며 차이점은 또 무엇인지 잘 모르지만, 그리고 지금 사람들은 함부로 이름 붙이지만, '좌파'나 '좌익'은 곧 죄인이어서 법의 보호를 받을 수 없던 세상을 살아온 사람으로서는 사실 여부와 상관없이 소름끼치는 일이 아닐 수 없다.

남들이야 어떻게 이름짓건, 태평양전쟁과 해방공간의 좌우익 '혈전'

그리고 처절했던 6·25 동족상잔을 겪은 결과인지 모르나, 스스로는 철저한 평화주의자요 미래지향주의자요 민족의 다른 한쪽을 적이 아닌 동족으로 인정하는 역사학도라고 생각할 뿐이다. 역사적으로 불행하고도 불행한 분단민족사회의 일원으로서, 6·25 동족상잔을 몸소 겪었으면서도, 아니 그렇기 때문에 분단된 민족의 다른 한쪽을 결단코 적이 아닌 동족으로 인식할 수밖에 없는 식자의 한 사람일 뿐이라고 스스로는 생각하고 있다.

현실적 상황에만 얽매이고 싶지 않은 미래지향주의자, 어떤 이념적 조건에도 구애받지 않으려는 철저한 평화주의자, 분단된 민족의 다른 한쪽을 세상사람 모두가 적으로 간주해도 홀로나마 기어이 동족으로 사랑하지 않을 수 없는 평화통일론자를 '좌경'한 인간이거나 '좌파' 민족주의자라 부른다면 티끌만큼도 주저없이 그런 평가를 받아들일 수 있다.

그와 같은 역사인식에 근거한 '생활철학' 때문에 어느 역사학자로부터 "강아무개는 휴전선상에서나 살 위인"이란 말을 듣기도 했다. 그런 말을 듣건 말건, 스스로는 철저한 평화주의자요 미래지향주의 역사학 전공자요 평화통일론자요 불행한 분단시대를 극복하는 데 봉사하는 역사학, 즉 '분단극복 역사학'의 주창자라 생각할 뿐이다.

'사회주의 조국'이 무너지는 '역사'도 겪고

1989년 이후 동유럽 공산권이 무너지더니 뒤이어 1991년에는 한때 '20세기 세계사의 총아'였다고 할 쏘비에뜨연방이 무너지는 인류역사상 또 하나의 큰 이변이 일어났다. 우리 세대의 경우 다른 학문분야도 그럴 수 있겠지만 특히 역사학 전공자 중에는, 유물사관적 입장에 선 사람은 말할 것도 없고 그렇지 않은 사람의 경우도, 세계사 위의 20세기를 자본주의시대와 사회주의시대가 교체되는 출발점을 이루는 세기로 간주한 사람들이 적지 않았다고 생각한다.

세계사에서는 일반적으로 1차대전을 경계로 하여 근대사와 현대사를 구분한다. 인류역사상 처음으로 일어난 세계대전이 시대구분의 근거이기도 하지만, 1차대전 중의 사회주의혁명 성공도 그 시대구분의 기준이기도 하다. 1917년 러시아혁명이 세계사에 가져다준 충격이 그만큼 컸기 때문이며, 그후 유럽사회 기준으로는 후진국이었다고 할 러시아가 혁명 후 독·소전쟁에서 엄청난 타격을 받고도 단시일에 세계의 2대강국으로 급성장한 사실에 세상이 놀라기도 했다.

2차대전 후 동유럽 여러 나라와 중국을 비롯한 베트남과 우리땅 북녘 등이 사회주의국가가 됨으로써, 그리고 자본주의 종주국 미국의 턱밑에 있는 꾸바의 공산혁명이 성공함으로써, 그 일들이 곧 사회주의 세계혁명의 확대과정 그것이라 생각한 역사학자도 많았을 것이다.

그같은 '20세기적 세계사 진행'이 그 20세기가 끝나기 전에, 그 역사진행의 한가운데 위치해서 흔히 '사회주의 조국'으로 불리던 쏘비에뜨연방이 하루아침에 무너져버리는 '이변'이 일어난 것이다. 모르긴 해도 이같은 20세기적 세계사 진행 위에 나타난 '돌발사건'에 대해 전세계 역사교사들의 대부분이 그 원인에 대한 질문을 받았고, 대답하기에 상당한 곤혹을 치르지 않았을까 생각되기도 했다.

4년간 해직되었다가 복직해 겨우 자리가 안정되어가던 1990년대 초엽, 바야흐로 60대에 들어섬으로써 닥쳐올 정년퇴직에 대비해서 교수생활 '청산'준비를 하던 나 같은 역사선생에게는 그야말로 당혹스러운 일이 아닐 수 없었다. 더구나 쏘비에뜨연방과 동유럽 공산권의 붕괴를

보고 재빨리 '역사의 종언'을 말하는 성급한 일부 학자를 언론들이 야단
스레 다루는 상황까지 되었으니 학생들의 질문이 없을 수 없었고, 역사
선생의 처지가 더더욱 어렵게 되기도 했던 기억이다.

아무리 상황이 어렵게 되었다 해도 남을 가르치는 처지인 이상 배우
는 사람들의 질문을 피해갈 수는 없게 마련이다. 그래서 비록 설익은 생
각일지 모른다 해도 평소에 가졌던 나름대로의 생각을 말해주지 않을
수 없었다.

인류사 전체의 진행과정은 여러가지 측면에서 볼 수 있지만, 그중의
중요한 한 면은 생산력의 발진과정이라 할 수 있다. 그런 점에서 자본
주의체제는 지금까지의 전체 인류역사상 생산력을 최대로 발전시킨 체
제임이 틀림없다. 이같은 생산력의 발전은 노동의 결과였고 노동은 자
연을 전제로 이루어지게 마련이다. 생산력의 발전은 자연과 노동의 상
호관계를 전제로 하여 인간이 자연이 가하는 제약으로부터 자유로워져
좀더 인간다운 생활을 하기 위한 것이었다.

그러나 자본주의체제는 몇 가지 중요한 결함을 가지고도 있다. 요약
하면 첫째 결함은 고도의 생산력 발전으로 생긴 재부(財富)가 일부에게
독점되는 결함이다. 부익부 빈익빈 세상이 강화되는 것이다. 둘째 결함
은 자유경쟁주의를 바탕으로 개인주의가 극도로 발달해서 중세시대까
지 온존했던 인간사회의 공동체가 모두 파괴되고 점차 개인적 이익만
을 추구하는 인간성 부재의 세상으로 되어가는 폐단이라 할 수 있다. 자
본주의체제의 셋째 결함은 사적 소유에 기반한 이윤추구의 무차별적
생산 때문에 노동의 전제가 되는 자연(환경)의 파괴를 초래해서 인류사
회의 지속가능한 발전을 어렵게 한다는 것이다. 자본주의의 발달이 곧
자연의 제약에서 벗어나는 것이 아니라 자연을 정복 약탈하는 것으로
되었다는 점이라 할 수 있다. 물론 현실사회주의 역시 자연파괴의 생산

력주의에 매몰된 부분도 있었다.

지난 20세기까지는 자본주의가 제국주의화해서 식민지 민중의 피를 빨아먹고 살았다면, 자본주의가 신자유주의화한 21세기에는 자연을 파괴해 먹고살 것이라 예언하는 경우도 있다. 이같은 현상을 교정하기 위해 흔히 자본주의 윤리가 강조되지만, 그것이 제대로 효과를 나타내고 문제를 해결할 수 있었다면 사회주의사상이 생겨나지도 않았을 것이며, 한때나마 자본주의체제를 위협하지도 않았을 것이다.

자본주의체제의 결함을 어느정도 완화시킬 수 있다고 할 사회민주주의체제가 고안되어 자본주의의 모순이 극심해질 때마다 임기응변적 역할을 하고 있지만, 그 역사적 지속성을 믿어도 좋을지는 아직도 의문이다. 자본주의체제가 가지는 이러한 폐단이 본격적으로 분출되기 시작한 초기자본주의시대의 '모순'을 파악하고 그 극복책을 내놓은 것이 칼 맑스(Karl Marx)의 과학적 사회주의 이론임은 다 아는 일이다.

자본주의적 생산력은 사회화되는 수준으로 높아지는데 생산수단의 소유는 여전히 사적 소유로 되어 있어 그 사이에 모순이 생긴다고 생각하고, 그래서 생산력의 사회화 수준에 맞추어 생산수단도 사회화해야 한다고 한 것이다. 철저한 현실주의자이면서도 또한 이상주의자였다고도 할 맑스는 비록 사유제를 없애도 인간들은 나만이 아닌 우리를 위해 열심히 일함으로써, 공동소유를 풍족케 하기 위해 생산성을 높여가는 이른바 '사회주의적 인간형'이 조성될 수 있다고 생각했다 할 것이다.

그러나 막상 일부 국가에서 사회주의혁명이 성공하여 사유제를 없앤 결과 자본주의체제만큼 생산성이 높아지지 않는 것이 현실적 결과로 나타났다. 사람들이 '사회주의적 인간형'과는 달리 '내 것'이 아닌 '우리 것'의 생산을 위해서 최선을 다하지 않았기 때문이라고나 할까……

맑스는 또 '우리 것'을 위한 생산이 곧 '내 것'을 위한 생산이 되도록 하는 사회씨스템을 만들어가는 것이 중요하다고 인식했다. 그러나 역사상의 현실사회주의는 새로운 특권계급의 출현 등으로 '우리 것'을 위한 생산이 '내 것'을 위한 생산이 되는 사회씨스템을 만드는 데도 실패했다.

돌이켜보면 지난 19~20세기는 사회주의세력이 자본주의체제를 뒤엎으려 한 혁명주의의 세기였다고 할 수 있다. 그러나 그 혁명성을 중화시킨 사회민주주의의 등장 등으로 사회주의 혁명의 강도가 약해졌다가 결국 혁명주의 자체가 무위로 되어버린 세기가 되었다고 할 수 있다. 또 지난 20세기는 쉽게 말해서 '내 것'이라야만 생산력이 높아지는 체제를 유지하려는 고집과 '내 것'이 아닌 '우리 것'이라도 생산력이 높아질 수 있음을 실현하려던 체제가 양립해 싸우다가 후자가 물러선 세기라고도 할 수도 있을 것이다.

그러나 역사상의 현실사회주의가 무너진 후 '시장원리'를 내세우고 철저하게 '우리'가 아닌 '나'만을 위한 무제한적 이익추구를 정당화하며, 마음껏 자연을 파괴·약탈하는 신자유주의체제의 독주 상황 그것이 인류역사의 종점이라고는 결코 생각할 수 없다.

이제 막 출발점에 선 21세기에는 성선론적(性善論的) 전망에서 인간 본래 속성의 강한 발로로 인해, 자본주의시대 이후 강화되기만 한 '내 것'이라야만 생산성이 높아지고 이를 위해 자연을 파괴·약탈하는 그런 단계는 극복될 것이라 믿는다. 그리고 '우리 것'이라도 생산성이 높아지며 '우리 것'이 곧 '내 것'이 되고, 그런 인류의 생존을 위해 자연과 공존하는 새로운 체제가 개발되고 정착될 것이라 믿어마지 않는다.

인간이 '나'를 위해서만 살지 않고 대다수의 인민들이 비록 중세적 신분제의 울타리 안에서나마 '우리'를 위해서도 살던 중세적 공동체는 근대로 오면서 모두 해체되었다. 비록 다수 인민의 자유를 제약하던 신분

제 울타리는 해소되었다 해도, 모든 인간이 굶어죽을 자유까지 보장된 철저한 개체가 되어 홀몸으로 광야를 헤매는 세상이 되고 말았다고 할 것이다.

21세기에는 '근대'라는 시대, 지난 3~4세기를 통해 홀몸으로 광야에 팽개쳐졌던 인간들이 '내'가 아닌 '우리'의 귀중함과 자연의 소중함을 재인식하고, 개인주의의 '화신'이며 자연의 약탈자라 할 신자유주의를 극복하고 '우리'를 위한 새로운 인류공동체를 다시 조성해갈 수 있을 것이다.

인류사회가 21세기로 들어서는 과정에서 신자유주의가 일방적으로 승리한 것처럼 보이고, 그것이 마치 인류역사의 종점인 것으로 오해하는 경우도 있었지만, 어느 하나의 체제가 일방적으로 독주하게 된 그 시점이야말로 바로 다른 새로운 체제가 대두하는 시점 그것이기도 한 것이 곧 역사의 길이다.

인류사 위의 20세기를 넘기고 21세기를 맞으면서 신자유주의가 일방적 승리를 획득한 것같이 보이는 시점이야말로 곧 반신자유주의체제의 수립을 위한 새 움직임이 시작되는 시점임을 아는 일이 중요하다. '역사적 사유'의 장점이 바로 거기에 있다고 할 것이다.

동서를 막론하고 오랜 중세시대를 통해 사회를, 그리고 역사를 지배했던 인간사회의 공동체가 너무 낡아버려 활력과 창조력을 잃음으로써 근대사회로 오면서 완전히 해체되고 대신 성립된 자본주의체제는 철저한 개인주의체제로 되고 말았다. 그 결과가 가져온 가장 심각한 문제는 곧 무한경쟁에 의해 빚어진, 사회적 연대의식을 결여한 인간성 파괴현상이었고 인간의 성선적 본성이 보전된 자연의 파괴였다. 그리고 그같은 현상 및 이데올로기를 잘 나타낸 것이 신자유주의라 할 것이다.

지난 19~20세기를 통해 개인주의와 자본주의가 극도에 이르러 인간성을 파괴한다 하여 그것에 대체할 수 있다고 생각한 공동체주의로서의 사회주의가 대두해서 저항했다. 그러나 그 저항은 실패했고, 그 실패 후에는 오히려 개인주의 자본주의체제가 방자해져서 신자유주의로 나아가면서 '무소불위'의 상황이 되어가고 있다 해도 과언이 아닐 것이다.

신자유주의가 시장원리만을 내세우며 개인주의를 극대화하고 자연에 대한 약탈을 회복불능 상태로 몰아가면 갈수록 그것을 극복하고 새로운 인간공동체주의를 회복하고 자연과 인간이 공존하려는 역사적 움직임 역시 더 커지게 마련이다.

21세기는 지난 세기에 실패한 사회주의의 약짐을 보완하여 '우리 것'을 위한 생산이 곧 '내 것'을 위한 생산이 되도록 하여, 신자유주의체제 못지않게 생산성을 높일 수 있는 새로운 체제가 고안될 수 있을 것이다. 너무 낙관적 관점이라는 비판도 있을 수 있겠지만…… 그리고 인간이 '나'만이 아닌 '우리'를 위해서도 최선을 다할 수 있는 그 본성을 회복하여 인간과 인간이 공존하고, 인간의 성선적 본성이 보전된 자연을 보호하여 인간과 자연이 공존하는 세기가 될 수도 있을 것이다.

지난 20세기가 자본주의체제를 사회주의체제로 바꾸려다 실패한 '혁명의 세기'였다면, 21세기는 내가 곧 우리이며 우리가 곧 내가 되는 사회체제, 내 것이 곧 우리 것이 되고 우리 것이 곧 내 것이 되는 사회체제를 고안해서 현실화하는 '사상의 세기'요 '합리적 실천의 세기'가 될 수도 있을 것이다.

9장

6·15남북공동선언에
동참한
이야기

정년퇴임, 그리고 '경실련'과의 인연

6·25전쟁이 한창이던 때 대학에 진학한 것도 '우연'이었지만, 다른 대학이 아닌 고려대학교에 입학한 사실 그것 역시 '우연'이었다고 앞에서도 말했다. 솔직히 말해서 고려대학교가 어떤 대학인지, 그 역사학과에 어떤 교수들이 있는지도 잘 모르고 지원했다. 그런데도 운좋게 합격해서 피난지 대구에서 1년을 다니다가 학교가 서울로 수복할 때 따라와서 겨우 다닐 수 있었다.

졸업을 한 학기 남겨두고 군대를 다녀왔으나 복학하지 못하다가 신석호 선생님의 부름으로 상경해서 아세아문제연구소 조교로 근무하며 입학한 지 7년 만에 학부를 졸업할 수 있었다. 학부를 졸업한 후에도 신석호 선생님의 도움으로 국사편찬위원회에 근무하면서 석사과정을 마칠 수 있었다. 그런 지 약 5년 후에는 신선생님 후임으로 고려대의 전임교원이 되었다.

은사가 물려주신 자리를 얌전히 지키지 못하고 전두환정권 성립과정에서 해직교수가 되었는데 제자의 실직을 걱정하시던 신선생님이 그 기간 중에 작고하셨다. 해직기간에 작고하신 신석호 선생님의 빈소를 지키면서 얼마나 죄스러웠는지, 그때부터 30년이 되어가는 지금에 와서 생각해도 죄송한 마음 한량없고 고개가 저절로 숙여진다.

해직기간까지 합치면 만 32년간 고려대 전임교원 생활을 마치고 규정에 따라 1999년 2월에 정년퇴임했다. 하나의 대학에서만, 그것도 낯익은 모교에서만 선생 노릇을 하다가 정년퇴임했다면 그것도 행운이라 할 수 있을 것이다. '우연히' 들어간 고려대학에서 학부생에서 대학원생, 그리고 선임교원까지 합쳐 만 38년간 생활한 셈이다. 2007년 5월 이후 모든 공직에서 떠나 완전히 은퇴한 지금도 가지고 있는 유일한 타이틀은 고려대학교 명예교수다.

평생을 두고 나름대로 생각하고 전망하는 '역사의 길'에 충실하게 살려고 했을 뿐, 스스로 생각해도 특별한 '반골'이라고 여기지 않지만, 어떻든 우연히 인연을 맺은 고려대학에서 한때나마 해직을 당하고도 거의 평생을 생활할 수 있었으니 역시 행운이었다고 할 것이다.

정년퇴임할 무렵까지 석박사과정을 지도한 사람들이 50명은 더 되지 않을까 생각되는데, 이들 중 일부가 일정한 금액을 출연해서 근현대사 전공의 석박사과정에 재학중인 후배들을 위해 일종의 '공부방'을 마련했었다. 정년퇴임을 앞두게 되었을 때 학교연구실에 있던 책들을 집으로 가져갈 수는 없었고 그래서 장서도 보관할 겸 어차피 연구실 같은 것을 마련하지 않을 수 없었는데, 그렇다면 저들의 공부방과 합치자는 의견이 제자들에게서 나왔다.

나도 편리하고 석박사과정 제자들도 내 책과 자료를 이용할 수 있어 좋을 것 같기에 찬성하고 돈암동에 제법 넓은 사무실을 마련해서 제자들의 공부방과 내 연구실을 합쳤다. 어느 선배교수가 정년퇴임한 후의

첫 신학기가 되어 아침밥을 먹고 전처럼 신발을 신고 나섰으나 당장 갈
곳이 없어 한심하더라는 말을 들은 적이 있다. 또 '정년 쇼크'가 있다는
말을 듣기도 하고.

나는 다행히도 정년 후에 맞은 신학기 첫날에도 당장 나갈 연구실이
있었고, 그곳에 가면 제자들이 있어서 정년퇴임이 실감나지 않는 세월
을 보낼 수 있었다. 공부방의 이름은 자호(自號)를 따서 '여사서실(黎史
書室)'로 바뀌었다. 자호의 검을 여(黎)자는 여민(黎民) 즉 '일반백성'을
뜻하기도 하고 또 여명(黎明) 즉 '동틀 무렵'을 뜻하기도 하는데, 두가지
모두의 뜻으로 쓰고 있다.

여사서실 생활 중인 2000년 6월의 제1차 남북정상회담에 참가했다.
정상회담의 특별수행원으로 다녀온 후에도 1년여 동안 '여사서실' 생활
을 계속하다가 2001년에 상지대학교 총장으로 부임하면서 제자들에게
맡겨두었는데 뒷날 '내일을 여는 역사재단'을 만들면서 그 사무실이 되
었다.

평생 대학선생 생활만 한 '백면서생(白面書生)'이 전체 우리 민족사
위의 하나의 정점을 이루는 기념비적인 2000년 제1차 남북정상회담에
특별수행원으로 가게 된 연유를 말하려면, 경제정의실천시민연합(경실
련)의 통일협회와 인연을 맺게 된 경위를 먼저 말해야 한다.

1989년 어느날로 기억된다. 제자이며 새문안교회에 다니는 독실한
기독교 신자인, 뒷날 그 대학의 총장이 되기도 한 한성대학교 윤경로(尹
慶老) 교수가 한때 유명한 시민운동가였던 서경석(徐京錫) 목사와 함께
고려대의 내 연구실로 찾아왔다. 용건은 앞으로 개량주의 성격의 시민
운동을 하기 위한 단체를 하나 만들려 하니 그것을 위한 기조강연으로
우리 역사 위에서의 개량주의운동에 대해 강연을 해달라는 것이었다.

군사독재시기에는 저항적 반독재운동이 있었을 뿐이며 일종의 개량

주의운동으로서의 시민운동이란 존재하지 않았다. 그러나 민주화시대가 되면서 반독재저항운동이 아닌 개량주의적 시민운동이 필요하다는 생각인 것 같았다. 그렇다 해도 우리 역사 위에 있었던 개량주의운동 같은 것을 권하기는 어렵다고 생각했지만, 제자 윤경로 교수를 앞세운 청탁이라 거절하지 못하고 수락한 후 강연장에 갔더니 주로 새문안교회 신자들인 듯한 200~300명의 젊은이들이 모여 있었다.

그들에게 우리 역사상 구한말의 애국계몽운동은 당시로서는 개량주의운동이라기보다 개혁주의운동이라 하는 것이 옳을 것 같다 하고, 본격적 개량주의운동은 일세강점기의 문화운동 내지 자치운동에서 시작되었다고 봐야 할 것이라 가닥을 지어 말해주었다.

그러고는 식민지 피지배민족사회에서 일어난 적극적 저항주의운동이 아닌 개량주의운동은 일단 식민지배 자체를 인정하는 조건 아래서의 운동이기 때문에 대단히 제한적일 수밖에 없으며 식민지 지배정책이 강화되면 될수록 대부분 타협주의로 가게 마련이었다고 했다. 우리의 경우도 예외가 아니어서 일제강점기의 문화운동과 자치운동 쪽은 일본제국주의자들이 만주사변과 중일전쟁을 도발하며 파쇼 전시체제로 들어가게 되자 결국 타협주의로 흘러가고 말았던 사실을 일깨워주었다. 결론적으로 말해서 식민지 피지배민족사회의 경우 적극적 저항주의가 아닌 개량주의 노선은 결국 상황이 나빠지면 타협주의로 가게 되어 실패하게 마련이라 했다.

그런데, 훗날 알고 보니 서경석과 윤경로 등이 주도한 이 모임은 경실련을 발족시키기 위한 준비의 하나였다. 일제강점기 상황에 한해서 개량주의를 설명한 내 강연이 젊은이들의 새로운 출발에 찬물을 끼얹는 것처럼 되었다고나 할까.

1989년이면 특히 서울올림픽을 계기로 군사독재정권의 독기가 상당

2000년 6월 평양 을밀대에서 제1차 남북정상회담 참가 기념촬영

히 풀린 시기였다. 그러면서도 다른 한편으로는 민주세력이 군사독재
정권을 뒤엎지 못하고 김영삼 중심의 민주세력 일부가 노태우 군사정
권세력 및 김종필 중심의 5·16 구 군부세력과의 합당을 통해 '제한적'
민주정권을 수립하려는 상황이었다.

따라서 박정희와 전두환 정권 때와 같은 치열한 반독재저항운동이
아닌 시민운동이라 부르게 되는 개량주의운동이 효과를 낼 수 있는 상
황이 되기도 했지만, 그같은 정세변화가 역사적으로는 반드시 바람직
한 상황은 아니라는 생각이 깔린 강연이었다고나 할까.

어떻든 이후 최루탄 연기 속의 반군사독재 저항운동이 아닌 시민운
동으로서의 경실련운동은 당시로서는 상당한 성과를 보였고, 이후의
민주정권 아래서는 '참여연대'나 환경운동 등의 시민운동이 크게 발전
하게 되었다.

노동자·농민과 시민들이 함께 감행했던 반군사독재투쟁이 이제 민주화시대를 맞아 노·농운동과 시민운동으로 분화되는 것이었는데, 얼마 후 경실련에서는 경제정의실천운동을 넘어 통일운동도 하겠다고 의논해왔다.

일제강점기에는 모든 민족구성원이 독립운동에 참가하는 것이 바람직했다면, 민족분단시대에는 모든 민족구성원의 통일운동 참가가 바람직하다는 생각으로, 통일운동단체야 많으면 많을수록 좋다는 생각으로 경실련 통일협회 발족에 찬성하고 그 이사로 참여했다가 1996년부터 4년간 이사장을 맡게 되었다.

김대중정권이 성립되고 1998년에 북녘과의 민간교류를 담당하기 위한 '민족화해협력범국민협의회(민화협)'이 발족하게 되었을 때는 경실련 통일협회 이사장 자격으로 민화협 공동상임의장을 맡게 되었다. 결국 민화협 공동상임의장 자격으로 2000년 6월의 제1차 남북정상회담에 민간수행원의 한 사람으로 난생처음 평양에 가게 되었으니 더없는 행운이었다고 하겠다. 그러나 나의 경우도 평양행이 그렇게 쉽게 이루어진 것만은 아니었다.

북녘 학자와의 첫 만남과 첫 평양행의 실패

내가 분단시대를 통해 북녘 사람들을 처음 만난 것은 1994년 8월 초, 즉 김일성 주석이 사망한 직후 중국 상하이에서였다. 가끔은 외국을 나다니던 대학교수의 처지로도 북녘 사람 만나기가 그렇게 어려웠으니 분단체제가 얼마나 가혹했는지 짐작할 만하다.

1993년에 이름은 잊었는데 어느 기독교계통 단체의 주최로 일본 토오꾜오에서 남북한과 일본·중국·러시아 학자들이 모여 '1차 세계대전 후 동아시아의 가능성'이란 주제로 학술회의를 했다. 지금은 고인이 된 신학자 안병무(安炳茂) 선생의 권유로 우리측 주제발표자로 참석했는데, 그 두번째 학술회의가 중국 상하이에서 열려서 이번에는 토론자로 참가하게 되었다.

토오꾜오에서의 1차회의에 북녘 학자들은 참가하지 못하고 대신 조총련측 학자가 참석했는데, '2차대전 후 동아시아의 가능성'이란 논제로 상하이에서 열리는 2차회의에는 북녘 학자들이 참석하리라 기대했다. 그러나 김일성 주석의 갑작스런 사망으로 이번에도 참석하기 어렵겠구나 생각하며 상하이에 갔더니 의외로 5명의 북녘 학자가 먼저 와 있음을 보고 놀랐다.

어느 글에서도 이미 썼지만, 일본·중국·러시아 학자들이 호기심 찬 눈으로 보는 자리에서의 남북 학자들의 만남은 생각했던 것보다는 자연스럽게 이루어졌다. 평생 처음 만나는 북녘 학자들이었지만, 무엇보다도 말이 자연스럽게 통해서 식사 때나 휴식시간의 담소 등에서도 시간이 지날수록 스스럼없어져갔다.

그러다가 주제발표를 맡은 남녘 학자의 발표내용에 북녘 체제를 다소 비판하는 듯한 내용이 있었고, 그 때문에 북녘 학자들의 태도가 갑자기 경직되는 상황이 벌어졌다. 북녘 학자들의 단장 격인 사람이 다음 자신들의 발표에서는 이에 대해 강력히 항의하겠노라며 언성을 높이기도 했다.

중국·일본·러시아 학자들 앞에서 남북 학자들이 다투는 꼴이 될 것 같아서 중재역을 자청하지 않을 수 없었다. 북녘 학자들도 다른 나라 학자들 앞에서 남북이 다투는 일은 피하고 싶어하는 것이 역력했고 그래서 무사히 마무리될 수 있었다.

회의가 끝난 후에는 그들이 준비해온 인삼주를 나누어 마시며 함께 어울려 노래를 부르기도 했다. 조심스레 「오빠생각」 같은 옛 동요들이 주로 불려졌지만 약간 주기가 돌자 어느 북녘 학자는 찬송가를 어찌나 잘 부르던지 남녘 참석자들이 입을 다물지 못하기도 했다.

약 1주일간을 함께 생활하다가 헤어질 때는 서로 손잡고 언제 또 만날지 모를 이별을 아쉬워했다. 북녘 연구자들의 남녘에 대한 인식은 어떠한지, 그들의 생활 정도는 어떠한지, 여비는 충분한지 등이 궁금했지만 물어볼 수는 없고 그저 안쓰럽기만 했다.

상하이에서 북녘 학자들과 생전 처음 만난 깃이 평양의 6·15남북공동선언 선포 현장에 참가하기 꼭 6년 전의 일이었다. 그때만 해도 김일성 주석 사망에 따른 조문 문제 등으로 가까운 장래는 물론, 어쩌면 죽기 전에 북녘 땅을 밟을 수 있을지 없을지 모르는 실정이었다.

그러나 막혔던 역사의 흐름도 일단 풀리기만 하면 그 속도가 빨라지게 마련이어서 남쪽의 민주화운동이 두번째 민간정부인 김대중정부를 성립시킴으로써 남북관계가 급속히 가까워졌고, 따라서 북녘에 갈 기회가 오게 되었다. 제1차 남북정상회담 직전의 2000년 4월이나 5월경으로 기억되는데, 어느 중간업자의 주선으로 상임대표를 맡고 있던 민화협이 주관하는 음악회가 평양에서 열리기로 한 일이 있었다.

민주화시대가 되면서 남북 사이의 민간교류를 활성화하기 위한 민간단체로서 민화협이 구성되고, 아마 그 첫 사업으로 음악회를 열기로 한 것 같은데, 아직 그런 문제를 북녘 당국과 직접 교섭하는 길이 마련되지 않았고 그래서 중간업자가 개입되었던 것이 아닌가 한다.

지휘자 금난새씨가 악단원을 데리고 평양에 먼저 들어가서 연주회 준비를 하고 있었고, 일반 참가자들과 음악회에서 독창을 할 쏘프라노 조수미씨 일행은 뒤따라 베이징을 거쳐 평양에 갈 예정이었는데, 나는 민화협 상임의장으로서 평양음악회 참가자 일행의 단장을 맡게 되었다.

최초의 평양행에 큰 기대를 가진 50여 명으로 기억되는 일행과 함께 베이징공항에서 평양행 고려항공을 기다렸으나 비행기는 오지 않았다. 실무진의 말에 의하면 중간업자가 북측에 대한 약속을 이행하지 않아서 비행기가 오지 않는 것이라 했다.

우리 일행의 딱한 처지를 아는 베이징 주재 북측 요원은 소떼를 몰고 방북한 후 북쪽과의 관계가 좋아진 현대그룹 쪽이 보증하면 우리의 평양행이 가능하리라 귀띔해주었다. 그래서 당시 박재규(朴在圭) 통일부 장관에게 국제전화로 부탁했으나 현대 쪽이 음악회를 계획한 중간업자를 믿지 못하겠다 함으로써 결국 평양행은 좌절되었다. 따라서 먼저 들어가 있던 금난새 악단도 연주를 못한 채 베이징으로 나오고 말았다.

평양은 못 갔지만, 그날 저녁, 우리 일행은 베이징에 있는 북녘이 경영하는 '류경식당'에서 식사하면서 간단한 연회를 베푸는 일로 위안을 삼았다. 북녘에서 나온 식당 여종업원들에게도 조수미씨의 인기는 대단했고, 남녘 일행도 비록 식당에서나마 그의 노래를 듣고 싶어했다.

그러나 인솔책임자의 처지에서는 세계적 명성의 쏘프라노 가수에게 반주가 없음은 물론 담배연기 자욱한 좁은 식당에서 노래하라 할 수가 없어서 말을 못하고 있는데, 조수미씨가 선뜻 나서서 한두곡 부르고는 여종업원들을 포함한 일행들과 어울려 합창을 하기도 했다.

일행들은 세계적 명성의 쏘프라노 가수가 보여준 소탈한 태도에 감탄했다. 평양에 가기 위해 상당한 비용을 들였고 또 큰 기대를 가졌다가 못 가게 된 아쉬움을 조수미씨와의 합창으로 보상받고도 남았다고 만족해하기도 했다. 인솔책임자의 처지로서도 얼마나 고마웠는지 모른다.

제1차 남북정상회담 전에는 남녘 사람의 평양 가기가 이렇게도 어려웠다. 훗날 통일이 되어 남북을 마음대로 오가는 사람들이 혹시 이 글을

베이징의 '류경식당'에서 쏘프라노 조수미씨와 함께

읽으면 남쪽 사람이 평양 가기가 그렇게 어려운 때도 있었나 할지 모르겠다. 그때는 '남북이 가로막힌 원한 천릿길' 운운하는 대중가요도 까맣게 잊혀질 거고……

제1차 남북정상회담 후에는 남북 사이의 인적·물적 교류가 급격히 발전했다. 정상회담 전에는 평양음악회에 참가하려다 실패함으로써 한번도 남북분계선을 넘어보지 못했으나 정상회담 후부터 모든 공직에서 은퇴하기까지 약 7년간 남북역사학자협의회 일 등으로 무려 20여차례나 남북분계선을 넘나들었다.

전체 분단시대를 통해서 역사에 남을 남북 정부 사이의 합의문건은 1972년의 7·4남북공동성명과 1991년의 '남북불가침합의서' 그리고 2000년의 6·15남북공동성명이라 할 수 있다. 그러나 7·4공동성명은 곧 '휴지화'됐고, '불가침합의서'의 교환에도 불구하고 남북관계의 실질적 진전은 거의 아무것도 없었다.

6·15공동선언 후 진전된 남북관계는 개성공단 건설과 인적교류, 철도연결 등에서 획기적이었다 할 것이다. 그뿐만 아니다. 노무현정부가

이룬 제2차 정상회담에서 나온 10·4남북공동선언을 후속정권이 인정하고 실행만 한다면 앞으로의 남북협력관계는 더 크게 진전될 것이다.

남녘 대통령이 무장한 인민군을 사열하다니

남쪽 사람이라 해도 서울 등지에서 자란 동년배들은 해방 전 초등학교 때의 수학여행 등으로 개성은 말할 것 없고 평양의 고적들을 구경할 수 있었을 것이다. 그러나 우리땅 남쪽 끝 바닷가에서 자란 나는, 분단 이전에 38도선 이북땅을 밟을 기회는 전혀 없었다. 따라서 남북정상회담 참가를 위해 2000년 6월 13일에 서울공항을 떠난 비행기가 순안(順安)공항에 도착해서 북녘땅을 처음 밟았을 때의 감격은 정말 무엇으로도 형언하기 어려웠다.

다 같은 내 민족이요 내 조국 내 땅인데도 나이 70이 다 되어서야 겨우 처음 밟아보게 되었으니, 일제강점기에 해외로 망명했다가 해방 후 귀국한 애국지사들이 조국 땅에 입 맞추는 심정을 충분히 이해할 만했다.

신문기자, 카메라맨들과 함께 탄 우리 비행기가 먼저 내려서 대통령 전용기의 착륙을 기다리고 있는데, 우리 옷을 곱게 차려입고 꽃 수술을 들고 공항 한쪽에서 대기하던 북녘 환영객들 속에서 갑자기 요란한 환호성이 터졌다. 무슨 일인가 하고 돌아봤더니 예의 점퍼 차림을 한 김정일 국방위원장이 성큼성큼 걸어오고 있었다. 전혀 예상하지 못한 일이 현실로 벌어지고 있는 것이다.

서울을 떠나면서 북쪽의 누가 남쪽 대통령을 공항에서 영접할 것인가가 관심거리였는데, 김정일 국방위원장의 공항영접을 확인하는 순간 모든 일이 잘 풀리겠구나 예감하며 곁에 있는 일행 중의 고은(高銀) 시인과 함께 기뻐했다.

정답게 인사를 나눈 남북의 두 정상이 나란히 인민군 의장대를 사열하는 장면을 보고 정말 얼마나 감격했는지 모른다. 다른 일행은 어떤지 몰라도 동갑내기 고은 시인과 함께 우리는 저 처절했던 동족상잔의 6·25전쟁을 몸소 겪은 세대다. 대한민국 대통령이 총칼을 든 인민군대 앞을 태연히 사열하며 지나가다니…… 지난 반세기 이상 감히 상상할 수 없었던 일이 바로 눈앞에서 벌어지고 있는 것이다. 말로 다할 수 없는 감격적인 장면이 아닐 수 없었다.

수천년을 함께 살아온 같은 민족이면서도 해방과 함께 분단되었고 그 세월이 반세기가 넘도록 지속되었다. 그동안 같은 민족이면서도 서로 원수가 되어 다투고 대립하기만 했는데, 그같은 상황에서는 감히 생각도 할 수 없었던 일이 눈앞에서 일어나고 있는 것이다.

열두살 때 맞은 해방과 함께 닥친 민족분단시대를 어렵게 살다가 고희를 눈앞에 두고서야 비로소 남북 두 민족사회가 화해하고 하나가 되어가는, 철천지원수가 동족으로 변해가는 현장에 동참하게 되었으니 우리의 감격이 남다를 수밖에 없었다.

남북 두 정상이 같은 자동차에 타고 평양시내로 들어가는 뒤를 따라서 우리가 탄 차가 지나가는 연도에는 뒷날 60만 명이었다고 들은 평양시민들이 곱게 차려입고 나와서 손에 손에 꽃술을 들고 열렬히 환호했다. 김일성종합대학 앞을 지날 때 많은 대학생들이 손을 흔들며 환영하는 것이 특히 인상적이었다.

그같은 현장에서 평양시민들의 환호대상이 김정일 국방위원장에게만 한정된 것인지, 김대중 대통령과 남쪽 일행도 포함되었는지, 아니면 '우리 민족끼리'의 행사라서 양쪽 모두가 대상이었는지, 호사가나 일부 언론들처럼 따질 마음은 전혀 없었다.

길거리에 늘어서서 환영하는 시민들 중에서도 특히 고운 우리 옷으로 차려입은 나이든 부인네들은 눈물을 줄줄 흘리면서 환호하는 것을 곳곳에서 볼 수 있었다. 민족분단 52년 만에 남북 두 정상이 정답게 같은 자동차를 타고 가고, 남북 참가자들이 탄 차들이 뒤따르는 이 역사적 행렬을 환호하며 눈물을 흘리는 대상이 굳이 어느 쪽이거나 누구라고 한정하려 한다면, 너무 몰인정하지 않은가······

6·25전쟁 때 미군의 심한 폭격으로 완전히 폐허가 되었다고 들었던 평양 시가지가 계획적으로 말끔히 재건되어 높은 건물들이 꽉 들어선 깨끗한 도시가 된 것을 처음으로 보고 놀라기도 했다.

다음날부터 6·15남북공동선언문 조율은 두 정상과 양쪽 정부대표들의 몫이었고, 주암초대소에 따로 든 민간수행원들은 각각 제 분야의 북녘 인사들과 만나는 시간을 가졌다. 남쪽 민화협 대표로 갔으니 북쪽 민화협 김영대 회장을 비롯한 인사들과의 면담 및 토의시간을 가졌다. 민간의 남북교류를 위한 기구인 민화협은 북쪽이 먼저 생겼고 그것에 호응해서 남쪽 민화협이 생겼던 것으로 기억한다.

남북교류는 정부 차원에서 할 일도 많지만 민간이 해야 할 일도 많으며, 특히 정부 차원의 교류가 혹시 어려움에 부딪쳤을 때는 민간기구가 그것을 타개하는 역할을 할 수 있어야 한다는 생각이어서 그런 내용의 말을 했던 것으로 기억한다.

분야별로 만난 남북 인사들이 비교적 화기애애한 분위기에서 시간을 보내고, 오후에는 많은 북녘 젊은이들이 컴퓨터 쏘프트웨어를 개발하는 현장 등을 시찰했다. 200~300명가량의 젊은이들이 컴퓨터 앞에 앉아서 열심히 작업하고 있었다. 그러면서도 정상회담의 구체적 성과가 나타날 두 정부 쪽 참석자들 사이의 공동성명서 타결이 어떻게 되어가는지는 전혀 알 수 없어서 궁금하기만 했다.

제1차 남북정상회담 참가 때 고은 시인과 함께

　양쪽 정부 측 인사들의 사전접촉에서 공동선언문 내용에 대해 어느 정도의 합의가 있었는지, 아니면 회담 성사에만 합의하고 선언문 내용에는 사전합의가 전혀 없었는지, 역사학 전공자의 처지에서 궁금했으나 민간측 수행원으로서는 알 수 없었다.

　그러면서도 민족분단시대 이래 최초로 남북의 정상이 직접 만나 합의하는, 이번에 나올 남북공동선언이 민족사의 현재와 장래를 위해 얼마만큼의 중요성을 가질 것인가 하는 등의 문제를 깊이 생각하지 않을 수 없었다.

　뒷날의 이야기지만, 제1차 남북정상회담의 남측 주요 실무자였던 임동원(林東源) 전 통일부장관과 함께 통일고문을 하게 되었을 때, 그에게 후세의 역사가를 위해 제1차 남북정상회담을 위한 실무접촉 과정의 상세한 기록을 남겨줄 것을 당부했다. 임동원 전 장관도 그 점에 유의하고 있음을 확인할 수 있었는데, 그는 2008년에 후세의 역사가를 위해서도 자료가치가 충분한 회고록 『피스메이커』를 출판해서 보내주었다.

얼마 전에는 그가 작고한 김대중 전 대통령의 자서전을 준비하고 있다는 이야기를 들었다. 우리나라 정치인들, 특히 쿠데타로 집권했던 사람들은 회고록을 남기지 않는 폐단이 있었는데, 김 전 대통령과 임 전 장관의 회고록이 중요한 사료가 될 것임은 말할 나위가 없다.

통일문제에 관심을 가지고 나름대로 글도 쓰고 강연도 해왔으며, 그 때문에 군사독재정권시기에는 수난도 있었지만, 민족분단 역사상 처음으로 이루어지는 남북정상회담에서 어느 정도의 합의가 이루어질지 정말 궁금했다. 역사적·학문적 처지에서 생각하는 통일문제와 남북 두 정상이 현실적·정치적 상황을 근거로 해서 다루는 통일문제가 다를 수밖에 없다는 생각도 물론 하지 않을 수 없었다.

그러나 민족통일문제의 경우만은 현실적·정치적 상황 및 이해관계와 역사적 지향 및 가치가 일치할 수 있었으면 하는 생각이 절실했다. 그러기 위해서는 이 시점에서의 남북 두 정상은 현실정치인의 위치에 머물기보다 바로 역사 그것 앞에 선다는 생각이 무엇보다 중요하다는 생각이 들었다.

6월 14일 밤, 평양 만찬장에서의 감격

평양 도착 첫날인 6월 13일 만찬장에서 지금은 고인이 된 당시 북녘의 대남관계 책임자 김용순(金容淳) 아태(조선아시아태평양평화위원회) 위원장과 같은 테이블에 나란히 앉아 식사를 하면서 여러가지 담화를 했던 일을 잊을 수 없다. 김용순 위원장이 "군사독재시절에는 고생이 많았지요" 하고 인사했는데, 역사교수 출신이며 해직교수 전력이 있음을 알고 있는 것 같았다. 몇년생이냐고 묻기에 1933년생이라 하고 "김선생은 몇년생입니까" 하고 되물었더니 "저도 비슷합니다" 했는데 뒤에 알고 보니 그는 1934년생이었다.

식탁에서의 대화는 한반도의 통일과 중국 및 일본과의 관계 문제가 중심이었다. 그도 일본의 우경화에 대한 우려와 반감이 컸지만, 앞으로 평화롭게 통일된 한반도가 중국 및 일본과 협력해서 동아시아의 평화를 이루어가야 할 것이라는 점에는 생각이 같았다. 그러나 만약 통일된 한반도의 중국 및 일본에 대한 이해관계가 달라질 경우, 19세기와 20세기 동아시아의 역사를 감안한다면 통일된 한반도는 일본보다 중국과의 관계가 더 깊어지리라는 점에도 의견이 일치했던 기억이다.

이틀째인 6월 14일 저녁에는 북녘의 영빈관인 목란관으로 기억되는 곳에서 남북대표들이 함께하는 만찬회가 있어서 참석하러 갔는데 어느 때보다도 검색이 심했다. 김정일 국방위원장이 참석하려나 보다고 추측했는데 그대로였다. 만찬이 시작되고 얼마 후 김대중 대통령과 김정일 국방위원장이 함께 손잡고 나와서 "우리 공동선언에 합의했습니다" 하고 발표하자 현장에 있던 남북을 합쳐 50~60명 정도였다고 기억되는 인사들이 환호하고 만찬 분위기는 절정에 이르렀다. 환호는 하면서도 구체적으로 어떤 내용이 합의되었는지는 알 수 없었지만……

이날 역사적인 만찬장에서 있었던 몇 가지 일이 지금도 생생하게 기억난다. 먼저 남북 두 정상이 손 맞잡고 "우리 공동선언에 합의했습니다" 하고 발표했을 때 그 자리에는 보도진이 없었고, 따라서 아무도 그 역사적인 장면을 사진으로 찍지 못한 것이다. 뒤늦게 보도진의 요청으로 두 정상이 다시 한번 나가서 공동선언 합의를 발표하는 '연기(演技)'를 하지 않을 수 없었다. 남북 두 정상이 맞잡은 손을 높이 들고 공동선

6·15공동선언 합의를 발표하고 두 손을 맞잡은 김대중 전 대통령과 김정일 국방위원장

언문 합의를 세상에 알린 그 역사적 장면의 사진은 실은 다시 한번 연출된 장면이었던 것이다.

두번째 일은 고은 시인의 시낭송이다. 그날 아침으로 기억되는데 주암산초대소 숙소에서 고 시인이 서울 어느 신문사의 청탁을 받고 쓴 시를 보여주었다. 시를 잘 모르면서도 참 좋다고 생각했는데, 만찬장에서 공동선언 합의 발표를 듣고 고 시인이 나에게 축하하는 뜻으로 그 시를 낭송하고 싶다고 귀띔해왔다. 중이 제 머리는 못 깎는 법이니까……

이 뜻깊은 자리의 기념도 되고 좋을 것 같아 한광옥(韓光玉) 대통령비서실장에게 고은 시인의 뜻을 전했더니 한실장이 김대통령과 김국방위원장의 동의를 받아 마침내 역사적인 장소에서 시낭송이 이루어지게 되었다. 모두 어느정도의 주기가 올랐던 터라 좌중 앞으로 나가는 고 시인에게 침착하게 낭송하라고 귀띔했으나 역시 상당히 흥분된 낭송이 될 수밖에 없었다.

그런데도 다음날 오찬 때 김정일 국방위원장은 고은 시인을 보고 "어제저녁 시낭송 참 좋았습니다" 하고 인사했다. 정상회담 후 공동선언 합의를 축하하는 자리에서 축시를 낭송하고, 모든 대화에서 통역이 필요없는 이런 자리는 정상회담 뒤끝 자리라기보다 허물없는 집안잔치 자리라는 생각이 절로 들었다.

세번째 일은 그 자리였는지 아니면 다른 자리였는지 조금은 기억이 분명하지 않은데, 정상회담 산파역의 한 사람이었다고 할 박지원(朴智元) 당시 문화관광부장관이 노래 부른 일이다. 재치있고 숫기 좋은 박장관이 나서서 노래를 부르겠다더니 거침없이 "우리 너무 쉽게 헤어졌어요"라는 노랫말의 유행가를 부르고 스스로 한 곡 더하겠다면서 "내 곁에 있어줘" 운운하는 노래를 불렀다. 이런 자리에서 자진해서 노래 부르는 그 '배짱'에 놀라지 않을 수 없었다.

네번째는 이 엄청난 역사적인 자리에 함께한 남북의 약 50~60명 인사 중 역사학 전공자는 나 혼자뿐 아닌가 하는 생각이 문득 듦으로써 무거운 책임감 같은 것을 느끼지 않을 수 없었던 일이다. 그런 생각이 들자 두번 다시 겪기 어려운 일임을 실감하면서도 이 감격스러운 현장을 역사적으로 어떻게 설명해야 할 것인가 하는, 역사학 전공자로서의 일종의 의무감이 들지 않을 수 없었다.

이 자리야말로 민족의 평화통일이 시작되는 바로 그 순간이요 그 현장이라는 생각이 들었다. 그리고 그 통일은 전쟁통일론과 흡수통일론이 슬기롭게 극복된 진정한 의미의 평화통일과 대등통일을 이룰 방법으로서의 '협상통일'이라는 생각을 하게 되었다. 어쩌면 1948년에 김구와 김규식 두 분이 평화적으로 통일민족국가를 건설하기 위해 만난(萬難)을 무릅쓰고 평양에 갔던 남북협상의 재생이요 연장선상이라는 생각을 했는지도 모른다.

2000년 6월 14일 평양 만찬장에서 '우리의 소원은 통일'을 합창하는 모습. 저자는 뒷줄 왼쪽에서 세번째

　1948년의 '협상'과 2000년의 '협상' 사이에는 반세기란 시차가 있고 그동안에 처절한 동족상잔을 겪기도 했지만, 수천년을 함께 살아온 하나의 민족이 기어이 다시 하나가 되기 위한 '협상'을 하지 않을 수 없는 것이며, 따라서 2000년의 '평양협상'은 곧 1948년 '평양협상'의 연장선상이라 생각한 것이다.

　이후 글을 쓰거나 강연을 하면서 우리가 해야 할 통일을 '협상통일'이라 강조하게 되었는데, 그것은 바로 2000년 6월 14일 밤 평양의 제1차 남북정상회담 만찬장에서 6·15공동선언 합의를 듣는 순간에 생각한 통일방법론이라 할 수 있다.

　다음날 평양의 숙소에서 지금도 보관하고 있는 『로동신문』 등 조간 신문들을 받아보고서야 6·15남북공동선언의 상세한 내용을 알 수 있었다. 모두 5개 항목으로 되어 있으나 그중에서도 특히 제2항이 중요하다는 생각이었다. 7·4남북공동성명에서는 통일을 평화적으로 주체적으로 하자는 데 합의했고, '남북불가침합의서'에는 통일방안에 대한 구체적인 내용은 없었다. 그러나 6·15공동선언에서는 구체적으로 남의 연합제 통일방안과 북의 연방제 통일방안을 어떻게 접근시킬 것인가 하는 문제에 일단 합의했다고 할 수 있다.

즉 지금까지는 남쪽이 제시한 통일방안인 연합제와 북쪽이 제시한 연방제가 공통점을 찾지 못하고 계속 평행선을 달리면서 대립해오기만 했다. 그러나 이제 북쪽 연방제의 '단계를 낮추면' 남쪽 연합제와 공통성이 있다는 점에 합의한 것이다. 연방제의 단계를 낮추면 연합제와 공통점이 있다고 한 6·15선언을 두고 남쪽의 일부에서는 연방제를 인정한 것이라 하여 논란이 일기도 했지만, 6·15선언의 내용을 처음 봤을 때는 북쪽이 군사권과 외교권의 즉시 통일을 양보한 방안이라 생각되기도 했다.

이보다 몇 년 전 문익환 목사가 개인 자격으로 평양에 가서 연방제 통일방안을 '느슨하게' 하자는 데 합의하고 돌아왔다가 바로 감옥으로 갔는데, 그 '느슨하게'가 6·15공동선언에서는 이제 정부 차원에서 '낮은 단계'로 되어 합의된 것이라 하겠다.

북측의 연방제 통일방안을 간략히 설명하면, 국가는 하나로 하되 정부는 남북 두 개로 하여 내치권은 두 정부가 각각 가지면서도 외교권과 군사권은 하나인 국가를 만들어가자는 안이라고 할 수 있다. 이에 대해 남측의 연합제 통일방안은 쉽게 말하면 국가와 정부를 모두 둘인 채로 둔 상태에서 남북공동의 기구를 두어 국가연합을 이룸으로써 서서히 통일해가자는 안이었다.

그것을 6·15남북공동선언에서는 국가와 정부를 상당기간 둘인 채로 두고 외교와 군사권도 두 국가의 정부가 가지되 남북이 국제사회에서 외

교적으로 대립하지 말고 협력하며 군사적으로는 서로 투명화함으로써
'단계가 낮아진' 연방제의 뜻을 살려가자는 데 합의했다고 할 수 있다.

그것은 또 남북 두 정부가 모두 전쟁통일은 말할 것 없고 흡수통일도
부인하고 상대방의 체제를 인정하면서 대등한 처지에서 서서히 통일해
가자는 데 합의한 것이라고 할 수 있다. 돌이켜보면 꼭 20년 전인 1980
년에 기독교사회문제연구원에서 그와 비슷한 내용의 통일강의를 했다
가 치안국 대공분실에 잡혀가서 곤욕을 치르기도 했는데, 이제 그같은
통일방안이 남북 두 정부 사이에서 합의되고 선언되는 현장에 참가하
게 되었으니 감격이 남다를 수밖에 없었다.

그리고 이같은 6·15남북공동선언이 합의되고 선포되는 이 시점이야
말로 바로 우리식 통일방법 즉 베트남식 전쟁통일과 독일식 흡수통일
을 슬기롭게 극복한 '협상통일'이 시작되는 날이 된다고 생각했다. '협
상통일'은 전쟁통일이나 흡수통일과 달라서 하루아침에 되는 것이 아
니기 때문에, 이날 즉 2000년 6월 15일이 바로 그것이 시작되는 날이지
만, 그 완성은 상당한 시일이 지난 후라야 가능할 것이라 생각했고, '협
상통일'의 완성은 결코 서둘지 말고 시일을 두고 무리없이 추진되어야
할 것이라고 생각했다.

그전에도 그랬지만 제1차 남북정상회담에 참가하고 온 후에는 국내
는 물론 미국과 일본 등 해외까지 통일문제 강연을 하는 기회가 많아졌
는데, 강연을 하고 나면 항상 언제 통일이 되느냐는 질문을 많이 받게
마련이있다. 그러나 언제 통일이 되겠느냐 하는 문제노 중요하지만, 그
것에 앞서서 어떤 통일을 할 것인지를 생각하는 일이 더 중요하다고 말
해주었다.

우리의 경우는 베트남식 전쟁통일이나 독일식 흡수통일은 불가능했
고, 또 앞으로도 불가능함을 아는 일이 중요하다고 했다. 남북간에 합의

342

된 우리식 '협상통일'은 베트남이나 독일처럼 하루아침에 되는 것이 아니라 6·15공동선언이 선포된 그 순간부터 시작되었다고 하겠으며, 다만 언제 완전한 통일이 이루어질 것인가는 앞으로 남북이 협력하고 노력하기에 달렸다고 말해주었다.

6·15남북공동선언은 또 우리 역사의 21세기를 여는 출발점이 된다고 했다. 타민족에 의한 강제지배와 그 결과로 빚어진 민족분단과 동족상잔과 남북대결의 20세기 민족사를 극복하고, 남북 사이의 화해와 협력을 통해 우리식 '협상통일'을 이루기 위한 21세기로 나아가는 출발점이기도 하다고 강조했다.

지난 20세기 우리 민족사의 전반기가 외세침략과 그것에 대한 저항의 역사였고 그 후반기가 민족분단으로 인한 상잔과 대립의 역사였다면, 21세기는 남북이 화해하고 협력함으로써 분단을 극복하고 평화적으로 통일을 이루어가는 역사가 될 것이며, 6·15남북공동선언 발표는 그 출발점이 될 것이라 했다.

이같은 통일관은 6·15남북공동선언 발표현장에 있었기 때문에 얻어진 것이기도 하지만, 그것은 또 이전부터 우리 민족의 통일문제를 역사적 맥락에서 추구해온 결과이기도 했다.

평화통일의 '전도사'가 되고 싶어서……

박정희정권 때의 7·4남북공동성명에 고무되었다가 그것이 유신의 전주곡이 되자 크게 실망했었다. 그러나 그로 인해 남북문제와 통일문제에 석석인 관심을 갖게 되었고, 통일문제를 역사적 관점에서도 봐야 한다는 생각을 가지고 분단원인을 분석하고 그것을 근거로 한 통일

방향을 전망하려 노력하기도 했다.

그러면서 역사적 관점에서 본 통일문제에 관한 글을 더러 쓰기도 했는데, 김대중 전 대통령이 대통령이 되기 전에 설립한 아태평화재단에서 통일강좌를 열고 강의를 해달라기에 여러 번 나가서 강의했다. 훗날 김대중정부의 통일안보수석이 되는 임동원씨가 당시 재단의 실무를 책임지고 있었던 것으로 아는데, 아마 아태평화재단에서의 통일강연이 인연이 되어 김대중정부의 통일고문이 되지 않았는가 한다.

제1차 남북정상회담에 참가하고 통일고문이 됨으로써 통일문제에 관한 원고청탁이나 강연요청이 갑자기 많아지게 되었는데, 상지대학교 총장 재직중이면서도 거의 거절하지 않았다. 통일문제 강연활동은 김대중정부의 통일고문으로서 2001년과 2002년에 걸쳐 조총련 쪽 초청으로 재일동포를 대상으로 한 강연과 통일부의 요청에 의한 재미동포 사회에서의 강연, 그리고 전교조 조합원 대상의 강연 등이 특히 기억에 남는다.

꽤 오래 전부터 있었던 것 같지만, 정부기구에 대통령자문기구로서 통일고문회의라는 것이 있는 줄을 몰랐는데, 김대중정부 5년간 통일고문으로 임명되어 활동했다. 각계각층의 원로 및 중진급 20여 명으로 구성된 통일고문회의는 대통령에게 통일문제에 관해 자문하거나 건의하는 역할을 하는, 통일부가 관할하는 기구이다.

통일고문 중에는 재향군인회 회장 등 고위장성 출신이나 경찰고위간부 출신, '안기부'장 출신 등 어떤 의미에서는 '반평화통일'적인 즉 무력통일론이나 흡수통일론적 입장인 사람들도 적지 않았다. 김대중정부 때의 경우 회의가 더러는 청와대에서 대통령 주관으로 열리기도 했지만, 대개는 통일부장관 참석 아래 열리고 통일고문회의 의장이 주재했다.

김대중정부 때의 통일고문회의는 평화통일 문제에 대단히 의욕적이었던 기독교계의 원로 강원룡(姜元龍) 목사가 의장이었고 김수환(金壽煥) 추기경도 통일고문의 일원이었기 때문에 그 활동이 활발했고 영향력도 있었다고 생각한다. 강원룡 의장의 발의로 전체 통일고문들이 도고온천에 가서 1박 하면서 토의하기도 했는데, 나는 강의장의 지명에 따라 발제를 맡기도 했다. '반평화통일'적 성향 통일고문들의 반론으로 토론의 열기가 꽤 높았던 기억도 있다.

통일고문들이 조를 짜서 각 도청소재지에 가서 도지사와 경찰국장, 대학총장 등 지방의 고위관료 및 지식인들을 대상으로 간담회 형식의 평화통일론을 펴기도 했는데, 내가 속한 조에서는 발제자 및 강연자가 되기도 했다.

강원룡 의장 조에 들어서 같은 승용차로 청주에 갔던 일이 있는데, 서울을 떠나 청주에 도착할 때까지 거의 혼자서만 말을 이어가던 80세가 넘은 강목사의 건강과 열정에 감탄했던 일이 기억난다. 지금은 고인이 되었지만, 같은 성씨여서 "종씨" 하고 부르면 정이 더 가는 것 같기도 했고, 해방 직후 약관(弱冠)으로 김규식 박사 주관의 좌우합작위원회 위원이기도 했던 강목사에게서 들은 이야기들이 많다.

김수환 추기경 조에 들어서 부산에 갔을 때의 일이다. 김추기경 주재로 지방관료들에게 평화통일론을 폈더니 "강교수야말로 평화통일의 전도사군요" 하셔서 흐뭇하기도 했다. 시간이 좀 남아 일행이 시내 구경을 가면서 추기경에게 "어떻게 하시렵니까" 했더니 "내 걱정은 마세요. 전국의 모든 성당이 다 내 집이요 쉼터입니다" 했다. 사실 김추기경이야말로 전국 방방곡곡에 집과 쉼터를 가진 분이었다. 지방여행 중 잠깐 시간이 남아서 사전통고 없이 어느 성당이라도 들어서면 그 성당에서는 얼마나 좋아할까 생각하니, 우리가 괜한 걱정을 했다 싶어 웃음이 절로 나왔다.

김대중정부가 끝나고 노무현정부가 서면서 통일고문을 그만두게 되었는데, 정동영(鄭東泳)씨가 통일부장관이 되어 다시 통일고문이 되길 청했고, 임동원 전 통일부장관과 함께 2004년에 다시 백낙청 교수가 의장이 된 통일고문회의의 고문에 임명되었다.

언제였는지 정확하게 기억할 수는 없지만 군사정부 때 일본에 있는 동포조직인 조총련에서 강연초청을 받은 적이 있었는데 중앙정보부였던가 국가안전기획부였던가에서 허가해주지 않아 가지 못한 일이 있었다.

그후 2001년 6월에 6·15남북공동선언 1주년 기념강연을 해달라는 조총련의 초청을 받았고, 이때는 국가정보원에서 승인을 해주어서 일본에 가서 강연하게 되었으니 세상의 변화를 실감할 수 있었다. 쿄오또와 오오사까, 토오꾜오 등 일본의 주요 도시를 다니면서 300~400명 이상의 동포들이 모인 자리에서 우리의 통일이 어떤 통일이며 어떻게 이루어져야 하는가를 평소의 생각대로 말하고 다녔다.

조총련은 알다시피 북녘 편에 선 재일교포조직이다. 조총련에 속한 재일동포들에게 남쪽에서 간 사람이 통일문제를 강연해서 그들의 동의를 얻을 수 있다면, 그 통일론은 남북 모두에게 통하는 통일론일 수 있지 않겠는가 하는 생각도 했다. 조총련 초청의 통일강연을 하고는 "역사적 맥락에 입각한 통일론은, 진정한 의미의 평화통일론은, 이해관계가 극명하게 대립되어 있는 남북 사이에서도 공감대를 이룰 수 있다"는 확신을 가지게 되기도 했다.

2002년에 또 조총련에서 6·15남북공동선언 2주년 기념강연 초청이 왔다. 작년에 듣지 못한 지역의 동포들이 듣고 싶어한다는 것이었다. 그 대상지역은 큐우슈우의 코꾸라(小倉)와 히로시마(廣島), 요꼬하마(橫濱)와 그밖의 몇 곳이었다. 가지 않을 이유가 없기에 이곳들을 다니면서 통일강연을 했는데, 곳에 따라서는 동포 가정의 식사초대를 받기도 했다. 초대에 응하고 느낀 것은 여러가지 이유로 쇠퇴해간다는 조총련계 동포 중에 이렇게 잘사는 사람도 있구나 하는 생각이었다.

요꼬하마 등 몇 곳에서는 조총련과 민단 조직이 공동으로 강연회를 개최하고 저녁에는 두 조직의 간부들이 함께 주관하는 만찬에 참가하기도 해서 한층 더 흐뭇했다. 이런 일은 곧 6·15공동선언 후의 상황변화 결과이기는 했지만, 대립되어 있는 두 해외 동포조직이 공동으로 주최하는 통일강연을 맡은 일은 스스로 생각해도 대견스러웠다.

6·15공동선언 기념 조총련 주최 남녘인사 초청 통일강연회는 그후 김수환 추기경에게 의뢰되었지만 실현되지 못했다. 그러나 한완상(韓完相) 적십자총재와 한명숙(韓明淑) 국회의원, 윤경로 한성대 총장 등에 의해 2~3회 더 이어졌던 것으로 안다.

한편 2003년으로 기억되는데, 통일부의 요청에 의해 미국의 쌘프란씨스코와 로스앤젤레스 그리고 애틀랜타 등 3개 도시를 돌면서 교포들에게 통일강연을 했고, 2005년에도 UCLA의 학술회의에 참가했다가 로스앤젤레스 동포사회의 요청으로 역시 통일강연을 했다. 그곳에서 강연은 그 지역의 '평통자문위원'이 주된 대상이었는데, 민주정권이 들어서면서 평통자문위원도 많이 달라졌음을 실감할 수 있었다.

로스앤젤레스에서 통일강연을 하면서 마음 아팠던 일은, 그곳 동포사회에도 일본처럼 대북문제와 통일문제를 두고 대립되는 두 파가 있다는 사실이었다. 강연회에는 한쪽 동포들만이 참석했을 뿐 아니라, 다른 한쪽에서는 강연회와 연사를 비방하는 선전물을 돌리기도 했다. 일본에서 민단과 조총련이 통일강연회를 공동주최한 것과는 대조적이었다. 강연 후 영사관에서 흐뭇한 만찬대접을 받으면서도 마음이 아팠나.

강연을 다녀보면 해외동포사회에서도 통일문제에 대한 관심이 생각보다 높은 것을 알 수 있었는데, 재외동포사회의 통일문제에 대한 관심과 처지는 대개 모국에서의 남북관계에 좌우되게 마련이라는 생각이다. 모국에서의 남북관계가 호전되면 교포사회에서도 그 영향을 받게 마련이며, 반대의 경우도 마찬가지라 할 것이다.

그러나 내가 말하는 통일론이 시대착오적인 전쟁통일은 말할 것 없고 진정한 의미의 평화통일이 될 수 없는 흡수통일론이 아닌 이상 어느 쪽으로부터도 비판받을 이유가 없다는 생각이었다. 나의 강연 내용을 반대나 비난한다면 그것은 아직도 내외를 막론한 우리 민족사회에 전쟁통일론자나 흡수통일론자들이 있다는 말이 되지 않을까 하는 생각이다.

이같은 국내외 강연내용을 풀어서 2003년에 『우리 통일, 어떻게 할까요』라는 책을 냈다. 현실적·실정법적 제약 때문에 하고 싶은 말을 다하지는 못했지만, 그런 제약이 풀릴 날도 멀지 않으리라 기대해본다.

2007년 제17대 대통령선거가 끝난 직후 통일고문회의가 열렸을 때의 일이다. 새로 성립될 이명박정부가 통일부를 없애려 한다는 말이 있기에 통일고문회의에서 반대성명이라도 내야 하지 않겠느냐 생각하고 이재정(李在禎) 통일부장관에게 확인했더니 통일부는 없어지지 않는 것이 확실하다고 했다.

대통령 취임식이 있고 난 다음날인가 통일부에서 전화가 왔는데, 내용인즉 나의 통일고문 임기가 그해 10월까진가인데 그때까지 하겠느냐는 것이었다. 임기가 아직도 반년 이상 남은 10월까지라면서 통일고문을 계속 맡겠는가라고 묻는 의도를 알 만했기에 당장 그만두겠노라 대답했다.

관료들의 재빠른 조처에 놀라기도 했지만, 하기야 김대중정부 이후 근 10년간이나 통일고문을 했으니 당연히 그만두어야지 하는 생각도 있었다. 통일부를 없애고 외교부에 통합하려고 했다가 거센 여론에 밀려 억지로 유지하게 된 정부에서 통일고문을 해서 무얼 할 수 있겠는가 하는 생각도 없지 않았다.

통일부를 외교부에 합치자는 의견이 더러 있게 마련인데, 명백히 해야 할 것은 통일문제는 어디까지나 외교적 원리나 정책으로 다룰 문제가 아니라는 점이다. 쉽게 말해서 외교에는 철저하게 상호주의가 적용되게 마련이지만, 민족내적 문제인 통일문제는 그 상호주의를 어떻게 극복할 수 있느냐에 문제해결의 열쇠가 있기 때문이다.

이른바 진보정권이라는 김대중정권과 노무현정권을 통해 두 번이나 통일고문을 맡았지만, 상대적으로 통일고문회의의 활동이 더 활발했던 것은 김대중정부 때였다고 기억된다. 청와대에서 자주 열린 김대중정부 때의 통일고문회의는, 대통령이 통일고문 개인에게 질문을 해서 의견을 듣고 대통령의 의견을 종합해서 말하는 경우가 많았다고 할 수 있다.

김대중정부 때의 통일고문회의는 통일고문들이 대통령에게 통일문제를 자문하는 자리라기보다 오히려 반평화통일적 생각을 가진 통일고문들이 김대중 대통령의 평화통일 강의를 듣는 자리가 되었다 해도 크게 틀리지 않았다.

역사는 결코 우리를 배반하지 않는다는 생각으로

역사학 전공자로서, 특히 우리 근현대사 전공자로서 우리 분단역사상 처음 열린 남북정상회담에 참가할 수 있었던 것은 행운이기도 하지만, 한편 무거운 책임감을 느끼지 않을 수 없었다. 이는 해방 후부터 제1차 남북정상회담이 성사된 2000년까지 우리 민족구성원 전체가 살아온 분단시대가 너무도 험난하고 반역사적이었기 때문이기도 하다.

일제강점기에 태어나서 초등학교 전교육과정에서 '일제교육'을 받았는데, 80세를 눈앞에 둔 지금까지도 그때 배운 일본 군가 몇 가지를 정확하게 부를 수 있을 만큼 철저하게 강요된 주입식 군국주의 교육이었다. '해방공간'의 중학교 과정을 통해 짧은 기간 처음으로 자유로운 분위기 속에 살아봤지만, 격심한 좌우대립과 특히 6·25전쟁을 겪은 후에는 민족의 다른 한쪽을 적으로 간주해야 하는 지독한 반공교육 내지 반북교육을 받았다.

4·19'혁명'으로 또 잠시나마 자유로운 분위기를 맛보았으나 곧 5·16 군사쿠데타를 맞음으로써 우리땅 남북 주민 모두를 동족으로 생각하는 옳은 의미의 민족주의자와 평화주의자 및 평화통일론자가 하루아침에 모두 이적행위자로 몰리고 "반공을 국시의 제일의"로 삼는다는 세상에 살지 않을 수 없게 되기도 했다.

일본제국주의의 괴뢰 만주국 장교 출신 중심의 군사정권이 근 20년 간이나 지속되는 동안, 전태일 같은 노동자의 희생에는 눈감은 국민들이 경제성장에 들떠서 마치 기적적인 태평성대를 만난 것처럼 환호하는 세태를 보기도 했다. 그런 세태에서 미래지향적 학문연구자, 평화주의자로서, 분단된 다른 한쪽 주민을 적이 아닌 동족으로 인정하려는 자세를 지키며 살기란 참으로 어려운 일이었다.

긴 세월 군부세력의 횡포 끝에 온 10·26박정희살해사건 후의 '서울의 봄'을 맞아 역사가 또다시 우리를 배반하랴 했지만, 저 처참한 5·18 광주 희생을 바친 '배반의 역사'를 경험해야 했다. 그럼에도 별 수 없는 한낱 역사학 전공자로서는 제 삶의 보람과 가치를 견지하기 위해서도 억지로라도 역사의 '정직한 행진' 그것만은 숙명처럼 믿지 않을 수 없었다.

일시 분단은 되었다 해도 수천년을 함께 살아온 분명한 동족을 기어이 적으로 간주하라는 무작스러운 강요에 굴하지 않으려는 일이 비정상이 되고 위법이 되고 마는 세상을 오래도록 살아왔다. 왜 민족의 다른 한쪽을 적으로 보지 않으려는 '불온'한 생각을 가지게 되었느냐고 힐문하는 자들에게는 할 말이 없었고, 그러면서도 스스로는 "역사를 현실적 조건에 얽매여서만 보지 말고 미래지향적으로 보려는 죄"밖에 없노라 자위할 수밖에 없기도 했다. 유신정권 아래 살면서 "역사는 기어이 가야 할 방향으로 가야 할 만큼 가고 만다" 하고 '강변(强辯)'하기도 했다. 그런 강변이라도 하지 않고는 우리 근현대사 가르치는 일을 업으로 삼고 살 수 없었고, 역사학 전공자로서 스스로를 지탱하기 어려웠는지도 모른다.

해서는 안될 강변으로 자위하며 살다가 20세기의 끝 무렵에 와서야, 군사독재정권을 뒤엎지는 못하고 '합당'이란 타협의 방법으로나마 민주화를 이룸으로써 역사의 '정직한 행진'에 대한 어느정도의 믿음을 가지게 되었고, 마침내 제1차 남북정상회담의 현장에 참가하게도 되었다.

우리 사회를 두고 2차대전 후에 독립한 민족사회로서는 민주화와 산업화를 이룬 정도가 비교적 앞섰다는 말들을 하기도 한다. 그런데도 불구하고 우리 사회는 역사적으로 말해서 크게 두 가지 제약이 있다는 생각이다.

우선 우리 사회의 민주화와 산업화의 진전은 평화통일문제의 순조로운 해결과 함께 이루어질 때만 그 옳은 방향을 잡을 수 있다는 생각이다. 평화통일 방향과 배치되거나 동떨어진 민주화와 산업화는 어느 시점에서는 역사적 파탄을 가져오고 만다는 생각이다.

박정희정권 때의 일이다. 박정권이 내세운 '선건설 후통일론'에 영향을 받은 것인지, 민주투쟁에 나선 지식인들 중에서도 '선민주화'냐 '선통일'이냐를 두고 의견이 엇갈리는 경우가 있었다. 그러나 역사적 관점에서 보면 역사가 가는 길 위에서 어느 부분이 앞서고 어느 부분이 뒤져도 된다거나 어느 부분이 더 중요하고 어느 부분이 덜 중요하다는 그런 '말장난'은 있을 수 없다는 생각이다.

20세기 후반 이후 우리 역사의 지향이 민주화요 산업화요 평화통일 이라면, 이들 역사적 과제 중 어느 것이 더 중하고 덜 중하다거나, 어느 것이 앞서고 뒤질 수 있는 것은 결코 아니라는 생각이다. 이 시기 우리 사회의 역사적 과제로서의 민주화-산업화-평화통일은 그 상호관계가 긴밀히 연관되어 있었다. 이에 대한 역사인식이 불철저해서 선민주화 니 선통일이니 하는 문제가 생기게 된 것이라 할 수 있다.

박정희정권의 경우, 산업화 즉 중화학공업화와 자주국방을 내세운 무기 국산화 등은 반통일적 반공주의 및 반북주의와 긴밀히 연계되어 있었고, 경제적 민주주의를 비롯한 노동운동과 민주화운동 등에 대한 강력한 탄압으로서의 유신독재로 연결될 수밖에 없었다고 할 것이다.

역사의 진행은 모든 부분이 고루 나아갈 때 비로소 그 옳은 길에 들어서는 것이다. 결코 산업화의 주역이 따로 있고 민주화의 주역이 따로 있고 평화통일의 주역이 따로 있는 것은 아니지 않은가. 치열한 민주화투쟁 속에서 산업화가 이루어졌고, 산업화와 민주화의 주역들이 바로 평화통일운동의 주역들이었으며, 이들의 승리가 바로 민주정권의 성립과 평화통일의 정책화로 이어지지 않았는가. 그런 과정이 바로 우리 현대사의 전개과정이지 않은가……

옳은 의미의 민주화운동은 곧 평화통일운동과의 병행이지 않았는가. '선건설'을 내세우며 민수세력을, 평화통일세력을, 노동운동세력을 가혹하게 탄압하던 군사독재정권 아래서도 민주화운동과 평화통일운동, 노동운동은 치열하게 전개되지 않았는가…… '선건설'론자들은 민주화 운동 및 평화통일운동, 노동운동이 '선건설'의 발목을 잡는다고 탄압했지만, 결과적으로는 산업화와 민주화와 평화통일의 역량이 함께 성장하고 발휘되고 있었음을 역사가 증명해주고 있지 않는가……

또 하나 알아야 할 일이 있다. 우리 근현대사를 통해 절실하게 경험한 바이지만, 역사가 '정직한 행진'만 하는 것은 아니라는 점이다. 특히 민주화의 역사는 자주 그 반동의 시기를 경험하지 않을 수 없었다. 해방 후의 우리 역사를 되돌아보면 민주화로 가는 노정에 반역사적 회오리가 닥치면 평화통일 문제 역시 어김없이 정확하게 반역사적 험로에 빠지게 마련이었다.

민주정권 10년 후에는 6·15남북공동선언의 권위를 인정하지 않으려하고, 지난 민주화 및 민족 화해·협력의 10년이라는 시기를 '잃어버린 10년'으로 간주하는 정치세력이 집권하게 되었다. 어느 때건 주어진 역사적·시대적 과제를 옳게 알고, 민족사회가 당면한 민주주의 발전과 평화통일 진전을 어느 한 부분에만 치우치지 않고 차근차근 골고루 이루어낼 때야말로 '잃어버린 역사'가 아니고 '얻어낸 역사'가 된다는 사실을 아는 일이 중요하다.

국가사회주의체제가 붕괴된 후 세계사는 신자유주의의 길로 치닫고 있다. 그러나 역사적 관점에서 보면 사회주의의 도전이 없어진 상황에서의 현대자본주의의 '방자하고 위험한 질주'이기도 하다. 옳은 의미의 평화통일을 지향하는 민족사회인데도, 평화적으로 통일되어야 할 두 사회의 정치·경제·사회·문화적 조건이 크게 차이 나는데도, 그 한쪽이 계속 시장만능주의만을 강조해도 되는지 생각해보지 않을 수 없다.

신자유주의에 대한 반대운동은 이미 전세계적으로 확산되고 있으며, 자본주의라 해도 굳이 북유럽식 사회민주주의 같은 방식이 아닌, 영미식 신자유주의로 갈 이유가 있는가도 생각해볼 만하다. 특히 평화통일의 관점에서 보면 사회민주주의적 방향이 아닌 신자유주의적 방향을 택함으로써 남북의 체제가 더욱더 다른 방향으로 가는 것이 바람직한

가 하는 문제도 생각해보지 않을 수 없다.

2000년 6월부터 이미 한반도식 통일은 시작되었다고 말했지만, 인류 역사상 전에 없었던 한반도식 통일의 과정은 어떠해야 하며 그 결과는 어떤 것이어야 하는가에 대한 객관적이고도 과학적인 연구가 계속 이루어져야 한다. 그리고 그같은 한반도 통일 문제를 객관적으로 연구하는 데 조금이라도 걸림돌이 되는 실정법이 있다면 그것은 시급히 그리고 철저히 폐지되어야 할 것이다.

앞으로 장기간에 걸칠 한반도식 통일과정을 통해 나타날 수 있는 내외의 정치적·사상적 저해요인들, 즉 남북 사이의 6·15선언 및 10·4선언을 부인하는 '반(反)한반도식 통일론'의 작용을 전체 민족사회가 극복해가는 것도 결코 쉬운 일이 아니다. 그러나 역사는 결코 우리를 배반하지 않을 것이다.

제1차 남북정상회담에 참가하고 6·15공동선언 합의가 발표되는 현장에 있으면서 이 공동선언 선포가 그동안 실제로 둘이었던 민족을 하나로 만들어가는 우리식 통일이 시작되는 순간이라는 생각은 했지만, 그때는 남북 사이의 철도가 연결되고 개성공단이 조성되리라고는 미처 생각하지 못했다.

그러나 이후 버스를 타고 휴전선을 넘어 금강산을 여러 번 육로관광하고, 승용차를 몰고 개성의 유적지와 공단을 가보고, 또 남북철도 연결 행사에 참가해서 반세기 이상 끊겼던 철로를 따라 북녘 땅으로 가보고서야 우리 국토가 통일되어가고 있음을 실감할 수 있었다. 현재 이명박 정부하에서 일시적인 중단이 있다고는 하나 결코 역사의 거대한 흐름을 막을 수는 없을 것이다.

따라서 장차 국가의 통일도 시간을 두고 순조롭게 이루어지리라 확신한다. 베트남식 무력통일이 아닌, 독일식 흡수통일이 아닌, 우리식 협상통일은 6·15남북공동선언이 선포된 그 순간부터 이미 시작되었다고 거듭 강조해 마지않는다.

10장

남북역사학자협의회
이야기

『통일시론』에서 『민족21』로

　민족분단시대를 산 역사학 전공자로서 유일하게 제1차 남북정상회담에 참가한 후 그것이 계기가 되어 북녘 역사학자들과 함께 '남북역사학자협의회'를 조직하여 여러가지 학술활동을 하게 된 일은 보람있고 자랑스러운 일이었다 해도 괜찮지 않을까 한다.

　남북역사학자협의회를 만들게 된 배경은 제1차 남북정상회담에 참가한 사실 외에 하나가 더 있는데, 그것은 평생을 두고 은사로 모신 청명(靑溟) 임창순(任昌淳) 선생과의 인연에서 시작된다. 1950년대 초엽 고려대학교에서 직접 배웠고, 그후에도 비교적 많은 인연을 맺었다고 생각하는 임창순 선생이 작고하기 1년 전인 1998년에 전재산을 출연해서 학술재단을 만들면서 그 이사진에 참가하라기에 기꺼이 응했다.

　평생을 어렵게 산 청명선생에게 재단을 만들 만한 재력이 있을 리 없었지만 여기에는 남겨둘 만한 뒷이야기가 있다. 개인전시회를 열 만큼 서도(書道)에도 일가를 이루었던 청명선생이 어렵게 조선왕조 초기의 명신들 즉 성삼문(成三問)과 하위지(河緯地) 등이 직접 쓴 귀중한 시첩을 입수하게 되었다.

조선왕조 초기에 명나라 사신이 서울에 왔다가 이들 명신들의 시를 받아 갔는데 그 시첩이 오랜 세월을 두고 여러 경로를 거쳐 서울의 고서점에 나왔음을 청명선생이 알게 되었고, 언제나 형편이 어려운 선생이었지만 이 보물만은 기어이 입수했다.

선생은 만년에 이 시첩을 시중에 내놓으면 더 높은 금액을 받을 수도 있었지만, 문화재 보호에 높은 관심을 가졌고 문화재위원장을 지내기도 한 분이라 시첩을 국립중앙박물관에 넣어 20억 원의 보상금을 받았고, 그것에 자택을 포함해서 평생 모은 개인재산을 합쳐 기금 24억여 원의 문화재단을 만든 것이다.

청명문화재단은 청명선생의 뜻에 따라 몇 가지 사업을 하게 되었는데, 그중에서도 민족의 평화통일에 이바지하는 사업으로 1999년부터 『통일시론』이란 계간지를 발행했다. 그 편집책임을 청명문화재단의 이사를 맡기도 한 나에게 맡기기에, 리영희(李泳禧) 성대경(成大慶) 서동만(徐東晚) 정해구(丁海龜) 유초하(柳初夏) 등 여러 분을 편집위원으로 위촉해서 계간지를 발간했다.

계간지의 편집방향은 남북 사이의 화해협력과 평화통일 진전에 도움이 될 만한 시사성있고 쉬운 글을 엮어냄으로써 대학생을 비롯한 지식대중의 평화통일 의식을 높이는 데 두었다. 그런 취지로 9권의 계간지를 발간하고 나서 해결하기 어려운 문제에 부딪치게 되었다. 남북 사이의 화해와 협력을 전제로 한 평화통일 지향의 글을 쓸 수 있는 필진이 바닥난 것이다.

20세기에서 21세기로 넘어가는 시점에서 화해와 협력에 의한 평화통일 지향의 남북정상회담이 성사되기는 했으나, 그같은 상황을 뒷받침하고 방법론적으로 발전시켜나갈 만한 '평화통일론'적 필진은 아직 극히 제한적으로밖에 형성되어 있지 않은 것이다.

이 사람이면 이 주제에 대해 반북적이거나 남북대결적인 방향의 글이 아니라 객관적이고도 화해협력적인 평화통일에 이바지할 수 있는 글을 써주리라 생각하고 청탁해 받아보면 그렇지 않은 경우가 잦아졌다. 받은 글을 실을 수도 돌려줄 수도 없는 딱한 처지에 부딪치게 되기도 했다.

한정된 필진에게서 새로운 글이 계속 생산되기 어려웠고, 같은 필진의 비슷한 글로만 잡지를 만들 수 없는 상황이 되어 고민하고 있을 때 하나의 제안이 들어왔다. 잡지 『말』의 기자로 장기수 이인모씨의 처지를 세상에 알림으로써 결국 그가 북송되는 데 결정적 역할을 했던 신준영씨가 『민족21』이란 평화통일 지향의 월간지를 간행할 예정이니 청명문화재단이 동참해달라는 것이었다.

화해협력 및 평화통일론적 성향의 필자를 더 구하지 못해서 계간지 발행도 벽에 부딪쳤는데, 무슨 필진으로 월간지를 간행하려 하느냐 했더니, 외부필진이 아니라 의식있고 훈련된 전속기자들의 글과 방북취재 및 일본의 조총련계 신문인 『조선신보』와의 협조로 월간지를 간행하려 한다는 것이었다.

조금 의문스럽기는 했지만 『통일시론』 간행이 벽에 부딪친 상황이라 청명문화재단 이사회의 결정을 거쳐 『통일시론』 발행을 중단하고 그 예산을 일정기간 『민족21』 간행비 일부로 충당하기로 하고 그 발행인을 맡게 되었다. 필진 확보문제로 고전하던 계간지 『통일시론』이 같은 목적으로 간행되는 월간지 『민족21』로 더 확대되어 환생하게 된 것이다. 2001년의 일이었는데, 이로써 청명선생의 뜻이 더 크게 살아나게 된 것이라 생각했다.

"남북이 함께 만드는 잡지"라는 이름이 붙은 『민족21』은 제작진의 헌신적 노력과 이 땅 양심세력의 끊임없는 뒷받침에 의해 2010년 4월 현재 한 달도 빠지지 않고 통권 109호가 되도록 계속 간행되고 있다. 평화통일 지향의 사회적 역량 및 지적자산의 축적 정도를 나타내는 하나의 척도가 된다고 할 것이다.

엄혹했던 박정희정권 아래서 제1차 인민혁명당사건의 재판 방청을 갔을 때, 학처럼 여윈 몸에 흰 한복을 입고 피고석에서 방청객들에게 웃음짓던 청명선생이 생생하게 기억된다. 임종하기 얼마 전 지곡서당 거처로 찾아뵙고 "선생님은 지금도 사회주의자십니까" 하고 물었더니 "그렇다"고 주저없이 대답하던 청명선생의 모습이 지금도 눈에 선하다.

학교교육을 전혀 받지 않고 한문수업만 했으면서도 평생을 평화주의자와 휴머니스트로 살았고, 세상을 뜰 때는 흔쾌히 전재산을 출연해 재단을 만들어 사회에 환원한 임창순 선생. 그러면서도 자신을 위해서는 무덤은 고사하고 납골시설 하나도 남기지 않은 청명선생의 뜻이 지금은 "남북이 함께 만드는 잡지" 『민족21』에서 일부 이어지고 있다고 생각하면 다소 위안이 되기도 한다.

일제침략을 규탄한 남북 역사학자 학술회의

2000년 말경이었다고 기억된다. 우리 구석기학의 창시자라 할 손보기(孫寶基) 선생이 만나자기에 나갔더니, 서지학자로서 독도박물관을 만들기도 한 지금은 고인이 된 이종학(李鍾學)씨와 함께였는데, "이선생이 그동안 수집한 자료 중 중요한 것을 평양에 가져가서 전시하고 싶어하니 도와줄 수 없겠느냐"는 말이었다.

제1차 남북정상회담에 참가했다 해서 나에게 부탁한 것 같지만, 나의 경우 그때는 아직 평양 쪽과 직접 연락할 수 있는 통로를 가지지 못하고 있었다. 그래서 생각 끝에 평양을 자주 다니던, 『민족21』로 인연이 된 신준영씨에게 부탁해서 결국 평양행이 성사되었다.

이종학씨와 그가 추천한 부산대학교 국제법학과 김창록(金昌祿) 교수와 나 이렇게 세 사람이 평양에 가서 그곳 역사학자들을 만났다. 제1차 남북정상회담에 참가한 후의 첫 평양행인데, 정상회담 때는 북녘 역사학자들은 만나지는 못했고 허종호 박사를 비롯한 역사학자들과의 만남은 이때가 처음이었다.

이종학씨가 가져간 조선왕조 중기 평양감사를 지낸 윤두수(尹斗壽)의 『평양지(平壤誌)』를 비롯해서 특히 구한말 일본제국주의자들의 조선침략과정에 관한 자료들이 북녘 학자들의 관심을 샀다. 평양에서 한일'합방' 과정에 관한 일본제국주의자들의 침략자료를 전시하고, 아울러 남북 역사학자들의 공동학술발표회를 가지기로 합의하고 돌아왔다.

그 결과 2001년 2월 26일부터 평양의 국립중앙도서관이라 할 인민대학습당에서 '한일합방의 불법성에 대한 남북공동학술토론회 및 자료전시회'가 열리게 되었다. 1965년에 체결된 한일협약은 일본제국주의의 35년간에 걸친 우리땅에 대한 지배가 불법적 강제지배였음을 밝히지 못했으며, 따라서 배상조약이 아닌 청구권조약이 되고만 사실들을 분명히 하고, 앞으로 체결될 조·일조약이 일제의 강제지배를 분명히 밝힌 배상조약이 되지 못한다면 통일 후에도 왜곡된 역사가 계속될 것임을 규명한 것이다.

같은 민족으로서 함께 일본제국주의의 침략을 받았으면서도 해방과 함께 분단됨으로써 지난 반세기 동안 한번도 함께 일제침략에 관한 학술회의를 하지 못했던 역사학자들이 6·15공동선언 후 비로소 이런 기회를 가지게 되었으니 그야말로 감개무량한 일이었다.

더구나 나 자신이 최초로 남북 역사학자들이 함께하는 학술회의를 주관하게 되어 감회가 남다를 수밖에 없었다. 역사학을 전공한 보람 같은 것을 절실하게 느꼈다 해도 좋을 것이다.

학술대회를 마무리하는 만찬회에서, 남북의 역사학자들은 대부분 처음 만나는 사이면서도 같은 학문을 하는 연구자들이어서 그런지 별 어색함 없이 주로 학문연구와 남북학계의 현황 등에 관한 이야기들을 주고받았다. 이 만찬 장면이 남쪽의 텔레비전에 방영되어 이산가족들이 북녘 학사들 속에서 혈연을 확인하는 일이 있기도 했다. 이때 참석했던 남녘 학자들에게 화면을 통해 확인한 자기 혈연의 근황을 묻는 사람도 있었으니 그동안 남북 사이가 그렇게도 멀었던 것이다.

북녘 역사학계의 대표적 학자라 할 허종호 박사에 대해서는 전부터 그의 논문을 통해 이미 잘 알고 있었다. 함경도 단천 출신으로 나와 동년배인 그는 전형적인 학자 타입으로 만나자마자 오랜 지기처럼 생각되어 앞으로 남북역사학계를 연결하기 위한 많은 일을 함께 할 수 있으리라 기대되었다.

해방이 되었을 때 북에는 역사학을 비롯한 각 분야의 학자들이 많지 않았으며 대다수가 서울에 집중되어 있었다. 그래서 김일성대학이 개교한 후 교수요원 확보를 위해 남쪽에서 학자들을 데려갔다고 들었다. 6·25전쟁 때는 전시 중에 이미 전쟁 후의 학계를 이끌어갈 인재를 양성하기 위해 우수한 사람들을 미리 제대시켜 중국을 비롯해서 외국에 유학시켰는데 허종호 박사도 그중 한 사람이었다고 들었다.

해방을 전후해서 백남운(白南雲) 전석담(全錫淡) 이청원(李淸源) 등 맑스주의역사학을 전공하던 학자들 대부분이 월북했지만, 그밖에는 역사학을 전공한 학자들이 북에는 거의 없었던 게 아닌가 하고, 그래서 허종호 박사 등이 북녘 역사학계의 해방 후 제1세대가 아닌가 싶다.

한번 열린 남북 역사학자들 사이의 학술교류는 이후 계속되었다. 2차 대회는 2003년 2월 20일부터 평양의 인민문화궁전에서 '일제의 조선인 강제연행 불법성에 대한 남북공동학술토론회 및 자료전시회'라는 주제로 학자들뿐 아니라 국회의원과 언론인을 포함한 남쪽 인사 50여 명과 북쪽 인사 200여 명이 참가하여 개최되었다.

졸속으로 체결된 한일협정에서 소홀히 된 제국주의 일본군에 의한 강제연행과 '성노예' 즉 정신대 문제에 대해 남북 역사학자들이 함께 문제를 제기하고 연관자료를 확인함으로써 장차 체결될 조일조약에 도움이 되게 하려는 목적의 남북학술회의였다고 할 수 있다. 이후 남북 역사학자들에 의한 학술발표회는 참가하는 학자들의 편의를 위해 주로 방학 중에 열기로 합의되었고 3차대회는 2003년 8월 18일부터 개최되었다.

남쪽에서 열린 월드컵 축구대회의 응원과정에서 남북을 막론한 전체 민족사회의 관심이 높아진 국호의 영문표기 방식, 즉 COREA와 KOREA 문제를 주제로 김일성종합대학에서 남측 인사 59명과 북측 인사 200여 명이 참가하는 남북 역사학자 공동학술토론회가 열렸다.

이 대회에서는 종래 COREA로 많이 써오던 우리땅의 영문표기가 19세기 말 이후, 즉 일본제국주의자들이 우리땅을 침략하던 시기로 오면서 KOREA로 많이 쓰이게 되었다는 결론이 내려졌다. 그렇다고 해서 영문표기를 당장 COREA로 바꾸기는 어려우므로 통일이 되면 KOREA가 아닌 COREA로 표기하자는 데 남북 역사학계가 합의하고 이 뜻을 담은 「남과 북, 해외의 학자들과 온 겨레에게 보내는 공동호소문」을 채택했다.

4차대회 역시 방학을 이용해서 2004년 2월 24일부터 평양 조선미술

박물관과 인민문화궁전 등지에서 '일제 약탈문화재 반환을 위한 남북 공동학술대회 및 자료전시회'가 열렸다. 다른 대회도 그랬지만 4차대회는 목적성이 높은 학술회의였다고 할 수 있다. 언젠가 있을 조일조약 체결에 대비해서 일본이 북녘 땅에서 약탈해 간 문화재에 대해 남북 역사학자들이 함께 검토해보고 사진을 통해 실물을 확인하자는 데 목적을 둔 학술대회였다.

지난 3차대회 때였다고 기억되는데, 평양의 학술회의에 참가한 후 묘향산 관광을 가서 유서 깊은 보현사(普賢寺)를 관람하다가 그곳에서 우연히 전부터 알던 일본학자 수미야 미끼오(隅谷三喜男), 와다 하루끼(和田春樹), 타까사끼 소오지(高崎宗司) 등을 만났다. 이들은 조일조약 체결을 촉구하는 모임으로 기억되는 단체를 만들어 활동하고 있었는데, 조일조약이 맺어지는 경우 반환해야 할 문화재에 대해 북녘 당국과 미리 협의하기 위해 평양에 왔다가 보현사 관광 중이라 했다. 이들 중에는 그 모임의 대표인 일본사회당의 무라야마 토미이찌(村山富一) 전 수상도 있었다.

한일회담 때의 일이다. 사료를 보다가 구한말에 카와이 히로따미(河合弘民)라는 일본인 교수가 강화도에 있는 우리 문서들을 약탈해 가서 일본의 쿄오또대학에 두었다는 자료를 발견했고, 당시 한일회담 문화재위원으로 일본에 가 있던 이홍직(李弘稙) 교수에게 외무부의 파우치 편으로 그 자료를 보내어 그런 소식을 알린 일이 있었다. 그러나 약탈해 간 문서들은 반환되지 않았고 지금도 그 대학의 카와이문고(河合文庫)로 보관되어 있다.

보현사에서 만난 '조일조약 체결을 촉구하는 모임'의 일본학자들에게 조일조약이 맺어지면 주로 어떤 문화재를 돌려주게 될 것 같으냐고 물었더니 지금은 토오꾜오대학에 보관되어 있는 낙랑(樂浪) 유물이 중심이 될 것이라 했다. 어찌 그뿐일까만, 한일회담 때 생각이 나서 그것이나마 제대로 반환될 수 있을까 하는 생각을 했다. 그래서 제4차 남북역사학자대회는 일본제국주의에 의한 약탈문화재 문제를 다루게 되었다고 기억된다.

이 학술회의에서는 당시 한일간의 또 하나의 분쟁문제로 부각되었던 '일본해' 표기의 부당성에 대한 토론회도 함께 가졌다. 동해가 일본제국주의자들의 횡포로 인해 '일본해'가 된 사실을 남북 역사학자들이 함께 규탄한 것이다.

나더러 기조발언을 하라기에 "여러 나라로 둘러싸인 내해(內海)에 어느 한 나라의 이름을 붙인 예는 세계적으로도 없다. 내해에다 나라 이름을 붙인다면 지중해는 이딸리아해가 되고 에게해는 그리스해가 되어야 하지 않겠는가" "한반도와 일본 사이에 있는 바다는 지구의 가장 동쪽에 있는 내해로서 동해란 이름이 가장 타당하다. 동해를 일본해로 고집하는 데는 제국주의적 침략욕이 깃들어 있다 해도 변명할 여지가 없을 것이다"는 내용으로 발언했다.

4차례에 걸쳐 일본제국주의의 침략문제를 함께 다룬 남북 역사학자들은 마침내 이같은 관계를 지속적으로 가지기 위한 항구적 기구를 만들자는 데 합의하게 되었고, 4차대회가 끝난 자리에서 나와 북측의 허종호 박사가 다음과 같은 「남북역사학자협의회 결성에 관한 합의서」를 교환했다. 해방과 함께 분단된 후 남북의 학자들이 처음으로 공동의 협의체를 만들게 된 것인데, 그때까지 남북역사학자협의회는 유일한 남북 공동의 학술기구였다.

남북역사학자협의회 결성에 관한 합의서

2004년 2월 25일 평양에서 진행된 '일본해 표기의 부당성에 관한 남북토론회'와 '일제의 약탈문화제 반환을 위한 남북공동자료전시회'에 참가한 남과 북의 역사학자들은 일본의 부당한 역사왜곡을 단죄하고 바로잡는 것이 민족의 존엄과 자주권을 지키기 위한 민족사적 과제이며 우리 역사학자들이 반드시 해결해야 할 중대한 문제라고 인정하였다.

이러한 취지에서 남과 북의 역사학자들은 6·15공동선언의 정신에 따라 우리 민족끼리 힘을 합쳐 민족의 역사를 지키고 민족의 안전과 번영, 통일을 이룩해 나가는 데서 그 책임을 다하기 위하여 '남북역사학자협의회'를 구성하기로 합의하였다.

'남북역사학자협의회'는 공동연구와 토론회, 자료교환 및 전시회 등의 활동을 정례화하여 적극 벌여나가기로 하였다.

남측공동위원장   북측공동위원장

강만길   허종호

남북 사이의 가장 빈번한 학문 및 학자 교류기구의 하나가 된 '남북역사학자협의회'의 활동은 역사학자들만의 교류에 한정되지 않고 국회의원·언론인·기업인 등이 북녘을 방문하는 기회가 되기도 하여 남북 사이의 인적교류를 넓히는 데 일정한 역할을 다했다.

일제침략 과정에서 약탈된 중요 문화재 문제를 함께 다룬 남북역사학자협의회는 다음에는 북녘 땅에 있는 고구려와 고려 시대의 유적을 보전하는 문제에 관심을 가지게 되었다. 이 사업은 북녘 땅의 유적을 세계문화유산으로 등록하는 문제와도 연관되었다. 평양 근처의 고구려유적은 이미 유네스코기념물로 지정되었지만, 그 유적들을 보전하는 문제가 중요했고, 그밖에 고려왕조의 수도였던 개성시 자체와 그 유적을 역시 유네스코 기념도시 및 기념물로 지정하기 위해 남북 역사학계의 협력이 절실했다.

그뿐만 아니다. 대부분 해방 후에 태어난 지금의 남쪽 역사학자들은 북녘에 있는 고구려와 고려 시대의 유적들을 직접 본 적이 없기 때문에, 유적 보전문제도 중요하지만 우선 유적을 직접 볼 수 있는 기회를 가지는 일도 시급했다. 비록 분단시대라 해도 적어도 역사학 분야에서는 남북이 서로 상대쪽의 고적을 답사할 수 있게 하는 일이 바람직하지만, 안타깝게도 분단 반세기를 통해 남북역사학자협의회의 활동이 있기 전에는 남의 역사학계가 북의 고적을 답사할 수 없었던 것이다.

남북역사학자협의회는 북녘 유적의 보전사업을 펴기 위해 우선 제1차로 2004년 9월에 금강산에서 '고구려유적 세계문화유산 등록기념 남북공동학술토론회 및 자료전시회'를 가졌다. 남쪽 사람이 한 명이라도 더 북녘 땅을 밟아보고 북측 인사들과 만나야 한다는 뜻에서 학술회의이지만 정계·언론계 인사들도 가능한 한 많이 참석하게 했다. 행사의 내용은 이미 유네스코 세계문화유산에 등재된 고구려 고분군 63기와 그 고분들의 벽화사진 전시회 및 학술토론회가 중심이었다.

고구려유적 보존 문제에 대해 공동의 관심을 표시한 남북역사학자협의회는 그다음 고려왕조의 수도였던 개성시를 세계문화유산으로 등재하기 위해 함께 노력했다. 그 첫 사업으로 2005년 11월에 개성의 자남산여관에서 '개성역사지구의 세계문화유산 등록을 위한 남북공동학술토론회와 유적답사' 행사를 가졌다.

남쪽에서는 주로 고려사 전공학자들이 참가했는데 고려왕조의 수도였던 개성을 방문해서 많은 유적과 유물들을 처음으로 봄으로써 앞으

2005년 11월 개성 자남산여관에서 개최된 남북공동학술토론대회

로 강의와 연구에 많은 참고가 되겠다고 좋아들 했다. 특히 고려 태조 왕건의 능 내부를 직접 들어가서 보기도 했고, 또 북측의 호의로 최근에 발굴된 왕건의 나신(裸身) 동상을 직접 보는 등 학문적 성과가 높았음을 공감했다.

이후에도 남북역사학자협의회는 '고구려유적 보존사업을 위한 고구려고분군 남북공동실태조사'와 '평양시 력포구역 용산리 동명왕릉지구'의 보전을 위한 사업과 '세계문화유산 등재를 위한 개성 만월대 공동발굴조사' 등을 실시했다. 이밖에도 남과 북이 각기 사용하고 있는 역사용어의 공통점과 유사점과 차이점을 확인하고 중요 역사사건에 대한 해석내용을 비교하며, 시대구분론 같은 논쟁점에 대해 공동으로 연구하고, 역사용어의 통일을 위한 사업을 펴기도 했다.

1차년도 사업으로 우선 임진왜란부터 3·1운동까지 기간의 중요한 역사용어 300여 항목을 선정하여 공동연구하기로 합의했는데, 이 사업은 완전통일이 되기 전이라도 『남북에서 함께 쓰는 우리 역사의 개설서』 같은 것을 제작할 수 있는 기초사업이 될 수 있으리라는 희망을 가진 사업이기도 했다. 완전통일이 되기 전이라도 남과 북이 각급학교의 국사 교과서를 함께 편찬해서 사용할 수 있다면 평화통일을 앞당기는 중요한 지름길이 될 것이다.

불발된 을사조약 100주년 기념사업

내가 남측 책임을 맡았던 때의 남북역사학자협의회가 계획했다가 안타깝게도 이루지 못한 사업의 하나로 2005년에 남북 역사학자들 사이에서 논의된 '을사조약 100주년기념 남북학술대회'가 있다. 특히 독도 앞바다에서의 남북 역사학자들의 선상토론회를 계획했던, 남북역사학자협의회의 어느 사업보다도 꼭 성사시키고 싶은 사업이었는데 결국 이루지 못한 것이 안타까워서 그 경위를 밝혀두려 한다.

'을사조약 100주년기념 남북학술대회'는 2005년이 치욕적인 을사조약이 강제 체결된 100주년이 되는 해이고 남북역사학자협의회 사업이 비교적 잘되고 있던 때라서 성사되기만 하면 대단히 의미있는 학술대회가 되리라 생각했다.

2005년 4월 5일 남북역사학자협의회의 고구려유적보전사업을 의논하기 위해 직접 승용차를 운전하여 개성의 자남산여관에 가서 북측의 리종혁(李種革) 아태부위원장을 만났을 때, 남쪽 실무진과 사전에 논의했던 을사조약 100주년을 기념하는 남북학술회의를 열 것을 제의했다.

리종혁 부위원장이 그 자리에서 바로 결정할 상황은 아니라 하고 평양에 가서 역사학자들과 의논해서 연락하겠노라 했지만, 리부위원장 자신은 을사조약 100주년기념 남북학술회의 개최를 적극 찬성한다고 했다. 내친김에 학술회의를 끝낸 후 남북 역사학자들이 함께 을사조약이 강제체결된 그해에 일본이 소위 영토편입했다는 독도를 방문해서 선상토론회 같은 것을 했으면 하는데 어떻게 생각하느냐고 했더니, 리 부위원장도 좋을 것 같다며 동의하고 그 문제까지 평양에 가서 의논해보겠다고 했다.

북녘의 역사학자들이 독도를 방문하는 일 자체가 의미있는 일이기도 하지만, 그 앞바다에서 남북의 역사학자들이 당시의 독도가 불법적으로 약탈된 역사적 내력 같은 것을 두고 선상토론을 하는 깃은 디디욱 의미있는 일이라 생각되어 꼭 성사시키고 싶었다.

서울에 돌아와서 정동영 통일부장관과도 남북학술회의 개최에 일단 합의하고, 독도 앞바다에서 남북 역사학자들이 선상토론회를 열 것을 계획하고 있으니 통일부가 적극 도와줄 것을 건의해서 서울대학교 국사학과 졸업생인 정장관의 동의를 얻기도 했다.

마침 광복60주년기념사업추진위원회 위원장을 이해찬(李海瓚) 국무총리와 공동으로 맡고 있을 때여서 이총리에게도 남북학술회의와 독도 앞바다 선상토론 계획을 말하고 성사되게 협력해줄 것을 요청했다. 이총리도 뜻깊은 학술회의가 될 것 같다고 했는데, 무슨 일이었는지 기억나지 않지만 그가 인도네시아의 자카르타에 가서 북측의 김영남 최고인민회의 의장을 만났을 때 남북 역사학자의 독도 앞바다 선상토론회 문제를 이야기했다는 소식이 언론에 보도되었다. 북측 리종혁 아태부위원장이 나와의 개성에서의 합의, 즉 을사조약 100주년사업과 선상토론회 문제에 대해 평양에 가서 어느 정도 말했는지, 그것이 김영남 최고인민회의 의장에게까지 보고되었는지는 물론 확인할 수 없었다. 그러나 그 경위가 장황해 구체적으로 밝히긴 어렵지만 결국 공동학술회의와 선상토론은 성사되지 못하고 말았다. 설령 을사조약 100주년기념 남북역사학자대회가 이루어졌다 해도, 정부 쪽에서 보면 일본과의 관계가 예민한 가운데 독도 앞바다에서 선상토론회가 이루어졌을지는 의문이기도 하다.

앞에서도 말했지만, 1970년대 후반기에 일본에 가 있을 때 국사편찬위원회의 요청으로 순전히 일본 쪽 자료만 가지고 독도가 우리땅임을 논증한 논문을 썼었다. 그러나 한일간의 외교관계를 고려한 박정희 군사정권에 의해 이 논문은 상당기간 발표되지 못했다.

이 논문에서는 일본정부가 소위 영토편입을 하기 전에 천성함(天城艦)이란 군함이 현지답사를 하게 했으나 독도의 존재를 인식하지 못했다가, 어느 일본 어부가 독도를 한국 땅으로 알고 한국정부와 교섭해서 출어권을 얻어 달라고 제 정부에 청원한 것이 계기가 되어 러일전쟁의 동해전투에 대비하던 일본정부가 '영토편입'한 사실을 논증했다.

또 독도의 영토편입이란 것도 일본의 중앙정부가 아닌 지방정부의 고시로 되었기 때문에 당시의 부산주재 일본영사관조차도 영토편입 사실을 모르고 그 영사 보고에서는 여전히 독도를 울릉도의 부속도서로 취급하고 있음도 이 논문에서 밝혀냈다. 남북 역사학자의 독도 앞 선상토론이 성립되면 그 과정을 상세히 설명할 생각이기도 했다.

을사조약 100주년을 맞아 남북의 역사학자들이 독도를 눈앞에 둔 선상에서 일본제국주의자들의 한반도 침략상과 독도의 소위 영통편입 부당성을 소상히 밝히는 토론회를 가지는 것은 학문적으로건 역사적으로건 큰 의미가 있다고 생각했으나 매우 유감스럽게도 결국 무산되고 말았다.

여기에도 뒷이야기가 있다. 이름은 잊었으나 당시의 서울주재 일본 요미우리(讀賣)신문 기자가 전화를 걸어와서 "선생님이 지난 4월 5일에 개성에 갔다온 것으로 아는데 남북 역사학자의 독도 앞바다 선상토론 문제가 그때 거론된 것 아닙니까" 하고 묻는 것이었다.

물론 그렇지 않고 개성에서는 북측과 고구려 벽화고분 보존 문제에 한해서 논의했다고 시치미를 뗐지만, 일본기자들의 정보수집 범위가 넓고 예민한 데는 놀라지 않을 수 없었다. 우리 기자들은 어느 한 사람도 그 문제로 전화문의 같은 것을 해오거나 관심을 보인 사람이 없었으니 말이다.

이보다 얼마 앞서 남북역사학자협의회 남측대표와 광복60주년기념사업 공동위원장을 겸한 저지에서 고구려 벽화고분 보존 문제에 대해 북측과 합의했음을 말하려고 우리 기자들을 만났다가 원래 목적과는 전혀 다른 결과가 되어 심하게 곤혹스러웠던 일이 있었다.

벽화고분 보존 문제는 한 줄도 쓰지 않고, 질의응답 과정에서 광복60주년기념사업의 일환으로 준비 중인 대규모 독립운동사 편찬계획에 대해 잠깐 언급하면서 일제시기 김일성부대의 활동을 독립운동으로 인정해야 한다고 말한 부분만을 대서특필해서 난처하게 만든 우리 기자들과, 정보수집 범위가 넓은 일본기자들이 비교되지 않을 수 없었다.

북녘 리종혁 아태 부위원장과의 인연

남북역사학자협의회의 북측 카운터파트는 지금 북녘 최고의 역사학자인 허종호 박사지만, 남북역사학자협의회가 여러가지 활동을 비교적 활발하게 할 수 있었던 것은, 북녘의 조선아시아태평양평화위원회 부위원장이며 조국통일연구원 원장인 리종혁씨의 도움 때문이기도 했다.

남쪽에도 잘 알려진 리종혁씨는 일제강점기에 소설 『고향』 『어머니』

리종혁 아태 부위원장과 만나 악수를 나누다.

등을 쓴 유명한 소설가 이기영(李箕永)씨의 아들이다. 김일성종합대학
역사학부 출신인 그는 일찍 외교관이 되어 이딸리아와 프랑스 등지에
서 근 20년간 외교관 생활을 한 북녘 최고의 유럽통으로 유럽친선협회
회장직을 맡고 있다고 들었다.

내가 남북역사학자협의회의 남쪽 책임을 지고 있을 때, 유네스코 기
념도시로 등재시키기 위한 사업으로 실무진이 자주 개성을 다녀왔는
데, 남북역사학자협의회 사업, 북녘식 표현으로 '대방(對方)'이 완전히
민화협 쪽으로 넘어간 것 같다는 보고를 받았다.

그렇게 되면 앞으로 리종혁 부위원장과는 함께 사업하는 일은 고사
하고 만나기도 어려운 것이 아닌가 생각했는데, 남북역사학자협의회의
책임에서 벗어난 지금에는, 지난 약 5년간 거의 동년배인, 외교관 출신
이라기보다 학자풍인 리종혁 부위원장과의 사귐이 참 좋았다는 생각이

남아 있다.

2000년부터 허종호 박사 등 북녘 역사학자들과 만나기 시작했고 2004년에 남북역사학자협의회가 정식으로 발족했지만, 북측의 사정상 처음부터 협의회 사업의 구체적인 문제는 조국통일연구원 부원장 주진 구씨와 의논했다. 그러다가 그가 다른 자리로 옮긴 후 조국통일연구원 장을 겸하고 있는 리종혁씨에게 "앞으로 구체적인 논의는 누구와 하지 요?" 하고 물었더니 "나하고 하면 됩니다" 했고, 그후부터 그는 계속 나의 '대방'이었다.

오랫동안 단절되었다가 6·15남북공동선언 이후 활발해진 남북 역사 학자간 협력사업을 하는 과정에서도 양측 실무자들 사이에는 여러가지 어려움이 있었고, 리종혁 부위원장이나 나도 그 점을 잘 알고 있으면서 도 더러는 막막할 때도 있었다. 그러나 결국에는 두 사람의 노력에 의해 타결되기도 했다.

한번은 학술회의에 참가했던 남북 역사학자들이 묘향산 중턱에 있 는 남매폭포인가 하는 곳까지 등산하고 내려와서 공기 맑고 물 좋고 조 용한 청천강 상류에서 준비해간 소주를 곁들인 점심을 함께 한 일이 있 었다. 리종혁 부위원장에게 농담 삼아 "외교관 출신이라 주량은 마시는 시늉만 하는 이른바 '외교관 주량'이겠지요" 했더니, 그 말에 대답이나 하듯이 북녘에서는 지금도 '고뿌'라고 하는 글라스에 소주를 가득 부어 단숨에 마시는 것을 보고 놀랐던 일이 기억난다.

언젠가는 평양의 양각도호텔에서 회의 끝에 만찬을 하고 호텔라운지 에 있는 술집에서 둘이서만 한잔 더 하자 약속하고 호텔방에 들렀다가 라운지에 갔더니 그는 역시 혼자가 아니고 젊은 일행 두 사람과 함께였 다. 협력사업을 여러 번 함께 한 사이지만 한 번도 둘만의 술자리는 가 질 수 없었다. 이때도 함께 간 상지대학교 교수들까지 자연스레 동석하게 되어 즐거운 시간을 보냈다.

앞으로 평양에서건 서울에서건 자주 만나다보면, 그리고 남북관계가 더 진전되면 단둘이서 술자리를 함께 할 기회도 있겠지 했는데, 내가 남북관계의 현장에서 떠난 지금, 그런 기회를 가지기는 어렵지 않을까 한다.

역사학자협의회 일로 북녘에 갈 때는 대부분 역사학자들과 함께 가지만, 언론기관원은 물론 경우에 따라서는 국회의원이나 정부관계 사람들도 함께 가게 마련이었다. 그때도 남쪽 사람들이 북에 가는 기회가 그렇게 많지 않았기 때문에 동행을 원하는 사람이 많았고, 그래서 가능한 한 역사학자가 아닌 사람들도 상당수 함께 가곤 했다.

한번은 직원이 600명인가 된다는 정부산하의 어느 연구원장이 함께 가게 되었다. 그는 첫 평양행이라 기대도 컸고 북녘 인사들과도 의미있는 만남을 할 수 있으리라 생각했던 것 같은데, 역사학자협의회 일에 묻어갔으니 생각대로 되지 않을 수밖에 없었다. 그 연구원장이 내게 와서 불평을 하기에, 하나의 국책연구기관을 책임지고 있는 사람으로서 첫 평양행인데도 남다른 활동이 전혀 없어서는 곤란하겠다는 생각이 들기도 했다.

가능하면 북쪽 사람들과 따로 만나는 기회를 만들어주는 것이 좋겠다 싶었고 그래서 리종혁 부위원장에게 사정을 말하고 그를 따로 한번 만나보는 것이 좋겠다면서 그 연구원장이 독일에서 공부한 사람이라 일러주었다. 남녘 정부 산하의 그 독일박사 연구원장이 북녘의 리종혁 부위원장을 만난 뒤 내게 하는 말이 "북한에 그렇게 고급 독일어를 구사하는 사람이 있는 줄 몰랐습니다" 하면서 그와의 만남을 대단히 만족해했다.

리종혁 부위원장은 외교관시절 이딸리아와 프랑스에서만 근무했지독일에서 근무했다는 말은 못 들었는데, 그같은 '고급독일어'는 언제 배워서 남녘의 독일유학생 출신 연구원장이 그렇게 감탄하게 됐는지 모를 일이었다.

나는 평생 모은 8000여 권의 장서를 북녘의 사회과학원에 기증했는데 그밖에도 언제 어떻게 입수했는지 기억할 수 없는 일제강점 말기에 출간된, 리종혁씨의 부친인 이기영씨의 소설 『어머니』 초간본 한 권이 서재에 있었다. 평생을 두고 골동품 수집 같은 취미를 가져본 적이 없는데 어떻게 된 건지 귀한 책을 갖고 있었던 것이다. 혹시 서지학적으로 귀중본에 속할지 모른다는 생각도 없지 않았지만, 아마 북에서도 구할 수 없을 그 초간본을 저자의 가족이 소장하는 것이 더 의미있겠다 싶어 그동안 남에서 재간된 『고향』과 함께 리종혁 부위원장에게 기증했다.

흔하지 않은 책이지만, 비록 저자의 가족이라 해도, 별로 아까운 생각 없이 기증할 마음이 생기는 그런 인품의 소유자가 북쪽인사 중 비교적 자주 접촉한 리종혁 아태부위원장이었다. 얼마전 내금강 관광길이 처음 열려 '현대아산'의 초청을 받아 참석했을 때 북녘에서 리종혁 부위원장도 참석해서 오랜만에 만나 삼불암 등을 함께 관람했다. 그것이 그와의 마지막 만남이었다.

앞으로 평화통일, 협상통일을 해가는 긴 과정을 통해서 남북 두 정부쪽 사람들의 만남이나 협상과정에는 별 수 없이 정략적 문제가 따르게 마련일 것이다. 그러나 민간인 사이의 접촉에서는 정략적 문제가 개입되어서는 안 된다는 생각이며, 어디까지나 민족적 대승적 처지를 앞세운 접촉이요 협상과정이어야 한다는 생각이다.

정부 쪽의 남북접촉에서도 그래야겠지만 특히 민간 쪽의 접촉에서는 상대방의 부실한 면이나 약점 같은 것에 눈길을 주기보다 동족으로서의 공통점, 특히 평화통일을 위해 피차가 강화해가야 할 점, 협력해가야 할 점에 더 눈길을 주는 것이 중요하다는 생각이다.

남북역사학자협의회 남쪽 사무실에는 그동안 오고간 팩스가 보관되어 있어서 앞으로 자료가 되리라 생각되는데, 마침 2005년 말에 남북역사학자협의회 팩스를 통해 리종혁 부위원장과 주고받은 연하장이 있기에 자료삼아 여기 옮겨둔다.

북남력사학자협의회 남측위원회 위원장 강만길 선생 앞

뜻깊은 사변들로 충만된 올해에 북남 사이의 화해와 협력을 위한 선생의 로고에 경의를 표하면서 희망찬 새해 2006년에 선생의 사업에서 새로운 성과가 있을 것과 아울러 가족의 행복과 건강을 축원하는 바입니다.

조선아시아태평양평화위원회 리종혁

조선아시아태평양평화위원회 리종혁 선생 앞

한결 같으신 선생의 호의에 감사드리며, 2006년 새해에도 남북 화해·협력 사업의 더 큰 진전을 위해 힘써주시기 바랍니다. 항상 건강하시고 모든 일 뜻과 같으시며 댁내에도 만복이 깃들기를 기원합니다.

남북역사학자협의회 남측위원장 강만길

완전통일 전에도 『우리 민족의 현대사』 같은 책이 있었으면

2000년 6월의 제1차 남북정상회담에 민간수행원으로 참가한 것이 계기가 되어 발족한 남북역사학자협의회 관계로 평양은 물론 남포, 개성,

묘향산, 금강산, 백두산, 황해도 신천 등 북녘의 여러 지역을 아마 근 20
차례 다녀온 것 같다.

2005년 6월에 6·15남북공동선언 5주년 기념행사에 다녀온 것이 현
재까지는 마지막 평양행이 되었다. 그후에도 내금강 관광이 시작될 때
한번 다녀왔지만. 지금은 남북역사학자협의회 남측위원장을 사임했고
또 정세도 변하고 해서 언제 북행이 가능해질지 모르지만, 기회만 닿으
면 또 갈 생각이다.

상지대학교 총장 임기 4년을 마치면서 서울에 가지 않고 동해 바닷가
에 살리라 결심했으나 부득이 친일반민족행위 진상규명위원장직을 맡
지 않을 수 없게 되었을 때, 임기가 4년이지만 2년만 맡기로 마음먹었
다. 2년을 근무하고서 물러났고, 그것을 계기로 모든 공·사직에서 물러
나기로 하고 남북역사학자협의회 남측위원장 자리도 후배 학자에게 넘
겼다. 2007년 6월부터 완전 자유인이 된 것이다.

학문생활 50년을 통해서 특히 보람을 느끼는 것은 분단 상황 아래서
도 남북의 역사학계를 연결시키는 데 일조한 일과, 평양·개성 등지의
고적을 보전하는 일에 함께한 일이라 할 수 있다. 남북의 역사학계를 연
결시키는 일에 나서게 된 첫째 동기는 물론 제1차 남북정상회담에 참가
했고 그후 남북 사이에 화해협력 분위기가 조성되었기 때문이다. 그러
나 그밖에 다른 동기도 있다.

1980년대 해직교수 시절에 창비사의 도움으로 쓴 『한국현대사』를 출
간하면서 그것이 옳은 의미의 우리 현대사가 못된다는 아쉬움을 가지
지 않을 수 없었다. 1945년 이후의 우리 역사를 남녘 땅 역사만 썼지 북
녘 땅 역사는 써넣지 못했기 때문이다. 즉 남북 우리땅 전체의 현대사가
못되고 남쪽의 현대사일 뿐이었기 때문이다.

해방 후 남녘 땅에서 쓰여진 '한국현대사'들 대부분은 남녘 땅의 현대

사고, 그야말로 '한국'의 현대사일 뿐이고, 같은 시기 북녘 땅의 역사는 '북한사'라는 이름으로 불리기도 한다. 같은 시대 같은 민족의 역사이면서도 역사서술 자체도 완전히 분단되고 만 것이다.

비록 분단이 되었다 해도, 역사학에서만은 남녘 땅만의 현대사나 북녘 땅만의 현대사가 아닌 남북 우리땅 전체의 역사를 담은, 『한국현대사』가 아닌 남북을 합친 『우리 민족의 현대사』를 써서 가르쳐야 한다는 생각을 가지고 있었다. 그러면서도 1999년에 처음 쓴 『20세기 우리 역사』도 남쪽만의 역사가 되고 말았다.

그렇게 된 데는 대체적으로 두 가지의 어려움이 있었다. 그 하나는 분단시대 남북 전체의 우리 현대사를 무엇을 기준으로 하여 철저하게 공정한 하나의 역사로 엮어낼 것인가 하는 역사 기술상의 문제였다. 또 하나는 설령 남북을 합친 『우리 민족의 현대사』를 엮어낸다 해도 그것이 뒷날 평화통일·대등통일이 되고 난 후에도 그대로 통용될 수 있을 만큼 객관적으로 서술될 수 있느냐 하는 문제였다.

이상적인 생각이겠지만, 완전통일이 되기 전이라 해도 분단시대의 남북 모두에서 용납되고 사용될 수 있는 『우리 민족의 현대사』가 서술될 수 있으면 하는 생각을 가진 지 오래되었다. 그것은 불행하게도, 그리고 어쩔 수 없게도 평생을 민족분단시대에 살지 않을 수 없게 된 역사학 전공자에게는, 특히 우리 근현대사 전공자에게는 최대의 과제요 숙원이지 않을까 생각하는 것이다.

전쟁통일은 물론 흡수통일이 아닌 평화통일·대등통일이 이루어진 뒤에도 그대로 통용될 수 있는 『우리 민족의 현대사』가 완전통일이 되기 전에도 저술되어 남북 모두에서 읽히고 가르쳐짐으로써 평화통일을 앞당기는 데 도움이 될 수 있는 그런 희망을 가져보는 것이다.

6·15남북공동선언이 발효된 후 남북관계가 많이 변했다 해도 남북 모

두에서 용납되고 공동으로 읽힐 수 있는『우리 민족의 현대사』가 저술될 조건까지는 못 되는 것이 현실이다. 그럼에도 남북의 많은 역사학자들이 되도록 자주 만나기 위해 공동으로 할 수 있는 일이 있을 것이라 생각했고, 그 결과 조직된 것이 남북역사학자협의회였다고 할 수도 있다.

국어국문학 쪽에서 남북공동의『겨레말사전』편찬작업이 진행되고 있는 것으로 알지만, 그 일을 제외하고는 남북 학계가 공동작업을 하는 부문은 역사학계뿐이 아닌가 생각한다. 남북역사학자협의회를 통해 남북의 역사학자들이 자주 만나 토론하고 또 고적을 복원·수리하고, 나아가서 공동으로『국사용어사전』을 편찬하게 되면 남북 역사학계가 함께 『우리 민족의 현대사』및『우리 민족의 역사』를 생산해낼 수 있는 때가 오리라 기대해 마지않는다.

2001년부터 2008년까지 남북 역사학자 공동의 학술행사가 10회쯤 열렸던 것 같은데, 그 기회를 통해 대략 600~700명의 남쪽 인사가 북녘을 다녀왔고, 역사학자는 약 200~300명이 북녘을 다녀왔다고 생각된다. 그만큼 남북 역사학자들 사이의 친선관계도 두터워졌고 또 쌍방의 학문적 교류도 적지 않았다고 하겠다.

다른 학문분야도 그렇지만 특히 역사학 분야에서 남북 학자들의 교류가 심화되고 역사인식상의 접근이 어느정도 이루어져서 공동의 역사교과서 및 개설서를 생산해낼 수 있다면, 그것은 완전통일을 훨씬 앞당기는 일이 될 것이다.

평화통일을 이루어가는 21세기 역사의 방향은?

남쪽에 새로 들어선 이명박정부가 북쪽의 인권문제를 거론함으로써 북쪽이 남쪽의 새 정부를 혹평했다는 소식이 전해지더니, 그후 남북교류가 현저히 침체되었다. 이명박정부의 대북정책이 철저한 상호주의로 가는가 하면, 한미정상회담이 전례없이 미국 대통령의 별장인가에서 열리더니 결국 미국산 쇠고기협상의 후유증으로 엄청난 규모의 촛불시위가 벌어지기도 했다.

김대중정부와 노무현정부가 대북 화해정책을 펴면서 자연히 반미주의라기보다 탈미(脫美)주의라 할 만한 분위기가 조금은 조성되지 않았나 생각한다. 어린자식을 목마 태우거나 유모차를 밀고 나서기도 한 전에 없던 대규모의 촛불시위를 두고, 몇몇 젊은이들이 미국문화원에 불지른 것과 같은 반미운동이라 보는 것은 무리라고 생각되며, 촛불시위는 해방 후의 남녘 사회에 처음으로 일어난 탈미주의운동이라 보는 것이 타당하지 않을까 한다.

해방 후부터의 남녘과 미국의 관계를 한·영, 한·불 관계와 같은 정상적 국제관계였다고 말하기는 어려운 것이 사실이다. 20세기의 냉전시대에는 한미관계가 정상적 국제관계일 수 없었다 해도 21세기의 탈냉전시대에는 이제 한미관계가 정상적인 국제관계로 바뀌어야 함은 당연하다 할 것이다.

20세기 냉전시대에는 어쩔 수 없었다 해도, 21세기 탈냉전시대에는 친미관계 및 의미(依美)관계에서 벗어나서 정상적 국제관계로 되기 위한 과정으로서 탈미현상이 나타났다고 봐도 크게 틀리지 않을 것이다. 따라서 20세기화 21세기에 걸친 김대중정부와 21세기 정부인 노무현정부 때를 통해 해방 후 지속되어온 친미주의 및 의미주의가 상대적으로 조금은 약해진 것은 어떤 점에서는 당연하다 할 것이다.

남쪽 사회의 이른바 보수세력이 그 점을 트집 잡으면서 그들의 행사에 대형 성조기를 들고 과시하기도 하는데, 이제 보수세력 정권임을 '자처'하는 한나라당 이명박정권이 대미관계를 더 돈독히 하면서 대북관계를 소홀히 하는 상황이 되고 말 것이 아닌가 우려되기도 한다.

이명박정부가 내세우는 실용주의, 현실주의, 합리주의, 시장주의, 상호주의라는 것 앞에는 동족과 이민족의 차이라는 것이 아무렇지도 않게 무시되는 것인지, 동족 사이의 일이라 해도 눈앞의 이익에 저촉되기만 하면 쉽게 외면하고 주저없이 타민족사회와 이익을 함께할 수 있는 것인지……

6·25전쟁 후 반세기 동안 북녘은 적이요 미국은 혈맹의 우방이었는데, 그같은 사고의 '공식'이 세기가 바뀐 21세기에도 그대로 적용되어야 하는지 묻고 싶은 심정이다. 특히 우리땅의 경우 20세기 후반기의 냉전시대에 통용된 친미반북적 상황이 21세기의 탈냉전시대에도 아무런 변화도 없이 그대로 적용되어야 하는지, 이른바 보수세력을 자처하는 이들에게 묻지 않을 수 없다.

민족문제를 떠나서 보편적 인간문제를 두고 말한다 해도 인류사회가 지향하는 큰 방향이, 지구덩어리 전체를 평화공동체로 만들어가는 과정이라는 점에는 보수적 관점이건 진보적 관점이건 차이가 있을 수 없을 것이다. 평화주의야말로 어느 민족사회도 어느 정치세력도 거부할 수 없는 인류사회 전체의 지향 그것이기 때문이다.

어려운 처지에 빠져 있는 북녘을 동족사회로 인정하고 화해 협력하며 평화적 관계를 발전시키는 것이 21세기적 역사의 길인지, 이른바 현실주의 실용주의를 내세워 이라크침략 등 세계제패의 길에서 물러설 줄 모르는 초강대국과 함께 동족의 다른 한쪽을 압박하는 것이 평화주의의 길이요, 역사의 길인지 묻지 않을 수 없다.

모든 강물이 바다로 흘러가면서 그때그때의 지형에 따라 한때는 오른쪽으로 흐르기도 하고 또 한때는 왼쪽으로 흐르기도 한다. 하지만, 어느 쪽으로 흐르던 강물이건 종내는 모두 바다로 흘러들어가게 마련임을 다시 한번 말하고 싶다.

바다는 모든 물길을 한데 아우르는 곳이다. 그곳은 왼편으로의 흐름도 오른편으로의 흐름도, 그리고 지류도 본류도 없는 하나의 광활한 바다일 뿐이다. 바다 거기서는 모든 것이 하나로 공평하게 어우러지게 마련이다. 빛깔에 차이가 있을 수 없으며, 따라서 편가름이나 마찰 같은 것이 있을 이유가 없는 곳이다.

인간사회의 역사흐름도 마찬가지다. 상황에 따라 극도의·파시즘시대가 있어서 흐름 자체가 꽉 막히는가 하면, 우측으로 너무 많이 기울거나 좌측으로 너무 많이 기울어서 흐름 전체가 극히 느릴 때도 있게 마련이다. 그러나 한때 막혔던 강물도 반드시 흐르게 마련이며, 우측으로 흐른 강물이건 좌측으로 흐른 강물이건 마지막 도달하는 곳은 역사의 바다, 즉 인간주의의 바다요 민주주의의 바다요 평화주의의 바다 그곳이게 마련이다.

우리 사회의 모든 갈등은 그것이 좌익과 우익 사이의 갈등이건, 진보와 보수 사이의 갈등이건, 이른바 친북과 반북 사이의 갈등이건, 친미주의와 반미주의 혹은 의미주의와 탈미주의 사이의 갈등이건, 모두가 '평화통일의 바다'로 흘러가는 과정에서 일어나는 한때의 갈등 그것일 뿐이다.

역사의 흐름이 항상 직선적이지 못하다는 점이 안타깝지만, 인간사회의 역사가 직선으로만 발전해왔다면 21세기에 들어선 시점의 인간사회의 역사적 현실이 여기에 머물러 있겠는가. 역사시대 이래로 그 많은 희생과 피를 바친 길고도 험난했던 인간역사를 통해 이루어진 인간주의가 민주주의가 그리고 평화주의가 겨우 지금의 수준이겠는가.

인간사회의 역사흐름에는 지그재그가 있게 마련이며 역사흐름이 우측으로 지그재그할 때건 좌측으로 할 때건 그 각이 크고 넓을 때 직선에 가까워질 뿐 아니라 인간사회의 역사적 발전이 더 커지게 마련이다. 역사의 지그재그 방향이 우측일 때 그 각도가 좁으면 역사는 극우 방향으로 가기 마련이며, 반대로 역사의 지그재그 방향이 좌측일 때 그 각도가 좁으면 역사는 극좌 방향으로 가게 마련이다. 그리고 어느 방향이건 각이 좁으면 역사발전은 더디게 마련이다.

그런가 하면 대체적으로 말해서 진보적 정권이 섰을 때 인간주의적·민주주의적·평화주의적 발전 각도가 넓어지게 마련이고, 보수정권이 섰을 때는 반대로 지그재그의 각도가 좁아지게 마련이다. 특히 보수 중에서도 폭력적 보수라 할 군사독재정권 기간은 역사의 지그재그 각도가 극도로 좁아져서 인간주의적·민주주의적·평화주의적 발전이 크게 제한되기 마련임은 말할 나위가 없다.

우리 역사의 경우 군사정권이 극복된 후의 지난 10여 년간 한반도적 조건, 즉 분단민족사회적 조건 아래서나마 어렵게도, 정말 어렵게도 인간주의적·민주주의적·평화주의적 발전 각도를 상대적으로 넓힌 정권이 성립되었다. 그리고 그뒤에는 모든 면에서의 실용주의를 내세우며 보수를 자칭하는 정권이 성립되었다. 역사의 물길이 다시 그 방향을 우측으로 바꾼 것이라 할 것이다.

그러나 이명박정부가 나아가는 우측 지그재그의 각도가 좌측 지그재그였다는 '잃어버린 10년' 이전의 우측 물길이요 보수적 물길이었던 군사독재정권 때보다는 더 넓어야 함은 말할 나위가 없다. 다시 말하지만 역사흐름의 소위 '나선형적 발전법칙'이란 그런 것이기 때문이다.

외민족의 강제지배를 받다가 2차대전 후에 해방된 민족사회가, 그 위에 이데올로기적 대립이 극심했던 분단민족사회가, 일단은 선거를 통해 즉 평화적 방법을 통해 진보적 정권과 보수적 정권이 교체되는 상황이 되었다. 아직 통일을 이루지는 못했지만, 2차대전 후에야 공화주의 체제로 들어선 우리 사회의 정치적 훈련도가 또 민주주의 발전정도가 그만큼은 높아졌음을 말해준다고 자위할 수도 있을 것이다.

그러나 역사진행의 지그재그 방향이 설사 한때 우측으로 흐르게 되었다 해도 가능한 한 그 각도를 넓히려는 노력이 있을 때, 비록 보수를 자처하는 정권이라 해도 정치·경제·사회·문화적 민주주의를 전진시키고 평화통일정책을 유지하려는 노력이 있을 때, 훗날 그에 합당한 보수정권으로서의 역사적 평가가 내려질 것이다.

11장

6·15선언
5주년 기념행사
이야기

6·15선언 5주년행사가 있기까지의 뒷이야기

평양에서 열리는 '6·15공동선언 발표 다섯돐기념 민족통일대축전'에 남쪽 준비위원회 상임고문 자격으로 참가하기 위해 2005년 6월 14일 오전 8시 40분 평양직행의 특별전세기편으로 인천공항을 떠났다. 바로 전해 2월에 다녀온 뒤로 1년 4개월 만의 평양행이었다. 남쪽에서 백낙청 준비위원장을 비롯한 300여 명이 가게 되었는데 그중에는 공연단도 섞여 있었다.

공항에는 이른바 반북단체 사람들이 나와서 우리 일행의 방북을 규탄하는 데모를 했다. 문득 역사의 흐름에 따라가지 못하고 뒤처지는 부분은 어느 시대 어느 곳에나 있게 마련이라는 생각을 했다. 하기야 역사진행에 뒤처지거나 제동을 거는 부분이 없었다면 인류의 역사가 아직 이 단계에 있겠는가. 약 50분간의 비행 끝에 북녘의 순안비행장에 내렸다.

나의 경우 비교적 자주 오는 편이지만, 베이징을 거치지 않고 바로 평양에 올 때마다 이렇게 가까운 데가 그렇게 오기 어렵다니 하는 생각을 하지 않을 수 없다. 언제쯤이나 마음대로 다닐 수 있는 때가 오려는 지…… 북녘 사정의 어려움을 익히 알고 이해도 하지만, 평양비행장은 국제공항으로서는 너무 좁고 초라하다는 생각을 하지 않을 수 없게 된다.

남북 평화체제가 확립되고 개성공단 등 남북경제 교류가 활성화되어 경제사정이 좋아짐으로써 평양공항을 개축하는 날이 빨리 왔으면 하는 바람이다. 1989년 중국에 처음 갔을 때 베이징공항의 초라함을 보고 놀랐었다. 그러나 중국의 경제사정이 좋아지자 곧 훌륭한 현대식 공항으로 탈바꿈했다가 지난번 올림픽을 계기로 크게 확장되었고, 각 지방의 공항들도 모두 현대식으로 개축되었다.

순안비행장이 아니고 평양비행장으로 이름이 바뀌어서 이유를 물어봤더니, 평안남도 순안군이 지금은 평양특별시 순안구역으로 편입되어 비행장 이름이 그렇게 바뀌었다고 했다.

6·15남북공동선언 후 특히 남북역사학자협의회 관계로 평양을 비교적 자주 왕래했지만, 그 일정을 상세히 기록한 적은 없는 것 같다. 그래서 남북공동선언 5주년행사의 진행과정은 가능한 한 상세히 써볼까 한다. 뒷날 완전통일이 되고 난 후 사람들이 우리땅이 두 개의 나라로 분단되어 있던 시대의 남쪽 사람들이 북쪽에 갈 때는 어떤 마음이었고 또 어떤 일들을 했는지 궁금해할지도 모르니까.

우선 정해진 숙소인 북녘의 대표적 호텔 고려호텔의 제2관 18층 5호실에 여장을 풀었다. 배당된 호텔방은 응접실과 집무실까지 갖추어진 대형 1인실이다. 2인 1실에 머무는 사람들에게 미안한 마음이 들기도 했다.

오후에는 만경대 학생소년궁전에 가서 소년소녀들의 개별 예술활동을 놀아보고 소조원들의 공연을 관람했다. 이곳 소년소녀들의 뛰어난 연기에는 언제나 감탄하게 마련이다. 남쪽에 공연 왔던 낯익은 얼굴이 더러 있었는데 그동안 키도 컸고 연기력도 더 발전했다고 생각되었다.

공연관람이 끝난 후에는 천리마동상 앞에서 김일성경기장까지 약 2킬로미터의 길을 걷는 '자주·평화·통일을 열어나가는 민족대행진'이 벌어졌다. 날은 이미 어두워졌고 굵은 비까지 내려서 행진은 그야말로 강행군이 되었다. 남북과 해외대표 참가자들은 지급된 우장을 입었지만 젊은 학생들로 구성된 악대와 기수들, 그리고 행진하는 길 양쪽에서 환호하는 군중들은 모두 비를 맞고 있었다. 특히 고운 우리 옷으로 단장하고 꽃수술을 들고 익숙한 몸짓으로 열성적으로 환호하는 여성 환영 인파가 모두 비를 그냥 맞는 것이 안타까웠다.

주석단에 끼어 대열의 맨 앞쪽에서 플래카드를 들고 행진했는데, 바로 옆에는 문익환 목사 부인 86세의 박용길(朴容吉) 여사와 진보진영의 원로 이종린(李鍾麟) 선생이 함께 행진했다. 특히 박여사는 무리가 아닐까 염려되었지만 김일성경기장까지 조금도 흐트러짐 없이 함께 행진했다. 돌아간 부군의 통일에 대한 강한 염원을 이어받았기 때문이리라 생각되었다.

김일성경기장은 일제강점기 때의 평양 공설운동장인데 해방 후 김일성 주석이 귀국해서 처음으로 평양시민 앞에서 연설한 유서 깊은 곳이다. 그후 현대식으로 개축해서 모든 시설이 잘 갖추어진 경기장이 되었다.

이번 행사의 남측위원장인 백낙청 교수는 평양에 처음 온 것으로 알고 있는데, 옆에서 보기에도 모든 행사절차 과정에서나 대인접촉 등에서 그렇게 의연하고 자연스러울 수가 없었다. 그래서 "백선생 정말 잘합니다" 하고 그 자리에서 직접 말하기도 했다.

내가 알기로 그는 부친과 백부가 6·25전쟁 때 납북된 채 소식을 모르는 사람이다. 남측대표로서 이번 행사에 임하는 백교수의 자세를 보면서 비록 개인적 '한'을 가진 사람이라 해도 그것을 어떻게 풀어가야 하는지 그 옳은 방법을 아는 일이 중요하다는 생각이 절로 들기도 했다.

이곳에서 연출된 모든 행사는 특히 사회주의국가에서 볼 수 있는 질서정연한 순서에 따라 진행되었고 그 수준도 대단히 높다고 생각되었다. 이해찬 국무총리와 함께 다가올 8·15광복 60주년 기념행사의 공동준비위원장을 맡고 있는 처지라 더 깊은 관심을 가지고 봤다.

이번 6·15남북공동선언 5주년 기념행사가 평양에서 열리기까지에는 간접적이긴 하지만 약간의 뒷이야기가 있다. 앞으로의 남북관계 진전을 위해서도 하나의 경험으로 남겨둘 만도 하지 않을까 생각되어 그 경위를 밝혀두려 한다.

노무현 대통령 취임식 날에는 남북역사학자협의회 일로 평양에 있었다. 평양사람들은 노무현정권이 출범하게 된 데 대단히 호의적이었고, 따라서 앞으로의 남북관계 진전에 상당한 기대를 가지기도 했다. 북녘의 어느 인사와 담화하던 중 나는 북녘에서는 새로 성립되는 노무현정부와의 첫 접촉을 어떤 기회에 어떻게 갖는 게 좋겠다고 생각하는지 궁금하다고 했다.

그랬더니 순수한 그의 개인적 의견인지 혹시 노무현정부 성립을 계기로 북녘에서 그런 의견들이 있었는지 모르지만, 그때 준비되고 있던 개성공단 기공식을 필요하다면 날짜를 좀 늦추어서라도 남북 두 정상이 자연스럽게 만나는 기회로 삼을 수 있지 않겠는가 하는 것이었다.

좋은 안이라고 생각하고 서울로 돌아왔는데, 오자마자 마침 청와대에 들어갈 기회가 있었다. 그래서 노무현 대통령과 당시의 문희상(文喜相) 비서실장, 유인태(柳寅泰) 정무수석이 함께한 자리에서 개성공단 기공식에서 남북 두 정상이 만나는 문제에 대해 북녘 사람들과 환담했노라고 전했다.

그러나 곧 한나라당이 국회에서 단독 통과시킨 '현대'의 대북송금 문제에 대한 특별검사수사안을 노대통령이 받아들임으로써 남북문제가 순조롭지 못하더니, 그후 개성공단 기공식에는 남쪽에서 정부의 국장급이 참가한 것으로 들었다.

노무현 대통령이 '현대'의 대북송금문제에 대한 특검수사안을 받아들여야 할지 말아야 할지에 대해 의견을 듣고 싶으니 청와대로 오라는 연락을 받고 들어가려는 날 아침에, 임동원 전 김대중정부의 통일부 장관이 전화를 걸어 어떻게 건의할 것인가 묻기에, 당연히 수락하지 말도록 건의하겠노라 했다.

청와대에 들어가서는 북녘에서 앞으로의 남북관계 진전문제를 두고 참여정부에 거는 기대가 대단히 큼을 확인하고 왔는데, 대북송금 특검을 수락하면 앞으로의 남북관계가 냉각될 가능성이 크다고 강조해서 말했다. 김영삼정부가 김일성 주석 조문문제로 인해 임기 내내 남북문제를 전혀 진전시키지 못한 선례를 다시 밟아서는 안 된다고 간곡히 말했다. 그러나 결국 특검안은 수용되고 말았다.

그런 일에다가 김일성 주석 사망 10주기 조문사절 파견이 이루어지지 못한 문제와 또 태국엔가에 있던 400여 명 탈북자를 일시에 남쪽으로 데리고 온 문제 등이 겹쳐지면서, 6·15공동선언 5주년을 얼마 앞두지 않은 시점에서 남북관계는 거의 단절되다시피 했다.

2004년에 일본 토오꾜오의 조총련계 조선대학(朝鮮大學)에 강연하러 갔을 때의 일이다. 2001년에 조총련 산하 조국평화통일협회 초청의 6·15 1주년 기념강연을 하러 갔을 때부터 알게 된 조총련의 실질적 최고운영자라 할 허종만(許宗萬) 책임부의장의 초청으로 식사자리를 가졌다.

그때 허부의장이 남북관계의 다리 역할을 조총련이 할 수 있으며 남쪽의 통일원 고위당국자와 만나고 싶다고 하던 말이 기억나서, 6·15공동선언 5주년을 앞두고도 얼어붙은 남북관계를 풀기 위해서는 허부의

장의 역할을 기대할 수 있지 않을까 하는 생각을 했다.

그래서 정동영 통일부 장관을 만난 자리에서 일본 가는 기회를 만들어 조총련 쪽과 접촉함으로써 6·15공동선언 5주년을 앞두고도 냉각되어 있는 남북관계의 개선을 기도해보도록 권하기도 했다. 그러나 현직 통일부 장관이 언론에 노출되지 않고 일본에 가서 조총련 최고위자와 만나기는 어려운 상황이었다. 결국 당시 통일부 장관 특별보좌관이던 김연철(金鍊鐵) 박사가 나와 함께 일본에 가기로 했다.

2005년 3월 어느날 김박사와 함께 일본에 가서 허종만 조총련 책임부의장을 만나 함께 저녁식사를 하면서 남북관계의 해빙을 위해 노력해줄 것을 당부하고 왔다. 내 고향 마산과 불과 20~30리 떨어진 경상남도 고성군 출신인 허부의장은 과거 조총련계 조선대학의 축구선수였다고 들었다. 따라서 성격이 호탕하고 건강하며 호주가(好酒家)여서 만날 때마다 밤늦도록 잔을 나누며 비교적 터놓고 이야기하는 사이가 되었다.

6·15남북공동선언 5주년 기념행사는 남북이 함께 성대하게 치를 필요가 있으며, 그러기 위해서는 남북 사이에 사전협의가 여러 번 있어야 하는데, 6·15선언 5주년을 불과 3개월 앞둔 시점까지 남북관계가 냉각 상태로 있으니 이래서야 되겠는가, 조총련 쪽에서 북쪽에 대해 이같은 상황을 전달해주기 바란다고 했다.

그후 4월 5일에 남북역사학자협의회 일로 북녘의 리종혁 아태부위원장을 개성에서 만나게 되어 있었는데, 마침 식목일 공휴일이라 '현대아산' 측의 내왕버스가 못 가게 되어 내가 직접 자동차를 운전해서 휴전선을 넘어 개성에 갔다. 그후 자가용으로 금강산 관광을 하게 하겠다는 말도 있었지만 결국 남북관계 냉각으로 불발되고 말았다. 이런 때에 개인이 자동차를 직접 운전해서 휴전선을 넘어 북녘으로 간 경우가 있었는지 모르지만 어떻든 감회가 남달랐다. 마중 나온 북쪽 역사학자들도 놀라워했다.

이틀 동안 개성의 자남산여관에서 리종혁 부위원장과 나 그리고 남북역사학자협의회 실무자들이 고구려고분벽화 보존문제 등을 의논하는 한편, 리종혁 부위원장과 6·15 5주년을 앞둔 남북관계 재개문제를 따로 논의했다. 조총련 쪽에 갔던 이야기도 했는데 리종혁 부위원장도 6·15 5주년행사를 의미있게 치러야 한다는 점에는 같은 생각이었다.

이 자리에서 6·15공동선언 5주년 기념사업을 의논하기 위해 남측의 정동영 통일부 장관과 북측의 리종혁 아태부위원장이 언론 노출 없이 만나기로 합의하고 시일과 장소는 남측에서 결정해 통보하기로 합의했다. 서울에 돌아와서 통일부 쪽과 논의한 결과 역시 언론에 노출되지 않고 통일부 장관이 개성으로 가기는 어렵다 해서 김연철 특별보좌관이 북측 실무자와 만나는 것이 좋겠다 하고 날짜와 장소를 통보해달라고 북쪽에 연락하기로 했다.

그러다가 어떤 경로를 거쳐 이루어졌는지 모르지만, 남북 정부 사이의 차관급회담이 성사되었고 그 회담에서 장관급회담이 약속되었다. 한편 민간 측에서도 6·15공동선언 5주년행사가 합의되어 이번의 평양행이 가능하게 된 것이다.

남북역사학자협의회 등을 통해 남북교류에 관여하게 되면서 절실히 느낀 점이 있다. 그것은 남북 사이의 평화관계 수립과 협력관계 진전을 위해서 가장 필요한 것은 상호신뢰 문제라는 것이다. 남은 남대로 북은 북대로 정략적 자원을 넘어 민족적 평화적 자원에서 문제를 해결하려는 식견을 가진, 남측에서 신임할 수 있는 북측 인사와 북측에서 신임할 수 있는 남측 인사가 더 많아져야겠다는 생각이 절실했다.

다시 말하면, 북녘 인사를 철저하게 적이 아닌 동족으로 인식하며 민족문제를 해결하려는 남녘 인사가 많아져야겠고, 또 남녘 인사를 철저

394

하게 적이 아닌 동족으로 인식하며 평화통일을 이루려는 북녘 인사가 많아져야겠다는 생각이 절실했다. 쉬 그렇게 될 수 있으리라 희망하면 서……

통일문제에 가시가 있는 글과 없는 글

6월 14일 평양에서의 일정이 빡빡해서 새벽 1시 넘어서야 잠자리에 들었는데 특히 비를 맞은 후라 아침에는 몸이 무거웠다. 15일에는 5주년 기념행사의 핵심인 '6·15공동선언 발표 다섯돌기념 민족통일대회'가 인민군창설 기념회관인 4·25문화회관에서 열렸다. 뜻깊은 이 대회에 주석단의 일원으로 참가한 것이 마음 뿌듯했다. 대회의 내용은 남과 북 그리고 해외 참가자 대표들의 연설이 주된 것이었다.

대회를 마치고 같은 회관에서 남북해외 공동사진전시회가 열려서 관람했다. 전시회 관람을 대기하던 중 북측 인사 몇 사람과 전에 통일부장관을 지낸 두 사람의 남측인사들과 잠깐 한자리에 있었다. 그 자리에서 초면인 북측의 어느 인사가 무슨 뜻으로 했는지 모르지만, 남측의 전 통일부장관 한 사람을 보고 "강만길 선생의 통일관계 글에는 가시가 없는데 선생의 글에는 가시가 있더라"고 했다.

갑작스런 말에 입장이 곤란해진 내가 엉겁결에 "그것은 역사학 전공자의 글과 정치학 전공자의 글의 차이일 수도 있을 것"이라 하고 얼버무렸는데, 자신의 글에 가시가 있다고 지적받은 남쪽의 전 통일부장관은 조금 언짢아하면서 "뒷날에 가서 보면 가시가 아님을 알게 될 것"이라 대답했지만 잠시나마 자리가 어색해지지 않을 수 없었다.

남북에서 다같이 평화통일을 지향하는 사람들이라 해도, 글과 말을 잘 골라서 사용해야겠다는 생각이 들기도 했다. 더구나 오랜 대립 끝에 겨우 화해 협력 쪽으로 방향을 잡게 된 남북관계에서는 모두가 좀더 상대를 배려하는 용어나 표현을 쓸 필요가 있다는 생각을 했다.

점심식사 후 부문별 모임이 있었으나 북측에서 허종호 박사를 비롯한 역사학자들이 나오지 않는다기에 모임에는 참가하지 않고 호텔에서 좀 쉬다가 청년중앙회관에서 공연되는 가극 「춘향전」을 관람했다. 음악이나 가극을 잘 모르면서도, 북녘 관계자들이 남녘 참가자들을 위해 공연한 가극 「춘향전」에서 이몽룡 역을 맡은 연기자의 노래 실력은 감탄할 만했다.

「춘향전」 공연장에서의 일이다. 글에 가시가 있다고 지적된 전 통일부장관이 느닷없이 "강선생님은 그만 여기 사시지요" 하는 것이었다. 앞에서 말한 그 북측 인사의 말을 두고 고깝게 여겨 하는 말 같았다. 그의 느닷없는 말에 처음에는 어리둥절하면서도 심한 불쾌감을 금할 수 없었다.

젊은 사람의 물색없는 말이라 치부하고 그냥 넘기려다가 괘씸한 생각이 들고 또다른 전 통일부장관도 옆에서 듣고 있는 상황이라 그냥 넘겨서는 안 될 것 같다는 생각이 들었다. 그래서 "당신의 그 말은 언중유골이야" 하고 꾸짖는 투로 대꾸해주었다. 동향의 후배라 조금은 남다르게 생각했고, 남북관계로 접촉도 비교적 많은 사이였는데 그런 말을 듣고 보니 몹시 불쾌했다.

이날 점심은 전에도 여러 번 왔던 평양단고기집에서 먹었다. 잘 알려진 것과 같이 남에서 말하는 개고기를 북에서는 '단고기'라 하는데, 고기를 부위마다 고급스럽게 요리해서 순차적으로 나오게 되어 있다.

남쪽 사람들이 평양의 단고기집에 가면 우리 옷으로 곱게 단장한 아름다운 여인들이 나와서 열렬히 환영하고 또 떠날 때도 밖에까지 나와서 환송한다. 다만 남녘 동포손님들에 대한 환영이요 환송일 뿐인지, 아니면 조금이라도 장삿속 같은 것이 들어 있는 행동인지 궁금했다. 물론 두 가지가 겸해졌을 수도 있겠지만.

전번에는 밤에 단고기집을 갔었는데 지붕 위에 네온사인이 설치되어 있었다. 북녘의 경제개혁조치인 2002년 7월조치 이후, 조금이라도 더 팔면 종업원들에게 그만큼 이익이 돌아오기 때문에 밤에 찾는 손님들을 위해 네온사인을 설치한 것이라고 들었던 것 같다. 북녘사회가 변하고 있음을 확인할 수 있는 부분이었다.

서녁에는 인민문화궁전에서 북측이 주관하는 기념연회가 있었다. 분위기가 무르익으면서 남북 젊은이들이 함께한 자리에서는 "위하여"를 외치는 우렁찬 소리가 자주 들렸다. 일본에 사는 동포 대표들도 많이 참가했는데 대부분 조총련계 인사들인 것 같았고, 민단계는 참가하지 않은 것이 아닌가 생각되기도 했다. 구체적으로 물어보지는 않았지만.

6·15공동선언 1주년 기념강연 때부터 알게 된 조총련 조국평화통일협회의의 임태광씨가 참석했기에 친일반민족행위 진상규명위원회 일을 맡음으로써 조총련이 초청한 6·15 5주년 기념강연회에 가지 못한 점에 대해 다시 한번 양해를 구했다.

만찬자리에서 주석단석에 동석한 북측 참가자들에게 해방 후 친일파 숙청 당시의 자료가 있느냐고 물어봤다. 허종호 박사 등 북측 역사학자들이 참가하면 그들에게 물어보려 했는데 역사학자들을 만날 수 없어서 북측 주석단 참가자들에게 물어본 것이다.

이번 행사의 북측 준비위원회 안경호 위원장이 답했는데, 당시 인민들이 스스로 숙청을 단행했기 때문에 자료가 남아 있지 않을 것이라는 것이었다. 이른바 인민재판식으로 했다는 말이 되겠는데, 그래도 숙청의 법적 기준이나 숙청자 명단 등의 자료는 있을 것이다. 다음 기회에 북녘 역사학자들을 만나 다시 물어볼 수밖에 없을 것 같았다.

혹시 6·25전쟁 때 자료가 모두 없어졌는지는 모르지만, 어떻든 북측은 해방 직후에 단행한 일을 남에서는 그제서야 시작하려 하니 딱한 일이 아닐 수 없었다. 그러나 늦게나마 남에서 친일반민족행위자의 진상조사를 하게 된 것은, 미래를 위해 남북 사이의 통일조건 하나를 대등하게 한다는 점에서도 큰 의의가 있다는 생각이었다.

리종혁 아태 부위원장과 만나서 남북역사학자협의회 일을 의논할 기회를 가져야겠는데, 리부위원장이 주로 남측 정부대표들과 함께 있어서 기회를 얻기 어려웠다. 틈틈이 만나서 남북역사학자협의회의 실무진에서 이미 합의한 을사조약 100주년 기념학술대회를 북측 주장대로 8·15광복 60주년 기념행사 때 같이 하면 큰 행사에 묻혀서 효과가 반감할 것이라는 의견을 말했더니 리종혁 부위원장도 그 점은 수긍했다.

실무진 사이의 접촉이 더 있어야겠다는 생각이었지만, 어떻든 이 행사는 꼭 성사시키고 싶다는 생각이 간절했다. 그러나 앞에서 상세히 썼지만 이 행사는 이루어지지 못하고 말았다. 이날도 새벽 1시가 넘어서야 잠자리에 들었다.

인상적이었던 6·15선언 5주년 기념행사

16일은 오전에 만경대와 개선문 등을 가보게 되어 있었으나 여러 번 가본 곳이라 호텔에서 잠시 쉬기로 했다. 호텔 3층에 책방이 있기에 가보았는데 양각도호텔이나 보통강여관 서점보다 오히려 빈약하다는 느낌을 받았다. 남에서 송환되어 온 장기수들의 일대기를 소설형식으로 쓴 책들이 많았고, 1930년대의 시선집이 3권 나와 있는 것이 눈에 띄었다. 그리고 소설가 한설야(韓雪野)의 『탑』이 간행되어 있기에 이것과 소설 몇 권을 샀다.

예정에 없던 김영남 최고인민위원회 상임위원장과의 면담이 이루어지게 되어, 남측과 해외 참석자 중 주석단에 속한 사람들과 실무진 등 20여 명이 만수대 의사당으로 김영남 위원장을 방문했다. 북녘의 제도상 국가원수인 김영남 위원장은 온화하면서도 건강한 모습이었다. 외교관 출신으로 알려졌는데, 말 한마디 한마디 용어를 몹시 가려가며 하는 것 같은 인상이었다.

백낙청 남측준비위원상이 내 이름을 말하며 소개하자 김영남 위원장은 악수하며 "통일을 위한 노력을 계속해주고 있는 데 대해 감사합니다" 하고 "그 때문에 민족통일대축전이 성황리에 진행될 수 있었다고 생각합니다"고 했다. 80세에 가까운 고령으로 알고 있는데도 대단히 건강한 모습이었다.

점심은 유명한 옥류관에서 냉면을 먹었다. 도착한 첫날 고려호텔 식당에서도 냉면을 먹어봤는데 역시 옥류관 냉면이 더 맛있었다. 올 때마다 두 그릇을 먹었는데 이번도 예외가 아니었다. 식도락가는 아니지만 옥류관 냉면을 먹고 싶은 때면 언제나 달려와서 먹을 수 있게 될 때가, 그리고 묘향산의 그 그윽한 녹음에 취하고 싶으면 기차를 타고 달려올 수 있게 될 때가, 빨리 왔으면 하는 마음이 절실했다.

오후에는 류경(柳京) 정주영(鄭周永) 체육관에서 남과 북, 해외동포들이 어울려 벌이는 체육유희경기가 열렸다. 이곳이 평양특별시 류경구역이기 때문에 그런 이름이 붙었다는데 정성들여 잘 지은 체육관이었다. 어느 글에도 쓴 기억이 있지만, 어떻든 정주영 회장은 범상한 '장사꾼'만은 아니었다는 점이 소떼를 몰고 휴전선을 넘은 일과 함께 류경 정주영 체육관에서 또 한번 증명된다는 생각이 들었다.

남과 북 해외동포 참가자들이 어울려서 배구경기를 비롯한 여러가지 재미있는 경주와 경기를 벌였고, 체육관에 가득 자리한 평양시민들이 두 패로 나뉘어 열띤 응원을 했다. 남북과 해외동포들이 한덩어리가 되어 즐겁게 경기하는 모습을 보고, '이러면 되는 것을, 반세기 이상 원수처럼 싸우고 대립하며 살았다니 얼마나 어리석고 안타까운 세월이었던가, 다시는 그런 시절로 돌아가지 말아야지' 하는 생각이 절로 들었다.

경기를 마친 후 이 체육관에서 '6·15공동선언 발표 다섯돐기념 민족통일대축전'의 폐막식이 거행되었다. 폐막식이 끝나고 참가자들이 체육관을 떠날 때 보여준 평양시민들의 따뜻하고 열렬한 환송도 인상적이었다. 체육관을 나오면서 계속 뒤돌아보며 손을 흔들지 않을 수 없었다.

저녁에는 봉화예술극장에서 남쪽에서 준비한 가극 「금강」을 관람했다. 신동엽(申東曄) 시인의 원작을 문익환 목사의 아들인 고 문호근(文昊瑾)씨가 각색한, 동학농민전쟁을 주제로 한 가극이다. 남쪽에서는 보지 못하고 평양에서 보게 되었으니 감회가 달랐다.

북쪽 참가자들이 가극 「춘향전」을 공연하고 남쪽 참가자들이 갑오농민전쟁을 내용으로 한 가극을 공연한 것이 대조적이면서도 의미있는 일이라 생각되었다. 공연이 끝난 후 극장을 가득 메운 평양시민들의 기립박수가 참 보기 좋았다.

공연 후 인민문화궁전에서 남쪽의 답례연회가 열렸다. 신동엽 시인의 부인과 문호근 연출자의 부인이 나와서 인사했고, 문익환 목사 부인 박용길 여사가 인사말을 했다. 특히 연만한 박용길 여사의 침착하고도 젊은이 못잖은 또렷또렷한 목소리가 듣기 좋았다. 호텔방 잠자리에 든 것은 역시 새벽 1시 넘어서였다.

김정일 국방위원장과의 오찬자리

17일 오전의 일정은 주체사상탑과 동명왕릉 참관 등으로 되어 있었다. 여러 번 가본 곳들이지만 서울로 돌아가는 날이라 일행들과 행동을 같이할 수밖에 없다고 생각하며 점퍼 차림으로 준비했다. 8시가 조금 넘은 시각에 어느 북측인사가 호텔방에 와서 북측 민족화해협회 쪽에서 만나자고 하니 정장으로 갈아입고 대기해주면 좋겠다고 했다. 점퍼 차림으로는 안 된다는 말이었다.

정장으로 갈아입고 그가 말한 호텔 3층에 있는 대기장소에 갔더니 박용길 여사와 김민하(金玟河) 전 중앙대학교 총장도 거기서 대기하고 있었다. 어딘지는 모르지만 함께 가게 되는 것 같았다. 바로 자동차가 와서 세 사람이 함께 타고 떠났는데 평양시의 교외로 가는 것 같더니 비교적 한적한 곳에 있는 어느 건물 앞에 내려 대기실 같은 방으로 안내되었다.

그곳에서 기다렸다가 다시 자동차를 타고 다른 곳으로 갔다. 정원이 대단히 아름답고 깨끗한 호수가 있는 것을 보고서야 그곳이 5년 전 6·15공동선언 때 와본 백화원 초대소임을 짐작할 수 있었다. 그때서야 김정일 국방위원장을 만나는가보다 짐작하고 기다렸더니, 북측 사람들이 와서 소지품 검색을 해야겠으니 양해해달라기에 추측이 틀리지 않았구나 하고 생각했다.

그러나 소지품 검색을 하고도 다시 자동차를 타고 평양시내를 벗어나서 상당한 시간을 달린 후 주변경관이 좋은 꽤 큰 어느 건물 앞에 자동차가 닿았다. 뒤에 알았지만 그곳이 대동강 영빈관이었다. 어느 방으로 안내되었다가 한참 후에 다시 다른 방으로 옮겨갔는데, 그곳에 이번 행사에 정부측 대표로 온 임동원, 박재규 두 전직 통일부장관, 최학래

김정일 국방위원장과 오찬장 기념촬영

(崔鶴來) 전 한겨레신문 사장, 그리고 김보현(金保鉉) 전 국정원 차장 등이 있었다.

그들도 이 건물에 와서 꽤 오래 기다린 것 같았다. 임동원 전 장관 말에 의하면 지금 다른 방에서 김정일 국방위원장과 정동영 통일부장관이 약 두 시간쯤 회담하고 있다고 했다. 꽤 긴 회담이라는 생각이 들었는데, 우리 일행이 임동원 전 장관 일행과 만난 때부터 또 약 한 시간을 기다린 후에야 김위원장과 정장관이 있는 방으로 안내되었다.

김위원장은 5년 만에 만났지만 조금도 변한 것 같지 않았다. 기념사진 촬영을 하는데 정부 측 대표로 온 사람들과 김위원장이, 또 민간대표로 온 우리 3인과 김위원장이 따로 촬영하고 식탁으로 옮겼다. 북측 인사도 세 사람인가가 동석했는데, 연형묵(延亨默) 전 국무원 총리와 김용순씨 사망 후의 대남문제 총책이라 알려진 임동옥(林東玉)씨 이외에는 잘 모르는 사람이었다. 그때도 김정일 국방위원장 옆에 자리한 연형묵

씨와 내 바로 옆에 앉은 임동옥씨는 건강이 그다지 좋지 않게 보였는데, 지금은 두 사람 모두 고인이 되었다.

식사 중의 분위기는 그야말로 화기애애했다. 김정일 국방위원장의 스스럼없는 화술과 솔직한 태도는 5년 전 6·15공동선언 때와 전혀 다르지 않았다. 술은 "밤이면 좀 하겠는데 낮이어서" 하면서 포도주를 조금 마셨다.

김정일 국방위원장이 앞으로 남북회담은 체면유지보다 실질적이어야 한다는 점을 강조했다. 그 예로 담배를 거꾸로 물고 남이 그것을 지적해도 체면 때문에 얼른 바로 물지 못하는 그런 태도는 곤란하다고 말하기도 했다. 남북이 합치면 그 힘이 강해지고 외세의 간섭을 벗을 수 있다고 말하면서 미국이 세계의 MP(헌병) 노릇을 하려 한다고도 했고, 주관주의가 무섭다는 점을 강조하기도 했다. 그리고 앞으로 서울에는 화해 '협력파'를 보내지 '완고파'는 보내지 않겠다는 말도 인상적이었다.

남쪽 영화나 텔레비전 극에 대한 관심은 여전했는데, 상당히 많은 작품을 본 것 같았다. 「쉬리」인가 하는 영화를 비판했고 드라마 「불멸의 이순신」에 대해서도 제작비는 많이 들인 것 같지만 그다지 좋은 작품은 아니라는 평을 했던 기억이다. 남쪽 영화 중에 어느 작품 하나에 대해서 좋은 평을 했는데 그 영화의 이름을 잊어버렸다.

광복60주년 기념행사의 준비위원장을 맡은 처지라 이번 북에서의 성대한 6·15선언 5주년 기념대회를 보고 걱정이 앞선다고 했더니, 행사야 마음과 정성이 중요하지 규모가 문제겠느냐고 답하기도 했다. 서울에서 있을 8·15행사 때 북측 인사가 많이 왔으면 좋겠다고 말했고, 남북회담 문제가 화제가 되기에 특히 군인들의 장성급회담을 자주했으면 좋겠다고 말했다. 군대에 가야 할 젊은이들의 관심이 높다고 하면서.

사실은 남북간의 군축문제까지 거론하고 싶었으나 내가 말할 계제가 아니라는 생각이 들어서 그만두었다. 이번 민족대회에서 북측이 6월 15일을 '우리 민족끼리의 날'로 정하자는 제안을 한 것이 인상적이었다. 그것이 마음에 들어서 김정일 위원장에게 그 제안이 좋았다는 점을 말했다. 앞으로 그 안이 실현되어 남북이 같은 이름으로 함께 거행하는 축제일이 있으면 좋겠다는 생각도 했다.

정동영 장관과의 회담이 길었던 것으로 보아 구체적인 문제에 상당한 진전이 있었으리라 짐작은 했지만, 이 귀중한 자리의 화제가 지엽적인 문제에만 한정되어서는 안 된다는 생각이 들었다. 그래서 남에서는 요즈음 동북아균형자론이란 말이 있는데 들었느냐고 물어봤다. 김국방위원장이 동북아균형자론을 들어 알고 있는지 그렇지 않은지는 모르지만 매우 능숙한 화법으로 화제를 딴 곳으로 돌리기에 더 말하지 않았다. 이런 자리의 화제로는 너무 무거운 문제였다고 후회하면서……

남에서 온 손님들을 위해 정성껏 차린 식단이겠으나, 북녘의 어려운 경제사정이 떠올라서 좋고 귀한 음식들이 잘 넘어가지 않았다. 후식으로 들쭉아이스크림이 나왔는데, 오찬 '차림표'에서도 북녘 본래의 용어인 '어름보숭이'가 아니고 '아이스크림'으로 표기된 점이 특히 눈에 띄었다. 전에 왔을 때도 북쪽 사회과학원 간부인 어느 언어학자에게 '어름보숭이'가 없어지고 '아이스크림'으로 되는 것 같다고 했더니 외부와의 접촉이 많아지면서 별수없이 그렇게 되어간다는 대답이었다.

오찬을 끝내고 급히 공항으로 달려갔다. 비행기 출발 예정시간인 4시가 좀 넘었기 때문에 정부대표 일행이 타고 온 비행기로 가게 되는 것 아닌가 했는데, 우리 민간대표들이 타고 온 비행기가 기다리고 있었다. 우리를 기다려준 300여 명 일행에게 대단히 미안했다. 리종혁 아태부위원장이 비행장에 나와 있었으나 시간이 없어서 간단한 인사만 하고 헤어질 수밖에 없었다.

이번 평양 방문길에는 안내원들이 안면있는 사람은 거의 없고 대부분 새로운 사람들인 점이 달랐다. 남쪽 주석단 사람들이 탄 1호버스의 안내원 중에는 벽초(碧初) 홍명희(洪命熹)의 증손자가 있었다. 벽초의 아들 홍기문(洪起文)씨의 손자인데 김일성종합대학 철학부를 나온 사람이었다. 물론 사전준비가 있었겠지만 나를 잘 알고 있었고 또 내가 쓴 글도 꽤 읽었음이 확실했다. 북녘에 기증한 나의 저서 중 어느 책인가가 지금 그의 책상 위에 있다고도 했다.

남쪽에서 '홍명희연구'가 이루어져 연구서가 출판되었고 벽초가 살았던 괴산의 옛집을 보존하려는 시민운동이 일어나고 있음을 전했더니 그런 사정까지는 잘 모르고 있는 것 같았다. 다음 올 때는 벽초에 대한 연구서적을 가져다주겠다고 약속했는데, 다음해 광주에서 열린 기념대회에 그가 참석했기에 직접 가지는 못하고 인편으로『벽초 홍명희 연구』를 보내주었다.

6·15공동선언 후 통일은 많이 추진되었다

2000년의 6·15남북공동선언 발표 후 2005년 6월의 5주년 기념행사가 있기까지의 5년간은, 앞에서도 말했지만 우리 현대사를 20세기사와 21세기사로 구분하는 분수령이 되었다고 할 수 있다. 6·15공동선언이 이루어진 2000년은 해방 후부터의 우리 역사를, 전체 분단시대의 역사를 남북 사이의 불화와 적대의 시대에서 화해협력의 시대로 바꾸어놓는 고비가 되었다.

따라서 6·15공동선언 이후 5년간 남북관계가 크게 변했다. 몇 가지 구체적 사례를 들어보자. 공동선언이 나온 2000년 한해에 남북을 왕래한 사람은 모두 7986명이었다. 그러나 2005년에는 8만 8341인이 왕래해서 11배 이상 증가했다. 그런가 하면 2005년 6월에는 금강산 관광객이 100만 명을 돌파했고, 개성공업단지에는 남쪽 기업 15개 사가 들어가서 영업활동을 하고 있다. 남북간의 교역액도 이 해에는 10억 달러를 넘었다.

2000년의 6·15공동선언이 합의 선포된 그날부터 우리식 통일, 즉 베트남식 전쟁통일도 독일식 흡수통일도 아닌 우리식 '협상통일' '합의통일' '대등통일'은 이미 시작되어 추진되고 있다고 봐도 좋을 것이다.

한반도에서 수천년간 함께 살아온 우리 민족사회가 해방과 더불어 남북으로 분단된 과정을 되새겨보면, 그것은 3단계의 과정을 거쳤다고 흔히 말해지는데, 그 첫 단계는 우리 국토가 분단되는 단계이다. 2차대전의 전승국 미국과 소련에 의해 획정된, 비록 패망한 제국주의 일본군대의 무장해제를 위한 경계선이었다 해도, 결과적으로는 분단고착선이 되어버린 1945년의 38도선 획정이 그것이다.

분단의 두번째 단계는 국토의 분단에 이어 국가가 분단된 단계이다. 즉 1948년에 남녘에 대한민국이, 북녘에 조선민주주의인민공화국이 성립된 것이 그것이다. 대한제국이 망할 때 하나였던 나라가 광복이 되었으면서도 두 개의 나라로 되고 만 것이다. 1910년에 군주주권의 대한제국이 멸망한 후 38년 만에 이 땅의 인민들이 주권자가 된 국민국가가 성립되긴 했으나, 불행하게도 이데올로기적으로 대립된 두 개의 국가가 성립되고 말았다.

38도선의 획정으로 국토가 분단되고 남북에 두 개의 국가가 성립됨으로써 국가의 분단이 현실화했다 해도, 즉 국토와 국가는 분단되었다 해도 아직은 수천년을 같은 역사와 문화 속에서 같은 민족으로 함께 살아온 남북 주민들 사이의 동족의식에는 그다지 큰 변화가 없었다고 할

406

수 있다.

해방 당시 2000만 명이 조금 넘었던 우리땅 주민은 비록 38도선을 경계로 하여 두 개의 국가가 생겼다 해도 아직은 '한민족'과 '조선민족'으로 구분되지 않은 '동족' 그것이었다. 그러나 해방 후 5년 만에 발발한 6·25전쟁은 수천년을 통해 형성되고 유지된 한반도 주민들의 동족의식을 일시에 소멸시키다시피 하는 계기가 되고 말았다.

이 전쟁을 계기로 하여 남쪽 사람에게 북쪽 사람은, 북쪽 사람에게 남쪽 사람은 동족이라기보다 총칼을 겨누고 서로를 죽인 적이 되고 말았다. 6·25전쟁은 국토분단과 국가분단에 이이 마지막 남았던 민족을 분단하고 만 것이다. 우리땅 남북주민 사이에 조성된 이같은 '동족의식'이 아닌 '적대의식'은 이후 50년간 그대로 지속되면서 말로 다할 수 없는 부끄럽고도 처절한 대립과 분쟁을 계속하면서 국제사회의 우려와 비난과 멸시의 대상이 되기도 했다.

그러다가 지난 2000년 6월에 남북이 적대적 대립을 해소하고 화해하고 협력할 것을 약속한 6·15남북공동선언이 채택되었다. 그럼으로써 이제 남북주민은 적대관계를 청산하고 동족이 되어가는 길을 열게 되었다고 할 수 있다. 민족분단의 시대를 극복하고 평화적 민족통일의 시대를 열어가기 시작한 것이다.

분단과정은 국토분단과 국가분단 그리고 민족분단의 순이었지만, 통일과정은 역으로 6·15공동선언으로 민족통일이 먼저 시작되었다고 하겠다. 6·15공동선언으로 남북이 대결과 투쟁의 관계에서 화해와 협력의 관계로 변하는, 즉 민족이 통일되기 시작하자 수천년을 함께 살아왔던 남북 동포 사이에 다방면에 걸친 협력사업·원조사업이 급격히 확대되어갔다. 문화·예술 공연 및 체육행사로 인한 왕래가 활발해지는가 하면, 나무심기와 벼베기, 의료지원 등 필요한 거의 모든 부문에서 협력사

2005년 11월 개성 만월대에서

업이 추진되어갔다.

　지난날 한때 발동했던 동족 사이의 적개심이 수그러들고 역사시대 이래의 오랜 세월에 걸쳐 쌓이고 쌓였던 동족의식이 되살아나면서 분단된 남북의 민족사회를 평화롭게 통일해가기 위한 원동력으로서의 동족애가 소생하게 된 것이다.

　6·15남북공동선언으로 민족의 평화적 통일이 일단 시작되고 나니까, 그에 따라 금강산 육로관광길이 열리고 개성공단이 건설되고 50년 이상 끊겼던 남북 사이의 철도가 연결되고 사람의 왕래가 급증하게 되었다. 이제 남쪽 사람이 자가용으로 금강산 관광을 떠나고, 중국 쪽이 아닌 우리땅을 밟으며 백두산 관광이 가능해지리라는 전망까지 있다.

　민족의 통일이 진행됨으로써 그에 따라 자연스럽게 국토의 통일이 이루어지고 있음을 말해주고 있다. 살벌한 군사대결선이던 휴전선이

관광객도 소떼도 기차도 자동차도 쉽게 넘나들 수 있는, 상황의 진전에 따라서는 없는 것처럼 될 수도 있는, 하나의 단순한 경계선으로 변해가고 있는 것이다. 남녘의 정세변화로 민족통일 국토통일이 다소 차질을 빚고 있지만, 민족사의 큰 흐름을 계속 막아내지는 못할 것이다.

먼저 민족의 통일이 이루어져서 남북 사이가 적이 아닌 동족 사이로 바뀌면, 그에 따라 남북의 동족들이 서로 오가는 국토의 통일은 자연스럽게 이루어지게 마련이다. 이같은 민족의 통일, 국토의 통일 이외에 한 가지 남은 국가의 통일은 두 사회의 체제가 어떤 형태로건 하나로 되어야 하는 문제라 쉽게 이루어지기 어려운 것이 사실이다.

중국이 스스로 지향하는 것처럼 상당기간 두 체제를 그대로 둔 채 국가는 하나로 하는 방법도 있을 수 있으며, 당분간 정부는 둘인 채로 두고 국가는 하나로 하는 방법 등이 있을 수 있겠지만, 어쨌든 신중함과 인내와 슬기로운 방법론이 필요한 부분이라 하겠다.

민족의 통일과 국토의 통일이 꾸준히 추진되어 남북 사이의 화해와 협력관계가 지속적으로 추진되면 비록 권력과 체제문제가 중심인 국가의 통일문제라 해도 그 합리적 방법론이 추출되고 그에 따라 비록 시일은 좀 걸린다 해도 무난한 '협상통일'이 이루어질 수 있을 것이다.

한 가지 중요한 문제는 국가통일의 방법론을 연구하고 고안함에 있어서 필수불가결한 사상의 자유와 학문의 자유, 그리고 표현의 자유가 완벽하게 보장되어야 한다는 점이다. 어떤 실정법도 민족사의 절대과제라 할 평화적 민족통일의 완성단계인 국가의 통일을 위한 합리적 방법론을 도출하는 데 제약조건이 되어서는 안 될 것이다.

12장

상지대학교
총장 시절의
이야기

상지대학교 총장으로 부임하기까지

1990년대로 오면서 민주화가 추진되었고 그에 따라 대학에도 그 바람이 거세게 불었다. 전에 없던 교수협의회가 생기는가 하면 종래 재단에서 임명하던 총장도 교수들이 선출하는 제도로 바뀌었다. 해방 후부터 쳐서 대학역사 반세기 만의 변화였다.

종래 재단에서 총장을 임명하던 고려대학교에서도 전임교원들이 선거권을 가지는 총장선거제가 실시되었고, '민주교수진'에서도 후보를 내야 한다는 말이 돌기 시작했다. 총장선거제가 처음 실시될 때의 '민주교수' 총장후보자는 자연히 박정희정권과 전두환정권에 의해 해직되었다가 복직된 교수들 중에서 구하게 되었고, 어쩌다 내가 지목되었다.

평교수 때는 학교의 재정이나 예산편성 등이 알려지지 않아서 전혀 몰랐는데, 중앙도서관장을 맡아 교무위원이 되어 알고 보니 학교행정에 여러가지 불합리한 점이 보였다. 아마 당시 근무하는 대학교의 1년 예산이 얼마나 되는지를 아는 평교수는 극히 소수였을 게고, 따라서 해마다 등록금이 인상되어 학생들을 괴롭혀도 일반 교수들은 거의 오불관언이었다고 하겠다.

젊은 '민주교수'들의 권유와 학생들의 지지가 있기도 했지만, 가능하면 오랫동안 타성에 젖어 민주성과 참신성이 떨어진 대학행정을 맡아 쇄신할 필요가 있다는 생각도 어느정도는 있어서 출마 권유를 망설임 끝에 받아들이기로 했다. 거의 평생을 몸담은 조직에 대한 애정과 의무감 같은 것의 표현이라 할 수 있을는지……

선거과정에서 젊고 양심적인 교수들의 노력이 컸지만, 해방 후부터 뿌리깊은 보수정당의 중요 기반의 하나였으며, 역사깊은 보수언론의 경영주 가문이 경영하는 대학교에서 설령 민주화바람이 불었다 해도 해직교수 출신이 총장이 된다는 것은 어림없는 일이었다.

고려대학교에서 정년퇴직을 하고 제자들과 함께 연구실을 장만해서 약 2년간 야인생활을 하던 어느날, 빈민운동과 민주화운동 등을 했던 대학후배 이창복(李昌馥)씨가 뜻밖에 돈암동의 연구실로 찾아왔다. 구한말에는 의병전쟁 기지이기도 했고 군사독재시기에는 민주화운동의 요람이던 강원도 원주 사람 이창복씨는 민주화 후에는 국회의원도 지냈지만, 고려대학교를 다닐 때 이미 빈민운동에 투신했고 민주화운동을 하다가 옥살이를 하기도 했다.

무슨 일이었는지 기억나지 않으나, 내가 고려대학교에 재직 중이던 어느날 그가 연구실에 찾아와서 도움을 청했으나 들어주지 못한 일이 있었다. 그래서 마음에 빚이 되어 있었는데, 그런 그가 찾아와서 "거절하면 안 됩니다" 전제하고는 원주 상지대학교의 총장자리를 맡아달라는 것이었다.

뒷날에야 알았지만 상지대학교 교수협의회가 김대중정부의 교육부 총리로 간 한완상(韓完相) 총장 후임으로 나를 지목했으나 전체 상지대학교 교수 중 나와 친분있는 사람이 전혀 없어서 당시 원주사회 민주인사의 대표격이며 나와 약간의 친분이 있다고 알고 있는 이창복씨에게 교섭을 부탁한 것이었다.

솔직히 말해서 나는 그때까지 상지대학교를 잘 몰랐다. 그저 재단분규가 있었고, 비리재단이 교수와 학생들의 투쟁에 의해 일단 쫓겨났으나 아직도 구재단과 교수·학생 사이의 쟁투가 계속되고 있다는 정도로만 알고 있었다. 그리고 같은 해직교수였던 연세대학교 부총장을 지낸 김찬국(金燦國) 교수가 총장을 지냈고, 그뒤에 역시 해직교수였던 서울대학교 한완상 교수가 총장을 하다가 교육부총리가 되어 갔다는 정도밖에, 한총장 후임이 부임했는지 아닌지조차 모르고 있었다.

고려대학교의 '민주교수'들에게서 총장 출마를 권유받았을 때도 그랬지만, 평생을 대학교수로 산 사람으로서 대학교 하나를 맡아 이상대로 또 소신대로 운영해보고 싶다는 생각을 해왔던 것은 사실이다. 그러나 솔직히 연고가 전혀 없고, 구재단과의 분규가 심한 대학을 맡을 생각은 없었다. 그래서 이창복씨에게 구재단과의 분규가 심하다고 들었는데 그런 싸움까지 각오하면서 낯선 대학의 운영을 맡을 생각은 없노라고 거절했다.

그랬더니 구재단과의 싸움은 이미 대부분 종결된 상태라고 했다. 또 일부 종결되지 않은 부분이 있다 해도 그 문제는 교수와 학생 그리고 원주의 시민사회가 함께 맡을 일이지 총장 개인이 맡을 것은 아니라고 했다. 그러면서 상지대학교는 원주의 대표적 4년제 대학이며, 그 대학이 '민주대학'으로서 위치를 확보하지 못하면 원주사회 민주세력의 기반 자체가 큰 타격을 받기 때문에 반드시 '민주총장'을 모셔야 하는데 인선이 그리 쉽지만은 않다면서 거듭 청하는 것이었다.

그의 간절한 부탁을 야박하게 거절하지 못하고 생각해보겠다 하고 그를 보낸 후, 상지대학교의 실정을 좀더 자세히 알아야겠기에 그 대학 교수 중 친분있는 사람을 수소문해봤다. 당시의 상지대학교 교수 중에는 친구는 말할 것 없고 후배도 제자도 안면있는 사람이라고는 전혀 없었다. 역사학과가 없는 대학이라 더욱 그럴 수밖에 없었다.

다만 학술진흥재단 일로 한번인가 만나본 사람이 있었던 것 같지만 그의 이름도 잘 기억나지 않는 정도였다. 그래서 두번째 찾아온 이창복 씨에게 총장직을 수락할 수 없노라 했더니 그는 선택의 여지가 없다면서 강권하는 것이었다. 뒤에 알았지만 상지대학교 교수협의회가 한완상 총장 후임으로 한승헌(韓勝憲) 변호사와 나를 지목하고 먼저 한변호사에게 교섭했으나 대학을 잘 모른다고 거절당한 후라 실제로 선택의 여지가 없는 상황이기도 했다.

함께 연구실을 마련하고 있는 제자들에게 의논했더니 찬성자도 있고 반대자도 있었다. 결국 응락할 것인가 말 것인가를 스스로 결정할 수밖에 없는 상황이 되고 말았다. 정년퇴임은 했지만 종합대학교 하나를 맡아서 세상에서 가장 깨끗하고 민주적인 대학으로 만들어보자는 의욕은 아직 남아 있었기에 결국 총장자리를 맡기로 했다.

상지대학교 분규의 내력

간단한 짐을 꾸려 원주로 내려가서 학교가 마련해준 임대아파트에 들었다. 원주는 해직교수 시절 지금은 고인이 된 김진균(金晉均) 교수 등 같은 처지의 사람들과 치악산을 등반하며 처음 가본 후, 두번째 방문이었다. 물론 복잡한 내력을 지닌 상지대학교는 첫걸음이었다.

원주는 조선왕조 500년을 통해 강원도 감영이 있었던 곳이고, 일본제

국주의의 침략이 강화되는 과정에서는 민긍호(閔肯鎬) 부대 등의 의병
전쟁이 치열했던 곳이다. 그 때문에 근대화과정에서 강원 감영이 하룻
밤 사이에 다른 곳으로 옮겨지기도 했다고 들었다.

해방 후에는 6·25전쟁을 거치며 원주는 중요한 군사적 요지로서 치
열한 전투를 겪었고, 오랫동안 전방 전투지구사령부인 제1군사령부의
소재지가 되기도 했다. 군대생활을 전방의 제1군 산하에서 했으면서도
가볼 기회가 없었지만, 원주는 조선왕조시대는 관아도시였고 해방 후
에는 6·25전쟁을 통해 군사도시로 변모한 곳이었다.

전쟁통에 군사도시로 변모한 원주에는 젊은 군인인구가 많아졌고,
이에 따라 그들을 진학시킬 야간대학이 필요했다. 지방유지 원홍묵(元
鴻默)씨 등이 1962년에 청암학원을 설립했고 다음해에 4년제 정규 야간
대학인 원주대학이 개학했다. 원주대학은 1970년대로 오면서 재정난을
겪게 되고 그 결과 1972년에 문교부에 의해 관선이사가 파견되었다. 이
때 파견된 관선이사의 한 사람인 김문기(金文起)씨가 박정희 유신정권
아래인 1973년에 청암학원을 인수해서 이사장이 되었다.

원주대학의 관선이사가 된 김문기씨는 서울 종로에 있는 파고다 가
구점을 운영하면서, 당시 종로구에 출마해서 국회의원이 되고 또 문교
부 장관이 된 민관식(閔寬植)씨의 선거대책본부장을 맡기도 했다. 김문
기씨는 그 인연으로 민관식 문교부 장관에 의해 원주대학의 관선이사
에 임명되었고, 또 이사장이 되어 1974년에는 학교법인의 명칭을 청암
학원에서 상지학원으로 바꾸었다.

김문기씨는 1981년에 원주대학을 폐교한 후 상지대학교를 개교하고
학교정관을 개정하여 자신을 설립자로 기록했다. 그러나 1999년 국회
교육위원회의 국정감사에서 상지학원 정관이 불법으로 변경된 사실이
들통나자 교육부는 설립자에 관한 상지학원 정관을 원래대로 수정하게

2001년 상지대학교 총장취임식

했다.

이에 김문기씨가 교육부를 상대로 정관변경에 대한 소송을 제기했고, 제1심 서울행정법원과 제2심 서울고등법원을 거쳐 2004년 4월 상고심인 대법원 판결에서 최종적으로 김문기씨가 제기한 소송을 기각함으로써 상지학원의 설립자는 원홍묵씨임이 재확인되었다.

김문기씨가 청암학원을 인수하여 상지학원으로 이름을 바꾸고 원주대학을 폐교하고 상지대학교를 개교하여 운영한 동안, 즉 1973년 이후 약 20년간 여러가지 학교운영상의 물의와 분규가 있었다. 그러다가 1993년에는 공금횡령과 금품수수를 통한 부정입학 등의 혐의로 구속되어 업무방해죄와 '특가법(횡령)' 위반으로 징역 3년이 선고되었다. 김문기씨가 구속될 때는 박정희-전두환-노태우 등 군사정부가 끝나고 김영삼 문민정부가 성립된 직후였는데, 당시 그는 3당합당으로 성립된 여당 민주자유당의 국회의원이었다.

　김문기씨가 구속되자 그를 비롯한 상지학원 이사 전원이 일괄 사직했다. 이후 1994년의 대법원 판결에서 김씨는 부동산 투기와 부정입학 등으로 1년 6개월 형이 확정되었다. 그후 상지대학교에는 1995년에 교육부에 의해 이상희(李相禧) 서울대학교 명예교수를 이사장으로 하는 임시이사진이 선임되었고, 2000년에는 전 강원대학교 총장 문선재(文善在)씨를 이사장으로 하는 새로운 임시이사진이 선임되었다.

　내가 총장으로 부임한 2001년에는 문선재씨가 이사장이었으나 2002년에 들어서면서 그 임기가 끝나고 인권변호사 이돈명(李敦明)씨를 이사장으로 하는 새로운 임시이사진이 선임되었다. 상지대학교는 김문기씨 등 구이사진이 물러가고 교육부에 의해 임시이사진이 선임된 후 10년간 학사가 정상화되고 대학운영이 본궤도에 올라서 정이사체제가 아닌 임시이사체제를 지속할 이유가 없어진 지 오래되었다.

　그런데도 교육부에서는 임시이사체제를 그대로 유지하려 하였다. 이에 이돈명 이사장을 비롯한 임시이사진이 교육부에 임시이사체제를 마감하고 정이사체제로 정상화해줄 것을 요구했다. 교육부가 이에 응하지 않자 2002년에 이돈명 이사장이 소송을 제기해 승소했고, 비로소 교육부가 정이사체제로의 전환을 허가했다. 이에 따라 2004년 1월 1일부터 해직교수협의회 회장을 지낸 바 있는 변형윤(邊衡尹) 서울대학교 명예교수를 이사장으로 하는 정이사진이 구성되었다.

　군사독재시기가 끝나고 민주화가 이루어짐에 따라 재단과 교수 및 학생 사이의 분규로 학사가 정상적으로 운영되지 못하는 대학에 교육부가 임시이사진을 파견하여 학사의 정상화를 유도한 경우가 많았다. 그렇게 임시이사체제가 10년 이상 유지되는 대학도 있었는데, 교육부는 학사가 정상화되어도 정이사체제로의 전환을 허가하지 않았다. 상지대학교가 소송을 통해 정이사체제로 된 것은 대학사회에 새로운 길을 열어놓은 것이라 할 수 있다.

정이사진이 구성되어 그 첫 이사회가 열리던 날 출근했더니 김문기씨 쪽에서 동원한 200~300명 가량의 '난동자'들이 이사장실과 총장실과 회의실이 있는 건물의 현관 앞에 모여 있었다. 자동차에서 내려 들어가려니까 전에 경실련 사업 때 안면이 있는 이갑산이란 자를 비롯한 몇 명이 앞을 막기에 "당신이 무슨 이유로 나서느냐"고 힐문했더니 그자는 시민운동으로 관여하게 된 것이라 했다. "별 시민운동도 다 있군" 하고 야단을 치고는 총장실로 들어갔다.

즉시 원주경찰서장에게 전화를 걸어 총장의 이름으로 경찰병력을 동원하여 '난동자'들을 대학 밖으로 몰아내줄 것을 요구했다. 그러나 경찰서장이 현장에 와서 난동 상황을 보고, 또 총장의 요구가 있는데도 경찰력을 동원하지 않았다.

이사회를 마치고 점심식사를 하러 가려는데, 대학의 이사장과 총장이 현관을 두고 뒷문으로 나갈 수는 없다 싶어 변형윤 이사장과 함께 '난동자'들을 밀치고 현관으로 나가는 과정에서 약간의 몸싸움이 있었다. 경찰서장도 이를 목격했지만 방관할 뿐이었다.

화가 나서 경찰서장을 직무유기로 고발하게 준비하라 했더니 다음날 아침 서장이 총장실로 찾아왔지만 만나지 않았다. 다음날 또 왔기에 만났더니 원주 출신으로서 정년퇴임을 바로 앞둔 처지라 강압진압이 어려웠다고 사과하기에 고발은 그만두기로 했다.

그뒤 얼마 후의 일이었다. 원주시의 공무원노동조합원들이 무슨 일로 농성을 하다가 경찰이 체포하려 하자 그 간부들이 상지대학교로 피신한 일이 있었는데, 원주경찰서에서 교내에 들어와서 노조간부들을 체포해야겠으니 경찰의 학교진입을 허가해달라는 것이었다.

총장이 구재단이 동원한 '난동자'들을 학교 밖으로 내몰아달라 요구했을 때는 모른 척하다가, 공무원 노조간부 체포를 위한 경찰력의 대학 진입은 허가해달라니 이런 몰염치한 일이 또 있겠는가, 절대로 허가할 수 없노라 호통을 치고 내보낸 일도 있었다.

총장임기 4년을 끝내고 물러난 뒤 김문기씨 쪽에서 '정이사 선임 무효처분소송'을 제기했는데, 1심에서는 대학이 승소했으나 결국 대법원에서는 2004년 당시의 사립학교법에 임시이사가 정이사를 선임할 수 있는 법조항이 없다는 이유로 상지대학교 임시이사진에 의한 정이사 선임을 무효화했다.

구재단과의 분규가 있는 대학의 총장자리를 한 임기 맡으면서 대학을 포함한 사립학교들이 어떤 목적과 양식을 가진 사람들에 의해 설립되고 운영되어야 하는가 하는 근본적인 문제를 절실하게 생각하지 않을 수 없었다.

교정 곳곳에 이상한 푯말이 꽂힌 대학

막상 총장자리를 맡아 부임하긴 했지만, 4년제 대학과 2년제 전문대학까지 있는 교내에 전부터 교제가 있거나 안면이 있는 교수나 직원은 한 사람도 없었다. 부임해서 첫 교무위원회를 주재했는데, 부총장과 기획처장이 사사건건 대립해서 회의가 진행되기 어려운 실정이었다. 새 총장이 부임한 첫 교무위원회에서 학교운영의 핵심간부인 부총장과 기획처장이 이렇게 노골적으로 대립하다니 놀라지 않을 수 없었다.

그들의 대립상황을 보니 특정사항에 대한 일시적 의견대립이 아니라 감정적 대립의 결과요 어제오늘 시작된 일이 아닐 뿐 아니라 타협될 여지가 있어 보이지도 않았다. 고심 끝에 두 사람의 사표를 받기로 했다. 총장으로 부임한 지 불과 일주일 만의 일이었다. 그런데 두 사람의 사표를 받고 나니 바로 또 교무처장이 사표를 내는 것이었다.

왜냐고 물었더니 부총장과 거취를 함께하겠다는 것이었다. 대학교수들이 시정의 무슨 '패거리'들처럼 '의리'를 내세우며 거취를 함께하겠다니, 어처구니없었지만 말릴 생각이 없어 수리하고 말았다. 자문을 구하거나 의논할 대상이 전혀 없는 생소한 대학에 총장으로 부임한 지 1주일여에 교무위원 중 가장 중요한 부총장과 기획처장, 교무처장 자리가 일시에 공석이 되었으니 난감한 일이 아닐 수 없었다.

안이한 생각으로 어려운 자리를 겁없이 맡았구나 하는 후회가 없지 않았지만 어쩔 수 없는 일이었다. 퇴근하면서 전체 교수의 이력서 철을 가져가서 밤을 새우며 혼자서 후임 인선을 했다.

학교사정을 속속들이 알 필요가 있다는 생각이 들어서 부총장은 당분간 임명하지 않고 부총장이 맡는 사소한 지출결재까지도 직접 맡기로 하고 기획처장과 교무처장만 인선했다. 순전히 이력서에만 의존할 수밖에 없는 상황에서 밤새워 고른 기획처장 후보와 교무처장 후보를 다음날 출근해서 만나보니 스스로도 잘 골랐다고 생각되었다. 이후 2년간을 함께 일하면서도 그 생각에는 변함이 없었다.

어쩌면 아는 사람 하나 없는 전혀 생소한 대학이었기 때문에 오히려 객관적인 기준으로 인선할 수 있었고, 그것이 이후의 대학경영에도 도움이 된 것 아닌가 하는 생각이 들기도 했다. 대학운영의 핵심이라 할 부총장과 처장은 임기가 2년이라 총장 한 임기에 두 팀과 일하게 마련이다. 첫 팀의 임기가 끝났을 때는 부총장은 직접 고르고 나머지 처장들은 부총장에게 인선을 맡겼다. 부총장에 대한 신임도 보여주고, 또 부총장 중심의 팀워크도 잘 되어 좋았다.

어느정도 자리가 잡히자 교정 여기저기에 흰 바탕에 '정심정도(正心正道)'라 쓴 이상한 푯말이 꽂혀 있는 것이 눈에 띄었다. 부임할 때도 물론 꽂혀 있었지만 미처 관심있게 보지 못했던 것이다. 저게 무엇이냐고 물었더니 구재단의 이사장이었던 김문기씨 쪽에서 한 짓인데 그 푯말이 꽂힌 땅이 바로 김씨 개인 소유라 학생들이 뽑아버려도 바로 또 세운다고 했다.

김문기씨가 구속될 무렵 신문들에서 그가 많은 땅을 가지고 있다는 기사를 읽은 듯하지만, 자신이 이사장이던 상지대학교의 교정에 개인 소유의 땅이 있어서 저런 괴상한 푯말이 박혔으리라고는 생각할 수 없는 일이었다. 대학교정에 있는 개인 땅은 당연히 대학부지로 수용되어야 하지 않느냐고 했더니 도청에 토지수용위원회인가가 있어서 거기서 허가되어야 하는데, 수용할 비용을 마련해두고 몇번 시도해도 허가되지 않는다는 것이었다.

그뿐만 아니다. 어느날 출근했더니 밤사이에 H빔인가 하는 거대한 건축용 철제자재 여러 개가 체육관과 중앙도서관 출입구를 막고 있었다. 체육관과 중앙도서관 부지 역시 '정심정도' 땅이어서 김문기씨 쪽에서 한 짓일 거라 했다.

체육관과 중앙도서관은 김문기씨가 이사장일 때 지은 건물이다. 대학부지 안에 학교경영자 개인 소유의 땅이 있는 것도 이상하지만, 그 개인 소유지 위에 체육관과 중앙도서관 건축허가가 난 것도 이상하고, 준공허가가 나서 체육관과 도서관으로 사용되고 있는 것은 더욱 이상한 일이었다.

그런 일이 가능했던 것은 곧 지방에서의 김문기씨의 '세도'가 상당함을 말해주는 것이기도 했지만, 그렇다고 학생들을 가르치는 대학교정에 '정심정도' 즉 '바른 마음과 바른 길'이 전혀 아니게 꽂힌 푯말을 그냥 둘 수는 없었고, 대형 철골재로 체육관과 중앙도서관 출입을 막는 횡포를 그냥 둘 수는 없었다.

도청 쪽에 거듭거듭 강력히 요청해서 결국 16억 원인가를 공탁하고 정심정도의 땅을 수용하고서야 10년 묵은 체증이 내려간 것 같았다. 교정에서 그 이상한 푯말이 없어진 사실 자체가 바로 상지대학교의 정상화 및 민주화의 증거였다 할 것이다.

총장임기를 마친 후 2005년 11월 어느날 제자인 윤경로 한성대학교 총장이 와서 점심을 함께했는데, 전하는 말이 내가 상지대학교에 근무할 때의 재정관련 문제로 검찰에 조사를 요구하는 고발이 접수됐다는 말을 들었다는 것이다.

상지대학교 총장 4년간 혹시 있을지 모를 저녁 술자리에 어울리지 않기 위해 아예 저녁식사를 하지 않는 습관이라고 알렸었다. 따라서 모든 식사모임은 점심 때로 한정하게 했고, 대학 일이 아닌 개인적 용무로 찾아온 사람의 접대에는 반드시 개인카드를 썼다.

좀 구차스러운 일일지 모르지만 실제로 있었던 일이니 밝혀두려 한다. 자매결연 관계로 몽골아카데미에 갔을 때의 일이다. 학교에서 모든 비용을 받아 갔으나 정작 가서 보니 호텔비용 일체를 몽골아카데미에서 부담하는 것이었다. 돌아와서 학교에서 받아 간 출장비 중 그만큼의 비용을 경리과에 반납했다.

구차스러운 일 한 가지를 더 말해야겠다. 부임한 얼마 후 어느 지방대학교의 요청으로 강연하러 가면서 총장차를 타고 갔는데, 지방대학 강연은 상지대학의 일이 아니고 내 개인의 일이다 싶어서 자동차 기름값을 강연료 중에서 지불했다. 그랬더니 경리과에서 총장이 움직이는 것은 곧 대학이 움직이는 것과 같으니 자동차 기름값을 총장 개인이 부담하는 것은 마땅치 않다 하기에 그후에는 기름값 부담을 하지 않기로 했다. 구차한 이야기지만 이런 일을 밝히게 되는 세정이 안타깝기도 하다.

윤경로 총장의 귀띔이 있기는 했지만, 구체적으로 누가 무엇 때문에 나를 고발했고, 그 고발에 따라 검찰이 무엇을 어떻게 조사하고 있는지 전혀 관심 밖이었다. 그런데 두 번씩이나 검찰로부터 "고발사건에 대한 혐의 없음"을 통고받았다.

역시 총장 한 임기를 마치고 퇴임한 후의 일이다. 국회에서 대구 출신의 모의원이 내가 총장으로 재직한 시기 상당한 축재를 했다는 발언을 했으니 해명하는 성명을 내는 것이 좋겠다는 제의를 상지대학교로부터 받기도 했다.

국회의원이 면책특권을 이용해서 발언한 것 같은데, 그 의원은 나와 전혀 관계가 없는 사람이니 상지대학교 구재단의 사주에 의한 것이 아닌가 생각되었다. 그후 어느 자리에서 그 국회의원의 발언이 거론되었는데, 놀랍게도 그가 고려대학교를 나온 검사 출신이란 말을 들었다.

남북역사학자협의회 남측위원장을 맡고 있으면서 역사학자는 물론 국회의원과 언론관계자, 사업가들과 함께 여러 번 평양과 개성 등지를 왕래했다. 남북역사학자협의회 실무진에서는 그럴 때마다 동행자들의 숙박비와 교통비 등의 비용을 위원장 명의의 은행계좌에 넣게 했고, 나 역시 번번이 내 이름으로 된 계좌에 내 여비를 입금했다.

상지대학교 구재단 쪽에서 이 은행계좌의 돈을 문제삼았고, 아마 상지대학 교내에 들어와 있는 은행지점을 통해서 계좌내용을 알아낸 것 같은데 이것은 물론 위법이다. 그 은행 본점 쪽에 문서로 항의했으나 계좌누설이 없었노라 하는 간단한 회답을 보내왔을 뿐이었다. 무책임한 일이 아닐 수 없었다. 분노한 상지대학교 교수와 학생들이 그 의원의 선거구에까지 가서 항의하기도 했다고 들었다.

이명박정부가 들어선 후에 벌어진 일 하나가 더 있다. 상지대 구재단

쪽에서 대학의 민주화 후 선임되었던 이사장과 총장 등 10여 명인가를 무더기로 고발한 사건인데, 검찰에서는 기각인가 각하인가의 결정을 내리기도 했다. 고발자들은 국민의 정부나 참여정부에서는 밝혀지지 못한 부정이라도 이명박정부에서는 밝혀지리라 기대하며 고발했다가 또 실패한 것이 아닌가 한다.

국내 '최고'의 '민주대학' 상지대학교

상지대학교는 격심한 분규를 겪은 후 교수와 학생들의 민주투쟁으로 구재단이 물러나고, 지금까지 이상희, 문선재, 이돈명, 변형윤, 김범일 씨 등 역대 '민주이사장'과 김찬국, 한완상, 강만길, 김성훈, 유재천 씨 등 역대 '민주총장'에 의해 운영되어온 대학이다.

상지대학교 구성원들은 구재단이 물러간 후부터의 상지대학교를 '민주대학'이라 하고 그 총장을 '민주총장'이라 부른다. 그 대학이 한때는 운영주체가 너무도 비민주적이었기 때문이며, 교수와 학생들이 싸워 찾아낸 대학에 대한 애착과 자부심이 담긴 호칭이 아닐까 생각한다.

총장으로 부임한 직후 어느날 '민주총장맞이축제'가 있다기에 그런 것도 있냐면서 현장에 나갔다. 먼저 학생회에서 대학민주화 과정의 역사를 되새기는 영상을 보여줬는데, 이 대학이 얼마나 어려운 싸움을 해왔는가를 새삼 이해할 수 있었다. 이어서 학과와 써클 대표들이 '민주총장'에게 나름대로 정성껏 장만한 작은 선물들을 주었다. 이들이 얼마나 힘든 시기를 보냈기에 이런 행사까지 하겠는가 생각하니 울컥하며 눈물이 날 것 같았다.

우리나라 사립대학 운영의 특징이면서 또 약점이기도 한 것은 대부분의 대학운영이 등록금 의존율이 너무 높다는 데 있지만, 임시이사진에 의해 운영되는 대학의 경우 더욱 그럴 수밖에 없다. 정식이사체제의 대학이건 임시이사체제의 대학이건 학년초가 되면 등록금 인상문제로 몸살을 앓게 마련이다. 학생들이 총장실을 점거하는 등의 불상사가 일어나는 것도 대개는 이 때문이다.

2001년도의 첫 학기가 시작되고 난 뒤에 총장으로 부임했는데, 그동안 총장이 공석중이어서 그랬겠지만 그해의 등록금 문제가 해결되지 않은 채였다. 결국 인상을 하더라도 후학기에 할 수밖에 없었는데, 학생과 교수가 함께 운영하는 '민주대학'이 학기초마다 등록금 인상문제로 옥신각신해서는 안 된다는 생각이 들었다.

그래서 교수대표와 직원대표, 학생대표 각 2명으로 구성된 등록금책정위원회를 만들고, 그 위원회에 향후 1년간의 대학운영계획을 상세히 알려주면서 등록금 액수를 결정하게 했다. 물가상승률은 얼마인데 그에 따른 인건비 얼마를 올리려면 등록금은 얼마가 되어야 하며, 학교시설을 얼마만큼 확충하고 또 개선해야 할 필요가 있는데 이를 위해 적정한 등록금 수준은 얼마여야 하는가 식으로 상세히 또 정확하게 등록금 책정위원회에 알려주게 했다.

등록금책정위원회에서 회의를 거듭해서 인건비 인상폭과 학교시설 확충 및 개선 폭을 정하고 그에 따라 등록금액을 정하면 총장은 그것에 따르기로만 했다. 예산책정은 물론 결산보고 과정에도 학생대표를 참석하게 하는 한편, 강원도내 각 사립대학교의 등록금 액수도 학생들에게 일일이 알려주었다. 그 결과 세 가지 효과를 얻을 수 있었다.

첫째, 총장재임 4년간 등록금 문제로 분쟁을 겪은 일은 전혀 없었다. 둘째, 학생대표까지 참석한 등록금책정위원회에서 정한 등록금 인상폭이 해마다 다른 대학에 비해 결코 낮지 않았다. 셋째, 따라서 대학 운영재정이 넉넉지는 않았다 해도 그렇게 옹색하지도 않았다. 해마다 등록금 인상문제로 대학당국과 학생회가 대립하고 심지어는 총장실을 점거하는 사례가 많았지만, 이제 상지대학교는 그럴 이유가 전혀 없었다.

상지대학교는 재단에서 운영자금을 도와줄 수 없는 한편, 또 만에 하나 재단이 학교 돈을 유용할 상황도 아니었기 때문에, 대학의 재정상황을 학생들에게 완벽하게 공개할 수 있었다. 학생대표가 포함된 등록금 책정위원회에서 정해준 예산만으로 대학을 운영하면서도 재임 4년간에 약 300억 원 가까이 들여 과학관과 한의학관, 남학생기숙사와 학생회관 등 4개 동의 건물을 새로 지을 수 있었다. 이 건설자금에는 전임 '민주총장' 때부터 저축되어온 자금도 포함되어 있었다.

대학총장 한 임기를 겪으면서 절실히 느낀 점은 모든 대학은 총장의 업무추진비를 비롯해서 재정 일체를 세목까지 철저히 공개해야 한다는 점이었다. 대학의 재정을 철저히 공개하지 않으면서, 또 대학에 따라서는 수천억의 기금을 모아두면서, 또 학생들과 마찰을 빚어가면서 해마다 무리하게 등록금을 인상하는 것은 교육기관답지 못한 처사라는 생각이다.

상지대학교는 관선이사체제 아래서 실질적으로는 학생과 교수와 직원들이 삼위일체가 되어 운영함으로써 그 구성원들의 애교심과 사명감이 더 커지게 된 좋은 사례이기도 했다. 그 증거의 하나로 교수와 직원들이 재단의 도움이 전혀 없는 상황에서 운영되는 대학의 장래를 위해 자신들의 월급에서 대학발전기금을 자발적으로 거출하여 축적하는 사실을 들 수 있다.

총장으로 부임하자마자 대학발전기금 모금운동에 동참하겠느냐는 질문을 받았다. 구재단이 물러가고 학생과 교수와 직원들이 대학의 주인이 되면서부터 바로 대학발전기금을 모으기 시작했다는 것이다. 교수와 직원들이 달마다 월급에서 10%를 공제해서 대학발전기금을 저축하기 시작했는데 동참하겠느냐는 것이었다. 물론 동참했는데, 놀랍게도 대학 주변의 상인들을 비롯한 민간유지들도 대학발전기금 저축에 동참한다고 했다.

교수와 직원들이 모은 대학발전기금이 지금은 30억 원을 훨씬 넘는 것으로 알고 있으며, 대학 밖에서 모금된 기금도 3억 원이 된 것으로 알고 있다. 그 모금액으로 행정동 건물을 지었다고 들었다. 모금 액수도 액수지만, 임시이사체제로 된 후 대학운영자금을 등록금에만 의존해야 하는 상황에서 대학구성원 스스로 발전기금을 적립하고 있다는 점에서 높은 의미를 구할 수 있을 것이다.

상지대학교는 학생과 교수와 직원이 철저한 주인의식을 가진 '민주대학'의 표본이라 할 수 있으며, 그같은 높은 애교심과 책임의식이 충만한 공간에서 생활한 4년은 더없이 흐뭇한 기간이었다.

학사문제의 최후결정자로서의 총장 직무에는 여러가지 어려움이 있게 마련이지만, 그중에서도 가장 주력해야 할 문제의 하나가 우수한 교수요원을 가능한 한 많이 확보하는 일이었다. 지금도 그러리라 생각되지만, 총장직을 맡고 있을 때는 교수요원을 임명하는 권한이 법적으로 총장이 아닌 재단이사장에게 있었는데, 이것은 대단히 불합리한 일이라 생각되었다.

어느 한 사람의 학문적·인격적 자질이 대학교수 요원으로서 합당한가 여부의 판단은, 일반적으로 재력가나 사업가가 맡을 가능성이 높은 이사장보다 대체로 교수 출신이 맡기 십상인 총장이 더 잘하기 마련일 것이다. 교수임명권을 이사장이 가지게 된 것이 이사장이 대학의 주인이란 생각의 소산물이라면 그것이야말로 잘못된 것이다. 민주사회 대학의 주인은 첫째가 학생이고 둘째가 교수와 직원들이고 셋째가 이사진이어야 할 것이기 때문이다.

전에는 대학총장의 취임사가 그 나라의 교육정책이나 문화정책에 주는 영향이 커서 언론에서도 주목해서 소개하곤 했었다. 그러나 요즈음은 대단히 불행하게도 취임사를 스스로 쓸 수 있는 사람은 총장이 될 수 없다는 우스개까지 있는 세상이 되어버렸다. 한때는 민주화 바람을 타고 대학총장 선거제가 확산되더니 '도로아미타불'이 되어가고 있기도 하다. 선거제 초기에 있을 수 있는 약간의 불상사를 이유로 '공화제'를 버리고 다시 '군주제'로 환원하는 양상이라고나 할까.

여하튼 상시내학교의 경우 신임교수 임명권은 전적으로 총장에게 주어졌고 이사장은 사후승인하는 것이 상례였다. 그럼으로써 총장의 책임이 더 무거웠는데, 재직중 신임교수 채용과정에서 있었던 일 한 가지가 생각난다.

교수요원 초빙공고가 나가고 응모자가 확정되면 교내외의 교수들로 심사위원회를 구성하고 응모자가 제출한 연구논문과 강의실습 등을 엄격히 심사해서 복수 내지 3배수를 뽑고 순위까지 매겨 총장에게 올리게 마련이었다.

총장은 심사위원회의 심사결과를 보고 또 뽑힌 응모자들을 불러 면접해보고 특별한 하자나 불공정한 점이 없는 이상 심사위원회가 매긴 첫 번째 후보를 채용하게 마련이었다. 어느 해인가 영어영문학과 신임교수를 모집하는 과정에서 있었던 일이다. 심사위원회에서는 국내의 어느 대학에서 박사학위를 받은 남자후보자를 1순위와 2순위로 올리고, 미국의 이름있는 대학에서 학위를 한 여자후보자를 3순위로 올렸다.

심사과정은 전공 및 논문의 일치 여부와 논문의 질과 양을 정량평가하는 것이라서 외국에서 박사학위를 하고 돌아온 사람은 대부분 논문 수가 부족해서 정량평가에서 높은 점수를 받기가 어렵게 되어 있었다.

그러나 영어나 영문학을 가르칠 교수라면 역시 본바닥에서 공부한 3순위가 낫겠다 싶어 교무처장을 불러 의논했더니 그도 동감이라기에, 총장 노릇 한 4년 동안 단 한 번 심사위원회에서 올린 순위와 달리 3순위 후보를 채용하기로 결정했다. 그런데 발표가 나가자 전에 근무했던 대학에서 비교적 가깝게 지냈던 교수에게서 "제 딸을 채용해주어 고맙습니다" 하는 전화가 왔다.

심사위원회에서 올린 순위를 바꾸어 채용한 사람이 잘 아는 사람의 딸이라니 난감한 일이 아닐 수 없었다. 즉시 교무처장을 불러 사실을 알렸더니, 아는 사람의 딸임을 사전에 알았던 것도 아니고 심사위원회에서도 순위를 바꾸어 채용한 것을 수긍하고 있으니 문제될 것 없다는 대답이었다.

만약 채용된 신임교수의 아버지가 "내 딸이 그 대학의 교수채용에 응모했으니 잘 부탁합니다" 정도의 사전 전화라도 해왔다면, 아무리 그 딸이 우수하다 해도 순위를 바꾸어서 채용하지는 못했을 것이다. 그후 어느 자리에서 이때 채용된 영문과의 신임 여교수에게 "점잖은 아버지를 둔 덕택에 취직이 된 줄 아시오" 하고 말한 기억이 있다.

우리나라의 대학경영에서 개선되어야 할 점들

평교수 생활을 할 때도 우리나라 대학이 가진 문제점을 어느정도는 알 수 있었으나, 지방대학교 하나를 4년간 맡아 운영하면서 그 문제점을 한층 더 선명하게 파악할 수 있었다. 한때는 총장임기 4년을 끝낸 뒤 우리나라 대학운영의 문제점 전체에 대해 종합적인 책을 써보자는 생각도 했으나 여의치 못했다. 대학총장 한 임기를 맡아본 사람으로서의 의무감에서 여기서나마 간략하게 그 소감을 밝혀두려 한다.

우리 민족사회 근대화의 출발과정이 불행하게도 타민족에 의한 강제 지배시기와 거의 맞물리고 말았으며 대학도 예외일 수 없었다. 우리나라 대학의 근원적인 문제점은, 근대사회의 발전 정도에 따라 점차적으로 근대대학이 설립되지 못하고, 반세기에 걸친 일제강점기에는 대학이 하나밖에 없었다가 해방 후 단시일 내에 난립하게 되었다는 점에 있다.

20세기 전반기의 일제강점기를 통해 2000만 명이 산 우리땅에 대학은 경성제국대학이란 식민지 지배목적에 의해 설립된 대학 하나밖에 없었다. 그것도 전임교수는 모두 일본인이었고 학생의 질반 이상이 일본인들이었다. 나머지 고등교육기관은 모두 대학이 아닌 전문학교였으니, 여러 번 말했지만 일본제국주의자들의 우민정책이 얼마나 혹심했는가를 말해주고도 남는다.

그 때문에 민족해방과 함께 고등교육 열망이 일시에 폭발할 수밖에 없었다. 더구나 유교사회의 과거(科擧) 중심 전통에 뒤따른 학벌중심 사회여서, 특히 대학의 학벌이 사회적 신분으로 바로 연결되는 상황에서는 일제강점기를 통해 극히 제한되었던 대학 설립이 해방 후에는 폭발적으로 증가할 수밖에 없었다.

게다가 혹독한 식민지배를 받은 뒤라 대학을 단시일에 많이 설립할 만한 민족적 자산이 축적되지 못한 조건에서 대학이 그야말로 우후죽순격으로 난립하게 되었다. 처절한 민족내전으로서의 6·25전쟁을 겪고도 상아탑이 아닌 우골탑(牛骨塔)으로 불린 대학의 난립현상은 계속되었다.

대학을 설립하고 학과를 늘리려면 먼저 그만한 예산이 마련되어야 한다. 그러나 반세기에 걸친 극심한 우민정책에서 해방된 교육열 높은 문화민족사회요, 학벌위주의 고등교육에 굶주렸던 민족사회라, 재정적 뒷받침 없는 대학의 난립과 학과의 남설이 예사로운 일이 될 수밖에 없었다.

빈약한 자금으로라도, 또 별다른 교육철학 없이도 대학을 세우기만 하면 고등교육에 굶주렸던 젊은이들이 구름같이 모여들었고, 그들이 어렵게 마련한 등록금만으로도 교사는 더 지어졌고, 내실 없고 허울뿐인 대학이 도처에서 번창할 수 있었다.

우리나라 대학이 가진 또다른 문제점은, 생각은 딴 데 있으면서 겉으로는 교육사업가임을 자처하는 일부 설립자들의 일그러진 교육사업관에 있다고 하지 않을 수 없다. 일반적으로 말해 자본주의사회의 대학은 본래 사업경영 등에서 돈을 번 독지가가 그 돈을 옳게 쓰기 위해, 사회발전에 공헌하기 위해 세우는 교육기관이라 할 수 있다.

그러나 우리 사회는 대학의 설립과 운영 그것이 빈약한 자금으로 시작한 이른바 교육사업가들의 재부(財富) 축적수단의 하나가 되었다는 점에 그 불행의 요소가 있다. 가진 자가 재부를 옳게 쓰기 위해 교육사업을 하는 것이 아니라 가진 자건 못 가진 자건 교육사업을 통해 더 가지려는, 즉 '학원재벌'이 되려는 풍조가 득세했으니, 그같은 사회의 대학교육이 온당하게 발전할 리 없음은 더 말할 나위가 없다.

학교재단을 설립해서 교육사업을 한다는 것은 정당하게 축적된 사유재산을 이제 공유재산으로 전환하는 일이다. 즉 '내 재산'을 '우리 모두의 재산'으로 바꾸는 일이다. 그렇기 때문에 국가는 학교운영사업에는 철저히 면세조처하고 사회는 학교재단 설립자들을 존경하며 그들의 동상을 세워 그 뜻을 선양하기도 한다.

교육기관 설립자나 그 자손이 재단설립에 제공된 재산을 여전히 사유재산으로 생각하고 그들이 세운 교육기관을 사유물로 인식하며 그 운영에서 전권을 행사하려 한다면, 심지어 학교경영을 통해 부를 더 축적하고 그 부의 일부를 사유한다면, 그리고 그 운영권과 축적한 부를 자손에게 상속하려 한다면 학교사업이 일반 영리사업과 다를 것이 무엇이겠는가.

진정한 의미의 올바른 교육사업가라면 개인재산을 염출해서 설립한 교육기관이 내가 아닌 전문교육사업가 '갑'에 의해 운영되건, 교육자 출신의 '을'에 의해 운영되건 제대로 운영되기만 하면 되는 것이다. 왜냐하면 재단설립에 투입된 재산은 재단이 설립된 그날부터 바로 개인재산이 아니고 공공재산이기 때문이다.

우리나라 사립대학교의 경우 현재 그 운영비의 학생등록금 의존도가 거의 70~80%나 된다. 그러면서도 그 재정은 완전히 공개되지 않는 상황이며, 그런데도 대학교 측은 해마다 등록금을 인상하고 그때마다 학생들의 총장실 점거농성이 다반사로 일어나고 있는 실정이다.

학교운영상의 부정행위가 적발되는 경우가 일부 사립학교에 한정되어 있다고 하지만, 정직하게 운영되는 학교재단이라면 4분의 1 정도의 개방형 이사의 영입을 기를 쓰고 반대할 이유가 없을 것이다. 좋은 뜻으로 세운 사립학교일수록, 그리고 공정하게 운영되는 학교일수록 그 공공성을 높이기 위해 힘써야 하기 때문이다.

재단운영에 문제가 있고 분규가 있어서 정부가 일단 임시 관선이사 체제로 바꾸어 사태를 수습했다가 다시 정식 이사체제로 돌아가려 할 때도, 교육부는 분규의 원인제공자가 되었던 설립자 측의 일정 인원을 새 이사진에 참가시켜야 한다고 고집하고 있다.

학교에 따라 사정이 조금씩은 다를 수 있겠지만, 설립자의 연고권을 강조하는 교육부의 처사 자체가 이미 사회에 환원된 재산의 공공성을 부인하는 일이라 하지 않을 수 없다. 그것은 또한 자본주의사회의 미덕 중의 미덕인 사유재산의 사회환원이 가지는 가치를 정부가 오히려 부

인하는 일이라 하지 않을 수 없다. 사유재산의 조건 없는 사회환원이야
말로 자본주의사회 최고의 미덕이지 않은가……

우리나라 대학이 가진 또다른 문제점은 전국의 대학이 철저하게 서
열화되어 있다는 점이다. 해방 후 상당한 기간은 대학이 난립하는 조건
속에서도 서열화가 그렇게 심하지는 않았다. 예를 들면 사회 일반의 인
식이 법학과는 어느 대학이, 국문학과는 어느 대학이, 미술학과는 또 어
느 대학이 학문적 특징이 있고 교수진도 낫다고 평가되기도 했는데, 지
금은 모든 학과를 통틀어 서울대학교가 제일인 세상이 되어버렸다.

너무도 상식적인 말이지만 학문은 다양성 속에서 발전하게 마련이
다. 예를 들면 '갑'대학의 역사학과 '을'대학의 역사학은 그 특징이 달라
야 하고, 따라서 '갑'대학적 경향의 역사학을 공부하고 싶은 사람은 '갑'
대학에, '을'대학적 특징의 역사학을 공부하고 싶은 사람은 '을'대학에
가게 마련이다. 그러나 지금은 대학간의 학문적 특징은 없다시피 되었
고 전국의 대학이 서열화만 되어서 고등학교 성적이 높은 사람은 모두
'갑'대학에 가고 성적이 좀 낮은 사람은 모두 '을'대학이나 '병'대학에
가는 세상이 되어버렸다.

거듭 말하지만 학문은 다양성 속에서 발전하게 마련이다. 학문적 특
성에 의한 차이가 아니라 입학하는 학생들의 성적에 따라 차이가 나는
대학풍토에서는 학문이, 그리고 문화가 다양하게 또 높은 단계로 발전
할 수 없다. 너무도 상식적인 말을 하지 않을 수 없는 일이 한심하기도
하다.

우리나라 대학이 가진 또다른 문제점은 흔히 지적되는 일이지만, 전
임교원의 수가 너무 적다는 점이다. 교육부가 학생 대 교수의 비율을 정
해놓고 있으나 거의 모든 대학이, 특히 지방의 사립대학은 교육부가 정
한 교수확보율에 훨씬 못 미치고 있다. 사립대학도 큰 대학의 경우 수천

억 원씩을 모아놓고 있는 것으로 알려지고 있으면서도 해마다 학생들과 싸우면서까지 등록금을 인상하지만, 외국대학들에 비해 교수확보율은 크게 뒤지고 있다.

교수들도 같은 학과에 같은 전공분야의 교수가 두 사람 있으면 큰일 날 것처럼 생각하는데, 같은 전공교수가 복수로 있되 그 학문이나 강의의 경향이 서로 달라서 학생들이 선택해서 수강할 수 있게 해야 함은 당연하다. 우리의 대학교수들도 이제 그 정도로 스스로의 학문적 특징과 자신감을 가져야 할 때가 되었고 우리 대학들, 특히 큰 대학들은 이제 그 정도 수준은 될 때가 되었다고 생각한다.

또 거의 모든 대학들이 많은 연구소들을 가지고 있지만 전임 연구교수를 두고 있는 대학은 거의 없는 실정이다. 대학에는 강의교수만 있는 것이 아니라 연구교수도 반드시 있어야 한다. 지금은 한국연구재단에서 각 대학에 연구교수를 두도록 후원하고 있는 것 같은데, 특히 큰 대학들은 자체 예산을 수천억 원씩을 쌓아둘 것이 아니라 반드시 상당수의 연구교수를 두어야 한다.

한 나라의 학문이 제대로 발전하기 위해서는 대학의 교과목에는 들지 않으면서도 연구되어야 할 전문분야가 있게 마련이다. 따라서 강의교수 이외에 대학의 각 연구소에는 반드시 특수분야의 학문을 연구하는 연구교수가 확보되어야 한다.

명색 대학이라면서 같은 학과에 같은 전공의 교수가 두 사람 이상 있는 것이 금기시되다시피 해서 학생들이 선택해서 수강할 수 없는 그런 대학이, 그리고 허울 좋은 연구소는 두었으면서도 강의교수 외의 연구교수를 두지 않는 대학이 세계적인 대학의 반열에 들지 못함은 너무도 당연하다 할 것이다.

우리나라의 대학은 또 지방대학의 경우 그 소재지 사회의 발전에 기여하지 못함으로써 지방대학으로서의 본래의 역할을 다하지 못하고 있는 경우가 허다한 게 사실이다. 예를 들면 서울에서 통학거리에 있는 지방 즉 수원·천안·원주 등지의 대학은 그 학생의 대부분이 서울 거주생들이다. 그들은 졸업 후 모두 서울을 생활근거지로 삼음으로써 출신학교 소재지의 발전에 제대로 기여하지 못한다.

서울에서 통학거리에 있는 지방의 의과대학은 그 지방의 의료요원을 양성하기 위해 설립되었지만 그 입학생은 대부분 서울 거주 학생들이다. 공부할 여건이 서울에 못 미치는 지방 고등학생들이 입학시험에서 서울 학생들을 이길 수 없는 결과다. 다른 학과의 경우도 마찬가지다. 이같은 폐단을 시정하기 위해 각 지방대학들은 입학과정에서 일정한 특혜를 주어서라도 그 지방출신 학생을 일정 비율 입학시켜야 할 필요가 절실하다.

특히 의학과 등 경쟁력이 높은, 그리고 지역사회에 필요한 부문의 인재를 양성하는 학과일수록 그 지방학생의 일정비율을 우선선발 하게 하는 제도의 도입이 필요하다. 상지대학교의 경우 총장으로 부임하자마자 특히 한의학과는 입학정원의 5%를 강원도 학생을 먼저 선발하도록 했다. 학과교수들은 먼저 뽑은 지방학생 5% 중 4년 후 국가시험 불합격자가 나오면 곤란하다는 의견으로 반대했으나 강행하다시피 했다.

한의학과 입학정원의 5%를 강원도지방 각 고등학교에 의뢰해서 우수한 학생들을 입학시킨 결과, 4년 후의 국가시험에서 탈락자가 전혀 나오지 않았다. 총장 재직 중 5%가 아니라 10% 정도로 올리지 못한 것이, 그리고 인기있는 다른 학과에도 이 제도를 적용시키지 못한 것이 몹시 후회된다.

13장

그밖에
남겨두고 싶은
이야기들 1

쿄오또제국대학의 두 조선인 교수 이야기

　근대 이전의 동아시아 문화권에서는 한반도지역이 중국 다음으로 문화수준이 높았지만, 불행하게도 근대화과정에서 같은 문화권내의 일본에 의해 반세기 동안이나 무참한 식민지배를 받게 되었다. 그 기간에 인구 2000만 명이 넘었던 조선 땅에 대학은 경성제국대학이라는 것 하나밖에 없었다. 평양의 숭실학교가 한때 대학으로 불리다가 곧 전문학교로 '강등'되었고, 나머지 고등교육기관도 모두 '보성전문' '연희전문' '이화여전' '숙명여전' 등 전문학교들뿐이다가 이들 전문학교는 해방 후에야 대학으로 승격되었다.

　20세기 전반 일제강점기 우리 사회의 문화수준에 턱없이 못 미치게도 대학이 하나밖에 없는 상황에서 한때 민립대학 설립운동이 일어나기도 했으나 그것조차 결실을 맺지 못하고 말았다.

　당시 조선의 유일한 대학이던 경성제국대학에는 조선사람 전임교수는 한 사람도 없었던 것으로 알고 있으나, 오히려 일본의 쿄오또제국대학에 조선사람 교수가 두 명 있었다. 그들은 화학 전공인 이태규(李泰圭) 박사와 화학공업학 전공인 이승기(李升基) 박사였다.

몇 년 전 친일반민족행위 진상규명 관계로 일제강점 말기의『매일신보』를 뒤지다가 이승기 박사가 1944년엔가 부교수제가 없는 일본의 정교수가 되었다는 기사를 읽은 기억이 있는데, 이승기 박사보다 선배인 이태규 박사도 해방될 때는 정교수로 승진했으리라 생각된다. 그러나 1941년 말까지는 이태규 박사가 조교수였음이 확실하다.

식민지 피지배민족의 일원으로서 지배민족사회가 자랑하는 최고학부인 제국대학의 전임교원이 된 이들 두 사람의 존재가 당시의 조선사회에 얼마나 알려졌는지 모르나, 분명 피지배민족사회의 자랑이요 긍지의 대상이었다 해도 좋을 것이다. 그러나 이들 두 과학자가 우리 근현대사의 격동기인 일제강점 말기의 중일전쟁과 태평양전쟁 시기 및 해방 후의 6·25전쟁과 그후 시기를 통해 너무도 다른 길을 걸음으로써 후대 사람들로 하여금, 특히 역사학 전공자로 하여금 많은 것을 생각하게 해준다.

제국주의시대 일본에는 사상경찰로 악명높았던 특별고등경찰이란 것이 있었고, 그 월간보고서로『특고월보(特高月報)』가 간행되었다. 지금은 이 월보가 일본제국주의 말기 국내외의 사상동향과 반일반전(反日反戰) 활동상을 연구하는 좋은 자료가 되고 있다.

1941년에 태평양전쟁을 도발한 일본제국주의자들은 식민지 피지배민인 조선사람들에게도 지원병제를 실시했다. 침략전쟁의 인력동원을 위해, 다스리기 버거운 조선사람들에게도 총칼을 맡기는 지원병제를 실시하려니 불안하지 않을 수 없어서 여론조사를 했고, 그 결과가『특고월보』에 실려 있다.

『특고월보』의 소화(昭和) 16년(1941) 12월호, 즉 태평양전쟁을 도발한 바로 그달의 보고서에는 조선에 지원병제를 시행하면서 실시한 여론조사 내용이 나와 있는데, 당시의 쿄오또제국대학 이태규 조교수의 이름으로 다음과 같은 의견이 개진되어 있는 것을 확인할 수 있다.

나는 지원병제도가 아닌 징병제도가 되기를 원한다. 그 전제로서의 지원병제도라면 이의가 없다. 미국에서는 흑인들이라도 백인과 같이 떳떳한 시민권을 가지고 의무교육을 받고 징병령에 의해 복무하고 있으니 부러운 일이다.

국민의 일부에 무지무식한 사람이 있으면 그 나라는 결코 건전한 것이 못된다고 생각한다. 조선에도 의무교육령을 실시하고 징병제로 하면 일본 전체가 얼마나 강하게 되고 행복하게 될지 모른다. 나는 이런 뜻에서 조선인에게도 징병령을 희망하는 것이다.

일본의 식민지배를 철저히 받아들이고, 그 지배 밑에서 조선사람도 인종차별에 시달리는 미국 흑인과 같은 처지의 '2등이나 3등 일본국민'이 되어 그 침략전쟁에 동참하게 함으로써 일본을 강대국으로 만들어야 한다는 생각으로 조선의 청년들에게도 지원병제가 아닌 징병제를 실시하라고 주장한 것이다.

조선인 대학생들을 일본의 침략전쟁에 내몰기 위해 학병 권유연설을 하고 다닌 소설가 이광수(李光洙)나 역사학자 최남선(崔南善)과 다를 바 없는 주장을 한 쿄오또제국대학 이태규 조교수는 그들과 달리 해방 후 '반민특위'의 대상은 되지 않았다.

1970년 일본에 처음 갔을 때 토오꾜오 칸다(神田)의 고서점 순례를 하다가 『어느 조선인 과학자의 수기』라는 책이 있기에 열어봤더니 뜻밖에도 일본글로 된, 당시 북에 있는 이승기 박사가 쓴 수기였다. 그 행적을 조금은 알고 있었기에 바로 사서 읽어봤다.

『수기』에 의하면, 1939년 10월에 이승기 박사의 합성섬유 연구가 성공함으로써 제국주의자 일본인들은 '대일본(大日本)'의 섬유화학이 세계적으로 앞서 있음을 널리 선전했다. 당시 일본은 세계 견사(絹絲) 총생산고의 80%를 점유하고 있었으며 그중 80%가 여성들의 양말 감으로 미국에 수출되고 있었다. 일본은 이로써 연간 4억 달러의 이익을 얻고 있었다. 그러나 1938년에 미국이 나일론 연구에 성공함으로써 일본은 4억 달러의 '황금'을 잃게 되었고, 이 때문에 경제계는 물론 정계까지 야단이 났던 때 이승기 박사의 합성섬유 연구가 성공한 것이었다.

태평양전쟁이 막바지로 치닫던 1944년에 이승기 박사는 가족을 조선으로 보내고 일본이 패망하기만을 기다리고 있었는데, 일본 육군부로부터 '폴리비닐'을 군수용으로 바꾸는 연구를 하라는 엄명이 내려졌다. 그러나 이승기 박사는 그 연구가 일본의 전쟁능력을 높임으로써 조선의 해방을 더디게 하고 결국 민족을 배반하는 일이라 생각하여 연구를 지연시키며 일본의 패전을 기다렸다.

그런 어느날 조선인이라 자칭하는 일본 헌병 하나가 나타나서 조선인으로서 일본 헌병이 된 것이 부끄럽다며 이 노릇을 하루라도 빨리 청산하고 이승기 박사 밑에서 과학연구에 종사하고 싶다며 접근했다. '백면서생'의 이승기 박사는 그를 믿고 일본의 패망을 기다리며 연구를 지연시킨다는 말까지 하고 말았다. 그 결과 1944년 7월 22일 이승기박사는 오오사까 헌병대에 감금되었다.

이승기 박사는 "일본이 패망한다는 사실을 과학적으로 논증할 것"을 강요받았고 "조선인에게 일본 옷을 입히고 일본말을 하게 하는 것이 불만"이라는 등 23개 항목의 죄명이 씌워졌다고 한다. 전쟁 말기 유치장에서 주어지는 감자와 보리밥으로 생명을 유지하며 미라같이 쇠약해진 이승기 박사는 1945년 8월 15일 일본천황이 항복방송을 하고서야 석방되었다.

항일운동 관계로 이승기 박사와 같은 감옥에서 해방을 맞은, 뒷날의 이종린 범민련 남측본부 명예의장이 월간『민족 21』의 2006년 8월호에서 회고한 바에 의하면, 이승기 박사의『수기』에는 없는 다음과 같은 내용이 있다. 그해 8월 6일에 히로시마에 원자탄이 떨어지자 일본 헌병들이 감옥으로 찾아와서 이승기 박사에게 그것이 무슨 폭탄인가 물었고, 그는 그들에게 이렇게 말했다고 한다.

이 전쟁은 일본이 물질적으로 이길 수 있는 전쟁이 못된다. 세계 10대 과학자 중 6명이 미국에 있다. 미국정부가 이들에게 아낌없는 예산을 지원해 만든 것이 원자탄이다. 원자탄은 1 밑에 0이 13개나 붙은 하나의 분자가 폭발한 것이다.

태평양전쟁 말기 이승기 박사의 이같은 행적에 비해, 또다른 쿄오토 제국대학 조선인 교수 이태규 박사가 조선인에 대해 지원병제가 아닌 징병제를 실시하라고 요구한 사실은 너무도 차이가 있어서 우리를 대단히 혼란스럽게 한다.

같은 조선사람이며 같은 일본의 제국대학 교수면서도 한 사람은 일본의 침략전쟁에 도움을 주지 않기 위해 연구를 늦추다가 감옥에 갔고, 다른 한 사람은 일부 속없는 조선청년만 침략전쟁의 병사가 될 게 아니라 전체 조선청년이 의무적으로 침략전쟁의 총알받이가 되게 하는 징병제를 실시해야 한다고 주장한 것이다.

태평양전쟁 막바지인 1944년에 가서야 조선인에 대한 징병제가 실시되지만, 이태규 박사의 생각은 징병제 실시를 통해 일본의 식민지배를 인정하는 조건 아래서 조선인의 지위 향상을 도모하려 한 것이라 할 수 있는데, 조선사람이 희생을 무릅쓰고라도 철저하게 일본인이 되어야만 식민지배 아래서의 지위가 향상될 수 있다며 학병지원을 권유하고 다닌 이광수, 아니 카야마 미쓰로오(香山光郞)의 궤변과 별로 다르지 않다고 하겠다.

같은 조선사람으로 같은 대학에서 같은 계통의 학문을 전공하면서 두 이박사가 어느정도로 교제를 했는지, 아니면 생각이 달라서 전혀 교제가 없었는지 지금은 알 수 없다. 비슷한 조건의 당대 최고 지성인 두 사람의 생각과 행동이 이렇게 다를 수 있을까 그저 놀라울 뿐이다. 그러나 우리의 놀라움은 여기에서 끝나지 않는다.

해방 후 이들 두 이박사는 모두 귀국했고, 이승기 박사는 서울대학교 공과대학에서 가르치며 학장이 되었다가 6·25전쟁 때 가족과 함께 월북하여 유명한 비닐론 옷감을 발명해서 북녘 주민들의 의생활 해결에 크게 공헌했다.

한편 이태규 박사는 귀국 후 경성대학 이공학부 부장을 거쳐 서울대학교의 초대 문리과대학 학장이 되었고 조선화학회 회장이 되었다. '해방공간'에서 중학교를 다닌 나 같은 세대가 배운 과학인가 화학인가의 교과서는 대부분 이태규 박사의 저서였을 만큼, 그는 해방 직후의 남한 교육계에 큰 영향을 남겼다.

그후 이태규 박사는 1948년에 미국 유타대학에 갔다가 그대로 머물면서 오랜 미국생활을 하다가 노후에 귀국했고, 그후 사망하여 국립묘지에 묻혔다. 지금은 남북의 두 이박사 모두 고인이 되었고, 이승기 박사의 부인은 얼마 전 가족방문인가로 남쪽을 다녀갔다고 기억된다.

『어느 조선인 과학자의 수기』를 쓸 당시 북녘에 살고 있던 이승기 박사는 『수기』 곳곳에서 "공산주의에 관한 나의 지식은 개무(皆無)였다" "나는 좌익이 아니었다"고 했다. 그뿐만 아니라 그는 "공산주의는 민족성을 무시하고, 소련을 조국으로 모시고, 가정의 관념도 없고, 개인은 계급에 의해 용해되고, 각자의 개성도 자유도 전혀 무시된다고 귀가 아프도록 들었다"고 썼다.

그리고 서울대학교 공과대학 학장으로 임명된 것은 "내가 공산주의자가 아니라는 것이 분명하고, 교수와 학생들 사이에 일정한 영향력이 있어서 당국이 취한 '전술적 처치'에 지나지 않는다"고 생각했다. 스스로 공산주의자가 아니라고 한, 그리고 주위사람도 그렇게 생각한다고 믿은, 정치학자나 사회과학자가 아닌 자연과학자가 6·25전쟁 통에 왜 전가족과 함께 월북을 택했는지는 우리 근현대사 전공자로서 특히 궁금한 일이 아닐 수 없다.

더구나 일본제국주의자들에게 협력하지 않음으로써 고초를 겪었던 과학자가, 해방 후 귀국해 자기 분야에서 일정한 위치를 차지하고 국립대학교의 학장자리에 있던 과학자가, 스스로도 또 남들도 공산주의자가 아니라고 한 과학자가 6·25전쟁을 계기로 북으로 가게 된 그 '진실'이 무엇이며, 그 '진실'에 근거한 우리 현대사는 또 무엇인가가 정말 궁금하지 않을 수 없는 것이다.

『수기』에 의하면 '해방공간' 남쪽의 대학사정 및 연구환경에 크게 실망한 이승기 박사는 6·25전쟁이 발발하고 서울이 인민군에 의해 점령된 직후 북측 인사로부터 흥남화학공장에서 일해줄 것을 제의받고 이에 응함으로써 북측의 과학자로 변신하게 된다.

지금 우리의 상식으로는 해방 후 분단과정에서 월북한 사람은 좌익 즉 공산주의자이고 남쪽에 남은 사람은 우익으로 알고 있으며, 우리 현대사도 대체로 그렇게 규정한다고 할 수 있다. 그렇다면 스스로 공산주의자가 아니라면서도 자의로 솔가(率家)해서 북으로 간, 정치학자도 사회과학자도 아닌 한 사람의 화학공학자 이승기 박사의 경우는 어떻게 설명해야 할 것인가. 더구나 그는 북녘 출신이 아니라 남녘의 전라도 출신이었다.

그같은 사례가 '해방공간' 시기에 이승기 박사 한 사람에 한정되었는지 아니면 더 많은 경우가 있었는지, 만약 그렇다면 그 원인이 무엇인가를 규명하는 문제야말로 우리의 해방 전후사가, 분단의 현대사가 반드시 풀어야 할 의문이요 숙제라 하지 않을 수 없다.

일제강점기의 조선청년들을 징병제로 내몰아 침략전쟁의 전사가 되게 해야 한다고 주장한 또다른 쿄오또제국대학 교수 이태규 박사가 해방된 조국 땅에 살지 않고 미국에 가서 살게 된 일, 그러면서도 죽어서 국립묘지에 묻힌 사실을 어떻게 해석해야 할 것인가도 역시 우리 현대사가 풀어야 할 문제가 아닐 수 없다.

일본에서 귀국할 때 님 웨일즈의 『아리랑의 노래』 번역본은 비록 김산의 좌익독립운동을 쓴 것이라 해도 일제시기의 이야기니까 통과될 수 있지 않을까 하고 용기를 내어 가져왔다. 그러나 이승기 박사의 『수기』는 그 내용이 해방 후의 일 중심이라 망설이고 망설이다가 결국 버리고 왔다. 물론 지금은 국내에서도 읽을 수 있게 되었지만……

북녘에서 출판된 책이나 신문도 이제 도서관에만 가면 마음대로 볼 수 있는 요사이 사람들은 무슨 소리냐 하겠지만, 1970년대는 외국에서 책 가져오기가 그렇게도 어려웠다. 최남선의 『조선상식문답』 우리말본을 못 가졌기에 일본어본을 한 권 사왔는데, 세관에 나온 중앙정보부 검사원이 '조선'이란 제목이 수상하다고 압수했다가 며칠 후에야 돌려주던 그런 시절이었다.

거듭 말하지만, 일제강점기 식민지 백성으로서 일본이 자랑하는 제국대학의 교수가 되었던 두 조선사람이 일제강점기와 해방 후의 시대를 살아온 너무도 다른 행적의 '진실'을 밝히는 일이야말로 곧 '해방 전후사 인식'의 '진실'을 밝히는 길이요, 우리 근현대사의 '진실'을 밝히는 길의 하나가 되지 않을까 생각해본다.

자칭 자유주의자 오기영씨가 월북한 이야기

2007년 5월 17일은 민족분단사에서 또 하나의 특기할 만한 날이었으니, 6·25전쟁으로 완전히 끊겼던 남북 사이의 철도가 연결된 것이다. 행사당국의 초청을 받고 경의선 연결식에 참가해서 '역사의 현장'을 또 한번 경험하게 되었지만, 이 자리에서 또 하나의 '역사'와 당면하게 되었다.

아마 중학교 3학년이나 4학년 때, 그러니까 1948년이나 49년이었던 것 같은데 어느 선생님의 권유로 아호가 동전(東田)인 오기영(吳基永)씨의 저서 『사슬이 풀린 뒤』라는 책을 읽고 크게 감명받았던 기억이 오래 남아 있었다.

타민족의 지배를 받다가 해방된 민족사회는, 특히 그 문화수준이 어느정도에 이른 민족사회라면 각급학교에서 반드시 '민족해방운동사'를 별도 과목으로 가르침으로써 피지배기간에 훼손된 민족적 자존심을 되살리려 노력하게 마련이라고 앞에서도 말했다.

그러나 남한사회의 경우 해방 후 상당기간 역사학계가 독립운동사를 연구하지도 또 서술하지도 못했고, 따라서 각급학교에서도 독립운동사를 독립과목으로 가르칠 상황이 못 됐다. 뿐만 아니라 해방 직후에는 국사교육도 고대사 중세사에 한정되었고, 따라서 식민지화과정과 민족해방운동의 추진 등 근현대사는 거의 가르치지 않았다.

그래서 나같이 해방 직후에 중학교를 다닌 학생으로서는 뜻있는 어느 교사의 권유로 오기영씨 일가족의 '독립운동사'라 해도 좋을 『사슬

446

이 풀린 뒤』를 민족해방운동사 교과서 대신 읽고 깊은 감명을 받았는지 도 모른다.

그때로부터 60년이 지난 후, 반세기 이상 끊겼던 남북의 철도가 연결 되는 식전에 참가했더니 함께 참가한 제주도에 산다는 어느 노부인이 와서 인사를 하며 자기가 오기영씨의 딸이라는 것이었다. 내가 역사학 전공자라서 자기 부친의 이야기를 알고 있었을 것이라 짐작했던 것 같 다. 반가워서 중학생 때 『사슬이 풀린 뒤』를 감명 깊게 읽었던 옛이야기 를 했더니 놀랍게도 그 책이 최근에 성균관대학교 출판부에서 복간되 었다고 했다.

꼭 사서 다시 읽겠노라 했는데, 며칠 후 미국에 사는 그 부인의 딸, 즉 오기영씨의 외손녀가 책을 보내왔다. 그래서 60년 만에 중학생 때 읽었 던 『사슬이 풀린 뒤』를 다시 한번 읽은 후, 우리 근현대사 전공자로서 이 이야기는 반드시 남길 필요가 있다는 생각을 하게 되었다.

오기영씨는 일제강점기 동아일보 기자였고 1937년에 도산(島山) 안 창호(安昌浩) 등과 함께 동우회(同友會)사건에 연루되어 고생한 사람이 다. 3·1운동 때 그의 아버지 오세형(吳世炯)과 형 오기만(吳基萬)이 모 두 구금되어 고생했고, 불과 열살이던 오기영 자신도 동년배 소년들과 함께 태극기를 만들어 흔들었다가 헌병분견대에 잡혀가서 심한 고초를 당했다.

이후 그의 형 오기만은 신간회에서 활동한 후 중국으로 망명해서 상 하이 한인청년동맹의 집행위원장으로 활동하다가 체포되어 5년형을 살던 중 옥사했다. 치과의사이던 오기영의 첫 부인 김명복(金明福)은 시 숙 오기만의 독립운동 자금조달원이기도 했다. 오기영의 매제 강기보 (康基寶)는 제3차 고려공산청년회의 평안남북도 도책으로 활동하다가 역시 체포되어 옥사했고, 동생 오기옥(吳基鈺)도 치안유지법 위반으로 복역하다가 해방으로 석방되었다.

3·1운동 때부터 해방될 때까지 한 가정의 4부자와 사위까지 민족해 방운동전선에 투신하여 고생한 사실을 기록한 것이 곧 "많은 사람들의 눈물을 자아내고 더구나 몇몇 학교에서는 임시교재로 썼다"는 『사슬이 풀린 뒤』였다.

일본제국주의자들에 의한 그 엄청난 고통이 끝나고 겨우 찾아온 '해 방공간'의 민족분단 과정에서 혹심한 사상적·노선적 혼란과 갈등을 겪 으며 오기영은 1947년에 간행된 그의 평론집 『민족의 비원』 서문에서 이렇게 썼다.

내 아버지는 우익에 속하는 인물이요 내 아우는 좌익에 속해 있다. 나는 누구보다도 내 아버지이기 때문에 존경하며 내 아우이기 때문에 지극히 사랑한다. (…) 그러나 비통한 심정이거니와 나는 아버지의 가는 길, 아우의 가는 길이 모두 조국의 독립과 번영을 위하여 반드시 유일무이한 똑바른 길이 아닌 것을 알고 있다. ―이 두 가지 길은 모두 조국의 독립에 통해 있기보다는 미국과 소련에 통해 있음을 간취(看取)할 때― (…) 너는 우도 아니요 좌도 아니요 대체 무엇이냐? 하는 질문도 많이 받았고 혹은 중간파라, 심하게는 기회주의자라는 비난도 받았다. 그러나 나는 나 자신을 하나의 자유주의자로 자처해 본다.

타협하지 않고 일제강점기를 떳떳하게 산 한 사람의 양심적 지식인 이 '해방공간'의 극심한 좌우대립 상황에서 좌익도 아니고 우익도 아 닌 처지에서 겪은 고뇌가 솔직하게 표현된 글이다. 스스로 자유주의자 로 자처한 오기영은 해방 후 경성전기주식회사에 입사해서 근무했는데 '대한노총' 산하의 경전(京電)노동조합이 파업할 때는 노동조합으로부터 '악질간부'로 지목되기도 했다.

그러다가 분단의 위험이 닥친 1948년 4월에는 남북정치협상을 성원하는 '문화인 108인 성명'에 참여했고, 같은 해 7월에 쓴 「북조선정부」라는 글에서는 이렇게 단언하기도 했다.

이론이야 어떻거나 남의 정부가 반쪽정부라면 북의 정부도 반쪽정부를 면치 못한다. 명분이야 어떻거나 남의 정부가 미국의 세력하에서만 권위를 유지할 때에 북의 정부도 소련의 세력하에서만 권위를 유지할 수 있을 것이다.

이같이 두 분단국가 모두를 비판하는 입장이었으며, 기회주의자로 매도되기도 하고 우익 '대한노총' 노동조합으로부터는 '악질간부'로 지목되기도 한 오기영이지만, '네번째 8·15를 지낸 닷새 뒤' 즉 1948년 8월 20일, 그러니까 이승만정권이 성립되고 닷새 뒤에 쓴 『사슬이 풀린 뒤』 머리말에서는 다음과 같이 말했다.

삼 년 전 해방의 감격은 벌써 하나의 묵은 기억이 되어버렸다. 그렇게도 기쁘더니, 그렇게도 감격스러웠더니, 이제 우리의 가슴속에는 이 기쁨과 감격 대신에 새로운 슬픔과 환멸이 자리를 바꾸어 들어찼다.

이제야 제2의 해방이 있어야 할 것은 누구나 아는 바요 그것을 기다리는 마음도 누구나 초조하다. 삼 년 전의 해방을 정말 해방으로 알고 기쁨과 감격의 눈물로 엮은 이 책을 읽을 때에 누구나 달라진 세월에 부대끼며 다시금 슬픔을 아니 느낄 수 없이 되었다.

무엇이 달라진 세월인가? 똑바로 따지면 다르기는, 1945년 8·15 이후 잠깐일 것이다. 도루아미타불이라면 심한 말일까? 전날에 내 형을, 내 매부를 죽게 하였고, 내 아버지를, 나를, 내 아우를, 내 조카를 매달고 치고 물먹이고 하던 그 사람들에게 여전히 그러한 권리가 있는 세상이다.

좌우대립이 격심했던 '해방공간'에서 좌익도 우익도 아닌 자유주의자를 자처했던 오기영은 이승만정권이 성립된 직후, "전날에 내 형을, 내 매부를 죽게 하였고, 내 아버지를, 나를, 내 아우를, 내 조카를 매달고 치고 물먹이고 하던 그 사람들에게 여전히 그러한 권리가 있는 세상이다" 하고 개탄했다.

이승만정권의 성립으로 친일경찰이 그대로 제 권리를 행사하는 세상이 된 것을 보고 '도루아미타불'이요 '제2의 해방'이 필요하다고 외치다가 그는 결국 1949년 초에 월북하고 말았다.

비록 분단국가라 해도 38도선 이남에 친일세력 기반의 이승만정권이 아니라 임시정부세력 중심의 김구나 김규식 정권이 서서 그 건국강령에 따라 친일반민족세력을 숙청했더라도 좌익도 우익도 아닌 자유주의자로 자처한 오기영이 월북했을까……

오기영뿐만이 아닐 것이다. '해방공간'에서 월북한 사람들 중 상당수가 남쪽에 김구나 김규식 정부가 섰다면, 그래서 친일세력을 단죄했다면 북으로 가지 않고 견딜 수 있었으리라 생각해본다. 그리고 이같은 당시의 상황을 우리 현대사는 반드시 제대로 밝히고 전할 수 있어야 한다는 생각이다. 이 글에서 앞선 이승기 박사의 이야기와 오기영씨의 이야기를 남기는 이유도 바로 그 점에 있다.

역사서술이란 무엇인가. 그것은 곧 세상일의 진실을 후인들에게 숨김없이 전하는 일일 것이다. 역사서술이란 어떤 상황에도, 그리고 어떤 조건에도 구애됨 없이 있었던 사실 그대로를 진실되게 전하는 일일 것이다. 한때 잘못 갔던 길이라 해도 결과가 좋으면 그 길 자체가 마치 옳았던 것처럼 해석되는 경우가 있다. 그러나 결과와 상관없이 잘못 갔던 길은 잘못 갔던 길 그것으로 분명히 밝혀내는 것이 곧 역사가 추구하는 진실이라 할 것이다.

'대일본제국' 외무대신 박무덕 이야기

1996~97년경이라고 기억되는데 친구 몇 사람과 함께 일본 큐우슈우 지방을 처음 여행했다. 이 여행에서 역사학 전공자로 특히 인상 깊었던 곳은 치란(知覽)과 미야마(美山)였다. 여행의 주된 목적이 이 두 곳을 가보려는 데 있기도 했다.

치란은 태평양전쟁 말기의 카미까제 특공대 발진기지로 그 기념관이 있고, 카고시마(鹿兒島) 근처의 미야마에는 심수관(沈壽官) 도요(陶窯, 도기 굽는 가마)와 일본제국주의 정부의 외무대신을 두 번이나 지낸 토오고오 시게노리(東鄕茂德)의 옛집이 있다.

1882년생인 토오고오 시게노리는 일본제국주의자들이 태평양전쟁을 도발한 당시 토오조오 히데끼(東條英機) 내각의 외무대신이었고, 일본이 연합국의 포츠담선언을 수락하고 항복할 때의 스즈끼 칸따로오(鈴木寬太郎) 내각의 외무대신이기도 했다.

태평양전쟁에서 희생된 조선인 혹은 조선인 후예 출신의 일본고관을 든다면, 우선 전쟁 말기에 필리핀의 포로수용소 소장에 임명되었다가 일본이 패전한 직후 연합군에 의해 사형이 집행된 홍사익(洪思翊) 일본군 육군중장을 들 수 있다.

또 전쟁 후 토오꾜오전범재판에서 A급전범으로 20년 금고형을 받고 수감됐다가 스가모(巢鴨)형무소에서 1950년에 병사한, 일본제국의 외무대신을 두 차례 역임한 토오고오 시게노리, 즉 조선인의 후예 박무덕

(朴茂德)을 들 수 있다.

회고록 같은 것을 남기지 않은 일본군 중장이던 영친왕 이은(李垠)이
나 홍사익과 달리 외무대신 토오고오 즉 박무덕은 죽기 전에 형무소 안
에서 『시대의 일면』이란 유저(遺著)를 남겼다는데 직접 읽지는 못했다.

전라도 남원지방의 도공(陶工)이던 박무덕의 조상은 임진왜란이 끝
날 무렵인 1598년에 철수하는 왜군에게 납치되어 일본 큐우슈우의 미
야마에서 살면서 당시 최고기술이자 지금도 명성이 높은 사쓰마야끼
(薩摩燒) 도자기를 생산했다.

박무덕의 조상은 잡혀온 후 일본 땅에서도 계속 박(朴)씨 성을 지키
다가 그의 아버지 박수승(朴壽勝)이 메이지유신 때 300년 가까이 지켜
오던 조선의 성 대신 토오고오(東鄉)란 일본식 성으로 바꾸게 되었다.
박무덕의 아버지 박수승이 택한 토오고오 즉 '동쪽 고향'이란 뜻의 일본
식 성은 예부터 동국(東國)으로 불리던 조선이 고향인 사람을 뜻한다고
봐도 틀리지 않을 것이다.

큐우슈우 지방을 여행하면서 기념관으로 개축할 예정이라던 박무덕
의 옛집을 보고 온 후, 어떻게 입수했는지 기억할 수 없으나, 그의 외손
자 토오고오 시게히꼬(東鄉茂彦)가 써서 1993년에 간행한 『조부 토오고
오 시게노리의 생애』, 즉 박무덕의 전기를 읽었다.

우리의 상식으로는 토오고오 시게노리, 박무덕의 외손자가 외조부와
같은 성씨인 것이 이상하게 여겨질 것 같은데, 그 내력을 알기 위해서는
박무덕의 가족관계를 알아볼 필요가 있다.

큐우슈우의 조선인부락 출신으로 일본의 명문 토오꾜오대학 독문학
과를 졸업한 토오고오 시게노리는 외교관시험에 합격한 후 독일주재
일본대사관에서 근무하던 중 독일인 이혼녀 '에지'와 결혼해서 딸 '이
세'를 낳았다.

452

어느 책에서 읽었는지, 또 들었는지 지금은 기억할 수 없으나, 토오꾜오대학을 졸업하고 외교관시험에 합격한 박무덕이 일본 귀족집안 여인과 연애했으나 조상이 조선출신이란 이유로 여인의 가족이 반대했고 그래서 혼인할 수 없었다고 한 것 같은데, 외손자 토오고오 시게히꼬가 쓴 전기에는 그런 내용은 없었다.

독일인 부인 에지와의 사이에 난 외동딸 이세와 결혼한, 본래의 제 성씨는 기억나지 않는 후미히꼬(文彦)가 박무덕의 사위이자 양자가 됨으로써 장인의 성을 따라서 토오고오 후미히꼬가 되었고, 이세와의 사이에 쌍둥이 아들을 두었다.

박무덕 즉 토오고오 시게노리의 사위로서 양아들이 된 토오고오 후미히꼬 역시 직업외교관으로 주미대사까지 지냈다. 그는 관직에서 물러난 후 『일미(日米)외교 30년』이란 저서를 남길 만큼 미국통 외교관이었다.

박무덕의 외손자이며 토오고오 후미히꼬의 아들인 쌍둥이 형 토오고오 시게히꼬는 신문기자로서 주미특파원을 지냈고 할아버지 박무덕의 전기를 썼으며, 그의 쌍둥이 동생 토오고오 카즈히꼬(東郷和彦)는 직업외교관으로서 네덜란드 주재대사까지 지냈다.

주독일대사와 주소련대사 등을 지낸 박무덕이 토오조오 히데끼 내각의 외무대신이 되었을 때의 일이다. 손자 시게히꼬가 쓴 전기에 의하면 외무성 직원들 사이에서 토오고오 외무대신의 일본어 어투와 발음이 어딘가 이상하다는 평이 있었다고 한다.

큐우슈우의 카고시마 출신이라지만 그곳 사투리와도 다른 이상한 어투라는 것이다. 카고시마 근처라 해도 임진왜란 때 잡혀온 조선 후예들만 모여 사는 미야마에서 300여 년 살면서 말은 어쩔 수 없이 일본말이 되었다 해도 그 어투에는 아직 조선말의 흔적이 남아 있었는지 모른다.

둘째 손자 토오고오 카즈히꼬가 써서 2008년 말에 출간한 『역사와 외교』라는 책을 읽었다. 그 책에 따르면 임란 때 조선 도공들이 잡혀간 1598년으로부터 400년이 되는 1998년에 미야마에서는 성대한 기념행사가 있었고, 박무덕의 생가에는 기념관과 동상이 세워졌다.

패전한 일본 땅의 점령군사령관 매카서(D. MacArthur)는 진주만 기습공격의 책임자로서 당시의 내각총리대신 토오조오 히데끼와 외무대신 토오고오 시게노리 즉 박무덕을 제1차 체포자로 지명했다.

그러고는 진주만 기습공격을 미국에 대한 단독범죄로 간주해서 국제재판이 아닌 미국 단독의 군사재판에 부칠 것을 본국에 강력히 요구했다. 만약 이러한 매카서의 의견이 채택되면 박무덕은 토오조오 히데끼와 함께 극형에 처해질 가능성이 높았다.

그러나 미국 단독의 군사재판은 열리지 않았고, 토오꾜오국제재판에 모두 28명의 A급전범이 회부되었다. 2명이 재판 중 사망하고 1명이 정신착란으로 면소됨으로써 나머지 25명에게 1948년 11월 12일 형이 선고되었다. 선고내용은 사형 7명, 종신금고 16명, 유기금고 2명이었는데, 토오고오 시게노리는 두번째로 가벼운 금고 20년형을 받았다. 그러나 그는 구속된 지 5년, 형이 선고된 지 2년 만에 옥사했다.

조선인 홍사익 중장이 태평양전쟁이 끝날 무렵 필리핀의 포로수용소 소장이 되고서 패전 직후 연합국에 의해 사형에 처해졌고, 조선인 후예 박무덕이 태평양전쟁 개전 때와 종전 때의 외무대신이 되고서 전범이 된 일들이 우연한 일이기만 했는지는 모를 일이다.

아버지 박수승 때까지 조선의 성씨로 살던 토오고오 시게노리, 박무덕이 일본제국의 외무대신이 됐을 때건 그전이건, '옛 조국' 조선에 대해 어떻게 생각했는지, 특히 '옛 조국' 조선에 대한 '현 조국' 대일본제국의 혹독한 식민지배에 대해 어떻게 생각했는지는 전혀 알 길이 없다.

그러나 그의 둘째 손자 토오고오 카즈히꼬는 34년간의 외교관생활을 끝내고 미국 등 여러 나라를 다니면서 강연활동을 했는데, 2007년에 꼭 방문하고 싶었다는 한국 서울대학교의 강의 요청을 받고 와서 약 4개월간 머물며 다음과 같은 생각을 했다고 한다.

약 36년간의 통치를 통해서 일본은 명백히 지나친 점이 있었다. 한국사람들의 마음을 상하게 했다. 일본인은 그것을 알지 않으면 안 된다. 알게 되면 스스로 미안하다는 마음이 되게 마련이다. 그런 것을 젊은 세대들에게 전하지 않으면 안 된다고 생각한다.

이렇게 쓴 토오고오 카즈히꼬는 자신의 생각이 지금의 일본사상계에서 어디쯤에 있는가를 편의적으로 말하면서, 외무성에 근무할 때는 중간보다 약간 우측에 있는 것이 아닌가 생각했지만 지금은 어쩌면 중간보다 조금 좌측에 있는 것 같이 여겨진다고 했다.

조상의 한쪽이 조선 출신이어서 한국에 꼭 와보고 싶었다던 일본인, 스스로 사상적 위치가 중간보다 좌측에 있다고 생각하는 일본지식인의 제국주의 일본의 조선에 대한 식민지배에 대한 인식이 어느 정도인지를 가늠할 수 있을 것 같다.

몇 년 전인가, 어느 '짓궂은' 언론이 임진왜란에 참전했다가 조선에 귀화한 일본인 사야까(沙也可)의 후손과 임란 때 잡혀간 도공의 후손 심수관을 만나게 하는 장면을 본 적이 있다. 임진왜란이 일어난 지 약 400년이 지난 후에 본 사야까의 후손은 갈데없는 조선사람이었고, 심수관은 그 이름과는 상관없이 갈데없는 일본인이었다는 기억이다. 그러면서도 **토오고오** 시게노리가 박부덕이었음을 밝히고 싶은 것은 역사학 전공자의 호사심리에서만은 아니다.

1970년 일본에 처음 갔을 때 토오꾜오대학의 동양문화연구소에서 어느 일본인 문화인류학자와 담화를 나눈 적이 있다. 그는 고대사회로부터 대한해협 남쪽 즉 현해탄을 건넌 사람이 많은데 그들이 곧 지금의 일본인이고 건너지 않은 사람들이 조선사람이라 했다.

그의 '학설'에 의하면 지금의 일본인 중에는 아이누(Ainu)나 오끼나와(沖繩) 족의 후예도 있고 남쪽 바닷길로 온 폴리네시안의 후예도 있지만, 현해탄을 건너간 사람들이 다수일 뿐만 아니라 어느 계통의 이주민보다 문화수준과 정치의식이 높아서 일본인의 주류를 이루었다는 것이다.

토오고오 시게노리, 박무덕은 타의로 대한해협을 건넌 사람의 후손으로 '대일본제국'의 외무대신을 두 차례나 지냄으로써 세상에 알려진 사람이지만, 지금의 일본인 중에는 잘 드러나지 않은 '박무덕'이 수없이 많다고 할 것이다.

일본역사에서는 이들 대한해협 즉 현해탄을 건넌 사람들을 통틀어서 도래인(渡來人)이라 한다. 이들은 단순한 '도래인'이 아니라 '일본 진출 조선인'이라 함이 옳을 것이다. 앞에서 말한 일본인 문화인류학자의 학설에 의하면, 험난한 대한해협을 타의로 건넌 사람보다 자의로 건넌 사람이 훨씬 많았을 것이며, 자의로 건넌 사람들의 조선에서의 처지는 건너지 않은 조선사람보다 더 어려워서 현해탄을 건넜을 것이라는 것이다.

조선에서의 처지가 어려워졌거나 못살게 되기까지 해서 대한해협을 건넌 사람들은 옛 고향 땅 조선에 대한 그리움과 향수도 있지만 원한 같은 것도 있게 마련이며, 그 원한 같은 것이 크게 발동하면 떠나온 고향 땅에 대해 '침략 난동'을 부리게 된다는 것이었다.

얼마나 믿을 만한 학설인지 모르지만, 역사 이래 조선 땅에서 쫓겨났거나 강제로 끌려간 수많은 '박무덕'과 그 후손들이 앞으로는 제 옛 고향땅에 대한 서운함이나 원한 같은 것은 거두고 그리움과 애정만이 남기를 바라는 마음이기도 하다.

군사독재의 '독니'에 물린 지식인 이야기·하나

박정희정권 아래서 남산 중앙정보부 취조실에 끌려갔을 때, 그때만 해도 군사독재에 저항하는 대표적 지식인이었던 천관우(千寬宇) 선생과의 관계를 심문받았다고 앞서 말했다. 천선생과는 대학 선후배 관계가 아니고, 또 그의 강의를 들은 적도 없으며 특별히 친하게 지낸 사이도 아니었다. 그러면서도 그에 관해 남기고 싶은 이야기가 있다.

대학 다닐 때 천선생의 「반계 유형원 연구(磻溪柳馨遠研究)」를 읽고 크게 감명받았고, 그 논문이 학부 졸업논문이란 말을 듣고 놀라기도 했다. 이후 조선후기 실학문제에 관심을 가지게 된 것은 이 논문 덕분이라고 할 수도 있다.

그러면서도 '천관우역사학'은, 동시대의 연구자 대부분이 그런 것처럼, 어느 시점에서는 반드시 극복되어야 할 '분단시대적 제약성'을 가진 역사학이라는 생각을 하기도 했다. 그런 한편 비록 대학에 적을 두지는 않았지만, 어쩌면 일제강점기 민족주의사학을 계승한 일면이 있다고 할 수도 있는 '천관우역사학'의 위치도 충분히 인정해야 한다는 생각이기도 했고, 박정희 군사독재정권에 맞서 지식인의 올바른 자세를 견지하는 그 처지에 대해 존경심을 가지기도 했다.

민주화운동에 나선 천관우 동아일보 편집국장을 박정권이 장관자리 등으로 유혹했으나 응하지 않음으로써 미움을 더 받는다는 소문을 듣던 어느날 천선생에게서 만나자는 연락이 왔다. 동아일보사로 찾아가니 주변 어느 중국집으로 가자는데, 소문난 주당인 천선생이라서 좀 겁이 났지만 응하지 않을 수 없었다. 술을 곁들인 점심식사를 하면서, 박정희정권의 탄압 때문에 신문사에 더 있기 어렵다며 고려대학교 사학과 교수로 가고 싶다고 했다.

만약 고려대 국사학 교수로 가려면 이홍직(李弘稙) 교수나 강진철(姜晉哲) 교수와는 전공이 다르니까 큰 문제는 없을 것 같고 결국 나와의 문제가 있을 것 같은데, 내가 조선왕조 시대사를 담당하면 자신은 근대사를 담당해도 좋고, 반대로 내가 근대사를 담당하면 조선왕조 시대사는 자신이 담당해도 좋으니 힘써달라는 것이었다.

박정희정권의 압박이 동아일보 편집국장 자리를 유지하기 어렵게 된 정도구나 생각하면서, 천선생이 고려대 사학과에 오는 것은 대학이나 학과를 위해서도 좋을 것 같았고, 강의 분야는 그의 말처럼 전혀 문제없다고 생각하면서 일단 학과교수들의 의견을 물어보겠노라 하고 헤어졌다.

이홍직, 강진철 두 교수께 말했더니 두 분 다 반대할 이유가 없다고 했다. 다만 동·서양사 교수들의 동의를 구하는 문제는 국사학 교수들이 함께 담당하기로 합의했다. 그러나 교수 정원을 늘리는 일은 총장의 허가가 필요한데, 이는 천관우씨가 학과 전공교수들의 동의가 있음을 전제로 총장과 직접 해결하는 길밖에 없겠다는 결론이었다.

이같은 국사학 교수들의 의견을 천관우 선생께 전했고, 그도 학과의 교수정원 늘리는 문제는 당시의 김상협(金相浹) 총장에게 직접 말해보겠노라고 했다. 얼마 후 천선생의 요청으로 예의 중국집에서 만나 김상협 총장의 반응이 어떠했을까 궁금해서 다그쳐 물어봤다.

어느 파티에서 김총장을 만나 동아일보 편집국장을 하기 어려워 고려대학교에 가서 학생들을 가르치며 살려고 학과 교수들의 양해는 일단 구했노라 하고 교수 정원을 늘려 채용해달라 했더니, 일언지하에

"또 농담하는구먼" 하고 더는 말할 기회를 주지 않더라고 했다.

박정희정권이 싫어하는 사람을 교수로 데려오기가 꺼려졌든지 아니면 동아일보에 있던 사람, 그것도 편집국장 했던 사람을 데려오는 것이 부담스러웠든지, 어떻든 천관우 선생의 고려대학교 교수로의 전직은 총장의 일언지하에 좌절되고 말았다.

그 전후인가로 연세대학교에서 작고한 홍이섭 선생 후임으로 천선생을 채용하려 했으나 정확한 이유는 모르지만 잘 안 되었다고 듣기도 했다. 고려대학교건 연세대학교건 대학으로 옮겼다면 천선생의 그후의 처지가 많이 달라졌을 것이라 생각하면서, 박정권의 천관우 탄압이 얼마나 심했는가를 말해주는 또 하나의 이야기를 해야겠다.

고려대학교 취직이 무산된 직후 천선생이 마침 기자조선 문제로 논문을 발표했기에 고려대학교 사학과 학과장으로서 천선생을 초청해서 학생들에게 그 연구결과를 듣게 하는 자리를 마련하고자 그의 동의를 얻어 교내에 광고를 했다.

그랬더니 지금도 정확하게 기억하지만, 6개 기관, 즉 문교부, 성북경찰서, 서울시경찰국, 치안국, 국군보안사령부, 중앙정보부 등에서 직접 사람이 와서 천관우 초청강연은 안 된다는 것이었다. 결국 강연회는 무산되고 말았다. 당시는 이들 6개 기관이 모두 대학에 감시요원을 각각 상시 파견하고 있었던 것이 아닌가 한다. 박정희 군사정권의 대학에 대한 폭압이 얼마나 심했는가를, 그때를 살아보지 않은 사람들은 잘 모른다.

이미 고인이 되었지만, 군사독재시기를 살았던 걸출한 지식인 천관우 선생에 관한 또다른 후일담은 우리의 마음을 더욱 우울하게 한다. 박정희정권에게 그렇게 탄압받던 그가 10·26박정희살해사건과 12·12쿠데타로 전두환 중심 신군부정권이 성립된 후, 무슨 이유인지 모르지만 군사독재정권과 타협해서 민족통일중앙협의회 초대회장인가 무언가가 되었다.

그가 신군부정권과 타협하지 않았다면, 민주화 후의 언론계에서 송건호(宋建鎬)씨 정도 혹은 그 이상의 역할은 충분히 했을 것이다. 언젠가 송건호씨에게 들었는데, 박정희정권의 탄압을 받을 때는 새해가 되면 천관우 선생의 집은 언론계의 젊은이들을 비롯한 각계각층의 세배꾼으로 문전성시를 이루었다고 했다. 그러나 그가 전두환정권과 타협한 후에는 정초가 되어도 아무도 세배를 가지 않았다고 한다. 그러나 송건호씨는 선배 대접을 그렇게 할 수 없다 싶어 정초가 되면 텅 빈 천관우씨의 집을 혼자 찾았다고 한다.

그 무렵의 일이다. 일본의 저명한 한국사학자 하따다 타까시(旗田巍) 선생이 왔고, 그와 교분이 특별이 두텁던 성균관대학교의 이우성 교수가 강진철, 이기백, 천관우, 이광린, 강만길 등 하따다 교수와 교분이 있는 국사학자 몇 사람을 자택으로 초청해서 만찬을 함께한 일이 있었다.

취기가 조금 오른 후의 한담 도중, 강진철 교수가 무심코 박정희정권의 중앙정보부가 전두환정권에서는 국가안전기획부로 탈바꿈했을 뿐 하는 짓은 여전하다는 이야기를 한 것 같은데, 주기가 있던 천관우씨가 갑자기 "내가 정보원이란 말이야" 하며 고함 지르는 것이었다.

하따다 교수도 있는 자리라 모두 난감해하지 않을 수 없었다. 무슨 이유에선지 모르지만 저항하던 군사독재정권에 타협하고 만 한 사람의 지식인이 표출한 자괴감이자 자성적 비명으로 들려서 정말 안타까웠던 그 자리의 기억이 지금도 생생하다.

군사독재정권 약 30년 동안 얼마나 많은 지식인들이 망가졌는지 모른다. 대학연구실을 지키던 멀쩡한 사람들이 군사독재정권의 평가교수인가가 되는가 하면 심지어는 정보기관의 판단관인가 무엇인가가 되기도 했다는 말도 들렸다. 그런가 하면, 유신시대에는 유정회 의원이 되어

독재정권 하수인 노릇을 했다가 민주화시대가 되면서 어용교수로 지목되는 수모를 당하는 사람도 적지 않았다.

개인적 이익을 위해서는 권력에의 아부도 주저하지 않을 수 있는 시정인(市井人)과, 민족사회 나아가서 인류사회의 내일을 담당할 젊은이들을 가르치는 처지에 있는 지식인의 차이가 무엇이겠는가. 약삭빠른 시정인들은 목전의 현실적 이익에만 빠져들 수 있다 해도, 젊은이들을 가르쳐야 하는 지식인은 역사 위의 바른 길이 무엇인가를 알아내고 만난을 무릅쓰고도 그 길을 걸을 수 있어야 한다. 특히 군사독재시기와 같은 이려운 때일수록.

군사독재의 '독니'에 물린 지식인 이야기·둘

군사독재정권의 독한 이빨에 물려 평생을 불우하게 지낸 프랑스 빠리에 사는 어느 한국인 학자의 이야기를 꼭 해야겠는데, 본인이 어떻게 생각할지 몰라서 이름은 밝히지 않으려 한다.

1996년이었다고 기억되는데 전혀 면식이 없는 빠리의 어느 한국인 교수로부터 겨울방학중 한 달 동안 프랑스의 사회과학대학원에 와서 한국독립운동사를 강의해줄 수 없겠느냐는 제의를 받았다. 이보다 20년 전 세계일주를 할 때 빠리에서 약 일주일간 머물렀지만, 다녀본 외국 도시 중에서는 여러가지로 제일 인상 깊었던 곳이 빠리였고, 언젠가는 다시 가서 조금 여유를 가지고 구경하고 싶다는 생각을 가지고 있었기에 두말없이 응하기로 했다.

그해 2월 한 달 동안 그 대학이 마련해준 빌라 한 귀퉁이에 살면서 초청해준 그 교수의 통역으로 일주일에 두 번 우리 독립운동사를 강의했다.

청강생은 프랑스 학생보다 우리 유학생이 더 많았던 것으로 기억된다.

생활비 일체는 그 대학에서 지원받았으며, 빠리에 체재하는 동안 루브르박물관을 비롯한 모든 박물관과 문화시설을 무료로 관람할 수 있는 증명서를 받게 되자, '과연 프랑스구나' 하는 생각이 들기도 했다. 초청해준 교수의 안내도 많이 받았지만, 마침 고려대 출신의 국회 직원으로 빠리에서 파견근무하는 사람의 도움으로 프랑스의 가볼 만한 지방은 웬만큼 가볼 수 있었다.

이때보다 20년 전 세계일주 때 처음 베르사유궁전을 가보고 우리의 경복궁과 비교되면서 이만큼 사치스러운 궁궐을 지을 수 있었던 물력이 어디서 나왔을까 하는 생각을 했었는데, 프랑스의 지방을 다녀보곤 이렇게 넓은 천혜의 땅이 그 물력의 기반이었구나 하는 생각을 했다. 국경지방 외에는 산이 거의 없고 군데군데 숲만 있는 광활한 국토였다. 좁은 땅에 살면서 교과서에서만 배웠지 실제로는 거의 보지 못한 휴한농법(休閑農法)의 실제를 도처에서 볼 수 있는 그런 광대하고도 비옥한 국토를 가진 나라임을 실감했다.

초청해준 교수의 이야기로 돌아가면, 공항에 마중 나온 그를 만나보니 오랫동안 빠리에서 살아온 동년배의 깔끔한 신사였다. 실제로 그는 1933년생으로 나와 동갑내기였다. 환갑이 넘은 나이에도 오랫동안 외국에서 독신으로 살고 있는 자신의 신상 이야기를 좀처럼 하지 않는 그와 한 달을 거의 매일 만나면서 어렵게 들은 기막힌 사연은 이러했다.

6·25전쟁 직후쯤이 되겠는데, 국내 명문대학의 정치학과를 졸업하고 외국유학을 가려고 결정한 그는 당시 유학지망생 대부분이 택하던 미국이 아닌 영국을 택했다고 한다. 그러나 막상 영국에 가서 런던대학의 대학원에 입학하려 했으나, 그때만 해도 영국은 한국 대학들의 학력을 인정하지 않아서 대학원 입학이 허가되지 않았다고 했다.

할 수 없이 프랑스 빠리 어느 대학 대학원에 입학했는데, 그런 후에야 영국에서 입학을 허가할 터이니 오라는 연락이 왔지만 그는 가지 않고 프랑스에서 수학하기로 했다. 그런데 영국으로 옮기지 않고 그대로 프랑스에서 수학하기로 한 이 사실이 앞으로 그의 운명의 갈림길이 되고 말았다.

프랑스 빠리에서 학문생활을 하던 그는 박정희정권 시기 세상을 떠들썩하게 했던 이른바 '동백림사건'에 연루되어 화가 이응로(李應魯), 음악가 윤이상(尹伊桑) 씨 등과 함께 서울로 잡혀와서 재판을 받고 감옥살이를 하게 되었다. 프랑스에서 학문생활을 하지 않고 당초 지망했던 영국에서 학문생활을 했더라면 동백림사건에 연루되어 감옥에 가지는 않았을 텐데 하며 그는 이것을 '운명'이었다고 했다. 그러나 그의 운명은 감옥살이에만 끝나지 않았다.

동백림사건으로 잡혀올 때 그는 영국 태생의 한 여인과 열애 중이었는데, 고국에 잡혀와서 감옥살이를 하고 돌아가보니 애인은 심한 충격으로 정신장애자가 되어 있었다. 그런데도 그는 그 여인과 결혼을 했으나 결혼 후에도 아내의 정신장애는 치유되지 않았고, 결국 프랑스와 독일의 국경지대 가까운 곳에 있는 요양시설에 아내를 보내야 했다.

시설에 보내진 그의 아내는 영국에서 면회 온 부모도 못 알아볼 정도로 상태가 심각했지만 오로지 한국인 남편 그만은 알아보았다. 그래서 그는 주말이면 어김없이 기차를 타고 면회를 갔고, 따라서 주말의 빠리에서는 그를 볼 수 없는 '순애보'의 주인공이 되었다.

동백림사건이 일어난 것은 1967년이었고 내가 그의 초청으로 빠리에 간 것은 1996년인가였다. 그러므로 근 30년간 아내 면회를 위한 그의 주말 기차여행은 어김없이 계속되었고, 이 순애보는 빠리의 미담으로 되어 있었다. 그때만 해도 빠리에는 유학을 핑계삼아 머물고 있는 한국여인들이 많았고 그에 대한 그들의 유혹도 많았다고 들었다. 그럼에도 그는 근 30년간 변함없이 실질적 결혼생활이 없는 순애보 대학교수 생활을 계속해온 것이었다.

세상이 무상해서 또 모두들 건망증이 심해져서 지금에는 1960년대 이후 근 30년간 지속된 군사독재정권의 횡포를 잊어버리고 오히려 그 시대의 역사적 효율성을, 더 나아가서 정당성을 운운하면서 심지어는 군사독재체제를 찬양하는 말들이 있는 세상이 되기도 했다.

그러나 멀고 먼 빠리에 사는 한 사람의 선량한 동포지식인이 한국사람이기 때문에 그 군사독재의 표독스런 이빨에 물려서 평생 병든 아내를 간호하며 독신 아닌 독신생활을 하며 살고 있다는 사실을 군사독재정권 찬양자들에게 알려주고 싶은 심정이다.

동백림사건 하면 생각나는 일이 또 있다. 지금은 고인이 되었지만 세상이 다 아는 순진무구하기 짝이 없던, 나의 중·고등학교 1년 선배 천상병(千祥炳) 시인이 이 사건에 연루되어 간첩누명을 쓰고 고통당한 것도 세상이 다 아는 일이다. 군사독재의 횡포가 어땠는지 알 만하지 않은가.

그뿐만 아니다. 동백림사건이라는 해외거주 지식인에 대한 대규모 탄압사건의 연출을 담당했던 장본인인 당시의 중앙정보부장 김형욱(金炯旭) 역시 얼마 뒤 해외에서 갑자기 행방불명되었는데, 그도 역시 군사독재정권의 '독니'에 물려 희생된 것으로 생각하는 경우가 많았다.

어느날 빠리의 한인식당에서 함께 식사하다가 순애보 교수가 비록 외국에 살지만, 나이가 드니 동포친구들 중에 아호(雅號)를 가지는 사람들이 있는데, 자신도 가지고 싶으니 기념삼아 아호를 지어줄 수 없겠느냐고 했다.

그렇다면 우리 공동으로 지어보자 하고 한자 중 좋아하는 글자가 있으면 말해보라 했더니, 그는 한참 생각하다가 가을 추자(秋)가 좋다고 했다. 과연 60평생 병든 아내를 돌보며 쓸쓸히 살고 있는 그를 상징하기에 가장 적합한 글자라 생각했다.

한참 궁리하다가 추연(秋然)이란 아호가 어떻겠느냐 했더니 그도 만족해했다. 평생을 쓸쓸하게 살아가는 이 '가을 같은 사나이'는 그후 한두번 나눈 편지 말미에 '秋然'으로 서명했는데 지금도 그 아호를 쓰고 있는지 궁금하다.

얼마 전 잠깐 빠리에 갔던 기회에 그곳에서 만난 젊은이들에게 그와 통화라도 하고 싶다고 여러 번 부탁했으나 이름은 들었지만 그 소재는 알 수 없다는 대답이었다. '가을 같은 사나이'의 노후가 편안하기만을 빌 뿐이다.

비전향장기수들과의 인연 이야기

훗날의 역사학자들에 의해 1945년 이후 민족분단시대가 낳은 '비극'들을 정리하는 작업이 따로 이루어질 것이라 생각되지만, 그 경우 분단시대 최대의 민족적 비극은 두말할 것 없이 6·25 민족상잔이 될 것이다.

6·25전쟁에 대한 과학적·객관적 연구가 상당히 이루어지고 있지만, 소련 쪽 자료가 공개되면서 이 전쟁이 마치 스딸린의 작품인 것처럼 되어가고 있기도 하다. 그러나 당시의 민간인 희생자 문제와 함께 역시 민족분단시대의 비극적 산물이라 할 '비전향장기수' 문제 등도 반드시 연구대상이 되리라 생각한다.

그렇게 말은 하지만 우리 역사학을, 그것도 근현대사를 전공한다면서도 민족의 통일을 염원하는 많은 사람들이 수십년간 감옥살이를 하고 있다는 사실에 대해 상당기간 관심을 가지지 못한 것이 사실이었다. 군사독재정권에 맞서 민주화투쟁을 하다가 감옥살이를 오래 한 사람들은 감옥에서 만난 장기수의 존재를 익히 알고 있었겠지만, 교도소가 아닌 구치소밖에 못 가본 처지로서는 장기수들을 직접 대할 기회가 없었다.

김영삼정권 아래서 장기수 이인모씨의 북녘 귀환 문제가 크게 대두되면서야 비로소 장기수 문제에 관심을 가지게 되었으니, 명색이 우리 근현대사 전공자로서의 책임감과 죄책감 같은 것이 얼마나 무겁게 다가왔는지 모른다.

이 무렵이라고 생각되는데, 전혀 알지 못하는 사람에게서 『보안관찰자의 꿈』이란 책을 우편으로 기증받았다. 한겨레출판사에서 간행된 이 책의 저자는 정순택이란 사람이었다. 그리고 그 책 속에는 다음과 같은 메모지가 들어 있었다.

드리는 말씀.

활자를 통해서 받는 선생님의 가르침은 저의 정신세계를 끊임없이 확충하고 새롭게 합니다. 고마움의 표시로 저의 보잘것없는 책 한 권을 보내오니 웃음거리 삼아 받아주십시오.

1998. 1.

선생님은 전혀 모르는 사람, 정순택 드림

메모의 내용으로 보아 그 무렵 한겨레신문에 3주마다 한 번씩 3~4년에 걸쳐 썼던 내 칼럼을 읽은 분이 아닌가 짐작되었을 뿐, 어떤 내력을 가진 분인지는 전혀 몰랐다. 보내준 『보안관찰자의 꿈』을 읽어봤더니 1921년생인 그는 충청북도 진천군 출신으로 일제강점기 때 경성 경제전문학교를 졸업하고 일제의 학병으로 끌려갔다가 해방 후에는 서울대학교 상과대학에서 수학하고 상공부 과장이던 1949년에 월북한 사람이었다.

유명한 방송극작가 한운사(韓雲史)씨와는 6년제 중학교의 동기동창
생이며 일제의 학병으로도 같이 갔었고, 6·25전쟁 때는 인민군에 점령
된 서울에 온 정순택씨가 한운사씨에게 도움을 주기도 한 사이였다. 그
후 정순택씨는 1958년에 한운사씨와 접촉하기 위해 남파되었다가 바로
체포되어 국가보안법 위반으로 무기징역 선고를 받고 1989년에야 가석
방되었으니 꼭 30년 감옥살이를 한 장기수였다.

『보안관찰자의 꿈』을 통해 정순택씨의 존재를 알게 된 후 나는 청명문
화재단에서 발행하던 『통일시론』의 편집인으로서 마침 6·25전쟁 50주
년을 맞아 편집위원 성대경, 정해구 교수에게 의미있는 자리 하나를 마
련하게 했다.

6·25 당시 평양사범대학 학생으로서 인민군 장교가 되었다가 국군에
귀순한 후 구월산반공유격대 참모장을 지냈고, 그후에도 남한에서 적
극적인 반공·반북 논객으로 활동한 이경남(李敬南)씨와 장기수 출신 정
순택씨가 대좌해서 '6·25전쟁에 대한 반성적 고찰'이란 제목으로 좌담
을 하게 한 것이다.

처절했던 동족상잔 6·25전쟁과 그후를 평생 동안 정반대의 처지에서
누구보다도 적극적으로 살아온 두 지식인이, 6·25 50주년을 맞은 시점
에서 우리 근현대사의 최대 비극이라 할 6·25전쟁을 어떻게 보는가가
궁금해서 마련한 좌담회였다.

같은 세대면서 같은 시대를 전혀 다른 생각과 처지에서 살아온 사람
들이 어떤 말을 나누는가도 중요하지만, 두 사람의 좌담은 단순한 대화
에 그치는 것이 아니라 보기에 따라서는 같은 시대에 대한 전혀 다른
'두 가지 역사해석'이라고 생각한다. 이 좌담내용은 『통일시론』 2000년
여름호에 실려 있다.

김대중정부 때 비전향장기수 60여 명인가가 북송되었다. 그러나 정순택씨는 혹심한 고문과 강요에 못 이겨 전향서를 썼다는 이유로 북송되지 못했다. 여러 번 북송을 호소했으나 비정한 '체제' 때문에 이루지 못하고 그는 결국 남녘 땅에서 사망했다. 정순택씨의 육필원고가 다른 데도 남아 있는지 모르지만, 혹시 훗날 그 가족과 연락이라도 될 수 있으면 지금도 보관하고 있는 나에게 남긴 짧막한 육필서신이나마 전해줄 수 있으면 하는 생각이다.

비전향장기수와의 인연이 또 있다. 2000년 6월 제1차 남북정상회담 특별수행원으로 평양을 다녀온 직후의 일이다. '도서출판 창'이란 곳에서 장기수들의 글을 모아 책을 만들려 하니 그 책에 넣을 글을 써달라는 청탁을 받았다. 함께 평양을 다녀온 고은 시인도 쓴다고 했다.

60년 분단역사상 처음으로 이루어진 남북정상회담에 수행단의 일원으로 평양을 다녀온 감격이 아직 생생할 때라, 분단시대 최대의 희생자라 해도 좋을 비전향장기수들의 말로 다할 수 없는 고통 속에서 우러난 글들의 모음에 기꺼이 동참했다.

김선명, 신인영, 김석형, 조창손, 홍경선, 이종환, 이종 씨 등 7인의 비전향장기수들이 쓴 회고글을 모아 2000년 8월에 엮어낸 『0.75평 지상에서 가장 작은 내 방 하나』라는 책에 「비전향장기수 선생님들께」라는 패긴 글을 썼다. 지금 읽어보면 제1차 남북정상회담에 다녀온 직후에 쓴 글이라 상당히 흥분했던 것으로 느껴지기도 한다. 그러나 반세기 이상 적대해오던 남북관계가 정상회담을 계기로 적대관계를 청산하고 동족관계로 전환되어야 한다는 일념으로 쓴 글이다.

장기수와의 인연이 하나 더 있다. 제1차 남북정상회담 후 남북역사학자협의회가 조직되고 남쪽위원회의 책임을 맡아 평양과 개성 등지를 자주 드나들게 되었는데, 평양의 보통강가에서 우연히 북송된 장기수들을 만난 일은 지금 생각해도 새삼스럽다.

남북역사학자협의회 일로 평양에 머물 때는 숙박비가 비교적 헐한 보통강여관에 주로 기숙했다. 고려호텔이나 양각도호텔보다는 못하지만 여관이라 해도 시설은 호텔급이며, 특히 여관 앞 보통강변의 수양버드나무가 늘어선 산책로가 좋은 곳이다.

조선왕조시대에도 평양에는 수양버드나무가 많아서 그곳을 흔히 유경(柳京)이라 했고, 유상(柳商)이라 한 평양상인들은 개성상인 송상(松商), 의주상인 만상(灣商), 동래상인 내상(萊商) 등과 함께 그 활동상이 유명했다. 정상회담 때 같은 만찬테이블에 나란히 앉았던, 지금은 고인이 된 당시 북녘의 대남총책 김용순 아태위원장과 환담하면서 평양의 수양버드나무를 화제로 삼기도 했는데, 그는 봄이 되면 버드나무에서 꽃가루가 심하게 날려서 수종을 바꾸었으면 한다고도 했다.

서울에서도 40년 이상 수유리에 살면서 새벽에 4·19 국립묘지에 가서 한 시간 이상 걷는 것이 일과처럼 되었기 때문에, 외국여행 중에도 가능하면 새벽에 호텔 주변이라도 걷게 마련이다. 처음 보통강여관에서 머물게 되었을 때 새벽에 문을 지키는 종업원에게 강변을 산책하고 싶다 했더니 두말없이 문을 열어주었다. 그래서 보통강여관에 머물 때마다 수양버들이 늘어선 보통강변을 산책했다.

몇 년인지를 정확하게 기억할 수 없는 어느 봄날 아침 혼자서 보통강변을 걷고 있는데, 앞에 7~8명의 노인들이 걸어가고 있었다. 옷차림으로 봐서 북녘 사람은 아닌 것 같고, 일본 노인들이 평양구경을 왔는가 여기고 가까이 갔더니 우리말을 하는 것이었다. 반가워서 "서울에서 왔습니까" 하고 말을 걸었더니 그중 한 분이 "아니 강만길 교수가 아닙니까" 하고 반기는 것이었다. 그리고 보니 그분들은 남에서 얼마 전에 북송된 비전향장기수들이었다. 어찌나 반가운지 서로 손을 잡고 한순간

말을 잇지 못했다.

 적당한 휴게시설이 없어서 길거리에서 환담할 수밖에 없었다. 북송된 후 북녘에 가족이 있는 사람들은 가족에게로 가고, 남쪽 출신이거나 북녘에 가족이 없는 사람들은 정부에서 아파트를 마련해주어 공동생활을 하고 있다는 것이다. 오랜만에 편안함을 즐기면서 경치 좋은 보통강변으로 아침산책을 나왔다가, 비록 북녘으로 귀환은 했지만 그 행색과 차림새가 오래 머문 남녘의 그것에서 벗어날 수 없었던, 그 덕분에 남녘에서 간 나 같은 사람을 만나게 된 것이다.

 그후에 알았지만, 북녘 당국에서는 이들 북송된 비전향장기수들 각자에게 유능한 작가를 한 사람씩 붙여 그들이 살아온 이야기를 작품화하게 했다. 그 작품들이야말로 훗날 통일이 되고 나면 민족분단시대의 실상을 말해주는 또다른 종류의 중요한 간접적 역사자료가 되지 않을까 한다.

 다양한 인간사회의 역사에서는 일신의 안일을 위해 백 번이라도 변신할 수 있는 인간들이 있는가 하면, 말로는 다할 수 없는 고통을 견디면서도 끝까지 제 신념대로 사는 사람들도 있게 마련이다. 그래서 인간이란 참으로 난해한 동물이지 않을 수 없다. 그렇다 해도 인간성과 비인간성을 구분하는 본질적 기준은, 인간만이 가질 수 있는 진실성 그것의 유무에 있지 않을까 생각해본다.

14장

그밖에
남겨두고 싶은
이야기들 2

이상룡 '임정' 국무령의 『석주유고』이야기

　고려대학교 교수로 30년 넘게 재직하는 동안에 겪은 남기고 싶은 이야기들이 더러 있지만, 그중에서도 일제강점기 중국 상하이에 성립된 우리 임시정부의 국무령(國務領) 석주(石洲) 이상룡(李相龍) 선생의 문집 『석주유고(石洲遺稿)』를 고려대학교 도서관이 간행하는 데 일조한 일을 말하려 한다.

　내가 근무하던 초기의 고려대학교 사학과 제자 중에 1964년에 입학해서 졸업하고, 오랜 중학교 교원생활을 거쳐 교장까지 지내고 지금은 정년퇴직을 한 이범증(李帆曾)이란 사람이 있다. 그는 한일 '합방' 후 전 가족을 데리고 중국으로 망명하여 만주의 삼원보(三源堡)를 중심으로 이회영(李會榮), 이시영(李始榮) 형제 등과 함께 신흥무관학교 등을 설립해서 광복운동을 하다가 조국의 광복을 보지 못하고 이역에서 작고한 이상룡 선생의 직계 증손자다.

　그의 집안은 경상북도 안동에서 대대로 살아온 명문 고성(固城) 이씨 문중의 종가로서 지금은 문화재로 지정된 유명한 고택 임청각(臨淸閣)의 주인이기도 하다. 그러면서도 "독립운동가의 후손은 못살고 친일분자의 후손은 잘산다"는 한국적 현실대로 임시정부 국무령의 직계손이면서도 여러 형제 중 막내인 그만이 어렵사리 대학에 진학했다.

그런 그가 1973년 어느날 집안에 대대로 내려오며 보관중인 장서를 고려대학교에 기증하고 싶으니 우선 함께 안동에 가서 어떤 책들인지 직접 보고 기증을 도와달라는 것이었다. 쾌히 응락하고 함께 안동에 내려가서 마침 안동댐 건설로 험해진 길을 따라 그 가족들의 은거지에 보관되어 있는 장서를 볼 수 있었다.

약 1300여 권이 되었다고 기억되는 장서 중에는 조선왕조 중종시대에 간행된『동국여지승람』등 귀중본이 있었고, 특히 역시 독립운동에 헌신했던 석주선생의 아들이 잘 정리해둔『석주유고』필사본이 있어서 독립운동사 연구에 귀중한 자료가 될 것이 분명했다.

독립운동 명문가의 귀중한 장서를 기증받게 된 고려대학교 당국에 대해 그에 상응한 보상을 하도록 건의했고 대학당국도 당연히 이에 응하기로 했다. 그러나 당시 70세 노인이던 이범증의 모친, 즉 석주선생의 손부 허은(許銀) 여사가 "후손 중 누구도 그 보상금을 받을 자격을 가지지 못한다"고 완강히 거부하는 것이었다.

대한민국임시정부 국무령 석주선생의 손부 허은 여사의 친정은 구한말의 걸출한 의병장 왕산(旺山) 허위(許蔿) 선생 집안으로서 한일'합방' 후 역시 솔가해서 만주로 망명하여 독립운동에 헌신한 명문이었다. 허은 여사는 망명지 만주에서 석주선생의 장손이며 역시 독립운동가였던 이대용(李大用) 선생과 혼인하여 고성 이씨 집안의 3대에 걸친 어려운 독립운동을 뒷바라지했다. 허여사 자신도 독립유공자로 포상되고도 남을 분이었다.

그런가 하면 일본제국주의자들의 간담을 서늘하게 했던 동북항일연군(東北抗日聯軍)의 걸출한 지휘관으로서 투쟁하다 1943년에 전사한 유명한 허형식(許亨植) 대장은 허은 여사보다 두 살 아래인 종숙이었다. 허은 여사를 직접 대하니, 어려운 상황 아래서도 명문 독립운동가족의 일원으로서 자존심을 지키며 고고하게 사는 모습에 절로 고개가 숙여졌다.

걸출한 독립운동가 집안의 세전(世傳)하던 귀중장서를 기증받고도, 그 가족들의 생활이 넉넉지 못한 처지를 알면서도 보상할 길이 없게 되자, 고려대학교 도서관에서는 필사본 상태로 있는 『석주유고』를 영인 간행하기로 하여 1973년도에 600질을 발간했다.

『석주유고』 간행으로 우리 독립운동사 연구에 크게 기여하게 되었는데, 허은 여사가 1997년에 작고하기 전에 남긴 회고록 『아직도 내 귀엔 서간도의 바람소리가』에 한문으로 서술된 『석주유고』가 우리말로 번역되어 더 널리 이용되기를 간절히 바랐다.

그후 다행히도 2008년에 안동대학교 역사학과의 김희곤(金喜坤) 교수 등 여러 사람의 노력으로 『석주유고』 번역본이 간행됨으로써 허여사의 바람이 이루어지게 되었으니 다행한 일이다. 그러나 『석주유고』와 『아직도 내 귀엔 서간도의 바람소리가』에 담긴 한 독립운동가 집안의 3대에 걸친 그 엄청난 고난과 희생이 정작 역사책에는 몇줄로밖에 표현되지 못하니, 역사기록이란 것이 얼마나 '인색'하고 '매정'한가를 역사학 전공자로서도 개탄하지 않을 수 없다.

몇 년 전의 일이다. 이름까지 밝힐 것은 없지만 어느 역량있는 소설가가 독립운동을 주제로 한 장편소설을 쓰고 싶으니 좋은 소재가 있으면 알려달라기에 석주선생 집안의 3대에 걸친 투쟁사를 소개한 적이 있었지만 유감스럽게도 작품화되지는 못했다.

대학교수의 학점 주는 '신성한' 권한에 관한 이야기

지금은 그도 환갑이 넘었지만, 1965년 입학생으로 기억되는 학생 중에 윤무한(尹武漢)이란 사람이 있다. 강의 중 사람 이름이나 어떤 사실을 잠깐 착각해서 다르게 말하면 그 자리에서 바로잡아주는 학생이었다. 학생 때부터 글을 잘 써서 장차 학자나 언론인이 될 것으로 기대되었고, 박정희 유신정권에 저항하는 고려대학교 학생운동권이 발표한 성명서의 거의 대부분이 그의 작품이었다고 들은 그런 사람이었다.

졸업시험을 치게 되었을 때 그는 경찰인가 중앙정보부인가의 수배를 받아 피해 다니고 있었다. 그래도 졸업은 해야겠기에 동료학생을 통해서 시험장에는 갈 수 없으니 리포트로 시험을 대신할 수 있는지를 타진해왔다. 학점 주는 '신성한' 권한은 당연히 담당교수에게 있고, 시험을 쳐서 주건 리포트를 받아서 주건, 정 안 되면 구술시험을 보게 해서 주건 공정하게만 평가하면 된다는 생각이었기에 리포트로 시험을 대신해주겠노라 승인했다.

그러나 시험장에 와서 시험을 치르는 다른 학생들과 구별하기 위해 리포트 내용이 A학점을 줄 정도면 B학점을 주겠고 B학점을 줄 정도면 C학점을 주겠노라고 했다. 리포트를 받아보고 C학점인가를 주었던 기억인데, 며칠 후 학사처리에 깐깐하기로 유명했던 당시의 한만운(韓萬運) 교무처장이 좀 보자기에 갔더니 윤무한 학생은 졸업시험을 치지 않은 것이 확실한데 왜 학점을 주었냐는 것이었다.

윤무한 학생이 시험 치지 않은 것을 어떻게 알았느냐고 물었더니 같은 학과의 어느 교수가 교무처장에게 와서 강만길 교수는 체포를 피해 다니는 윤무한 학생의 시험을 리포트로 대신하기로 허가했다고 들었는데 나도 그렇게 해도 되겠느냐고 물었고 그래서 알게 되었다는 것이었다.

학점이야 시험결과로 주건 리포트를 받아서 주건 그 방법을 택하는 권한이 교수에게 있는 것 아니냐고 주장했더니, 교무처장도 그 점은 인정하면서도 경찰의 수배를 받아 피신하고 있는 학생의 경우니 처장 선에서 결정할 수는 없고 총장의 의견을 물어보는 것이 좋겠다고 했다. 교무처장의 처지가 이해되기도 해서 그와 함께 당시의 이종우(李鍾雨) 총장에게 가서 역시 방법 여하를 막론한, 교수의 교육자적 학자적 양심에 근거한 학점 주는 고유권한을 내세웠다.

그랬더니 총장이 자기 재량과 책임으로 소신껏 학점을 주지 못하고 교무처에 문의한 교수가 문제지, 방법이야 어떻든 자기 재량과 책임으로 학점을 준 교수가 문제는 아니라는 명쾌한 판결을 내리는 것이었다. 그후 교무처에 문의했던 교수가 윤무한 학생의 학점을 어떻게 처리했는지 알지 못했고 또 알아야 할 바도 아니지만, 어떻든 그 학생은 차질 없이 졸업할 수 있었다. 이종우 총장은 박정희정권 아래서 문교부 장관을 지내기도 했지만, 정치적 주견과는 상관없이 대학교수의 학점 주는 고유한 권한은 철저히 인정하는 총장이었다.

윤무한 학생에 관해서는 기억나는 일이 또 있다. 그가 피해 다닐 때 왠지 모르지만 내 집에 숨어 있을지 모른다 해서 같은 학과를 졸업해서 그의 얼굴을 잘 아는 어느 중앙정보부원이 수유리에 있는 내 집을 감시한다는 말을 다른 학생에게서 들었는데, 그런 어느날 아침에 윤군이 집으로 찾아왔다.

들은 말을 그대로 그에게 전하지는 못하면서도 당장이라도 기관원들이 닥칠 것 같아서 몹시 불안하고 초조해하는 나를 보고 어떤 눈치를 챘는지 그는 곧 떠나갔다. 나에게 배운 자가 나에게 배운 또다른 학생을 내 집에서 체포해 가는 불상사는 면했지만, 보내놓고 생각하니 피해 다니는 어려운 처지의 윤군에게 엉겁결에 돈 한 푼 건네주지 못한 것이 두고두고 얼마나 후회되었는지 모른다.

박정희–전두환정권 아래서의 대학은, 특히 1970~80년대의 대학은 대학이라기보다 무시로 탱크와 함께 군인이 주둔하고 최루탄이 난무하는 그야말로 전쟁터 그것이었다 해도 과언이 아닐 것이다. 그런 전쟁터에서 교수들이 겪은 고충 역시 말로 다하기 어려웠다. 피신해 다니는 학생에게 리포트를 받고 학점을 줌으로써 겪은 '고충' 같은 것은 아무것도 아니다.

매일같이 경찰이 쏜 최루탄 연막 속에서 학생들과 함께 눈물을 흘리던 일, 경찰의 체포를 피해 캐비닛 안에 숨었던 어느 교수의 경우와, 경찰이 찾는 데모 주동학생을 자동차 트렁크에 숨겨 학교 밖으로 내보내다가 들켜서 곤욕을 치른 어느 직원의 일 등이 생각난다.

군인이 주둔하면서 전체 교수들을 학교에서 쫓아내고 휴교령을 내리고는 총칼 든 군인이 교문을 지키면서 교수들까지 학교출입을 금지함으로써 졸지에 연구실을 잃고 '백수건달'이 된 채, 학교 근처의 은행에서 월급을 받아 연명하던 일 등을 잊을 수 없다.

그 비정상적인 야만의 시절이 지나고 나자, 비록 군사독재였지만 경제는 발전시키지 않았느냐는 주장도 나오고, 그리고 그런 군사독재자에 대한 '향수'를 불러내 반공독재시기에 누린 기득권을 지키려는 자들도 있지만, 앞에서도 말한 것처럼 그것은 결코 역사적 평가가 아니며 역사의 길이 아니라고 생각한다.

평생 모은 장서를 북녘에 기증한 이야기

역사학 전공자는 대개 각 시대의 기본사료는 갖추어야 하기 때문에 다른 학문분야보다 장서가 비교적 많은 편이다. 평생 애지중지하며 모은, 손때 묻은 그 장서 중 정부가 허가한 8000여 권을 북녘의 사회과학원에 기증한 이야기도 남겨둘 만하지 않을까 한다.

언젠가 평양에서 북녘 역사학자들과 만나서 학문적인 이야기를 하다가 일본에서는 물론 남녘의 일부에서도 소위 식민지근대화론 같은 것이 나오고 있는 현실을 함께 개탄했다. 일본이 경제대국에서 군사대국이 되면서 소위 '대동아전쟁 긍정론'이나 토오꾜오재판 비판론이 나오고 하더니 뒤이어 식민지근대화론 같은 것이 나왔고, 그같은 제국주의 침략을 긍정하는 역사인식이 우리 사회의 일부에도 미치게 된 것이다.

이같은 해괴한 '이론'이 나오게 된 원인이 어디에 있는가를 북녘 학자들과 논의하다가, 그것은 일제강점기의 경제 분야에 관한 연구를 역사학자가 아닌 경제학자들이 거의 도맡아 하게 된 데도 원인이 있다는 점에 의견을 같이하게 되었다.

역사적 가치보다 계량적 수치 중심으로 경제상황을 보는 경우, 그 운영주체가 누구이건 또 누구를 위한 경제시설이건, 비록 침략자들에 의해 운영된 것이라 해도 수치상으로나 양적으로 많아지기만 하면 긍정적으로 평가되는 상황이 되어버린 것이라 하겠다.

북녘 역사학자들의 말에 의하면 평양에는 6·25전쟁 전의 건물은 하나도 없을 정도로 미국 비행기의 폭격으로 인한 전쟁피해가 혹심했기 때문에, 일제강점기에 관한 연구자료가 너무도 부족하다면서, 심지어는 『조선총독부관보』조차 완질이 없다는 것이었다.

남쪽에서는 오래전에 『대한제국관보』와 『조선총독부관보』의 완질 영인본이 간행되어 웬만한 연구자들은 개인적으로도 소장하고 있는데, 북녘 땅에는 이들 관보의 완질이 없어서 일제강점기 역사연구에 지장이 되고 있다니 안타까운 일이 아닐 수 없었다.

그래서 그 자리에서 내가 소장하고 있는『대한제국관보』와『조선총독부관보』전질을 북측에 기증하겠노라 약속했다. 서울에 돌아와서 생각해보니 이미 대학에서 정년퇴직한 후라 앞으로 원사료를 이용해서 새로운 논문을 쓸 경우는 극히 드물 것 같고, 따라서 조만간 장서 전체를 대학도서관에 기증해야 할 처지이기도 했다.

고려대학교 중앙도서관장을 맡아봐서 알지만, 정년퇴임한 노교수들이 간수하기 어렵게 된 장서를 봉직했던 대학에 기증하겠노라 해도 특별한 희귀도서가 많지 않은 이상 도서관으로서는 그렇게 고마운 일이 아닐 뿐 아니라 오히려 처치곤란인 경우가 많았다.

앞으로 순조로운 평화통일을 이루기 위해서는 남은 북의 모든 사정을 제대로 알아야 하고 북은 또 남의 사정을 알아야 할 것이다. 따라서 북녘 역사학계가 남녘 역사학계의 사정을 알기 위해서는 남녘에서 생산된 논문들을 읽을 수 있어야 한다.

예를 들면『역사학보』나『한국사연구』등에 실린 남쪽 역사학계의 연구성과뿐 아니라 그 학문경향의 흐름을 북녘 연구자들이 읽어야 하겠는데, 내 장서에는 그런 학술지가 거의 완벽하게 갖추어져 있었다. 그밖에도 거의 완질이 갖추어져 있는『창작과비평』같은 잡지나 기타의 책들도 북녘 사회일반이 남녘의 학문세계나 생각의 흐름을 아는 데 크게 도움될 것이라 생각했다.

장서 전체를 북녘에 주어야겠다는 생각이 굳어져서 그 절차를 알아봤더니, 전체 장서의 목록을 작성해서 통일부와 국가기록원 등 정부의 관련기관에 제출해서 허가절차를 밟아야 한다기에 그대로 했더니, 1만 권이 좀 넘은 전체 장서 중 8200여 권의 북송이 허가되었다.

허가된 책들을 상자에 넣어 창고에 보관했다가 인천항으로 보내고 컨테이너에 실어서 북녘의 남포항까지 보내는 데 3개월 이상 걸렸다.

그에 따른 상당한 비용도 물론 개인부담이었다. 이렇게 해서 8000여 권 장서를 북에 보낸 것은 2004년 7월의 일이었다.

그 많은 책의 목록을 만들고 일일이 장서인을 찍고 상자에 넣어 창고에 보관했다가 북으로 보내는 과정에서, 당시 개인연구실이던 여사서실(黎史書室)에 나오던, 제 선생과 생각을 같이한 여러 제자들의 헌신적 노고가 컸음을 말해두지 않을 수 없다.

같은 해 9월 금강산에서 고구려유적 세계문화유산 등록기념 남북공동학술토론회 및 자료전시회가 열렸을 때, 참가한 북녘 역사학자 60여명이 허종호 박사의 설명에 따라 일제히 일어서서 내게 깊은 감사의 뜻을 표해주어 큰 보람을 느끼기도 했다.

이런 자리는 대개 기성학자들이 앞자리에 앉게 마련이지만, 이날은 남쪽의 경우 대학원생 중심의, 그리고 8000여 권 장서기증 과정에 애쓴 젊은이들을 앞자리에 앉게 했던 일도 기억난다. 이는 앞으로 남북역사학계 사이의 협력은 대체로 반공·반북 성향이 몸에 밴 기성학자보다 그것을 넘어서야 함을 잘 아는 신진연구자들 중심으로 이루어져야 한다는 생각 때문이기도 했다.

8000여 권의 장서는 본래 북녘 리종혁 조국통일연구원장의 의견에 따라 연구자들이 많이 모여 있는 사회과학원에 기증했다. 그러나 그후 김일성종합대학과 인민대학습당 등에서도 나누어 갖고 싶어한다면서 의견을 묻기에 두말없이 동의했다. 이 장서의 기증으로 북녘 역사학계가 남녘 역사학계의 연구업적과 동향을 이해하고 소화하는 데 크게 도움이 될 것이라 여겨지며, 그것은 곧 학문분야에서도 평화적 남북통일을 촉진하는 일이 된다고 생각한다.

학문하는 사람이 평화적 민족통일에 기여하는 방법에는 여러가지가 있을 수 있겠다. 무엇보다도 평화통일 방법론을 개발하는 일이 중요하지만, 남녘의 학술정보를 북녘에 제공함으로써 학문적으로 남북이 접근할 수 있게 하는 것도 중요한 방법의 하나가 될 수 있을 것이다.

장서를 북녘에 기증한 사실을 들은 어느 제자가 "선생님이 어떻게 우리 역사학을 공부했는가 알려면 어떤 책들을 읽었는지 장서를 살펴봐야 하는데, 모두 북녘에 기증했으니 앞으로는 선생님 학문의 역사를 알려면 평양에 가야 하겠습니다" 해서 조금은 당황했다.

사실 책을 읽거나 사료를 뽑으면 그 중요한 부분에 줄을 치거나 메모하는 버릇이 있었는데, 그 제자의 말처럼 그 줄친 부분이나 메모한 내용을 이제 남에서는 볼 수 없게 된 것이 사실이다. 그러나 아끼던 장서를 북녘에 기증한 것은, 지금 같은 불합리하고 불편한, 그리고 비정상적인 남북 분단과 대결상태가 결코 오래가지 않으리라는 역사인식의 결과이기도 하다.

긴 안목으로 봐서 평화통일이 되면 그때는 전국의 도서목록이 공개되어 어느 책이 어디에 있건 쉽게 열람하거나 인용할 수 있을 것이니 염려할 것 없다고 생각하면서, 기증한 책이 지금은 당장 북녘 학자들에게 널리 이용되기를 바랄 뿐이다.

2005년 6·15남북공동선언 5주년 기념식에 참가하려 평양에 갔을 때 나를 안내하던 젊은이가 "선생님이 기증한 저서를 대출해서 읽고 있습니다. 지금도 그 책이 내 책상 위에 있습니다"고 했다. 그와 대화를 해보니 내 책을 읽은 것이 사실이었기에 책을 기증한 보람을 확인할 수 있었다.

훗날 평화적으로 통일이 되었을 때, 통일 이전의 그 엄혹했던 시절에 남쪽 사람이 기증한 책들이 북녘의 사회과학원과 김일성종합대학도서관과 인민대학습당 등에 보관되고 열람되었다는 사실이 확인되는 일만으로도, 평생 모은 손때 묻은 도서를 북녘에 기증한 의미가 충분하다는 생각이다.

'민족지'『조선일보』가 사설에서 나의 대북관 및 평화통일관을 비판하면서 평생 모은 장서를 어디 기증할 데가 없어서 북녘에 기증했느냐고 트집 잡은 일이 있었다. 전쟁통일이나 흡수통일이 아닌 평화통일을 지향하는 사람이 남쪽에는 흔한 종류의 제 장서를 그것들이 귀한 동족사회 북녘에 기증한 일을 두고 트집 잡는다면, 그것에 대한 판단은 뒷날의 역사에 맡길 수밖에 없다는 생각이다.

'내일을 여는 역사재단' 이야기

박정희 군사독재정권이 영구집권을 꾀하면서 반역사적 유신을 강행할 때, 반드시 역사학계의 의사표명이 있어야 한다고 생각했다. 그러나 전체 역사학계는 그야말로 오불관언이었음은 앞에서도 말한 바 있다. 왜 그런가 생각해봤다. 여러 번 말했지만, 우리 역사학의 현재성 부재가그 가장 중요한 원인이라 생각했다. 역사학계에 속해 있는 한 사람으로서 '그렇다면 어떻게 해야 할 것인가'라는 대책을 강구하지 않을 수 없었다.

뒤돌아보면 일제강점기 민족사회 전체가 제국주의 일본의 강제지배 아래 있을 때도 우리 역사학은 그같은 민족사적 현실에 관심을 갖고 그런 상태에 빠지게 된 원인이나 대응책 같은 것을 연구대상으로 삼지 못한 것이 사실이다. 역사 깊은 민족이 왜 다른 민족의 강제지배 아래에 있게 되었고, 그것에서 벗어나기 위해서 우리는 무엇을 어떻게 해야 하는가 하는 문제들에 대해 역사학은 현실적으로 관심을 갖지 않았던 것이다.

박은식과 신채호 등 민족해방운동전선에 참가하면서 우리 역사를 연구한 사람들은 그같은 민족의 현실문제에 관심을 가질 수 있었지만, 일제강점기의 국내 역사학자들이 그런 문제에 관심을 가졌다면 모두 감옥 가기 십상이었을 것이다.

그러나 해방 후의 역사학은 그래서는 안 되는 것이었다. 식민사관 극복이나 민족해방운동사 연구에도 물론 최선을 다해야 했지만, 민족분단과 민족통일 그리고 군사독재 문제 등에도 관심을 가져야 했다. 그러나 해방 후 역사학계의 현실 역시 그렇지 못했다.

당대사란 말이 있듯이 동시대의 문제도 역사학의 관심과 연구의 대상이 되어야 하며, 그 경우 동시대에 대한 정치학적·경세학직·사회학적 연구와 정치·경제·사회·문화 모두를 아울러야 하는 종합적 학문으로서의 역사학적 연구는 분명히 달라야 하며 다를 수 있다고 생각했다.

그러나 그같은 일이 하루아침에 역사학계에 뿌리내릴 수는 없었고, 연구자들의 현실적 문제의식이 대중성 문제에 대한 관심과 병행될 때, 즉 대중의 요구에 호응하는 역사학이 되고자 할 때 가능하다는 생각이었다. 그 때문에 역사학의 대중성 확보 문제부터 접근해가고자 했고, 그 방법으로 먼저 중·고등학교 역사교사들을 대상으로 역사의 현재성과 대중성을 확보해나가야겠다고 생각했다.

그래서 대학에서 정년퇴직한 직후 사비로 중·고등학교 역사교사를 주 독자층으로 한 계간지 『내일을 여는 역사』를 간행하기로 했다. 발행인은 내가 맡았지만 계간지 편집은 전적으로 젊은 연구자들에게 맡겼다. 2010년 현재 38호가 발행되었는데, 발행 당초에 생각했던 중·고등학교 역사교사 중심의 계간지는 되지 못하고, 출판사 서해문집의 희생적 도움으로 명맥을 유지하는 실정이다.

계간지 『내일을 여는 역사』만으로는 부족하고 우리 역사학의 현재성과 대중성을 회복하기 위한 좀더 의미있는 일을 해야겠다는 생각을 가지고 있었는데 다행히도 그런 기회가 왔다.

우리 집안은 원 고향이던 진주에 선산이 있었지만, 조부 때 마산으로 옮겨온 후에는 선산을 장만하지 못하고 돌아가신 분들을 어쩔 수 없이 공동묘지에 모실 수밖에 없었다. 그런데 박정희정권 때 마산이 자유수출항인가가 되면서 공동묘지가 하루아침에 아파트단지로 변하게 되었고, 따라서 그곳 조상들의 무덤을 모두 옮기지 않을 수 없게 되었다.

부득이 1975년인가에 야산을 사서 산소들을 옮겼는데, 세월이 변하면서 수천년 내려오던 매장문화가 급격히 화장문화로 바뀌게 되었고, 이에 따라 종래의 세장지(世葬地)가 납골당으로 변하는 세상이 되었다. 별수없이 집안의 최고항렬이요 최고령자가 되고 말았기에 문중회의를 주관해서 숭조당(崇祖堂)이라 이름한 납골당을 건조하기로 했다. 납골당 건조에 허가되는 땅은 법으로 30평으로 한정되어 있었다.

나머지 산지를 팔아서 일부를 일가들에게 나누어주고 내 몫으로 남은 돈으로 '내일을 여는 역사재단'을 만들었다. 세상의 통념이 매장문화에서 화장문화로 바뀜으로써 얻게 된 재부는 사회에 돌려주어야 한다는 생각이기도 했다.

'내일을 여는 역사재단'은 기금 10억 원을 기본재산으로 하여 우선 계간지 『내일을 여는 역사』를 간행하고, 해마다 우리 근현대사를 전공해서 박사학위를 받은 사람 중에서 역사학의 현재성을 겸비하면서 그 논문이 가장 우수한 한 사람을 골라 200만 원의 연구지원금을 주기로 했다.

세상에는 무슨 학술상 하는 것이 많은데 그 대상은 주로 명망있는 기성학자가 받기 마련이다. 그러나 정작 상금이나 연구기금이 필요한 사람은 생활기반이 잡힌 기성학자가 아니라 이제 학문의 길에 들어선 신인들일 것이다. 그래서 연구기금 지급대상을 해마다의 박사학위 취득

484

자에 한정하기로 했다.

　연구지원금 지급대상을 우리 근현대사 전공 박사학위논문으로 한정한 것은 좀 편벽된 감이 없지 않으나, 앞으로 우리 고대사나 중세사 전공자들에게도 이같은 연구지원금을 지급하는 경우가 있을 수 있으리라는 생각에서였다.

　비록 많지 않은 지원금이긴 하지만 우리 역사학의 현장성과 대중성에 기여하는 젊은 학자들의 연구에 조금이나마 보탬이 된다면 한평생 역사연구의 길을 걸어온 사람으로서는 작은 보람이 아닐 수 없다.

글쓰기를 마치면서

고려대학교 사학과에 응시하면서 은사 신석호 선생님께 "만약 합격하면 평생 역사공부를 하며 살 생각입니다" 하고 '약속'했던 때로부터 꼭 58년이 지났다. 만족스럽지는 못하지만 어떻든 그 약속은 일단 지켜진 셈이며, 그 점에 대해서는 무엇보다도 다행이었다고 생각한다.

평생을 역사공부를 하며 살기로 생각한 이상 나름대로는 꽤 괜찮은 역사학 전공자가 되기를 원했지만, 과연 그랬는가 하고 되돌아보지 않을 수 없게 된다. 우리가 학문을 시작하던 무렵의 '꽤 괜찮은' 학문연구자란, 평생을 두고 한 가지 분야를 집중적으로 파고들어 그 분야에서는 세상이 인정하는 남다른 업적을 남기는 그런 사람이었다.

그런 기준에서 보면 반세기 넘는 세월을 바친 나의 학문생활은 결코 성공적이지 못했다고 할 수밖에 없을 것 같다. 이번 책에서도 이미 말했지만, 『조선후기 상업자본의 발달』의 후속편을 쓰지 못한 데서 그 '성공적이지 못함'이 여실히 증명되었다고 할 수 있겠다.

그렇다 해도 평생을 바친 학문생활에서 자위(自慰)거리를 찾는다면 비록 『조선후기 상업자본의 발달』 후속편은 못 썼다 해도 『조선시대 상공업사 연구』『일제시대 빈민생활사 연구』『조선민족혁명당과 통일전선』등 역사학이 '강요'하는 주(註)가 충실히 붙은 이른바 순수 논문집과 연구서들을 생산하기도 했다는 점이다. 물론 이 정도로 '논객'이 아닌 역사학자라는 칭호를 받을 수 있을지 의문이긴 하지만……

구차스런 변명이란 말을 들어도 할 수 없지만, 민족사상 가장 불행한 시대였다 할 민족분단과 동족상잔의 시대를, 그것도 우리 근현대사 전공자로 살면서 그 처절한 민족적 불행에서 벗어나는 길을 생각하지 않을 수 없었고, 그러다보니 역사적 상황을 배경으로 한 대중성있는 글들을 쓰지 않을 수 없었다고 변명하고 싶기도 하다.

그래서 순수논문보다 오히려 논설적인 글을 더 많이 쓰게 되었고 그것들을 모아 엮은『분단시대의 역사인식』『한국민족운동사론』『통일운동시대의 역사인식』『우리통일, 어떻게 할까요』등의 논설문집이 순수연구논문집보다 더 많게 되어버렸다. 그러나 후회하지는 않는다.

역사학 전공자는 일반적으로 젊을 때는 각주가 충실히 달린 순수논문을 쓰고 그 학문이 어느정도에 이르면 이제 제가 전공하는 분야의 시대사를 쓰고, 마지막에는 전체 역사시대의 개설서를 쓰며 그리고도 능력이 있으면 '역사란 무엇인가'란 책을 쓰게 된다고 말한다. 그러나 그런 '완전한 코스'를 밟는 역사학자가 그다지 많지 않은 것도 사실이다.

비록 하나의 전공분야에 일관하지 못했다 해도 순수연구논문과 전공시대의 시대사도 어느정도 썼을 뿐 아니라 생각보다 많이 읽혔으며, 그것들이 일본어와 중국어, 영어 등으로 번역되어 외국에서 읽히기도 했다. 그러나 역사학 전공자로서 해야 할 두 가지는 못했다. 우리 역사 전체 시대를 일관된 역사인식으로 다룬 개설서와 '역사란 무엇인가'를 쓰지 못한 일이다.

카(E.H. Carr)가 1950년대에 쓴 "역사는 현재와 과거의 대화다"라는 명제로 압축되는 『역사란 무엇인가』라는 책이 아직까지는 역사란 무엇인가를 말해주는 대표적 저서로 되어 있는 것이 아닌가 한다. 대단히 정곡을 찌른 명제이긴 하지만, 우리 생각에는 그것은 역시 1950년대적 조건과 상황에 한정된 해답에 지나지 않는다. 역사란 무엇인가란 명제에 대한 해답은 시대에 따라 계속 달라지게 마련이기 때문이다.

아주 짧지만 「역사는 이상의 현실화 과정이다」라고 쓴 글이 있고, 썼던 논설문들을 모아 만든 책의 제목으로 붙인 일도 있다. 만약 '역사란 무엇인가'라는 책을 써서 카가 했던 것과 같은 명제를 붙인다면 "역사는 인류사회가 추구해 마지않는 그 이상의 현실화 과정이다"라고 했을 것이다.

역사는 인간이란 이성적 동물이 온갖 난관을 무릅쓰고도, 때로는 엄청난 희생을 바쳐서라도 그들이 추구하는 이상을 기어이 현실화해온 처절한 과정 그것이라 할 수 있다. 인간사의 정치적·경제적·사회적·문화적 상황전개, 즉 역사 그것이 현재의 수준에 이르기까지 얼마나 많은 투쟁과 희생이 바쳐졌는지를 생각하지 않을 수 없다.

고대사회의 일반인간인, 노예들에게는 중세사회의 농노 정도만큼이라도 자유롭고 넉넉하게 살고 싶은 것이 그들의 이상이었으며, 그것을 현실화하기 위해 많은 투쟁과 희생이 바쳐졌다. 중세사회의 일반인간인, 농노들에게는 또 근대사회 자유농민의 상태가 그들의 이상이었고 그것을 얻어내기 위해 또 얼마나 많은 투쟁과 희생이 바쳐졌는지 모른다.

헤겔에게는 '한 사람만이 자유로운 시대'에서 '만 사람이 자유로운 시대'가 되는 것이 역사의 발전과정으로 인식되었지만, 만 사람이 정치·경제·사회·문화적으로 완전히 자유로운 시대가 되기에는 아직도 요원하다. 그러나 그 과정이 곧 인간이상의 현실화 과정 그것이며 바로 인간역사 그것이라 할 수 있다.

맑스에게 인간이상의 현실화 그것은 오로지 투쟁에 의해서만 얻어지는 것이었다. 그리고 투쟁은 극소수 기득권자들이 역사가 기어이 달성되고 마는 인간일반의 이상의 현실화 과정 그것임을 제대로 알지 못했을 때 취할 수밖에 없는 방법이었다고도 할 수 있겠다.

인간의 역사란 것이 모든 인간의 이상을 기어이 현실화해가는 과정임을 기득권자를 포함한 더 많은 인간들이 터득하게 될 때, 비로소 인간의 이상을 현실화해가는 방법과 과정이 한층 더 평화롭고 순조롭게 이루어질 수 있으리라는 생각이며, 그래서 역사라는 것이 가르쳐지고 또 배우게 되는 것이라 할 수 있다.

역사가 '현재와 과거의 대화'라는 다소는 '미지근한' 명제를 넘어서 좀더 적극적으로 "역사는 인류사회가 추구해 마지않는 이상의 현실화 과정이다"라는 명제를 풀어쓴 저서를 남기고 싶었고, 아직은 그 희망을 완전히 버리지는 않았다.

그러나 알 수 없는 것이 사람의 앞일이라, 특히 이미 별 수 없이 80세의 노령을 앞두게 된 사람의 앞일을 누가 보장하겠는가 생각되어 이 글에서나마 평생을 역사공부 하면서 생각한 바를 극히 짧게나마 밝히며 자서전이라 할 수 있을 글을 마무리한다.

친일반민족행위
진상규명 일지

일지 쓰기를 시작하면서

다시 한번 강조하지만, 역사는 우여곡절을 겪으면서도 그것이 가야 할 방향으로 가야 할 만큼 기어이 가고 만다고 확신한다. 역사적으로 오랜 문민정치 중심이던 우리 사회에 어울리지 않게 상당 기간의 군사독재시기를 넘기고 다시 문민정권시대가 되었다. 군사독재 후의 문민정권이라 해도 김영삼정권은 12·12신군부세력과의 합당으로 성립되었고, 김대중정권은 이른바 'DJP연합'에 의해 성립됨으로써 5·16구군부세력의 핵심인물이 상당기간 국무총리를 맡는 상황이었다. 우리 사회 민주화과정의 제약성이었다 할 것이다.

따라서 이들 두 문민정권은 여러가지 민주적 정책을 추진했음에도 불구하고 일제강점기와 군사독재시기에 저질러진 '부정적 역사'를 청산하는 데까지는 가지 못했다. 정치적으로는 이같은 제약된 민주화과정이 용납될지 몰라도, 역사적으로는 그 '합당'과 '연합'이 가지는 역사적 제약성이 지적되지 않을 수 없다. 이에 비해 노무현정권은 군부세력과의 '합당'이나 '연합' 없이 민주세력의 지지만으로 성립된 정권이었고, 탄핵파동 후 오히려 민주세력이 국회의석의 과반을 차지함으로써 과거청산을 비롯한 여러가지 개혁을 계획하고 실행할 수 있게 되었다.

해방 후 성립된 첫 정부인 이승만정부에서 반드시 이루었어야 했을 친일반민족세력 숙청이 이정권의 '반민특위' 탄압으로 실패함으로써 이후 어쩔 수 없는 역사적 빚이 지속되어왔다. 해방된 지 60년이 되어 성립된 제2의 '반민특위'라 할 친일반민족행위 진상규명위원회가 노무현정부에 의해 발족되었으니, 청산되어야 하는데도 청산되지 못한 역사적 빚은 비록 시일이 지난 후라 해도 반드시 청산되고 만다는 사실이 실증되었다 할 것이다.

김영삼정부 때는 말할 것 없고 김대중정부 때까지도 행정부에는 민주세력이 많이 진출했다 해도 국회는 군사독재정권과 유착되었던 반민주세력이 그대로 점령하고 있었고, 그 때문에 과거청산특별법 같은 것이 제안될 수도 통과될 수도 없는 상황이었다. 노무현정권이 성립된 후 벌어진 소위 탄핵파동이 역사진행의 정직성에 의해 오히려 '순작용'을 함으로써 국회에서도 민주세력이 과반을 차지하게 되었고, 그 때문에 과거청산특별법들이 통과될 수 있었던 것이다.

고려대학교 교수직을 정년퇴임한 후 상지대학교 총장으로 있을 때였다. 어느 날 지금은 고인이 된 노무현 대통령당선자로부터 만나자는 연락이 왔고, 어느 호텔식당에서 단 둘이 점심을 함께 하면서 약 두 시간 담화한 일이 있었다. 그 자리에서 몇가지 이야기가 나왔는데, 특히 노무현 대통령당선자는 새로 성립될 내각에 입각해주기를 바라는 것이었다. 대통령당선자가 나를 만난 주된 목적이 거기에 있었던 같았다.

그때 국무총리는 이미 60대의 고건(高建)씨가 내정된 상태였다. 그래서 각료는 전원 50대와 그 이하 연령층에서 구하는 것이 좋겠다고 건의함으로써 입각 요청을 간접적으로 사양했다. 모처럼 50대의 젊은 대통령이 탄생하게 되었는데 70 고령에 무슨 입각이냐는 생각이었고, 그렇게 되자 이야기는 자연히 현직 대학총장과 관련있는 교육부 장관, 그리고 평소 높은 관심을 가진 통일문제를 담당할 통일부 장관 인선문제로 옮겨지게 되었다.

솔직히 말해서 그 현장에서는 새 정부의 통일부 장관과 교육부 장관으로 추천할 만한 사람이 생각나지 않았다. 다만 교육부 장관의 경우 종래와 같이 대학총장이나 교수에 한정해서 인선할 필요는 없을 것이라 권유한 정도였다. 그후

통일부 장관은 결국 김대중정부의 장관이던 정세현(丁世鉉)씨가 새 정부에서 연임되었고, 교육부 장관의 경우 제일 늦게까지 인선을 못하다가 마지막에 가서 대구대학교 총장이던 윤덕홍(尹德弘)씨로 결정되었다.

교육부 장관과 통일부 장관 등의 인선문제에 아무런 도움을 못 주게 된 것이 미안해서, 노무현 당선자가 "취임하면 반드시 과거청산을 해야겠는데 그때는 도와주셔야 합니다" 하기에 그저 예사롭게 "그럽시다" 하고 대답했다. 노무현 대통령이 당선자 때 이미 과거청산을 단행해야겠다고 생각하고, 입각을 사양한 우리 역사학 전공의 현직 대학총장에게 향후의 과거청산사업을 도와달라한 것이 예사롭지 않은 일이었는데도, 간단히 "그럽시다" 하고 대답한 것이 화근이 되고 말았다.

상지대학교 총장임기를 마치고 서울에 와 있는데 노무현 대통령의 취임 후 어느날, 그때의 청와대 민정수석 문재인(文在寅)씨로부터 점심을 함께 하자는 연락이 왔다. 약속장소에 갔더니 서중석(徐仲錫) 성균관대 교수와 안병욱(安炳旭) 가톨릭대 교수도 동석한 자리였다. 서중석, 안병욱 두 국사학 교수를 왜 동석시켰는지 모르지만, 어쨌든 문재인 수석은 나에게 친일반민족행위 진상규명위원회 위원장을 맡아달라고 했다. 솔직히 말해서 이제는 좀 쉬어야겠다는 생각이어서 또다른 자리를 맡을 생각이 전혀 없었다.

그래서 서중석, 안병욱 교수 같은 50대 역사학자가 맡는 것이 좋겠다고 했더니 문재인 수석이 "대통령께서 당선자 때 이미 강총장님의 약속을 받아놓았다고 합디다" 하는 것이었다. 예사롭게 대답했던 일이 말빚이 되어버렸고, 그래서 거절하기 어렵게 됐지만 계속 고사했다. 대학교수직에서 정년퇴임한 후 4년이나 대학총장을 맡아 고생했고, 이제 나이도 70이 넘었으니 쉬고 싶을 뿐이었다.

막상 친일반민족행위 진상규명위원회가 성립될 단계가 되자, 민족문제연구소 등 시민운동단체와 정부 쪽에서 내가 위원장 자리를 맡아야 한다는 압박이 다시 심해졌다. 처음에는 사양했으나 대안이 없다면서 재삼 요구하기에 역사학 전공자로서, 특히 우리 근현대사 전공자로서 민족사회를 위해 청산되지 못한 역

친일반민족행위 진상규명위원회 위원장 임명식

사적 빚을 정리하기 위해 마지막 봉사를 한다는 심정으로 할 수 없이 수락하게 되었다.

상지대학교 총장의 임기를 한 번 더 해달라는 요구를 뿌리치고 조용한 동해안 쪽에 가서 좀 쉬리라 생각하고 양양 하조대 근처에 자그마한 아파트까지 마련했었다. 그런데 친일반민족행위 진상규명위원회 위원장을 맡음으로써 서울생활을 다시 계속할 수밖에 없게 되었으니 '칠십에 능참봉(陵參奉)' 격이 되었지만 일단 맡은 이상 최선을 다할 수밖에 없다는 생각이었다.

4년 후에는 물론 위원회의 공식보고서가 나오겠지만, 보고서에 들어갈 수 없으면서도 남겨두어야 할 이야기도 있을 것 같기에 평생 쓰지 못했던 일지를 위원회를 맡는 날부터 쓰기로 마음먹었다. 역사적으로 중요한 위원회의 책임을 맡은 사람으로서, 또 평생 우리 근현대사를 공부한 사람으로서, 우리 역사상 가장 치욕스러운 부분의 하나인 친일반민족행위를 조사하면서 겪은 뒷이야기와 그때그때마다 느낀 심정이나 고충 같은 것을 기록해두는 것이 훗날의 연구자들을 위해서도 도움이 될 것 같다는 생각에서였다.

임명장을 받는 날이 바로 위원회가 발족하는 날이라, 이날부터 중요한 일이 있는 날에 한해서 일지를 쓰기로 한다. 다만 일단 위원장을 맡기는 하지만 이 사업의 자리가 잡히면 임기 4년을 다하기 전이라도 그만둘 생각이다. 그 시기는 대략 2년 후가 되지 않을까 생각하는데, 2년 후에는 어떤 일이 있어도 위원장 자리를 그만둘 생각이며 임명자에게도 그렇게 말했다. 그래서 이 일기도 친일반민족행위 진상규명위원회의 앞부분 2년간에 한정될 것이다.

(2005. 5.)

1. 친일반민족행위 진상규명 일지

2005년 후반기 _____

2005년 5월 31일(화)

청와대에서 11명 위원이 임명장을 받았다. 대통령 추천위원 4명은 위원장 강만길과 상임위원 노경채(盧景彩) 수원대 교수, 그리고 비상임위원으로 성대경(成大慶) 전 성균관대 교수와 정근식(鄭根植) 서울대 교수이다. 국회 추천 4명의 비상임위원은 여당 추천의 정창렬(鄭昌烈) 전 한양대 교수와 김정기(金正起) 전 서원대 총장, 그리고 야당 추천의 정장현(鄭壯鉉) 변호사와 제성호(諸成鎬) 중앙대 법학과 교수이다. 대법원장 추천 3명의 비상임위원은 박연철(朴淵徹) 변호사, 김덕현(金德賢) 여성변호사회 회장, 최병조(崔秉祚) 서울대 법과대학 교수이다.

청와대에서 임명장을 받은 후 다과회가 있었고, 노무현 대통령이 동북아균형자론을 거론하면서 그것이 일본의 무력강화에 대한 대응론이라 했다. 미국의 반발을 의식한 발언이라 생각되었다. 그밖에도 국정운영상 어려움이 많음을 말하기도 했는데, 어딘지 모르게 전에 비해 다소 위축된 것 같은 느낌을 받았다. 그래서 나는 현시점에서의 동북아시아와 남북 우리 민족사회의 시대적 위상을 말함으로써 동북아균형자론의 적절성을 말했다.

그리고 어느 한 정권의 성격이나 업적을 평가하는 역사적 기준은 정치·경제·사회·문화적 민주주의를 얼마나 발전시켰는가, 남의 강제지배를 받은 민족이기 때문에 민족적 주체성을 얼마나 확립했는가, 분단민족이기 때문에 평화통일 문제를 얼마나 진전시켰는가 등에 있다고 말했다. 노대통령은 경청만 했고 동석했던 몇 사람은 적절한 발언이었다고 평가했다.

사무실로 돌아와서 위원회 현판식을 했다. 민족문제연구소 조문기(趙文紀) 이사장, 민주화운동기념사업회 함세웅(咸世雄) 이사장, 국사편찬위원회 이만열(李萬烈) 위원장, 일제강점하 반민족행위 진상규명에 관한 특별법령의 산파역 김희선(金希宣) 의원, 민족문제연구소의 친일인명사전편찬위원장 한성대 윤경로(尹慶老) 총장 등이 참석했다. 특별법 탄생의 또 하나의 주역이라 할 역사학 교수 출신의 강창일(姜昌一) 의원이 뜻 맞는 몇 사람 동료의원들과 참석하겠다고 했는데 참석하지 않았다. 그 이유를 어느정도 알 것 같지만 확실하지 않아서 쓰지 않는다.

현판식이 끝난 후 위원 전원이 참석한 제1차 위원회가 열렸다. 의안 제1호는 친일반민족행위 진상규명위원회 운영규정안이었다. 정례위원회를 두자는 의견이 많아서 매월 마지막 주중에 정례위원회를 하기로 의결했고, 제2호 안건은 전문인력 채용규정안이었는데 원안대로 가결되었다.

제3호 안건은 사무처장 임명제청 동의안이었다. 대상자인 전 중앙일보, 서울신문 기자이며 인터넷신문 오마이뉴스의 편집국장을 지낸 정운현(鄭雲鉉)씨를 불러 위원들에게 인사하게 했다. 그가 민족문제연구소의 친일인명사전편찬위원을 사퇴한다는 조건으로 임명제청 동의안이 가결되었다.

청와대비서실에서 국회의원 김희선씨의 추천이라면서 정운현씨를 사무처장으로 받으라기에 평소 그를 잘 몰랐기도 해서, 민족문제연구소 측에 예정한 사무처장 후보가 있느냐고 물었더니 없다기에 정운현씨를 받기로 했다. 위원회의 국·과장급과 간부급 인선에 대해서는 거의 관여하지 않았다.

처음부터 위원장직을 맡을 생각이었다면 나름대로의 간부진 구성을 스스로 했겠는데, 맡지 않으려고 거절했다가 막바지에 가서 할 수 없이 맡았기 때문에 민간인 국·과장의 인선은 물론 위원장의 비서진까지도 모두 민족문제연구소 출신의 상임위원이 구성했다.

위원회가 끝난 후 11인 위원들과 함께 저녁식사를 했다. 그 자리에서 국회 야당 추천의 중앙대학교 교수 제성호 위원은 비교적 잘 아는 고등학교와 대학교 1년 후배인 제재형(諸宰馨)씨의 아들임을 알았고, 정장현 위원은 학과는 다르지만 고려대학교 졸업생임을 알았다.

새삼 많이 늙었구나 하는 생각이 들었다. 후배의 아들이나 제자뻘 되는 사람들이 여럿인 위원들과 앞으로 2년간—지금으로서는 전반기 2년간 조사사업의 기초를 잡아놓고 물러날 생각이니까— 잘 버텨야 할 텐데 하는 걱정이 앞섰다.

2005년 6월 1일(수)

첫 출근을 했다. 마침 복구하는 청계천의 첫 통수(通水)가 있는 날이어서 주변이 어수선하고 소란했다. 일본 조총련계의 조국평화통일협회 초청으로 오오사까(大阪)와 효오고(兵庫) 등지에서 6·15남북공동선언 5주년 기념강연을 하러 6월 2일 일본에 갈 예정으로 왕복 비행기표를 사두었었다.

그런데 친일반민족행위 진상규명위원회 위원장 자리가 장관급이어서 외국 여행에는 반드시 청와대의 허가를 받아야 한단다. 정부의 장관급 인사가 조총련계 단체의 초청으로 강연하는 경우 보수신문들이 또 어떤 티를 잡을지 모르니 일본행을 중지해주었으면 하는 청와대 측의 요청이라는 것이다.

6·15공동선언 1주년 때도 조총련 초청강연에 갔다왔고 그후 정부의 요청으로 갔다온 일도 있는데, 신분이 달라짐으로써 떠나기 하루 전에 못 간다는 연락을 하게 되었으니 난감한 일이다. 급히 국제전화를 해서 못 가게 된 사정을 말했더니 그쪽에서는 얼마 전부터 광고도 하고 모든 준비가 다 갖추어졌다면서 난감해했다.

친일반민족행위자에 대한 진상규명도 물론 민족사적으로 중요한 일이지만, 그 책임을 맡았기 때문에 받는 현실적 제약도 앞으로 적지 않을 것 같다는 생각이다. 조총련 쪽에서 다행히도 리쓰메이깐(立命館)대학의 서승(徐勝) 교수를 대

신 강사로 초청하게 되었다는 연락을 받고, 못 가는 대신 유감 표시와 축하의 뜻
을 팩스로 보냈다.

2005년 6월 2일(목)

행정자치부에서 보낸 경리책임자 1명이 위원회에 배속되었다. 현직 공무원
들의 충원은 비교적 순조롭게 이루어지는 편이지만, 정작 친일반민족행위 자체
를 조사하고 진상을 규명해야 할 전문가들의 채용이 절차 때문에 늦어져서 걱정
이다.

7월 중순이나 되어야 1차 인원이 충당되고, 전체 인원이 제대로 갖추어지려
면 8월 중순이 넘어야 할 것 같다니, 위원회의 존속기간이 4년으로 한정되어 있
어서 그 기간 안에 중대한 민족적 역사적 사업을 완성할 수 있을까 걱정인데, 전
문인원 확보기간이 2개월 이상 걸릴 것 같다고 한다.

2005년 6월 10일(금)

민주화운동기념관 건립을 위한 모임에 참석했다. 많은 사람들을 만날 수 있
었는데, 전 위원장인 박형규(朴炯圭) 목사도 건재했고, 특히 몸이 불편한 리영희
(李泳禧) 교수가 나와서 또렷한 말로 축사를 해서 반가웠다.

건강이 완전히 회복된 것은 아니나 가까운 곳에 갈 때는 손수 운전도 한다니
정말 다행이다. 리교수의 부인도 오랜만에 만났다. 외출 때는 부인이 늘 동행하
는 것 같다. 이돈명(李敦明) 변호사가 나올 만한데 보이지 않았다. 혹시 건강에
이상이 있는지 걱정된다.

인권위원회 조영황(趙永晃) 위원장의 초청으로 플라자호텔에서 점심식사를
함께 했다. 일제강점하 강제동원피해 진상규명위원회 전기호(全基浩) 위원장과
전 의문사진상규명위원회 한상범(韓相範) 위원장도 자리를 같이했다. 유사한 각
위원회의 실정을 알 수 있는 기회가 되었다.

2005년 6월 13일(월)

위원 11명 전원 참석 아래 제2차 위원회가 열렸다. 친일반민족행위 진상규명위원회 '회계직 공무원 관직지정 및 회계사무 취급에 관한 규정'이 상정되어 이의 없이 통과되었다. 그리고 친일반민족행위 진상규명위원회의 위원증과 직원증 규정안이 상정되어 역시 통과되었다.

직원모집을 위한 공고방법을 두고 다소 논의가 있었다. 일간지에 공고하자는 안과 각 대학 총장 앞으로 모집공고를 보내자는 안 등이 나왔으나 응모자가 대규모로 되었을 때의 처리문제 등이 우려되어 결국 인사위원회 홈페이지에 공고하기로 합의되었다.

한편 조사관들이 친일반민족행위자에 관해 조사한 내용을 가지고 위원들이 다시 확인하는 과정 등이 있어야 하기 때문에 비상임위원들에게 별도로 활동비가 지급되어야 한다는 의견이 있었다. 이 문제에 대해서는 다른 위원회의 경우를 알아보기로 결정했다. 또한 북한의 친일파숙청기록 같은 것이 있는지, 있다면 참고할 수 있는지 위원장의 6·15 5주년 기념 평양행사 참가 길에 알아보기로 했다.

2005년 6월 23일(목)

서울에서 예정되었던 남북장관급회담이 열리고 이날 워커힐호텔에서 북측 대표 환송만찬회가 열렸는데 그 자리에 초청받았다. 오후 7시에 만찬회가 열릴 예정이었으나 발표문안의 합의가 늦어져 10시 가까이 되어서야 만찬회가 열렸다. 12개 조항이나 되는 합의에 그만큼 시간이 걸린 것이다. 합의가 난항이었던 만큼 내용은 구체적이고 전진적인 것이었다. 헤드테이블에 같이 앉아서 북측 권호웅(權浩雄) 단장과 담화를 나누었다. 김일성종합대학 학생회장 출신이라는 그는 퍽 호탕해 보이는 사람이었다.

권단장은 술 실력도 상당한 것 같았다. 합의문에 남북역사학자협의회에서 합의된 고구려벽화고분 보전문제가 들어 있지 않은 이유를 물었더니 이번에는 합의해야 할 일이 너무 많아서 다음으로 미루어졌다는 대답이었다.

북측의 한 여성 참가자가 우리 옷으로 곱게 단장하고 헤드테이블에 앉은 남측 인사들께 일일이 술을 권하는 모습이 인상적이었다. 남쪽 땅에서 북쪽 여인의 대접을 받게 되었으니 세상 참 많이 변했다는 실감이 절로 났다.

2005년 6월 30일(목)

공고기간을 거쳐 오늘부터 위원회의 직원모집이 시작되었다. 3일간 계속될 별정직 3급에서 6급까지의 직원 총 18명을 채용할 예정인데 108명이 응모했다. 서류심사에서 17명이 불합격되고 91명을 대상으로 면접이 시작되었다. 면접위원에는 11인 위원 중 7명과 사무처장이 참가했다. 심사위원들 말이 별정직의 경우 역시 역사학 전공자의 면접성적이 좋았다고 했다.

2005년 7월 5일(화)

오늘 사무원 2명과 운전원 1명을 뽑기 위한 면접이 시작되었는데 사무원 2명 채용에는 총 486명이 응모했고 운전원 1명 채용에는 168명이 응모했다.

언론매체 등에 광고하지 않고 인사위원회 인터넷에만 공고했는데도 이런 상황이니 실업상태가 얼마나 심각한지 짐작하고도 남을 만하다. 그런 한편으로 외국인 노동자 수십만 명이 와서 취업하고 있는 이런 현상을 어떻게 설명해야 할지 잘 모르겠다.

2005년 7월 5일(화)

청와대의 우리 위원회 담당행정관인 기춘(奇椿)씨가 다녀갔다. 과거사정리 법국민자문위원회 설립문제를 의논했는데, 10여 개의 각종 위원회가 진상을 규명한 후 취해야 할 포괄적이고 일관성있는 조치방안을 강구하기 위한 대통령 소속 자문위원회의 설치 문제이다.

친일반민족행위 진상규명위원회의 전문위원들을 뽑을 때 다른 위원회 소속

인원들이 응모하는 경우 이를 막아달라는 문제도 있었다. 여러 개의 과거사 관계 위원회가 거의 동시에 생겨서 전문인력을 확보하기가 어렵게 된 결과인 것 같다.

2005년 7월 6일(수)

얼마 전 이해찬(李海瓚) 국무총리와 함께 공동위원장을 맡고 있는 광복60주년기념사업추진위원회 사무실에서 나오다가 길 건너에서 어떤 여인이 나라사랑어머니회인가 하는 이름으로 "노무현과 강만길은 물러나고 민족문제연구소는 해체하라"고 쓴 피켓을 들고 있는 것을 본 일이 있다.

그런데 오늘 어떤 '수상한 자'가 와서 그 여인들이 이곳 위원회 사무실로 쳐들어온다는 제보를 해주었다고 한다. 직원들은 잠깐 자리를 피해 있는 것이 어떻겠느냐 했지만, 그럴 필요 없다 하고 오면 만나보리라 기다렸으나 오지 않았다.

친일반민족행위 진상규명사업을 반대한다면 스스로 친일반민족행위자 본인이거나 그 연고인임을 자백하는 일이 될 것 같은데, 어떤 여인들인지 궁금하지 않을 수 없다. 대한민국이 친일반민족행위자의 후손이거나 연고자들인 사람들이 '날뛰는' 세상이라니 할 말이 없다.

2005년 7월 8일(금)

위원회의 별정직 최종합격자들이 인사하러 왔다. 별정직 3급에는 성공회대 연구조교수와 역사문제연구소 상임연구원 등을 지낸 한상구(韓相九)씨가 혼자 합격했다. 별정직 4급에는 경희대 사학과 겸임조교수 김민철(金敏喆)씨 등 4명이, 별정직 5급에는 전북대 강사 장순순(張舜順)씨 등 6명이, 별정직 6급에는 숙명여대 강사 김윤정씨 등 7명이 각각 합격했고, 이밖에도 기능직 사무원 2명과 운전원 1명이 합격했다.

별정직 합격자는 대부분 역사학 전공자들이고, 또 대학별로도 비교적 고루 분포되었으며, 중앙과 지방별 그리고 남녀별로도 고루 채용된 것 같아서 다행이다. 합격자들의 인사를 받는 자리에서 역사학 전공자로서의 학문적 양심과 객관성, 그리고 민족사회에 대한 사명감을 가지고 일해줄 것을 강조해서 말했다.

2005년 7월 11일(월)

제3차 11인위원회가 있었다. 특별한 안건은 없었고 운영규정을 일부 개정해서 위원 및 자문위원의 조사활동에 대해 예산범위 안에서 필요경비를 지급할 수 있게 했다. 비상임위원들이 한번 회의에 참가하면 회의비 20만 원을 지급할 뿐인데, 위원들 중에는 친일반민족행위 문제에 대한 조사를 직원들에게만 맡기지 말고 직접 해야 한다는 '열성파'가 있어서 이같은 조항을 신설하기로 한 것이다.

위원회의를 마치고 다같이 저녁식사를 했는데 이 자리에서 친일파문제에 대한 여러가지 논의들이 있었다. 특히 법학을 전공한 위원들 중에는 친일파의 재산문제에 대해 비록 친일파라 해도 지금에 와서는 그 사유재산은 보호되어야 한다는 의견을 가진 사람도 있었다. 친일반민족행위를 보는 시각이 역사학자와 법률가 사이에 상당한 차이가 있다는 느낌을 강하게 받았다.

2005년 7월 12일(화)

오후에는 민족문제연구소 임헌영(任軒永) 소장과 친일인명사전편찬위원장인 한성대학교 윤경로 총장 등 몇 사람이 방문했다. 민간단체인 민족문제연구소가 약 4000명의 친일인명을 금년 광복절을 전후해서 발표할 예정이라 했다. 민족문제연구소 측의 발표가 있게 되면 사회적으로 큰 반향이 있을 것 같고, 친일반민족행위 진상규명위원회의 사업에도 크게 영향을 미치지 않을까 생각한다.

민족문제연구소에서는 또「일본제국주의 지배하의 민족수난과 피해 종합보고서」의 발행을 앞으로 5개년 계획으로 추진하려는 안을 가지고 왔다. 이른바 식민지근대화론과 '일제지배 다행론' 같은 반민족적 반역사적 '망설'과 '망언'이 나오는 상황에 대처하기 위해서라도 일제 강제지배하의 수난과 피해에 대한 종합적 연구를 해야 한다는 문제의식에서 나온 계획임을 충분히 이해할 수 있고 또 당연히 해야 한다는 생각이다.

　고려대학교 재직 때 박사과정 학생 정태헌(鄭泰憲)군에게 학위논문으로 조선총독부의 재정을 분석하게 한 것도 바로 그같은 문제인식 때문이었다. 근 40년에 걸친 일본제국주의의 종합적 수탈사가 반드시 연구돼야 한다는 생각이다.

2005년 7월 25일(월)

　전문인력 지원자의 서류심사에 의한 1차 합격자가 확정되었다. 12명을 채용할 전문계약직 (나)등급에는 56명이 1차 합격했는데 대부분 박사학위 소지자이다. 17명을 채용할 전문인력 (가)등급에는 40명이 1차 합격했고, 12명을 채용할 (나)등급에는 35명이 1차 합격했다.

　전문인력 (가)등급 1차 합격자는 대부분 석사학위 소지자이고 개중에는 박사학위 소지자도 있다. (나)등급 1차 합격자는 대부분 학부졸업생들이다. 고학력 실업자가 계속 증가하는 이같은 현상에 대한 해결책이 무엇인지 알 수 없어 답답하다.

　미리 약속이 되어 있었지만, 일본의 『週刊金曜日』이라는 잡지에서 카마따 사또시(鎌田慧)라는 저널리스트가 친일반민족행위 진상조사 문제로 인터뷰하러 왔다. 비교적 양심적인 잡지라 하고 진상조사 문제에 대해 일본 쪽에도 그 진의를 알려야겠다는 생각 때문에 인터뷰에 응하기로 한 것이다.

　친일반민족행위 청산문제가 왜 지금에 와서 거론되는가, 지난 60년간은 왜 청산되지 못했는가를 설명하고, 친일반민족행위 청산은 철저하게 민족적 자기반성이라는 점을 강조했다. 그리고 현시점에서 특별히 반일감정을 유발할 이유가 없으며, 따라서 친일반민족행위 진상규명과 반일감정 문제는 전혀 무관하다는 점을 말해주었다.

　이웃나라의 반일감정에는 민감하면서도 과거의 침략행위에 대한 반성이나 사과에는 인색할 뿐만 아니라 피해 입은 이웃나라 사람들에게 다시 반일감정이 일어나게 할 만한 언동을 심심찮게 하면서도, 그 반일감정을 또 문제 삼는 일본

정치인들의 속내를 알기 어렵다는 생각이 들지 않을 수 없다.

2005년 7월 27일(수)

위원회의 전문계약직 인원을 채용하기 위한 면접이 있는 날이다. 면접위원은 11인 위원 중에서 가능한 사람들을 위촉했다. 면접위원들과 점심식사를 하는 자리에서 여러가지 말들이 오고 갔다. 화제가 독도문제에 미쳤는데, 현직 법학교수인 어느 위원이 스스로를 보수주의자라면서 그래도 독도문제에는 '진보적'인 입장이라 했다. 이 경우 진보적이란 말은 독도가 우리 영토라는 점에는 추호도 양보할 생각이 없다는 것이라 한다.

그 점에 대해 좀 말을 할까 하다가 젊은이에게 따져 말하기가 좀 그렇다 싶어 참았는데, 아무래도 마음이 편치 않아 그냥 넘기기가 어렵다. 도대체 우리 사회의 보수주의자라는 사람들이 현시점에서 '보수'하려는 것이 무엇인가 묻고 싶은 것이다.

그들이 '보수'하려는 것이 친일주의는 물론 아닐 것이고, 그렇다면 정치적으로는 철저한 반공주의와 반북주의일 텐데, 그런 반공주의와 반북주의는 보수세력의 아성이라 해도 좋을 박정희 군사독재정권 때의 7·4남북공동성명과 노태우 군사독재정권 때의 7·7선언 및 남북불가침합의서 등에서 이미 극복되었다고 할수 있다.

우리 생각으로는 지금의 보수주의자들이 '보수'하려는 것은 반공주의나 반북주의 아니면 결국 반민주주의적 군사독재주의일 수밖에 없겠는데, 아무리 골수 보수주의자라 해도 지금에 와서 박정희정권에서 노태우정권에 이르는 시기의 군사독재주의적 상황 그것을 변함없이 지켜야 한다고 말하기는 어려울 것이다.

반공주의와 반북주의가 군사정권시기의 7·4공동성명과 7·7선언 및 '불가침합의서' 등을 통해 이미 해소되었다고 할 수 있다면, 군사독재주의 그것은 비록 '합당'이란 방법에 의한 것이긴 했지만, 김영삼정권의 성립으로 일단 극복되었다고 할 수 있다.

그런데 지금 우리 사회의 이른바 보수세력이 지키려는 것, 즉 '보수'하려는 것, 다시 말해서 소중히 여기고 꼭 지키려는 것이 무엇인가 다시 한번 묻지 않을 수 없다. 다시 말하지만 아무려면 일제시기의 친일주의는 아닐 것 같고, 해방 후의 반공주의나 반북주의인가 아니면 1960년대 이후 우리 사회를 지배한 군사독재주의인가, 우리의 이른바 보수세력은 도대체 구체적으로 무엇을 견지하고 지키려는 것인지 알 수 없다.

2005년 7월 29일(금)

오늘 처음으로 상임위원과 사무처장, 두 국장과 6명의 과장이 참가한 간부회의를 했다. 각 국·과별로 세운 앞으로의 업무추진 방향을 보고받았는데, 몇 가지 지적한 사항을 빼고는 대체로 방향을 제대로 잡고 있는 것 같아서 마음이 놓였다.

친일반민족행위 진상규명보고서는 친일반민족행위자 개개인의 행적을 조사한 보고서가 되는 한편, 반드시 친일반민족행위 자체를 분석한 연구서의 성격도 함께 가져야 한다는 점을 강조했다. 그래서 자료수집과 분석이 끝나고 나면 보고서 작성과정에서는 친일반민족행위자 개개인의 행위를 조사하는 팀과 친일반민족문제의 종합적 연구서 같은 것을 작성하는 팀으로 나누어야 할 것이니 그 점을 미리 생각하고 자료조사과정을 운영하라 지시하고 회의를 마쳤다.

해방 후 60년이 되도록 친일반민족행위에 대한 조사나 연구가 거의 이루어지지 않았다는 것은 우리 역사학계가 얼마나 시대적 민족적 요구 및 과제에 등한했는가를 말해주고도 남는다. 늦게나마 이 위원회가 그 요구와 과제에 부응해야 한다는 생각이다.

일제강점기의 역사학은 물론 친일반민족행위를 연구대상으로 삼을 상황은 아니었다. 그러나 해방 후의 역사학은 민족해방운동사를 연구하는 한편, 설령 '반민특위' 해체로 실정법적 처단에는 실패했다 해도 일제강점기의 반민족행위에 대한 연구를 해서 실정법적 처단의 실패를 대신해야 했을 것이다.

그리하여 앞으로의 우리 역사에서 제 일신의 이익을 위해 침략자 편에 서는 반역사적 반민족적 행위자가 다시는 생겨나지 않게 하는 일이 무엇보다도 중요하다 할 것이다. 그런 목적에서 위원회의 업무는 단순히 친일행위자 개개인의 행적조사에 한정될 것이 아니라 친일문제 전반에 대한 이해를 가능하게 하는 보고서가 되어야 할 것이라는 생각이다.

2005년 8월 10일(수)

전문인력 (가)등급 최종합격자 17명과 (나)등급 10명과의 첫 면담이 있었다. (가)등급은 대부분 석·박사들이고 (나)등급은 모두 학사급이다. 이로써 신원조회가 다소 늦은 전문계약직 12명만 임명되면 일단 조사업무의 진용이 모두 갖추어지는 것이다.

4년이란 기간이 결코 길지 않으므로 충원된 인원들이 곧 업무에 종사할 수 있게 하라고 여러 번 지시했다. 제일 중요한 일차적 작업이 자료수집이므로 임명된 인원을 중심으로 우선 각종 자료의 소재처를 파악하고 그 수집을 위한 절차를 준비하게 했다. 그리고 경찰청 등 각 부처에서 파견되어 온 공무원들에게는 우선 위원회의 각종 규정에 대한 분석을 세밀하게 하도록 하여 본격적 업무추진에 대비하게 했다.

신문기자 출신의 사무처장을 대외홍보나 발표를 담당할 대변인으로 임명했다. 앞으로 각계의 관심이 많아질 위원회의 활동에 대한 대외발표를 신중히 하기 위해 상임위원과 사무처장과 양 국장과 기획총괄과장과 행정과장으로 홍보위원회를 구성하여 대변인 발표의 내용을 미리 검토하게 했다.

2005년 8월 16일(화)

국회에서 열린 민주화운동기념사업회가 마련한 광복 60주년 사진전시회에 참가했다가 사무실에 왔더니 일본의 아사히 TV에서 인터뷰를 하러 왔다. 질문의 요점은 반일감정을 높이기 위해 친일반민족행위 진상규명을 하는 것이 아니냐는 것이었다.

도둑이 제 발에 저린다더니 일본사회 자체가 군비를 강화하면서 급격히 우경화함으로써 우리와 중국 등의 반발을 사고 있는 사실은 묻어두고, 오히려 친일반민족행위 진상규명을 반일감정 강화와 결부시키다니 그야말로 어불성설이다. 친일반민족행위는 우리 역사상 가장 치욕스런 부분의 하나이며, 그것을 청산하자는 것은 철저한 자기반성과 자기정화 작업을 하는 것이라 설명해주었다.

노무현정부에 와서 반일교육이 강화되고 있는 것 아닌가 하고 질문하기에, 일본이 전후청산을 얼버무리면서 계속 우경화하고 평화헌법을 폐기하려 하는 한 한국이나 중국의 어떤 정권이라도 반일교육으로 대응할 수밖에 없을 것이라 말해주었다.

진상규명이 친일파 후손들에게 영향을 주지 않겠는가 하고 질문하기에 자손에게까지 연좌될 이유는 없으며, 다만 매국해서 얻은 재산이 그 후손에게 그대로 전해지는 것은 문제가 있는데, 이 점에 대해서는 어떤 조처가 있어야 할 것이라 답했다.

진상을 규명한 후 어떻게 할 것인가 하는 질문에 대해서는 친일반민족행위자 개개인의 반역행적을 소상히 밝히는 한편, 반민족행위에 대한 수준 높은 학문적 보고서를 작성해서 남길 것이라 대답했다.

2005년 8월 17일(수)

정운현 사무처장이 와서, 해방 후의 '반민특위' 때 조사관으로 활동했던 유일한 생존자이며 우리 위원회 발족 때 현판식에도 참가한 정철용(鄭徹溶) 선생이 췌장암으로 입원 중인데 회생하기 어렵다고 했다.

생활이 어려운 분이니 다른 데 아껴 쓰더라도 위로금을 좀 보내드리는 것이 좋겠다고 생각되어 100만 원을 보내도록 조처했다. 그러나 국·과장들이 100만 원은 너무 많고 50만 원으로 하는 것이 좋겠다기에 그렇게 하도록 했다.

2005년 8월 18일(목)

주섭일(朱燮日)씨의 『프랑스의 나치협력자 청산』을 다 읽었다. 이 책에는 '드골(De Gaulle)의 과거사 정리방식과 친일파 청산'이란 부제가 붙어 있다. 참 많은 것을 생각하게 하는 책이다. 2차대전 후 해방된 프랑스가 미국의 군정을 받지 않기 위해 최선을 다한 드골 임시정부의 처사와, 연합군의 진군 이전에 빠리를 나치독일군 점령에서 해방시킨 레지스땅스의 활동 등이 우리와는 다른 조건이었음을 다시 한번 되새기게 했다.

드골 임시정부의 치밀한 전략과 레지스땅스의 치열한 저항, 드골 임시정부의 가혹한 나치협력자 숙청 등이, 전국토가 나치독일에게 점령당했던 프랑스로 하여금 2차대전 후 당당하게 전승국 대열에 서게 했다는 생각이다. 그럼으로써 드골이 강력히 내세운 '프랑스의 영광'을 되찾게 되었다는 생각이 절실했고, 특히 반민족행위자 처단문제에서 드골과 이승만의 차이가 곧 프랑스와 한국의 차이 그것이었다는 생각이다.

특히 비시(Vichy)정권의 리옹지역 민병대장 '뚜비에(Touvier) 사건'은 우리에게 많은 교훈을 주고 있다. '악질 나치협력자의 상징'이었던 뚜비에는 40여 년간의 도피생활 끝에 1992년에 체포되어 재판에서 종신징역 형을 받았다. 그때 그는 79세였으며 결국 옥사했다.

프랑스의 나치협력자 숙청이 결코 지난 일이 아니고 1990년대까지도 이어져 온 바로 오늘의 일임을 여실히 말해주는 사실이다. 그런데도 지금 우리 사회에는 "60년이 지난 지금 무슨 친일반민족행위 진상규명이냐"고 말하는 사람들이 많다. 그런 사람들을 모두 친일반민족행위자거나 그 연고자들이라고는 생각하지 않으면서도, 그들이 친일반민족문제의 청산을 반대하는 이유를 알 수 없어서 답답하기조차 하다.

1990년대에 와서도 계속된 프랑스의 나치협력자 숙청이 결코 지난 일을 무단히 하는 것이 아닌 것처럼, 우리의 친일반민족행위 진상규명도 결코 지난 일을 새삼스레 들먹이는 일이 아니라 바로 오늘의 일이요 내일의 일을 단행하는 것이다. 우리의 경우 해방된 지 60년이 지난 이제야 실시하는 친일반민족행위 진상규명으로 비록 '프랑스의 영광' 같은 것을 찾기는 어려워졌다 해도, 우리의 사회정의를 바로 세우고 역사를 바로잡으려는 오늘과 내일을 위한 중대한 일 바로 그것임은 틀림없다.

2005년 8월 19일(금)

김원기(金元基) 국회의장 초청으로 이해동(李海東) 국방부 과거사진상규명 위원장, 이종수(李鍾受) 경찰청 과거사진상규명 위원장, 오충일(吳忠一) 국정원 과거사진상규명 위원장 등과 오찬을 함께 했다. 국가정보원과 국방부, 경찰청 진상규명위원회는 친일반민족행위 진상규명위원회와 달리 국회에서 통과된 법에 의해 성립된 위원회가 아니어서 여러가지 애로가 많은 것 같았다.

친일반민족행위 진상규명위원장이 왜 다른 세 위원장과 함께 자리를 하게 되었는지 잘 모르지만, 국회의장과 그 비서진에게 특별히 부탁할 일도 없고 해서 예산안이 국회에 가면 원안대로 통과시켜주기 바란다는 말만 했다.

2005년 8월 20일(토)

민족문제연구소에서 8월 29일 국치일에 발표할 예정인 친일파 명단문제를 두고, 그 연구소의 지도위원 몇 사람을 초청해서 프레스센터에서 점심식사를 하면서 의견을 듣는 자리를 가졌다. 이 자리에 우리 위원회의 성대경, 정창렬 위원과 함께 참가했는데, 친일파 명단 발표에 대한 지도위원들의 의견은 크게 두 가지로 압축되었다고 할 수 있다.

그 하나는 친일인사 지정에는 신중을 기하되 일단 세운 기준대로 추진하라는 것이었고, 다른 하나는 일제강점기를 살아보지 않은 사람들이 순전히 자료에 의해 선정하는 것은 무리가 있을 수 있으니, 현재 선정되어 있는 사람들 중 제외해야 할 사람들을 한번 가려내는 것이 좋겠다는 의견이었다.

내가 맡고 있는 위원회도 곧 부닥쳐야 할 일이지만 참으로 어려운 일임에 틀림없다. 민족문제연구소가 1차로 가려놓은 약 4000명의 명단을 보고 느낀 점이 있다. 흔히 친일파라고 불리는 사람들은, 생활인의 처지에서 음양으로 일본의 식민통치에 협력한 부일자(附日者)와 현저하게 악질적인 반민족행위를 한 반민족행위자로 나눌 수 있지 않을까 한다. 민족문제연구소가 뽑아놓은 사람들은 광범위한 부일자에 속한다고 생각되고, 친일반민족행위 진상규명위원회가 선정해야 할 친일파는 단순한 부일자가 아닌 의식적 반민족행위자에 한정해야겠다는 생각이다.

2005년 8월 22일(월)

오늘 전문계약직 (나)급 12명에게 임명장을 주고 기념사진을 촬영했다. 12명 모두 박사학위 소지자로서 위원회 구성원 중에서는 가장 학력이 높고 또 연령도 높은 편이다. 전문위원을 12명이나 확보한 위원회는 아마 우리 위원회뿐일 것이다. 이들이 우리 사업의 핵심이 되어야 한다는 생각으로 고집을 피워 12명을 요구했었다. '행자부'가 안 된다기에 "그러면 나는 위원장을 맡을 수 없다"고 억지를 부려 얻어낸 인원이다.

초기에는 이들도 주로 자료수집에 전념하게 되겠지만, 자료수집이 어느정도 이루어지고 나면 주로 친일행위를 학문적으로 연구하는 쪽에 투입하여 그 보고서가 곧 연구논문집 같은 것이 되게 할 생각이다. 그리고 가능하면 친일반민족문제의 개설서 같은 것을 작성하여 보급했으면 하는 생각이다.

전문계약직에 합격한 사람들은 예전 같으면 모두 대학의 교단이나 본격적인 연구기관에 자리 잡았을 사람들인데, 이같은 기한부 임시기관에 오게 되었으니 안타까운 일이 아닐 수 없다. 그러나 4년간 함께 근무하면서 친일반민족문제를 학문적으로 깊이있게 연구하여 우리 근현대사 연구의 부족했던 한 부문을 충실히 보충해야 한다는 처지에서 보면, 이만한 고급인력을 초빙할 수 있게 된 것이 다행이기도 하다.

2005년 8월 23일(화)

어제 임명한 전문인력이 모두 출근함으로써 이제 겨우 본격적인 업무에 들어가게 되었다. 아침에 기획국과 조사국을 돌아보고 불편한 점은 없는지, 직원 각자가 당장 무엇을 하고 있는지 실태를 대충 파악했다. 업무진행이 비교적 순조로움을 알 수 있었다. 오늘 공무원증이라는 것을 받았다. 이 나이에 새삼스럽게 공무원이 되다니 아무래도 '칠십에 능참봉'이란 생각이 지워지지 않는다.

한총련 간부로 검거를 피해 다니던 학생들이 자수하면 선처하겠다는 당국의 말을 믿고 8명인가가 자수를 했는데 그중 2명이 검거되었다고 한다. 그들의 선처를 검찰에 요망하는 문건에 서명을 해달라는 요청이 왔다. '공무원 신분'이란 것이 잠깐 생각되었으나 구애될 것 없다 싶어서 고려대학교 명예교수로서 서명했다.

2005년 8월 24일(수)

저녁에는 오마이뉴스 등 몇몇 인터넷신문의 편집국장들과의 회견이 있었다. 위원회 사업이 본격적으로 추진되기 전에는 기자회견은 될 수 있으면 안 하려 했으나 인터넷신문 편집국장 출신인 사무처장의 청이라 응하기로 했다.

저녁식사를 하면서 두 시간가량 회견을 한 후의 느낌은, 한마디로 말해서 언론 쪽이 친일문제나 과거청산의 의미 등에 대해 공부가 부족하고 진지하지 못하다는 것이었다. 하기야 일제강점기가 끝난 지 반세기가 넘은 시기에 사는 젊은 이들이니까.

친일반민족 문제는 우리 역사 전체를 통해서도 가장 치욕스러운 부분의 하나이며, 그런데도 그 문제에 대한 청산도 학문적 연구도 거의 없는 상황이라는 점을 말해주었다. 친일반민족행위 진상규명위원회는 물론 법에 따라 친일반민족행위자 개개인의 행적을 밝히는 일도 해야 하지만, 그보다도 친일반민족문제 전체를 학문적으로 밝히고 정리하는 데 더 큰 목적이 있다고 강조해서 말했다.

그러나 그들의 관심은 주로 누구누구가 대상에 드느냐는 데 집중되었다. 언론의 속성이 으레 그렇다는 것을 알면서도 맥이 빠지지 않을 수 없었다.

2005년 8월 25일(목)

지역조사과 직원들과 점심식사를 함께 했다. 과원들이 각 지방에서 고루고루 선발되어 각기 그 지방에 대한 자료나 학문적 성과에 대한 정보가 풍부한 것 같아서 다행이다.

경찰 쪽에서 온 직원이 있어서 좀 소외감을 느끼지 않을까 했는데 그렇게 염려할 정도는 아닌 것 같았다. 16명의 과원들이 모인 지 불과 2주일밖에 안 되었는데도 서먹서먹한 단계는 넘어선 것 같다.

2005년 8월 29일(월)

예정대로 국치일에 민족문제연구소에서 친일파인명사전 대상자 약 3000명을 발표했다. 참으로 어려운 일을 한 것이다. '해방 후 60년 만의 쾌거' '반민특위의 부활' '공정성과 균형성을 잃은 발표' 등 여러가지 의견이 있는 것 같다.

라디오로 들었는데, 발표장에서 어느 기독교계 언론 기자가 친일파로 발표된 사람 중에는 해방 후 교육계에 큰 공을 세운 사람도 있는데, 일시적 친일행위만을 부각시키는가 하는 질문을 했다고 한다. 누구를 두고 하는 질문인지 알 만하다. 이에 대해 윤경로 위원장이 역사는 고백인데 잘한 부분과 잘못한 부분이 모두 고백되어야 그 사람에 대한 올바른 평가가 나올 수 있다고 한 말이 인상적이었다.

윤위원장은 기독교 장로요 역사학자인데, '고백'이란 것은 종교인의 처지에서 나온 말인 것 같다. 역사학자의 처지에서 말하면 역사는 반성이라 할 수 있겠다. 친일반민족행위의 진상을 규명하는 것은 곧 역사반성을 위한 일이다. 그리고 역사반성은 역사전진을 위한 필수조건이다.

민족문제연구소의 친일파인명사전 명단 발표를 두고 학문적 연구의 뒷받침이 없는 처사라 말하는 경우도 있으나, 이 일은 연구소의 연구결과 발표라기보

514

다 시민운동 차원의 조사요 발표로 봐야 할 것이다. 그것은 친일인명사전 편찬을 위한 기초조사의 결과이며, 법률적 근거를 가지는 것은 물론 아니다. 따라서 친일반민족행위 진상규명위원회의 발표는 법률적 근거를 가지는 친일행적조사와 반민족행위에 대한 수준 높은 학문적 연구결과가 겸해져야 할 것이다.

2005년 8월 30일(화)

오전 중에는 처음으로 전체 직원들을 모아놓고 우리 위원회가 친일반민족행위를 왜, 어떻게 규명하려는가, 그리고 그것이 어떤 역사적 의미를 가지는가 하는 문제를 두고 약 1시간 30분 동안 강연을 했다. 약 100명의 전직원 중 상당부분은 역사학 전공자이며 석박사학위 소지자지만, 역사학 전공자가 아닌 사람도 많다. 강연 수준을 역사학 전공자가 아닌 직원들에게 맞추었다.

강연내용은 크게 세 가지로 나누어진다. 첫째, 왜 역사반성으로서의 친일반민족행위의 진상을 규명해야 하는가 하는 문제다. 타민족의 강제지배에서 해방된 민족사회의 역사학이 해야 할 두 가지 큰 과제가 있는데, 그 하나는 민족해방운동사를 엮어 가르침으로써 피지배기간에 훼손된 민족적 자존심을 회복하는 일이고, 또 하나는 민족사의 치욕적 부분인 반민족행위의 진상을 규명하여 숙청함으로써 사회정화와 역사정화를 하는 일이다.

민족해방운동사 연구와 교육은 1960년대 이후 만족스럽다고는 못해도 어느 정도 되었으나, 후자의 경우 즉 반민족행위자에 대한 진상규명과 처단은 전혀 추진되지 못했다. 치욕스러운 역사에 대한 가혹한 자기반성을 하지 못하는 사회는 문화민족사회라 할 수 없다. 따라서 야만사회가 아니고 문명사회라면 비록 해방 후 60년이 지난 시점이라 해도 이 일은 반드시 추진되어야 한다.

둘째, 해방 후 60년이 되도록 왜 친일반민족행위의 진상이 규명되지 않다가 지금에 와서 다루게 되었는가 하는 문제다. 민족의 해방은 좌우익을 막론하고 민족해방운동전선에서는 혁명 바로 그것이었고, 친일반민족행위자 숙청은 토지 및 대기업의 국유화와 함께 좌우익을 막론한 민족해방운동전선의 가장 중요한 혁명과제였다.

그러나 미군정과 이승만정권 시기를 통해 이들 역사적 과제들이 제대로 이루어지지 못했다. 특히 반민특위의 해체가 반민족행위자 숙청의 실패를 극명하게 말해주고 있다. 그렇기 때문에 4·19는 기어이 혁명이어야 했다. 그러나 4·19 주체세력이 정권을 쥐지 못함으로써 온전한 혁명이 되지 못했고, 정권을 쥔 보수야당의 각료들도 대부분 친일반민족 문제에서 자유스러울 수 없었다.

따라서 친일반민족세력 숙청은 불가능했고, 쿠데타로 집권한 일본제국의 육군사관학교 졸업생이며 '위만주'군 장교출신의 박정희 군사정권 역시 친일반민족세력을 숙청할 정권은 못되었다. 후속 군사독재정권인 전두환-노태우정권도 친일반민족세력 숙청문제에서는 박정희정권과 처지가 다를 바 없었다.

군사쿠데타 후 처음으로 성립된 김영삼 문민정권은 노태우정권과의 합당이라는 타협방법을 통해 성립되었기 때문에 의회에는 군사독재정권 추종세력이 그냥 남았고 따라서 친일반민족세력 숙청법이 성립될 수 없었다.

김대중정권은 또 5·16쿠데타의 핵심정치세력과 연합하여 성립되었으므로 남북화해정책은 펼 수 있었으면서도 친일반민족세력을 숙청해야 할 겨를이 없었다. 노무현정권은 친일기득권세력이나 군사독재세력과의 합당이나 연합 없이 성립된 최초의 민간민주정권이며, 탄핵파동 후 마침 의회도 민주세력이 과반이 됨으로써 친일반민족행위 진상규명이 가능하게 된 것이다.

셋째, 친일반민족행위 진상규명이 가지는 역사적 의의 문제인데, 치욕스러운 역사도 철저히 밝혀서 가르침으로써 역사반성의 폭을 넓힐 수 있어야 한다. 그리고 남의 나라의 실패한 역사를 비판하면서 제 민족사의 어두운 부분에 눈감아서는 안 된다는 사실을 강조하지 않을 수 없다.

친일반민족행위의 진상을 철저히 규명해서 역사적 단죄를 하지 않고는 사회정의가 서지 않는다. 사리사욕을 위해 나라와 민족을 팔아넘기거나 침략세력에 빌붙어 이익을 누린 자들을 벌하지 않으면서 어떤 죄인을 벌할 수 있겠는가.

친일반민족행위 규명과 역사적 단죄는 평화통일의 추진과정과도 깊이 연결되어 있다. 전쟁통일도 흡수통일도 아닌 우리의 평화통일은, 남은 북의 존재를 인정하고 북은 남의 존재를 인정하는 공존과정을 거침으로써 가능하게 된다.

그런데 지금 북녘과의 공존을 인정하지 않으려는 남의 반북세력은 과거의 반공세력이며 그 반공세력의 상당부분은 또 친일세력의 후신이라 할 수 있다. 따라서 비록 늦었을지라도 친일반민족문제에 대한 역사적 재단이 없고서는 민족적 시대적 과제로서의 평화통일을 이루어 나가기 어렵다는 결론이 나오게 된다.

이제 우리는 21세기란 새로운 시대에 들어섰다. 지난 20세기의 민족사는 타민족의 강제지배를 받은 전반기와 민족이 분단되어 서로 대립항쟁한 후반기로 이루어졌다. 21세기에는 그같은 불행한 역사를 극복하고 새로운 민족사를 개척해가야 하는데, 그러기 위해서도 친일반민족행위에 대한 역사적 규명과 청산이 있어야 한다. 대체로 이런 내용으로 강연했다.

2005년 9월 1일(목)

해외조사과 직원들과 점심식사를 함께 했다. 중국·일본·미국 등지에 대한 전문가들이 모인 과인데 모두 화기애애한 분위기였다. 개중에는 국방부에서 파견된 사무관도 있어서 분위기가 어떤가 하고 물었더니 역시 일반 공무원사회의 분위기와는 다르게 각자 자기 일만 열심히 한다는 것이었다. 연구작업이란 것이 본래 고독한 속에서 이루어지는 것이라서 그렇다고 말해주었더니 그도 이해된다고 했다.

현직 공무원들과 전공분야가 다양한 연구자들을 모아서 친일반민족행위 진상규명이란 역사적 학문적 과업을 주어진 기간 안에 이루어내야 하는데, 그 총책임을 지게 되었으니 어깨가 무거움을 다시 한번 느끼지 않을 수 없다.

우리 위원회 구성원들의 일차적 작업목적이 친일반민족행위자를 적발하고 나아가서 친일반민족문제에 대한 수준 높은 보고서를 작성하는 데 있지만, 각자가 작업을 하면서 개인적인 학문적 소득도 충분히 있을 것이라 말해주었다.

친일반민족행위 규명은 대단히 중요한 문제인데도 그동안 학계의 연구가 거의 없다시피 한 부분이다. 보고서에 게재되는 문제 이외에도 상당한 학문적 성과가 나올 수 있을 것이다. 개인적으로도 학문적 욕심을 부려볼 만한 분야임을 말해주고 싶었다.

2005년 9월 6일(화)

오전에 과장 이상이 모이는 간부회의를 했는데, 모든 업무가 비교적 잘 추진되고 있다고 파악되었다. 다만 11인위원회의 요구가 너무 복잡하고 다양하다는 느낌을 받고 있었기에 앞으로는 11인위원회의 제안이나 요구사항 중 실행가능한 문제와 불가능한 문제를 명백히 구분한 다음 위원회에서 보고하라고 일렀다.

금년 예산에 외국출장비가 과다하게 책정되어 그 상당한 액수를 다른 데로, 주로 자료구입 부문에 전용하도록 했다. 첫 외국출장에 비전문가 직원이 동행하도록 계획되어 있는 것을 전문가 직원들만 가서 성과를 올릴 수 있도록 변경조처했다. 그리고 일본이나 중국에서 수집해야 할 자료가 많은 경우 현지 전문가를 고용해서 수집하게 했다.

중국출장의 경우 랴오닝성(遼寧省)이나 지린성(吉林省)의 당안(檔案)을 직접 열람할 수 있도록 행정적 조치를 미리 취한 후 가도록 하고, 중국·일본·미국 등지의 자료수집 출장은 사전에 국내의 다른 기관에 이미 수집되어 있는 자료를 충실히 조사해서 반드시 수집되어 있지 않은 자료만 수집해 오도록 특별히 지시했다.

민족문제연구소의 친일인명사전 대상자 발표 후의 말썽도 웬만큼 가라앉은 것 같고, 이제 우리 위원회의 직원도 거의 확보되었으니 언론에다 어떤 사람들이 얼마나 확보되었으며 당장 어떤 일을 하고 있는지 대변인이 한번 발표하는 것이 좋겠다고 했다.

그러나 어떤 사람이 얼마나 확보되었고 지금 무엇을 하고 있다는 정도는 발표해도 언론들이 취급해주지 않을 것이라는 의견이 나왔다. 국민적 관심거리요 역사적으로 중요한 일이라 해도 꼭 자극적이고 특수한 일이라야만 취급해주는 언론이라면 반드시 상대할 필요가 있겠느냐는 생각도 있다. 이미 몇 번 경험했지만, 많은 이야기 중에서도 꼭 자극적인 부분만을 집어내어 그것이 이야기의 전부인 양 취급하는 우리 언론들을 상대하기는 참으로 어렵다는 생각이 거듭 든다.

2005년 9월 12일(월)

오후에는 11인위원회 제5차 회의가 있었다. 평양 여행 중인 정근식 위원을 제외하고는 모두 참석했다. 쉬운 문제부터 결정해가자는 생각으로 너무 긴 위원회 이름의 약칭을 정하는 문제부터 상정했다. 그러나 이 문제도 의견이 쉽게 일치되지 않아 결국 표결에 부쳤는데, '반민규명위'로 결정했다. 젊은 위원과 노년층 위원 사이의 생각의 차이와, 법률계통 위원과 사학계통 위원 사이의 생각에 상당한 차이가 있음을 확인할 수 있었다.

다음의 어려운 문제는 자문위원회 구성을 위한 규정내용이었다. 친일반민족행위자 결정의 객관성을 높이기 위해 자문받는 한계를 정하자, 아니다 친일행위자 결정 여부는 자문대상이 아니다 하는 의견이 맞서서 결국 규정 자체를 통과시키지 못하고 다음 회의로 넘기기로 했다.

11인위원은 일제강점기를 살아보지 않은 사람이 대부분이어서 일제강점기를 살아본 사람들을 자문위원으로 하여 그들의 의견을 들음으로써 객관성을 높이자는 데 자문위원회를 두는 뜻이 있다. 따라서 어느 한 개인을 두고 친일반민족행위자로 결정할 것인가 그렇지 않을 것인가 하는 문제까지 일일이 자문받을 필요는 없으며, 그것은 오직 11인위원회가 단독으로 직접 결정해야 한다는 것이 젊은 위원들의 주장이었다.

어느 개인을 친일반민족행위자로 규정할 것인가 말 것인가는 오로지 11인위원회의 권한인 점은 말할 나위가 없다. 그러나 어느 개인의 반민족행적을 조사한 후 11인위원회가 바로 결정하지 말고 일단 자문위원회의 의견을 물어서 참고한 후 결정하는 것이 타당하다는 생각이다.

그러나 그것이 마치 11인위원회의 권한을 침해하는 것으로 생각하는 위원들이 있어서 그 조항을 삭제하자는 것이다. 자문위원회 규정을 만들기도 이렇게 어려운데 정작 자문위원을 선정하는 과정은 또 얼마나 어려울까 걱정이다.

2005년 9월 13일(화)

내년도 예산을 편성할 때 비상임위원의 월 수당을 100만 원으로 요청했으나 예산처의 1차심의에서 60만 원으로 깎였다가 2차심의에서는 그것마저 전액이 깎여버렸다. 지난 제5차 11인위원회 회의에서도 어느 위원의 질문이 있어서 예산처에 올려놓고 있는 중이라 답했는데, 전액 깎여버렸으니 난감한 일이다. 우리 상식으로는 회의 참석 때 회의비만 받는 것으로 아는데 특히 젊은 위원들이 고정액이 있어야 한다는 주장이다.

며칠 전 김원기 국회의장과 점심식사를 할 때 도와줄 일이 있느냐고 묻기에 국회에 제출되는 본 위원회의 예산은 그대로 통과시켜주기 바란다고 해서 응낙을 받은 셈이었다. 그러나 예산안이 국회에 가기 전에 예산처에서 깎여버렸으니 일이 어렵게 되었다. 상임위원이 와서 걱정을 하기에 생각다 못해 청와대 쪽 담당행정관에게 사정을 말하고 도와줄 것을 요청했다.

2005년 9월 15일(목)

조사국의 중앙조사과 직원들과 점심식사를 했다. 건의할 사항들이 있으면 말해보라 했더니 사무실이 너무 비좁고 또 완전히 행정사무실로만 기능하게 되어 있어 연구실 기능이 매우 부족하다는 불평이다.

위원회 직원은 연구인력이 더 많은데, 당초 사무실을 꾸미던 사람들이 일반 행정공무원들이었기 때문에 연구실로서의 기능이나 시설이 부족한 것은 사실이다. 공간을 재배치하여 연구실 기능을 어느정도는 갖추게끔 개선해야 하지 않을까 한다.

사무실로 돌아온 후 중앙조사과장이 따라와서 여러가지 불평과 건의사항을 말했다. 요점은 위원회 운영이 관료적으로 되어간다는 점, 그래서 하의상달(下

520

意上達)이 잘 안 된다는 점, 위원회 운영이 너무 몇 사람 중심으로만 되어가고 있다는 점 등이다.

위원회가 구성원이 120명이나 되고 행정공무원과 학문연구자들이 함께 생활하는 공간이니, 그리고 정식으로 발족한 지 불과 한 달밖에 안 되었으니 여러가지 문제가 드러나게 마련이다. 문제점은 처음부터 고쳐야지 시간이 지나면 타성이 되거나 고질화되기 마련이다. 가능한 한 빨리 일반직원의 의견을 듣는 통로를 만들어야겠다는 생각이다.

2005년 9월 20일(화)

추석연휴를 보내고 출근을 했다. 우리 위원회는 순수 행정기관도 아니고 그렇다 해서 순수 연구기관도 아닌, 두 가지 기능이 합쳐진 기관이라 할 수 있다. 그런데 사무실 공간과 시설이 거의 행정기관 식으로 되어 있어서 책을 읽거나 집필을 구상하기에 부적당하다는 불평이 있어왔다. 정례 확대간부회의를 주재하면서 가능한 한 공간을 확대하고 다소나마 연구실 분위기가 살아나도록 할 것을 지시했다.

직원들의 의사를 직접 들을 기회가 적다는 생각 때문에 공무원으로서 파견된 과장과 내가 대학에서 직접 가르친 과장을 제외한 나머지 두 사람의 과장과 점심식사를 하면서 여러가지 의견을 들었다.

그 결과 한 달에 한 번 처·국장회의와 과장회의를 따로따로 가지기로 하며, 또 각 과원 중 2명씩을 참가하게 하는 과원회의를 한 달에 한 번 가지기로 하고 부속실에 지시했다. 학력이나 자격이 거의 동일한데도 경력인정 문제 때문에 전문계약직과 별정직 사이의 연봉 차이가 거의 1000만 원이나 된다고 한다. 혹시 기관장 재량으로 이같은 연봉 차이를 가능한 한 줄일 수 있는 방법이 있는가 알아보도록 지시했다.

한시적으로나마 젊은 연구자들을 모아 일을 하려니 이런 일에까지 관심을 가지지 않을 수 없게 되었다. 해외조사과장이 와서 중국의 지린성과 랴오닝성 지역에 자료수집을 위해 출장을 보낼 계획을 말했다. 이미 국내에 들어와 있는 자료를 철저히 조사할 것을 거듭 지시하고, 중국정부가 공안자료나 당안을 개방하지 않고 있는 상황이므로 그냥 가서는 안 되며, 출장 떠나기 전에 친분이 있는 옌볜대학의 박창욱(朴昌昱) 교수와 사전통화를 하고 싶다고 했다. 박교수의 의견을 들어보고 출장을 보낼 생각이다.

2005년 9월 21일(수)

내년도 예산관계로 국회를 다녀온 김민철 기획총괄과장의 보고에 의하면 우리 위원회가 국회의 어느 분과위원회에 속할 것인지 아직 결정되지 않아 예산문제를 구체적으로 설명할 수 없었다고 한다. 다른 위원회들은 대체로 국회의 행정자치위원회에 속하게 마련인데, 우리 위원회는 대통령소속이라서 운영위원회에 속해야 할지 행정자치위원회에 속해야 할지 결정짓지 못하고 있다는 것이다.

김과장의 생각에 의하면 어쩌면 국회의 두 위원회가 서로 맡지 않으려 하는 것 같다는 것이다. 정작 친일반민족행위자의 명단을 결정할 단계에 들어가면 여러가지 어려운 문제가 일어날 것 같아서 정치인들이 서로 자기 위원회 관할에 두지 않으려 하는 것 같다는 의견이다. 확인할 수 없지만 사실이라면 '일제강점하 반민족행위 진상규명에 관한 특별법'을 만들어 통과시킨 국회가 그럴 수 있는가 하는 생각이다. 그렇지는 않을 것이라 믿어본다.

2005년 9월 27일(화)

간부회의를 하면서 앞으로는 회의를 다변화할 것이라 말했다. 지금은 매주 간부회의와 확대간부회의를 하고 있는데, 그것만으로는 위원회 전체의 동향을 파악하기 어려울 것 같기 때문이다. 지금의 간부회의와 확대간부회의 이외에 한 달에 한번 과장회의와 각과 대표회의를 가지기로 했다. 상임위원이나 처·국장이 동석하지 않은 과장회의가 필요하고, 또 과장급 이상이 참석하지 않은 직원회의가 필요하다는 생각 때문이다.

2005년 9월 28일(수)

위원회에 민원이 들어오기 시작하면서 난처한 문제들이 생기기 시작했다. 지금 1만 원짜리 지폐에 들어 있는 세종대왕의 초상은 얼마 전에 작고한 화가 김기창(金基昶)씨가 그린 것이다. 그런데 그가 일제말기에 침략전쟁에 협력하는 포스터 등을 그려서 민족문제연구소가 발표한 친일파 명단에 들었으니 1만 원권 초상화를 바꾸어야 한다고 한글학회 등에서 민원이 들어왔으며 정부에서는 우리 위원회의 결정 여하에 맡긴다는 것이다.

중앙조사과장의 보고에 의하면 직원들의 일부는 김기창씨에 대한 조사를 먼저 하고 그 조사 결과를 11인위원회에 회부하여 결정해주었으면 하는 의견이 있다고 한다. 그런 식으로 민원이 들어올 때마다 순서를 바꾸어 조사하고 결정하게 되면, 앞으로 얼마나 많은 민원이 들어올지 모르는데 그것 처리하느라 전체 보고서 작성 작업은 뒤로 미루어져서 잘못하면 기한내 작성이 불가능해질 우려도 없지 않다.

위원회의 사업계획은 1차로는 1910년의 강제병합 전후과정의 반민족행위를, 2차로는 3·1운동 후 이른바 문화정치시기의 반민족행위를, 그리고 3차로 중일전쟁 이후 해방까지의 반민족행위를 다루기로 잠정적으로 결정했다. 그 때문에 화가 김기창씨의 친일반민족행위는 중일전쟁 후 3차시기에 관한 조사가 끝나야 그 결과를 답해줄 수 있을 것이라 대답하도록 지시했다.

민족문제연구소의 친일파 명단발표 이후 박정희 전 대통령의 해당 여부 등 예민한 문제가 많은데, 그것을 가려내라는 민원이 들어오는 경우도 예상할 수 있을 것이다. 역시 친일파로 지목된 괴뢰만주군 장교 출신 백선엽(白善燁) 전 육군대장은 민족문제연구소의 친일명단 발표 후 소송을 제기했다는 말도 있는데 그 문제에 대해 사법부 쪽에서 문의해올 수도 있을 것이다. 그때마다 문의에 응하거나 민원마다 친일파 여부를 조사해서 결정하게 되면 전체 업무계획이 뒤죽박죽이 될 가능성이 크다. 본래 세운 계획대로 세 시기로 구분해서 추진할 생각이다.

우리 위원회가 국회의 행정자치위원회에 속하게 되었다고 국회를 다녀온 사무처장과 기획국장이 보고했다. 김기창씨 문제를 상임위원과 사무처장과 기획국장에게 의논했더니 그들도 나의 의견에 동조해주었다.

지난번 11인위원회에서 결정을 보지 못한 자문위원회 설치규정 문제를 논의했다. 자문위원회가 개개인에 대한 친일반민족행위 여부를 자문하지 못한다면 사실상 필요하지 않다는 데 의견이 모아졌다.

2005년 9월 29일(목)

오늘부터 위원회 직원들의 워크숍이 시작되었다. 김정기, 박연철, 김덕현, 정근식 등 비상임위원 4명과 직원 104명이 속초의 농협연수원에서 1박 2일로 워크숍을 했다. 위원회 발족 후 처음으로 전체 직원이 함께 단체행동을 한 것이다.

인사말을 하라기에 사람의 삶에 있어서 인연이란 것이 중요한데 우리 좋은 인연을 맺어보자는 말과 우리가 하려는 일이 민족사적 반성과 책임을 다하려는 일임을 한 번 더 일깨우는 말을 했다.

저녁에는 자연히 술자리가 벌어졌는데, 젊은 사람들이 술을 잘 마시고 잘 노는 데는 정말 감탄하지 않을 수 없었다. 그러면서도 실수하는 사람을 볼 수 없었으니 우리 술문화도 많이 나아진 것을 확인할 수 있었다.

2005년 12월 1일(목)

행정과 직원들이 위원장과의 면담을 원한다기에 자리를 마련했다. 그동안 전문계약직·별정직·조사관 등 각 신분별로 면담한 결과 가장 많이 나온 불평이 행정실무나 경리 문제 등에서 각 조사과와 행정과 사이에 작은 마찰이 많다는 것이었다.

행정과에서도 조사과들의 불평이 있음을 알고 행정과 자체의 애로사항도 위원장에게 알려야 할 필요가 있다고 생각하면서 이런 자리를 마련한 것이다. 약한 시간 의견을 듣고 점심식사를 함께 했는데 역시 이런 자리를 마련하기 잘했다는 생각이다.

행정과 직원을 제외한 대부분의 조사과 직원들은 일반직원이건 과장급이건 국장급이건, 또 사무처장과 상임위원까지 행정부에서 일해본 경험이 전혀 없는 사람들이다. 그들이 지금은 상당히 엄격해진 행정적 규율을 벗어나거나 넘어선 요구를 하거나 행동하는 경우가 더러 있는 것 같고, 그것이 행정과 직원 같은 공무원 출신들에게 어려움을 주는 것 같았다.

예컨대 필요한 물품이 있으면 행정과의 구매계에 요구해서 그곳에서 절차에 따라서 구입해야 하는데, 조사과 직원들이 직접 업자들과 가격까지 정해서 구두 계약을 해놓고 구매계에다 사달라고 한다는 것이다.

업무추진비 지출카드를 사용하는 범위와 한계를 잘 모른다는 점도 지적되었는데, 이 점은 내 경우도 대학총장 근무 때 처음에는 상당히 고심한 문제였다. 공적 카드를 쓰는 경우와 개인 카드를 써야 할 경우를 엄격히 구분하지 못하면, 그 사람은 공직을 담당할 자격이 없다는 생각을 하면서도 그것이 그렇게 쉬운 일이 아니라는 생각을 한 것도 이때부터였다.

인사계에서는 지난번 조직개편과 그에 따르는 인사이동을 대폭 시행하면서 행정과의 인사담당에게 전혀 사전통지가 없었다는 점을 지적했다. 그 점은 나도 미처 생각하지 못한 점이었다. TF팀이 한 달 반이란 기간을 허비하다시피 했기 때문에 급한 조직개편을 하느라 그렇게 되었지만, 40명이 자리를 이동하는 조치를 취하면서 행정과에 미리 알림으로써 사전정보를 주어야 한다는 점을 간과한 것이 사실이다. 본의와는 다르게 독재하는 위원장이란 말을 들어도 별수 없게 된 셈이다.

조사과 직원들이 행정실무 규칙을 잘 몰라서 생기는 불협화음을 사전에 방지하기 위해, 행정과장이 여타 과장들과 자리를 함께하며 그동안에 일어난 구체적인 문제들을 지적하면서 조사과 직원들의 본의 아닌 위반을 시정하는 방식으로 문제를 해결하도록 했다. 그리고 행정과는 어디까지나 기획국과 조사국의 업무를 원만히 추진하기 위해 존재한다는 점을 명심하라고 강조했다.

2005년 12월 5일(월)

옌볜의 작가 류연산(柳然山)씨가 쓴 『일송정 푸른 솔에 선구자는 없었다』를 다 읽었다. 박정희 전 대통령이 독립군 토벌부대인 '간도특설대'에서 근무했다는 내용 때문에 그 딸로부터 고소를 당한 책이다. 애창가곡 「선구자」의 비밀을 상세히 밝힌 점이 압권이긴 하지만, 특히 지난날 민주화운동권의 애창곡이던 「선구자」를 통해 드러난 진실은 민족적으로도 또 하나의 불행이 아닐 수 없다.

청년 때의 박정희씨가 1939년에 이미 만주특설부대에 있다가 추천되어 군관학교에 입학했다는 내용에 대해서는 상당한 논란이 있지 않을까 한다. 그렇다 해도 우리에게는 아직은 자료가 부족한 구 '만주' 관계의 친일반민족행위를 밝히는 데 많은 도움이 되는 저서임에는 틀림없다.

박석윤(朴錫胤), 서범석(徐範錫), 이선근(李瑄根), 박영준(朴英俊), 박팔양(朴八陽), 윤극영(尹克榮), 정일권(丁一權)씨 등의 친일반민족행위에 대해 알려졌던 것을 더 확인하는 자료가 될 만하다. 반민족행위자 조사를 더 철저히 하기 위해 만주지역의 공안문서 등을 입수할 수 있어야 하겠는데 잘될지 걱정이다.

2005년 12월 6일(화)

확대간부회의를 했다. 한 달 남은 금년도 예산은 충분하다는 보고였고, 다른 행정부처에서 아직도 파견되지 않은 4명에 대해서는 시행령을 개정해서 자체인력으로 전환하는 문제를 강구 중이라 했다. 위원회의 총 정원 113명 중 현원은 108명이다.

기획국의 경우 시행령 개정문제와 친일반민족행위자로 조사된 자들을 그 연고자들에게 통지하는 방법에 대해 국회와 변호사협회 쪽에 자문의뢰중이라는 보고를 받았다. 특별법에 의하면 친일반민족행위자로 선정된 인물들의 가족이나 후손들을 찾아 선정사실을 사전에 알리고 이의신청을 받게 되어 있다. 그러나 그 가족이나 후손을 찾는 일이 대단히 어려울 것 같아서 걱정이다.

조사국에서는 제1차 조사대상자를 12월 중순경까지는 확정할 예정이라기에 차질 없게 하도록 지시했다. 그래야만 연내에 국회에 보고할 수 있을 것이기 때문이다. 민족문제연구소에서 조사 작성한 3000여 명의 친일행적조사 결과와 그 자료를 가져와서 참고하고 있는데, 그것에 대한 보상문제를 적절히 논의하도록 지시했다. 그리고 각과 내의 각 팀에 따라 업무량의 경중 차이가 있는 것 같아서 각 과장 책임하에 적절히 조절하도록 지시했다.

회의 중 크게 두 가지 문제가 제기되었다. 하나는 일제강점기에 일본이나 만주 등지에서 친일반민족행위를 하고 해방 후 그 나라에 남아서 현재 일본이나 중국의 국민이 된 자들도 우리의 친일반민족행위 진상규명특별법 대상으로 삼을 것인가 하는 문제였다. 또 하나는 친일반민족행위를 일단 조사는 했으나 심의 결과 친일반민족행위자로 결정되지 않은 자들도 보고서에 넣을 것인가, 아니면 11인위원회에서 반민족행위자로 선정된 자들만을 행적조서 작성의 대상으로 삼을 것인가 하는 문제였다.

첫째 문제에 대해서는, 그들이 반민족행위를 할 때는 모두 당시의 조선인이었음으로 친일반민족행위자 범주에 넣어야 한다는 의견과, 위원회의 활동 근거인 특별법은 대한민국의 법이고 따라서 그 적용대상은 대한민국 국민에 한정되어야 한다는 의견이 있었다. 해방 후 귀국 여부를 막론하고 일본에서의 행위건 중국에서의 행위건 일단 조사는 모두 철저히 하되 포함 여부는 다음에 논의하기로 결정했다.

다음으로 조사대상은 되었으나 친일반민족행위자로 결정되지는 않은 사람들에 대해서는 그들의 명단을 발표하면 명예훼손이 될 것이라는 의견과, 조사대상은 되었으나 왜 탈락했는지 그 이유를 밝혀야 한다는 의견으로 나누어졌다. 이 문제 역시 최후결정권은 11인위원회에 있다고 생각되지만, 아마 친일반민족행위자로 결정된 자들에 한해서만 행적조서를 작성하고 관보에 게재하는 쪽으로 결정될 가능성이 크지 않을까 한다. 어떻든 부딪치는 문제가 한두 가지가 아니다.

2005년 12월 7일(수)

교수신문 교수 논평란에 「역사는 정죄(定罪)가 아니다. 과거사정리위원회의 친일논쟁을 보며」라는 글이 실렸다. 교수신문의 논평치고는 너무도 사실을 잘 못 보고 있는 것 같아서 그냥 넘기기가 어렵다. 일간신문에 기고를 해서라도 잘 못 보고 있는 점을 밝힐까 했지만, 친일반민족행위 진상규명위원장을 맡으면서 신문칼럼은 안 쓰기로 했기 때문에 뒷사람들의 이해를 위해서라도 일지에서나마 해명하지 않을 수 없다.

우선 교수신문이 말하는 '과거사정리위원회'라는 것이 얼마 전에 발족한 '진실·화해를 위한 과거사정리위원회'를 말하는 것인지 '친일반민족행위 진상규명위원회'를 가리키는 것인지 분명하지 않지만, 얼마 전에 친일파 명단의 일부를 발표한 민족문제연구소와 같은 민간단체가 아닌 '위원회'를 가리키는 점은 확실하다. 집필자가 두 위원회를 제대로 구분하지 못하고 썼는지는 모르지만……

친일청산문제는 그것이 실정법적 청산의 시효가 지나고 역사적 청산일 수밖에 없게 된 이상, 학계에서 담당해야 할 일이지 정치권이 나서서 해야 할 일이 아니라는 점에는 동감이다. 그런데 교수신문이 학계가 친일청산을 하지 못한 이유가 무관심이나 게으름 때문이 아니고 "예산이나 또는 어떤 존재구속성 때문"이었다고 말한 점에는 동의할 수 없다.

학문연구자의 연구작업은, 특히 인문과학 쪽의 연구는 꼭 어디에서 예산을 세워주어야만 할 수 있는 것이 아니고, 연구자의 학문적 의욕이나 사명감 같은 것으로도 얼마든지 가능하다. 그리고 '어떤 존재구속성'이란 것도 어불성설이다. 학문적으로 연구해야 할 과제라면 객관적 조건이나 심지어는 정치적 압박까지도 극복하면서 연구하는 것이 학자적 양심이요 자세이기 때문이다.

그런데도 우리 역사학계는 해방 후 60년이 지나도록 우리 역사상 가장 치욕스러운 부분의 하나인 일제강점기의 친일반민족행위에 대한 본격적인 연구업적을 한 편도 남기지 못했다 해도 과언이 아니다. 그 이유는 다음과 같이 말할 수 있지 않을까 한다.

일제강점기에 국내에서 역사학을 전공한 학자들은 친일반민족문제를 연구 대상으로 삼을 자격도 의식도 없었다고 할 수 있으며, 그들에게서 직접 지도받은 해방 후 제1세대 연구자들도 그 점에서는 그 지도교수들과 크게 다르지 않았던 것이 아닌가 한다.

일제강점기에 역사학을 전공한 학자와 해방 후에 배출된 제1세대 연구자들은 친일반민족문제뿐 아니라 민족해방운동사 연구도 거의 하지 못했다. 그들은 대학교육 전체 또는 일부를 일제강점기에 받았던 사람들이다. 해방 후에 배출된 제2세대 연구자와 제3세대 연구자들에 의해 비로소 민족해방운동사 연구가 시작됐고, 제3세대 연구자들의 일부가 친일반민족문제에 관심을 가지기 시작했지만, 아직도 본격적인 연구성과는 거의 없는 상황이다.

해방 후 60년이 되어도 친일반민족문제를 주제로 한 박사학위논문이 한 편도 없는 실정이며, 이같은 상황에서 학계가 스스로 친일청산을 하기를 기다리기에는 사정이 너무 절박하다. '문화민족사회'와 '비문화민족사회'를 구분하는 중요한 기준의 하나는 잘못된 제 역사에 대한 반성도가 얼마나 높은가, 그 잘못된 역사를 2세 국민에게 얼마나 정직하게 가르치고 있는가 하는 점에 있다고 할 수 있다.

그러나 해방 후 60년이 되고 선진국 진입 운운하면서도 역사반성 면에서는 아직도 '비문화민족권'에 들고 있다면 부끄러운 일이 아닐 수 없다. 이런 답답한 상황인데도 학계가 스스로 역사반성을 하지 못한다면 그 부끄러움을 메우기 위해 정부기관이라도 나설 수밖에 없지 않은가.

친일반민족행위 진상규명위원회는 비록 한시적 정부기관이긴 하나 그 핵심 구성원은 박사학위 소지자가 23명이며 석사학위 소지자가 21명인 데서도 드러나듯이 대부분 전문성을 갖춘 연구자들이다. 객관성 높은 성과를 내기에 손색이 없을 것이다.

교수신문의 논평이 두번째 지적한 점은 친일파 청산이 친일파에 대한 단죄가 아니라 그 자식을 찾아내는 작업이라는 것인데, 이 점은 정부가 하려는 친일청산작업과 일부 언론기관들이 하고 있는 '친일청산'을 혼돈한 데 지나지 않는다. 친일반민족행위 진상규명위원회는 아직 친일파의 자식은 고사하고 한 사람의 친일반민족행위자도 지적하지 않았다. 교수신문이란 이름의 논평치고는 너무 성급하고 무책임하다 하지 않을 수 없다.

세번째로 지적한 점은 "지금의 친일논쟁은 너무 비분강개해 있으며 중용을 취하지 못하고 있다"는 것이다. 이 점에 대해도 '과거사위원회'나 친일반민족행위 진상규명위원회는 아직 친일논쟁을 한 일도 없고 따라서 비분강개한 일은 물론 없다. '과거사정리위원회의 친일논쟁을 보며'라고 한 논평의 제목은 교수신문치고는 대단히 잘못 붙인 제목이다. 왜냐하면 '과거사정리위원회'는 친일문제만을 다루는 것이 아니기 때문이다.

교수신문이 네번째로 지적한 점은, 우리의 경우는 프랑스와 달라서 근 40년간이나 일본의 강점 아래 있었기 때문에 대부분의 사람들이 친일문제로부터 자유스러울 수 없다는 점과, 따라서 그 시대를 살지 않은 사람들이 '늦게 태어난 행운'을 남용해서는 안 된다는 것이다.

친일반민족행위 진상규명위원회의 경우 그 구성원들의 대부분은 고도의 역사학적 훈련을 받은 전문가들이다. '늦게 태어난 행운'을 남용할 정도라면 역사학 전공자라 할 수 없다. 그리고 이른바 '생계형 친일'에 대해서 관대해야 한다는 점에는 위원회의 운영을 책임진 입장에서도 전적으로 동감이다.

교수신문은 또 "많은 사람들이 일제시대에 일본사람으로 태어나 조국의 의미가 그렇게 절박하지도 않았고, 기성세대도 상당수는 독립에 대한 희망을 체념하고 있었다"고 했다. 그러나 그같은 1940년대에, 일본국민으로 태어나 일본교육만을 받은 젊은이들이 학병으로 끌려갔다가 목숨을 걸고 민족해방운동전선으로 탈출한 사람도 적지 않았다는 사실을 우리는 반드시 기억해야 한다.

반면 그 젊은이들을 일본제국주의 침략전쟁의 총알받이로 삼고자 학병지원을 권유하는 '반역의 혀'를 놀리고 다닌 이른바 민족지도자들도 있었다는 사실을 역사는 분명히 지적하고 반성해야 한다. 학도병으로 끌려갔다가 목숨을 걸고 탈출한 젊은이들만이 아니다. 한글학회사건을 비롯해서 얼마나 많은 사람들이 8·15해방을 옥중에서 맞았는가. 명색이 교수신문이라면 반드시 알아야 할 일들이다.

교수신문 논평은 또 "어찌 되었든 과거사정리위원회는 결성되었고 그 활동은 시작되었다. 그러므로 기왕에 활동을 시작하려면 분열보다는 보듬는 화해와 용서가 필요하다"고 했다. 무책임한 말이다. 과거사정리는 '어찌 되었든' 하는 것이 아니라 문화민족사회라면 반드시 해야 할 역사적 책무라는 점에 대한 이해가 교수신문이 크게 부족한 것 같아서 유감이다.

'분열' 운운이 나오면, 이미 다른 부분에서도 썼지만 꼭 해야 할 말이 있다. 미군정과 이승만정권 때부터 지금까지 친일청산 말만 나오면 으레 뒤따르는 상투어 세 가지가 있다. '너는 빨갱이다' '국론분열이다' '경제가 우선이다'가 그것이다.

긴 설명이 필요 없이 박정희 군사정권 때 평화통일을 표방한 7·4남북공동성명이 합의되었고, 노태우 군사정권 때 화해협력불가침을 약속한 남북기본합의서가 교환되었다. '빨갱이'나 국론분열 타령을 언제까지 계속할 것인가. 엄숙한 역사청산을 두고 언제까지 국론분열 운운할 것인가. 세계 13위의 경제력 운운하는데도 경제 우선 타령은 언제까지 해야 하는가, 교수신문의 논평이 아직도 이 정도라니 참으로 답답한 세상이다.

2005년 12월 12일(월)

제8차 11인위원회가 있었다. 일단 친일반민족행위자로 선정된 자들의 가족이나 후손을 찾아 그 사실을 알리고 이의신청을 받도록 특별법에서 규정하고 있는데, 그 가족이나 후손을 못 찾는 경우 어떻게 할 것인가 하는 조항이 전혀 없다. 특별법을 개정해서 그 문제를 보완할 것인가 아니면 시행령으로 해결할 것인가, 그도 아니면 시행세칙으로 해결할 것인가 하는 문제가 논의되었다. 결국 특별법을 보완하는 쪽으로 의견이 일치되어 국회 쪽과 교섭하기로 했다.

다음은 자문위원회 구성문제다. 11인위원 개개인의 추천을 받고 위원장이 정리해서 광복회와 종교계 및 학계 혹은 사회단체에 속한 인사 중에서 대체로 연령이 70이 넘은, 다시 말하면 일제시기를 살아본 사람들을 중심으로 14명을 선정했다. 11인위원회에 자문위원 후보명단을 올렸더니 약간의 이의가 있었고 또 한두 사람 추가했으면 하는 의견이 있어서 대체로 15명 선으로 정하기로 했다.

국회추천의 김정기 위원이 제주교육대학 총장으로 임명되었다. 거리가 먼 곳이라 위원을 사퇴할까 걱정했는데, 그냥 활동할 수 있다고 한다. 다행한 일이다. 자문위원 14명을 예정하여 11인위원회에 올렸다. 광복회 현·전 회장과 종교계 대표 3인, 역사학자 4인, 전 국방장관 1인, 국문학자 1인, 사회사학자 1인, 반민특위 조사관 출신 1인, 법학자 1인 등 14명이다.

11인위원회에서 대체로 동의했고, 다만 철학자 1인을 추가했으면 하는 의견이 있어서 그렇게 하기로 했다. 한 분 한 분 교섭해서 승인을 얻는 일만 남았다.

2005년 12월 13일(화)

과장회의를 주재했다. 사무처장이 주재하는 회의와 상임위원이 주재하는 회의가 매주 있다고 들었기에, 회의가 너무 많아서 위원장이 주재하는 과장회의는 생략해도 좋겠다고 생각하고 과장들의 의견을 물었더니, 한 달에 한 번하는 위원장 주재 과장회의는 존속하는 것이 좋겠다는 의견이었다. 그래서 대신 위원장 주재의 확대간부회의를 없애기로 했다. 그렇게 되면 위원장이 주재하는 회의는 매월 간부회의 한 번, 과장회의 한 번과 직원간담회 한 번으로 줄어들게 되었다.

각과에서 내년도의 정기국회와 청와대에 보고해야 할 친일반민족행위자 선정에 있어서 특별법에 따른 선정기준을 어디에 두어야 할 것인가 하는 문제를 두고 논의들이 있었다. 우선 특별법에서 말한 "을사조약, 한일합병조약 등 국권을 침해한 조약을 체결 또는 조인하거나 이를 모의한 행위"의 범위에, 한일의정서도 들어가야 하느냐 하는 문제가 있었다. '국권침해조약'은 대체로 을사조약부터로 잡는 것이 옳겠다는 의견을 말했다.

특별법에서는 "한일합병의 공으로 작위를 받거나 이를 계승한 행위"가 대상이 되는데, ㄱ)'합병' 후 일본의 '태왕(太王)'으로 강등된 고종황제와 '왕(王)'으로 강등된 순종황제, 그리고 황태자였다가 '영친왕(英親王)'으로 된 이은(李垠)도 그 범위에 드는가 하는 문제와 ㄴ)작위를 반납했으나 은사금을 받은 경우 ㄷ)작위는 못 받았으나 은사금을 받은 경우 등이 논의되었다.

고종과 순종은 '합병'에 반대한 것이 사실이고 영친왕은 어릴 때 볼모가 되었으니, 세 사람을 친일반민족행위자에 포함시키는 것은 무리로 생각된다는 위원장의 의견을 말했다. 일본이 준 작위는 반납했으나 은사금을 받은 경우는 구체적으로 유길준(俞吉濬)의 경우를 들 수 있는데, 그 행적을 상세히 조사해서 11인위원회가 결정하게 하자고 했다.

또 일본의 작위는 받지 않았고 은사금을 받은 경우에서도 특수한 경우, 예를 들면 스스로 받았을 뿐 아니라 다른 사람도 받도록 강요나 권유를 하고 다닌 경우 등이 있는가를 철저히 조사해보라 했다.

특별법 13호에는 "사회문화기관이나 단체를 통하여 일본제국주의의 내선융화 또는 황민화운동을 적극 주도함으로써 일본제국주의의 식민통치 및 침략전쟁에 적극 협력한 행위"를 친일반민족행위라 정의했다. 이 조항에 대해 ㄱ)'내선융화'의 시기는 예를 들면 3·1운동 이후인가 1910년부턴가 ㄴ)식민통치는 통감부시기부턴가, '한일합병'부턴가, ㄷ)침략전쟁에는 러일전쟁이나 1차대전도 포함되는가 하는 문제 등이 제기되었다.

잠정적으로 '내선융화'는 3·1운동 이후 이른바 문화정치시기부터로 잡으면 되지 않을까 하고, 식민통치는 통감부시기부터로 잡아야 하며, 러일전쟁이 한반도에 대한 침략전쟁인 것은 분명하다는 생각이다. 그러나 친일반민족행위란 곧 이적행위인데 러일전쟁 당시의 한국인들이 일본이 전쟁을 도발한 진의를 알고 일본을 적이라고 인식하기는 어려웠지 않을까 하는 점도 있는 것이 사실이다.

러일전쟁에 협력하여 일본으로부터 상훈을 받은 대한제국 사람들을 친일반민족행위자의 범위에 넣을 것인가 하는 것은 어려운 문제인데, 좀더 논의해봐야 할 것 같지만, 개인적으로는 넣어야 한다는 생각이다. 특별법 14호에는 "일본제국주의의 전쟁수행을 돕기 위하여 군수품 제조업체를 운영하거나 대통령령이 정하는 규모 이상의 금품을 헌납한 행위"라는 문구가 있다. 법을 정할 때 태평양전쟁 때의 군수품 조달이나 헌금을 주된 대상으로 한 것이 아닌가 생각된다.

그런데 ㄱ)러일전쟁 때 일본군을 지원하기 위해 헌금을 했거나 군수품을 조달한 행위도 포함하는가 ㄴ)대통령령이 정하는 규모 이상의 금품(헌납 당시의 화폐가치로 10만 원 이상)의 시기별 가치 환산을 위한 기준은 무엇인가 등이 논의되었다. 러일전쟁 때의 일본군에 대한 금품헌납이나 군수품 조달은 앞의 상훈의 경우와 같겠는데, 이 점에 대해서는 조사만을 철저히 하고 역시 11인위원회에서 논의되어야 할 문제로 남겨두기로 했다. 금품헌납의 경우 전체 일제강점기를 통해 10만 원 이상의 경우만 해당시키는 것이 옳다는 생각이며, 실무과장들에게도 그렇게 말해주었다.

특별법 제17호에 "일본제국주의의 통치기구의 주요 외곽단체의 장 또는 간부로서 일본제국주의의 식민통치 및 침략전쟁에 적극 협력한 행위"를 들고 있다. 외곽단체의 범주와 그 간부의 범위를 어떻게 잡을 것인가 하는 문제가 제기되었다. 외곽단체의 경우 특별법 (가)부문의 대표적 친일단체에 한정하는 것이 좋겠다는 의견을 말했다. 그러나 이런 의견들은 다만 조사과정에서의 참고사항에 한정되고 최후의 결정은 어디까지나 11인위원회가 할 것이다.

2005년 12월 15일(목)

자문위원회 구성을 위해 며칠을 두고 대상자들에게 전화를 했다. 자문위원은 일제강점기를 살아본 사람이라야 하겠다는 생각 때문에 위촉대상이 대체로 70세 이상의 연배들이다. 그러나 여러 사람으로부터 '전혀 맡을 수 없노라'는 강한 거절을 당했다. 그렇게 강하게 거절하는 이유는 '이 나이에 왜 좋은 소리 못 들을 그런 일을 맡으라느냐'는 데 있는 것 같았다.

누구는 좋아서 맡고 있겠는가. 심신이 이렇게 피곤한데도 민족사적 책임감과 피할 수 없는 정의감 같은 것 때문에 '달갑지 않은' 일을 맡아서 병 치료를 받아가면서도 견디는 것 아닌가.

2005년 12월 22일(목)

민족문제연구소에서 송년모임에 한번 와주기를 바란다 하고 또 위원회 간부들의 의견도 한번은 참석하는 것이 좋겠다고 했다. 위원회 간부들이 참석을 권하는 이유는 앞으로 특히 자료 면에서 민족문제연구소의 협조를 받아야 함을 생각해서인데, 조금 망설여지는 것도 바로 그 문제 때문이다.

민족문제연구소가 수집해둔 자료들을 협조받으려면, 민간연구소가 어렵게 수집한 자료를 국가기관이 그냥 가져올 수는 없고 어느정도 보상을 해주어야겠는데, 그럴 경우를 생각하면 지금 그쪽과 너무 가깝게 지내는 것이 공정성을 잃는다는 말을 듣지 않을까 하는 우려 때문이다. 생각 끝에 첫해고 하니 가서 친일인명사전작업 추진을 격려도 하고, 또 위원회사업에 대한 협조도 부탁하는 것이 좋겠다 싶어서 참석하기로 했다.

언젠가 연구소의 현판식에 참석한 기억이 있는데, 지금은 그때의 건물이 아니고 그보다는 훨씬 발전한 연구소의 규모와 현황을 보고 놀랐다. 구하기 어려운 일제강점기에 발간된 귀중한 자료들을 상당수 수집해둔 것을 보고도 놀랐고, 또 현재의 전속 연구원이 20명이 넘는다는 데도 놀랐다.

우리 사회가 참 괜찮은 사회라는 점을 또 한번 실감했다. 친일반민족행위를 규명하는 이런 민간연구소가 해방 후 60년이 된 현시점에 월 3000만 원이 넘는 시민의 회비납부로 유지되는 우리 사회, 정말 대단한 시민의식을 가진 사회라 하지 않을 수 없다.

연구소 벽에는 학과는 다르지만 대학 입학동기로 비교적 가깝게 지낸 고 임종국(林鍾國)형의 소박한 얼굴사진이 걸려 있다. 한번 놀러 오라기에 그의 천안 주거지를 찾아갔는데 완전한 농군 행색의 그가 풀지게를 지고 산에서 내려오던 모습이 지금도 눈에 선하다. 그의 초라한 서재에는 친일관계 자료가 제대로 갖추어져 있었는데, 그것들이 지금은 민족문제연구소에 보관되어 있다. 그가 죽은 후 결혼한 아들의 주례를 서기도 했는데 잘살고 있겠지……

그의 개인적 역사의식에서 시작된 친일반민족행위 연구가 민족문제연구소라는 큰 결실로 나타나게 되었으니 그저 놀랍고도 다행한 일이라 하지 않을 수 없다. 그가 『친일문학론』을 저술하면서 대학에서 직접 배운 은사들을 대상으로 넣지 않을 수 없어 고심하던 일이 생각나서, 지금의 내가 그때 그의 처지가 되었구나 하고 생각되어 마음 아프기도 했다.

사실인즉 역사학계가 이 일을 먼저 시작했어야 하는데 문학분야에서 먼저 시작되어 지금에는 문학·역사 부문으로 크게 확대되었다. 앞으로 우리 근현대 사학사가 엮어지면, 친일청산이 역사학 쪽이 아닌 문학 쪽에서 먼저 시작된 점이 강하게 지적될 것이다.

해방 후 반세기가 넘도록 친일반민족문제를 다룬 본격적 연구논문이 전혀 생산되지 않았다는 점에 우리 역사학계의 숨길 수 없는 맹점이 있음을 다시 한번 지적하지 않을 수 없다. 이런 문제와 관련해서 민족문제연구소의 앞으로의 전망에 관심을 갖지 않을 수 없다. 시민운동의 생산물이라 할 수 있는 이 연구소가 앞으로 언제까지 시민운동이 뒷받침하는 차원의 학문연구소로서 존속될 수 있을 것인가 하는 문제가 있다.

연구소가 목적으로 하는 친일인명사전 발간은 어떻든 가능할 것 같다는 전망인데, 인명사전만 간행하고 나면 이같은 성격의 민간연구소는 필요없게 될 것인가 하는 문제가 있는 것이다. 연구소 쪽의 생각은 정부 연구소나 대학내 연구소들이 객관적으로 다루기 어려울 수 있는 남북 사이의 역사해석 및 역사의식 상의 접근문제 등을 위해서도 이같은 연구소의 존속이 필요하다는 것이었다. 좀더 두고볼 일이다.

2005년 12월 23일(금)

제9차 11인위원회가 있었다. 자문위원 위촉 건을 보고했는데, 자문위원 자리를 맡지 않겠다는 사람들이 많아서 구성이 잘 되지 않는 것이 현실이다. 즉석에서 거절하는 사람이 있는가 하면 좀더 생각해보고 연락하겠노라 해놓고 연락을 주지 않는 경우도 있다. 자문위원조차 맡지 않으려는 동년배들이 많은데, 위원회 일을 도맡았으니 앞으로 어려움이 얼마나 많을지……

민족문제연구소가 수집해서 데이터베이스(DB)화 해놓은 자료가 많은데, 그 자료들이 모두 우리에게 요긴한 것임은 말할 나위가 없다. 그러나 민간단체가 10여 년 넘게 심혈을 기울여 모은 자료를 국가기관이 그냥 가져올 수 없음은 당연하다. 그러면서도 그같이 DB화한 자료를 구입하거나 사용권을 구입한 전례가 있는 것 같지 않다. 양쪽 실무자들이 대충 계산한 금액이 약 13억 원 정도라는데, 그 금액의 절반쯤으로 가져오고자 한다고 11인위원회에 보고했다.

그랬더니 일부 위원들, 특히 야당에서 추천된 위원들이 우선 민족문제연구소가 수집한 자료를 이용하면 민족문제연구소가 선정·발표할 것과 비슷한 결과가 나올 것이 아닌가 하고 반대했다. 자료가 같으면 결과도 같을 수밖에 없다고 생각하는 위원들에게, 그렇지 않고 위원회의 친일인사 선정은 국회에서 의결한 특별법에 근거할 것임을 설득하기가 쉽지 않다. 앞으로 친일반민족행위자를 선정하는 과정 전체를 통해서 이들을 설득하기가 여간 어렵지 않겠다는 예감이다.

또 하나의 반대논거는 별다른 근거도 없이 민족문제연구소의 자료에 대한 보상액을 산정금액의 절반으로 하는 것은 액수가 너무 높지 않느냐는 것이다. 11인위원회 안에 야당에서 추천된 위원을 포함한 소위원회를 구성해서 DB화한 자료의 경우 소유권을 사느냐 사용권을 사느냐는 점에서의 법적 문제, 그리고 지불할 금액의 적정액 문제 등을 결정하게 했다. 민족문제연구소에 가서 직접 보고 왔지만, 지금은 구하기 어려운 일제강점기의 자료들이 대부분이어서 우리 위원회로서는 별도로 구하기 어려우면서도 불가결한 자료들이다.

과거사정리위원회의 송기인(宋基寅) 위원장이 실무진 두 사람과 함께 방문해왔다. 위원회 구성문제로 조언을 구하러 왔는가 했는데, 광복 60주년기념사업 부산지역 위원장이었던 송신부가 그 기념사업의 일환으로 추진한 '평화와 희망의 뱃길' 행사에 대한 보고를 하기 위해 온 것이다. 처음 만났는데 대단히 소탈하고 초면이라도 격의 없이 사람을 대하는 그런 분이었다. 성직자 생활을 오래한 사람으로서의 독특한 인상 같은 것이 별로 풍기지 않는 그런 인품이었다.

2005년 12월 27일(화)

각 과의 팀장회의를 주재했다. 업무상의 실무를 일선에서 담당하는 팀장들에게서 애로사항을 직접 들어야겠다는 생각이 있었기 때문이다. 먼저 경찰 쪽을 담당하는 팀장이 1910년대의 항일운동가를 취조한 조선인 경찰관 외에 통역관과 입회인 등을 어떻게 할 것인가 하는 문제를 제기했다.

1910년대의 경우 특별히 죄질이 나쁜 경우만 조사대상으로 하되, 경찰관의 이름은 모두 입력해서 1910년대는 특별히 죄질 나쁜 행위가 없었다 해도 1920년대나 30년대 이후에 악질행위가 나올 수 있으니 이는 그때 가서 다루기로 했다. 헌병보조원 문제도 함께 제기되었는데, 그 경우도 경찰관과 같이 죄질이 특별히 나쁜 경우만 다루고 그 명단을 입력해두었다가 경찰관의 경우처럼 1920년대 이후 악질행위에 대한 자료가 더 나오면 그때 포함시키기로 했다.

체포된 의병들을 재판한 조선인 판·검사들 문제도 제기되었다. 판·검사의 경우는 특히 의병전쟁 참가자의 재판을 전담한 경우가 있다면, 그 경우만 조사하는 것이 좋겠다는 의견을 말했다. 놀랍게도 한일'합방' 직후인 1910년대에 이미 스스로 '창씨개명'한 즉 일본식 성명으로 바꾼 자들도 상당수 있었다. 이들의 경우는 조사해서 11인위원회가 결정하게 하자고 했다.

조선인 고급관리의 경우도 특별히 나쁜 행적이 없는 한 조선총독부의 국장급과 도지사급만 조사해서 역시 11인위원회의 결정에 맡기는 것이 좋겠다고 했다. 먹고살기 위해 하급관리 노릇한 사람들이야 포함시킬 수 없다는 생각이다. 일제강점기의 조선인이 총독부의 통치행위에 협조한 경우는 너무 많다. 조사보고서 작성을 위해 일단 모두 파악은 하지만 친일반민족행위자를 결정하기 위한 행적조서 작성대상자는 극히 제한적일 수밖에 없을 것이다.

2005년 12월 30일(금)

2005년도 종무식을 했다. 종무식사는 해방 후 한번 실패한 친일반민족행위자 규명을 60년이 지난 지금에 와서 왜 다시 해야 하는가, 그 역사적 필연성이 무엇인가를 깊이 생각해보고 앞으로 우리가 해야 할 업무에 대한 사명감을 되새겨야 한다는 점을 거듭 말했다. 그리고 최근 위원회의 간부진 안에서 약간 내비쳐지는 불협화음과 관련하여, 원만한 업무수행을 위한 인화(人和)문제를 강조하는 내용으로 송년사를 대신했다.

2. 친일반민족행위 진상규명 일지

2006년 전반기 _____

2006년 1월 2일(월)

위원회의 시무식이 있었다. 출근하는 자동차 안에서 잠깐 생각한 것이지만, 금년은 2006년 병술년인데 한 갑자 전 병술년 즉 1946년이야말로 우리 현대사가 결정적으로 잘못 가게 된 해가 아니었던가 싶다. 1945년말에 신탁통치안이 발표되면서 좌우대립이 심화되기 시작한 것은 사실이지만, 그것이 본격화한 것은 1946년에 두쪽 난 3·1절 행사부터라 할 수 있을 것이다. 그리고 곧 분단국가 수립을 전망한 이승만의 '정읍발언'이 나오게 되고……

강연도 하고 글로도 더러 썼지만, 지금 되돌아보면 38도선이 이미 획정되었고, 미·소 양군이 분할 점령한 위에, 민족해방운동 세력에 좌익과 우익 모두가 있는 상황에서, 좌우연립정부나 온건좌익과 온건우익의 합작정부가 아니고는 통일정부가 수립될 길이 없었다. 그럼에도 그 길은 회색분자나 타협주의자의 길 등으로 매도당하며 봉쇄되었고, 결국 좌익은 38도선 이북에 친소 사회주의국가를, 우익은 이남에 친미 자본주의국가를 만듦으로써 민족상잔이 벌어지고 말았다.

38도선 획정을 국토분단, 두 분단국가의 성립을 국가분단, 6·25전쟁을 민족분단이라 흔히 말하는데, 그때로부터 60년이 지난 지금도 남북공존 과정을 인정하는 방법에 의한 민족문제 해결은 난망한 상태다. 아직도 상생의 논리는 위험시되고 따라서 배척되고 있다. 다만 6·15남북공동선언으로 민족분단이 다소 완화되어가는 것이 하나의 희망이기는 하다.

남북 사이의 화해·협력이 적극화됨으로써 민족분단 상황이 크게 완화되어야 인적·물적 내왕이 잦아지고 그래야만 국토분단이 한층 더 완화될 것이다. 국토분단이 완화되어야만 국가분단을 해소하는 길이 조금씩이나마 열리게 될 것이다. 이런 말로써 신년사를 대신했다.

조사국장이 금년도 제1차 대상인물 선정에 대한 구체적인 기준 등을 가지고 왔는데, 사실 '특별법'의 조항 자체가 모호한 점이 있어서 실무자들이 곤혹스러워하는 부분이 많다. 그러나 일단은 특별법 조항을 기준으로 해서 조사에 필요한 현실적 기준을 만들고 그에 따라서 친일반민족행위자 선정작업을 할 수밖에 없는 실정이다.

조사국장이 과장들과 의논해서 정한 임시적 규정이 대체로 합당하다고 생각되는데, 다만 외곽단체 등은 친일성이 뚜렷한 단체로 한정했으면 하는 생각이다. '합방' 당시 탁지부(度支部) 대신을 지낸 고영희(高永喜)에 대한 조사대상자 심의자료를 견본으로 꾸며왔는데 대체로 만족스럽다. 다만 이력사항을 쓸 때 특별법의 적용시기인 1904년 이전의 이력과 그후의 이력을 좀더 명확히 구분해서 작성하는 것이 좋겠다고 지시했다.

실제로 일본의 강제지배시기로 들어가기 전과 그후의 행적 여하에 따라 그 친일행위의 정도가 달라질 수 있기 때문이다. 그밖에 사소한 몇가지를 지적하고 특히 '창씨명'이란 말을 '일본명'으로 바꾸는 것이 좋겠다 하고 과장들과 의논해보라 했다. 가능하면 이달 안으로 제1차 대상자의 조사를 완료해서 일단 11인위원회에 올려볼 생각이다. 모두 처음하는 일이라 일단 경험해보는 것이 좋을 것 같다는 생각이다.

현재 각과에서 1차로 조사하고 있는 친일반민족행위자는 대체로 1904년부터 1910년대까지로 한정해서 250명 내지 300명이 되지 않을까 한다. 내년에는 1920년대부터 중일전쟁 이전까지, 그후에는 중일전쟁부터 해방 때까지를 대상으로 할 생각이다.

2006년 1월 5일(목)

확대간부회의를 주재했다. 친일반민족행위자로 결정하는 과정에 대해 논의가 있었다. 실무진에서 친일반민족행위자로 선정해 올렸다가 11인위원회에서 기각된 사람의 경우, 외부에는 공개하지 않고 그 조사기록만을 자료로 남기기로 했다. 일부에서는 기각된 사람의 행적조서도 공개되어야 한다는 의견이 있었다. 그러나 연차보고서나 종합보고서는 친일반민족행위자로 결정된 사람들의 행적조서만으로 작성하기로 했다.

친일반민족행위자 결정과정에서 가결은 되었으되 반대하는 위원이 있는 경우 그 사실을 밝힐 것인가 하는 문제가 제기되었다. 소수의견도 조서에 남기기로 했다. 위원회의 사료편찬 업무는 자료관리과에서 담당하기로 결정했는데, 사료집에는 기본사료 중요사료만을, 금년도에는 1910년대 자료만을 수집해서 발간하기로 했다.

중요한 친일의 글을 썼으면서도 그 한두 편만으로는 친일반민족행위자로 선정되지 않을 경우도 있을 것 같은데, 이때 사료집에서 필자의 이름을 밝힐 것인가 하는 문제가 있다. 필자의 이름을 밝힐 것인가 하는 문제는 일단 중요한 글들을 모아보고 결정하기로 했다.

2006년 1월 9일(월)

제10차 11인위원회가 있었다. 먼저 자문위원 위촉 상황이 보고되었다. 현재까지 승낙한 위원은 김우전(金祐銓) 전 광복회장 등 10명이며, 김장환(金章煥) 극동방송국 사장이 동의하면 합계 11명으로 구성하기로 했다. 이미 승낙한 10명은 승인동의서를 제출하도록 했다.

다음은 민족문제연구소 자료의 입수문제인데 역시 소유권을 인수할 것인가 아니면 사용권만을 인수할 것인가와 각각의 경우 보상을 어느 정도 할 것인가

하는 문제가 초점이었다. 지난번에 구성한 소위원회가 구체적인 안을 마련해서 실무진으로 하여금 민족문제연구소 측과 절충하도록 했다. 공개입찰을 할 상황은 아니고 결국 수의계약 형식이 될 수밖에 없을 것 같은데, 아직은 이같은 선례가 없어서 일이 더욱 어려운 것 같다.

11인위원의 한 사람으로부터 금년도에 보고할 대상자 약 250명에 대한 명단을 미리 줄 수 없느냐는 제안이 있었다. 혹시 명단이 밖으로 누출될 염려가 있어서 각 대상자의 행적조서가 완성되기 전에는 명단 작성을 피해야 한다고 양해를 구했다. 대신 행적조서가 작성되면 회의를 열기 전에 각 위원들의 집으로 우송해서 충분히 검토한 후 회의를 열기로 했다. 다음은 금년도 업무계획이 보고되었다.

위원회의 금년도 총예산액은 78억 원인데 그중 인건비가 3200만 원 삭감되어 34억 원이고, 운영비가 총 43억 원이다. 그 내역은 관서운영비 23억 원, 청사임차료 11억 원, 여비 6억 원, 업무추진비 2억 원, 기타 1억 원이다. 작년에는 정식 예산편성이 없었기 때문에 예비비로 6개월간 사용했다. 그러니 정식 예산편성에 의한 업무추진은 금년이 처음이다. 합리적 예산운영이 되도록 최선을 다해야 할 것이다.

2006년 1월 16일(월)

한상구 조사국장이 제1차년도 친일반민족행위 예비조사대상자 명단을 가져왔다. 4개 조사과에서 예정한 인원이 모두 180명인데 물론 앞으로 가감이 있을 것이다. 현재는 '매국작위' '사법' '군인·헌병' '관료' '자문기구' '밀정·경찰' '경제' '정치·사회단체' '교육·학술' '언론' '종교' '문학' 부문 등으로 나누어 조사했다. 앞으로 자문위원회나 11인위원회에 친일반민족행위자로 선정된 자들의 명단을 올릴 때는 각 '부문'마다의 선정상황을 짧게나마 설명하도록 지시했다.

사무처장이 와서 일제강점기 관계 위원회, 즉 친일반민족행위 진상규명위원회와 강제동원피해 진상규명위원회, 그리고 곧 구성될 친일반민족행위자 재산

조사위원회 등을 합치자는 의견들이 있다고 한다. 과거청산위원회들을 합치는 것이 옳다고 생각하고, 그렇게 되면 위원장은 한 사람이면 될 터이니 그때는 꼭 이 무거운 짐에서 벗어나서 좀 쉬고 싶다.

2006년 1월 23일(월)

조사국 과장들이 위원장 면담을 하고 싶다 해서 만났다. 요점은 과장들의 합의된 의견이 국장-처장-상임위원 등 중간단계를 거치다 보면 위원장에게 잘 전달되지 않는다는 것이며, 따라서 중간 회의단계를 없애고 위원장 주재의 회의를 강화해달라는 것이다.

국장들은 과장들과 수시로 회의를 하게 마련이고 사무처장과 상임위원도 회의를 주재해야 할 필요가 있을 텐데 중간급 회의를 모두 없애는 것은 부당하다는 생각이다. 지금까지 한 달에 한 번 하는 위원장 주재 과장회의를 국장과 처장 및 상임위원이 참가하는 확대간부회의로 바꾸고, 거기서 결정되는 일은 반드시 실시되게 함으로써 과장들의 의견이 위원회 업무에 잘 반영될 수 있게 하자는 데 합의했다.

위원회의 전체 직원이 100여 명에 불과하다 해도 하나의 조직체인 이상 이를 원만히 이끌어서 주어진 기한 안에 소기의 업적을 이루어내기란 결코 쉬운 일이 아니다. 어떤 면에서는 상지대학교 총 인원 1만 명을 대상으로 할 때보다 더 어렵다는 생각이 들기도 한다.

2006년 1월 24일(화)

제1차 자문위원회가 있었다. 김태길(金泰吉), 박병호(朴秉濠) 위원을 제외하고는 전원이 참석했다. 자문위원과 직원 소개가 있은 후, 자문위원회의 역할에 대한 설명이 있었다. 자문위원 중에서는 자문위원회의 역할이 너무 소극적이라는 불만이 있었다. 법적 결정권은 어디까지나 11인위원회에 있고 자문위원회는 그야말로 자문기구임을 인식시키기가 쉽지 않았다.

친일반민족 문제에 대해서는 11인위원보다 자문위원 쪽이 더 경험과 지식이 풍부한 상황이니 그런 불만이 나올 만도 하다. 그러나 11인위원을 추천하는 권한이 국회와 대통령과 대법원장에게 있어서 생긴 결과이니 어쩔 수 없는 일이기도 하다.

본격적으로 친일반민족행위자를 선정하는 과정에 들어가면, 공식발표가 있기까지 선정된 자들에 대한 비밀보장이 어려운 문제가 될 것 같은데, 이 점에 대해 어떤 대책을 세울 것인가가 걱정이다. 비밀보장을 위해서는 11인위원이나 자문위원들이 행적조서나 자료를 위원회에 와서 보도록 했으면 좋겠는데 그것은 어려울 것 같다. 그렇다 해서 행적조서나 자료를 일일이 각자의 가정이나 사무실로 우송하는 것도 어려울 것 같아 좀더 연구해보기로 했다.

오후에는 각과에서 2명씩이 참가하는 일반과원과의 간담회를 가졌다. 간부회의만으로는 위원회 전체의 분위기나 업무진행상의 문제점 등을 파악하기 어렵다는 생각이다. 그래서 한 달에 한 번 각과의 직원을 교대로 불러 간담회를 가지기로 한 것인데, 간담회를 해보고는 역시 이런 모임을 가지기 잘했다는 생각이었다.

일반직원들의 의견이 위로 잘 전달되지 않는 동맥경화증 현상이 있다는 의견도 나왔고, 상급간부들이 일반직원들을 시도 때도 없이 불러서 혼자서는 대답하기 어려운 문제를 질문한다는 불평도 나왔다. 업무 전반의 추진문제에 대해서도 실무선에서 느끼는 문제점을 기탄없이 위원장에게 말해주기도 했다. 젊은 사람들의 거침없는 의사발표 태도가 마음에 드는 점이 많다.

부속실장을 배석시켜 일일이 메모하게 했으므로 다음 확대간부회의 때 그 내용을 주지시킬 생각이다. 4년 후에는 이 우수한 인력들이 또다시 실업자가 되어야 한다니 안타까운 일이 아닐 수 없다.

2006년 1월 25일(수)

작년 하반기에 국가인권위원장이 과거문제 위원회를 맡고 있는 몇 사람을 불러 점심식사를 하면서 서로의 애로사항을 말하고 의견을 나누는 기회가 있었다.

얼마 전 '진실·화해를 위한 과거사위원회'가 발족한 것을 계기로 이번에는 '반민규명위'가 주최하여 인권위원회와 '강제동원' '진실화해위' 위원장 등이 합석하여 담화를 나누는 기회를 가지기로 했다. '열심히 일하고도 좋은 말 못 듣는 위원회'를 책임진 사람들끼리 모였으니 할 말들이 많았다. 최근 인권위원회가 제시한 국정개선방안이 재계로부터 반발을 받은 일에 대해 서로 위로했다.

신청자가 20만 명이나 되는데도 위원장이 상임이 아닐 뿐만 아니라 존속기간이 2년밖에 안되는 '강제동원위원회'의 애로도 들었는데, 모법(母法) 자체를 개정하기 위한 노력을 하고 있다고 했다. 아직 직원이 다 충원되지도 않았는데, 이미 6000건 이상의 피해신고가 들어온 '진실화해위원회' 역시 그 범위와 대상이 너무 넓어서 주어진 기한내 처리할 수 있을지 걱정이라 했다.

'반민규명위'도 규명작업이 본격화하면서 첩첩태산이라는 생각이 들지만, 어쩌면 그래도 일의 가닥을 잡기가 다른 위원회보다 조금은 간명한 것이 아닌가 하고 자위하기도 했다.

2006년 2월 1일(수)

위원회 안에 계약직 직원인 조사관들의 '노동조합'이라 할 '조사관협의회'가 구성되었다 하더니 그 대표자들이 위원장 면담을 청한다기에 만났다. 위원회 구성원의 법적 자격이 여러가지여서 복잡하다. 각 부처에서 파견된 정식 공무원이 있는가 하면 위원회 발족과 함께 모집한 전문계약직과 별정직 등 4년 기한부 공무원이 있고, 나머지는 1년 계약직의 조사관들인데 그 수가 전체 직원의 거의 절반이 된다.

위원회에서 하는 일은 모두 친일반민족행위자를 조사해서 조서를 꾸미는 일인데, 전문계약직이나 별정직은 공무원 대우를 제대로 받지만 계약직 조사관들은 그렇지 못하다. 생각 같아서는 전체 직원을 같은 자격으로 뽑고 경력에 따른 대우의 차이만을 두는 것이 옳았을 것 같은데, 다른 위원회의 전례에 따라 별정직과 계약직 등으로 그 자격이 나누어져 있다.

계약직 조사관들의 경우 학력 등에서 별정직과 별 차이가 없는 사람들인데도 신분이 1년밖에 보장되지 않는 계약직으로서 불리한 대우를 받고 있다. 그 때문에 계약직 직원들이 '조사관협의회'를 조직해서 여러가지 요구사항을 제기하게 된 것이다. 위원회 자체가 제도를 개정할 수는 없는 일이지만, 주어진 조건 안에서나마 최대한 차별을 줄이라고 사무처장에게 지시했다.

2006년 2월 2일(목)

오후에는 팀장 이상의 간부들이 모여서 일본의 작위를 받은 자와 관료, 사법계, 종교계, 언론계 등 각 분야의 친일반민족행위 조사대상자 중 이미 작성된 개인의 심의자료 몇 개를 놓고 검토회의를 가졌다. 대체로 잘 작성된 것 같으나 문장이 거칠거나 작성자의 의견이 너무 장황한 점, 내용이 다소 애매한 점, 국한문 혼용으로 할 것인가 한글전용으로 할 것인가, 일본인 이름의 표기를 일본식 발음대로 할 것인가 우리 한자 발음으로 할 것인가 하는 문제 등이 있었다.

친일반민족행적을 명시하면서 원문인용을 어느 정도 할 것인가 하는 문제 등을 좀더 검토하기로 했다. 예를 들면 일진회의 소위 합방건의서 전문을 심의자료에 싣는 것 등은 무리가 아닌가 생각되기도 한다.

조사해서 제시된 친일반민족행위자 중에는 일반적으로 잘 알려지지 않은 자와 지난번 민족문제연구소에서 발표한 명단에도 없는 자들이 상당수 있었다. 의병전쟁을 탄압한 자나 체포된 의병들의 재판과정에 적극적으로 참여한 판·검사와 3·1운동 참가자를 탄압하다가 시위군중에 의해 살해된 경찰관 등을 새로 찾아내기도 했다.

앞으로 자료를 좀더 검토하면 1910년대 친일반민족행위자들의 행적이 더 드러날 것 같은데, 이들은 금년도 국회보고에는 빠진다 해도 내년 보고에 포함될 수 있을 것이다. 금년도 보고대상 중에서는 역시 「시일야방성대곡(是日也放聲大哭)」을 쓴 장지연(張志淵)의 경우가 논란대상이 될 것이 확실하다. 심의자료에서는 경남일보와 매일신보에 쓴 글이 수백 편이 된다고만 했는데, 그중 친일성이 뚜렷한 글이 얼마나 되는지 상세히 조사하도록 지시했다.

1차 자문위원회의 때 윤병석(尹炳奭), 신용하(慎鏞廈) 위원이 제1차년도인 금년에는 누가 봐도 친일반민족행위자임이 뚜렷한 자들만을 보고하는 것이 좋겠다는 의견을 제시했다. 앞에서도 말했지만 친일반민족행위자에 대한 조사를, 을 사늑약 전후에서 3·1운동까지의 제1기와 3·1운동 후부터 중일전쟁 이전까지의 제2기 그리고 중일전쟁과 태평양전쟁기의 제3기로 나누어 조사하게 했다.

장지연의 친일행위는 그중 제1기에 속하고, 따라서 금년도의 보고대상이 되어야 하겠는데, 일단 조사를 해서 11인위원회에 올려 검토하도록 지시했다. 특별법상 '당연 케이스'인 중추원 참의의 경우도 임명된 지 불과 몇달 만에 사퇴한 자도 있고, 또 임명은 되었으나 회의에 참가하기 전에 사망한 자도 있는데, 이 경우 어떻게 할 것인가 하는 문제가 나왔다. 작위 받은 자 등 특별법상 '당연 케이스'는 설령 그 죄상이 가볍다 해도 일단 행적조서를 작성하고 11인위원회에 올려서 거기서 선정 여부를 결정하도록 했다.

선정대상자의 친일반민족행위가 특별법의 어느 조항에 해당하는가를 심의자료에서 일일이 밝히도록 했다. 그러나 특정 죄상을 특별법에 적용할 조항이 적당하지 않거나 애매한 경우가 간혹 있는 것 같아서 좀더 면밀히 검토하도록 지시했다.

의병전쟁 탄압에 적극 참가한 경찰관의 경우같이 그 행위는 악질적이면서도 심의자료 작성에 이용할 만한 자료는 극히 적어서, 많은 관직을 거친 관료 출신 친일반민족행위자들과 형평성을 유지하기 어려운 점도 있다. 이런 경찰관의 경우 11인위원회에서 그 죄상이 소홀히 취급될까 염려되기도 하다.

2006년 2월 6일(월)

한 달에 한 번 열기로 한 정례 확대간부회의가 있었다. 금년도 정기국회에 보고해야 할 친일반민족행위자에 대한 1차 심의자료 작성일정을 '당연 케이스'의

548

경우는 3월 초까지, 그리고 그외 대상자는 2월 15일까지 완성하기로 했다. 1차 대상자에 대한 자문위원회의 심의는 강연차 가는 일본 홋까이도오(北海道) 출장에서 돌아온 후 2월 22일쯤 하기로 하고 11인위원회 심의는 27일쯤 하기로 했다.

심의자료의 외부, 특히 언론계에 사전누출되는 것을 막기 위해 자문위원들에게 심의자료의 어느 부분까지를 어떻게 전달하고 심의하게 할 것인지 하는 문제가 논의되었다. 논의 끝에 심의자료는 대상자의 친일사실을 쓴 부분만을 제시하기로 하고 첫번째인 이번은 자문위원들이 위원회 사무실에 와서 심의자료를 검토한 후 선정대상자에 대한 위원 각자의 의견을 말하게 했다. 자문위원들의 의견을 수렴해서 11인위원회가 참고할 수 있게 하고, 이같은 운영방법에 대한 자문위원회의 의견도 들어보기로 했다.

다음은 국제학술회의 개최 문제인데, 기획총괄과에서 아일랜드의 친영국협력자 처리, 폴란드의 과거청산, 프랑스·핀란드 등의 친나치세력 숙청에 대한 상황을 그곳 전문가들을 불러 발표하게 함으로써 조사보고서, 특히 연구보고서 작성에 도움이 되게 하자는 것이다. 원안에는 국내인사도 '친일파의 역사'를 발표하게 되어 있었으나, 국내의 경우 연구성과가 전무하다시피 한 '친일파의 역사' 문제보다 '왜 친일청산에 실패했는가' 하는 문제를 발표하게 하도록 수정했다.

다음은 일본 공문서관에서 가져온 자료의 마이크로필름 제작 및 제본·복사를 추진하기로 하고, 앞으로의 자료수집은 가능한 한 중요도가 높은 자료를 집중적으로 수집하도록 지시했다. 직원들의 대부분이 연구생활을 하던 사람들이라 자료수집 욕심이 높아 이번 친일반민족행위자 조사와는 약간 거리가 있는 자료도 앞으로의 연구를 위해 미리 수집해놓으려 하기 때문이다. 친일반민족행위 규명작업은 한시적 사업이라서 너무 욕심을 부리면 사업완수에 지장이 있을 가능성이 있어서 지시한 것이다. 사업 전체를 책임진 사람의 고충이라 하겠다.

재일동포 김경해(金慶海)씨가 1900년대에 발행된 일본의 관서지방을 중심으로 한 지방신문에 실렸던 조선관계 기사를 수집한 자료를 입수했다. '합병' 초기의 재일동포 연구에는 대단히 중요한 자료이며, 재일동포사회의 초기 친일파 동향이 잡힐 자료라 생각된다. 그것을 빨리 분석해서 금년도 행적조서 작성에 이용하고, 시간적으로 미치지 못하면 연말 보고서에 이용하도록 했다. 김경해씨 자료가 친일반민족행위 규명에는 크게 도움이 될 만한 것은 아니라는 의견도 있는데, 어떻든 분석해본 후에야 그 진가를 알 수 있지 않을까 생각한다.

금년은 사실상의 제1차년도여서 소수나마 1910년대에 활동한 인물에 한해서만 보고하고 2007년도에는 3·1운동 이후 중일전쟁 전까지의 친일반민족행위자를 그리고 2008년도에는 중일전쟁 이후의 친일반민족행위자를 대상으로 하기로 일단 정했다. 그러나 친일반민족행위의 양상이 다양해지고 그 대상자의 수도 많아지는 3·1운동 이후 즉 1920년대 이후는 연차적으로 조사하기보다 먼저 그 전체상을 파악한 후 2008년도 이후에 집중적으로 다루는 것이 효과적이지 않겠는가 하는 의견도 있다.

어느 방법이 더 효과적이겠는가를 쉽게 판단하기 어렵다. 친일반민족 문제를 다룬 앞선 연구성과들이 있으면 파악하기가 쉽겠는데, 문학 쪽의 임종국(林鍾國)씨 연구 외에는 해방 후 60년간 역사학 쪽 연구는 거의 전무한 상황이라 효과적인 방법을 찾기가 쉽지 않다.

금년도 보고를 위한 준비가 일단 끝나게 될 4월쯤에 가서 조사국과 기획국의 6인 과장들이 일차 TF팀이 되어 기초적 방법론을 수립하고 양 국장과 사무처장, 상임위원이 합세해서 최종적인 방법을 세우도록 지시했다.

각 과의 실무팀장이나 과장들의 의견이나 결정사항이 위원장에게까지 오기 전에 중간간부층에서 거부되어버리는 경우가 있어서 곤란하다는 여론이 있다. 그 해결책으로 과장들이 확대간부회의에서 토의사항을 직접 제시할 수 있게 하고, 그 사항을 확대간부회의에 참가하는 모든 인원이 함께 논의하여 가부를 결정해야만 일의 추진이 신속해질 수 있겠기에 확대간부회의의 의미를 종래와 같은 보고청취회의가 아닌 업무의 최종결정회의로 바꾸었다.

중간간부의 일부가 이같은 확대간부회의의 성격 변화에 불만스러워하는 것으로 드러났지만, 4년이란 한정된 기간 안에 주어진 책무를 다하기 위해서는 부득이한 일이라 생각되어 실무담당 과장들과 팀장들의 의견에 따라 그대로 강행할 생각이다.

지금에 와서야 어쩔 수 없지만, 위원회 조직구성이 좀 잘못된 것 같다. 상임위원이 한 사람 있을 경우는 사무처장을 둘 필요가 없고, 위원장이 상임이면서 사무처장을 둔다면 상임위원을 둘 필요가 없었던 것으로 판단된다. 상임위원과 사무처장의 사무분장이 분명하지 않아서 국·과장들이 애로를 느끼는 것이 사실이다.

그렇다고 해서 위원장이 지금 조직을 고치거나 사무분장을 마음대로 바꾸도록 지시할 수도 없는 일이다. 처음부터 위원장을 맡기로 결심했다면 조직이나 인선 면에서 좀더 적극적으로 사전준비를 했을 텐데…… 조직과 간부인선이 거의 끝날 때까지도 맡지 않으려고 피하다가 결국 도망가지 못하게 되었고, 위원회의 인원구성 과정에는 전문위원 수를 늘리는 정도밖에 관여하지 못했기 때문에 이같은 애로를 겪는 것이니 뒷수습을 할 수밖에……

2006년 2월 13일(월)

제11차 11인위원회가 있었다. 중요의제는 특별법 개정문제였다. 특별법에는 11인위원회가 일단 선정한 친일반민족행위대상자는 그 가족 등 연고자를 찾아 그 사실을 알려줌으로써 반론을 할 수 있게 되어 있다. 그런데 가족 및 연고자를 전혀 찾을 수 없을 때는 어떻게 할 것인지 하는 점이 규정되어 있지 않다. 소위원회를 구성해서 논의한 결과 관보에 게재하는 것으로 대신하기로 하고 국회에 특별법 개정을 요구했다.

그랬더니 국회 일각에서 반론권을 보장하되 대상자의 명예를 훼손하지 않는 범위 내에서 일간지에 공고하는 방안이 어떻겠는가 하는 의견이 있다고 한다. 11인위원회에서 논의한 결과 그런 안이 나오면 수락하기로 했다. 개인적으로는 친일반민족행위 진상규명위원회의 이름으로 일간지 게재를 하면 그것만으로도 명예훼손이 되겠다 싶어서 혹 행정자치부 총무과 등의 명의로 공고할 수는 없겠는가 했는데 불가능하다는 의견이었다.

드디어 친일반민족행위 대상자를 심의하는 일을 해야 하는 단계에까지 왔다. 금년 조사대상자를 약 180명으로 잡고 한번에 60명씩 세 번에 나누어 심의하기로 결정했다. 제1차 자료배부는 2월 27일에 해서 3월 6일에 심의하기로 하고, 그날 제2차분 자료를 배부하고 2차 심의는 3월 13일에, 3차 심의는 3월 20일에 하기로 결정했다. 1차 심의자료 배부는 택배로 하고 2차와 3차는 심의하러 온 11인위원 본인에게 직접 전하기로 했다.

11인위원회의 일부 위원이 각 심의자료에 조사관과 과장만을 밝히지 말고 그 팀원 전체의 이름을 명기하라는 요구가 있었다. 그런 요구의 진의가 어디에 있는지 알기 어려웠는데, 그럴 필요가 없을 뿐만 아니라 그렇게 하는 것은 너무 번거로워서 받아들일 수 없다고 했다. 다만 역사학자가 아닌 위원들을 위해서 일본귀족령, 은사금, 경학원 등에 대한 설명을 미리 해주기로 하는 한편, 심의 당일 해당과장을 입회시켜 질문에 답하도록 했다. 일부 위원은 친일관련 용어사전 같은 것을 발간하자는 의견을 제시했으나 위원회 존속기간 4년으로는 어려운 일이다.

2006년 2월 14일(화)

특별법 개정문제로 국회 행정자치위원회 회의에 참석했다. 친일반민족행위자로 선정된 사람의 가족을 찾기 위해 관보나 일간지에 고시하자는 의견이 있었으나, 확정되기 전에는 명단을 비밀에 부치도록 되어 있는 특별법에 위배된다는 의견이 있었다. 한나라당의 유기준(兪奇濬) 의원이 민사소송법의 송달방법을 준용하는 것이 어떻겠느냐 하는 한편, 형사소송법에는 검찰이 이해관계인이나 참고인 등이 불분명할 경우 진실을 밝힐 수 없으므로 불기소처분을 한다는 예를 들기도 했다.

가족이나 이해관계인을 못 찾을 경우 불기소하는 예를 적용하면 가족 및 이해관계인이 나오지 않는 이상 이완용(李完用)도 친일반민족행위자로 규정할 수 없게 될 것이라 말하고, 가족을 못 찾는 경우 최소한의 면책이라도 될 수 있게 법을 개정해주어야 한다고 말했다. 의원들 스스로도 피선정자 측에 반론권을 주려다보니 결국 모순점이 있는 법이 되고 말았음을 인정하고, 법안심사 소위원회를 열어 개정하고 전체회의에서 통과시키기로 했다.

불과 1~2분간의 답변을 하기 위해 근 한 시간을 기다렸다. 아마 앞으로도 이런 경우가 자주 있지 않을까 한다. 어쩌다가 정년 후의 노년에 공무원 신분이 되어 대부분이 제자뻘인 국회의원들 앞에 불려나가 고충을 당하게 되었는지 스스로 생각해도 한심하다. 아마 의원들도 미안했는지 강창일 의원은 말할 것 없고 원혜영(元惠榮) 의원도 일부러 자리에 찾아와서 인사했다. 고려대학교 사학과 제자인 민노당 이영순(李永順) 의원은 일부러 피했는지 자리에 보이지 않았다.

2006년 2월 22일(수)

자문위원회가 열렸다. 구체적으로 1920년대까지의 대상자 명단과 행적 내용을 놓고 자문위원들의 의견을 물어볼 계획이었다. 그런데 신용하 위원이 제1차 년도는 반민특위가 선정했던, 누가 봐도 친일행위가 뚜렷한 사람들만 대상으로 하고 다소 논란이 있을 것 같은 대상자는 마지막 해로 돌리자는 의견을 강력히 주장했고, 윤병석 위원도 여기에 동조했다.

2차, 3차년도로 갈수록 논의가 분분해질 대상자가 훨씬 더 많아질 터인데, 1차년도부터 뒤로 미루기 시작하면 4년이란 기간으로서는 결국 종결을 보지 못하게 될 가능성이 있다고 설득했고, 여타 위원들은 대체로 납득하는 것 같았다. 다만 비밀보장상 심의자료를 미리 배부할 수 없었고 따라서 사전검토가 전혀 없는 상황에서 심의하는 것이 위원들에게 부담이 된 것은 사실이다.

제1차년도 조사대상자 중에서 논의가 분분해질 가능성이 가장 높은 「시일야방성대곡」의 주인공이면서도 친일을 한 장지연을 올려봤는데, 역시 특히 신용하, 윤병석 위원의 반대가 심했다. 심의대상에 올렸다 해서 바로 친일반민족행위자가 되는 것이 아니라 다만 의견을 듣고 싶은 것뿐이라 해도 장지연을 심의

대상에 넣은 일부터가 잘못된 것이라는 의견이었다.

다른 위원들은 반드시 그렇게 생각하는 것 같지는 않았는데, 두 위원의 반대가 원체 심해서 더 논의할 수 없었다. 논의를 일단 중지하고 자료를 집으로 가져가서 검토한 후 내달 7일에 다시 토의하기로 했다. 자료가 밖으로 나가지 않게 하기 위해 특별법상의 비밀유지 조항을 복사하여 자료에 붙여서 배부하도록 했다. 주어진 4년 안에 친일반민족행위자를 선정해서 행적조서를 작성하고 또 연구보고서와 사료집까지 낼 수 있을지 걱정이다.

최후결정기구가 아닌 자문위원회에서의 논의도 이렇게 분분한데 정작 친일파를 최종적으로 결정해야 하는 11인위원회를 거치려면 얼마나 의견이 분분할 것인가.

2006년 2월 23일(목)

특별법 개정안이 지난번 '행자위'를 거쳐 '법사위'로 갔으므로 참석하여 질의에 답해야 한다 해서 국회에 갔다. 분과위원회 회의에는 반드시 기관장이 참석해서 대답해야 한다니, 이 자리에 있는 한 갈 수밖에 없지 않는가.

30분 이상을 기다렸다가 회의에 들어가서 한 말은 "개정안대로 통과시켜주면 고맙겠습니다" 하는 한마디뿐이었지만, 경찰청장 등 함께 들어간 행정부 간부들의 답변이 끝날 때까지 동석해 있을 수밖에 없었다. 국회의 권위가 대단히 높음을 늙은 신출내기 정무직 장관급 공무원이 또 한번 실감했다고나 할까……

2006년 2월 27일(월)

오후에는 11인위원회에 처음으로 올릴 심의자료를 놓고 직원들과 검토모임을 가졌다. 각 분야에 따라 처음 심의자료를 작성했기 때문에 몇 가지 문제점 등이 드러났으나 일단 그대로 11인위원회에 올려서 결과를 보기로 했다. 실무조사관들과 자문위원 및 11인위원이 보는 친일반민족행위의 범위 사이에는 상당한 차이가 있을 것으로 짐작된다. 이 차이점을 어떻게 메워갈 것인가 하는 점이 위원장이 고심해야 할 부분인 것 같다.

해방 후의 반민특위 때와 같이 친일반민족행위자를 재판을 통해 실정법으로 다스리게 되면, 행적에 따라 3년형 5년형 등으로 형량이 달라지고 그에 따라 차별성이 생기게 마련이다. 그런데 이번 특별법은 실정법에 의한 치죄가 아니라 역사적 청산이므로 어느 한 개인을 두고 반민족행위의 등급을 정하는 것이 아니라 친일반민족행위자인가 아닌가를 구분할 뿐이다.

그래서 친일반민족행위자 여부를 결정하는 기준이 상당히 관대해질 수밖에 없다는 생각인데, 그럴 경우 열심히 자료를 찾아 조서를 꾸민 조사관들이 납득할지 걱정이다. 또 위원회가 친일반민족행위자 선정기준을 대단히 엄격하게 해서 많은 사람들이 친일반민족행위자로 규정되면 이른바 보수세력 쪽에서 반발할 수도 있을 것이다.

반대로 기준이 낮고 느슨해서 생각보다 적은 사람들이 친일반민족행위자로 규정되면, 많은 국가예산을 들여서 4년간 100명이 넘는 인원이 해놓은 것이 겨우 그 정도냐 하고 비난할 수도 있을 것이다. 그뿐만 아니다. 지난날 하다가 그만둔 반민특위의 성과나 광복회가 몇 사람에게 의뢰해서 해놓은 친일반민족행위자 선정과 다를 바 없지 않으냐 하는 비난을 받을지도 모른다. 참으로 어려운 일을 맡았다는 생각을 떨칠 수 없다.

2006년 2월 28일(화)

한 달에 한 번씩 하는 일반직원 대표들과의 간담회를 가졌다. 위원회의 이름이 길어서 11인위원회에서 '반민규명위'라는 약칭을 정한 바 있는데 그 약칭이 마땅치 않다는 의견이 나오는가 하면 심의자료 작성상의 불통일성 문제 등 여러 가지 의견이 나왔다.

그런가 하면 조사국 직원과 행정과 직원 사이의 의견 차가 대화를 통해 좁혀지기도 했다. 모임 후에는 함께 점심식사를 했는데 그 자리도 그야말로 화기애애했다.

2006년 3월 6일(월)

확대간부회의가 있었다. 회의에서는 금년도 말에 국회에 보고할 준비가 끝나면 위원회가 다음에는 무엇부터 할 것인가 하는 문제가 주로 논의되었다. 제1차 년도에는 일단 매국과정과 1910년대에 한정된 자들을 대상으로 조서를 꾸미며 반민족행위 여부를 결정하고 9월 정기국회에 보고하고, 그다음에는 바로 내년도의 보고를 위해 1920년대와 중일전쟁 전 1930년대를 대상으로 조사하기로 일단 결정했었다.

그러나 2차년도에는 업무보고만 하고 친일반민족행위자 행적보고는 하지 말며 자료조사를 해방 때까지 한 후, 3차년도에 나머지 전체 친일반민족행위자 보고를 하는 것이 어떻겠느냐는 의견이 있었다. 두 가지 문제를 놓고 의논해보되 조사국의 1, 2, 3, 4과 전체가 반드시 똑같은 로드맵을 가지고 작업할 필요는 없고, 각 과가 상황에 따라 주체적으로 로드맵을 정해도 좋다고 말해주었다.

간부회의가 끝나고 바로 내일의 자문위원회에 회부할 금년도 첫 친일반민족행위자에 대한 행적조서를 검토했다. 실무조사관들이 지닌 친일반민족행위자의 개념 및 대상 범위와 일제강점기를 살아본 노년층의 그것 사이에 상당한 차이가 있음을 또 한번 실감했다.

100명이 넘는 위원회 실무자 중에 일제강점기를, 특히 광란의 태평양전쟁 시기를 살아본 사람은 위원장 한 사람밖에 없다. 어느새 그렇게 되었구나 하는 생각을 하게도 되지만, 친일반민족행위자를 보는 눈에서 젊은 직원들과 위원장 사이에 상당한 차이가 있다는 생각을 자주하게 된다.

친일반민족행위자 대상의 수준을 훨씬 낮추어야 한다는 생각인데, 그러다보니 자료에 나타나는 직위나 행위만을 기준으로 하여 친일반민족행위자의 범위를 정하려는 실무조사관 및 과장들의 생각과는 상당한 차이가 있음을 실감하게 되는 것이다. 헌병보조원과 합방기념기장을 받은 자 등을 모두 친일반민족행위자로 간주할 수는 없고, 그중에서 특별히 친일반민족행위를 한 사실이 뚜렷한 자만을 골라서 넣어야 한다는 생각인데, 그 기준을 정하기가 여간 어려운 일이 아니기도 하다.

더구나 일제강점기를 살아본 사람들로 구성되어 있는 자문위원회와 일제강점기를 살지는 않았지만 변호사 및 법학교수가 다수인 11인위원회와 실무조사관들의 생각에는 각기 상당한 차이가 있음이 분명히 느껴진다. 결국 위원장이란 자리가 그 차이점을 절충하고 메워주어야 하겠는데 잘될 수 있을지 걱정이다. 내일의 자문위원회에서 일단 부딪쳐볼 수밖에······

2006년 3월 7일(화)

제2차 자문회의가 있었다. 자문회의가 있기 전에 처음으로 10여 명의 조사대상자 심의자료를 놓고 11인위원들의 의견을 들어봤다. 11인위원회는 절반 가까이가 역사학 전공자가 아닐 뿐 아니라 40~50대의 해방 후 출생자들이다. 아무래도 이들만으로는 친일반민족행위의 기준을 잡기가 어려울 것 같아, 70대 이상의 역사학자와 광복회 관계자 및 전 반민특위 조사관 등으로 자문위원회를 구성했으며, 오늘 처음 구체적으로 친일반민족행위 대상 여부를 논의하게 된 것이다.

예상대로 자문위원들의 의견과 기준 사이에도 상당한 차이가 있었다. 어느 특정인을 두고 당연히 친일반민족행위자에 넣어야 한다는 위원이 있는가 하면, 절대로 넣어서는 안 되며 만약 넣게 되면 사회적으로 큰 물의가 있으리라 염려하는 위원도 있었다.

자문위원들이 회의에서 한 발언이 절대로 외부로 나가지 않게 하라고 직원들에게 강조했다. 자문위원들의 의견은 수합했다가 11인위원회의 결정과정에서 질문이 나오면 자문위원 개인의 의견을 말하지는 않고 그 대체적인 경향만을 이야기해줄 예정이다. 국회보고까지의 비밀유지가 어려운 일이다.

2006년 3월 10일(금)

상임위원 중심의 간부회의가 있었고 그 결과보고가 있었다. 간부회의에서 금년도 국회보고 문제를 두고 이견이 있었던 것 같다. 즉 1910년도까지의 친일반민족행위자 선정을 두고도 자료수집 및 검토 등에서 아직 미흡한 점이 있으니 금년도 국회보고는 업무보고만 하고 친일반민족행위 결정보고는 내년부터 하자는 의견과, 예정대로 금년에도 친일반민족행위 결정보고도 하자는 의견이 있었다고 한다.

위원장의 의견은 4년이란 한정기간을 가진 위원회가 일을 뒤로 미루는 것은 옳지 않다는 전제 아래, 예정대로 금년도에 업무보고뿐 아니라 친일반민족행위자 선정보고도 해야 한다고 했다. 만약 자료수집이나 검토 등에서 부족한 점이 있다면 야간근무를 하는 등 총력을 기울여서 최선을 다하라고 지시했다. 3·1운동 후의 1920년대도 그렇지만 특히 중일전쟁 및 태평양전쟁기에 들어가면 조사대상의 수가 급격히 증가하게 될 것이다.

그 수가 비교적 적고 또 특별법상의 '당연 케이스'가 많은 1910년대의 친일반민족행위자에 대한 보고까지 내년 이후로 미루면 3, 4차년도에는 업무가 쌓여 기한 안에 소기의 목적을 달성하기 어려워질 것이다. 이승만정권 때의 반민특위 활동이 실패한 후 근 60년 만에 다시 시작된 친일반민족행위자에 대한 역사적 '숙청'마저 이번 기회를 놓치면 영영 불가능하게 될 것이다.

더구나 친일반민족 문제에 대해 그 행위자들의 행적조사만을 하려는 것이 아니라 가능한 한 친일반민족 문제 전체에 대한 학문적 연구까지도 함께 해서 '행적보고서' 외에 '연구보고서'까지 완성하려는 계획이기 때문에 일을 미룰 여유가 전혀 없는 것이다.

해방 후 60년이 지나도록 친일반민족 문제가 역사교육에서 완전히 빠져버린 상황이다. 따라서 친일반민족행위자의 행적조사도 중요하지만, 앞으로 각급학교에서 역사교육에 참고가 될 만한 친일반민족 문제에 대한 종합적 연구보고서 작성이 오히려 더 중요하다는 생각이기도 하다.

2006년 3월 13일(월)
제12차 11인위원회가 있었다. 민족문제연구소의 DB자료에 대한 보상문제가 보고되었다. 우선 소위원회에 회부하여 검토하고 그 의견을 전체 위원회에 보고하도록 했다. 먼저 자료를 기증받은 후 연말에 가서 예산범위 안에서 보상금을 주자는 의견과 자료구입비 예산의 50% 안에서 우선 1년간 사용·계약을 맺자는 의견이 나왔다.

위원회로서는 민간단체인 민족문제연구소가 소장하고 있는 자료가 절대 필요하고 이미 일부를 가져와서 사용하고 있는데, 거듭 말하지만 그 자료사용에 대한 보상을 어떻게 할 것인가 하는 문제가 어려운 것이다.

전체 11명위원이 참석한 자리에서 처음으로 친일반민족행위 조사대상자 심의·의결을 했는데, 오늘 회의에 심의대상으로 오른 사람이 모두 22명이었다. 위원들에게 심의자료를 미리 배부했으므로 회의장에서는 대상자 하나하나에 대해 친일반민자로서의 선정과 기각과 보류의 세 경우를 두고 위원 각자가 결정하도록 했다.

특별법에 따라 선정대상자 개개인을 두고, 전체 위원의 과반수 즉 6명 이상이 찬성하면 선정되고, 6명 이상이 반대하면 기각되며, 6명 이상이 자료보강을 요구하거나 결정을 다음 회의로 미루자면 그대로 하기로 했다. 그 결과 이번 심의회에 오른 22명 중 14명이 친일반민족행위자로 일단 선정되고 8명이 보류되었다. 기각된 경우는 한 사람도 없었다. 앞으로 기각되는 경우가 나와도 자료가 더 보강되면 재상정이 가능하도록 했다.

논의된 문제는, 오늘 심의에서 사용된 심의자료를 위원 개인이 보관하게 하느냐 아니면 보안을 위해 위원회 사무실에 보관하느냐 하는 문제였다. 위원들이 모두 다음 심의를 위해 참고할 필요가 있다 하고 심의자료의 각자 보관을 원하기에, 각자가 보안문제를 책임진다는 사실을 전제로 위원 각자가 보관하도록 했다. 그리고 위원회 사무실에 위원들 각자의 사물함 설치가 필요하다는 의견이 있었다. 앞으로 심의자료의 양이 많아지면 고려해보기로 합의했다.

2006년 3월 20일(월)

제13차 11인위원회가 있었다. 1904년 러일전쟁 발발 때부터 1910년 한일합방조약 때까지 대한제국의 국권을 침해하는 조약체결, 즉 1904년의 한일의정서, 1904년 8월의 제1차 한일협약, 1905년의 제2차 한일협약 즉 을사늑약, 1907년의 한일신협약 즉 정미7조약, 1910년의 한일합방조약 등에 관계한 자들이 심사대상이다.

'을사5적' '정미7적' 등 15명과 한일합방과정에서 작위를 받은 수작자(受爵者) 76명과 작위를 물려받은 습작자(襲爵者) 등을 합쳐 2006년 3월 17일 현재 위원회가 파악한 친일반민족행위자 선정대상은 147명이었다. 이들 147명 중 그 활동중심기간이 1920년 이전에 해당되는 자가 41명인데 이들을 두 번으로 나누어 제13차 위원회에는 고영희 등 8명을 심의대상으로 올렸다.

다음은 사법측 판·검사들이 심사대상에 올랐다. 일본제국주의자들이 1907년 12월에 '신재판소령(新裁判所令)'을 공포하고 1908년에 대한제국 판·검사를 신규채용했는데 이때 임용된 조선인 판·검사는 110명 정도로 파악되었다. 이들 중 현재까지 조사된 의병전쟁 재판 관련자는 49명이다. 이 가운데 1908년 이후 의병전쟁이 치열했던 시기의 의병재판에 관여한 판·검사를 적극 가담자로 볼 수 있다는 판단이다.

그중에서도 의병재판 1, 2건에 관련된 자 9명은 제외하고 나머지 15명 중 훗날의 독립운동 경력자 1명, 사법 외에 다른 분야의 친일활동과 중복되는 자 2명, 1920년대 이후로 활동이 이어지는 자 1명을 제외한 12명을 심사대상으로 하고, 그중 우선 '1919년 이전에 사망한 자' 3명의 판·검사를 이번 심의대상으로 삼았다.

다음은 군인의 경우다. 대한제국 장교 중 일본 육군사관학교에서 유학한 경력이 있는 자 155명을 유학시기별, 사관학교 기수별로 대략 3차로 나누고, 1899년까지 유학한 일본 육군사관학교 11기까지에 해당되는 30명에 대한 기초조사를 했다.

그 결과 대한제국 군인으로서 장교로 임관된 후 혹은 임관 이전에 일본 육군 사관학교 등에 유학한 경험이 있는 자, 러일전쟁 시기에 일본군에 적극 협력한 경력이 있는 자, '합방' 후 군적을 일본군 장교로 옮긴 자 중에서 친일반민족행위가 현저한 12명 가운데 주된 활동시기가 1920년 이전인 자가 총 3명인데, 그 중 1명을 이번에 올리고 2명은 현재 행적조사 중이다.

다음은 헌병보조원의 경우다. 한국주차(駐箚) 일본군 소속의 조선인 헌병보조원은 1908년에 창설되었다. 1907년 이후 전국적으로 일어난 후기 의병투쟁을 조선인의 손으로 탄압하겠다는 일본제국주의자들의 발상에서 조직된 것이다. 조선인 헌병보조원은 1908년에 약 4200명, 1910년에는 약 4400명이었고, 1917년에 약 4700명으로 가장 많았으며, 1918년에는 4600명이었다. 1919년 이후에는 대다수가 보통경찰로 전환되었다.

'합방' 이전의 헌병보조원은 대부분 의병탄압에 투입되었고 '합방' 후에는 헌병경찰제도 아래서의 치안유지와 만주와의 국경지역에서의 항일독립운동 탄압에 투입되었다. 특히 초기에 활동한 헌병보조원 중 약 3500명이 한일 '합방'에 대한 공로를 인정받아 1912년에 '한국병합기념장'이라는 훈장을 받았다. 당시의 전체 헌병보조원 약 4400명 중 대략 80%에 해당되었다.

현재까지 그 가운데 반민족행위가 드러난 약 70명을 조사대상 후보자군으로 정해서 행적을 추적하는 중이다. 1차년도 심의대상에는 우선 1910년대에 주로 활동하다가 3·1운동 탄압과정에서 시위군중을 살해함으로써 군중에게 피살된 자들을 올리기로 했다.

관료의 경우, 고등문관 이상의 관료수를 시기별로 파악해보면 러일전쟁 시기에서 1910년대 무단통치기까지 330여 명, 3·1운동 후부터 중일전쟁 전까지 420여명, 중일전쟁 후부터 일제의 패망까지 550여 명으로 총 1300여 명 정도이다. 이번 심사대상으로는 1910년대 무단통치시기의 330여 명 중에서 3·1운동 전후시기에 일제당국으로부터 훈장과 포상을 받은 자 74명 중 그 활동이 대체로 1910년대에 한정된 4명을 뽑았다.

다음은 조선총독의 자문기구인 중추원 관련자의 경우다. 현재까지 파악된 전체 일제강점기의 중추원 관련 조사대상자는 총 339명이다. 그중에서 제1차시기 조사대상자는 1910년 10월 1일부터 중추원 관제가 개정되는 1921년 4월 27일까지의 중추원 부의장과 고문, 찬의, 부찬의를 역임한 자들로서 1920년대 초반에 사망한 26명을 대상으로 삼았다. 이시영(李始榮) 전 부통령의 경우처럼 독립운동에 투신한 사람이 제외되었음은 물론이다.

경찰관계자의 경우, 이번의 조사대상은 1905년부터 1910년 사이의 의병전쟁 과정에서 경찰관 신분으로 의병토벌에 참가했던 자들로 한정했다. 1909년도 경찰관 정원은 경시 17명, 경부 102명, 순사 3088명 등으로 모두 3217명이다. 그중 의병전쟁 재판기록에 이름이 오른 90명을 추출할 수 있었고, 그중 친일행위가 현저한 자 3명을 이번 심의대상으로 올렸다.

이상 이번의 심의대상자 총 39명 중 친일반민족행위 조사대상자로 선정된 자가 29명, 기각된 자가 3명, 심의가 연기된 자가 7명이었다. 두 번에 걸친 심의를 통해 총 54명을 심사해서 선정된 자가 43명이며 기각된 자가 3명이고 자료보완으로 판정된 자가 8명이었다.

비상임위원들의 경우 많은 심의자료를 미리 받아서 모두 읽고 와야 하고 또 종일 심의하는데도 수당이 너무 적다는 불평들이 있었다. 충분히 근거가 있다고 생각되어 행정과 쪽과 의논해서 주어진 예산 범위에서 증액할 수 있도록 했으나 여의치 못했다.

민족문제연구소 자료를 거의 모두 가지고 와서 이용하고 있는데, 보상문제로 소위원회를 구성하고 전문가 3명을 위촉해서 심의하게 했으나, 예산과 11인위원회의 이견 때문에 애로가 많다. 전문가의 심의액수는 5억 원이 넘게 나왔는데, 11인위원회의 일부 위원들이 특정 민간단체에 특혜를 준다는 문제를 제기하며 반대하기도 하지만, 실제 예산상으로도 불가능한 액수라서 고민이다.

2006년 3월 27일(월)

제14차 11인위원회가 열렸다. 먼저 민족문제연구소의 자료에 대한 보상문제가 논의되었다. 위원장이 민족문제연구소 측에 대해 전체 보상액을 3억 원으로 정하고 금년부터 매년 1억 원씩 3년간 지불하겠다고 제의했으나 연구소 쪽에서 이에 응하지 않았음을 보고했다. 그 결과 위원장 재량으로 다시 한번 교섭해보고 그 결과를 11인위원회에 보고하기로 했다.

바로 친일반민족행위 조사대상자 선정으로 들어갔다. 우선 관료의 경우 선정기준은 3·1운동 전후시기 고등문관 이상의 관료 중 이력상황 외에 특별법에 해당하는 구체적인 행위가 밝혀지지 않은 경우는 제외했다.

러일전쟁시기와 통감부시기의 군수 이상 관료로 일본의 침략전쟁에 협력하거나 통감부의 한국지배정책에 현저하게 협력하고 국권회복운동 탄압에 앞장섰던 자에 한정했다. 3·1운동을 전후한 시기에 군수 이상의 주임관으로서 1920년 이전에 사망했거나 그후 관료로 활동했더라도 친일반민족행위가 확인된 자를 대상으로 했다.

1910년대 고등문관 이상의 관료로서 훈·포상자 중 특별법에 근거한 구체적 친일반민족행위가 파악되거나 지속적으로 군수 이상의 관료로 재직하면서 일본제국주의의 식민지배정책에 적극 협력한 자 등을 대상으로 했다. 1904년부터 1920년까지 고등문관 이상의 관료는 300여 명이며 이 가운데 일본정부로부터 러일전쟁에 기여한 공로에 따른 훈포상, 한국병합기념장, 대정(大正) 기념장, 서보장 등을 받은 훈포상자는 70여 명이다. 이들 중 이번 회의에 심의대상으로 오른 자는 윤필오(尹弼五) 등 8명이다.

다음은 중추원 관련자이다. 특별법 제2조 9항에 의하면 중추원 찬의 내지 부찬의로 재직한 사실만으로도 친일반민족행위자로 선정될 수 있다. 특별법 제2조 9항에 의거하여 현재까지 파악된 조사대상자는 독립운동에 투신한 이시영 전 부통령을 합해 총 339명이다.

이번 선정대상자는 1910년 10월 1일부터 1921년 4월 27일 중추원 관제개정

때까지 중추원 부의장과 고문, 찬의, 부찬의를 역임한 자 91명 중 20명은 '매국수작 케이스'에서, 2명은 '관료 케이스'에서, 2명은 '학술 케이스'에서, 2명은 '단체 케이스'에서, 2명은 '사법 케이스'에서 1명은 '유교 케이스'에서 조사하기로 했다.

밀정과 경찰의 경우는 총 5명이 이번 선정대상으로 올랐다. 우선 의병전쟁시기에 경부(警部)로서 적극적으로 또 반복적으로 의병부대를 공격하거나 의병을 체포하고 취조한 자 2명이다. 다음은 의병전쟁시기의 순사로서 이른바 남한대토벌 작전에 참가하여 의병장을 사살한 자와 역시 의병전쟁 때 일본의 밀정 역할을 한 자 2명, 경부로서 한일'합방'을 전후해서 일왕의 생일 '천장절(天長節)' 찬양 등을 통해 이른바 내선융화에 적극적이었던 자 등이다.

이번 회의에 오른 선정심의 대상자는 총 30명이었는데, 그중 27명이 선정되었고, 3명이 자료보완 대상이 되었으며 기각된 자는 없었다. 이로써 지금까지 총 84명 중 70명이 조사대상자로 선정되었고, 11명이 자료보완 조처되었으며, 3명이 기각되었다.

2006년 3월 28일(화)

팀장들과 면담을 가졌다. 실무책임자급의 의견을 참조해서 지금까지의 조사작업이 가지는 문제점과 앞으로의 진행방향에 대한 의견을 듣기 위해서이다. 제일 큰 문제점은 일제강점기 전체에 걸친 친일반민족행위에 관한 자료를 일단 섭렵하고 대상자를 선정해야 앞뒤 시기 사이의 균일성이 확보될 것인데, 현실적으로 그것이 어렵다는 점과 1910년대까지의 조사에서도 자료를 널리 못 봐서 누락되는 부분이 있지 않을까 염려된다는 점 등이다.

물론 일제강점기 전체의 자료를 충분히 수집하고 분석한 후 각 시기의 선정대상자를 정하는 것이 이상적이지만, 위원회의 활동기간이 한정되어 있는 이상 완벽한 자료수집과 전체 시기에 대한 자료 검토 후의 선정대상 설정은 불가능한 일이다. 지금의 사정으로는 일단 정해진 3시기 중 제1차 시기만이라도 자료를 충실히 수집하고 그 시기 안에서의 형평성 확보에 최선을 다하는 것이 바람직하며, 제2차와 제3차 시기도 각각 그렇게 하는 것이 현재로서는 최선의 방법이라 말해주었다.

40년에 걸친 일제강점기의 반민족행위에 대한 자료의 수집과 분석을 통해 행적조서를 작성하고 또 학술성이 있는 연구보고서까지를 불과 4년에 완수하기란 역시 거의 불가능한 일이라 할 수도 있다. 그러나 이번 기회를 놓치면 친일반민족행위에 대한 공식적·종합적·역사적 청산은 영영 불가능하리라 생각되어 중책을 맡은 책임감이 더없이 높아지기만 한다.

2006년 4월 4일(화)

확대간부회의가 있었다. 다행히도 국회 법사위원회에서 우리 위원회가 요구한 특별법 개정이 통과되었다고 한다. 이제 국회 본회의의 의결이 남았다. 본회의 의결을 거치면 친일반민족행위자로 선정된 자들의 가족에 통지가 불가능한 경우 위원회 게시판이나 관·공보 또는 일간신문 및 전자통신 매체 등에 게시하는 것으로 대신할 수 있게 되었다.

조직개편과 종합보고서 작성의 근거가 되고, 각 부처로부터의 파견이 불가능하게 된 정원 5명을 위원회가 스스로 채용하는 근거가 되는, 시행령 개정건은 국무회의 의결을 거쳐 대통령 재가만 남은 상태다. 4월 10일경에 관보게재로 공포될 예정이라는 보고가 있었다.

이 날의 확대간부회의에서는 일제시기 조선총독부의 기관지 『매일신보』의 색인작업을 위원회 자체에서 추진할 것, 앞으로도 심의대상자를 11인위원회에 올리기 전에 확대간부회의에서 한번 논의할 것이 결정되었다.

그밖에 '선(先)친일 후(後)독립운동'의 경우는 원칙적으로 심사대상에 올리지 않을 것, 지난번 위원장과 직원대표들의 간담회에서 나온 안, 즉 위원장과 상임위원 및 사무처장이 주재하는 회의에서 결정된 사항을 내부 전자게시판에 올려 전체 직원이 알 수 있게 하자는 것이 결정되었다. 본 위원회는 정부부서의 기구이면서도 또 연구기관적 성격이 강하기 때문에 가능한 한 민주적으로 운영되도록 모든 직원들이 노력할 것 등을 논의·결정했다.

2006년 4월 5일(수)

몇 사람의 과장들이 위원장실에 와서 위원회가 가진 문제점과 앞으로의 방향 등에 대해 의견을 개진했다. 그들이 파악하고 있는 여러가지 문제점의 초점은 과장들의 의견이 위원회 운영에 잘 반영되지 않는다는 점이었고, 그런 실정을 시정하기 위해 위원장이 주재하는 확대간부회의를 지금의 월 1회에서 2회로 늘려달라는 것이었다.

사무처장이나 상임위원이 주재하는 간부회의가 각각 월 2회라기에 전체적으로 회의가 너무 많다고 생각되어 월 2회이던 위원장 주재회의를 월 1회로 줄였었다. 가능하면 중요한 일만 관여하고 웬만한 일의 처리는 상임위원에게 전담시키려 했는데, 위원회의 핵심실무를 담당하는 과장들의 불만이 쌓인 것 같아서 걱정이다.

2006년 4월 6일(목)

조사과 과장들이 '친일반민족행위 진상규명을 위한 로드맵(안)'을 작성해 왔기에 검토해봤더니 대체로 잘된 것 같다는 생각이다. 다만 한 가지 문제점은 금년 정기국회에 보고하기로 되어 있는 1910년대의 친일행위자 보고를 내년으로 미루자는 안이 있는 점이다. 이유는 1910년대의 친일반민족행위자 조사가 아직 불충분하며, 1910년대 친일행위의 특징 같은 것에 대한 연구 역시 아직은 불충분하다는 것이다.

또 한 가지는 행적보고서 이외에 작성하기로 한 연구보고서의 분량을 너무 많이 잡고 있는 점이다. 지금의 생각으로는 양이 많아도 1910년대와 20년대 그리고 30년대 이후의 각 시기에 한 권씩 합계 3권이면 되지 않을까 한다. 일제강점의 3시기가 그 통치체제도 각각 다르고 그에 따라 친일반민족행위 자체도 그 구체적 목적과 양상과 '논리'가 각각 다르다고 생각되기 때문이다.

2006년 4월 10일(월)

'친일반민족행위 진상규명을 위한 로드맵' 문제로 몇몇 과장들과 회의를 했는데, 첫번째 국회보고를 내년으로 미루자는 그들의 의견은 여전하다. 그러나 다음과 같은 몇 가지 이유로 금년 정기국회에 1910년대 친일반민족행위자를 선정보고하기로 한 종전의 계획을 그대로 추진하기로 마음먹었다.

첫째 이유는 위원회가 발족한 지 2년째인 금년에도 친일반민족행위자에 대한 선정보고가 없고 업무보고만 하면 그동안 무엇했느냐는 사회적 물의가 높아질 것 같다는 점이다. 둘째 이유는 일단 1910년대에 한해서 친일반민족행위자를 선정보고하여 사회적 반응을 가늠함으로써, 1920년대와 그 대상이 가장 많고 또 논란이 뜨거울 1930년대 이후의 친일반민족행위자를 선정하는 데 일정한 기준도 세울 수 있을 것 같다는 점이다.

친일반민족행위 규명사업에 대한 사회적 관심은 계속 높아져가고 있는 것 같다. 특히 일제강점기부터 존속해온 신문들은 거의 정기적으로 글깨나 쓰는 사람들을 동원해서 친일반민족 문제를 희석시키는 글을 싣고 있다. 그런가 하면, 또 일제강점기에 그 신문이 무궁화나 단군의 존재를 강조했다는 식의 기사들을 싣고 있다. 무엇이 제 발 저린다는데 꼭 그렇게 예민한 반응을 해야 할 이유라도 있는 것일까, 자타가 공인하는 역사 깊은 대언론기관으로서 좀더 의연해질 수도 있지 않을까 하는 생각을 하게 된다.

제15차 11인위원회가 있었다. 특별법 개정안 통과와 시행령 확정보고 이외에는 별 논의사항이 없음에도, 월 1회 열기로 되어 있는 정기회의 규정 때문에 열린 회의이다. 위원들 대부분이 현직 교수거나 변호사들인데 정기회의라 해서 별 안건이 없는데도 여는 것은 무리다 싶어 다음에는 정기회의 때 심의안건을 올릴 수 있게끔 실무진에 지시했다.

2006년 4월 17일(월)

오후에는 다음 11인위원회에 올릴 심의대상자를 두고 각 팀장급 이상이 모여 기초심의를 했다. 지난번 11인위원회에서 의병재판은 대한제국의 법령에 의해 이루어진 것이니 그 재판에 관여한 검사나 판사를 의병전쟁을 탄압한 친일반민족행위자로 볼 수 없다는 의견을 말한 위원이 있었다.

실무팀에서 이 점에 대해 일정한 의견을 제시해왔다. 그것은 을사조약 이후의 보호국 시기, 특히 군대가 해산되고 사법권을 일본에게 빼앗긴 후부터는 사실상의 식민지시기로 봐야 한다는 것이다. 그리고 의병전쟁은 대한제국 체제를 반대한 투쟁이 아니라 일제침략을 반대한 투쟁이라는 점, 보호국시기의 의병에 대한 재판에는 내란죄를 적용하도록 법부대신이 각급 재판소에 지시했는데 그 것은 의병탄압을 위한 법적 절차를 갖춘 것에 불과하다는 점 등을 들었다.

실무진에서는 의병전쟁 당시의 이같은 정황 등을 들어 의병재판에 적극 가담한 조선인 판사와 검사는 친일반민족행위자로 봐야 한다는 의견을 제시했다. 사법팀에서는 홍우석(洪祐晳)이란 인물이 먼저 논의대상이 되었다. 그는 일찍이 강원도 선유사(宣諭使)로서 민긍호(閔肯鎬) 의병장의 귀순을 권유하거나 일본군과 함께 의병부대를 공격하기도 했다. 또한 통감부시기에는 평리원 판사 및 재판장으로서 29건의 의병재판에 참여했으며, '합방' 후에는 2년 8개월간 중추원 부찬의를 지내고 한일병합기념장도 받았다.

그러던 그가 3·1운동 때는 또 변호사로서 운동 가담자의 변호를 맡기도 했으며, 그후의 행적은 기록상에 나타나지 않다가 1927년에 사망했다. '선 친일 후 독립운동'의 경우에 넣을 수 있을지 판단하기가 어렵기에 일단 11인위원회에 부쳐서 결정하기로 했다.

경제팀에서는 조진태(趙鎭泰) 등 7인을 대상에 올렸다. 대체로 동양척식주식회사 관계자와 이른바 화폐정리사업에 적극 가담한 자 및 러일전쟁 때 군수품 수송 등에 협력한 자들이다. 모두 11인위원회 심의대상으로 올리기로 하되 다만 조병택(趙秉澤)은 죄질이 좀 가볍다는 생각이다. 언론분야의 심의대상자는 매일신보, 국민신보 등 친일 언론매체의 편집국장 및 주필을 지낸 변일(卞一) 등 7명이었는데 모두 11인위원회에 올리기로 했다.

종교분야에서는 조선총독부 소속의 친일 유교기관인 경학원(經學院) 간부들이 주로 대상이 되었다. 경학원 대제학 박제순(朴齊純)이나 부제학 등은 수작자로서 이미 대상이 되었고, 사성(司成)과 강사(講師)의 경우가 논의의 주된 대상이다. 경학원의 실질적 운영책임자라 할 사성은 전체 일제강점기를 통해 모두 12명이 임명되었다. 그중 이번 대상자는 김유제(金有濟) 등 4명인데 지난번 심의 때 유보되었으나 자료를 더 보충해서 다시 11인위원회에 올리기로 했다.

경학원의 도별 책임자라 할 강사는 1944년까지 부임하지 않은 것이 확실한 박은식(朴殷植), 곽종석(郭宗錫), 송병순(宋秉珣) 등을 제외한 총 50명이며 그중 고등관 경력자가 18명이나 되었다. 경학원 강사 중 1920년대 이후 활동자와 두드러진 친일행위가 드러나지 않는 사람을 제외하고 황돈수(黃敦秀) 등 7명을 이번 심의대상으로 하여 11인위원회에 올리기로 했다.

다음 불교계의 경우, '사찰령(寺刹令)' '사법(寺法)' 등 일제의 조선불교계 장악정책에 적극 협력한 자로 이회광(李晦光)과 김지순(金之淳)이 지목되었으나, 이회광은 그 주된 활동시기인 1920년대 이후에서 다루기로 하고 이번에는 김지순만을 올리기로 했다. 이른바 30본산연합사무소 간부 중에서는 1915년부터 1918년까지 그 위원장을 지내고 친일행적이 뚜렷한 동래 범어사의 승려 김용곡(金龍谷)을 심의대상으로 올리기로 했다.

기독교계에서는 일본조합교회의 목사로서 '3·1운동 진정운동'을 주도하고 내선일체 강연과 여운형 등의 동향을 감시한 류일선(柳一宣)을 심의대상으로 올리기로 했다. 문학예술분야에서는 이인직(李仁稙)은 다른 분야에서 이미 조사대상자로 선정되었고, 신소설 『추월색(秋月色)』 등을 쓴 최찬식(崔瓚植)만을 11인위원회의 심의대상으로 올리기로 했다.

2006년 4월 24일(월)

제16차 11인위원회가 있었다. 1910년대의 언론·종교·문학 부문의 친일반민족행위자에 대한 심사가 있었는데, 조선총독부의 유교 및 유림정책의 핵심기관인 경학원의 대제학·부제학·사성 등은 친일반민족행위자로 쉽게 합의될 수 있었다. 그러나 전체 일제강점기를 통해 약 50명이나 되었던 경학원의 도별 대표 자격인 강사를 친일반민족행위자로 규정하는 데 대해서는 이견이 많았다. 상당한 시간 논의를 거듭하다가 결국 경학원 강사 약 50명 중 처음부터 강사자리 수락을 거부한 박은식과 곽종석 등을 제외한, 그중에서도 중추원 참의나 대제학 또는 부제학이 되지 않은 자에 대해서만 다음에 다시 논의하기로 했다.

문학부문에서도 최찬식이 심의대상에 올려졌으나 일부 위원들이 개인적 문필활동을 통해 친일행위를 한 자에 대해서는 특별법에 적용할 조항이 마땅치 않다는 의견이 있어서 역시 결정을 다음 기회로 미루기로 했다.

오늘 회의에서는 심의대상자가 20명이었는데 그중 9명만 선정되고 4명은 자료보완으로 결정되었다. 그리고 경학원 강사로서 대상이 된 7명은 심의가 연기되었다. 지금까지의 전체 심의대상 104명 중 79명이 선정되고 3명이 기각되었으며, 자료보완으로 결정된 자가 15명이며 심의연기로 결정된 자가 7명이다.

1920년대나 30년대 이후로 가면 특정 친일단체에 속하지 않고도 개인적으로 문필활동 등을 통해 적극적으로 친일활동을 하는 자들이 많아진다. 이들을 개인 활동이라 해서, 또 특별법상 정확하게 적용할 만한 조항이 마땅치 않다 해서 친일반민족행위자로 선정할 수 없게 된다면, 늦었지만 친일반민족행위를 역사적으로나마 청산하자는 특별법 제정의 근본정신 자체가 무의미하게 되는 것이 아닌가 걱정된다.

2006년 4월 25일(화)

직원대표들과의 간담회가 있었다. 여러 이야기가 나왔는데 그중에서도 이른바 비정규직이라 할 조사관들의 경우 금년의 월급액은 작년에 비해 9만 원가량

증액되었지만, 초과근무수당이 전체적으로 감액되고 건강보험료는 증액되어 실수령액은 결국 작년과 같은 액수가 되고 말았다고 한다.

직원들은 같은 4년 기한제 고용이면서도 정식 공무원 대우를 받는 사람이 있는 반면 비정규직의 경우가 있다. 개인회사라면 몰라도 국가가 고용하는 공직 종사원이자 다같은 4년 기한제 임용직인데도 이렇게 대우에 차등이 있는 것은 잘못된 제도인 것 같다.

2006년 4월 27일(수)

5명의 직원을 채용하기 위한 면접이 있는 날이다. 각 부처에서 공무원을 파견 받게 되어 있었는데, 그중 일부 부처는 사정 때문에 파견하지 못했고 그 정원만큼을 위원회에서 직접 모집할 수 있게 된 것이다. 직원을 모집할 때마다 절실히 느끼는 일이지만, 지금 우리나라에는 안정된 직장을 못 가진 고급인력이 너무 많다는 사실이다. 이번에도 5명을 뽑는데 박사와 석사를 포함해서 75명이 지원했다.

면접시험을 담당한 비상임위원들과 함께 점심을 먹고 위원장실에서 차를 마셨는데, 친일반민족행위 진상규명위원회 위원을 맡은 일을 두고 수십년 가깝게 사귀어온 친한 교수 중에도 "무엇 하러 그런 일을 맡았느냐"고 말하는 사람이 있다고 어느 위원이 말했다.

우리 근현대사 전공자로서 친일반민족 문제를 청산하는 것은 옳은 일이요 또 당연한 일이라 생각하고 참가했는데, 같은 학문을 전공하는 동료교수 중에도 못 마땅하게 여기는 사람들이 있다면 어쩔 수 없는 일이다. 내 경우도 이 일을 맡고 난 후에는 괜히 서먹서먹해하는 사람들이 있는데 어쩔 수 없지 않느냐고 위로해 주었다.

2006년 5월 8일(월)

전원이 참석한 11인위원회가 열렸다. 먼저 특별법과 시행세칙안 개정이 완결

되었다는 점과, 직원 충원 대상자 5명에 대한 신원조회가 진행되고 있다는 점, 그리고 장기간 결정이 나지 않았던 민족문제연구소 자료 사용료 3억 5000만 원을 3년간 연차적으로 지불하기로 합의했다는 보고 등이 있었다.

친일반민족행위 조사대상자 선정심의를 위한 이번 11인위원회에서는 우선 의병전쟁 때 체포된 전사(戰士)들에 대한 재판에 관여한 판·검사들이 대상이었다. 조사실무자의 보고에 의하면 의병전쟁이 한창이던 구한말에서 3·1운동 이전까지 판·검사로 임용된 인물은 110명가량인데, 그중 의병재판에 한번이라도 참여한 자는 대략 49명이었다.

일본이 대한제국의 사법권을 장악하고 항일세력을 탄압한 초기에는 기존 대한제국의 법령과 기구 및 판·검사를 활용하면서 점차 사법권을 장악해가던 과정이었으므로, 수동적으로 참여한 법조인이 있을 수 있다. 따라서 예비조사 대상자 가운데 적극적으로 참여한 자들을 세심하게 조사하고 파악하여 심의대상자를 선정하는 일이 무엇보다도 긴요하다고 생각되었다.

그래서 10여 건 이상의 의병재판에 관여했거나, 재판에 적게 관여했다 해도 주요한 위치에서 일본의 통감통치에 협력한 경우와, 1910년의 '합방' 후에도 고위 관료직을 계속 유지한 경우 등을 종합적으로 고려해서 대상자를 선정했다. 그 결과 지난번에 이어서 나진(羅瑨), 신재영(申載永) 등 두 사람이 더 추가되었다.

심의과정에서 이번에도 1910년까지는 그래도 대한제국의 주권이 남아 있었고, 의병재판 역시 대한제국의 법률에 의해 이루어졌으므로 여기에 관여한 판·검사들을 친일반민족행위자로 규정할 수 없다는 의견을 말하는 위원이 있었다. 이에 대해 을사조약에 의해 통감부가 설치된 1905년부터는 사실상의 일제강점기로 들어간다고 보는 것이 역사학계의 일반론이며, 러일전쟁 도발에서 사실상 일본의 침략이 추진되었기 때문에 특별법도 1904년부터를 그 대상시기로 잡은 것이라는 위원장의 의견을 개진했다.

의병재판에 적극 참여한 판·검사를 친일반민족행위자로 규정하지 않는 경우 의병전쟁 참가자들의 역사적 위치와 역사적 평가가 달라지게 마련이다. 그들은 국권수호전쟁의 전사가 아니라 오히려 일본 통감통치하의 법규를 위반한 반국가행위자가 되는 것이다.

그것은 우리의 역사인식이 '합방' 후의 조선총독부 통치권을 합법적인 권리로 인정하면 민족해방운동에 참가한 독립운동가들은 모두 합법적 통치권에 저항한 반역행위자가 되고 마는 것과 같다고 할 것이다. 심의 끝에 나진과 신재영 두 사람 모두 조사대상자로 선정되었다.

다음은 1910년대 경제분야의 대상자에 대한 심의가 계속되었다. 주로 당시의 재산가 경제인으로서 동양척식회사 설립에 관계한 자들과 이른바 화폐정리사업에 관계한 자 그리고 토지조사사업에 관계한 자들이 대상이 되었다.

동양척식회사 설립위원이 모두 33명인데, 이들 중 회사설립 이후 부총재·이사·감사·고문 등을 역임한 자 중 한상룡(韓相龍) 등 중추원 참의가 된 자 등은 빼고 심의대상으로 삼았다. 그밖에 화폐정리사업에 적극적으로 협조한 자, 통감부가 징세 독려와 민정 파악을 목적으로 설치한 지방위원회 위원 약 436명(1911년 기준) 중 여타의 친일행위와 중첩되는 자 등이 심의대상이 되었다.

그리고 1910년대에 이른바 내선융화(內鮮融和)를 목적으로 설립한 대정(大正)실업친목회에 적극 참가한 자, 러일전쟁과 1차대전 때 적극 협조하여 훈장을 받은 자 중에서 조진태 등 8명이 조사대상자로 선정되었다.

심의 결과 전체 12명 중 11명이 선정되고 1명은 자료보완으로 결정되었다. 이로써 오늘 현재 총 116명이 11인위원회에 상정되어 그중 90명이 친일반민족행위자 선정대상으로 결정되고 3명이 기각되었다. 그중 13명이 조서보완으로, 7명이 심의연기로 결정되었다. 심의연기로 결정된 자들은 경학원 강사들인데, 이들은 뒷날 일제강점기 전체의 강사들을 대상으로 해서 다시 심의하기로 했다.

2006년 5월 29일(월)

업무상황을 보고받고 새로 채용된 5명의 직원에게 임명장을 수여했다. 오후에는 11인위원회가 있었다. '을사 5적'과 '정미 7적'은 별 이의없이 조사대상자로 선정되었다. 일진회 관계자의 경우 어느 선까지를 친일반민족행위자의 범위에 넣을 것인가 하는 점에 의견이 분분했다.

일본이 조선을 강점한 후 일진회가 해체될 때 회원들에게 그 공로에 따라 일정한 해산금을 지급했다. 따라서 해산금 수령액수가 곧 친일행위 정도를 나타내는 기준이 될 수도 있다. 친일반민족행위자로 선정하는 데 해산금 수령액의 기준을 어떻게 정할지의 문제가 논의되었는데, 200원 이상 안이 나왔는가 하면 300원과 500원 이상 안 등도 나왔다.

그 액수의 많고 적음에 따라 선정대상자 수에 차이가 있게 마련인데, 논의 끝에 일단 500원 이상을 받은 자는 자동적으로 조사대상자가 되게 하고, 나머지도 다른 친일행위 여부를 참작해서 선정하도록 했다. 일진회원의 경우 그 죄질이 나쁘기 때문에 선정범위를 넓혀야 한다는 의견이 많았다.

오늘 현재 총 149명이 심의되었는데, 그중 5명이 기각되고 17명이 자료보완 조처되었다. 7명의 심의가 연기되어 친일반민족행위 조사대상자로 선정된 자는 모두 120명이 되었다. 심의연기된 7명은 모두 경학원 강사들이다.

2006년 5월 30일(화)

위원회 발족 1주년이 5월 31일이지만, 내일이 지방선거투표일로서 공휴일이므로 1주년 기념행사를 앞당겨 했다. 비상임위원들도 몇 사람 참가했고 전체 직원이 9층 회의실에 모여 간단한 기념식을 가졌다. 기념행사 후 전직원이 점심을 함께 하고 오후에는 기념 워크숍을 열었다.

한상구 조사국장이 그동안 친일반민족행위자 조사과정과 선정과정에서 제기된 문제점을 세밀히 분석해서 보고했다. 기획국의 조항구씨가 프랑스와 오스트리아를 중심으로 하는 유럽지역에서의 전후청산 문제를 발표했다. 두 사람의 발제에 대해 정근식 위원과 김명구 전문위원의 요령있는 코멘트가 있었다.

한상구 국장의 발제에서 거론된 친일반민족행위의 '직위상 해당자'와 '행위상 해당자'를 다루는 문제에 대해, 앞으로 1920년대와 30년대 이후가 조사대상

574

이 되면 각종 친일단체가 많이 등장하고 그에 따라서 '직위상 해당자' 문제가 더 복잡해질 것이라 했다.

조사과정에서 나오는 단체들의 성격을 면밀히 분석해서 그 친일반민족행위 정도를 가늠하고 가능하면 A-B-C급으로 분류하는 것이 좋겠다고 했다. '행위상 해당자'에 대해서도 같은 분류를 해서 11인위원회에 올릴 수 있으면 좋겠다는 발언을 했다.

조항구씨의 발제에서는 나치독일의 프랑스 지배와 오스트리아 지배는 점령이라 하고 일본의 한반도 지배는 식민지배라 하는데, 전후청산 문제에서도 차이가 있어야 하는가 하는 문제가 발표자로부터 제기되었다. 평소 의식하던 문제이고 또 얼마 전 영국과 프랑스 같은 유럽 제국주의의 인도와 베트남 지배와 일본 제국주의의 한반도 지배 사이에 어떤 차이점이 있는가를 밝히기 위한 공동연구를 주재했다가 학계의 이해부족으로 중도폐지된 일이 있어서 좀 설명할 필요를 느꼈다.

나치독일의 프랑스 지배와 오스트리아 합병지배는 같은 문화권 안의 지배였고, 영국의 인도 지배나 프랑스의 베트남 지배는 다른 문화권에 대한 지배라는 점에서 서로 차이가 있다는 점을 지적했다. 일본의 한반도 지배는 같은 문화권 안에서의 지배였기 때문에 비록 그 기간은 길었다 해도 식민지배라기보다 점령에 가깝다는 점을 말했으며, 그래서 학문적인 용어인가 하는 문제점은 있지만 '강제점령'이란 말을 쓰는 것 같다고 했다.

아시아 식민지들의 해방과 독립 과정도 같을 수가 없었다. 예를 들면 인도나 말레이시아는 영국으로부터 독립을 받아낸 데 비해, 베트남은 처음에는 프랑스로부터 다음에는 미국으로부터 독립을 전취한 점이 다르다. 우리 민족의 해방은 굳이 따지자면 그 인도와 베트남 해방의 중간쯤이라 할 수 있어서 절반은 전취했고 절반은 받아낸 것이라 할 수 있을 것이라 말했다.

일본 산케이(産經)신문 한국특파원 쿠로다 카쓰히로(黑田勝弘)란 자가 『한국인의 역사관』인가 하는 책에서, 한국인들의 반일감정이 특히 높은 것은 스스로

독립을 전취하지 못한 데서 오는 일종의 콤플렉스 때문이라 한 사실이 있음을
말해주었다.

친일반민족행위 문제를 따지는 데 영국이나 프랑스의 인도 및 베트남에 대한
지배가 다른 문화권에 대한 장기 식민지배이고, 나치독일의 프랑스 및 오스트리
아에 대한 지배가 같은 문화권 안에서의 단기 점령지배인데 비해, 일본의 한반
도 지배는 같은 문화권 안에서의 장기 점령지배라는 점에 대한 정확한 이해가
있어야 한다는 생각이다.

2006년 6월 13일(화)

어제의 제19차 11인위원회는 처음으로 상임위원이 주재했는데, 아침에 출근
해서 회의결과를 보고받았다. 선정된 조사대상자 가족에게 통지할 때 심의자료
상의 친일행위 개요를 첨부해서 통지하도록 결정했다. 그리고 친일반민족행위
자로 선정된 조사대상자에 대한 반론을 제기할 수 있는 '이해관계인'의 범위는
주로 변호사 박연철(朴淵徹) 위원의 의견에 따라 민법 제777조의 친족관계, 선
정된 자와 관련된 재단·기념사업회 등 위원회가 인정하는 자로 정했다.

조사대상자 심의자료의 서식문제인데, 공무원이 아니고 상근계약직인 조사
관을 심의자료 작성자로 하는 것이 타당한가 하는 문제가 제기되었다. 법률적
문제는 없다는 결론이었고, 심의자료 확인자를 과장 또는 조사국장으로 하는 것
도 법률적 사항은 아니라는 해석이었다.

현재까지 조사대상자로 확정된 친일반민족행위자 120명 중 연고자가 파악된
경우는 고영희, 권중현(權重顯), 박제순, 송병준(宋秉畯), 이병무(李秉武), 이완용
등 24명이어서 이 경우는 등기우편으로 통지하기로 했다. 미확인자 96명은 개
정특별법이 정한 세 가지 공고방법, 즉 위원회 게시판에의 게시와 관보 및 위원
회 홈페이지에의 공고로 결정했다. 통지의 효력발생은 등기우편의 경우는 받은
날로 하며, 공고의 경우는 공고일로부터 14일이 경과한 때로 정했다.

공고일은 2006년 6월 15일로 하고 이의신청 기간은 통지받은 날로부터 60일

이내로 하며, 이의신청인은 변호인을 선임하고 심의자료 열람을 청구할 수 있으며, 위원회는 10일 이내에 열람허용 여부를 통지하기로 했다. 열람허용 여부결정은 조사국장이 하고 단독결정이 곤란한 때는 내부 심의회를 열기로 했다. 이의신청 결과통지는 이의신청 접수일로부터 30일 이내에 하기로 하고 11인위원회의 의결을 거치기로 했다.

2006년 6월 20일(화)

오후에 임시 확대간부회의가 있었다. 국회에 대해 금년도의 업무를 통해서 친일반민족행위 조사대상자로 선정된 120명에 대해 연고자가 확인된 경우는 알리고, 확인되지 않은 경우는 공고를 해야 하는데 그에 대한 구체적인 대책을 세우기 위한 회의였다.

회의에서는 선정된 자의 연고자에게 우선 6월 27일경 통지하거나 공고한 후, 법적 절차를 밟아 11월 말경에는 정기국회에 보고할 수 있도록 그 일정을 확정했다. 120명 중 연고자의 주소가 확인된 자가 오늘 현재 41명인데 이들에 대해서는 배달증명 등기우편으로 알리기로 하고, 통지내용은 논의를 거듭한 결과 심의자료상의 경력과 친일행위 개요 등을 알리기로 했다.

연고자가 확인되지 않은 경우는 성명과 이명(異名), 생년월일, 본적 및 연고지, 그리고 특정경력을 게시판과 관보와 위원회 홈페이지에 공고하기로 했다. 이의신청이 들어오는 경우 선정된 자의 경력이나 친일행위의 개요 작성에 인용한 자료를 조사국장 결재에 의해 이의신청자가 열람할 수 있게 했다.

이의를 신청할 수 있는 이해관계자의 범위는 앞에서도 말했지만 민법 제777조에 규정된 친족관계에 있는 자와 관련된 재단·기념사업회 등 본 위원회에서 인정하는 자로 규정했다. '법인 또는 국가 및 지방단체에 등록된 기념사업회 등'으로 제한하자는 의견이 있었으나 '본 위원회가 인정하는' 대상이면 될 것 같다는 의견이 우세했다.

확인된 연고자에게 알리거나 공고를 하게 되면 조사대상자의 명단이 공개되고 언론이 관심을 가지게 마련이겠는데, 이에 어떻게 대응할 것인가 하는 문제가 논의되었다. 의논한 결과 조사방식과 그 과정, 조사대상자의 규모와 기준, 근거 등을 사전에 대변인을 통해 언론에 알리기로 하고, 그 발표문은 각과에서 보고한 내용을 근거로 기획총괄과에서 일단 정리해서 홍보위원회에서 확정토록 결정했다.

다시 확인해보면 오늘 현재 조사대상자로 확정된 친일반민족행위자는 총 120명인데 연고자의 주소가 확인된 자가 41명, 족보조사자 중 호적과 생년월일이 다른 자가 8명, 후손이 끊어진 자가 8명, 생년월일 미상자가 38명, 기타가 25명이다. 주소가 확인된 자의 총수는 41명이고 주소가 확인되지 않은 자는 73명인 셈인데, 이번 조사대상자가 일제강점 초기인 1910년대에 활동한 사람들이라 연고자가 확인되지 않은 비율이 높게 마련이었다.

2006년 6월 26일(월)

현재까지 친일반민족행위자로 1차 선정된 120명 중 그 연고자의 주소가 확인된 44명에 대해 우편으로 연락했더니 오늘 현재 총 5명의 연고자로부터 전화문의 및 방문문의가 있었다. 구체적으로는 일본의 작위를 받은 권중현의 현손 권동혁씨가 위원회를 방문해서 이의신청을 할 의향은 없다 하면서도 재산환수 문제에 대해 문의했다.

중추원 찬의 이재정(李在正)의 증손 이영근씨가 이의신청을 했는데 이재정이 자신의 증조부가 아닌 것 같다는 것이었다. 면밀히 조사해본 결과 동명이인임이 밝혀져 이재정은 공고대상으로 재분류했다. 당연히 동명이인이 있을 것을 예상하고 특별히 주의하도록 지시했는데도 이런 경우가 생기고 말았다. 우리의 경우 성명 석자 중에서 성과 항렬자를 제외하면 한 자밖에 선택의 자유가 없으니 동명이인이 많을 수밖에 없다.

조선총독부 중추원 부찬의를 지냄으로써 친일반민족행위자로 일단 선정된 김명수(金明秀)의 증손 김종철씨가 전화를 걸어서 왜 이런 통지서를 보내 다시

578

불쾌하게 하는가 하고 항의했다. 위원회로서는 법적 절차상 통지하지 않을 수 없음을 말해주었다.

중추원 찬의를 지낸 홍승목(洪承穆)의 증손 홍기훈씨도 같은 내용의 전화를 걸어왔다. 홍승목은 소설 『임꺽정』의 저자이며 해방 후 북에 가서 부수상을 지낸 벽초(碧初) 홍명희(洪命熹)의 조부다. 벽초의 부친은 한일합방 후 자결을 했는데, 조부는 조선총독부의 중추원 찬의를 지내 이번 친일반민족행위 조사대상자로 선정된 것이다. 불행한 일이 아닐 수 없다.

2006년 6월 27일(화)

국회에 업무보고를 하는 날이다. 보고내용은 위원회의 개요와 조직 및 인력현황, 2006년도 예산 78억원의 내역, 2006년도 주요업무 추진현황과 향후 주요계획 등이다. 이 업무보고를 위해 위원장이 국회에 나가야 한다는데, 지난번에 몇 번 나가 얻은 결론은 위원장보다 실무 처장이나 국장이 나가 답변하는 것이 훨씬 효과적이라는 생각이다.

어느 부처를 막론하고 반드시 장관이나 동급의 위원장이 국회에 나와서 답변을 하지 않으면 국민의 대표기관인 국회를 '멸시'하는 거라는 생각이 국회의원들의 입장인 것 같다. 국회가 열리면 반드시 장관이나 기관장이 출석해서 몇 시간씩을 기다리지만 정작 몇 마디 답변을 하는 데 그치는 것 같은데, 이것은 잘못된 관행인 것 같다.

지난번 특별법 개정문제로 '법사위'엔가에 갔는데, 어느 젊은 야당의원이 김일성주석의 일제시대 활약도 독립운동으로 봐야 한다는 역사의식을 가지고 친일반민족 문제를 다루는 책임있는 위치에 있을 수 있느냐는 식의 질문을 했다. 어처구니없어서 내가 오늘 국회에 나온 것은 그 문제와는 전혀 상관없는 일이라고 대답했는데, 그래도 그 문제에 답하라기에 일제시대의 경우 사회주의운동도 독립운동의 일환으로 봐야 한다고 말해주었다.

대부분 제자뻘밖에 안 된다 해도 국회에서는 그들은 국회의원이요 이쪽은 행정부 소속의 공무원일 수밖에 없으니, 역사학 전공자로서의 책임감과 사명감 때문에 맡은 일이라 해도 그만두고 싶은 마음이 간절해진다. 이번 국회에는 상임위원과 사무처장 등을 보내고 나가지 않았는데, 마침 '진실화해위원회' 송기인(宋基寅) 위원장도 안 나갔던 것 같다.

기자들이 비서실로 전화해서 국회에 왜 나오지 않았는가 하고 물었던 것 같고, 비서실에서 몸이 불편해서 못 나갔다고 둘러댔던 것 같은데, 조선일보가 위원장들이 국회보고에 참석하지 않았다는 기사를 내보냈고 내 경우는 입원했다고 썼던 것 같다. 신문을 본 친지들이 어디가 아파서 입원했느냐고 물어 와서 답하기에 귀찮을 정도였다.

2006년 6월 29일(목)

제1차로 120명의 친일반민족행위 조사대상자를 연고자에게 통지하고 연고자를 찾지 못한 경우는 공고했다. 언론에 처음 나가므로 다음과 같이 그 내용을 설명했다. 특별법 제19조 제2항에 의거하여 지난 23일 조사대상자의 직계비속 및 이해관계인에게 통지했으며, 연고자가 파악되지 않은 경우는 30일자 관보 등에 공고하기로 했다. 다음과 같은 보도자료도 함께 배포했다.

위원회에서는 특별법에 규정된 조사대상 시기를 크게 3시기(제1기 1904~19년, 제2기 1919~37년, 제3기 1937~45년)로 나누어 조사를 진행하고 있다. 이는 단순히 조사의 편의를 위해서는 아니고, 일제강점 통치정책의 변화, 민족운동의 성격변화 등을 고려할 때 친일반민족행위의 유형과 성격 면에서 시기별로 일정한 차이가 있기 때문이다.

아울러 조사대상의 인원수, 기준 설정의 어려움, 진상규명의 복잡함 등을 고려해 각 분야별로 세부계획을 세워 조사를 진행하고 있다. 이번에 조사대상자로 선정된 120명은 제1기에 주도적으로 친일반민족행위를 한 자 중에서 1920년 이후 뚜렷한 행적이 발견되지 않는 자를 중심으로 조사하여 선정한 것이다.

　이번에 조사대상자로 선정된 120명 중 39명은 연고자가 파악되어 특별법 제19조 제2항에 의하여 직계비속 또는 이해관계인에게 선정사실을 통지하였고, 나머지 81명의 경우는 연고자를 파악할 수 없어 특별법 제19조 제3항에 의거하여 관보 등에 공고하였다.

　특히 공고의 경우는, 호적·주민등록·족보 등 가능한 모든 자료를 바탕으로 조사하였으나 부득이 연고를 파악하기 어려워 조사대상자 선정사실에 대한 통지가 불가능할 때 그 직계비속 및 이해관계인의 이의신청 권리(이른바 '반론권')을 보장키 위한 것으로 관보와 위원회 게시판, 홈페이지 등에 그 선정사실과 최소한의 신상정보만을 공개한 것이다.

　이의신청 방법은 조사대상자 통지를 받은 직계비속 또는 이해관계인(변호사 포함)의 이의신청서와 증거자료를 '반민규명위'에 제출하면 된다. 이의신청서 양식은 반민규명위 홈페이지에서 확인할 수 있다. 이의신청을 받은 경우 반민규명위에서는 30일 이내에 이의신청의 적부에 대해 심의하고, 그 결과를 신청인에게 서면으로 통지할 것이다.

　끝으로 이번에 선정된 조사대상자가 곧바로 친일반민족행위자로 확정되는 것이 아님을 강조하며, 아울러 조사대상자와 그 배우자 및 직계비속 또는 이해관계인들의 명예 보호를 위해 세심한 보도를 당부하는 바이다.

3. 친일반민족행위 진상규명 일지

2006년 후반기

2006년 7월 3일(화)

오후에 확대간부회의가 있었다. 논의한 내용은 세상에서 특히 매스컴에서 관심을 가질, 민족문제연구소의 친일인명사전 수록대상으로 예정된 장지연, 박정희, 김성수(金性洙), 방응모(方應謨) 등을 특별연구하는 문제였다. 이들은 친일반민족행위자로 선정되어도 물의가 있을 것이고 선정되지 않아도 마찬가지일 것이다. 그래서 전문가를 선정해서 충분한 자료를 가지고 객관적으로 연구하게 하여 11인위원회의 판정에 참고하려는 것이다.

2006년 7월 10일(월)

11인위원회가 열렸다. 며칠 전에 1910년대 전후에 활동한 친일반민족행위 조사대상자 120명의 명단을 발표한 후 언론의 반응에 대한 보고가 있었다. 대부분의 방송·신문·전자신문 등이 혹은 상세히 혹은 간략히 보도하고 그것이 가진 역사적 의미를 다루었는데, 유독 조선일보, 중앙일보, 동아일보 등 3대 매체는 일절 취급하지 않았다.

조선일보는 지난번 국회보고 때 친일반민족행위 진상규명위원회와 진실·화해를 위한 과거사정리위원회의 두 위원장이 국회에 출석하지 않았다는 사실을 친절하게도 기사화했다. 위원장 사정으로 국회에 출석하지 않은 것은 기사거리가 되고, 남의 강제지배를 겪은 민족사회에서 해방 후 처음으로 국가기관에 의해 반민족행위자를 조사해서 발표한 사실은 기사거리가 안 된다고 생각하는 것 같으니, 문명사회에 이런 언론들이 있을 수 있을까……

11인위원회의 주요 안건은, 구한말 일제초기의 부호로서 동양척식회사 설립위원과 조선식산은행 설립위원, 조선저축은행 설립발기인 등으로 활약하는 한편 일진회의 합방청원운동과 화폐정리사업 등에 관계한 백완혁(白完爀)을 조사대상자로 선정해서 후손에게 알린 결과 그의 증손인 백인수씨가 이의를 신청한 것에 대한 처리문제였다.

이의신청의 요점은 백완혁이 식산은행 설립위원을 했지만 형식적인 명의만의 참여였으며, 그 아들 백상규(白象圭)가 미국유학 후 독립운동에 참가하여 1년 6개월의 형을 언도받았으며, 연희전문학교와 보성전문학교 등에서 교직에 종사했다가 6·25 때 납북되었다는 것이다.

담당인 조사1과에서 다시 조사해본 결과 백완혁의 친일반민족행위는 사실과 다름이 없고, 그 아들 백상규가 미국유학을 하고 교직생활을 한 것은 사실이나, 독립운동을 한 것은 그가 아니라 3·1운동 때 33인의 한 사람인 불교승려 백상규(白相奎, 법명 龍城)였는데 이를 혼동한 것이었다. 조사결과 백완혁의 아들 백상규가 독립운동을 한 사실은 없다는 것이 밝혀져서 11인위원회에 회부한 결과 이의신청을 기각하기로 결정했다.

설령 아들이 독립운동을 했다 해도 아버지의 친일행위가 아들의 독립운동 사실 때문에 '상쇄'될 수 있느냐 하는 문제도 있다. 어떻든 세월이 많이 흘러서 지금 사람들이 집안의 내력을 잘 모르는 경우가 많은 것 같기도 하다.

2006년 7월 11일(화)

이병주(李炳注)의 장편소설들을 즐겨 읽는 이유는 그것들이 '소설 한국현대사'라 할 만하기 때문이다. 그의 소설 『관부연락선』을 읽다가 일제강점기의 고등계 형사를 지낸 이만갑(李萬甲)에 관한 부분을 발견했다. 『관부연락선』에서 이만갑이 나오는 대목에 다음과 같은 작가의 주문(註文)이 달려 있다.

이만갑은 본명이다. 일제말기 관부연락선을 이용한 사람은 이 이름을 들으면 대강 기억할 것이다. 이만갑은 한국이 독립하기 직전, 고향인 경남 창원군 진동면에서 살 수가 없어 밀선을 타고 일본으로 건너갔다고 들었다. 지금 버젓한 교포 노릇을 하고 있을는지 모른다. 소설에 본명을 기입하는 것은 사도(邪道)인 줄 알지만 그자에게 화를 입은 많은 동포를 위해서 관부연락선의 필자로서 그렇게 하지 않을 수 없는 심정이 된 것이다.

작가 이병주가 일제강점기 부산과 시모노세끼(下關)를 오가던 관부연락선 담당의 부산 수상경찰서 소속 조선인 고등계 형사 이만갑을 소설에서 실명으로 고발하고 있음을 볼 수 있다. 이만갑은 해방 직후 우리 땅에서 살 수 없어서 일본으로 도망간 것이 사실이며, 일본에서 살다가 고향에는 와보지 못하고 그곳에서 죽었다고 들었다.

친일반민족행위 진상규명위원회를 맡은 후 위원회가 확보한 자료 중에서 일제시기 고등계 형사 중 이만갑이 있는지를 확인해보라 했더니 없다는 것이었고, 지난번 민족문제연구소에서 발표한 친일파 2900여 명의 명단에도 이만갑은 없었다. 해방 후 이 땅에 살지 못하고 스스로 일본으로 도망갈 정도로 친일반민족행위를 한 고등계 형사 중에도 이렇게 빠져나가는 자들이 있지만, 구체적 자료가 없으니 현재로서는 어쩔 수 없는 일이다.

이만갑 문제가 나온 김에 한 가지 더 기억나는 일이 있다. 1970년에 일본에 처음 갔을 때의 일이다. 여름이라 어느날 유학생들과 '오이소'라는 토오꾜오 근처의 해수욕장에 갔다. 우리 일행이 자리잡은 바로 옆에 이미 초로에 들어선 한 무리의 남자들이 술에 취해 일본어와 우리말을 섞어가며 서로 욕설을 하면서 치고받고 싸우는 것을 볼 수 있었다.

하도 괴이해서 어떤 사람들인가 물어봤더니 일제말기 조선에서 악질 친일행위를 했다가 해방 후 우리 땅에서 살 수 없어서 일본으로 밀항해 지금은 일본인으로 귀화해 사는 자들이라 했다. 저이들끼리 모임을 만들어서 놀러왔다가 술에 취해 싸움이 벌어진 것이다. 옛날이나 지금이나 일본인 속에는 여러 종류의 원래의 조선사람이 있게 마련이다.

2006년 7월 18일(화)

조사1과에서 만주군 문제와 박정희 만주군 중위 문제를 특별히 종합적으로 연구하기 위한 계획안을 가져왔다. 전체 친일반민족행위자 선정 중 가장 '뜨거운 감자'가 될 것이 확실하다. 위원회로서는 가장 객관적인 처지와 자료에 의한 특별연구를 추진할 필요가 절실하다. 그 결과 선정되건 안 되건 결과와 상관없이 정확한 증거를 제시하는 일이 중요하다는 생각이다.

2006년 7월 25일(화)

직원간담회를 했다. 한 달에 한 번 행정실을 제외한 각과에서 교대로 2명씩 참석하는 직원간담회인데 오늘 참석자는 모두 벌써 두번째 참석이라 한다. 행정실을 제외한 모든 과의 직원들은 대체로 연구직 사람들인데 단계적인 행정절차 때문에 그들의 의견이 위원장에게까지 오기 어려울까 생각되어 실시하게 된 직원간담회는 잘 시작한 것 같다.

약 한 시간 그들의 의견을 듣고 동석한 부속실장에게 내용을 메모하게 해서 다음 확대간부회의 때 그것을 반영하게 하는데, 그때그때 업무상의 불편한 점이 지적되고 합리적인 의견들이 많이 나와서 위원회 운영에 참고가 된다.

간담회를 마치고 나면 함께 점심식사를 하게 마련인데, 그 자리에서도 격의 없는 의견들이 나온다. 이들과는 대개 40년 정도 연령 차이가 나는 것 같은데 그들의 대화를 듣고 있으면 그야말로 세대차이를 절감하게 된다. 그러면서도 위원회 운영에 도움되는 점이 많은 것도 사실이다. 그들이 모두 젊은 직장인이요 생활인이라 대학교원으로서 학생들을 대하던 것과는 또다른 점을 느낄 수 있다.

남녀간에 미혼 직원들이 많은데, 4년으로 기한이 정해진 직장인데도 채용되자마자 결혼한 사람이 벌써 여럿 있었다. 고학력 실업자가 많은 사회라 자연히 결혼도 늦어지게 마련이니 안타까운 일이 아닐 수 없다. 위원회가 시작된 지 1년이 되었으니 위원회 안에서 새로운 '커플'이 생길 조짐이 있다고들 했다. 그래서 완전히 익을 때까지는 모른 척해주라고 말해주기도 했다.

2006년 7월 27일(목)

상임위원과 부속실장이 위원회의 기구개편 문제에 대한 중간보고를 했다. 현행의 국·과제를 그대로 유지하는 안과 그것을 팀제로 바꾸는 두 가지 안을 가져왔다. 현재의 국·과장들 사이에 불협화음이 심해서 앞으로 3년간 업무를 제대로 추진해가기 어렵다는 생각이 있다 하고, 국·과제를 유지하면서 국·과장의 인사교체를 단행하기도 제도상 어렵다기에 팀제로 바꾸는 안을 중심으로 더 연구해보라고 일렀다.

2006년 8월 2일(수)

오후에 확대간부회의를 소집해서 미리 마련한 2개과 9개팀제를 발표했다. 예상했던 대로 일부의 반발이 약간 있었다. 그러나 상임위원을 두고도 또 사무처장을 둔 원래의 조직이 잘못되었다는 생각에는 변함이 없다. 상임위원자리를 없애지 못하는 대신 사무처장을 없애려 했으나 그렇게 되면 특별법 자체를 바꾸어야 되고, 그러려면 국회까지 가야 하기 때문에 사무처장을 그냥 두고 조직을 개편하려는 것이라 설명했다.

기획국장을 책임자로 하는 시행령 개정팀을 만들어 빠른 시일 내에 개편작업을 하도록 지시했다. 왜 조직개편을 하지 않을 수 없었는가는 위원장이 설명하지 않더라도 간부들 전원이 잘 알 것이라 말해주었다. 개편안에 대해 질문이 있으면 하라 했으나 사무처장의 항의성 질문을 빼고는 더 없었다. 이번 조직개편

작업은 위원장의 자리를 걸고 하는 일이라 말하고 해산시켰다.

2006년 8월 7일(월)

11인위원회가 있었다. 위원들에게 앞으로 위원회의 조직개편이 있을 것이라 했더니 제성호 위원이 혹시 일부 직원을 내치기 위한 개편이 아니냐는 질문을 했다. 이미 누구에게선가 조직개편 계획을 들은 것이 아닌가 생각되었는데, 사람을 내치는 일은 없을 것이라 대답해주었다. 4년 기한부 직장인데 중간에 사람을 내치는 조처를 할 수야 있겠는가.

친일반민족행위자로 선정된 자의 연고자가 제출한 이의신청 1건에 대한 재심사가 있었다. 10여년간 조선총독부 중추원 찬의를 지낸 정인흥(鄭仁興)의 증손자 정탁영씨의 이의신청이었다. 알고 보니 해방 후 월북하여 유명한 『조선철학사』를 썼고 지금은 고인이 되어 그곳 애국열사릉에 묻힌, 정진석(鄭鎭碩)씨의 조부였고 이의신청자는 정진석의 아들이다. 정인흥의 아들 정준모(鄭浚謨)씨는 일제강점기에 변호사였고 독립운동에도 관여한 것 같지만, 그것과 아버지 정인흥의 중추원 찬의 경력은 별개일 수밖에 없다.

2006년 8월 17일(목)

시행령이 개정될 때까지는 위원회의 현 국·과장 진용을 그대로 유지하려는 생각도 해봤으나, 그들 사이의 불협화음이 팀장급과 일반직원들에게까지 미쳐간다고 하니 사태가 심각하다. 시행령 개정 때까지 현 국·과장체제를 유지하되 문제가 된 국·과장들은 직위를 해제하고 대리체제로 가기로 결정했다. 그리고 이 문제에 대한 발표는 각과의 직원들이 모인 자리에서 직접하고 이에 따르는 혼선이 없기를 당부하기로 했다.

과장이 교체될 기획총괄과, 조사1과, 조사2과, 조사3과의 직원 전원을 모이게 한 자리에서 종전의 국·과제를 없애고 팀제로 가기로 한 이유를 다음과 같이 설명했다. 첫째 현 국·과장들 사이의 불협화음, 둘째 팀제로 바꿈으로써 결재절차를 줄이고 조사사업의 효과를 높여야 할 필요성, 셋째 하의상달의 원활성, 넷째 조사대상이 많아지고 복잡해지는 1920년대와 30년대로 내려가는 데 따른 전문성의 제고 등이다.

기획총괄과장 대리는 박현웅 행정사무관을, 조사1과장 대리는 팀장 중 최고령자인 김명구 전문위원을, 조사2과장 대리는 역시 과내 최고령 팀장인 박철하 전문위원을, 조사3과장 대리는 같은 원칙으로 오미일 전문위원을 임명했다. 국가기록원에서 파견되어 온 곽건홍 자료관리과장은 그대로 두고, 또 국사편찬위원회에서 파견 온 이상일 조사4과장은 그대로 두되 그를 조사국장 대리로 임명했다.

직위가 해제된 조사국장과 각 과장들로, TF팀인 학술기획팀과 보고서작성팀을 만들기로 했다. 학술기획팀은 조사국장을 팀장으로 하고 기획총괄과장과 두 사람을 팀원으로 하여 11월에 개최할 국제학술대회 준비와 앞으로 3년간의 학술행사에 관한 계획과 준비를 담당하게 했다. 보고서작성팀은 보고서에 첨부될 심의조서의 교정과 교열, 행적보고서 내용의 기획과 작성 등을 담당하게 했다.

이같은 비상조치로 일단 위원회의 분위기가 가라앉고 조사업무가 정상으로 진행되기를 바라지만, 시행령 개정이 예정대로 실행되는 것이 중요하다. 위원장 자리를 맡지 않을 수 없게 될 줄 알았다면 간부진 구성부터 관여해야 했는데 하는 후회가 있지만 어쩔 수 없는 일이다.

2006년 8월 18일(금)

김창국(金昌國) 변호사를 위원장으로 하는 친일반민족행위자 재산조사위원회가 발족하는 날이다. 개회식에 참석했더니 광복회장, 보훈처장, 진실화해위원회 위원장, 국사편찬위원회 위원장, 민족문제연구소장 등 많은 내빈이 참석하여 성황을 이루었다. 취재진도 많았는데 역시 친일재산 환수문제에 대한 관심이 높은 것 같다.

갑자기 덕담 같은 것을 하라기에 문화수준이 낮은 민족사회일수록 좋은 역사

밝은 역사만을 드러내려 하고 문화수준이 높은 민족사회라야 어두운 역사나 부끄러운 역사도 드러낼 수 있는 것이라 하고, 우리 민족사회의 경우 해방 후 60년이 지난 이제야 역사상 가장 부끄러운 부분의 하나인 친일문제를 청산하게 되었으니, 이는 그동안 민주화와 더불어 그만큼 문화적 역량이 커졌음을 방증하는 것이라는 요지의 발언을 했다.

2006년 8월 23일(수)

국·과장 대리제를 실시한 후 처음으로 직원간담회를 했다. 그동안 일정한 인사상의 변화가 있었는데도 별 지장 없이 조사업무가 잘 추진되고 있어서 다행이다. 근무상 불편한 일이 없는가 하고 물었더니 어느 여직원이 지금 임신중인데 여직원 휴게실이 불편하다고 하기에 입회한 비서실장에게 조처를 취하라 일렀다.

오후에는 인사변동 후 처음으로 확대간부회의를 했다. 친일반민족행위 조사대상자 선정심의자료 양식과 최종 행위결정 심의조서 양식에 관한 논의가 있었는데, 업무가 잘 추진되고 있는 것 같아서 다행이다.

직원간담회에서도 말했지만, 친일반민족행위자 조사를 하면서 너무 '저인망' 식으로 경량급까지 망라하지 말고 중량급 인사의 조사에 치중하라고 일렀다. 중량급에 치중해서 기한 내에 업무를 완결하는 것이 중요함을 강조했다. 그리고 친일반민족행위자 몇 사람을 더 조사해내는 일보다 역사의 부끄러운 부분을 드러내 정리하고 입론하는 것이 문화민족다운 연구작업이라는 점에 더 큰 의미가 있음을 다시 한번 강조했다.

내일 국회 행자위에서 위원회의 금년도 결산보고가 있을 예정이며 위원장이 반드시 출석해야 한다는데, 내일부터 휴가를 내어 오랫동안 계획했던 동유럽 여행을 할 예정이어서 출석할 수 없게 되었다. 상임위원과 국·과장들이 그렇다면 국회 행자위 위원장이나 여야간사에게 양해전화라도 하라기에 유인태(柳寅泰) 위원장과 여야 간사와 통화하려 했으나 잘 되지 않아 역사교수 출신 강창일 의원에게 전화했더니 그도 역시 유인태 위원장에게 전화를 해주었으면 했다.

유인태 위원장과 겨우 연결되어 양해를 구하기는 했다. 젊을 때부터 꼭 가보고 싶었으나 공산권이라서 못 갔던 동유럽 여행 기회를 어렵게 얻었는데도, 자비여행임에도 허가를 받고 양해를 구해야만 하는 부자유스러운 몸이 된 것이 스스로 생각해도 한심하다.

2006년 8월 25일(금)

1979년에 세계일주를 할 때는 공산권이라 갈 수 없었던, 그러면서도 그렇게도 가보고 싶었던 동유럽을 여행하기 위해 기어이 어느 여행사 패키지팀의 일원으로 인천공항을 떠났다. 정식휴가를 내어 완전 자비로 가는 여행인데도 장관급인가 무언가라 해서 번번이 청와대의 허가를 받을 수밖에 없는데 그것도 눈치가 보여 자주 갈 수가 없다. 빨리 이 자리를 벗어나 여행을 마음대로 할 수 있었으면 하는 생각이다.

동유럽 여행을 꼭 하고 싶었던 이유야 여러가지 있지만, 우리 근현대사 전공자로서 친일반민족행위 진상규명위원회를 맡은 상황에서 아우슈비츠는 꼭 가봐야겠다는 생각이었다. 그래서 아우슈비츠 관람기만은 이 일기에 넣으려 한다.

우리 땅을 강제지배한 일본제국주의자들은 침략전쟁을 중국대륙으로 확대하면서 같은 시기 유럽에서 침략전쟁을 펼친 나치독일, 이딸리아와 이른바 3국동맹을 체결하여 그 침략야욕을 높여갔다. 일본제국주의자들의 수원 제암리 학살과 만주 옌볜지역에서의 우리 동포 학살 그리고 중국 난징 학살 등과 같은 맥락에서 나치독일의 아우슈비츠 학살을 볼 수 있다는 생각 때문에 아우슈비츠는 꼭 가보고 싶었다.

체코에서 폴란드로 가는 버스 안에서 여행가이드가 준비해온 DVD로 영화 「피아니스트」를 봤다. DVD를 구입해서 두 번이나 감명깊게 본 영화지만 아우슈비츠로 가는 여정에서 보니 더 절실했다. 마침내 영화 「피아니스트」와 「쉰들러 리스트」의 배경이며 세계 최대 전쟁참상의 유적이라 할 아우슈비츠에 도착

했다. 이곳에서 대학을 다닌다는 동포여성 현지가이드의 알찬 설명을 들을 수 있었다.

아우슈비츠 제1수용소의 출입문 위에는 독일어 "ARBEIT MACHT FREI"(일하면 자유로워진다)를 철제로 한 글자씩 만들어 장식했는데, "ARBEIT"의 B자가 거꾸로 되어 있다. 가이드의 말에 의하면 수용된 사람들이 글자를 만들어 달면서 저항의 뜻으로 거꾸로 붙였다고 한다.

설명에 의하면, 1939년 9월 2차대전이 발발한 후 폴란드의 오시비엥침(Oświęcim) 지역 일대가 독일 제3제국의 영토로 편입되면서 그 이름이 아우슈비츠(Auschwitz)로 바뀌었고, 나치친위대에 의해 수용소 설치가 계획되었다고 한다. 도시의 인구밀집 지역과 떨어져 있고 철도교통의 요충지인 이곳에는 먼저 폴란드 정치범 수용소가 세워졌고, 수용소장에는 루돌프 회스(Rudolf Höss)가 임명되는데, 독일 패전 후 그를 목매달아 죽인 나무 사형대가 지금도 남아 있다.

수용소의 규모는 설립 당초에는 단층건물 14동과 2층 건물 6동이었으나, 곧 수용자들의 노동력을 이용해서 단층을 모두 2층으로 개조하고 8동을 신축해서 모두 28동이 되었다. 수용인원은 1942년에는 한때 2만 8000명이 되기도 했으나 평균 1만 3000 내지 1만 6000명이 수용되었다 한다. 28개의 건물 중 현재 5개가 관람자들에게 개방되고 있다.

이곳이 아우슈비츠 제1수용소가 되고 이곳에서 3킬로미터 떨어진 곳에 제2수용소를, 1수용소에서 가까운 곳에 제3수용소를 만들었다. 그러고는 슬로바키아, 프랑스, 벨기에, 네덜란드, 독일, 폴란드 북부, 리투아니아 등지와 그외 독일 점령지의 유대인들이 이 생지옥에 연행되어 왔다.

또 나치독일군이 소련을 공격할 때 포로로 잡은 1만 2000명의 병사들이 수용되었는데, 그중 8300명이 약 5개월 안에 가스로 독살 혹은 총살 당하거나 쇠약해져서 목숨을 잃었다고 한다. 5분 내지 10분 만에 죽음을 당한 포로들의 사인을 거짓으로 적어놓은 명부가 증거로 남아 있다. 또한 아우슈비츠에서는 약 2만 1000명이나 되는 집시들이 학살당하기도 했다.

연행된 유대인은 수용소에 도착하자마자 바로 가스실로 보내져서 명부에 등록도 되지 않고 죽음을 당한 경우도 있었고, 나치친위대의 장교와 의사들이 노동이 가능한 사람들은 식별해서 수용소로 보내고 일을 할 수 없다고 판단된 사람들은 가스실로 보냈다고 한다. 수용소장 루돌프 회스의 증언에 의하면 70~80%의 사람들이 가스실로 보내졌다. 가스실로 가게 된 사람들이 샤워를 하러 간다는 친위대원의 말에 속아서 옷을 벗고 샤워실로 보이는 방으로 들어가면, 천장에는 물이 나오지 않는 샤워기가 달려 있었다.

약 64평의 지하실에 약 2000명이 들어가면 문을 닫고 친위대 위생병이 천장의 구멍을 통해 싸이클론 비(CYKLON B) 가스를 투입했다. 방안에 있던 사람들은 15~20분 사이에 모두 질식사했다. 죽고 나면 금니를 뽑고 머리카락을 자르고 반지와 목걸이를 빼낸 시체를 1층에 있는 화장터로 보내고, 시체가 너무 많을 때는 밖으로 운반해서 쌓아놓았다.

수용소의 전시실에는 어떤 수감자가 1944년에 몰래 촬영한, 가스실로 향해 가는 여인들과 시체를 야외에 쌓아놓고 태우는 장면의 사진 3장이 전시되어 있다. 아우슈비츠 수용소에서 약 150만 명이 학살당한 것으로 추정된다고 한다. 수감자들로부터 빼앗은 물건들을 실은 열차가 잇달아 독일 본국으로 갔지만, 수용소의 창고에는 언제나 미처 분별작업을 하지 못한 물건들이 산더미처럼 쌓여 있었다고 한다.

수용소가 소련군에 의해 개방되기 전날 범죄의 흔적을 없애기 위해 나치친위대가 창고에 불을 질렀다. 그 결과 35칸의 창고 중 6칸만 남았는데, 그 안에 있던 수만 켤레의 신발과 의복, 안경 등이 발견되었고 지금도 한데 모아져서 전시되고 있다.

수용소의 한 건물에는 희생자들의 소지품이 전시되어 있어서 관람객들을 놀랍고도 안타깝게 한다. 브러시 종류, 신발, 소유자의 이름과 주소와 생년월일이 적혀 있는 트렁크, 신체장애자가 썼던 의족 등이 그것이다. 수용소로 이동될 때 트렁크 크기를 제한해서 대개 크기가 비슷한 것들이며, 특히 어린이들의 옷과 신발, 우유병 등이 전시되어 관람자들을 더욱 안타깝게 한다.

당시 독일의 공장에서는 이곳에서 희생된 사람들의 머리카락을 이용해서 매트리스와 천 등을 짰다. 아우슈비츠수용소가 소련군에 의해 개방될 당시 자루에 넣은 약 700톤의 머리카락이 창고에서 발견되었다 한다. 시체에서 뽑아낸 금니 등은 녹여서 막대모양을 만들어 독일 중앙위생국에 보내졌다. 시체를 태운 재는 비료로 사용되거나 연못 등에 버려졌다고 한다.

수용소의 한쪽에는 사형선고를 받은 수감자들을 옷을 벗겨 총살한 '죽음의 벽'이 있고, 1943년 7월에 3명의 탈주자를 돕고 수용소 주변의 일반시민과 내통했다고 의심받은 12명의 폴란드인이 처형된 집단교수대도 있다. 시체를 태울 때 쓴 가마도 남아 있다. 원래 3대의 가마가 있었다는 이곳에서는 하루 350구의 시체가 화장되었으며, 가마 1대에는 동시에 2~3구의 시체가 넣어졌다. 이 가마는 독일의 'TOP UNT SOHNE' 회사 제품이라 표시되어 있다.

이곳이 현재의 지구상에 남아 있는 최악의 역사유적지임을 부인할 수 없다. 제국주의시대에 저질러진 과거청산 문제를 책임진 사람으로서는 반드시 가봐야 할 곳이라 확신하고도 남는다.

가이드의 설명에 의하면 이스라엘 학생들은 재학 중에 반드시 여기를 한 번씩 다녀가야 하고, 지금의 독일정부는 이 수용소의 보존을 위해 경제적으로 도움을 주고 있다고 한다. 평소 인간의 본성에 대한 학설 중 성악설이 아닌 성선설을 믿는다고 생각해왔지만, 아우슈비츠를 관람하면서는 인간이 이렇게 잔악할 수 있는가 하고 다시 한번 되뇌어보지 않을 수 없었다. 이곳을 꼭 다녀간다는 이스라엘 사람들이 팔레스타인 사람들에게는 왜 그렇게 잔인한가, 독일은 아우슈비츠 유지를 위해 계속 돈을 쓴다는데 일본의 전후처리는 왜 그렇게 다른가, 우리 사회의 일부 인사들은 또 과거청산 문제에 대해 왜 그렇게도 인색한가 등을 생각하지 않을 수 없었다.

이번 동유럽 여행은 아우슈비츠를 본 것만으로도 만족한다는 생각을 하면서 한국인들이 얼마나 관람하러 오느냐고 물었더니 씨즌에는 한 여행사에서만 한

달에 약 300명이 다녀간다고 한다. 이곳만은 더 많은 한국인이 다녀갔으면 하는
생각이다.

2006년 9월 5일(화)

국회에서 예산결산위원회가 열리는데 위원장이 반드시 출석해야 한다 해서
국회로 바로 나갔다. 각 부처의 장관을 비롯해서 감사원장 등 유관기관의 기관
장들이 모두 와 있었고 진실화해위원회의 송기인 신부도 와 있었다. 이강래(李
康來) 위원장의 사회로 회의가 열렸고 여야의원들이 질의를 하기 시작했는데,
진실화해위원회나 친일반민규명위에 대한 질의는 있을 것 같지 않지만 그래도
자리를 지키고 있어야 한다고 한다.

내가 사는 지역구 출신인 고려대 졸업생 오영식(吳泳食) 의원이 와서 인사를
한 후, 예결위의 야당간사라는, 재학시절 민주화운동의 맹장이던 박계동(朴啓
東) 의원이 보이기에 상임위원을 시켜 좀 오라고 했다. 박계동 의원에게 친일반
민규명위에 대한 질문이 없는데도, 설령 있다 해도 상임위원이나 처장, 국장들
이 내용을 더 잘 아는데, 특히 야당에서 위원장을 꼭 나오라 하면 나는 사표를
낼 생각이라고 농담반 진담반으로 말했더니 그도 몹시 미안한 척했다.

다른 부처에 대한 여야의원의 질의를 들으면서 조금 앉아 있었더니 오영식,
박계동 의원이 와서 송기인 신부와 함께 차나 한잔 들고 돌아가라고 했다. 늙은
이들이 우두커니 앉아 있는 게 그들로서도 딱하게 보였던 것 같다.

휴게실에서 차를 마시면서 교수들의 같은 제목 연구에 대한 이중 연구비 지
급문제를 제기한 어느 야당의원의 질문이 생각나서, 학술진흥재단이나 한국학
중앙연구원, 국사편찬위원회 등을 모두 합쳐서 대만의 중앙연구원이나 북한의
사회과학원 같은 종합적 연구기관을 만들어 국가적 차원의 과제도 해결하고 고
학력 실업자도 수용하게 하라고 말해주었다.

2006년 9월 11일(월)

제12차 11인위원회가 있었다. 금년에 조사되고 선정된 1920년대까지의 친일반민족행위 조사대상자 약 120명을 결정심의해서 금년 연말 국회에 보고하기 위해서는 오늘과 내일 이틀간에 그 심의를 마쳐야 한다. 그래서 아침 10시부터 종일 심의했는데 정장현 위원만 빼고 전원이 참석했다.

후손이나 관계자로부터 이의신청이 있는 남정철(南廷哲), 계응규(桂膺奎), 박해령(朴海齡), 조진태 등에 대한 이의신청 심사를 한 결과 남정철, 계응규, 조진태는 이의신청이 기각되고 박해령만이 일단 인정되었다. 연고자에게 통지된 38건의 심의를 한 결과, 35건이 친일반민족행위자로 결정되고, 경학원 사성을 지냈으나 특별한 친일활동이 없었던 추사 김정희(金正喜)의 후손 김유제(金有濟)가 기각되고 홍운표(洪運杓)와 이봉래(李鳳來) 등은 보류되었다.

경학원 강사는 모두 심의가 유보되었으나 사성은 당초 모두 친일반민족행위자로 결정될 분위기였다. 그러나 막상 심사해보니 사성 자리만 유지했지 경학원 잡지에 친일문이나 친일시를 쓰지 않은 사람까지 친일반민족행위자로 결정하는 것은 너무 가혹하다는 의견이 우세해서 결국 김유제가 제외됐다.

개인적으로는 1920년대까지 친일반민족행위자로 활동한 사람들은 대부분 대한제국의 국민이었으면서도 일제강점 과정에서 친일반민족행위를 했기 때문에, 이후 일제강점기에 태어나서 일제의 교육을 받고 살면서 친일반민족행위를 한 사람보다 죄가 무거우므로 좀더 엄격한 기준으로 심사해야 한다고 생각했다.

2006년 9월 12일(화)

오늘도 11인위원회가 1910년대의 친일반민족행위 조사대상자로 선정된 자들의 최종결정 심의를 했다. 먼저 중추원 찬의와 부찬의에 대한 심사를 했는데, 여러가지 의견이 나왔다. 중추원의 찬의나 부찬의에 임명된 사실 이외에 다른 친일행적이 없는 경우가 많았는데, 이런 경우는 제외시키자는 의견이 일부 위원들에게서 나왔다.

1910년대의 중추원 관계자 20여 명 중 다른 친일행위가 있는 자는 불과 3인 밖에 안 되니, 수개월 등 아주 짧은 기간 중추원 찬의나 부찬의를 한 사람 외에는, 찬의나 부찬의를 했다는 사실만으로도 친일행위자로 간주해야 한다는 의견도 있었다. 또 찬의와 부찬의를 구분해서 찬의만을 심의대상으로 하고 부찬의는 모두 제외하자는 의견도 있었다. 1910년대는 찬의와 부찬의로 구분되었지만, 1920년대에 가면 모두 중추원 참의로 통일되었다.

중추원 참의를 친일파로 규정하지 않고 누구를 친일파로 규정하겠는가, 특별법에도 군인의 경우는 소위계급 이상으로서 '악질행위를 한 자'로 되어있지만, 중추원 참의는 특별법에 '참의로 활동한 자'로 되어 있어 당연 케이스로 규정하고 있지 않는가 하는 의견도 나왔다.

내 개인의 생각으로는 중추원 참의의 경우 참의가 되었다는 사실만으로도 당연 케이스의 친일행위자로 규정해야 한다는 생각이지만, 11인위원들의 의견이 엇갈리므로 중추원 찬의와 부찬의에 대한 심의는 오후로 미루고 우선 경제분야 등 다른 쪽을 먼저 심의하기로 했다.

이 논의과정에서도 야당 추천 위원들과 대법원장 추천의 일부 위원, 그리고 여당 추천 일부 위원의 의견이 여타 위원들과 달랐다. 즉 중추원 찬의나 부찬의라 해서 당연 케이스로 넣어서는 안 된다는 의견이었다. 입법정신에 어긋나는 일이라 말했지만 납득하지 않는 것 같았다.

오후에는 중추원 찬의와 부찬의를 심사했는데, 구희서(具羲書)의 경우 그가 주로 한 일이 학문적 가치가 높은 우리 사회의 관행조사 등이었다 해서 위원들이 명단에서 제외할 것을 주장하여 그대로 결정되었다. 검사 나진과 중추원 부찬의 홍운표(洪運杓)는 보류되었으며, 일진회의 자위단체인 자위단원회 회원 김호중(金浩重), 김사정(金思鼎), 박노학(朴魯學) 등도 기각되었다. 자위단원호회에서 3인이나 기각된 것은 유감이다. 중추원 관계자들에 대한 심의는 내일로 미루어졌다.

2006년 9월 13일(수)

아침 9시부터 중추원 관계자에 대한 심의가 시작되었다. 그 결과 어제 회의에서 유보된 홍운표와 이의신청이 인정된 박해령과 결정에서 기각된 구희서를 제외한 중추원 찬의와 부찬의는 모두 친일반민족행위자로 확정되었다. 이들 이외에 중추원 찬의나 부찬의로 지낸 기간이 불과 몇달밖에 안 되는 2~3인이 앞서 기각되었다.

이로써 1910년대의 조사대상자 총 120명 중 후손들에게 통지대상이 된 자가 35명, 후손을 찾지 못해 공고대상이 된 자가 74명, 후손의 이의신청이 받아들여진 자가 1명, 심의결과 기각된 자가 6명, 결정이 유보된 자가 4명으로 되었다. 공고된 자 중에서 후손들이 2개월 안에 이의를 신청해오면 재심해서 결정할 것이다.

2006년 10월 10일(화)

오후에는 확대간부회의를 했다. 『매일신보』의 DB작업을 1937년 이전까지의 부분은 직원들이 직접 했으나 그 이후 부분은 외주용역으로 진행하기로 했다. 소요예산은 3500여만 원이 들 것 같다. 국제학술회의 건에 대해서는 처음하는 사업이니 청중문제 등에 만전을 기하라고 당부했다.

조사보고서의 내용에서 친일문제에 대한 학문적 분석이 결여될 가능성이 높으므로 이 부분을 보완하여 종합연구보고서의 작성에 도움이 되게 하라고 지시했다. 사료집 발간문제는 각 팀에서 12월 말까지 자료를 선정해서 기록관리팀으로 넘기기로 했다. 앞으로의 연구자들을 위해서 사료집이 중요하니 각 시기마다 대표적인 친일논설과 기사 등을 빠짐없이 수집하라고 일렀다.

팀제로 가기 위한 시행령 개정작업과 국제학술회의 건 및 보고서 작성문제 등 각 부분의 업무가 비교적 순조롭게 진행되어가고 있음을 확인할 수 있었다. 내년도 예산은 균형있게 편성되도록 할 것을 지시했다. 금년 예산에서는 부족한 항목과 꽤 여유가 많은 항목이 있었다고 생각하기 때문이다.

2006년 10월 12일(목)

친일재산환수위원회 김창국 위원장의 초청으로 점심을 함께 했다. 양 위원회의 상임위원들도 참석했는데, 두 위원회의 긴밀한 협조문제가 논의되었다. 친일반민족행위 진상규명위원회나 친일재산환수위원회는 모두 일제강점기의 반민족행위에 대한 청산작업을 담당한 것이니, 두 위원회가 업무상 긴밀히 협조해야 함은 더 말할 나위가 없다.

2006년 10월 13일(금)

1993년에 이와나미쇼펜(岩波書店)에서 『전향(轉向)과 친일파』라는 저서를 낸 바 있는 일본의 동포작가 김석범(金錫範) 선생이 와서 강연을 했다. 상당한 기대를 가지고 들었으나 82세의 노령에다 비행기에서 내리자마자 바로 달려와서 강연을 하게 되었으니 준비한 내용을 조리있게 전달하기는 무리였던 것 같다.

카랑카랑한 음성으로 그렇게 말을 잘하던 분인데 역시 나이는 속일 수 없었다. 타산지석으로 삼아 나도 이제 곧 공식적인 대외활동은 차차 줄이고 대외강연은 가까운 어느 시점에는 완전히 중단할 생각이다.

2006년 10월 16일(월)

국회 행자위의 여당간사인 노현송(盧顯松) 위원실에서 보내온 '대통령소속 친일규명위와 친일재산위 유사 두 위원회 통폐합 입법추진'이란 서류를 검토했다. 이 두 친일관계 위원회는 따로 둘 필요가 없다는 생각을 해왔다.

그러나 국회 최용규(崔龍圭) 의원의 대표발의로 '친일반민족행위자 재산의 국가귀속에 관한 특별법'이 통과되고 2006년 8월 18일부로 위원회가 출범했다. 그 결과 노현송 의원이 지적한 대로 위원회 설치 및 장·차관직의 과잉, 정부조직 비만 및 유사기관 난립, 예산 및 인력 낭비뿐 아니라 각기 다른 두 기관에 의해 조사가 진행됨으로써 친일반민족행위자 선정의 불일치 등이 초래될 가능성이 컸지만, 의원입법이 국회의원의 업적이 되는 속성상 이 법안을 막지 못했던 것이 아닌가 한다.

노현송 의원이 "친일청산 관련 주무기관인 두 위원회를 통폐합하는 내용을 담은 통합입법(안)을 마련해 올 연말까지 일단락 지을 계획"이라고 밝혔다. 야당 쪽에서 과거청산 기구가 남설되었다고 야단이기도 하지만, 지금 와서 통합하면 부작용도 크고 기한이 한정된 기구들이라 업무수행에도 큰 지장이 있으리라는 생각이다.

11인위원회가 있었고, 1905년 이후 일본의 통감통치 아래서 의병재판에 30회 이상 참여한 판사들의 친일반민족행위자 규정문제로 일부 위원들 사이에 또 한 번의 의견 차이가 있었다. 그런데 지난날 유신정권 아래서 민주주의 회복을 위해 반정부활동을 한 사람들에게 사형이나 징역형을 선고한 대한민국의 판사나, 국권수호를 위해 목숨을 건 의병들에게 사형선고를 내려 총살시킨 일본 통감부 치하 대한제국의 판사들을 반민주행위자 또는 반민족행위자로 역사가 규정하면 무고한 사람에게 벌 주는 일이 될까.

2006년 10월 20일(금)

11인위원회에서 의병재판 담당판사 문제로 의견을 달리했던 한 위원에게 그 판사들을 친일반민족행위자로 선정하는 데 반대하는 주된 이유가 무어냐고 개인적으로 물었더니, 의병재판 담당판사 같은 '송사리'를 단죄할 것 없다는 의견이었다. 글쎄 일본 침략자들의 앞잡이가 되어, 국권을 지키려 투쟁한 동족의 의병장들에게 사형선고를 내린 판사들이 '송사리'들일까……

앞에서도 말했지만, 구한말에서 3·1운동 이전까지 판·검사로 임명된 사람은 110명 정도였다. 그 가운데 1건이라도 의병재판에 관여한 사람은 대략 49명이었다. 또 그중 10여 건 이상의 재판에 관여했거나 재판 참여건수는 적다 해도 주요한 위치에서 일본에 협력했거나 '합방' 이후에도 고위관료직을 계속 유지한 자를 뽑은 결과 그 수는 18명이 되었다. 49명 중 상당수는 중추원 참의가 되어 그쪽에서 다루기로 했다.

결국 일본통감 치하에서 일어난 의병전쟁 과정에서 법관으로 활동한 약 110명 중 의병재판에 관여한 자는 49명이었고, 그중 죄과가 엄중한 7명만이 친일반민족행위자로 확정되거나 조사대상으로 선정되었을 뿐이다. 의병재판 관여 법관 약 49명 중 엄중히 가려진 7명마저 '송사리'로 보고 '억울한 죄인'으로 여긴다면, 국권수호를 위해 목숨을 바친 그 많은 의병희생자들의 역사적 의미는 어디서 찾을 수 있단 말인가……

2006년 10월 30일(월)

그동안 청와대의 시민사회 비서실 쪽과 과거청산사업 관계로 만났던 결과에 대해 김민철 과장이 보고했다. 과거사문제는 일단 주어진 업무가 완료되고 나면 전체를 합쳐서 공사나 재단 같은 것을 만들어 지속적인 연구뿐 아니라 사업의 뒤처리 문제 등이 해결되게 해야 한다는 논의가 오갔다고 한다.

문화민족사회가 한때의 실수로 타민족의 지배를 받았거나 문민독재 및 군사독재를 겪고 나면 반드시 과거청산을 해야 하고, 그 과거청산작업은 한시적으로 할 것이 아니라 장기간 상설기관을 두어 철저히 처리함으로써 외세지배나 독재체제가 다시는 되풀이되지 않게 하는 일이 중요하다는 생각이다.

2006년 11월 6일(월)

11인위원회가 있었다. 중요안건은 지난번에 유족 측이 이의신청한 일제강점 초기의 경제인 백완혁에 대한 재심문제였다. 백완혁은 일제강점기에 미국 브라운대학에 유학하고 와서 연희전문과 보성전문 등에서 교수생활을 했고 6·25전쟁 때 북으로 납치된 백상규의 부친인데, 증손자인 백인수씨의 이의신청이 있었다.

이의신청 내용은 동양척식회사와 조선식산은행 설립위원이 된 것은 자의에 의한 것이 아니었다는 점과, 대정친목회 발기인 및 평의원도 부득이해서 맡았다는 것이었다. 한편 삼흥학원을 세워 교육활동을 한 점 등을 들었다. 이의신청 내용을 위원들에게 미리 충분히 알렸는데, 김정기 위원만이 불참한 위원회에서 신중히 토의한 후 찬반을 물은 결과 3명의 위원이 반대하고 나머지 7명이 찬성함으로써 이의신청은 기각되고 백완혁은 친일반민족행위자로 결정되었다.

2006년 11월 13일(월)

휴가로 쉬었다가 꼭 1주일 만에 위원회에 출근했다. 그동안에도 조사업무는 별 탈 없이 추진되었다. 위원회 업무가 자리잡아가는 증거이며 상임위원의 업무 추진력이 안정되어가는 것이 아닌가 한다. 이런 상황이면 처음 생각한 대로 맡은 지 2년쯤 후에 위원회를 떠나도 업무 추진에는 큰 지장이 없을 것 같다는 생각이 들어 마음이 편하다.

정운현 사무처장이 자신이 쓴 『임종국 평전』이 출간되었다고 가지고 왔다. 시인이요 문학평론가이던 임종국씨는 해방 후 이 나라에서 친일문제를 다룬 최초의 논객 내지 연구자였다. 이로써 민족문제연구소가 생겼고, 죽은 후 그는 정부로부터 문화훈장을 받았으며 어느 독지가의 뜻에 의해 '임종국상'도 제정되었다. 거듭 말하지만 친일파에 관한 연구를 역사학 쪽이 아니라 문학 쪽에서 먼저 하게 된 사실은 우리 역사학의 '부끄러움'이라 할 것이다.

2006년 11월 15일(수)

위원회가 주최한 국제학술회의에서 발표할 독일의 노르베르트 프라이(Norbert Frei) 교수와 오스트리아의 마르틴 폴라셰크(Martin Polaschek) 교수 그리고 폴란드의 레온 키에레스(Leon Kieres) 교수가 내방하여 학술회의 담당 직원들과 함께 저녁식사를 했다. 세 학자는 모두 한국을 처음 방문했다고 한다. 주최자로서 식사시간 동안 적당한 화제를 끌고 가야 했는데 생각보다 쉬운 일이 아니었다.

폴란드의 키에레스 교수에게는 얼마 전에 가본 아우슈비츠 이야기를 했고, 오스트리아의 폴라셰크 교수에게는 2차대전 후 처지가 비슷했던 오스트리아와 한반도의 처지가 달라진 점을 화제로 나눴다. 패전국 독일과 일본에 강제 합병된 국가라는 점에서 두 나라가 같은 조건이었는데 오스트리아는 미국과 영국, 프랑스, 소련 등 4개국의 신탁통치를 10년 받은 후 영세독립국가로 되었으니 참으로 다행한 일이라 했다.

한반도의 경우 미국과 영국, 중국, 소련 등 역시 4개 연합국에 의한 5년간의 신탁통치를 거부한 결과 분단되어 300여만 명이 목숨을 잃는 민족내전을 겪고도 지금까지도 분단상태이기 때문에 오스트리아의 현명한 선택이 부럽다고 했다. 대학의 부총장이면서도 긴 머리를 땋아내린 폴라셰크 교수는 오스트리아의 경우 운이 좋기도 했지만, 10년간의 신탁통치는 괴로운 세월이었다고 말했다.

어찌 운이 좋았을 뿐이겠는가. 오스트리아는 문화수준이 높은 민족사회면서도 4개국의 점령과 좌우익 정치세력의 대립 아래서 용케 10년간의 신탁통치를 참고 견디면서 좌우익이 타협하여 통일된 영세중립국가를 세울 수 있었다. 그에 비해 한반도의 경우 5년간의 신탁통치안을 놓고 찬탁과 반탁으로 대립해서 다투다가 결국 분단되어 처절한 민족상잔을 겪고 말았으니, 역사교육은 그런 문제를 정확하게 가르쳐야 할 것이라는 생각이 절실했다.

독일에서 온 프라이 교수에게는 독일통일은 EU의 발전으로 영국이나 프랑스의 반대 내지 방해를 피할 수 있었기 때문에 가능한 것이 아니었는가 하고 질문했다. 그러나 그는 독일통일이 우연히 또 갑자기 왔음을 강조했다. 언젠가 독일통일 당시의 대통령이던 바이체커(Richard von Weizsäcker)씨가 와서 강연하면서 대통령이었던 그 자신도 통일이 그렇게 갑자기 오리라고는 전혀 예상하지 못했다 하고 한반도의 통일도 갑자기 올 수 있으니 대비해야 한다고 말하는 것을 들은 적이 있다.

독일사람들이 그들의 통일이 갑자기 왔다고 말함으로써 일부 한국인들은 우리 통일도 그렇게 오리라 생각하고, 베트남식 전쟁통일은 아니라 해도 독일식 흡수통일을 생각하는 경우가 많은 것이 아닌가 하는데, 프라이 교수도 '우연통일론' '의외통일론' 입장임을 알 수 있었다.

602

독일통일과 같은 엄청난 역사적 사건이 우연히 갑자기 또 뜻밖에 왔단 말인가, 그렇다면 전례가 없었던 역사적 사건으로서의 독일통일의 주된 원인은 무엇이란 말인가, 우연 그것이란 말인가 하고 다시 질문하지 않을 수 없었다. 그는 서독의 경제적 우월성을 동독사람들이 부러워했고, 그래서 서독으로 가기 위해 이웃나라로 대거 탈출한 데 독일통일의 주된 원인이 있다고 말했다.

그러나 우리의 생각은 그렇지 않다. 독일통일의 원인이 그렇게 단순하지 않다는 생각이다. 민족상잔의 전쟁이 없었던 점, 그래서 통일 전에도 동서독 관계가 우리의 남북관계보다는 훨씬 부드러웠던 점, 당시의 동독과 소련의 관계가 북한과 중국의 관계와는 달랐던 점 등이 고려되어야 할 것이다. 뿐만 아니라 동독을 포함한 동유럽의 사회주의가 2차대전 말기 소련의 점령에 따른 '이입된 사회주의'였는 데 비해 베트남과 중국, 북한의 사회주의는 '전취한 사회주의'에 가깝다는 차이점도 있다.

그밖에 베트남이나 중국이나 북한 등 식민지 내지 반식민지 시기를 겪은 아시아의 사회주의국가는 사회주의와 민족주의가 상승적으로 결합된 면이 있다는 점도 고려되어야 할 것이다. 또 한반도와 독일의 지정학적 위치가 다른 점, EU의 발달에 비해 동아시아공동체의 성립이 부진한 점 등 여러가지 원인이 결합된 것으로 봐야 할 것이다. 생각이 친일반민족 문제를 떠나 통일문제로 가고 말았지만……

2006년 11월 16일(목)

명동 전국은행회관에서 위원회 주최 국제학술회의가 열렸다. 갑자기 추워진 날씨에도 불구하고 청중이 200명은 넘는 듯했는데 생각보다 많아서 다행이었다. 송기인, 김창국, 오충일(吳忠一), 김용덕(金容德) 위원장 등이 참석해주었고 전 광복회장 김우전(金祐銓) 선생도 참석했다. 그밖에도 민족문제연구소에서 소장 이하 여러분이 참석했고, 국회에서는 참석하기로 했던 유인태, 김원홍(金元洪), 강창일 의원 등이 마침 여야 대치중이라 참석하지 못하고 김희선 의원만이 참석해서 축사를 했다.

나는 인사말에서 우리 정도의 문화수준에 있는 민족사회가 아시아지역에서 식민지 분할이 다 끝난 1910년대에 남의 지배를, 그것도 수천년 동안 같은 문화권 안에서 살아온 일본에 지배되었다는 사실이 첫번째 부끄러움이라 지적했다.

그리고 일본의 지배에서 해방된 지 60년이 지난 지금에야 피지배기간에 반민족행위를 한 자들을 실정법이 아닌 역사적으로만 다스리게 되었다는 사실이 두번째 부끄러움이며, 지금 와서 친일반민족행위자를 다스리는 일조차도 꺼끄러워하는 일부가 있다는 사실이 세번째 부끄러움이라고 말했다.

그리고 한 민족의 역사에는 좋은 부분도 있고 나쁜 부분도 있게 마련인데, 문화수준이 낮은 민족사회일수록 좋은 부분만을 들추어 강조하게 마련이고, 문화수준이 높은 민족사회일수록 나쁜 부분이나 부끄러운 부분을 들추어내고 가르침으로써 부끄러운 역사의 재발 방지에 힘쓰는 법이라고 했다. 긴 역사를 가진 문화민족임을 자랑하는 우리 민족사회가 역사상 가장 부끄러운 부분인 일제강점기의 반민족행위자에 대한 연구도 제재도 교육도 없었으니 이 얼마나 부끄러운 일인가. 그런 점에서 이 위원회에 주어진 역사적 짐이 무거운 것이라 했다.

위원회가 처음 주최한 국제학술대회라 진행 등에 서툰 점이 있을까 걱정했는데, 전체적으로 썩 만족할 정도는 아니었다 해도 무난하게 치러진 학술회의라 할 수 있을 것 같아서 마음이 놓였다. 참석자에 대한 오찬이나 만찬도 그런대로 무난한 자리가 되었다. 만찬에는 김삼웅(金三雄) 독립기념관장과 윤경로 한성대 총장 등이 참석해주어 고마웠다.

2006년 11월 22일(수)

위원회의 내년도 예산이 국회 행정자치위원회에서 심의되는데 위원장이 반드시 출석해야 한다 해서 출석했다. 언제나 그렇지만 차례가 올 때까지 기다리게 마련인데 행자위 위원실에 갔더니 유인태 위원장은 없고 몇 사람의 행자위 소속의원들이 앉아 있었다.

수행한 장원석군이 그들에게 소개해서 인사를 나누었는데 그중 한 의원이 나를 보더니 느닷없이 "연세가 너무 많아서 일하시기 어려울 테니 그만두시지요" 하는 것이었다. 어이가 없어서 "제발 나 좀 그만두게 해주시오" 하고 대꾸했더니 그는 또 "사표를 내시면 되지요" 하는 것이었다.

국회의원 중에도 이렇게 무례한 자가 있는가 하고 어떻게 대응할까 생각하는데 마침 유인태 위원장이 들어와서 분위기를 파악했는지 "선생님, 담배연기가 자욱하니 저 방에 가 계시지요" 하고 옆의 소회의실로 안내했다. 상임위원에게 그 젊은 무례한 자가 누구인지 알아보라 했더니 행자위 야당 간사이며 지난번 회의 때 내가 참석하지 않았다는 이유로 그러는 것 같다는 것이었다.

얼마 후 지난번 회의에 함께 출석하지 않아 보수신문의 공격을 받았던 진실화해위의 송기인 위원장이 와서 같이 기다리는데, 송위원장에게도 그자가 국회에 자주 나와서 로비도 하고 해야 하지 않느냐고 말하더라는 것이다. 어쩌다 이 나이에 이런 일을 맡아서 국회의원답지 않게 돼먹지 않은 젊은이에게 그런 말을 듣게 되었는지. '70 능참봉'의 수모가 이만저만 아니었다.

회의에서는 주로 야당의원들이 친일반민족행위자의 문제가 그 자손에게까지 연루되지 않아야 할 것을 강조했고, 야당 간사라는 그자는 노골적으로 내년 대통령선거를 앞두고 있는 상황에서 친일행위자는 발표하지 않는 것이 좋겠다는 식으로 말했다.

아마 박정희 전 대통령이 친일반민족행위자로 발표될 경우 대통령에 출마하리라 예상되는 그 딸에게 미칠 영향을 두고 하는 말 같았다. 그래서 특별법에 따라 친일반민족행위자로 규정된 사람은 매년 발표하게 되어 있으며 발표를 하지 않으면 위원회가 위법하는 것이라 말해주었다. 국회가 친일반민족행위 진상규명특별법을 제정할 때 차기 대통령선거에 따른 정치적 이해관계까지 고려되어야 한다는 점을 전제로 제정했느냐고 물으려다가 참고 말았다.

여당의 어느 의원이 친일반민족행위 진상규명위원회와 친일반민족행위자 재산환수위원회를 통합하는 것이 어떻겠느냐는 질문을 했다. 그래서 만약 내게 친일반민족 문제를 다룰 기구를 만들라 했다면, 당연히 두 위원회를 하나로 했을 것이다. 그러나 지금 와서 통합하려면 부작용이 많을 것이라 말해주었다.

2006년 11월 23일(목)

국회 예산결산위원회에 출석해서 위원회의 내년도 예산문제를 다루는 과정에서 혹시 국회의원들의 질문이 있으면 답해야 한다기에 출석했다. 예결위에 나가보니 국무총리를 비롯한 전 국무위원과 각 산하기관 기관장들이 모두 나와 있는데, 시작시간 10시가 되어도 국회의원석은 거의 비어 있었다.

송기인 신부와 나란히 앉아 있는데, 이상수(李相洙) 노동부 장관과 유시민(柳時敏) 보건복지부 장관, 유홍준(兪弘濬) 문화재청장 등 몇몇 국무위원급이 와서 인사를 했고, 국회의원들도 몇 사람이 와서 인사했다. 예정보다 30분쯤이나 지나서야 이강래 예결위원장이 개회를 선언했고, 국무총리 발언과 예산결산장관의 제안설명, 국회전문위원장의 논평 등이 있은 후에야 국회의원들의 질의가 시작됐다.

예결위 야당간사 박계동 의원이 와서 "선생님, 지루하시겠지만 그저 새로운 구경 한다 생각하고 조금만 앉아 계십시오" 했는데, 평생을 학계에서만 살아온 사람으로서는 좋은 경험을 하는 기회라고 생각되기도 했다. 국회의원들 대부분이 국무총리가 답하라 하고 질문을 하는데, 그럼으로써 제 질문의 값어치를 높이려는 의도가 아닌가 생각되었다. 실무적 문제야 총리나 장관보다 국·과장이 훨씬 더 상세히 알 것 같은데 말이다.

국회의원들의 질문이 어느정도 진행된 후 이강래 위원장을 대신해서 진행을 맡은 야당간사 박계동 의원이 위원장석에서 내려오면서 송신부와 내 자리에 와서 "차 한잔 하시지요" 함으로써 비로소 '해방'되어 휴게실로 갔다. 민주화운동 출신 제자들의 대부분이 여당의원인데, 10·26박정희살해사건 후 복학생 대표로 맹활약을 했던 박계동 같은 야당의원이 있는 것도 나쁘지 않구나 하는 생각이 들기도 했다.

2006년 11월 24일(금)

예산이 결정되는 행자위에 나가서 고맙다는 인사말을 해야 한다는데 정말 나갈 마음이 없었다. 직원들이 나가야 한다고 권하고 행자위 소속의 국사교수 출신 강창일 의원까지 전화를 걸어서 나와주었으면 했지만 기어이 나가지 않았다. 그저께 행자위 야당간사에게 당한 일을 생각하니 도저히 나갈 수 없었다. 결국 상임위원이 행자위에 나가서 인사를 하고 왔는데, 야당 쪽에서도 그저께 일 때문에 그런지 큰 말썽 없이 지나갔다고 한다.

해마다 한두 번씩 이런 고역을 치러야 하는데 도저히 할 수 없을 것 같아서 처음으로 상임위원에게 내년 5월까지 근무하고 그만두겠으니 미리 준비하라고 일렀다. 청와대 비서진에게도 이미 말했지만, 만 2년간 근무하고 나면 위원회 사업의 전체적 방향이 어느정도 잡힐 테니 그만두어도 사업추진에는 별 지장이 없을 것이다.

2006년도분 보고서가 작성되어 읽어봤다. 처음부터의 계획이었지만, 친일반민족행위자 개개인의 행적보고도 중요하지만, 친일문제 전체에 대한 연구보고서 같은 것을 더 힘들여 만드는 일이 중요하다는 생각에는 변함이 없다. 친일문제를 종합적으로 다룬 수준 높은 개설서 같은 것을 냄으로써, 친일문제 교육의 기본지침서 혹은 앞으로의 친일문제 연구를 위한 가이드북 같은 것이 되게 하자는 목적이다.

1차년도 보고서가 그 목적을 다할 수는 없을 것 같고, 마지막 종합보고서에서 그 목적이 달성될 수 있도록 미리 계획해놓아, 취임 2주년이 되는 내년 5월에 퇴임해도 소기의 목적이 달성될 수 있도록 할 생각이다.

2006년 11월 27일(월)

11인위원회가 있었고, 2007년도 예산안의 국회 행자위 심의결과 보고가 있었다. 82억 4100만 원 안을 올렸으나 행자위 조정과정에서 여비부분의 8700만 원이 삭감되고 총 81억 5400만 원이 확정되었다. 행자부에서 파견되었던 서만근

기획국장이 옮겨가고 전 울산광역시청 기획실장이던 58세의 송영곤씨가 기획국장으로 부임했음이 보고되었다.

친일반민족행위자로 결정되었던 사람 중 동양척식회사 감사와 중추원 참의를 지낸 조진태에 대해 그 증손 조윤행씨가 법무법인 한길을 통해 이의신청을 한 데 대해 재심의했다. 중추원 참의의 경우 특별법에서 당연 케이스로 규정하고 있어서 재심의에서도 출석위원 전원 찬성으로 이의신청 기각이 결정되었다. 따라서 조진태는 친일반민족행위자로 확정되었다.

흥선대원군 이하응(李昰應)의 장자 이재면(李載冕)과 그 아들 이준용(李埈鎔)에 대해 이준용의 손자인 이청(李淸)씨가 변호인 이재교(李在敎)씨를 통해 이의신청을 해왔다. 이재면은 1910년 8월 22일 한일합병조약 체결을 위한 어전회의에 황족대표로 참석함으로써 '합방'을 반대하지 않았다. 그로 인해 이재면은 일본정부로부터 은사공채와 훈장을 받았고, 아들 이준용은 단군과 일본의 아마떼라스 오오미까미(天照大神)인가를 공동선조로 한다는 이른바 신궁봉경회(神宮奉敬會)의 총재로서 적극적인 친일활동을 함으로써 역시 은사금과 훈장을 받았다.

이들 두 사람은 대한제국 황제와 가까운 황족이었기 때문에 '합방' 후에는 이른바 공족(公族)이 되었고 따라서 작위를 받지는 않았다. 황제와 촌수가 먼 사람들은 일본의 작위를 받아 친일반민족행위자로 결정된 사람이 많다. 작위 받은 귀족보다 더 상위인 공족이었던 이들을 친일반민족행위자에서 제외하면 형평성을 잃게 된다. 따라서 역시 출석위원 전원의 찬성으로 이의신청이 기각되었다.

이의신청을 담당한 변호인들은 모두 친일반민족행위 진상규명특별법 자체가 헌법에 위반된다고 지적했다. 그러나 특별법의 위헌 여부 문제는 본 위원회가 다룰 범위 밖의 일이다. 11인위원회에서는 이들 3인 모두를 1차심의 때와 같이 출석위원 전원 찬성으로 친일반민족행위자로 선정했다.

다음에는 금년도 보고서의 활동보고 부분이 상정되었다. 미리 읽어보고 이만하면 잘된 보고서라고 생각했는데, 의외로 야당추천 위원을 비롯한 몇 위원이 이의를 제기했다. 활동보고 중 일부분이 위원회 이름으로 보고하기에는 집필한 직원들의 의견이 너무 많이 들어 있다는 이유였다.

친일반민족행위자 개인에 대한 행적보고보다 오히려 위원회의 활동보고 쪽에 무게를 둠으로써 친일반민족행위에 대한 종합적 연구업적으로 남게 하려 했는데 제동이 걸린 셈이다. 앞으로 2차, 3차년도 보고와 종합보고 때도 일부 위원들의 제동이 있을 것이 아닌가 걱정된다.

위원장을 맡으면서 생각했던 친일반민족행위 진상조사사업의 결과 권위있는 친일반민족 문제에 관한 종합적 연구업적을 만들어내려던 의도가 좌절되거나 변질되는 것이 아닌지 모르겠다. 그것을 할 수 없다면 위원장을 맡은 의미가 반감되는 셈인데 말이다.

2006년 12월 7일(목)

감기 몸살이 심해서 하루 쉬고 사무실에 나왔더니 각 언론매체들이 친일반민족행위자 1차발표에 대해 보도했다. 대부분의 매체들이 정부에 의한 최초의 발표라는 의미를 부여했고, 조선일보는 사실보도에만 그쳤다. 동아일보만이 사회분열 우려가 있다는 안병직(安秉直) 교수의 논평을 덧붙였다. 여러 번 말하지만 이승만정권 때부터 친일문제만 나오면 '너는 빨갱이다' '국론분열이다' '경제 우선이다' 하여 반대해왔는데, 해방 후 60년이 지난 지금도 그 점만은 전혀 변하지 않았다.

친일반민족행위자로 결정된 사람들의 후손이 변호인을 통해 특별법 자체의 위헌문제를 제기한 일이 있었는데, 청와대에서 위헌소송에 대응할 자료나 의견을 준비해달라는 요청이 있었다고 실무자들이 보고했다. 특별법은 입법부에서 제정했고 위원회는 그 특별법에 따라 친일반민족행위자를 조사하고 결정했을 뿐이다. 위헌소송에 대한 대처는 전적으로 입법기관이 해야 할 일인 것이다. 위원회에는 법률전문가가 없을 뿐 아니라 특별법의 위헌소송에 대응할 만한 자료도 의견도 인적자원도 못 가졌다고 보고하라고 일렀다.

2006년 12월 11일(월)

11인위원회가 있었고, 2006년도분 보고서를 대통령과 국회 및 행정자치부와 유관기관 단체 등에 배포했다는 보고가 있었다. 흥선대원군 이하응의 아들과 손자인 대한제국의 황족 이재면과 이준용의 친일반민족행위자 결정에 대해 이준용의 손자가 변호사를 대리인으로 하여 이번에는 헌법소원 심판청구를 했다.

심판청구 이유는 "일제 강점하 반민족행위 진상규명에 관한 특별법의 주요 법조항이 인간의 존엄과 가치, 평등권, 재판을 받을 권리, 연좌금지 등 헌법의 기본권을 침해한다"는 것이다. 대책을 논의했는데, 전과 같이 이 특별법은 국회에서 제정한 것이므로 심판청구에 대해서는 국회가 대응해야지 위원회가 대응할 일이 아니라는 생각을 말했다.

변호사 위원들과 법률교수 위원들이 원칙적으로는 그렇다 해도 역시 위원회가 대응할 수밖에 없을 것이라 하여 법률교수 위원 2인과 변호사 위원 2인 그리고 외부의 헌법학 교수 1인과 상임위원 등으로 소위원회를 구성해서 대응책을 강구하도록 결정했다.

금년도의 보고서에 들어간 106인 이외에 내년도 보고서에 들어갈 친일반민족행위자를 각 과에서 조사해서 올렸기에, 그중 우선 3·1운동 진압에 앞장선 군수 등 3인과 1920년대에 활동한 중추원 참의 19명을 심의해서 조사대상자로 선정했다.

정병조(鄭丙朝) 등 중추원 참의 19명은 모두 '합방' 후 조선총독부가 최초로 우리 역사를 왜곡하기 위해 작업을 시작한 '반도사 편찬' 작업에 관계했다. '반도사 편찬' 문제에 저촉되는 자들을 이로써 일단락하고 '조선사편찬위원회'에 관계한 자들은 다음에서 따로 다루기로 했다.

2006년 12월 12일(화)

직원 전체를 모아놓고 제1차 보고서를 완성한 노고를 치하하고, 새로운 직제 개편안을 발표했다. 조사 4개팀 이외에 조사대상의 모집단을 선정함에 있어서 각 분야별 균형성 확보와 특별법 조항 적용에서의 통일성을 기하기 위해 조사기획관을 두는 문제와, 친일반민족 관련 단체 등에 대한 연구와 조사보고서 및 종합보고서 작성과 사료집 발간 등을 담당할 학술연구팀을 새로 두는 문제 등을 설명했다.

2006년 12월 13일(수)

전에 몇 번 통일문제를 강의한 일이 있는 경찰대학의 총경급 재교육반에서 친일반민족행위 진상규명 문제를 강의해달라기에 응하기로 했다. 일선 경찰 서장을 중심으로 하는 22명의 총경 및 총경 승진예정자들을 대상으로 한 2시간 강의를 하기 전에 '객담'이라면서 일제시대의 잔재 중 가장 좋지 않는 것의 하나가 '경찰'이라는 용어라고 평소 생각하던 문제를 말했다.

중국의 '공안'이나 북한의 '보안'이란 용어를 따를 필요는 없으나 국민을 경계하고 살피는 '경찰'이기보다 애민(愛民)까지는 아니더라도 안민(安民) 정도로 바꾸는 것이 어떻겠는가 생각해보라고 했다. 일본제국주의자들이 이름지었다고 생각되는 나쁜 인상의 경찰서나 경찰관이란 용어보다 '안민서'나 '안민관'이 얼마나 민주적이고 평화적인 용어겠는가 하는 생각을 해왔는데, 마침 경찰간부들에게 강의할 기회가 주어져서 해본 말이다.

본 강의에서는 지금에 와서 왜 친일반민족 문제를 다루어야 하는가의 문제를, 민족정기니 하는 문제보다 다른 곳에서도 말해온 대로 문화수준이 높은 민족사회일수록 역사의 어둡고 치욕스러운 부분도 밝혀내고 또 가르침으로써 그것을 되풀이하지 않게 해야 한다는 점을 강조해서 말했다.

수강자가 대개 50대 전반의 경찰간부급인데도 이해가 참으로 빠른 점에 놀랐다. 질문을 받으면서 더욱 놀랐는데, 한 수강자는 일제시기의 좌익운동도 독립운동으로 봐야 한다고 생각하는데, 일부 보수세력이 그것을 독립운동으로 인정하지 않으려 하니 그 점에 대해서 어떻게 생각하느냐는 질문을 했다. 그런가 하면 또다른 수강자는 일제시기에 친일행위를 한 당사자만을 밝히는 데 그치지 말고 자손들까지 밝혀야 하지 않겠는가 하는 질문을 했다.

두 질문 모두 현직 경찰간부로서는 놀라운 질문이지 않을 수 없었다. 첫 질문의 경우 물론 일제시기의 좌익활동가도 독립유공자로 표창되고 있는 현실이기는 하지만, 경찰서장 급에서 그런 질문이 나오리라고는 미처 생각하지 못했다. 친일행위자의 자손까지도 밝혀야 하지 않느냐는 질문에 대해서는, 어느 1급 친일파의 후손이 대학총장이 되자 이를 문제삼으려는 신문기자에게 연좌제가 적용되어서는 안 된다고 일러주었다는 말로 대답을 대신했다.

그랬더니, 그 질문자는 다시 조상의 친일행위로 얻은 댓가로 그 자손이 정치·경제·사회적 혜택을 입었다면 자손까지도 밝혀야 하지 않겠는가 하는 의견을 제시했다. 한마디로 우리 사회가 많이 변했구나 하고 놀라지 않을 수 없었다. 사회 일각에서는 민주정권이 연달아 집권함으로써 기득권을 잃게 된 반민주세력이 민주정권을 좌경정권으로 몰면서 정권 재탈환을 위해 애쓰고 있으며, 그런 상황 변화를 내다보고 이미 공안관계의 일부가 자세를 바꾼다는 말도 있다는데……

나 같은 책상물림에게 일부러 듣기 좋은 말을 할 이유가 전혀 없다고 생각되는 경찰 중견간부들의 생각이 이렇게 나아가고 있음을 확인할 수 있었으니, 성급한 일인지 모르지만 민주화가 많이 추진되었구나 하고 마음이 든든했다.

2006년 12월 19일(화)

직제개편 후 처음으로 팀장회의를 가졌다. 특히 인화문제를 중심으로 몇 가지 '잔소리'를 했더니 새 팀장끼리 모여 화합하고 업무추진 효과를 올리는 문제를 두고 이미 논의했다고 한다. 첫번째 출간된 보고서에 대한 자체평가를 하도록 지시했다.

특히 11인위원회에서 지적이 많았던 특별법 조항 적용문제를 좀더 신중히 다루도록 당부했다. 앞으로는 특별법 적용조항이 특별히 애매한 경우는 11인위원회의 소위원회를 구성해서 미리 심의하게 하는 문제를 검토해보라고 지시했다.

2006년 12월 21일(목)

국회 행자위에서 내년도 예산 중 여비부분에서 8700만 원인가 삭감되었는데 또 예산위에서 3억여 원을 삭감해서 모두 4억여 원이 깎인다기에 예결위 야당 간사인 박계동 의원과 통화하고자 했으나 되지 않았다. 이런 식으로 예산을 무조건 삭감하면 업무추진에 지장이 많겠는데, 만약 내년 대선에서 야당이 집권하는 사태가 벌어지면 과거청산사업이 예정대로 추진될 수 있을지 걱정되지 않을 수 없다.

2006년 12월 26일(화)

중추원 참의와 동양척식회사 설립인 등을 지내 친일반민족행위자로 결정된 이재면의 후손이 특별법의 위헌성을 들어 고소했고, 이에 대해 박연철 위원을 위원장으로 하고 제성호, 김덕현, 최병조 위원 외에 헌법학자로서 중앙대학교 이인호 교수 등으로 소위원회를 구성해서 재판에 대응하게 했다. 전에도 말했지만 특별법의 입법은 국회에서 했는데, 그 법에 대한 재판 등의 뒤치다꺼리는 왜 행정부가 해야 하는지 의문이 여전하다.

여하튼 조선왕조의 왕족들 문제는 쉽지 않다. 한일합방 과정에서 매천(梅泉) 황현(黃鉉) 등 많은 사람들이 자살했지만, 그때는 나라의 주권자들이던 황족 중에는 자살로써 망하는 제 나라와 운명을 같이한 사람은 하나도 없고, 오히려 이재면의 경우는 합방조약 체결현장에 황족대표로 참석했다.

황제와의 인척관계가 다소 멀어서 후작·백작 등의 작위를 받은 자들은 이번 특별법에 의해 당연히 친일반민족행위자로 결정되었다. 이재면이나 이준용과 같이 황제의 친형이거나 친조카인 경우 이른바 공족(公族)이라 하여 일본제국주의자들로부터 작위보다 더 나은 대우를 받았다.

일본이 '합방'에 공이 있는 조선인에게 준 귀족 칭호는 박영효(朴泳孝)가 받은 후작이 제일 상위이고 공작은 없다. 따라서 황제의 친형이나 조카에게 준 공족 칭호는 곧 최고작위인 공작과 같은 것으로 봐도 틀리지 않을 것이라는 생각이다.

공족은 당연히 친일반민족행위자로 결정되어야 한다는 생각이지만, 그렇다면 고종이나 순종 그리고 일본의 귀족대우를 받은 고종의 아들들, 즉 의친왕 이강(李堈)과 영친왕 이은(李垠) 등은 어떻게 할 것인가 하는 문제가 있다. 이들을 친일반민족행위자로 결정할 것인가 그렇지 않을 것인가는 물론 11인위원회가 판단할 일이다. 그러나 위원장으로서 어느정도 의견을 가지고 있어야 하지 않을까 하는 생각이다.

고종은 헤이그 밀사파견 등 반일행위 때문에 양위되었고, 또 암살되었다는 설이 농후하다. 순종은 신병으로 사리판단이 얼마나 명확했느냐 하는 문제도 있지만, 최근 연구에 의하면 그도 합방에는 분명히 반대했다고 한다. 의친왕 이강은 반일행동이 많았다고 알려져 있고 그가 중국으로 탈출하려다 실패한 대동단사건도 사실이다. 영친왕 이은은 일본군 육군중장까지 올라갔지만, 그가 볼모로 일본에 갈 때 불과 9세에 지나지 않았다.

그렇다 해도 이들 대한제국의 황족들은 해방 후까지 산 이강과 이은을 제외하고는 죽을 때까지 일본귀족의 대우를 받은 것이 사실이다. 이들을 어떻게 할 것인가, 고민되지 않을 수 없다. 위원회 안에서도 몇 번 논의된 바 있지만, 이재면과 이준용 등의 친일반민족행위자 선정에 대한 후손의 소송을 계기로 고종과 그 일족 문제에 대해 어느정도 객관적 의견을 가졌으리라 생각되는 원로급 국사학자 몇 사람에게 물어봤다. 기록으로 남기지 않는다는 약속을 했기 때문에 구체적으로 이름을 밝히지는 않지만, 모두 고종과 순종 그리고 의친왕과 영친왕의 경우는 제외하는 것이 좋겠다는 의견이었다.

2006년 12월 29일(금)

2006년도 종무식을 하고 그 자리에서 몇몇 직원에 대한 표창을 했다. 금년에 첫 보고서가 나왔기 때문에 2006년의 업무가 사실상 우리 위원회의 첫해 업무였다고 할 수 있다. 첫해 보고서에 대한 공식적 평가를 들어볼 기회는 없었지만, 역사학계 몇몇 원로들의 개인적 평가는 상당히 좋았다고 전하면서 직원들에게

노고를 칭찬했다.

종무식이 끝난 후 뷔페식당에 가서 전체 직원들이 함께 점심을 먹었다. 특별법에 대한 위헌제소에 대응하기 위해 만든 소위원회의 박연철 위원장이 마침 소위원회 회동을 마치고 동석했다. 그의 말에 의하면, 소위원회에서 신중히 검토한 결과, 특별법에 의해 선정되는 친일반민족행위자들이라 해도 형사처벌되는 것이 아니기 때문에 특별법 자체가 소급법이 될 수는 없으며, 따라서 위헌소지가 있을 수 없다는 결론이었다고 한다.

소위원회의 이같은 의견은 헌법재판소에 제출될 뿐이고 결론은 헌법재판소에서 내리겠지만, 짧은 법률상식으로 혹시 소급법적 위헌소지가 있는 것이 아닌가 했던 우려는 일단 해소되었다. 역사학적 상식으로는 혁명적인 상황이 아니면 소급법이 합법화될 수 없는 것이 아닌가 하는 우려가 있던 것이 사실인데, 범법자들이 형사처벌되지 않기 때문에 그런 염려는 없다 하니 다행이기는 하다.

반민족행위자를 결정하면서도 행위의 경중에 따라 등급이나 형량의 차이를 둘 수 없고, 다만 반민족행위자냐 아니냐로만 결정할 수밖에 없기 때문에, 조사하고 결정하는 일 자체의 형평성과 통일성을 기하기가 대단히 어렵지 않을 수 없다. 당초 위원회 기구를 만들 때 이같은 위원회 조직의 전례가 거의 없었으므로, 위원회가 너무 행정기구 형처럼 조직되었고 연구기관적 성격도 결여되어 조사업무 수행에 차질이 많았다.

그 결과 위원회가 발족한 후 기구개편이 두 번이나 있었고 그 때문에 조사업무에 차질이 있었으며 따라서 업무 자체가 지연되기도 했다. 두 번의 조직개편 결과 이제 겨우 조사업무의 방향이 제대로 잡힌 것이 아닌가 한다. 이대로 진행하면 주어진 4년이란 기간이 짧기는 하지만 누가 위원장을 맡아도 소기의 목적을 다할 수 있지 않을까 한다. 위원회가 발족한 지 만 2년이 되는 내년 5월 말에는 기어이 이 중책에서 해방되고 싶다는 생각이 절실한 가운데 한해가 저문다.

4. 친일반민족행위 진상규명 일지

2007년 전반기 _____

2007년 1월 2일(화)

위원회에서 신년회가 있었다. 신년사에서 금년이야말로 친일반민족행위 진상규명작업을 본격적으로 추진해야 할 1년임을 강조했다. 위원회가 발족한 2005년이 친일반민족행위가 본격적으로 시작된 을사조약 체결 100년이 되는 해였고, 금년 2007년은 정미조약 100주년이 되는 해이다. 100년 전의 이 해(1907)가 민족사회를 멸망의 나락으로 끌고 간 친일반민족행위가 중간단계에 진입한 해였다면, 그때로부터 100년 후가 되는 금년은 늦었지만 반민족행위 규명작업이 본격화하는 한해가 되어야 할 것이다.

금년은 대통령선거가 있는 해이며, 지금의 형세로는 이른바 보수세력 정권이 성립될 가능성이 없지 않은 것 같지만, 긴 역사 속의 일시적인 현상에 너무 구애되지 말고 우리에게 주어진 민족사적 과제로서의 친일반민족행위자 규명책무를 충실히 다하는 한 해가 되기 바란다는 내용의 신년사를 했다.

2007년 1월 4일(목)

흥선대원군 이하응의 맏아들이며 고종의 형인 이재면과 그 아들 이준용의 후손이 변호인을 통해 제출한 친일반민족행위 진상규명특별법 위헌소송에 대응

616

하여, 박연철 위원을 위원장으로 하는 소위원회를 구성하여 심의한 의견서가 나왔다. 내용을 읽어보니 고소 내용에 대해서 법률적으로 자세히 일일이 대응하고 있어서 그대로 헌법재판소에 제출되겠지만, 역사적으로 보면 이같은 고소 자체는 어이없는 일이 아닐 수 없다.

조선왕조가 망하는 과정에서 을사조약 늑결(勒結)에 항의하여 자결한 충정공 민영환(閔泳煥)을 비롯하여 매국노 이완용을 살해하려다 목숨을 잃은 이재명(李在明), '침략의 원흉' 이또오 히로부미(伊藤博文)를 살해하고 사형 당한 안중근(安重根) 등 의·열사가 있었는가 하면, 매천 황현 등 많은 선비와 관료들이 자결로써 망하는 나라와 운명을 함께했다.

앞에서도 지적했지만, 군주주권시대 왕조의 주인이었다 할 황족들 중에는 어느 하나 망하는 저희 왕조와 운명을 함께한 사람이 없었을 뿐 아니라, 일제강점기 내내 침략자요 적국인 일본의 귀족으로 대우받고 살았다. 어찌 민영환, 안중근, 이재명, 황현뿐이겠는가. 못난 이씨 왕족들이 무책임하게도 일본에 완전히 그리고 영원히 넘겨주어버린 조국의 주권을 도로 찾기 위해 국내외에서 얼마나 많은 목숨이 받쳐졌는가.

조금이라도 염치를 아는 이씨 왕가의 후손이라면 해방 후에라도 전체 민족 앞에 참회하고 정중히 사죄했어야 할 것이다. 이씨 왕족도 적지 않고 또 같은 문중사람도 많지만 누구 하나 해방 후 국민에게 사과하는 염치를 갖춘 경우가 없었다. 그런 사람들이 지금에 와서 그 조상이 반민족행위자로 규정되는 것이 억울하다 제소하다니, 한마디로 말해서 어처구니없는 일이라 하지 않을 수 없다.

2007년 1월 7일(일)

야마모또 시찌헤이(山本七平)의 『홍사익 중장의 처형』 상·하권을 다 읽었다. 영친왕 이은을 제외하고는 조선사람으로서는 유일하게 일본군 중장까지 올라간 사람이 홍사익(洪思翊)이다. 일본이 패전한 후 연합군에 의해 전범으로 처형된 그를 포함해 다른 B, C급 전범자들을 어떻게 친일반민족행위 진상규명과정에서 다룰 것인가 하는 또 하나의 어려운 문제가 있다.

책의 저자요 전범(戰犯)이기도 했던 야마모또나 해설을 쓴 타나까 아끼라(田
中明) 등은 홍사익이 죽을 때까지 일본 군인이라기보다 대한제국의 군인이란 생
각을 가졌던 것처럼 말했고, '창씨개명'을 하지 않고 홍사익이란 이름으로 죽었
다는 점 등을 강조했다.

그뿐만 아니다. 일본 육군사관학교 동창생인 지청천(池晴天) 등과 같이 독립
군 쪽으로 탈출하지 않은 점에 대해서는 말하지 않으면서도, 태평양전쟁 시기에
독립군 쪽으로 갈 수도 있었으나, 일본이 패망할 것 같으니까 망명하는 그런 일
은 할 수 없었다는 식으로, 제국주의 일본군 중장 홍사익을 변명하고 있는 부분
도 있다.

홍사익은 대한제국의 군대해산 후에 육군군관학교에 입학했고, 따라서 대한
제국 군관학교 재학 중에 한일'합방'이 됨으로써 곧 일본군의 장교가 되었다. 태
평양전쟁이 끝날 때까지 일본군 장성으로 있었고, 전쟁 후 연합군에 의해 전범
으로 처형된 홍사익을 친일반민족행위자로 봐야 할 것인가 하는 문제가 어렵게
된 것은 사실이다.

특별법에서는 일본군 장교였다 해서 모두 반민족행위자가 되는 것이 아니라,
독립운동을 방해한 일 등이 있어야 반민족행위자로 규정하게 되어 있다. 그의
일제시기 행적을 상세히 조사해봐야 할 것 같지만, 홍사익과 역시 일본군 대좌
(大佐)인가로 최고훈장을 받은 김석원(金錫源) 등이 독립군 쪽으로 망명한 지청
천의 가족을 여러모로 도와준 구체적인 자료가 있다. 이 사실이 참조될 것인지
역시 11인위원회의 결정에 맡길 수밖에 없을 것 같다.

2007년 1월 8일(월)

팀장급 이상이 참석하는 확대간부회의가 있었다. 작년 예산 중 약 10억 원이
불용되었다는 것은 예산 편성이나 집행에 문제가 있음을 말해주고 있으며, 특히
여비부문의 잔액이 많았다. 금년에는 가능한 한 외주에 의한 연구를 좀더 활성

화함으로써 친일반민족문제에 대한 학문적 축적이 높아지고 위원회의 업무추진에도 도움이 되게 해야 하지 않을까 한다. 다만 지금의 우리 학계에 그만한 연구인력이 있느냐 하는 문제가 있기도 하다.

언론문제를 효과적으로 대처하기 위해 전에 두었던 홍보위원회를 폐지하고 대신 사무처장을 대변인으로, 운영총괄팀장을 부대변인으로 하여 홍보를 담당하게 했다. 1920년대 이후 시기의 친일반민족행위자를 조사대상으로 하는 제2기에 들어서면 언론에서 관심을 가질 인물들이 많아지게 되는데, 신속성을 기하기 위해 홍보위원회는 폐지하되 언론에 발표될 내용은 반드시 상임위원과 위원장의 결재를 받도록 했다.

현행의 심의회 구성원에서 사무처장을 제외하고 운영총괄팀장이 심의회를 주관하게 했다. 위원회의 기본사업계획은 위원장이 주재하는 확대간부회에서 결정하고, 세부적인 사항은 심의회에서 결정하게 했다. 위원회 사업의 최종결정은 확대간부회의에서 하고 다만 그 세부적인 시행계획은 실부진 중심의 심의회에서 결정하게 한 것이다.

특별법에는 사료관을 건립하도록 되어 있는데, 이것은 입법과정에서 역사 관련 전문가의 참여가 소홀했던 결과인 것 같다. 위원회가 업무추진을 위해 수집한 자료는 희귀한 자료가 전혀 없는 것은 아니지만, 대부분 이미 많이 보급된 자료들이다. 과거사 관계 각 위원회의 자료를 모아 자료관을 만들 수도 있겠으나 각 위원회의 존속기간에 차이가 있어 사실상 불가능한 일이 아닌가 한다. 위원회의 활동이 끝나고 나면 수집된 자료들은 국가기록원이나 중앙도서관에 이관하는 것이 옳을 것이다.

조사기획관실에서 2차년도와 3차년도의 조사대상을 대체적으로 예상해 왔다. 그것에 의하면 2차년도 조사대상은 A급이 330여 명, B급이 660여 명으로, 3차년도 대상은 A급이 560여 명, B급이 760여 명으로 되어 있다. 대체로 이 중 A급이 조사대상의 중심이 되지 않을까 하는데, 그렇다면 1차년도에 선정된 106명을 합해서 전체 수가 900명 정도가 되지 않을까 예상한다. 그러나 이 조사대상자 수의 추정은 좀더 정밀해야 할 것 같아서 11인위원회에는 아직 보고하지 않기로 했다.

2007년 1월 9일(화)

11인위원회가 있었다. 2007년도 예산보고가 있었는데, 총 예산은 78억 1400여만 원이며 작년에 비해 약 1400만 원이 증가했다. 요구액보다는 약 14억 원이 삭감된 것이다. 예산 중 인건비가 35억 4000여만 원이며 사업비가 약 42억 7000만 원이다. 1년간 사업을 추진해가는 데 크게 지장을 받지는 않을 것 같다.

친일반민족행위 조사대상자 심의에 들어가서, 3·1운동 때 독립선언문을 압수하거나 수원 제암리교회 학살사건에 관련된 조선인 경찰관 등 3인을 많은 논란 끝에 조사대상자로 선정했다.

김영택(金泳澤) 등 동양척식회사 설립위원 등을 지낸 경제인 4명에 대한 선정 심의가 있었는데, 대정실업친목회(大正實業親睦會)의 친일단체성 여부에 대해 위원들 간에 논의가 많았다. 1940년대 이후 파쇼체제화한 일본제국주의의 침략전쟁에 협력한 경제인과는 달라서 1910년대 내지 1920년대의 경제인에 대한 친일성 여부를 평가하기가 쉬운 일이 아니다.

3·1운동을 진압하기 위해 각 지방에 성립된 이른바 자제회(自制會)를 주도적으로 조직하거나 운영한 박영래(朴榮來) 등 10명이 심사대상으로 선정되었다. 그중 중추원 참의를 지낸 박기순(朴基順)과 민영은(閔泳殷) 등은 당연히 선정되었으나 나머지 자제회 관련자들에 대해서는 개인별 행적에 따라 선정되기도 하고 제외되기도 했다. 교육학술 부문에서는 중추원 참의와 경학원 대제학 등을 지낸 유정수(柳正秀)가 심사대상자로 선정되었다.

2007년 1월 25일(목)

금년도 조사업무 계획에 대한 보고를 받았다. 작년도의 경우 연말 국회보고 일정에 쫓겼던 상황을 감안해서 금년도는 대개 4월 말까지 4개 조사팀에서 A급으로 분류되는 약 266명의 친일반민족행위자를 조사하고 그것을 5월 말까지 7차례에 걸쳐 11인위원회에 상정할 예정이다. 계획대로 되면 작년분을 보고한 후 선정된 64명과 합쳐 금년도 선정예상자의 총수는 330명이 되는 셈이다. 조사 1팀과 2팀의 대상자는 대개 특별법에서 당연 케이스로 규정한 수작자 및 습작자와 중추원 참의 등이어서 일이 그렇게 어렵지는 않을 것 같다.

경제부문과 사회단체 및 종교·언론부문 등을 당당한 조사 3팀과 4팀의 대상 중에는 논란이 될 만한 인물들이 있는데, 그 경우도 조사를 상세히 해서 일단 11인위원회에 상정해보도록 지시했다. 논란대상자라 해서 그냥 뒤로 미룰 수만은 없다는 생각이다.

금년에도 외부전문가에게 연구를 의뢰해야 할 항목으로 '일제강점기 조선귀족의 존재양태' '만주국 조선인 고등경찰의 활동조사연구' 등 45개 항목을 선정해왔다. 내용을 검토한 결과 합쳐야 할 항목도 많고, 또 과연 이 문제를 소화해낼 만한 연구자를 구할 수 있겠는가 의문시되는 항목도 많다.

일제강점기 연구, 특히 친일반민족 문제에 대한 학계의 연구가 너무 빈약하기 때문에 개인에 대한 조서작성에 애로가 많고, 특히 친일반민족 문제에 대한 '연구보고서'를 작성하는 데는 더욱 그렇다.

친일반민족 문제에 대한 '연구보고서'는 욕심 같아서는 분석적이면서도 내용이 충실한 '친일반민족 문제의 개설서' 같은 것이 되어 앞으로 학교교육과 국민교육에 이용되었으면 한다. 더 욕심을 부린다면 국사학계에 '친일반민족 문제 연구의 안내서' 같은 것이 되면 더 바랄 것이 없다는 생각이다. 기구개편을 하면서 학술연구팀을 둔 것도 바로 그같은 욕심 때문이라 할 수 있다.

2007년 1월 30일(월)

1월의 업무보고를 받고 2월 업무를 지시하는 확대간부회의를 했다. 친일반민족행위자로 선정된 이재면과 이준용 부자에 대한 행정소송에 철저히 대비하도록 지시했다.

조선총독부 관보의 DB화가 꼭 성사될 수 있게 하고, 시일이 많이 걸려 우리 위원회가 이용하기 어려울 경우를 대비해서 1940년부터 45년분까지를 먼저 DB화한 다음 1937년부터 44년까지를 착수하라고 지시했다. 조선총독부 관보의 DB화는 '강제동원규명위원회'나 '친일재산조사위원회' 그리고 중앙도서관과 공동사업으로 하게 되어 있지만, 역시 우리 위원회가 중심이 되어야 하지 않을까 한다.

수작자와 습작자 및 중추원 참의 등 특별법상의 당연 케이스도 그 행위의 경중에 따라 A급과 B급으로 구분하고 가능하면 C급도 가려보라고 지시했다. 행적조서를 꾸밀 때 반민특위의 대상이 되었거나 광복회가 선정했던 대상이 되었던 자를 일일이 표시하도록 지시했다. 11인위원회가 심의할 때 참고가 될 수 있게 하려는 것이다.

학술연구팀에서 금년부터 간행해야 할 사료집 간행계획을 보고했다. 금년도 간행예산이 1억 2000만 원인데, 그 계획내용이 너무 광범위해서 민족문제연구소의 사업과 중복될 가능성도 있어 보였다. 금년도의 사료집은 2007년도 계획안에 들어 있는 내용, 즉 의병활동 탄압자료, 합방청원운동 자료, 매국적들의 자료, 3·1운동 방해자료, 유림(儒林)들의 일제 찬양시 등에서 특출한 것들을 뽑아 엮는 것이 옳지 않을까 한다.

조사 3팀과 4팀의 경우 중일전쟁 이후 시기가 그 대상이 많을 터이니 금년계획에서 제3시기 즉 3·1운동 후부터 중일전쟁 전까지도 다루어서 일단 11인위원회에 올리도록 지시했다. 11인위원회에서 선정된다 해도 후손들에게 알리는 일은 제3시기 전반을 다룰 때 함께할 예정이다.

외주로 진행해서 들어오는 연구결과는 엄격히 검수하여, 수준있는 연구들은 논문집으로 간행하여 학계에 제공하는 문제를 고려해보도록 지시했다.

2007년 2월 14일(수)

오후에 청와대의 차성수(車聖秀) 시민사회담당 수석비서관이 대통령의 설날

선물을 직접 가지고 사무실에 왔다. 혹시 다른 할 말이 있어서 온 것인가 했지만 그렇지는 않았다. 그래서 금년 5월에는 내가 위원회를 맡은 지 꼭 2년이 되는데 처음부터 2년간에 걸쳐 사업의 기초만 잡아놓고 물러날 약속이었음을 상기시키고, 5월 말에는 사표를 낼 것이니 양해해달라고 당부했다.

처음에는 몇 가지 요긴한 문제 등을 들면서 안 된다고 강하게 만류했으나 내가 사정을 들어가며 거듭 요구했더니 그러면 피차가 후임자가 될 만한 사람을 구해보자는 데까지 합의되었다. 문제는 후임자를 구하는 일의 어려움인데, 위원장 자리를 맡을 만한 사람은 나이가 지긋한 우리 근현대사 전공자라야 하겠는데, 여러가지 문제로 꺼려하는 사람이 많은 것도 사실이다. 그렇다 해도 5월 말에는 반드시 물러날 결심이다.

2007년 3월 5일(월)

오늘 경찰 쪽에서 두 사람의 경위가 파견되어 왔다. 각 부처에서 위원회에 파견된 공무원들에게도 친일반민족행위자 조서를 쓰게 하려던 당초의 계획은 팀장들의 반대로 실현되지 못했다. 각 부처에서 파견된 직원들도 모두 대학을 나온 사람들이니 조서는 쓰게 할 수 있다고 생각했는데, 팀장들 말은 자료 이용에 서툴고 해서 그들이 쓴 조서를 어차피 전문인력이 다시 봐야 하니 그럴 바에는 아예 다른 업무를 맡기자는 것이었다.

검찰에서 파견된 인력에게는 주로 조사대상자 후손들이 제소한 소송관계를 맡게 하고, 경찰에서 파견된 인력은 주로 조사대상자의 후손을 찾는 일에 투입하기로 했다. 각 부처에서 근 20명의 공무원이 파견되어 있고, 이들은 위원회의 4년간 존립기간이 끝나고 나면 당연히 각기 자기 부처로 돌아가게 되어 있다. 결국 4년간 이들이 각기 자기 부처를 떠나 있어도 그 부처의 업무에는 지장이 없다는 말이 된다. 지금 기한부 위원회 전체에 파견되어 있는 공무원만 해도 수백 명일 텐데, 그러면 없어도 공무에 지장이 없는 인원이 그 정도로 많은 것인지 알 수 없다.

11인위원회에서 심의해야 할 대상으로 조사2팀에서 김태석(金泰錫) 등 11명과 조사3팀에서 어윤적(魚允迪) 등 2명이 올라왔다. 김태석, 어윤적, 박춘금(朴春琴) 등 이번 심의대상은 대부분 친일 악명이 높은 자들이다. 금년 들어서 지난번 심의회 때까지 조사대상자로 확정된 수가 83명인데, 조사팀들이 좀더 속도를 내야 하지 않을까 한다.

전문인력 2명이 국가기록원 직원모집에 합격했다고 한다. 이 위원회는 그 존속기간이 4년으로 한정되어 있고 국가기록원 직원이 되는 것은 정식 공무원이 되는 것이니 합격한 두 사람이 가지 않을 리 없다. 그만한 인력을 보충할 수 있을지 걱정이다.

2007년 3월 6일(화)

확대간부회의가 있었다. 이달부터는 월 2회 11인위원회를 열어 조사대상자 심의에 박차를 가하기로 했으나 각 조사팀에서 심의대상으로 올라오는 수가 그다지 많지 못한 점이 문제다. 출산휴가와 전직, 결원 등으로 조사인원이 줄어든 점도 있지만, 수작자나 중추원 참의 등 특별법상의 당연 케이스에 해당하는 자들에 대한 심의자료가 너무 장황하기도 하다. 이들의 경우 심의자료를 좀 간략히 작성함으로써 시간을 아껴 심의대상 인원수를 늘리도록 지시했다.

조사인원을 늘리기 위해 조사관을 좀더 모집하는 방안과, 임시고용으로라도 인원을 늘리는 방안 등에 대해 행정실에서 강구해보라 했다. 그랬더니 예산문제도 있거니와 임시고용원은 보수가 낮아서 조서를 작성할 만한 고급인력을 확보하기 어렵다는 답이었다. 공무원으로 위원회에 파견된 사람들을 처음부터 조서작성 요원으로 훈련시켜 쓰려 했다가 팀장들과 전문인력들의 반대로 실현하지 못한 것이 후회된다.

경성일보 DB화 작업이 금년에는 1941년분까지 하기로 되어 있어서 1942년부터 45년분까지도 금년에 할 수 있도록 연구해보라 했다. 태평양전쟁 막바지 시기의 자료가 더 중요하기 때문이다. 중추원 관계의 자료수집을 위해 하와이대

동서문화센터에 출장갈 계획이 있다기에 자료의 확실성 여부와 내용의 중요성 여부를 알아보고 시행하라고 일렀다.

2007년 3월 7일(화)

청와대에서 과거사청산 관계 각 위원회의 위원장과 상임위원들 16명이 대통령과 오찬을 했다. 송기인 진실화해위원장이 참석자를 대표해서 인사말을 하고 나더러 건배사를 하라기에 대충 이렇게 말했다.

지금까지 쓴 우리 현대사는 김영삼정권까지였는데 앞으로 가능하면 김대중과 노무현 정권까지는 쓰고 싶다. 우리 현대사를 쓰면서 기준으로 삼은 것은 정치·경제·사회·문화적 민주주의를 얼마나 발전시켰는가와 평화통일문제를 얼마나 진전시켰는가였다.

그러나 우리와 같이 타민족의 지배를 받고 또 군사독재를 겪은 민족사회는 앞의 두 가지 기준 이외에 과거청산을 얼마나 했는가 하는 문제도 역사서술의 기준이 되어야 한다는 생각이다. 김영삼정부는 군부의 발호를 막아내고 민주주의를 발전시킨 업적은 크지만, 평화통일문제의 진전에 업적이 없었을 뿐 아니라 신군부세력과의 합당으로 성립된 정권이었기 때문에 과거청산을 할 수 없었다고 생각한다.

김대중정부는 민주주의 발전과 평화통일 진전의 업적은 컸으나 구군부 핵심세력과의 연합으로 성립된 정권이었기 때문에 역시 과거청산을 할 수 없었다고 생각한다. 노무현정부는 앞으로 민주주의 발전과 평화통일 진전에도 일정한 업적을 쌓겠지만, 거기에 해방 후의 역대정권이 하지 못한 과거청산 업적이 더해질 것이다.

오늘 이 자리에 모인 과거청산 관계업무를 맡은 사람들은 그만한 역사적 자부심을 가질 만하다 하고, "역사를 생각하며"를 선창할 테니 모두 "건배"로 호응해 달라는 요지의 건배사를 했다. 노무현 대통령이 야당과 보수언론은 말할 것 없고 진보인사라는 사람들에게까지도 여러 면에서 집중공격을 받는 것이 딱하게 생각되어 위로해주자는 마음의 건배사였던 것 같다.

각 위원회별 현황보고 후에, 노대통령은 국민의 정부나 참여정부의 성립 필연성이 약했다는 점, 즉 아직은 민주세력의 힘이 약하고 지금은 그 세력이 하향세에 있다는 점, 그 점을 틈탄 보수세력 쪽의 정략적 공세가 너무 심하다는 점, 그 예로 개헌을 해야 한다던 언론들이 하루아침에 변해서 반대하는 목소리를 높이고 있다는 점 등을 들면서 안타까워했다.

듣고 있자니 문득 참 안되었다는 생각이 들어서 현직 대통령은 당연히 현실적 상황이나 문제를 우선으로 생각하지 않을 수 없겠지만, 한 정권의 책임자는 그 현실적 조건을 넘어 역사의 심판을 받겠다는 생각도 함께 가져야 할 것이라 위로해주었다. 대통령이 일행을 현관 밖까지 전송하기에 다시 한번 역사를 알면 상황을 길게 볼 수 있는 이점이 있다고 말해주었다. 임기가 얼마 남지 않았으면서도 국민에게 인기가 없다며 자책하는 듯한 대통령에게 위로해줄 말을 찾기 어려웠다.

2007년 3월 8일(목)

출근을 하자 비서실에서 어제 청와대 모임에서 건배사로 한 말이 기사화된 것을 모아가지고 왔다. 인터넷신문 데일리 서프라이즈는 그 자리에서 한 건배사를 거의 그대로 옮겨 실었는 데 반해, 중앙일보는 거두절미하고 DJ정부도 과거청산에 관해서는 한 일이 없다고 '혹평'했다는 식으로 보도했다.

김대중정권의 민주화와 남북관계에서의 업적은 해방 후 어느 정권보다 크지만, 구군부세력 핵심과 연합해서 성립된 정권이었기 때문에 과거청산작업은 할 수 없었다고 했는데, 거두절미하고 아무것도 한 것이 없다는 식으로 보도한 것이다. 보수신문의 고약하고 악의적인 보도태도가 언제나 없어질지 한심한 일이다.

2007년 3월 9일(금)

출근하는 자동차 안에서 중앙일보의 보도태도를 그냥 넘길 수 없다는 생각을 했다. 그래서 출근하면 데일리 서프라이즈의 기사와 중앙일보 기사를 복사해서 기사를 쓴 중앙일보 기자와 중앙일보의 대기자로 통일고문을 함께 하고 있는 김영희(金永熙) 대기자에게 보내, 데일리 서프라이즈 기사는 내가 한 말 그대로를 옮겼는데 같은 사실을 두고 중앙일보 기사는 이렇게 달라서야 되겠느냐고 항의하리라 생각했다.

데일리 서프라이즈 기사를 쓴 기자와 통화를 해봤는데, '풀 기자제'인가 하는 것으로 서울지역의 신문기자로 자신만이 청와대 오찬 현장에 있었고 다른 기자들은 자기가 쓴 기사를 받아서 쓴 것이라 했다. 청와대 오찬장에 있었던 데일리 서프라이즈 기자의 기사는 현장에서 내가 말한 그대로를 썼는데 현장에 없던 중앙일보 기자가 그런 엉뚱한 기사를 썼다니 정말 기막힐 노릇이다.

출근했더니 부속실 장원석군이 한나라당에서 낸 보도기사와 조선일보의 사설기사를 가져왔다. 한나라당의 보도기사에는 아무리 대선정국이라 해도 공당으로서는 도저히 할 수 없는 저질의 표현으로 가득 찼고, 조선일보 사설은 청와대에서의 건배사 내용보다 나의 역사인식 전반에 대해 최고의 악의로 공격한 내용이다.

아무리 친일 전력이 있는 신문이고 내가 반민특위 후신이라 할 친일반민족행위 진상규명위원회의 장을 맡고 있다 해도 그렇게 겁이 나는 걸까, 도둑이 제 발저린 식의 과잉반응을 하는 것이 우습기도 하다. 내가 맡은 반민규명위가 발족하자 제 발 저린 어느 신문이 대책반을 만들었다는 소문이 들리기는 했지만, 천하를 호령하는 대신문들이 이렇게까지 겁이 많을 줄은 미처 몰랐다.

내가 직접 글을 써서 어느 신문이건 받아주는 곳이면 기고형식으로 반론을 펴리라 생각하고 있는데, 부속실의 장원석군이 내가 직접 쓰는 것보다 누가 대신 쓰는 것이 좋겠다는 의견을 내놓았다. 그러나 누구에게 대신 쓰는 폐를 끼친단 말인가. 내가 직접 써서 신문 몇 곳에 투고를 하겠노라 고집하고 있는데, '미디어오늘'이라는 인터넷신문과 경향신문에서 인터뷰하자는 요청이 들어왔다기에 응하기로 했다.

미디어오늘에서는 조선일보 사설 중심으로 질문하고 대답했다. 그 악의적인 사설에 대응하려니 정말 화가 치밀었지만, 참고 순순히 내 생각을 풀어주려 애썼다. 조선일보가 사설에서까지 이렇게 하는 것은 그 신문의 일제시기 행적을 반민특위의 후신이라 할 반민규명위가 밝힐 것에 대한 사전조처가 아니겠는가 하는 식의 질문이 나오기도 했다. 한국을 대표하는 대신문이 그럴 리야 있겠느냐고 대답해주었다.

경향신문과의 대담은 범위를 넓혀서 과거청산의 역사적 의미, 노무현정권에 대한 평가, 남북문제와 통일문제의 전망, 심지어는 금년 대선에 대한 예상 등 범위 넓은 질문들이 있었다. 이들 문제에 대한 평소의 생각을 솔직히 말해주었다. 역시 조선일보가 왜 이런 악의적인 사설을 썼다고 생각하느냐의 질문에 대해서는 제 발 저린 결과라 생각한다는 것 외에는 제대로 된 답을 할 수 없었다.

다만 친일반민족행위 진상규명위원회에서 어떤 사람이 친일파냐 아니냐를 판정하는 것은 위원장이 아니라 대통령과 대법원장, 국회의 여·야당이 추천한 11인위원회가 판정하는 것임을 상기시켜주었다. 따라서 아무리 위원장을 공격해도 특정인이 친일파 여부로 결정되는 문제와는 상관이 없다는 점을 강조해서 말했는데, 온라인이나 오프라인 신문들이 어떻게 쓸지 모르겠다.

소위 뉴라이튼가 하는 자들이 지적한 '허위지식인 4인방' 중 최연장자인 리영희 교수는 이미 지적 활동을 하지 않겠다고 선언했고, 그다음 나이 많은 사람이 나인 것 같다. 그래서 보수세력으로 가장한 반민주 및 반평화통일 세력의 공격이 나에게 집중되는 것이 아닌가 하는 생각도 든다. 그들의 집중공격이 없어도 이제 현장에서 물러나서 좀 쉬어야겠다고 생각하고 있는데, 물러나면 그들은 자신의 공격이 주효했다며 만족해할까.

2007년 3월 12일(월)

경향신문 대담기사가 나와서 읽어봤더니 대담한 내용을 정확하게 쓰고 있어서 만족스러웠다. 그날 현장에 있던 데일리 서프라이즈 기자도 사실을 밝히는

628

글을 쓰겠노라고 전화해 왔다. 데일리 서프라이즈가 기사 제목을 "DJ도 못한 과거청산을 했다"고 한 제목이 문제의 발단이 된 것 같다고 했더니 그도 시인하면서 그 제목은 데스크가 붙인 것이라 했다. 경향신문 대담 기사도 제목은 별로 마음에 들지 않았다.

11인위원회가 있었다. 조사2팀에서 올린 친일경찰 김태석, 중국 쪽에서 사회주의운동을 하다가 변절해서 일본의 앞잡이가 되었던 김동한(金東漢), 대한제국군 참장이었다가 '합방' 후 일본군 중장까지 올라간 조성근(趙性根), 중추원 참의를 지낸 어윤적 등이 모두 조사대상자로 선정되었다.

11인위원회를 마치고 저녁식사를 하면서 변호사인 박연철, 정장현 위원 등에게 조선일보 사설과 한나라당 발표가 명예훼손 소송대상이 되지 않겠는지를 검토해달라고 부탁했다.

2007년 3월 19일(월)

텔레비전 프로그램과 비디오 이벤트를 제작해서 방송국에 제공한다는 일본의 IAW회사에서 오오따 신이찌(太田愼一)란 사람이 인터뷰를 요청해왔기에 친일반민족행위 진상규명 문제를 일본인에게도 알려야겠다는 생각에서 응하기로 했다.

먼저 위원회가 설립된 목적과 현재의 진행상황, 그리고 앞으로의 예정 등에 대한 질문이 있었다. 친일반민족행위 진상규명의 목적이 일부 일본언론들이 우려하는 것처럼 반일감정을 높이기 위한 것이 아니라 어디까지나 불행했던 역사에 대한 자기반성의 차원이라 강조했다. 지난날의 불행했던 역사에 대한 반성이 없으면 사회정의가 서지 않을 뿐 아니라 그 민족은 문화민족의 반열에 들 수 없다고 강조해서 말해주었다. 일본 역사교육의 뒷걸음질을 빗대면서.

왜 지금에 와서 이런 일을 하게 되었는가 하는 질문에 대해서도, 반민특위의 실패, 4·19 후의 민주당정권 역시 기간도 짧았지만 그 각료의 상당한 부분이 일제관료 출신이었다는 점, '위만주군' 장교 출신의 박정희정권이 친일반민족행위자 숙청을 할 수 없었음은 말할 것 없고, 후속 군사정권들도 그 점에서는 마찬가지였다는 점 등을 말해주었다.

그후 성립된 김영삼 문민정권은 신군부세력과의 합당으로 성립되었을 뿐 아니라 군부세력과 유착한 세력이 국회 의석의 과반이었던 점, 뒤이은 김대중정부 역시 구군부정권의 핵심과 연합해서 성립되었고 국회 역시 민주세력이 과반이 못되었다는 점을 지적했다.

노무현정부에 와서야 민주세력 단독의 힘으로 정권이 성립될 수 있었고 국회도 과반이 됨으로써 특별법이 통과될 수 있었으며, 그래서 친일반민족행위 진상조사가 가능하게 된 것이라 설명해주었다.

2007년 3월 22일(목)

상임위원과 비서실 사람들에게는 그만둘 계획을 미리 말해주어야 할 것 같아서, 아직 발설은 하지 마라 이르고 노경채, 김윤희, 장원석 등에게는 5월 말까지만 근무하고 그만두겠다는 결심을 말했다. 비서실의 김윤희와 장원석은 내 결심을 어느정도 알기 때문에 듣고만 있었지만, 노경채 상임위원은 강하게 만류했다. 그러나 내 결심이 얼마나 강한 것인가를 충분히 알았으리라 생각한다.

2007년 3월 26일(월)

11인위원회가 있었다. 일제강점기 13도 도지사 바로 밑에 있던 부지사 격이며, 일본제국주의의 침략행정을 펴는 데도 도지사보다 더 적극적인 지위에 있었다 할 참여관이 심의대상이 되었다. 위원들이 참여관에 대해 잘 모를 것 같아서 사전에 참여관의 역할과 성격을 설명한 자료를 배부하게 했다.

일제강점기 국민학교 훈도(訓導)를 했고 적극적 친일행위로 함경북도와 충청북도의 내무부 학무과 시학관(視學官)이 되었다가 다시 군수로까지 승진한 최병협(崔秉協)의 심의과정에서 문제가 생겼다. 최병협은 일본 오오사까신문의 현상모집에 응해서 「반도문화의 장래에 대하여」란 글을 쓰고 또 「재만주조선인통

630

신」에 「아세아의 재건시대」 등의 글을 써서 일본정부로부터 훈장을 받고 옥천과 영동 군수까지 지낸 자이다.

조사관들은 최병협의 죄상은 특별법 제2조 13호 즉 "사회·문화기관이나 단체를 통하여 일본제국주의의 내선융화 또는 황민화운동을 적극 주도함으로써 일본제국주의의 식민통치 및 침략전쟁에 적극 협력한 행위"에 해당된다고 올렸다. 한나라당 추천의 정장현 위원은 특별법에서 "사회·문화기관이나 단체를 통하여"라 한 것은 곧 '단체를 조직해서'로 봐야 하는데, 개인적 투고행위는 아무리 친일적인 내용이라도 그렇게 볼 수 없다는 의견을 내놓았다.

이렇게 되면 특별법 제2조 11호에 명기된 "학병과 지원병, 징병 또는 징용을 전국적 차원에서 주도적으로 선전 또는 선동하거나 강요한 행위"에 '직접적'으로 해당되지 않는 한, 그 글이 학병과 지원병, 징병, 징용을 '직접' 권유한 내용이 아닌 한, 친일반민족행위로 보아서는 안 된다는 결론이 나오게 마련이다.

특별법 제정에 소홀한 점이 있었기 때문이지만, 그렇다고 해서 지금 다시 국회에 특별법의 개정이나 보완을 요구하고 그것이 통과되기를 기다리는 것은 거의 불가능한 일이라 하지 않을 수 없다. 그래서 우선 위원회 자체가 소위원회를 구성해서 특별법 내용을 재검토하고 법제처와 법률관계 학회 등에 자문을 구하기로 했다.

2007년 3월 27일(화)

전에 근무했던 상지대학교의 어느 교수와 한국학중앙연구원 원장이 내방했다. 무슨 일인가 궁금했는데, 한국학중앙연구원장이 잘 아는 어느 호텔 경영자가 조선왕조 철종(哲宗)의 아버지인 전계(全溪) 대원군의 후손인데, 그 윗대가 일제시기 작위를 받았고 또 조선왕조로부터 받았던 사패지(賜牌地)가 있었다고 한다.

얼마 전 그 땅을 다른 사람에게 팔았지만 친일반민족자 재산으로 압류되어 매매가 이루어지지 않았다는 것이다. 문제를 해결해주면 한국학중앙연구원에 상당한 기부를 하겠다기에 구체적으로 어떤 내용인가 알아보러 왔다는 것이다. 이 문제는 진상규명위원회 소관이 아니고 재산조사위원회의 소관임을 상세히 설명해주고, 소송을 통해 사패지인지 아니면 친일행위로 취득한 재산인지를 가린 후 결정될 문제지 공공기관에 기부하겠다 해서 해결될 문제가 아님을 상세히 설명해주었다.

해방된 지 60년이 지나서야 이런 문제가 다루어지게 되었으니 친일행위를 한 사람의 증손이거나 고손쯤 되는 지금의 후손들에게는 곤욕스러운 일이 아닐 수 없기도 하겠다.

2007년 4월 5일(목)

확대간부회의를 했다. 학술연구팀에서 금년도 사료집 추진계획안을 올렸는데, 내용을 보니 비교적 잘된 것 같았다. 사료집에 실을 친일적인 내용의 글이 친일문제 연구에 합당하다 해도 그 필자가 친일반민족행위자로 결정되지 않을 경우도 있을 수 있겠는데, 그럴 경우 어떻게 할 것인가 하는 문제가 논의되었다.

사료집 발간문제도 특별법에 규정된 사항이고 따라서 11인위원회의 심의를 거쳐야 하는데, 친일반민족행위자로 결정되지 않은 자의 친일 문장을 자료집에 싣는 것에 대해 틀림없이 반대의견이 많이 나오지 않을까 생각한다. 그렇다고 해서 친일반민족행위자로 결정된 자의 글만을 모아 사료집을 만들면 사료집 자체를 통해 친일반민족 문제의 의미나 흐름을 이해하게 하려는 목적이 이루어지기 어려울 수밖에 없다.

그뿐만 아니라 친일반민족행위자로 결정된 자의 글만으로 자료집을 만드는 경우, 그 글은 대부분 그 개인의 조서 속에 실리게 마련이어서 따로 사료집을 만들 필요성이 훨씬 줄어들게 된다. 이런 사정 때문에 4월 9일에 열릴 11인위원회에는 이 문제를 올리지 않고 다음 회의로 미루기로 했는데, 학술연구팀에서는 사료집 제작을 빨리 착수해야 금년내 첫해분이 출판될 수 있다고 한다. 4년이란 기간은 역시 무리인 것 같다.

2007년 4월 11일(수)

위원장을 맡고 있는 남북역사학자협의회 남측위원회의 운영위원회가 있었다. 6월에 실시될 개성지역 발굴문제에 대한 보고 후에 위원장의 거취문제가 논의되었다. 5월 말에 친일반민족행위 진상규명위원회 위원장을 사퇴하면서 남북역사학자협의회 남측위원장에서도 함께 물러날 생각으로 정태헌 운영위원장과 신준영 사무국장에게 미리 그 뜻을 전했고, 그에 따라 운영위원회가 열린 것이다.

남북역사학자협의회 남측위원장 자리를 내놓는 일과 친일반민족행위 진상규명위원장 자리를 내놓는 일이 연결되어 있기 때문에, 친일반민족행위 진상규명위원장 사퇴의사를 아직은 대외적으로 공개하지 말아달라고 부탁했다.

2007년 4월 23일(월)

11인위원회가 있었다. 금년에 사료집 세 권을 낼 예정인데, 친일문제 사료집의 내용이 체계적으로 꾸며져서 친일반민족 문제연구의 기초자료가 되게 하려면 친일반민족 관계법령 등이 수록되어야 하겠고, 나아가서 개인이 쓴 친일관계 논설문 등이 들어가야 할 것이다.

예를 들면 3·1운동 때 이완용이 발표한 이른바 「대국민 경고문」 같은 것은 필자 이완용이 친일반민족행위자로 결정되었기 때문에 사료집에 수록하는 것이 문제될 것 없다. 하지만 친일반민족 문제의 자료로는 꼭 수록해야 할 글인데도 그 필자가 친일반민족행위자로 결정되지 않는 경우는 일부 위원들이 명예훼손 운운하면서 수록을 반대할 우려가 있다. 그런 경우 사료집이 충실하지도 체계적이지도 않게 될 것 같아 걱정하면서 이 문제를 11인위원회 회의에 상정했다.

그런데 의외로 모든 위원들이 친일반민족행위자로 결정되지 않은 자의 글이라 해도 친일반민족 문제 사료집에 꼭 넣어야 할 것이면 넣자는 데 동의하였다. 다만 사료집 앞의 범례 같은 부분에서 친일반민족행위자로 결정되지 않은 자의 글이라도 사료집에 넣었다는 점을 밝히기로 했다. 그리고 특정 친일반민족 논설에 대해 직접 반론을 편 글이 있다면 함께 싣기로 했다.

조사대상자 선정과정에서는 수작자 박기양(朴箕陽) 등 8명, 중추원 참의를 지낸 조영희(趙英熙) 등 9명, 관료로서 최익하(崔益夏) 등 참여관 2명과 도지사 김시권(金時權), 그리고 총독부 시학관을 지낸 현헌(玄櫶) 등 2명, 언론인으로 매일신보 편집인 겸 발행인을 지낸 송순기(宋淳夔) 등 2명이 심사대상이었다. 이들 중 중추원 참의를 한 임기(3년) 지냈으나 다른 경력이 미미한 허명훈(許命勳)은 위원 6인이 선정에 반대해서 기각되었다.

2007년 5월 2일(수)

확대간부회의를 했다. 중추원 참의를 지냈고 따라서 친일반민족행위자로 결정된 조진태의 후손이 소송을 제기했는데, 그 재판부에서 중추원 참의를 지내고도 친일반민족행위자로 결정되지 않은 사람이 누구누구인지 알려달라는 요청이 있었다.

대개 몇 달의 짧은 기간만 중추원 참의를 지낸 몇 사람이 조사대상자 선정에서 제외되었는데, 그중에 6년간인가를 참의를 지냈으면서도 조선총독부 중추원 조사국에서 실시한 이른바 구관조사(舊慣調査)에 참가했던 구희서(具羲書)란 사람이 선정에서 제외된 바 있었다. 그래서 조선총독부 중추원에서 실시한 구관조사의 본질에 대해 좀더 자료를 보완해서 구희서 문제를 다음 11인위원회에 올려 재심사하도록 했다.

내가 참석하지 못하고 상임위원이 주재한 지난번 11인위원회에서 한나라당 추천의 제성호 위원이 일제시기에 좌익활동가를 탄압한 경찰관은 친일파 선정에서 제외되어야 한다고 발언했다는 말을 들었고, 또 그가 그런 취지로 언론매체에 쓴 글도 읽었다.

확대간부회의 석상에서 제성호 위원의 그같은 발언은 개인 차원의 발언이기보다 어쩌면 소위 뉴라이트 진영을 대변한 발언일 수 있다는 생각에서 그에 대응할 자료를 준비하도록 지시했다. 그랬더니 학술연구팀장이 일제강점기 독립운동의 범위는 어디까지인가, 즉 좌익활동도 독립운동의 범주에 들어가는가 하는 문제 등에 대한 우리 위원회 차원의 연구성과를 가져왔다.

검토해보니 이 정도면 11인위원들의 친일반민족행위자 진상규명작업 추진에 상당한 도움이 되지 않을까 하는 생각이 들었다. 일제강점기 민족해방운동의 범위를 어디까지로 할 것인가 하는 문제는 우리 근대역사학의 발달과정과도 연결되어 있다.

1980년대 후반기 이후 군사독재정권의 강도가 약해지면서 좌익독립운동에 대한 연구가 활성화됐고, 그후부터는 개설서나 시대사 등에서 좌익독립운동이 폭넓게 서술되기 시작했다. 그뿐만 아니라 보훈처에서 주관하는 독립유공자 포상에도 사회주의운동가들이 상당수 포함되었다.

그런데도 일제강점기의 친일반민족문제를 다루게 되면서 좌익독립운동을 탄압한 경찰관 등은 친일반민족행위자로 간주해서는 안 된다는 주장이 일부 11인위원에게서 나오게 된 것이다. 만약 그같은 주장이 계속 나오게 되면 위원회 밖의 전문가들에게 위촉해서 공개 학술회의 같은 것을 해야 하지 않을까 하는 생각이다.

확대간부회의 석상에서 정운현 사무국장이 지금의 속도대로 가면 4년 기한이 끝나도 친일반민족행위자 규명을 다하기 어려울 것 같고, 위원회가 결정하는 친일반민족행위자의 수도 예상보다 적어질 것이 아닌가, 위원회의 존속기간을 더 연장하는 노력을 해야 할 것이 아닌가 하는 발언을 했다. 위원회가 선정하는 친일반민족행위자의 수가 해방 후 반민특위가 조사한 600여 명이나 광복회가 발표했던 700여 명보다 적을 수 있을지도 모르겠다.

그러나 정부기구인 본 위원회가 엄격한 자료 뒷받침에 의해, 또 대통령과 국회의 여·야당과 대법원장이 추천한 위원들에 의해 결정되기 때문에 친일반민족행위자의 수가 과거 어느 단체가 선정한 수보다 많고 적음이 꼭 문제되지는 않는다는 생각이다.

본 위원회의 독자적 관점에서 선정한 친일반민족행위자가 따로 있을 수 있다. 또 해방 후 60년이 넘은 지금에 와서 정부기관이 친일청산을 하는 뜻은 청산 그 자체에 의의가 있으며, 친일반민족행위자의 수를 얼마로 하느냐에 뜻이 있는 것은 아니라는 생각이다.

친일반민족행위자의 수보다 친일반민족문제의 역사적 의미를 더 밝혀 지금까지 완전히 매몰되었던 친일반민족문제를 우리 역사에 등장시키는 데서 더 큰 의미를 구해야 한다는 생각이다.

2007년 5월 3일(수)

일제강점기의 괴뢰만주국 군인문제에 대해 외부 전문가들에게 용역을 주었는데 그 결과물이 들어와서 읽어봤다. 괴뢰만주국의 장교가 되었다 해서 모두 친일반민족행위자가 되는 것은 아니고 독립운동을 탄압한 괴뢰만주국 장교들이 친일반민족행위자 선정대상이 될 것이다.

독립운동을 탄압한 괴뢰만주국 군부대는 간도특설대다. 그래서 당시의 조선사람 중 간도특설대에서 독립운동을 탄압한 사람이 누구누구인가를 가려내는 일이 중요하다. 괴뢰만주국군 출신 하면 박정희 전 대통령을 비롯해서 백선엽(白善燁), 정일권(丁一權), 이주일(李周一), 김동하(金東河) 등 해방 후 남쪽 군사독재시대의 정계와 군부에서 활동한 사람들이 많은데, 이들 중 누가 친일반민족행위자로 결정되느냐 하는 문제가 관심의 초점이다.

그래서 괴뢰만주국군에 대한 종합연구를 외부 전문가들에게 맡겼는데 그 결과를 읽어봤더니 한마디로 만족스럽지 못했다. 간도특설대 문제를 중심으로 좀더 깊이있는 연구결과가 나오도록 해보라 지시했다. 다른 사람은 몰라도 박정희 전 대통령의 경우 그가 친일반민족행위자로 결정되어도 큰 물의가 뒤따를 것이고 또 결정되지 않아도 또한 큰 물의가 빚어질 것이다.

그 때문에 그에 대한 자료를 철저히 수집해야 하고 본 위원회의 선정원칙을 엄격히 적용시켜야 할 것이다. 그런데 곤란한 것은 중국정부가 자료를 대단히 한정적으로 개방하고 있다는 점이다. 옌볜 동포사회 전문가들의 도움이 간절하지만 기대에 부응하지 못하는 상황이다.

2007년 5월 7일(월)

11인위원회가 있었다. 전날 일기에서도 이미 쓴 바 있지만, 중추원 참의를 지낸 친일반민족행위자로 선정된 조진태의 후손이 제기한 행정소송에 대해, 중추원 참의로서도 친일반민족행위자로 결정되지 않은 자들의 명단을 제출해달라는 재판부의 요구가 있었다.

이에 따라 실무조사팀에서 지금까지의 중추원 관계 친일반민족행위자 결정 현황을 만들었다. 그것에 의하면 중추원 참의를 2개월간 지낸 김만수(金晩秀), 김사묵(金思默) 등과 4개월간 지낸 박해령(朴海齡), 조재환(趙齋桓) 등과 5개월간 지낸 조동이(趙東履)가 기각되었다. 그리고 중추원 부찬의를 10년 6개월간 지냈으나 사망 이전의 다른 친일경력이 밝혀지지 않은 홍운표(洪運杓)의 경우 조사를 보완한 후 상정하기 위해 보류되었다.

또한 중추원 부찬의를 10년 7개월간 지낸 구희서가 기각되었다. 그 이유는 그가 담당한 구관조사가 민족문화 발전에 도움이 되는 일이었다는 발언들이 있었고 그것이 영향을 미쳤기 때문이라 할 수 있다. 기각에 반대한 위원은 위원장과 성대경 위원 2인이었는데, 반대한 이유는 조선총독부가 구관조사를 한 일차적 목적 역시 식민지 지배를 효과적으로 하려는 데 있었다는 점이었다.

중추원의 찬의와 부찬의가 1920년대로 오면서 참의로 단일화되기 이전에 부찬의를 10년 7개월간 지낸 구희서는 기각되고 중추원 참의를 6년간 지낸 조진태는 친일반민족행위자로 결정된 탓에 조진태의 후손이 행정소송을 제기한 것이다. 중추원 참의를 지내고도 친일반민족행위자로 결정되지 않은 자들 가운데 2개월 내지 5개월간 지낸 자들은 제외될 수 있다 해도, 10년 7개월이나 참의로 있은 구희서가 기각된 점에 대해서는 해명하기 어려워진 것이 사실이다.

그래서 구희서를 재심하자는 의견이 나왔는데, 재심하는 경우 만장일치로 할 것이냐 과반찬성으로 할 것이냐 하는 문제가 논의되었고, 금주 내로 재판부에 제출할 내용에는 구희서에 대해서는 재논의하는 것으로 하자는 데 합의했다. 그러나 회의에 늦게 참석한 정장현 위원이 재심의는 할 수 없다 하고 자리를 이탈

함으로써 더 논의되지 못하고 말았다. 5월 21일 회의에서 재론할 수밖에 없게 되었다.

2007년 5월 16일(수)

청와대의 요청으로 노경채 상임위원이 청와대에 들어가서 나의 사임문제를 확정지었다. 즉 직원들과 11인위원들에게는 내주 21일에 사임 발표를 하기로 하고, 그날 사직원도 함께 쓰기로 했다.

근무는 31일까지 하기로 했는데 문제는 후임을 결정하기 어렵다는 점이었다. 청와대에서도 후임 결정이 어려워 모르긴 해도 상임위원의 대행기간이 1개월은 걸리지 않을까 한다. 후임이 결정되면, 또 후임자가 원한다면 한번 만나서 상세한 조언을 할 생각이다. 누가 후임자가 되더라도 이 사업 자체를 완성하겠다는 의지만 있으면, 지난 2년간 잡힌 방향대로만 계속하면 큰 차질은 없을 것이라 생각한다.

2007년 5월 21일(월)

청와대 측과의 약속대로 오늘 오전에 사직서를 쓰고 확대간부회의를 소집해서 사임을 발표했는데, 미리 소문이 나 있었기 때문인지 그다지 동요는 없었다. 처음 위원장을 맡을 때부터 2년만 맡고 사퇴할 예정이었다는 점, 지금은 사업의 방향이 잡혔으니 그대로만 계속하면 소기의 목적을 다할 수 있으리라는 점, 친일반민족행위자를 많이 선정하기보다 친일반민족 문제에 대한 학계와 사회일반의 인식을 높이는 일이 더 중요하다는 점, 이 위원회는 행정기관이 아니라 연구기관의 의미가 더 크다는 점, 전체 위원회 구성원들이 화합하고 단결해서 소기의 목적을 다할 수 있기를 바란다는 점 등을 퇴임사로 대신했다.

오후에는 11인위원회를 열어 친일반민족행위자 선정회의를 하고 회의가 끝난 후 위원들에게도 사직서를 제출했음을 알렸다. 그리고 확대간부회의에서와 같은 내용의 사임 인사말을 했다. 역시 소문이 나 있었기 때문에 11인위원들도 별 의의 없이 받아들여주었다.

2007년 5월 22일(화)

출근했더니 각 신문에 사임기사가 났다. 청와대에서 발표하기를 위원회를 처음 맡을 때 2년만 맡을 것이라 말했고, 그동안 격무로 건강이 나빠져서 사임하며, 조금 쉬었다가 현대사 저술을 마무리하려는 데 목적이 있다고 한 것 같다.

처음 맡을 때 2년만 맡겠노라 한 사실 이외에는 청와대가 지어서 한 말이다. 각 신문들이 후임후보로 김삼웅, 이만열, 이이화씨 등이 물망에 오른다고 덧붙였다. 청와대 쪽에서 그같은 후임 물망자 발표를 했는가, 그럴 필요가 있었는가 싶어서 차성수(車聖秀) 비서관에게 전화로 물어봤더니 청와대에서는 후임 물망자를 말한 적이 전혀 없다는 대답이었다.

청와대의 점심식사 초대를 받고 갔더니 평소 들렀던 회의실이 있는 건물이 아니고 안쪽에 있는 대통령의 '살림집'에 안내되었다. 새로 지은 청와대 건물에는 회의하러 여러 번 와봤지만 대통령의 '살림집'에는 처음이었다.

노무현 대통령과 문재인 비서실장, 이렇게 세 사람이 두 시간 넘게 점심식사를 하면서 여러가지 이야기를 나누었다. 단임 임기를 얼마 남겨두지 않은 대통령에게, 왠지 모르지만 스스로 별로 인기가 없다고 생각하는 것 같은 대통령에게, 어느 한 정권에 대한 평가는 역사적 평가만이 진정한 평가라고 말해주었다.

노무현 대통령이 후임을 추천하라기에 생소한 외부인이 맡는 것보다 역시 그동안 함께 일해온 비상임위원 중에서 맡는 것이 타당하며, 역사학교수 출신으로서 일제강점기를 살아본 사람이 적당하겠다는 이유를 들어 성대경 위원을 추천했다.

2007년 5월 30일(수)

오늘이 친일반민족행위 진상규명위원회 위원장직을 사임하는 날이다. 11인 위원들에게는 지난 회의 때 이미 사의를 말했고, 확대간부회의에서도 말했기 때문에 사임행사를 따로 가질 생각은 없었다. 그러나 간부들이 사임을 하면서 일반 직원들은 만나봐야 할 것 아니냐면서 간략한 이임식을 하자기에 응하기로 했지만, 사임인사는 '미안하다'는 말이 앞설 수밖에 없었다.

언론매체들이 사임사실을 다뤘는데 특히 동아일보는 생각보다 길게 그리고 온건하게 다루었고 조선일보는 전혀 다루지 않았다. 그 이유가 무엇인지 궁금했다. 사설에서까지 리영희 교수와 함께 노무현정권의 '정신적 사부' 운운했던 조선일보가 친일반민족행위 진상규명위원장 사임을 모른 척한 이유가 무엇인가 궁금한 것이다.

지금의 우리 사회에 일제강점기부터 있어온 신문은 동아일보와 조선일보 등이다. 앞으로 역사학자들이 이들 신문의 친일반민족행위 진상규명사업에 대한 '대응' 정도를 기준으로 그들의 일제강점의 존재양상을 가늠하는 또 하나의 자료로 삼을 수도 있을 것이라 생각하면서 '친일반민족행위 진상규명 일지'를 끝맺는다.

□ 부기

2007년 6월 29일 성대경 위원이 제2대 위원장으로 취임했으며, 위원회 설립 때부터 총 104회의 위원회 회의를 개최했다. 2006년 12월 6일 1차 발표(친일반민족행위자 106명), 2007년 12월 7일 2차 발표(195명), 2009년 11월 27일 3차 발표(705명)로 도합 1006명이 친일반민족행위자로 선정되었다. 위원회 활동은 2009년 11월 30일 종료되었으며, 친일반민족 문제에 대한 종합보고서 25권, 사료집 16권, 합계 41권이 간행되었다. 위원회의 활동기간 중 수집된 자료들은 모두 국가기록원에 이관되었다.

성대경 위원장이 맡은 이후의 활동상이 어떤 형태로건 세상에 알려져서 후인들에게 도움이 되기를 기대해 마지않는다.

분단시대를 지식인으로 살아온
평화통일 민족주의 역사학자의 자기 기록

신용옥 내일을 여는 역사재단 상임이사

1. 앎과 삶을 일치시키려 한 지식인 역사학자의
자기성찰적 기록

이 책은 2010년에 간행된 역사학자 강만길의 자서전이다. 이 책은 저자가 2년간의 친일반민족행위 진상규명위원회 위원장직을 사임한 2007년 5월 직후부터 준비되어, 2009년 약 1년간의 본격적인 집필 과정을 거쳐 발간되었다.

전기와 달리 자서전은 생전에 자기가 살았던 시대와 자기의 생애를 자신이 직접 기술하는 것이기 때문에 그만큼 더 어려움이 따른다. 자칫 사실을 과장하고 미화하거나 왜곡할 우려가 있을 수 있고 자신의 생애여서 자신만이 아는 사실도 많을 것이기 때문에 더욱 엄격한 자기검열이 필요하다. 이 책은 정확한 기억이 아니면 아니라고 밝히고 더 기억이 희미한 경우는 아예 쓰지 않았다.

역사학자가 자신의 생애를 기록하고 서술하는 것이 어쩌면 당연해 보이지만, 의외로 역사학자가 남긴 자서전이 많지는 않다. 저자는 자서전을 준비하는 과정에서 당시 출간된 영국 역사학자 에릭 홉스봄의 자서전 『미완의 시대』(민음사 2007)를 비롯해 몇몇 국내외 역사학자들의 자서전을 살펴보았는데, 책 서문에서도 언급하고 있듯이 역사학자의 자서전이라 해서 특별한 형식이 있는 것은 아닐 것이다.

이 책은 자서전의 형식을 빌리긴 했지만, 한 역사학자가 경험한 또 하나의 한국현대사 기록인 동시에 한 역사학자가 서술한 또 하나의 자기 동시대 역사서이기도 하다. 이런 점에서 이 책은 자신을 역사에, 역사를 자신에게 비추어보고 싶은 마음으로 기술한 우리 현대사이다.

저자 강만길은 1945년 8·15 해방부터 민족통일이 이루어질 그날까지의 시대적 성격을 분단시대라 이름 지었고, 연구와 글, 강의와 강연을 통해 분단시대를 극복하고 통일시대로 나아가기 위해 매진해왔다. 역사학자로서 천착한 연구대상 시기도 중세사에서부터 현대사에 이르기까지 광범위하며, 연구주제도 사회경제사에서부터 민족해방운동사, 통일론에 이르기까지 폭넓지만 사회모순의 극복이라는 관점으로 일관되어 있다. 또한 그는 광주항쟁을 피로 물들인 전두환 신군부세력이 '사회정화'라는 이름으로 자행한 '숙정' 대상이 되어 해직교수가 되기도 했고, 통일문제 강연이 빌미가 되어 국가보안법 위반 혐의로 형무소에 갇힌 적도 있다.

이러한 그의 연구 편력과 실천 이력은 연구자뿐 아니라 양식있는 일반인이 관심을 갖기에 충분하다. 하지만 이 자서전은 여느 혁명가의 폭풍 같은 투쟁의 기록도 아니고, 여느 정치가의 은밀한 정치적 결단을 세상에 알리고자 하는 것도 아니며, 여느 위인의 비범한 성장 과정을 그린 것은 더욱 아니다. 다만 이 자서전은 앎을 통해 깨우쳐가고 그 앎을 현실의 삶에 일치시키려 했던 한 지식인의 자기성찰적 기록이다. 싸르트르의 말을 빌리자면, "모든 사람을 위해 자기의 모순을 살아가며, 모든 사람을 위해 근본주의적 태도로써 그 모순을 초극하려는" 지식인의 역할을 힘써 다하고자 노력한 한 역사학자의 고독을 기록한 것이다. 이제 와 보면 이러한 고독이야말로 그를 평화통일 민족주의와 평화주의의 옹호자가 되게 했는지 모른다.

2. 역사적 사회주의를 안고 가는 평화통일 민족주의자

강만길의 조선후기 자본주의 맹아론 연구는 일제 식민사학의 정체후 진성론과 타율성론을 극복하려는 데 그 직접적인 목적이 있었지만, 그 연구의 지평은 일제시기에 태동했던 민족주의사학과 사회경제사학이 추구한 반식민사학의 학맥을 다시 이어 통일사학으로 발전시키려는 학술운동의 맥락 위에 있었다. 분단 이후 남쪽에서는 반공주의적 사학론 처럼 되어가던 민족주의사학을 다시 올바르게 위치지워 학맥이 끊기다시피 한 사회경제사학과 접목시키려는 생각은 한편으로는 반공독재의 분단정권 아래서 설 땅을 잃어가던 일제시기 반식민사학의 변혁적 전통을 복권하는 것이며, 다른 한편으로는 반식민사학으로서 두 사학의 민족적 성격을 바탕으로 각기 다른 방법론을 통합하여 통일을 준비하고 촉진하는 사학으로 발전시켜가는 과정이기도 했다.

하나의 문화권과 생활권을 유지해오던 사회가 두 개로 쪼개져 동족이 적이 되어 피 흘리며 싸웠던 전쟁을 치르고도 여전히 다른 한쪽을 굴복시켜야 할 대상으로만 생각했던 자기 동시대를 분단시대라 이름 지은 것은 패러다임의 전환이었다. 1948년에 수립된 두 개의 남북 정부는 자신이 한반도 전체를 통할하는 중앙정부라 자처하며 자신들 정부 수립의 근거가 되는 각각의 '국가'에 정통성을 부여하고자 했는데, 강만길이 자기 동시대를 분단시대라 이름 지은 1974년경 남쪽 역사학계 일반의 인식과 분위기도 대부분 이와 크게 다르지 않았다. 분단시대란 대한민국이나 조선민주주의인민공화국에 덧씌워진 정통성의 강요된 도그마에서 벗어나 분단 그 자체를 객관적 모순으로 파악하게 될 때 성립할 수 있는 역사적 규정이다. 민족사회의 다른 한쪽을 적이 아닌 동족으로 생각하고, 실패한 우리 현대사의 모순의 한 결절로 이해하게 될 때 분단시대라는 역사적 이름이 탄생될 수 있는 것이다.

이 책 본문에도 나오듯이, 분단시대는 반공주의나 대북적대주의에 고착된 시대가 아니라, 평화통일을 전망하고 지향하면서 반드시 극복해야 할 시대로서 이름 지어졌다. 따라서 그 시대의 역사학도 그 현상은 분단시대 사학이겠지만, 그 내용과 지향은 분단시대 극복사학 즉 통일사학이어야 했다. 강만길은 1984년에 간행된 『한국현대사』에서 일제시기 사회주의운동을 민족해방운동의 일환으로 서술하면서, 사회주의운동가들을 역사적 감옥에서 해방시키고 민족분단으로 쪼개진 민족해방운동사를 다시 온전한 하나로 복원하고자 했다. 그리고 좌우익 통일전선운동의 역사를 찾아 가르치는 것이 분단시대를 극복하기 위한 역사학 연구의 출발점이 되어야 한다고 생각했다. 현실의 민족분단이 초래한 역사인식의 분단을 극복하고, 좌우익 통일전선운동의 역사를 출발점으로 삼아 분단시대 극복사학 즉 통일사학의 기초를 마련하고자 했던 것이다.

일제 식민사학을 극복하고자 하는 목적에서 자본주의 맹아론을 연구하고 분단시대라는 이름으로 분단모순을 역사적으로 위치 지우며 분단시대 극복사학으로서 통일사학을 주창하는 과정은 한편으로 민족주의 사학을 맑스주의 역사학인 사회경제사학과 접목시키고 다른 한편으로 일제시기 사회주의운동을 민족해방운동의 일환으로 복원하며 좌우익

통일전선운동을 강조하는 역사인식과 맞물려 있다. 따라서 과연 역사학자로서 그의 사상적 원천이 무엇이며 그 지향은 무엇인가를 묻게 된다.

필자가 보기에 아마 그 사상의 근원은 민족주의이고 그 지향은 평화주의라 생각된다. 강만길에게 민족주의는 분단민족의 다른 한쪽을 동족으로 사랑하며 평화적인 방법으로 통일을 지향하는 민족주의이다. 이 평화통일 민족주의는 패권주의나 대국주의가 아니라 평화적 지역공동체의 평등한 일원으로 살아가는 것을 추구한다. 또한 평화통일 민족주의는 계급 불평등을 심화시키며 인간을 소외시키고 자연환경을 파괴하는 자본주의를 전일적 가치로 생각하지 않을 뿐 아니라, 오히려 그 자본주의의 모순을 극복한 새로운 사회체제를 기대한다.

그는 중세 봉건사회의 모순을 극복하기 위한 근대 공화주의로서 민족주의와 근대 민족주의의 쌍생아인 자본주의사회로의 이행을 주장하지만, 이때의 민족주의와 자본주의는 식민지로 전락하지 않고 주체적으로 자기 역사를 평화롭게 영위해가기 위한 기본 요소로 이해된다. 민족해방과 계급해방은 인간해방을 향한 긴 도정 위에 서 있는 역사적 계기들이지만, 각 사회의 역사적 조건에 따라 때로는 순차적으로 때로는 거의 동시에 연속적으로 이루지기도 한다. 하지만 우리의 경우, 민족해방과 계급해방은 분단으로 인해 온전히 실현되지 못했다.

따라서 해방 후 자기 동시대를 분단시대라 이름 지은 강만길에게 사회주의는 분단을 극복하고 통일로 나아가기 위해 하나의 역사적 실체로서 인정되어야 할 역사적 사회주의이다. 일제시기 사회주의운동을 민족해방운동의 일환으로 복원하고 좌우익 통일전선운동에 주목하는 과정에서 그가 인식한 사회주의는 현실의 사상으로서 사회주의가 아니라 역사적 사회주의이다. 자본주의 맹아론 연구에 스며 있는 사회경제사학의 영향은 사회주의로의 이행에 대한 역사발전 전망을 인식하지 못했다고 보기는 어렵지만, 이 역시 백남운의 중세사회부재론 극복연구와 같은 반식민사학의 역사적 맥락을 이은 것이지 현실의 사상으로서 맑스주의와 사회주의를 인식한 것은 아니라고 생각된다.

그는 인간해방의 긴 역사적 도정에서 자본주의의 물신성을 타파하고 평등의 계급해방으로 나아가는, 자본주의의 모순을 극복한 새로운 사회 지향을 사회주의라 부른다면, 이 사회주의는 통일과정에서 혹은 통일 후의 과정에서 새롭게 만들어가야 할 가치로 생각했다. 그는 이 책에서 21세기는 내가 곧 우리이며 우리가 곧 내가 되는 사회체제, 내 것이 곧 우리 것이 되고 우리 것이 곧 내 것이 되는 사회체제를 고안해 현실화하는 '사상의 세기'요 '합리적 실천의 세기'가 될 수 있을 것이라고 했다.

역사학자 강만길은 역사적 사회주의를 안고 가며 평화적인 방법으로 통일을 추구하는 민족주의자이고, 그가 추구하는 평화통일 민족주의는 밖으로는 평화적 지역공동체의 평등주의를, 안으로는 소외되지 않고 평등한 인간 중심의 공동체를 지향하고 있다.

3. 지식인 역사학자의 책무, 미래를 향해 나아가는 역사학의 현재성과 대중성

다시 싸르트르의 말을 빌리자면, 지식 전문가들은 구체적인 진실에 대한 탐구와 지배이데올로기 양자가 자신의 내부에서 끊임없이 갈등하는 자기모순을 겪으며 살아가지만, 그 양자 사이의 대립을 깨닫고 사회의 근본적 모순을 드러낼 때 진정한 지식인의 역할을 하게 된다. 진정한 지식인은 만인을 위한 현실적 목표 즉 인간의 미래를 보아야 하고, 눈앞의 당면과제를 넘어 궁극적 목표를 보여줌으로써 진행 중인 행동을 근본적인 것으로 만들어야 하며, 모든 권력에 대항하여 대중이 추구하는 역사적 목표의 수호자가 되어야 한다. 지식인은 인간해방과 인간의 보편화, 즉 인간의 인간화라는 근원적인 목적을 수호하며, 이를 위해 지금 당장은 자신의 변증법적 엄밀성과 근본주의라는 길잡이만을 의지하며 끝없이 탐구하고 또 실패한다.

자본주의 맹아론 연구를 통해 일제시기 반식민사학의 변혁적 전통을 복원하고, 통일이라는 민족사적 전망을 담아내지 못한 채 사용되던 '해방 후 시대'를 분단시대라 역사적으로 이름 지으며, 일제시기 사회주의운동을 민족해방운동으로 복원하고 좌우익 통일전선운동을 분단시대 극복사학의 출발점으로 삼으려 했던 지난한 노정에서 강만길은 지식인의 근본주의적 태도를 견지했고 그래서 늘 고독했다. 베트남식 전쟁통일과 독일식 흡수통일을 슬기롭게 극복한 협상통일, 민족사회의 다른 한쪽을 내부의 식민지로 만드는 통일이 되어서는 안 된다는 옳은 의미의 평화통일론으로서 남북 대등통일을 주장할 때도 크게 다르지 않았다.

역사학자 강만길이 분단이라는 내면화된 자기모순을 사회 모순으로 전화시키며 견지한 근본주의적 태도는 '역사의 길'에 대한 믿음이었다. 즉 역사는 변하고 만다는 것이며, 이상을 현실화하는 과정이라는 것이다. 중세 봉건왕조는 근대 공화주의의 도래를, 반공독재정권의 분단 국가주의는 통일 민족주의를, 대북적대주의는 평화주의를, 현상유지주의는 미래지향주의를 지체시킬 수는 있어도 결코 막아설 수 없을 뿐 아니라 대체할 수도 없다는 것이다.

그에게 역사란 화석화되어 정체된 과거가 아니라, 미래를 향해 나아가는 역동적 과거이다. 그에게 역사학이란 온전한 과거를 해명하는 것이 아니라, 사회의 모순이 미래를 향해 변증법적으로 변화 발전해가는 과정을 규명하는 것이다. 그는 늘 역사변화의 맹아를 발견하고 그 싹을 소중히 틔워가고자 했다. 아무리 분식되고 치장된 과거도 그로 인해 결과된 현재의 모순을 넘어서는 가치를 가질 수는 없을 것이다.

강만길은 미래를 향해 나아가는 역사학의 현재성은 대중성과 맞닿아 있다고 주장한다. 역사학이 자신의 중요한 존재이유이기도 한 현재성을 상실하게 될 때, 역사학은 대중성도 잃게 되며 사람들의 생활 일반과 완전히 격리되고 만다는 것이다. 삶과 유리된 형식적인 역사는 무용하기 짝이 없는 오성의 사치이며 사람들은 여전히 삶의 필수 요소들을 결여하고 있다고 한 니체의 비판도 이에 다름 아니다.

강만길은 분단시대를 역사적으로 이름 지은 글에서 그 결론을 다음과 같이 맺었다.

> 우리가 가정한 분단시대 사학에 있어서의 실학자는 근대지향적 사상가나 민족주의자일 것이 요청되었지만, 분단시대 이후의 사학이나 그것을 지향하는 사학에 있어서는 민중의 편에 서서 그 권익을 옹호하는 진보적이고 양심적인 지식인으로서의 실학자, 민중에게서 진정한 민족의 주체를 구하고 민족 내부의 모순을 타개하기 위한 이론 전개에 앞장섰던 사상가로서의 실학자가 요구될 수도 있을 것이며, 따라서 그들의 사회사상이나 경제사상이 한층 더 빛을 내게 될 것이다.(「실학론의 현재와 전망―천관우 저 『한국사의 재발견』을 읽고」, 『창작과비평』 1974년 겨울호)

인간의 인간화라는 근원적 목적을 옹호하며 자기모순을 사회의 근본적 모순으로 전화시켜가고자 한 역사 속 지식인 실학자를 자신의 시대로 불러내 분단시대 극복을 지향하는 지식인의 존재가치를 투영시키려

했는데, 그는 어쩌면 여기서 지식인 역사학자로 살아가야 할 자신의 모습을 보게 되었는지도 모른다.

강만길 연보

1933년	10월 25일 경상남도 마산에서 강재갑(姜在甲)씨와 진야묘치(陳也妙致)씨 사이의 2남1녀 중 맏아들로 태어남.
1937년	부모님의 열성으로 세는 나이 다섯 살부터 독접장(獨接長)에게『천자문』과『동몽선습』등을 배움.
1940년	마산의 완월(玩月) 심상소학교(尋常小學校)에 입학.
1941년	소학교 2학년 때 제국주의 일본이 '대동아전쟁'이라 부른 태평양전쟁 도발.
1945년	국민(초등)학교 6학년 때 8·15해방을 맞음.
1946년	미군정시기 변경된 학기제에 따라 9월에 6년제 마산공립중학교에 입학. '해방공간'의 극심한 좌우대립 상황을 여러가지 형태로 겪으며 역사공부에 흥미를 가지게 됨.
1950년	중학교 5학년 때 6·25전쟁을 겪음. 8월경 마산이 최전선지역이 되면서 마산 학도의용대에 편입됨. 8월 말~9월 초 학도의용대 해산 이후 숙부가 살던 부산으로 감. 약 9개월에 걸쳐 부산부두 하역 노동자, 포탄 운반 노동자 생활, 미군부대 '체커' 생활을 하고 1951년 5월 하순 마산으로 돌아감.

1952년	학제 변경으로 마산고등학교 3학년이 되어 졸업함. 마산 근처 한 농촌의 초등학교 임시교사로 취직할 예정이었으나 담임교사가 구해준 대학입학원서를 받아 응시해 합격함으로써 피난지 대구에서 고려대학교 사학과에 입학함.
1953년	7월에 휴전이 조인되고 9월에 대학이 서울로 돌아가게 되면서 군입대 전까지 서울생활을 시작함. 이 시기부터 식민사학 극복론에 관심을 가지고 백남운, 이청원, 김한주 등 사회경제사학 계통의 연구들을 접하기도 함. 한편 1954년 학부 3학년 때 홍이섭 교수의 강의를 통해 처음으로 민족주의사학의 신채호를 알게 됨. 은사 신석호 선생의 도움으로 국사편찬위원회에서 도서정리 아르바이트를 함.
1956년	현역병으로 군입대. 논산훈련소 교육 이후 광주포병학교에서 측량병 교육을 받음. 동두천 근처의 1군 산하 독립포병부대에서 군생활. 늑막염을 앓게 되어 병원생활 끝에 의병제대함.
1958년	신석호 선생의 부름으로 상경하여 고려대학교 아세아문제연구소 조교로 근무하게 됨.
1959년	고려대학교 사학과를 졸업하고, 곧바로 고려대학교 대학원에 진학. 국사편찬위원회 촉탁으로 취직. 식민사학에 의해 잘못 해석된 문제들을 골라 바로잡는 논문집 『국사상의 제문제』 발간 업무를 맡음. 『조선왕조실록』 색인작업에도 참여함.
1960년	국사편찬위원회에서 공무원으로 있으며 4·19'혁명'을 목격함.
1961년	1월 장성애(張聖愛)와 결혼. 1남2녀를 둠. 5·16군사쿠데타 발발 이후 '국편' 내의 군 기피 직원들이 사표를 내고 모두 국토개발단에 끌려가게 되어, 촉탁직원으로 취직한 지 2년여 만에 편사주사와 편사관보를 거쳐 서기관급인 부편사관으로 승진함. 같은 해 고려대학교 대학원에서 「조선왕조 전기의 공장(工匠) 연구」라는 논문으로 문학석사학위를 받음. 한국사학회 연구지 『사학연구』(제12호)에 「조선전기 공장고(工匠考)」라는 석사논문을 발표함. 이후 『사학연구』에는

'사회경제사적' 논문이 다수 실리는데, 이들 연구자 중심으로 자본주의 맹아론 연구가 본격화됨.

1967년 성균관대학교 학장으로 자리를 옮긴 신석호 교수의 후임으로 고려대학교 사학과 전임교원(조교수)이 됨. 같은 해 한국사연구회 창립에 참여함. 이 시기 식민사학 극복의 일환으로 조선후기 상업자본 발달과 그것의 수공업경영, 즉 '상인 매뉴팩처'에 대한 연구를 계속하는 한편, 한국근대사를 강의함.

1970년 반년간 교환교수로 일본을 방문. 『역사과학』 등을 통해서 처음으로 북녘의 역사학 연구현황을 접하게 됨. 한편 님 웨일즈의 『아리랑의 노래』 일본어 번역본을 읽고, 김산 즉 장지락(張志樂)의 삶에 크게 감명받음. 책의 뒷부분에 나오는 1930년대 후반기 이후 좌우익 민족통일전선운동에 주목하게 됨.

1972년 7·4남북공동성명과 '10월유신'을 겪으면서, 역사학이 현실문제를 외면해도 되는가 하는 물음에 부딪힘. 「이조후기 상업구조의 변화」를 『창작과비평』 1972년 여름호에 실으면서 '창비'와 인연을 맺음.

1973년 고려대학교 학술총서 제1권으로 『조선후기 상업자본의 발달』 발간. 이 책이 박사학위논문이 되어 1975년 문학박사학위를 취득함.

1974년 창비로부터 천관우의 『한국사의 재발견』 서평을 청탁받음. 이 글에서 처음으로 '분단시대 사학'이라는 개념을 사용함.

1975~76년 『이조의 상인』(한국일보사), 『한국 상공업의 역사』(세종대왕기념사업회) 출간. 성균관대학교 이우성(李佑成) 교수 등과 함께 '다산연구회'를 만들어 『목민심서』 번역을 시작함.

1978년 '유신' 이후에 쓴 논설문과 전국역사학대회 기조발표논문 등을 모아 창비에서 『분단시대의 역사인식』 간행. 이해 여름 해직교수협의회가 계획한 국민교육헌장 반대운동 대학교수 성명 관계로 중앙정보부 남산분실에서 취조 받음. 개항 후 상공업문제 연구를 위한 자료수집의 목적으로 8월부터 1년간 일본 와세다대학교 파견교수로 생

활함. 이 시기 하따다 타까시(旗田巍), 카지무라 히데끼(梶村秀樹) 등
일본의 한국사학자들과 만남을 가졌고, 1970년 일본 방문 당시 '조
총련'계라 만날 수 없던 박경식(朴慶植), 강재언(姜在彦), 이진희(李
進熙), 박종근(朴宗根), 강덕상(姜德相) 등 재일 한국역사학자들과도
교류함.

1979년   귀국 후 고려대학교 박물관장을 맡음.

1980년   '10·26박정희살해사건'과 '서울의 봄' 이후 학생회와 교수협의회 등
            이 조직됨. 지식인 130여 명 선언과 주요 대학 교수 대표들의 '교육
            민주화 성명'에 참가함. '광주민중항쟁' 이후 성북경찰서로 연행되
            어, 서울에서의 광주학살 항의집회 때 읽을 성명서 작성과 학생 선
            동강연 등을 계획했으며 김대중으로부터 선동자금을 받았다는 등의
            이유로 취조를 받음. 한 달 동안의 유치장 생활 후 석방됨. 7월, 이문
            영(李文永) 김윤환(金潤煥) 조용범(趙容範) 김용준(金容駿) 이상신(李
            相信) 교수 등과 함께 고려대학교에서 해직됨. 다산연구회 소속 교수
            거의 절반이 해직됨. 창비로부터 『한국근대사』『한국현대사』 집필을
            의뢰받고 생활비를 보조받음. '해직교수협의회' 결성에 참여함.

1982년   학문 연구의 대상이 우리 근현대사 쪽으로 기울면서 좌우익 통일전
            선문제에 대한 관심이 깊어감. 「독립운동과정의 민족국가건설론」
            「좌우합작운동의 경위와 그 성격」(1983) 등을 씀.

1983년   일본 토오꾜오여자대학의 초청으로 3개월간 일본 체류. 이해 봄 한
            국기독교사회문제연구원에서 '민족분단과 통일과정의 역사적 배경'
            이라는 제목으로 강의했던 내용이 문제가 되어 12월 말 치안국 남영
            동 '대공분실'로 연행된 후 서대문구치소에 수감되었다가 석방됨.

1984년   『조선시대 상공업사 연구』(한길사) 출간. 『한국근대사』『한국현대
            사』(창작과비평사) 출간. 2학기 개강과 함께 만 4년 만에 복직, 강단
            으로 돌아옴.

1985년   해직교수 시절 분단 극복의 방향을 모색하기 위해, 민족주의는 어떻

게 이해되어야 하며 어떻게 나아가야 할 것인가를 생각하며 쓴 글을
『한국민족운동사론』(한길사)으로 묶어 출간. 2008년 증보판(서해문
집)을 냄.

1987년   고려대학교 중앙도서관장을 1989년까지 맡음. 민족해방운동의 경
제적 기초가 되는 식민지시대 민중의 삶을 규명하기 위해『일제시
대 빈민생활사 연구』를 창작사(창작과비평사)에서 출간.

1990년   1980년대 후반 시점에서 식민지시대 민족해방운동과 해방 직후 민
족통일운동의 역사성을 살펴보고 민족운동으로서의 통일운동의 방
향을 모색하기 위해 쓴 글을 묶어『통일운동시대의 역사인식』(청
사) 출간. 2008년 증보판(서해문집)을 냄.

1991년   월간『사회평론』발행인을 맡음.『조선민족혁명당과 통일전선』(화
평사) 출간. 2003년 증보판(역사비평사)을 냄.

1994년   지난 10년간의 역사연구 성과를 바탕으로, 특히 1930년대 이후 민
족해방운동사와 좌익세력의 활동을 대폭 보충해『고쳐 쓴 한국근대
사』『고쳐 쓴 한국현대사』(창작과비평사)를 출간함.

1996년   민족해방운동 좌익전선의 활동을 규명하기 위해 성균관대학교 성
대경 교수와 함께『한국사회주의운동 인명사전』(창작과비평사)을
엮음. 역사에세이『역사를 위하여』(한길사)를 출간. 경제정의실천시
민연합 통일협회 이사장을 2000년까지, 동아시아 평화·인권국제회
의 한국위원회 대표를 2001년까지 맡음.

1998년   청명 임창순 선생이 설립한 청명문화재단 이사로 활동. 임창순 선
생 작고 후 1999년부터 2005년까지, 그리고 2007년부터 현재까지
이사장을 맡음. 청명문화재단에서 평화통일 진전을 위해 발행한 계
간『통일시론』편집인 겸 발행인(1999~2001)을 역임함. 민족화해협
력범국민협의회(민화협) 상임의장을 2000년까지, 정부의 통일고문
회의 통일고문을 2008년까지, 한일문화교류정책자문위원회 위원을
2003년까지 맡음.

1999년	2월 말 고려대학교 한국사학과 교수 정년퇴임. 고려대학교 명예교수. 제자들과 공동집필한『통일지향 우리 민족해방운동사』(역사비평사 2000)『한국자본주의의 역사』(역사비평사 2000), 조선후기 전공 제자들과 공동집필한『조선후기사 연구의 현황과 과제』(창작과비평사 2000) 등이 함께 간행됨. 인터넷강의를 묶어『20세기 우리 역사』(창작과비평사)를 출간함. 2009년 김대중정부에 대한 역사적 평가를 담은 증보판(창비)을 펴냄. 역사기행『회상의 열차를 타고 ― 고려인 강제이주 그 통한의 길을 가다』(한길사) 출간. 2003년까지 한일문화교류회 위원을 맡음.
2000년	역사학의 현재성과 대중성 확립을 위해 역사학 계간지『내일을 여는 역사』를 창간하고 편집인 겸 발행인을 2007년까지 맡음. 6월 13일 제1차 남북정상회담 수행원으로 북녘땅을 밟음. 이후 남북역사학자협의회 등의 업무로 20여 차례 남북분계선을 넘나듦. 제주4·3사건위원회 위원을 지냄.
2001년	'분규학원' 상지대학교 총장을 맡아 2005년까지 학교운영 정상화와 민주화를 위해 노력함. 청명문화재단의『통일시론』발행이 필진 구성 등으로 어려움에 처해 있던 상황에서 일부 예산을 월간『민족21』간행비로 지원하기로 하고 2005년까지 그 발행인을 맡음. 청암언론문화재단 이사장을 2005년까지 맡음.
2002년	사론집『역사는 이상의 현실화 과정이다』(창작과비평사) 출간.
2003년	6·15남북공동선언 이후 국내외에서 강연했던 내용을 풀어 정리한『우리 통일, 어떻게 할까요』(당대)와 사론집『역사는 변하고 만다』(당대)를 출간. 대통령자문 국가균형발전위원회 자문위원을 2004년까지 맡음.
2004년	2001년부터 시작된 네 차례의 남북역사학자대회를 통해 북측과 남북역사학자협의회 결성에 합의하고, 북측 허종호 박사와「남북역사학자협의회 결성에 관한 합의서」를 교환함. 남북역사학자협의회 남

측위원회 위원장을 2007년까지 맡음. 7월, 평생 모은 장서 1만 권 중 정부에 의해 허가된 8200여 권을 북녘에 기증함. MBC 통일방송정 책자문위원을 2005년까지, 국가기록물관리위원회 위원장을 2007년 까지 맡았고, 독립기념관 이사를 2007년까지 맡음.

2005년   노무현정부 출범 이후 시작된 과거사 진상규명의 일환인 '친일반민 족행위 진상규명위원회' 위원장을 2007년까지 2년 동안 맡음. '6·15 공동선언 발표 다섯돐 기념 민족통일대축전'(평양)에 남쪽 준비위 원회 상임고문 자격으로 참가. 광복60년기념사업 추진위원회 공동 위원장을 2006년까지 맡음.

2007년   재단법인 '내일을 여는 역사재단'을 설립하여, 계간 『내일을 여는 역 사』를 간행하고, 한국 근현대사 연구를 북돋우기 위해 매년 한국 근 현대사 전공자 중 선별하여 연구비를 지원하고 있음.

2010년   자서전 『역사가의 시간』(창비) 출간. 『역사가의 시간』으로 만해문학 상을 수상함.

2013년   『분단고통과 통일전망의 역사』(선인) 출간.

2016년   『강만길의 내 인생의 역사 공부』(창비) 출간.

2018년   『강만길 저작집』(전18권, 창비) 간행.

|저서목록|

『조선후기 상업자본의 발달』, 고려대학교 출판부 1973

『이조의 상인』, 한국일보사 1975

『한국상업의 역사』, 세종대왕기념사업회 1976

『분단시대의 역사인식』, 창작과비평사 1978

『조선시대 상공업사 연구』, 한길사 1984

『한국근대사』, 창작과비평사 1984

『한국현대사』, 창작과비평사 1984

『分斷時代の歷史認識』, 宮嶋博史 譯, 旗田巍 監修, 東京: 學生社 1984

『한국민족운동사론』, 한길사 1985

『韓國民族運動史論』, 水野直樹 譯, 東京: 御茶の水書房 1985

『韓國近代史』, 小川晴久 譯, 東京: 高麗書林 1985

『韓國現代史』, 高崎宗司 譯, 京東京: 高麗書林 1985

『일제시대 빈민생활사 연구』, 창작사 1987

『통일운동시대의 역사인식』, 청사 1990

『조선민족혁명당과 통일전선』, 화평사 1991

『韓國近代史』, 賀劍城·周四川·楊永騮·劉渤 共譯, 北京: 東方出版社 1993

『고쳐 쓴 한국근대사』, 창작과비평사 1994

『고쳐 쓴 한국현대사』, 창작과비평사 1994

『역사를 위하여』, 한길사 1996

『韓國現代史』, 陳文壽·金英姬·金學賢 共譯, 北京: 社會科學文獻出版社 1997

『20세기 우리 역사』, 창작과비평사 1999

『회상의 열차를 타고 — 고려인 강제이주 그 통한의 길을 가다』, 한길사 1999

『21세기사의 서론을 어떻게 쓸 것인가』, 삼인 1999

『역사는 이상의 현실화 과정이다』, 창작과비평사 2002

『역사는 변하고 만다』, 당대 2003

『증보 조선민족혁명당과 통일전선』, 역사비평사 2003

『우리 통일, 어떻게 할까요』, 당대 2003

A History of Contemporary Korea, John B. Duncan trans., Global Oriental 2005

『한국민족운동사론』(증보판), 서해문집 2008

『통일운동시대의 역사인식』(증보판), 서해문집 2008

『20세기 우리 역사』(증보판), 창비 2009

『역사가의 시간』(자서전), 창비 2010

『분단고통과 통일전망의 역사』, 선인 2013

『강만길의 내 인생의 역사 공부』, 창비 2016

|상훈경력|

1988년   제3회 심산학술상
1992년   제18회 중앙문화대상 학술상
1999년   제13회 단재상
2000년   제2회 한겨레통일문화상
2002년   제6회 만해학술상

2005년   제3회 민족화해상 개인부문
2007년   청조근정훈장
2010년   제25회 만해문학상

강만길 저작집 간행위원
조광 윤경로 지수걸 신용옥

강만길 저작집 18
역사가의 시간
강만길 자서전

초판 1쇄 발행/2018년 12월 5일
초판 2쇄 발행/2019년 10월 23일

지은이/강만길
펴낸이/강일우
책임편집/부수영 신채용
조판/정운정
펴낸곳/(주)창비
등록/1986년 8월 5일 제85호
주소/10881 경기도 파주시 회동길 184
전화/031-955-3333
팩시밀리/영업 031-955-3399 편집 031-955-3400
홈페이지/www.changbi.com
전자우편/human@changbi.com

ⓒ 강만길 2018
ISBN 978-89-364-6071-6 93910
      978-89-364-6984-9 (세트)